엑셀 2010
더[THE] 쉽게 배우기

이영란, 이정휘, 이민욱 공저

YoungJin.com **Y.**
영진닷컴

엑셀 2010 더 쉽게 배우기

Copyright ©2016 by Youngjin.com Inc.
10F. Daeryung Techno Town 13-th. Gasan-digital 1ro 24, Geumcheon-gu, Seoul 08591, Korea.
All rights reserved. First published by Youngjin.com. in 2013. Printed in Korea

ISBN : 978-89-314-4386-8

독자님의 의견을 받습니다.
이 책을 구입한 독자님은 영진닷컴의 가장 중요한 비평가이자 조언가입니다. 저희 책의 장점과 문제점이 무엇인지, 어떤 책이 출판되기를 바라는지, 책을 더욱 알차게 꾸밀 수 있는 아이디어가 있으면 이메일, 또는 우편으로 연락주시기 바랍니다. 의견을 주실 때에는 책 제목 및 독자님의 성함과 연락처(전화번호나 이메일)를 꼭 남겨 주시기 바랍니다. 독자님의 의견에 대해 바로 답변을 드리고, 또 독자님의 의견을 다음 책에 충분히 반영하도록 늘 노력하겠습니다.

이 메 일 : support@youngjin.com
주　　소 : (우)08591 서울특별시 금천구 가산디지털 1로 24 대륭테크노타운 13차 10층
등　　록 : 2007. 4. 27. 제16-4189호

STAFF
저자 이영란, 이정휘, 이민욱 | **책임** 김태경 | **진행** 성민 | **본문 디자인 · 편집** 지화경 | **표지 디자인** 임정원

INTRODUCTION 들어가면서

요즘 대학생들은 취업을 위해 자격증 공부를 많이 합니다. 그중에서도 가산점을 받기 쉬운 자격증이 컴퓨터 활용 능력 시험입니다. 이 책은 시험을 준비하기 전에 한 번 보면 도움이 될 수 있도록 엑셀의 기능을 아주 쉽게 설명하였습니다. 그렇다고 어려운 것이 아니라 엑셀 2010을 처음 사용하는 분들에게도 도움이 되길 원하는 마음으로 집필하였습니다.

엑셀은 '어떻게 이해하는가?'에 따라서 활용도가 굉장히 많이 달라집니다. 아주 전문적인 문서 작업부터 단순히 덧셈 뺄셈을 하는 계산기 정도의 활용일 것입니다. '함수를 잘 활용해야만 엑셀을 잘한다.' 라고 말하기는 힘들지만 어려운 함수만 중요한 것이 아니라 엑셀의 작은 기능까지도 제대로 활용하고 사용한다면 누구보다 멋진 엑셀이 될 수 있습니다. 조건부 서식, 데이터 유효성 검사, 피벗 테이블, 매크로, 양식 컨트롤, VBA 등은 어렵다고 생각하지만 쉽게 잘 활용하면 굳이 어렵게 사용하지 않아도 된다는 것을 이 책을 통해서 알 수 있을 것입니다.

이 책은 [기초탄탄]으로 각 Part의 Lesson에서 알아야할 명칭이나 도구, 대화상자와 기능 등을 미리 소개한 후 [Step]에서 예제 파일을 따라하는 형식으로 구성하여 엑셀을 보다 쉽게 이해할 수 있도록 만들었습니다. 각 부분마다 [Tip]과 [연관검색], [문제해결]을 통해 따라하기에서 부족한 내용과 설명을 채워줄 수 있습니다.

또한 각 Part에서 배웠던 내용을 정리하기 위해 [Part Summary], [Self Test]로 문제를 풀어봄으로써 한번 더 복습할 수 있게 구성하였습니다. 이해되지 않는 [Self Test]는 함께 제공하는 부록 CD에서 동영상 해설 파일을 보면 훨씬 쉽게 이해할 수 있을 것입니다.

이 책을 바쁘신 와중에도 같이 집필해주신 선문대학교 IT교육원 이영란 교수님, 이정휘 실장에게 감사드리며 정말 꼼꼼하게 하나하나 빠짐없이 좋은 책이 되도록 도와주신 영진닷컴 관계자와 많은 조언과 힘을 주신 파인북스 이성권 대표님께 감사드립니다.

저자 이민욱

3

미리보기

이 책은 엑셀 2010을 처음 사용하는 입문자들이 체계적으로 학습할 수 있도록 8개의 PART로 구성되어 있으며, 각각의 PART 는 Lesson과 따라하기 형식의 Step으로 세분화되어 있습니다. 각 Lesson의 시작 부분에는 '기초탄탄' 코너를 마련하여 어떤 내용을 학습하게 되는지 살펴보고, 중요하게 사용하는 대화상자나 메뉴들의 기능들도 소개합니다. 'Tip', '문제해결' 코너에서 는 따라하기 단계별 참고 내용을 소개하며, '연관 검색'에서는 복합적으로 학습하면 좋을 내용들의 위치를 안내합니다. 그럼 미리 보기 내용을 통해 엑셀 2010 더 쉽게 배우기를 간략하게 소개합니다.

Lesson
엑셀 2010의 다양한 기능을 Lesson으로 구성합니다.

Step
본격적인 학습 코너로써 따라하기 형식으로 구성하여 엑셀 2010의 기능을 쉽게 익힐 수 있도록 유도합니다.

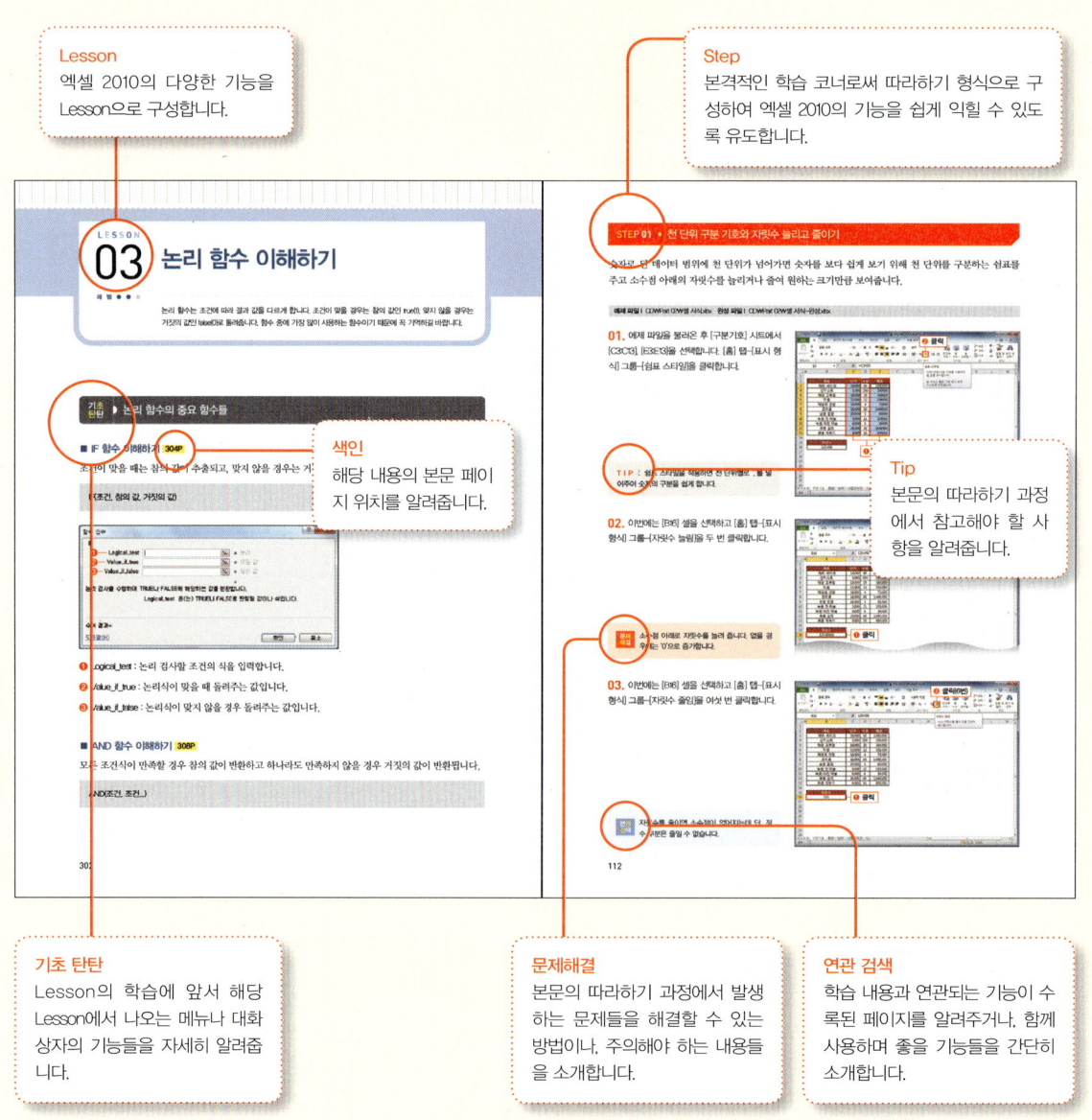

색인
해당 내용의 본문 페이지 위치를 알려줍니다.

Tip
본문의 따라하기 과정에서 참고해야 할 사항을 알려줍니다.

기초 탄탄
Lesson의 학습에 앞서 해당 Lesson에서 나오는 메뉴나 대화 상자의 기능들을 자세히 알려줍니다.

문제해결
본문의 따라하기 과정에서 발생하는 문제들을 해결할 수 있는 방법이나, 주의해야 하는 내용들을 소개합니다.

연관 검색
학습 내용과 연관되는 기능이 수록된 페이지를 알려주거나, 함께 사용하며 좋은 기능들을 간단히 소개합니다.

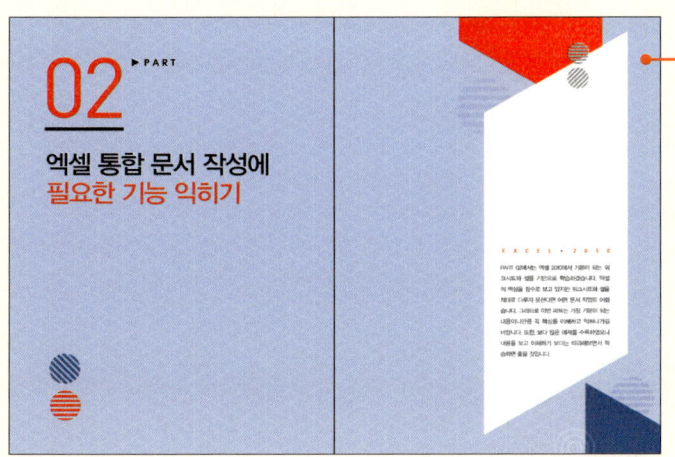

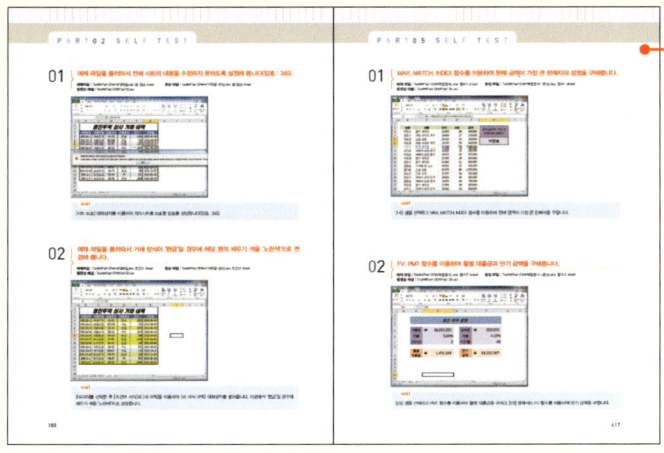

이 책의 구성

엑셀 2010을 쉽고 빠르게 학습할 수 있도록 구성되어 있는 '엑셀 2010 더 쉽게 배우기'의 PART별 구성을 간단히 소개합니다.

PART 01

모든 업무는 엑셀로 시작! 엑셀 2010 기초 완성하기

컴퓨터를 사용하지 않는 사람과 IT와 관련이 없는 사람이라도 '엑셀'이란 단어는 알 수 있듯이 엑셀은 우리의 생활 속에 깊숙이 들어와 있습니다. 메일에 첨부된 각종 청구 파일이나 은행의 거래 내역을 볼 때도 엑셀이 필요합니다. 엑셀은 많은 시간이 지나면서 보다 강력해지고 수많은 기능을 제공하게 되었는데, 이런 엑셀을 보다 자신 있게 사용하며 그 기능을 보다 많이 알고 있다면 생활이나 업무에서도 편리함을 느낄 것입니다. 엑셀을 처음 시작하는 독자들을 위해 Part 01에서는 엑셀 2010의 기본 기능을 하나씩 익혀보는 시간을 갖겠습니다.

PART 02

엑셀 통합 문서 작성에 필요한 기능 익히기

Part 02에서는 엑셀 2010의 기본이 되는 워크시트와 셀을 기반으로 학습하겠습니다. 엑셀의 핵심을 함수로 보고 있지만 워크시트와 셀을 제대로 다루지 못한다면 어떤 작업도 어렵습니다. 그러므로 가장 기본이 되는 내용이니만큼 꼭 핵심을 이해하고 익혀나가길 바랍니다. 또한, 보다 많은 예제를 수록하였으니 내용을 보고 이해하기 보다는 따라 해보면서 학습하면 좋을 것입니다.

PART 03

보기 좋은 문서를 만들기 위한 기능 익히기

엑셀은 많은 데이터를 가지고 작업을 하는데 데이터가 많을수록 데이터에 대한 분석은 어려워집니다. 그렇기 때문에 엑셀은 많은 데이터를 보다 빠르게 파악하고 쉽게 분석하기 위한 표나 차트와 같은 기능들을 제공합니다. 또한 여러 가지 기호 등을 함께 이용하면 데이터 입력자가 아니더라도 내용을 쉽게 파악하는 데 도움을 줍니다.

PART 04

백전백승 수식 및 함수 익히기

수식은 엑셀의 가장 중요한 기능입니다. 수식을 이용하여 셀에 있는 숫자들을 계산하고 보다 빠르게 필요한 값들을 구할 수 있습니다. 이런 수식을 하나의 기능으로 묶은 것이 함수입니다. 즉, 함수는 수식을 보다 빠르게 계산하기 위한 활용 도구인 것입니다. Part 04에서는 수식을 사용하는 방법과 기본 함수들을 활용하는 방법을 알아보겠습니다.

부록 CD

이 책에서 제공하는 부록 CD에는 각 Part별 예제 파일과 완성 파일, 그리고 각 Part별 Self Test의 풀이 과정을 담은 동영상 파일이 수록되어 있습니다. 부록 CD의 파일들은 내 컴퓨터에 복사한 후에 사용할 것을 권장합니다.

■ 예제 파일 사용법

부록 CD의 각 Part별 폴더에는 각 Part별로 제공하는 예제 파일과 완성 파일이 수록되어 있습니다.

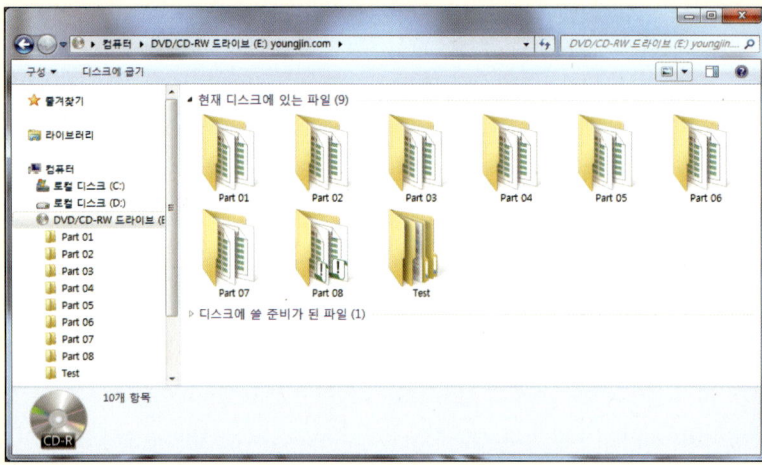

■ Self Test 동영상

부록 CD의 Test 폴더에는 각 Part별 Self Test의 풀이 과정을 담은 동영상 파일이 수록되어 있습니다.

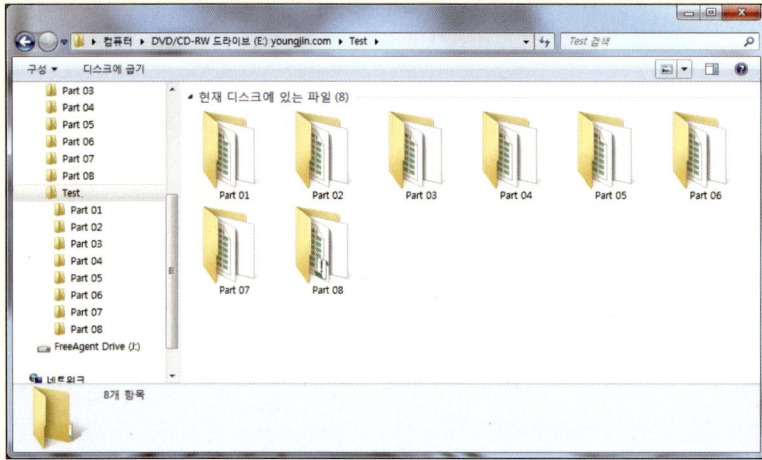

■ 홈페이지에서 부록 CD 자료 다운로드 받는 법

이 책에서 제공하는 부록 CD의 내용은 영진닷컴 홈페이지(www.youngjin.com)의 [고객센터]-[도서자료실/CD 다운로드] 게시판에서 검색 창에 도서명이나 키워드를 입력한 후 다운로드 받아 사용하실 수 있습니다.

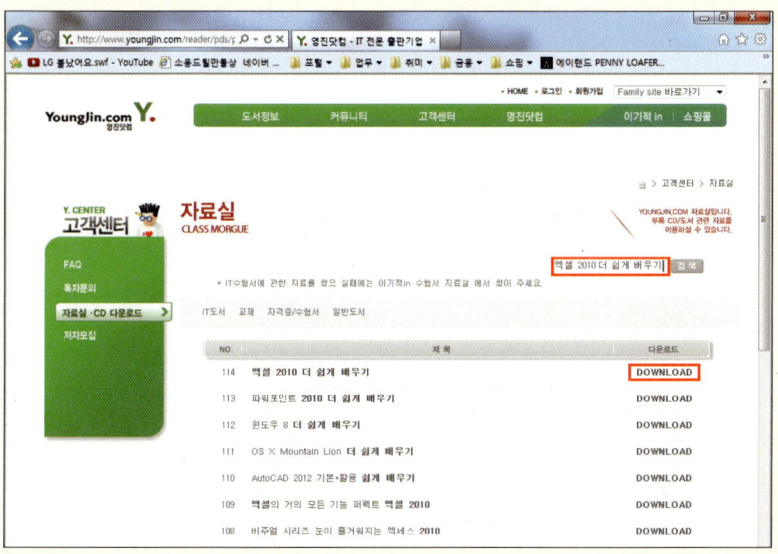

목차

PART
01

모든 업무는
엑셀로 시작!
엑셀 2010
기초 완성하기

PART
02

엑셀 통합 문서
작성에 필요한
기능 익히기

PART 03

보기 좋은
문서를
만들기 위한
기능 익히기

PART 04
백전백승 수식 및 함수 익히기

PART
05

실무에서 쓰는
고급 함수
익히기

PART
06

완벽한 문서를
위한
페이지 설정과
인쇄

엑셀 2010으로 쉽고 간편하게 데이터 관리하기

PART 08

실무에서 사용하는 매크로와 양식 컨트롤

01 ▶PART

모든 업무는 엑셀로 시작!
엑셀 2010 기초 완성하기

EXCEL · 2010

엑셀은 누구나 쉽게 접하고 친숙하다고 느끼는 프로그램입니다. 컴퓨터를 사용하지 않는 사람과 IT와 관련이 없는 사람도 '엑셀'이란 단어는 알 수 있듯이 우리의 생활 속에 깊숙이 들어오게 된 것입니다. 메일에 첨부된 각종 청구 파일이나 은행의 거래 내역을 볼 때도 엑셀이 필요합니다. 엑셀은 많은 시간이 지나면서 보다 강력해지고 수많은 기능을 제공하게 되었는데, 이런 엑셀을 보다 자신 있게 사용하며 그 기능을 보다 많이 알 수 있다면 생활이나 업무에서도 많은 편리함을 느낄 것입니다. 그럼 엑셀 2010 기능을 하나씩 익혀보는 시간을 가져봅시다.

엑셀 2010과 인사하기

엑셀은 마이크로소프트(Microsoft)사에서 출시한 스프레드시트 프로그램입니다. 스프레드시트를 기본 개념으로 출발하여 다른 오피스 프로그램과 연동하여 보다 많은 확장성을 가지며 수만은 기능을 포함하기도 합니다. 엑셀 2010은 매우 다양한 방식으로 정보를 분석, 관리 및 공유할 수 있으므로 보다 효율적이고 적절한 결정을 내릴 수 있습니다.

기초탄탄 ▶ 엑셀 2010 알아보기

엑셀을 처음 접하는 사용자를 위해 엑셀 2010의 설치 방법과 엑셀 2010의 기능을 설명하려고 합니다. 처음 시작하는 분들은 설치 방법부터 천천히 따라해 보고, 엑셀 2010의 기능을 훑어보며 공부해야 할 내용을 미리 점검해보기 바랍니다.

■ 스프레드시트

스프레드시트(SpreadSheet)는 장부나 계산 용지 등을 보다 쉽게 활용하기 위해 연산 및 표를 이용하고 보기 편하기 위해 그래프까지 작성할 수 있는 프로그램입니다. 이전에 장부나 회계를 위해 사용하는 용지를 그대로 화면 상에 보여준다고 생각하면 합니다.

최초의 스프레드시트는 1978년 애플2의 개인용 컴퓨터에서 시용했던 비지칼크(VisiCalk)입니다. 여기에 그래프 기능이나 매크로 기능, 다른 사용자와 공유 기능 등으로 점점 발전합니다. 스프레드시트 프로그램의 종류는 'Lotus 1-2-3', '쿼트로 프로', '엑셀', '한셀' 등으로 다양합니다.

■ 엑셀의 활용

실무에서 사용하는 문서 만들기

문서는 주로 워드프로세서에서 만들지만 문서 안에 계산식이 필요한 경우에는 엑셀을 이용하는 것이 편리합니다. 특히, 엑셀에서 제공하는 Office.com 서식 파일을 이용하면 영수증, 명세서, 가계부, 지출 내역서, 구매 주문서 등을 쉽게 다운로드 받아서 사용할 수 있습니다. 이런 문서들은 간단한 자료 입력만으로도 여러 방식으로 활용할 수 있는 데이터로 변환할 수 있습니다.

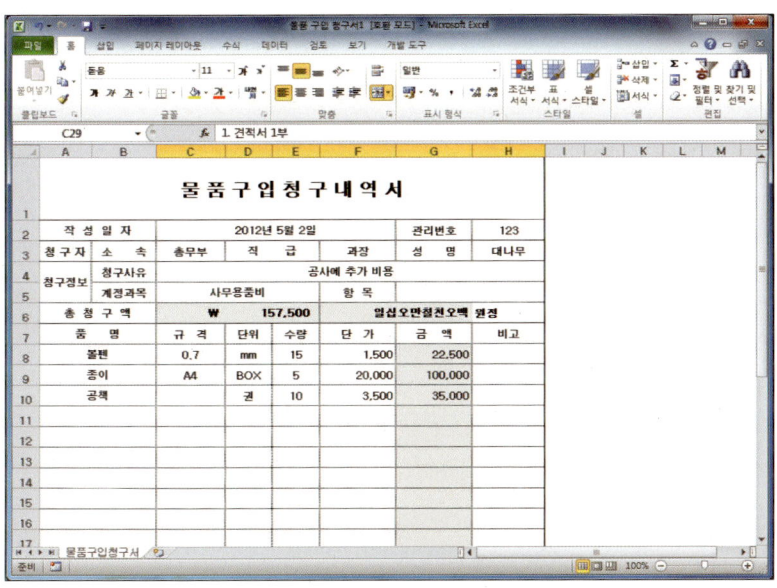

차트와 그래프로 진행 사항 파악

엑셀은 데이터만 넣고 계산 작업만 하는 것이 아니라, 데이터를 다른 사용자에게 보다 쉽게 보여주어 자료의 흐름과 예측을 가능하게 도와줍니다. 이런 차트와 그래프는 데이터의 성격과 사용 용도에 따라 다양한 형태로 보여주지만, 자료를 쉽게 보여주려는 목적은 같습니다.

매크로를 이용한 자동화 프로그램

엑셀에서는 단추를 눌러 원하는 프로그램이 동작하거나 키보드, 마우스의 다른 작업(이벤트)을 통해서 프로그램을 자동으로 실행시킬 수도 있습니다. 이런 동작이 가능한 이유는 VBA때문입니다. VBA(Visual Basic for Application)는 비주얼 베이직 프로그램을 바탕으로 만들어진 이벤트 반응형 프로그램으로 사용자가 프로그램 코딩을 하고 바로 실행하여 사용할 수 있습니다. 엑셀은 VBA를 이용하여 보다 편리하고 완성된 문서 작성을 할 수 있습니다.

엑셀 2010은 오피스 프로그램 전체를 구매하여 설치하는 방법과 마이크로소프트에서 평가판을 다운로드하여 설치하는 방법으로 나눌 수 있습니다. 계속적인 사용을 하려면 정품을 구매하여 설치하고, 엑셀 2010 평가판을 이용하여 엑셀의 기초를 익히는 사용자들은 평가판 기간이 종료된 후 정품 구매를 통하여 계속 사용할 수 있습니다.

■ 엑셀 2010 설치 환경

구성 요소	요구 사항
CPU	500Mhz 이상의 프로세서
메모리	256MB RAM, 그래픽 사용 시 512MB RAM 사용
HDD	3.0GB의 사용 가능한 하드 디스크 공간
디스플레이	1024×768 이상의 모니터 해상도
운영체제	Windows XP(SP3 이상), Windows 7, Windows 8, Windows Vista(sp1)
	Windows Server 2003 SP2 및 MSXML 6.0(32BIT OFFICE), Windows Server 2008
그래픽	그래픽 하드웨어 가속 기능을 사용 시 비디오 메모리 64MB 이상인 DirectX 9.0c 그래픽 카드 이상
추가 요구 사항	IE(Internet Explorer) 6 이상, 특정 온라인 기능을 사용하려면 Windows Live ID가 있어야 함

■ 무료 평가판 다운로드

주소 : http://office.microsoft.com/ko-kr/FX101852639.aspx?WT.mc_id=MSCOM_Korea_TryOffice2010

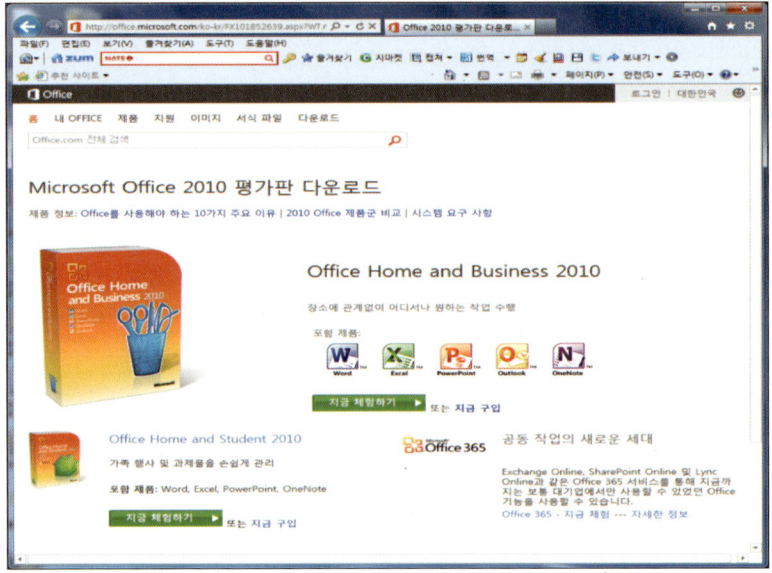

엑셀 2010은 기존의 엑셀에 비하여 다양한 방식의 데이터 정보 분석과 관리, 공유에 초점을 맞추어 효율적인 결정을 내릴 수 있도록 도움을 줍니다. 데이터를 새롭게 분석하고 시각화 도구를 통해 핵심 내용을 강조하고, 웹 브라우저나 스마트폰을 통해 쉽게 접근할 수 있도록 유도하기도 합니다.

■ 스파크라인

스파크라인을 이용하면 한 셀의 크기에 맞는 작은 차트를 만들 수 있습니다. 스파크라인을 이용하면 데이터의 추세를 쉽게 시각적으로 표현할 수 있습니다.

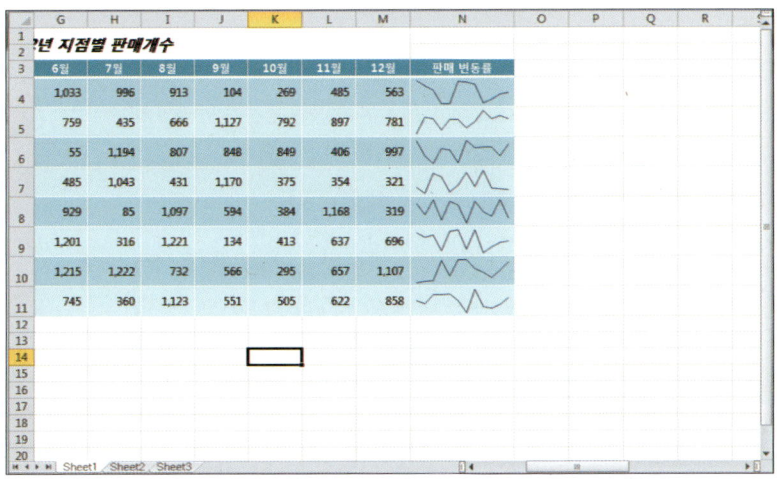

■ 슬라이서

피벗 테이블의 데이터를 직관적인 대화형 방식으로 필터링하여 시각적인 컨트롤을 가능하게 합니다. 데이터를 세분하고 필터링하여 필요한 내용만 추출하고 2개 이상의 필터를 적용하는 경우 탭과 같은 목록으로 구분하여 따로 목록을 구분할 필요가 없습니다.

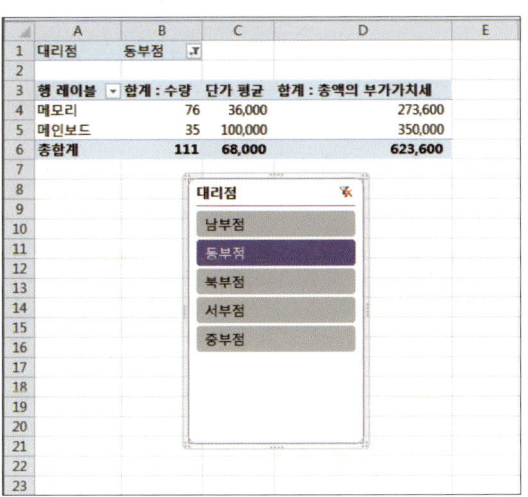

■ PowerPivot for Excel 추가 기능

많은 양의 데이터를 분석해야 하는 경우 PowerPivot for Excel 추가 기능을 다운로드하여 리본 메뉴에 탭으로 추가합니다. 그러면 여러 데이터 원본에서 가져온 많은 데이터를 단일 통합 문서로 가져와 서로 다른 데이터 관계로 형성하거나 수식을 사용한 계산된 열 및 측정값을 만들고 추가 분석이 가능합니다.

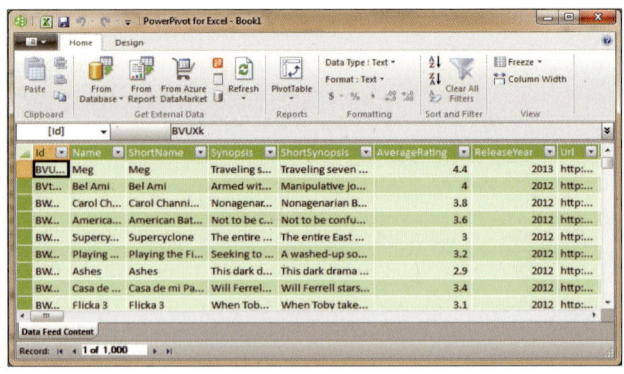

■ 수식 지원

워드프로세서의 수식 입력처럼 일반적인 수식을 워크시트에 삽입하거나 수학 기호 라이브러리를 사용하여 원하는 수식을 직접 작성할 수 있습니다.

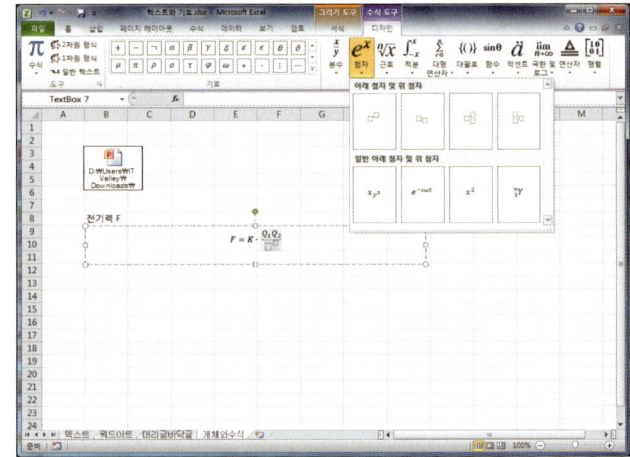

■ 스크린샷

그림 삽입 시 기존의 파일을 가져오는 방식이 아니라 지금 보고 있는 내용을 캡쳐하여 원하는 방식으로 사용할 수 있습니다.

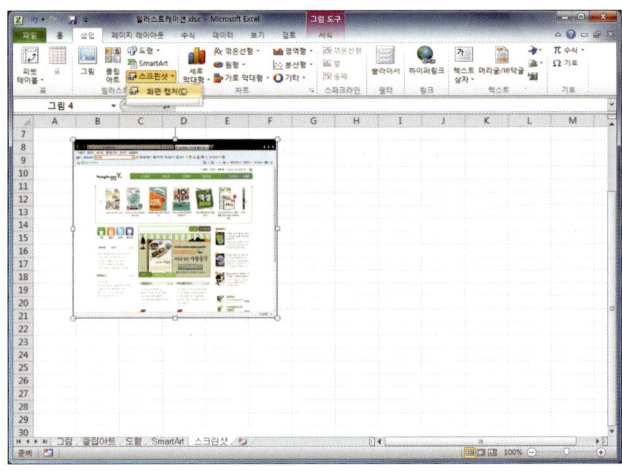

LESSON 02
엑셀 2010 화면 구성과 리본 메뉴 살펴보기

레벨 ● ○ ○

기존에 엑셀 사용자들은 엑셀 2010의 달라진 기능과 디자인에 새로운 느낌을 갖게 될 것입니다. 그러나 엑셀 2010은 엑셀의 기본이 되는 기능들은 충실히 지키고 있으며, 셀 사용의 편리함을 느낄 수 있습니다. 엑셀의 실행과 종료, 여러 화면 구성과 종류를 알아보겠습니다.

기초탄탄 ▶ 엑셀 2010의 화면 구성과 입력 창

■ 엑셀의 2010의 화면 구성 살펴보기

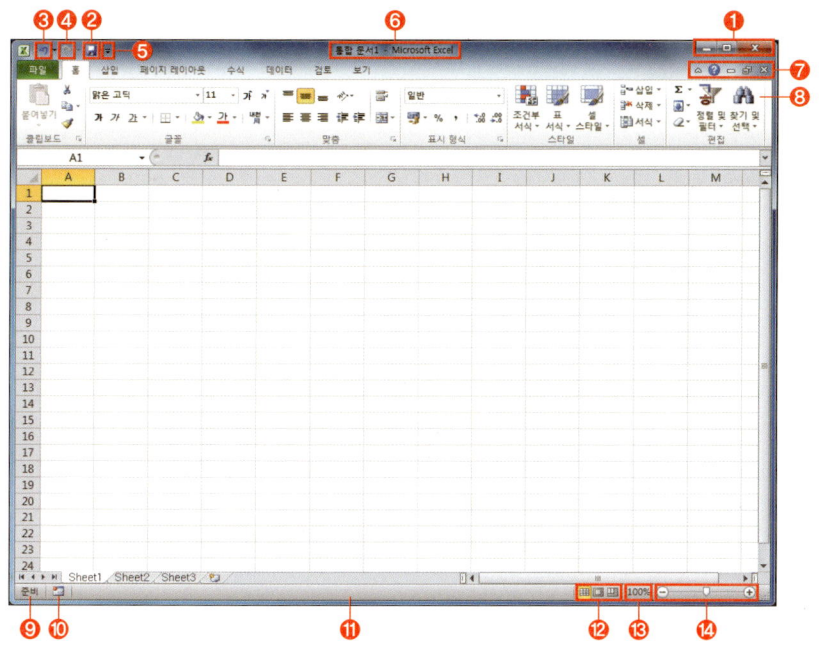

❶ **창 조절 메뉴** : 창을 최소화/최대화시키며, 엑셀을 종료할 수 있습니다.

❷ **저장** : 엑셀 문서를 저장합니다.

❸ **실행 취소** : 엑셀 문서를 작성하다가 이전 단계로 되돌아가거나 바로 전에 작업한 상태로 되돌리려고 할 때 사용합니다. 클릭할 때마다 이전 상태로 돌아가고 [목록]을 클릭하여 원하는 단계로 바로 되돌릴 수도 있습니다.

❹ **다시 실행** : 실행 취소를 했다가 다시 원래의 작업으로 되돌리고 싶을 때 사용합니다. 한 번 클릭으로 실행하거나 [목록]을 이용하여 여러 단계를 한 번에 다시 실행하기도 합니다.

25

❺ 빠른 실행 도구 모음 사용자 지정 : 기본적으로 [저장], [실행 취소], [다시 실행]을 하고 다른 [열기], [전자 메일], [빠른 인쇄], [맞춤법 검사] 등을 추가하거나 취소할 수가 있습니다.

❻ 제목 표시줄 : 현재 작업 중인 문서의 이름을 표시합니다. 저장되지 않은 기본 문서일 경우 '통합 문서 1'로 나타나며, [저장]을 클릭하여 문서 이름을 입력하면 해당 문서로 표시합니다. 또한, 작업 상태에 따라 [읽기 전용], [호환 모드], [공유] 등과 같은 내용이 나타납니다.

❼ 문서 조절 메뉴 : 리본 메뉴를 최소화하거나 현재 문서 창의 크기를 조절할 수 있으며, 엑셀 도움말 기능을 이용할 수 있습니다.

❽ 리본 메뉴 : 탭 형태를 하고 있으며, 아이콘 모양의 도구 모음을 작업의 형태에 따라 그룹을 나누어 묶어 놓은 것으로 각 그룹의 대화상자를 나타내는 대화상자 표시(⌐) 단추를 클릭하여 보다 자세한 설정을 할 수 있습니다.

❾ 셀 모드 : 현재의 작업 상태를 표시합니다. [준비], [입력], [참조], [편집]으로 표시되도록 합니다.

❿ 매크로 기록 : 매크로를 사용하면 대화 상자가 나타나 매크로 기록을 할 수 있습니다.

⓫ 상태 표시줄 : 함수를 지정하면 셀 범위를 선택하여 평균, 개수, 합계가 자동으로 나타납니다.

⓬ 통합 문서 보기 : 문서의 보기의 형태에 따라 기본, 페이지 레이아웃, 페이지 나누기 미리 보기로 설정할 수 있습니다.

⓭ 확대/축소 비율 : 화면의 배율을 200%, 100%, 75%, 50% 등 사용자가 원하는 크기로 설정합니다.

⓮ 확대/축소 버튼 : ⊕, ⊖를 클릭하여 화면의 확대/축소를 할 수 있습니다.

■ 데이터 입력 창 알아보기

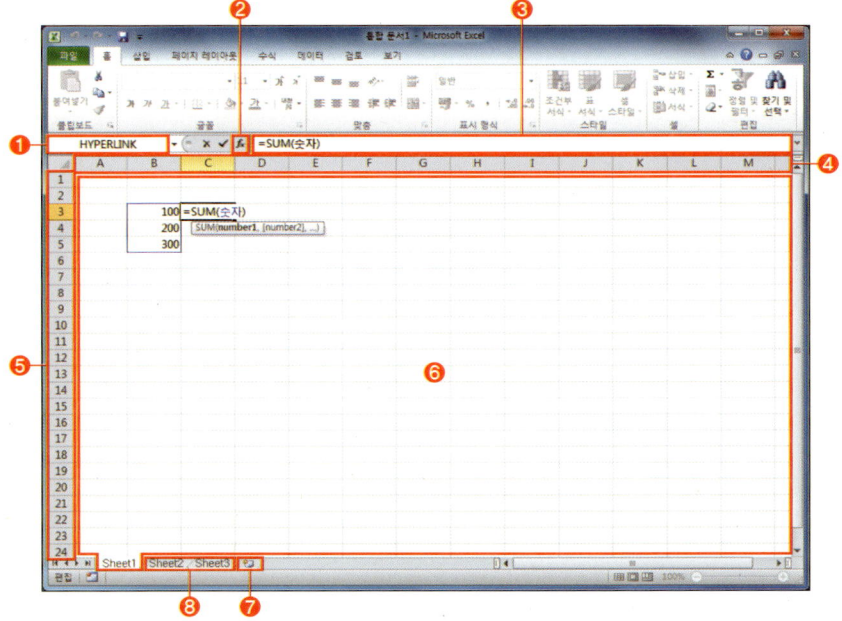

❶ **이름 상자** : 선택한 셀의 이름을 표시하며, 함수나 수식이 선택되면 함수 목록이 나타납니다.

❷ **함수 삽입** : 함수를 보다 이해하기 쉽도록 함수 마법사 창이 나타납니다.

❸ **수식 입력줄** : 선택한 셀에 입력한 데이터의 내용을 표시하거나 수식이 보이게 합니다. 수식 입력줄의 내용을 수정하거나 새로 입력이 가능합니다. 오른쪽의 확장/축소 버튼을 클릭하여 긴 수식의 내용을 확인할 수도 있습니다.

❹ **열 머리글** : 열 번호는 하나의 워크시트에 A ~ XFD열까지 16,384개의 열이 있습니다.

❺ **행 머리글** : 행 번호는 1 ~ 1,048,567행까지 있습니다. 전체 열의 개수는 17,179,869,184개가 있습니다.

❻ **워크시트** : 행과 열로 이루어져 있으며 실제 데이터가 입력되는 장소입니다. 기본적으로 3개의 워크시트 탭이 있으며 워크시트를 추가하거나 삭제할 수 있습니다.

❼ **워크시트 삽입** : 새 워크시트를 삽입할 수 있습니다.

❽ **워크시트 탭 이동** : 워크시트가 많이 삽입되어 이동이 어려운 경우에 클릭하여 보다 쉽게 이동할 수 있습니다.

엑셀 학습에 앞서 화면 구성 요소들을 알아보고, 이해하는 작업을 진행해보겠습니다.

■ 창 최소화, 복원, 창 닫기, 리본 메뉴 최소화

01. 엑셀 2010을 실행한 후 [리본 메뉴 최소화] 단추를 클릭합니다.

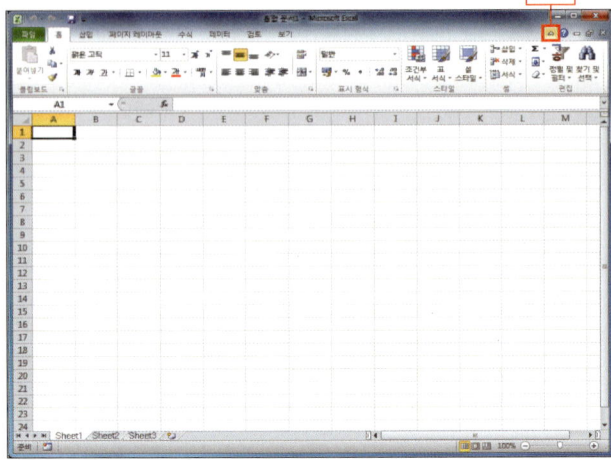

02. 리본 메뉴가 최소화되면 [창 최소화] 단추를 클릭합니다.

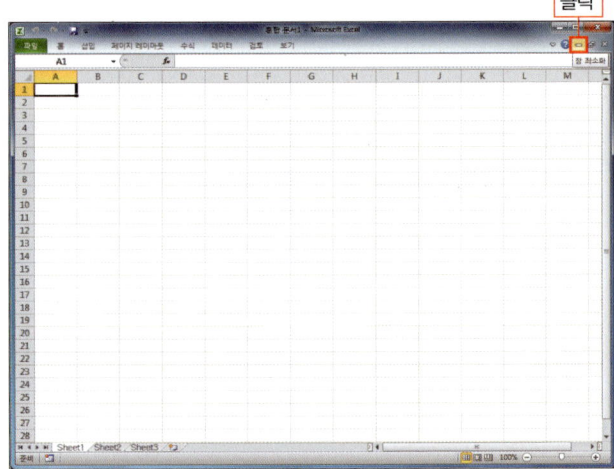

03. 창이 아래가 내려가고 최소화된 창에서 [최대화] 단추를 클릭합니다.

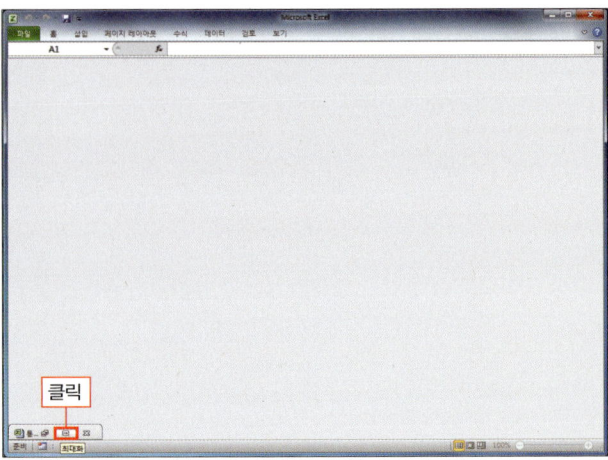

04. [창 닫기] 단추를 클릭하여 '통합 문서1' 문서를 닫습니다.

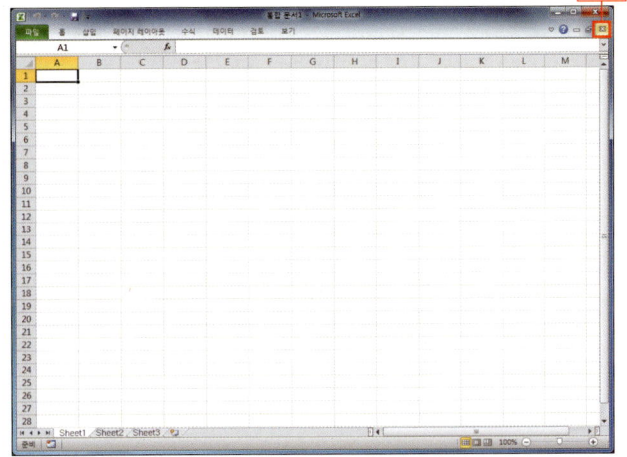

05. 문서 창이 닫혀있는 엑셀을 확인합니다.

■ 화면을 150%로 확대하고 전체 화면으로 변경하기

01. 엑셀 2010을 실행한 후 오른쪽 하단에 [확대/축소]를 클릭합니다.

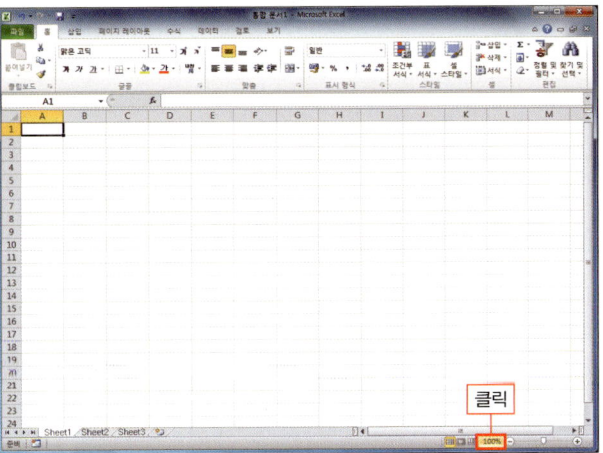

02. [확대/축소] 대화상자가 나타나면 [사용자 지정]을 체크하고 '150'으로 변경한 후 [확인]을 클릭합니다.

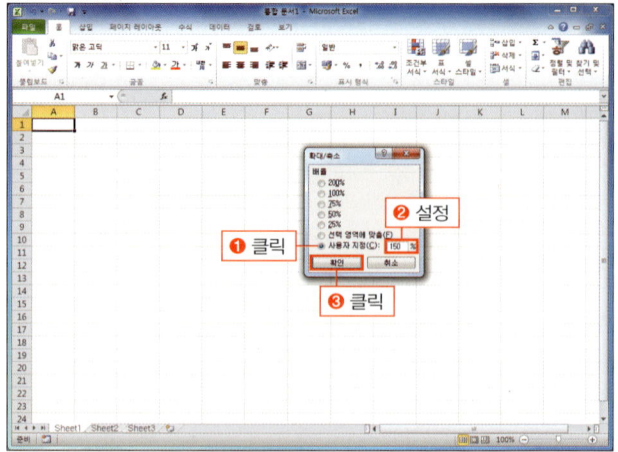

03. 화면이 150%로 확대되면 [보기] 탭–[통합 문서 보기] 그룹의 [전체 화면]을 클릭합니다.

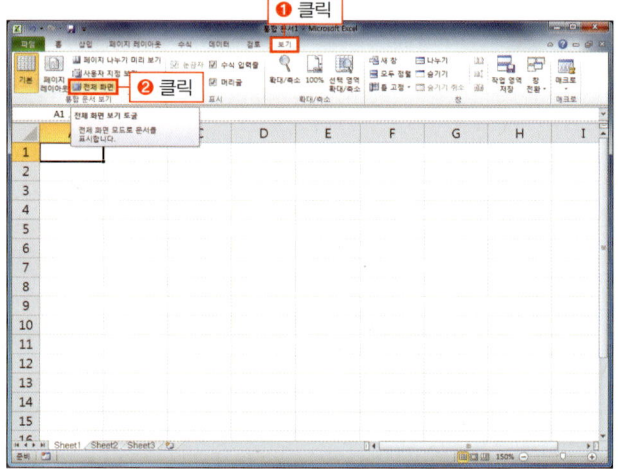

04. 전체 화면으로 변경된 모습을 확인합니다.

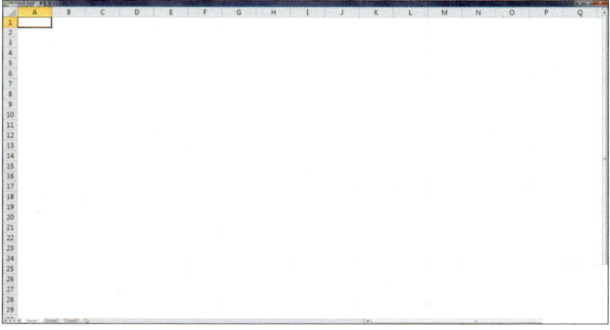

리본 메뉴 최소화와 각종 탭을 추가하거나 삭제해보고, 그룹과 빠른 실행 도구 모음을 이용하여 보다 작업하기 좋은 환경으로 만들어 보겠습니다.

■ [개발 도구] 탭 활성화하기

01. 엑셀 2010을 실행한 후 메뉴에서 [파일] 탭을 클릭하고 [옵션]을 클릭하여 [Excel 옵션] 창을 불러옵니다.

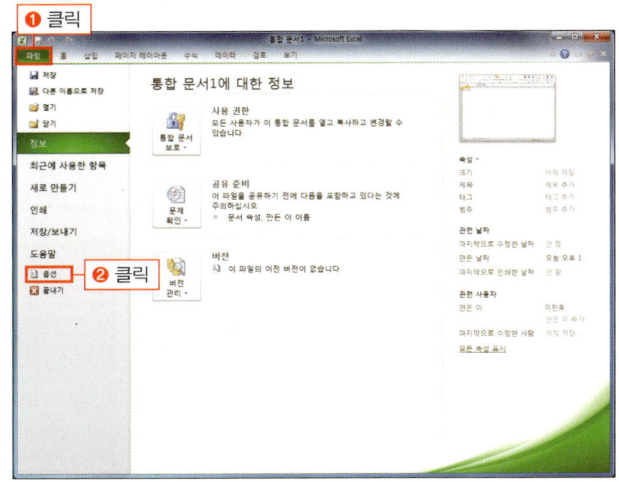

02. [리본 사용자 지정]에서 [개발 도구]를 체크한 후 [확인]을 클릭합니다.

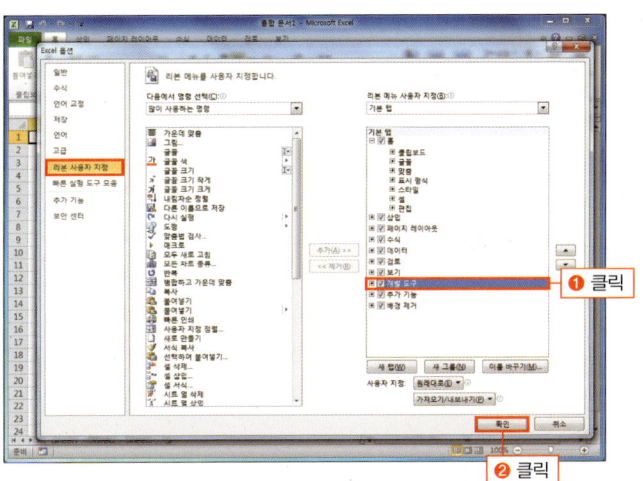

03. 리본 메뉴에서 [개발 도구] 탭이 활성화된 것을 확인할 수 있습니다.

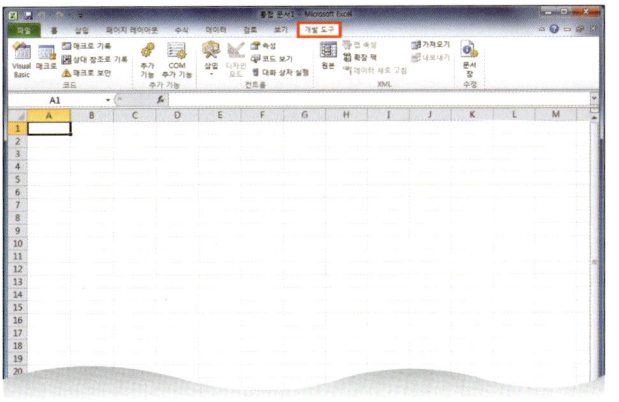

■ 리본 메뉴를 최소화와 복원하기

01. 리본 메뉴의 빈 공간을 마우스 오른쪽 단추로 클릭하고 [리본 메뉴 최소화]를 선택합니다.

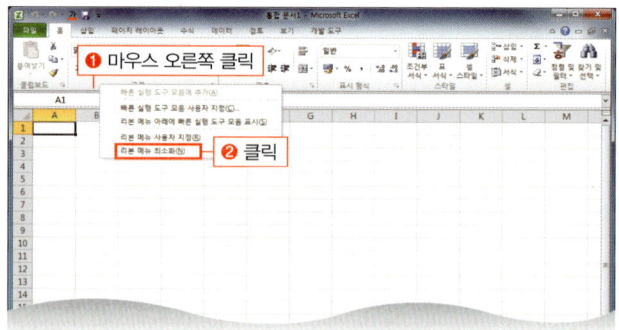

02. 리본 메뉴가 최소화된 것을 확인합니다.

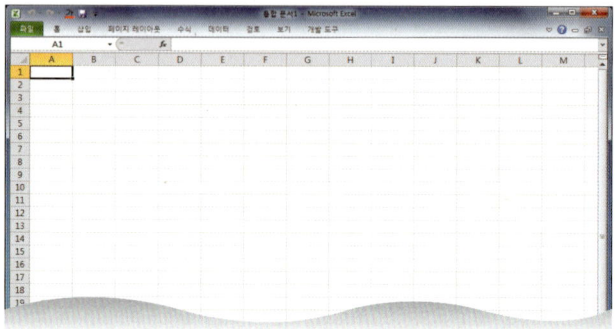

03. 리본 메뉴 중 [검토] 탭을 선택하면 리본 메뉴가 활성화되는 데 그때 [리본 메뉴 최소화]를 다시 선택합니다.

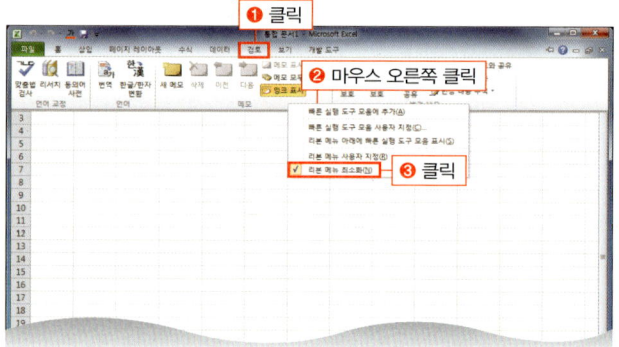

04. 리본 메뉴가 원래대로 활성화되는 것을 확인할 수 있습니다.

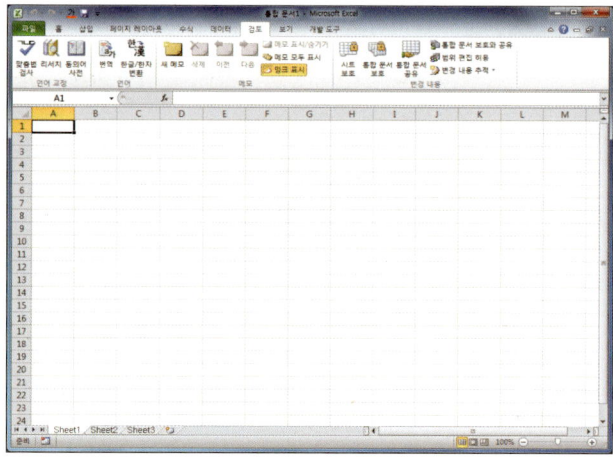

■ 빠른 실행 도구 모음 사용자 지정

01. 워크시트 안에 임의의 내용을 입력합니다. 여기서는 '100, 200, 300'을 입력합니다.

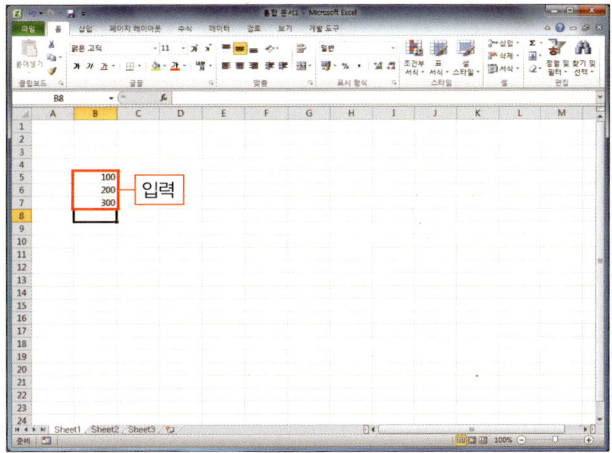

02. 왼쪽 상단의 [빠른 실행 도구 모음 사용자 지정]을 클릭하고 [인쇄 미리 보기 및 인쇄]를 클릭합니다.

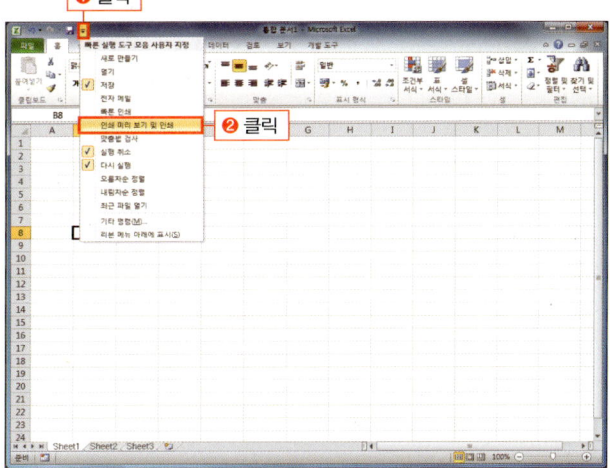

03. 왼쪽 상단에 [인쇄 미리 보기 및 인쇄] 단추가 나타난 것을 확인합니다.

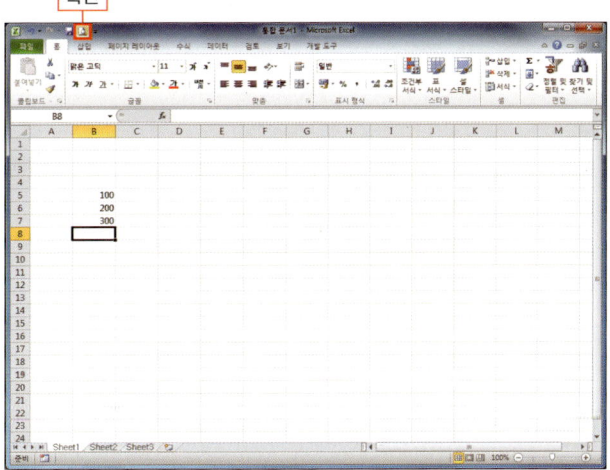

04. [파일] 탭-[인쇄]를 클릭하여 미리 보기 창을 확인합니다.

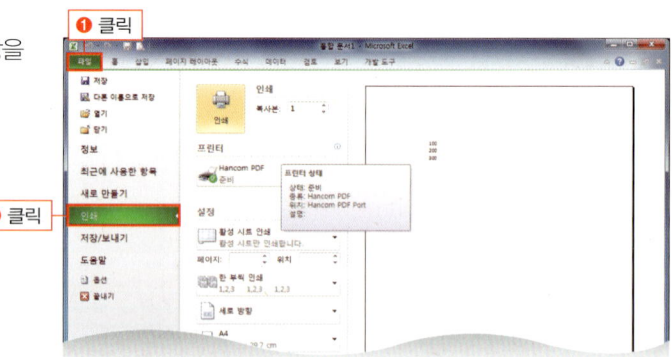

05. 다시 [홈] 탭-[글꼴] 그룹에서 마우스 오른쪽 단추를 클릭하고 [빠른 실행 도구 모음에 추가]를 선택합니다.

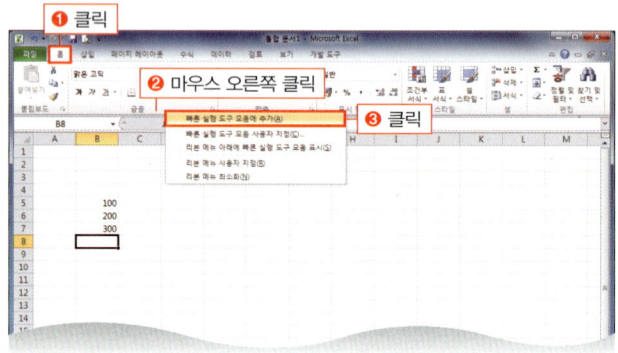

06. 왼쪽 상단에 [글꼴] 단추가 나타나면 클릭하여 확인합니다.

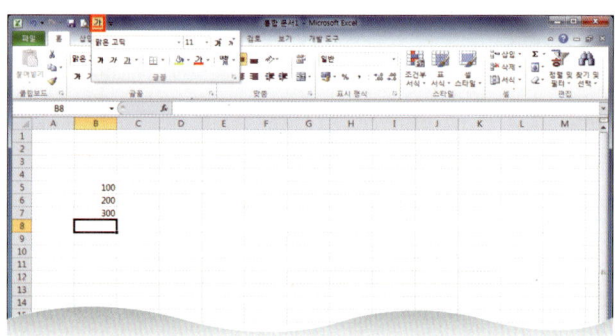

07. [글꼴] 단추를 삭제하기 위해 리본 메뉴의 빈 곳에서 마우스 오른쪽 단추를 클릭하고 [빠른 실행 도구 모음 사용자 지정]을 클릭합니다. 오른쪽 창에서 [글꼴]을 선택하고 [제거]와 [확인]을 각각 클릭합니다.

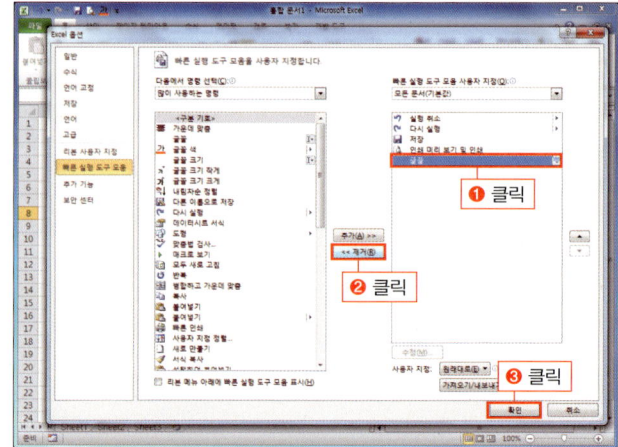

엑셀 2010의 기초는 프로그램을 실행해야만 시작할 수 있습니다. 그럼 여러 가지 엑셀 2010의 실행 방법을 알아보겠습니다.

■ [시작] 단추로 엑셀 2010 실행하기

01. 윈도우 7에서 엑셀 2010을 실행하기 위해 [시작]–[모든 프로그램]–[Microsoft Office]–[Microsoft Excel 2010]을 클릭합니다.

02. 엑셀 2010이 실행됩니다.

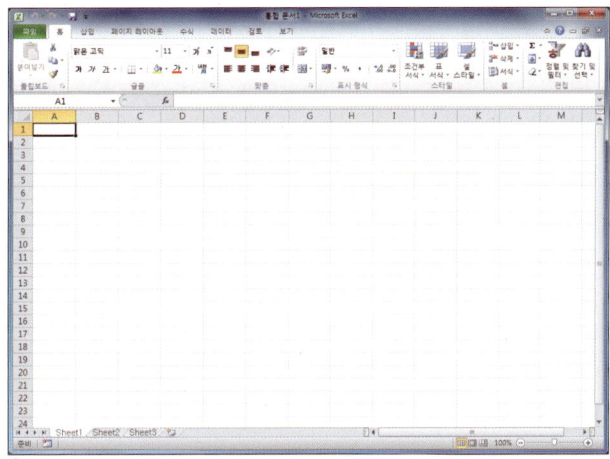

■ 실행 파일로 직접 실행하기

01. [컴퓨터]–[설치된 드라이브(C:)]–[Microsoft Office]–[Office14]에서 'EXCEL.EXE' 파일을 클릭합니다.

TIP : 윈도우 7에서 엑셀 2010 실행 아이콘이 없거나 클릭했는데 실행되지 않을 경우 직접 찾아서 실행할 수 있습니다.

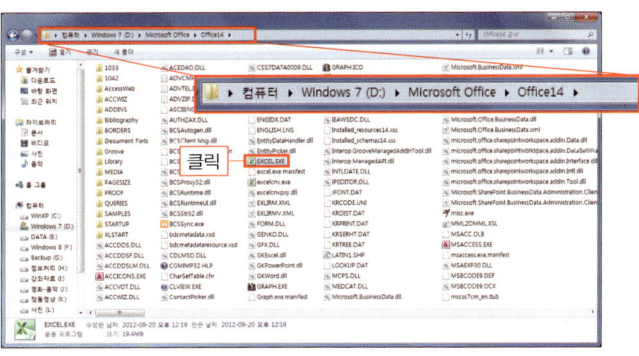

35

엑셀의 종료는 엑셀 전체를 종료하거나 통합 문서 파일만 따로 닫을 수 있습니다.

■ 통합 문서를 먼저 닫고 전체 엑셀을 종료하기

01. 엑셀 2010을 실행하고 왼쪽 상단의 [최소화]
단추를 클릭합니다.

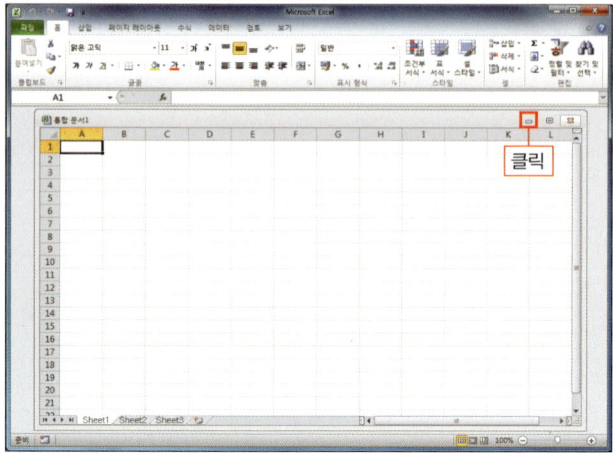

02. 통합 문서 창이 작아지면 창의 [닫기] 단추
를 클릭합니다. 통합 문서 창이 닫히면 전체 화
면의 [닫기] 단추를 클릭하여 엑셀 2010을 종료
합니다.

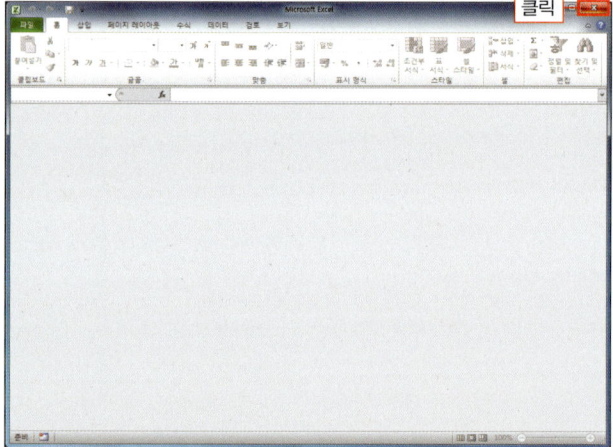

LESSON

03 엑셀 2010 파일 관리하기

레벨 ● ○ ○

엑셀 2010에서 파일을 저장하거나 불러오기, 새로운 통합 문서를 만들어 봅니다. 여러 가지 종류의 통합 문서 에서 자기가 원하는 서식을 찾아서 불러올 수 있습니다. 또한, 기본적으로 확장자가 XLXS인 통합 문서뿐만 아 니라 XLSM(매크로 문서), XLS(이전 통합 문서), XLTX(서식 파일)등과 웹, 텍스트, XML 파일로 저장하거나 불러 올 수도 있습니다.

기초탄탄 ▶ 파일 형식과 저장 옵션

■ 엑셀 2010 통합 문서 파일 형식

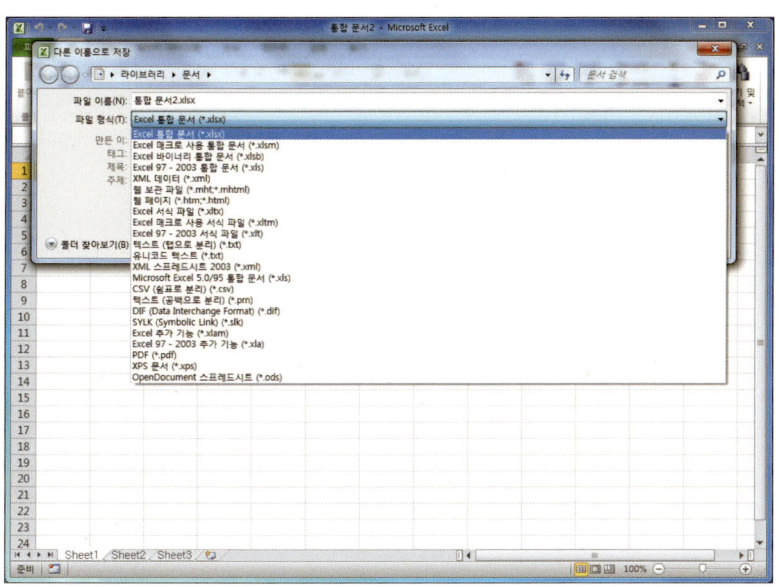

형식	확장명	설명
Excel 통합 문서	xlsx	엑셀 2010 기본 파일 형식, vba 매크로 코드는 저장 불가
Excel 매크로 사용 통합 문서	xlsm	엑셀 2010 파일 형식, vba 매크로 코드를 포함하여 저장
Excel 바이너리 통합 문서	xlsb	엑셀 2010 이진 파일 형식(BIFF12)
Excel 97-2003 통합 문서	xls	엑셀 97에서 20003에 사용된 이전 파일 형식
XML 데이터	xml	xml 스프레드시트 파일 형식
웹 보관 파일	mht mthtml	웹 보관 파일(html), 파일 형식은 문서에서 참조되는 인라인 그래픽, 애플릿, 연결된 문서 및 기타 지원 항목을 통합함

웹 페이지	htm, html	엑셀을 홈페이지 파일 형식인 웹 파일로 변환
Excel 서식 파일	xltx	Excel 서식 파일의 기본 Excel 2010 및 2007 파일 형식으로, VBA 매크로 코드나 매크로 시트(xlm)를 저장 못함
Excel 매크로 사용 서식 파일	xltm	매크로를 사용하는 Excel 2010 및 2007 파일 형식으로, VBA 매크로 코드나 Excel 매크로 시트를 저장할 수 있음
Excel 97-2003 서식 파일	xlt	엑셀 97-2003 서식 파일로 바이너리 파일 형식
텍스트(탭으로 분리) 텍스트(공백으로 분리) CSV(쉼표로 분리) 유니코드 텍스트	txt csv	일반 텍스트 파일로 내용을 탭, 공백, 쉼표 간격으로 분리하여 저장하고 저장 내용을 유니코드 형식으로 저장함
XML 스프레드시트 2003	xml	XML 스프레드시트 2003 형식으로 저장
Excel 97-2003 추가 기능	xla	추가 기능으로 이 보조 프로그램으로 추가 코드를 실행하며 VBA 프로젝트를 사용함
Excel 추가 기능	xlam	엑셀의 추가 기능 형식으로 매크로를 사용하고 추가 코드를 실행할 수 있음
DIF	dif	스프레드시트, 데이터베이스 및 이와 유사한 행과 열 형식으로 구조화되어 있는 데이터 파일을 서로 다른 프로그램 간에 공유 교환하는 표준 파일 형식
SYLK	slk	심볼릭 링크는 응용 프로그램간에 데이터 교환 시 사용. 보통 ansi 문자로 구성되어 DB와 같은 응용 프로그램에 의해 처리
XPS	xps	윈도우 비스타에서 자체 지원. 더블클릭하면 웹 브라우저를 통해 해당 문서를 확인하고 쉽게 인쇄할 수 있음

■ 저장 옵션

통합 문서를 만들고 저장 시 파일 이름과 형식을 지정하고 저장할 수 있는 데 그 외에도 저장 도구를 이용하여 홈 페이지에서 확인 설정하기나 쓰기나 열기 암호를 지정하고 그림 압축을 할 수 있는 저장 옵션이 있습니다.

네트워크 드라이브 연결

다른 네트워크를 통하여 다른 드라이브 목록에 저장할 수 있습니다.

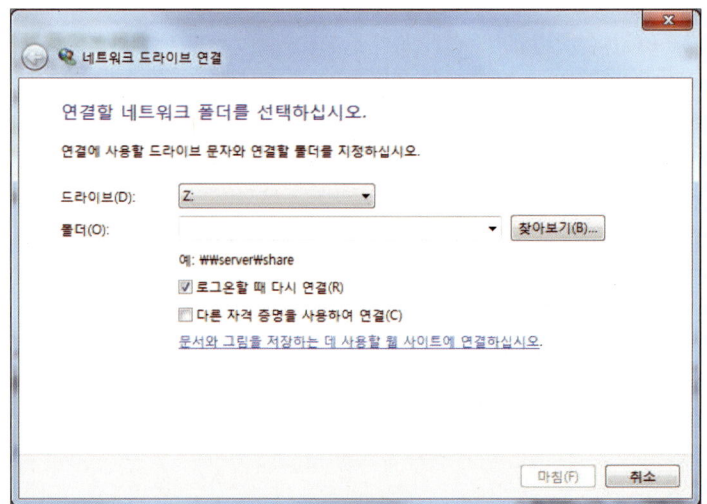

웹 옵션

통합 문서에서 파일 형식이 웹 저장 형식인 웹 보관 파일(mth, mhtml), 웹 페이지(htm, html) 등으로 파일 저장 시 사용하는 옵션입니다.

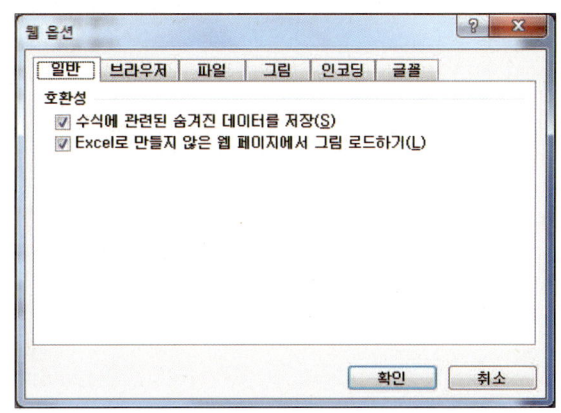

일반 옵션 `42P`

파일 저장 시 보안을 강조할 수 있는 옵션입니다.

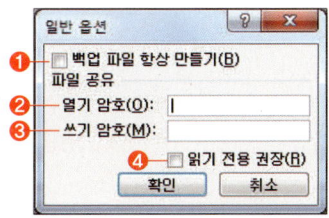

❶ **백업 파일 항상 만들기** : 체크를 하고 저장을 하면 기본 파일 이외에 백업 파일이 만들어져 기본 파일 분실 시 복구할 수 있습니다.

❷ **열기 암호** : 암호를 입력하고 파일을 저장하면 다시 파일을 불러왔을 경우 열기 암호를 알아야 파일을 볼 수 있습니다.

❸ **쓰기 암호** : 암호를 입력하고 파일을 저장하면 다시 파일을 불러왔을 경우 쓰기 암호를 알아야 파일에 내용을 작성할 수 있습니다. 열기 암호와 다른 점은 읽기 전용으로 파일을 볼 수 있습니다.

❹ **읽기 전용 권장** : 문서 파일을 읽기 전용으로 저장할 때 사용되며 다시 열어서 수정하고 저장 시 다른 이름으로 저장해야 합니다.

그림 압축

문서 파일에 있는 그림들을 압축하여 저장할 수 있는 옵션입니다.

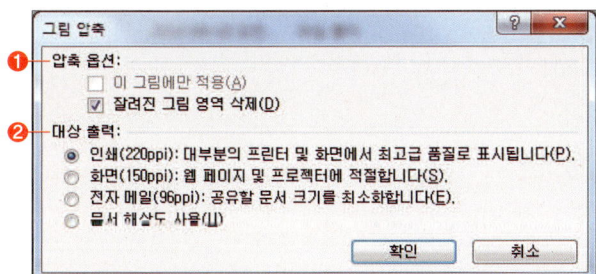

❶ **압축 옵션** : 선택하여 그림을 압축하거나 잘려진 그림 영역을 삭제하고 압축 저장합니다.

❷ **대상 출력** : 문서의 그림들을 해상도에 따라 압축률을 조절하여 저장합니다.

여러 종류의 통합 문서 파일을 만들어 보고 저장하는 방법을 알아보겠습니다.

■ 새 통합 문서를 이용하여 새로운 문서 만들기

01. 엑셀 2010을 실행하여 문서가 열리면 [파일] 탭에서 [새로 만들기]를 클릭합니다.

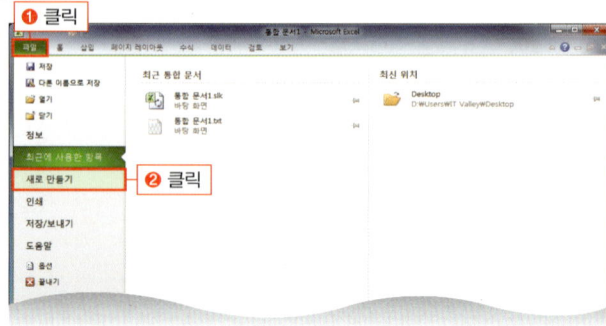

02. 사용 가능한 서식 파일에서 [홈]의 [새 통합 문서]를 선택하고 [만들기]를 클릭합니다.

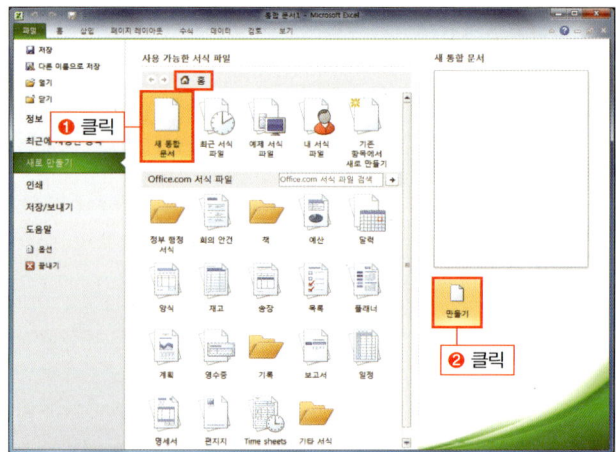

■ 서식 파일을 이용하여 문서 만들기

01. [파일] 탭에서 [새로 만들기]를 클릭하고 [홈]의 [예제 서식 파일]을 클릭합니다.

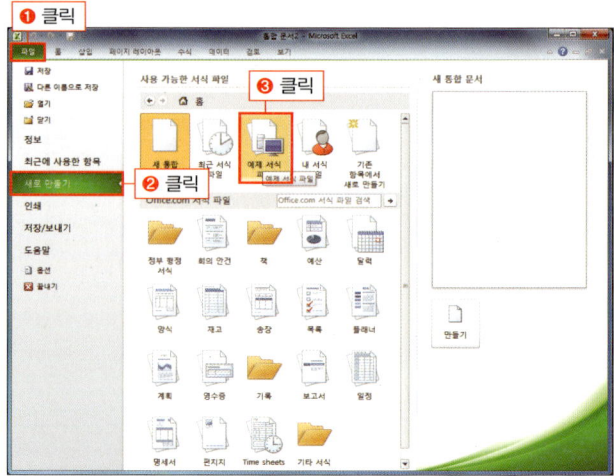

02. [홈]-[예제 서식 파일]이 열리면 [개인 월별 예산]을 선택하고 [만들기]를 클릭합니다.

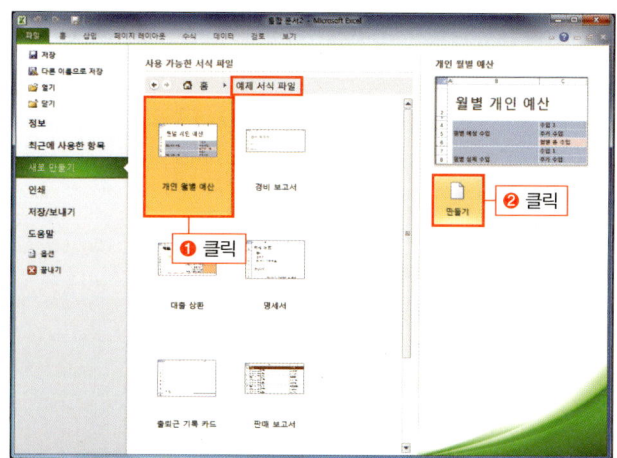

03. 문서 파일이 열리면 제목인 '개인 월별 예산'을 '=MONTH(TODAY())&"월 예산"'으로 변경합니다.

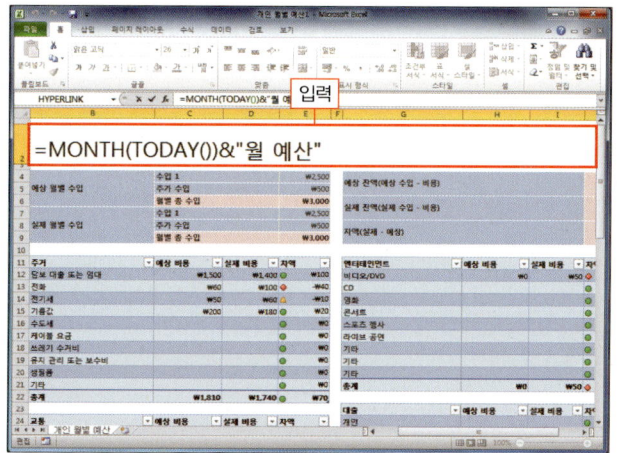

연관 검색 MONTH 함수에 대한 내용은 337P를 참고하세요.

04. 문서 파일이 완성되면 [파일] 탭에서 [다른 이름으로 저장]을 클릭합니다.

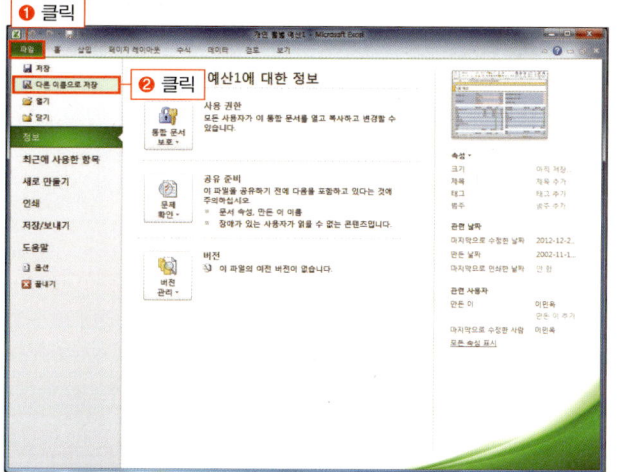

05. [다른 이름으로 저장] 대화상자가 나타나면 [파일 이름]에 '2013년 월별 예산'을 입력하고 [저장]을 클릭합니다.

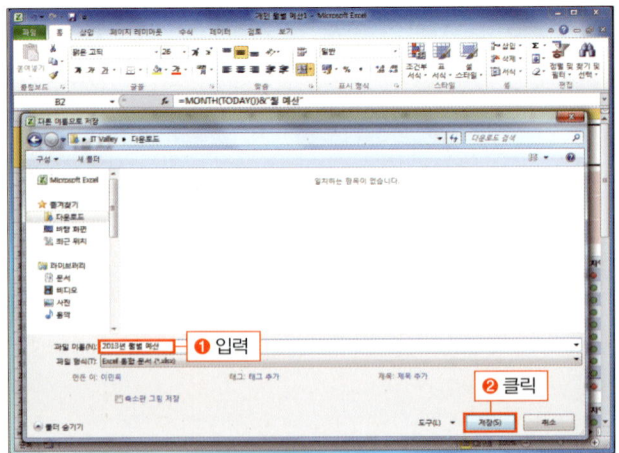

06. 결과 창을 확인합니다.

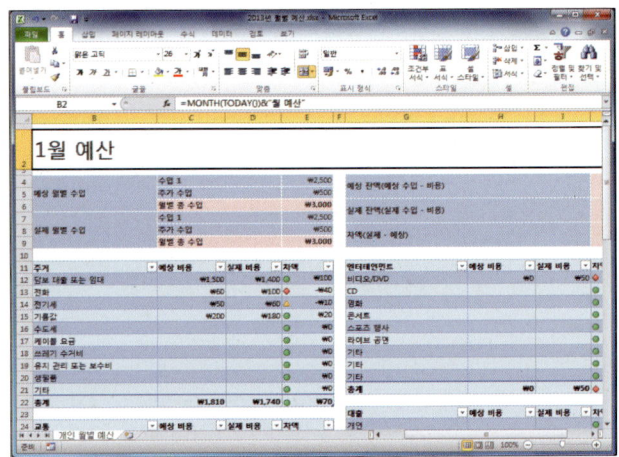

■ 새 문서 파일을 만들고 암호 입력하기

01. 엑셀 2010을 실행하고 문서 파일에 임의의 데이터 값을 입력합니다.

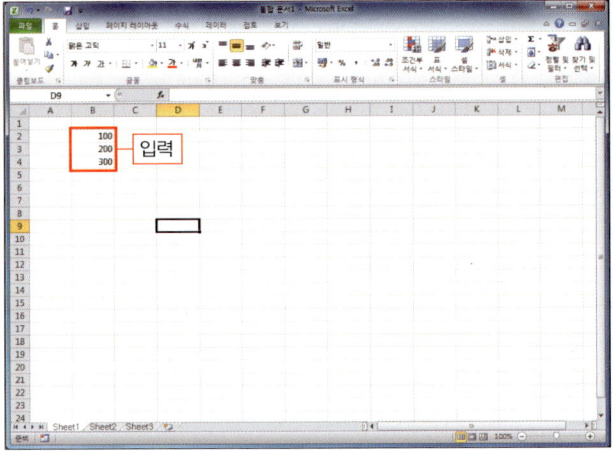

02. [파일] 탭에서 [다른 이름으로 저장]을 클릭하고, [다른 이름으로 저장] 대화상자가 나타나면 [도구]-[일반 옵션]을 클릭합니다.

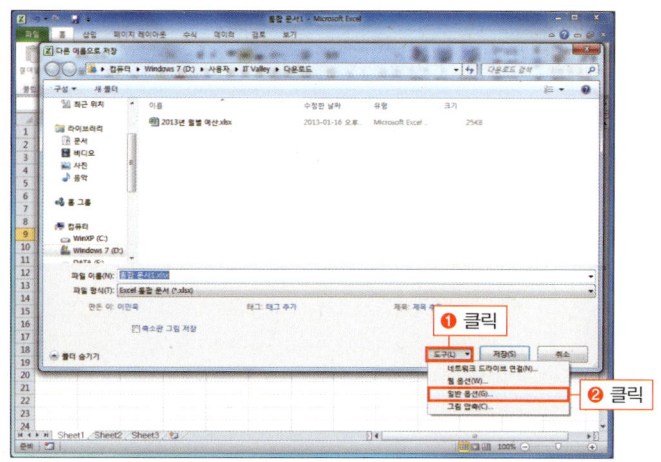

03. [일반 옵션] 대화상자의 [열기 암호]에 '1234'를 입력하고 [쓰기 암호]에 '5678'을 입력한 후 [확인]을 클릭합니다.

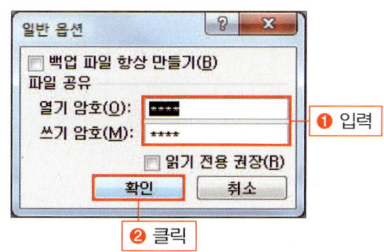

04. 다시 [열기 확인] 대화상자가 나타나면 '1234'를 입력하고, [쓰기 암호] 대화상자가 나타나면 '5678'을 입력합니다.

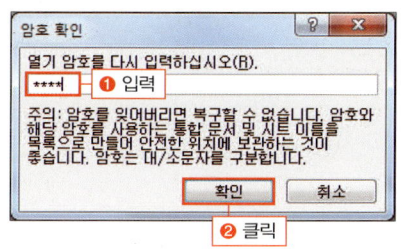

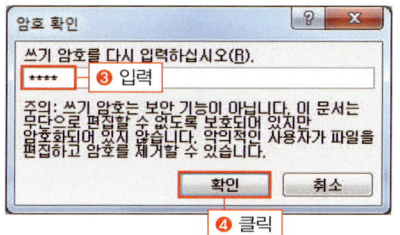

기존에 저장되어 있는 문서 파일을 불러온 후 편집하고 다시 저장하는 방법을 알아보겠습니다.

예제 파일 | CD\Part 01\2013년 월별 예산.xlsx, 문서암호.xlsx

■ 기존 문서 파일 열기

01. 엑셀 2010을 실행하고 [파일] 탭에서 [열기]를 클릭합니다.

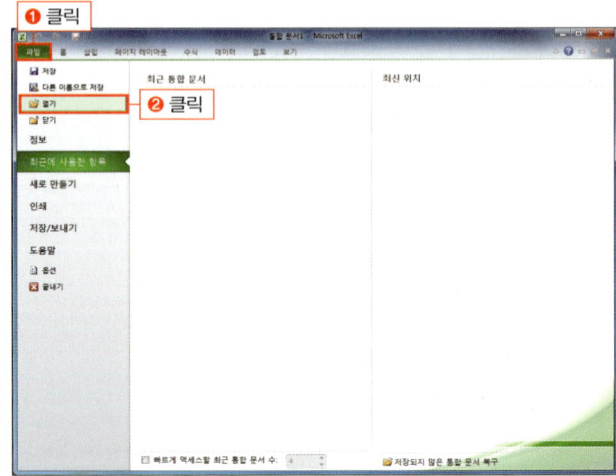

02. [예제 파일] 폴더에서 '2013년 월별 예산.xlsx' 파일을 선택하고 [열기]를 클릭합니다.

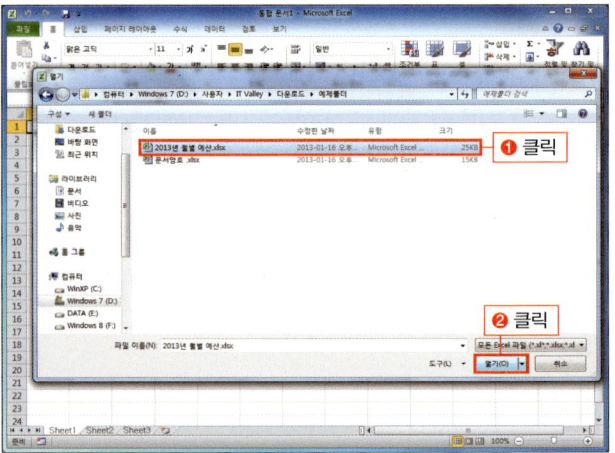

03. '2013년 월별 예산.xlsx' 파일의 내용을 확인합니다.

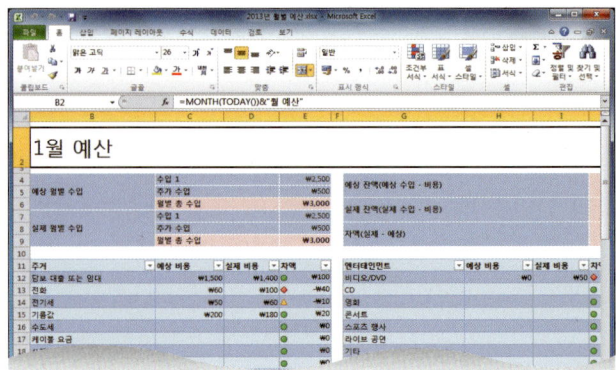

44

■ 암호가 있는 문서 열기와 암호 삭제

01. [파일] 탭에서 [열기]를 클릭하고, [열기] 대화상자가 나타나면 '문서암호.xlsx' 파일을 선택한 후 [열기]를 클릭합니다.

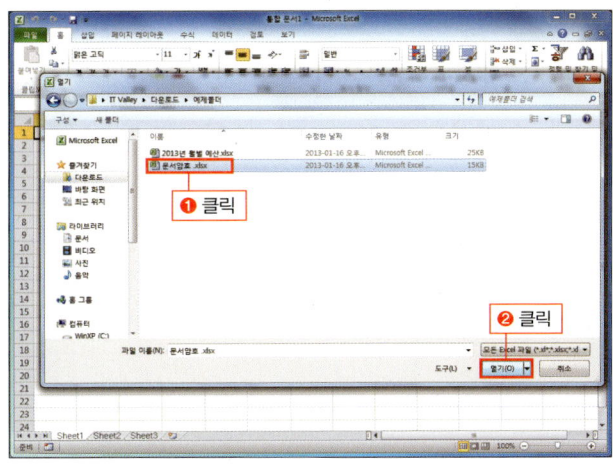

02. [암호] 대화상자가 나타나면 열기 암호인 '1234'를 입력하고 [확인]을 클릭합니다.

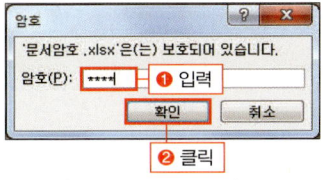

03. 다시 [암호] 대화상자가 나타나는 데 이때는 쓰기 암호인 '5678'을 입력하고 [확인]을 클릭합니다.

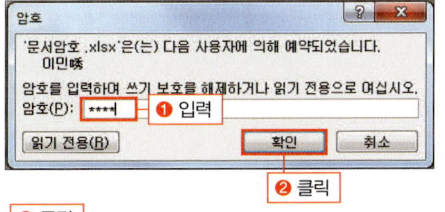

04. 기존의 암호가 불편하면 삭제하기 위해서 [파일] 탭 [다른 이름으로 저장]을 클릭합니다.

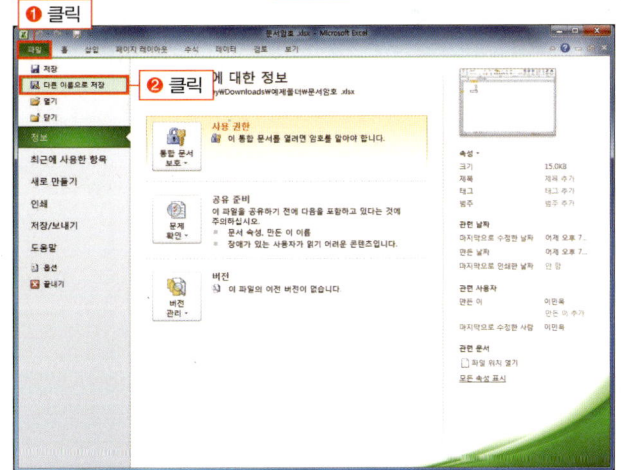

05. [다른 이름으로 저장] 대화상자가 나타나면 [도구]-[일반 옵션]을 클릭합니다.

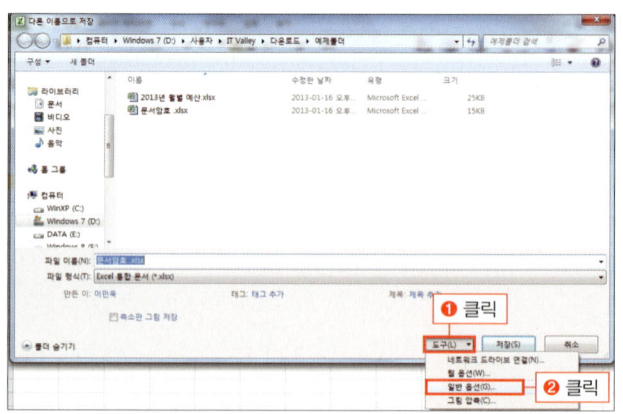

06. [일반 옵션] 대화상자가 나타나면 [열기 암호]와 [쓰기 암호]를 삭제하고 [확인]을 클릭합니다.

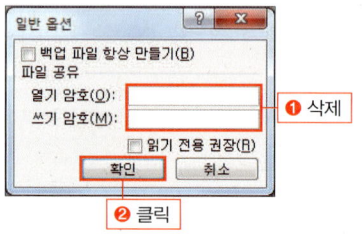

07. 다시 [다른 이름으로 저장] 대화상자에서 [저장]을 클릭하여 저장합니다.

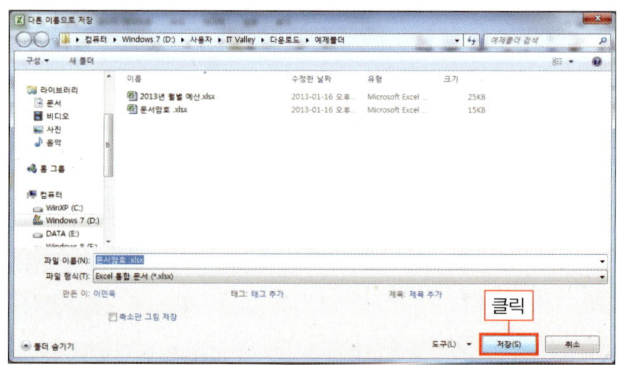

08. 엑셀 2010을 닫고 07번 따라하기에서 저장한 '문서암호.xlsx' 파일을 다시 불러오면 암호를 묻지 않고 열리는 것을 확인할 수 있습니다.

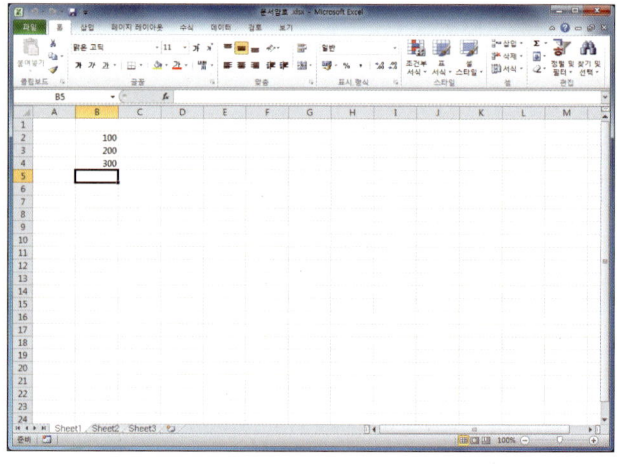

사용 가능한 서식 파일에는 기본적으로 가지고 있는 예제 서식 파일 뿐만 아니라 여러 종류의 다양한 서식 파일이 있습니다. Office.com 서식 파일은 마이크로소프트에서 제공하는 데 이 서식 파일을 다운받아 다양한 문서를 작성할 수 있습니다.

■ Office.com 서식 파일을 이용하여 대학생 가계부 만들기

01. 엑셀 2010을 실행하고 [파일] 탭에서 [새로 만들기]를 클릭한 후 [Office.com 서식 파일]의 [예산]을 선택합니다.

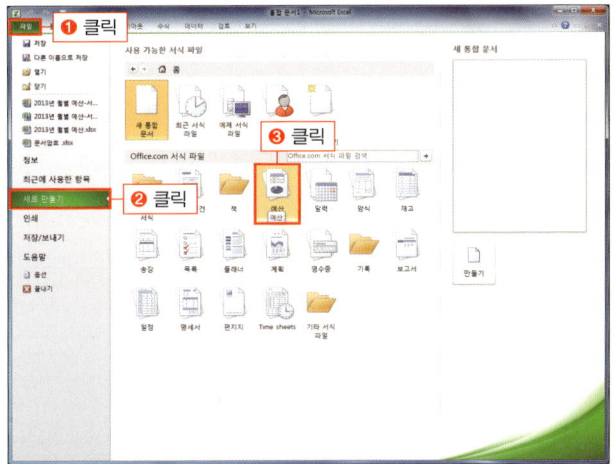

02. [가계 예산]을 클릭하고 다시 [대학생 가계부] 오른쪽의 [다운로드]를 클릭합니다.

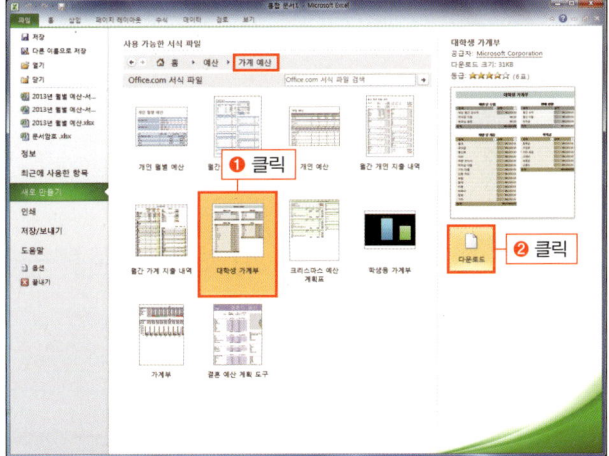

03. 대학생 가계부 서식이 나오면 이번 달 수입, 현재 상황, 이번 달 지출, 학자금 등을 수정해 봅니다.

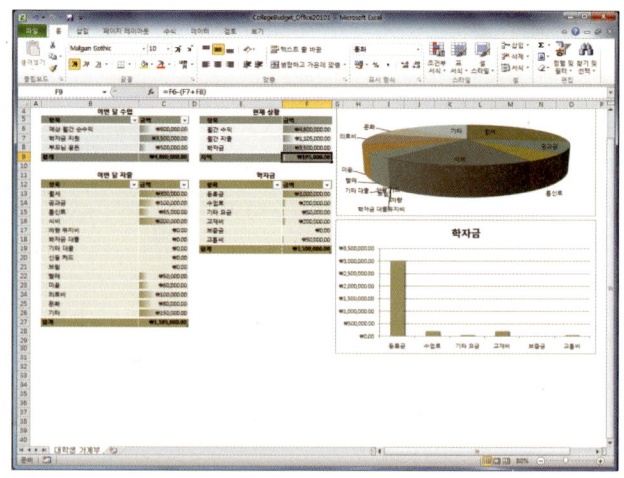

■ Office.com 서식 파일에서 2013년 달력 만들기

01. [파일] 탭에서 [새로 만들기]를 클릭하고 [Office.com 서식 파일] 빈 칸에 '2013년 달력'을 입력한 후 **Enter**를 누릅니다.

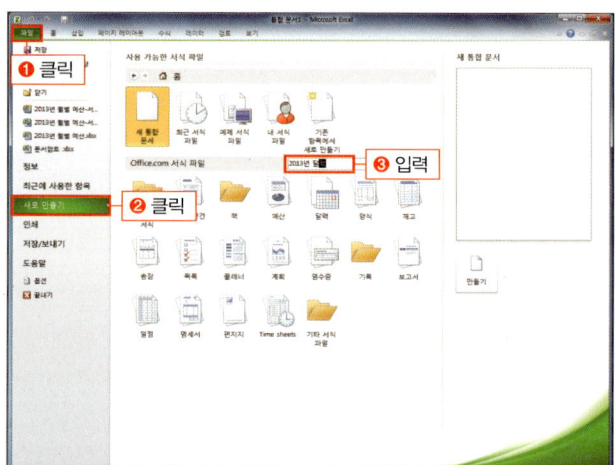

02. 여러 서식 파일이 나오면 [2013년 월 단위 달력(뱀의 해)]를 선택하고 [다운로드]를 클릭합니다.

03. 2013년 달력이 나타나면 [10] 시트를 클릭하여 이동합니다. '3일'을 선택한 후 [홈] 탭-[클립보드] 그룹에서 [서식 복사]를 클릭하고 '9일'을 선택하여 서식을 변경합니다.

04. 마찬가지로 '9일' 옆 셀을 선택하고 '한글날'을 입력한 후 같은 서식을 적용합니다.

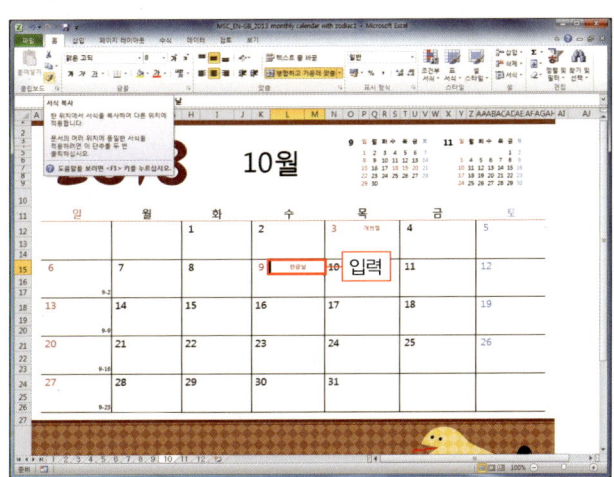

TIP : 공급자의 [Microsoft Corporation]을 클릭하면 서식 파일인 인터넷 창이 열립니다. 이곳에서 여러 가지의 서식 파일을 다운로드 받을 수 있는데 직접 찾아봅니다. 오피스에 관한 모든 서식 파일을 다운로드 받을 수 있으며 엑셀에 관련된 서식 파일을 다운받기 위해서는 [모든 프로그램]-[Excel]을 클릭하면 됩니다.

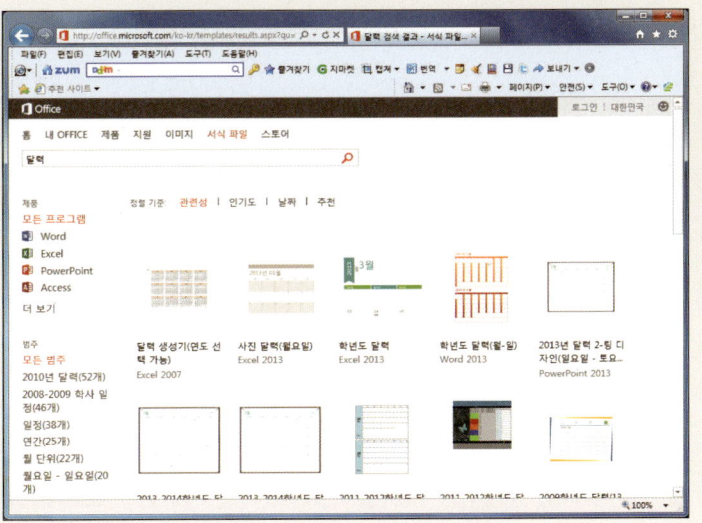

04 효율적인 엑셀 데이터 입력하기

레 벨 ● ● ○

워크시트에 있는 셀에 문자, 숫자, 날짜 등의 입력 방법과 셀의 수정 방법, 자동 채우기를 통한 편리한 데이터 입력 방법에 대하여 알아보겠습니다. 또한, 키보드로 직접 입력할 수 없는 한자나 특수 문자를 입력하는 방법도 알아보겠습니다.

기초 탄탄 ▶ 키보드를 이용한 이동과 특수 문자

■ 셀 포인터 이동 `56P`

여러 개의 셀 중에서 현재 작업 중인 셀을 활성 셀이라 하는데, 키보드를 이용하여 이동할 때는 바로 가기 키를 이용합니다.

바로 가기 키	이동 방향
↑, ↓, ←, →	상하/좌우로 한 칸씩 이동
Ctrl + ↑, ↓, ←, →	현재 영역의 상하/좌우 마지막 셀로 이동
Home	해당 행의 A열로 이동
Ctrl + Home	워크시트의 첫 행 첫 열(A1)로 이동
Ctrl + End	전체 입력된 데이터의 마지막 셀로 이동
Ctrl + Page Up / Page Down	활성 워크시트의 앞/뒤 시트로 이동
Alt + Enter	한 셀에서 줄이 바뀌며 두 줄 이상의 데이터를 입력
Page Up / Page Down	한 화면 위/아래로 이동

■ 자음에 따른 특수 문자 `67P`

한자를 이용하여 특수 문자를 완성할 수 있는 데 자음에 따른 특수 기호는 아래와 같습니다.

종류	내용	종류	내용	종류	내용
ㄱ	문장 부호	ㅂ	괘선	ㅋ	받침한글, 모음
ㄴ	괄호	ㅅ	원(한글), 괄호(한글)	ㅍ	영문(대, 소문자)
ㄷ	수학 기호	ㅇ	원(영문), 원(숫자), 괄호(숫자)	ㅌ	옛글자
ㄹ	단위	ㅈ	숫자, 로마 숫자	ㅎ	그리스 문자표
ㅁ	일반 도형	ㅊ	분수, 첨자		

■ [한글/한자 변환] 대화상자 65P

한글을 한자로 변경 시 사용되는 대화상자로 한글을 원하는 뜻에 맞게 한자로 변경할 수 있으며, 한글과 한자로 동시에 같이 나타낼 수도 있습니다.

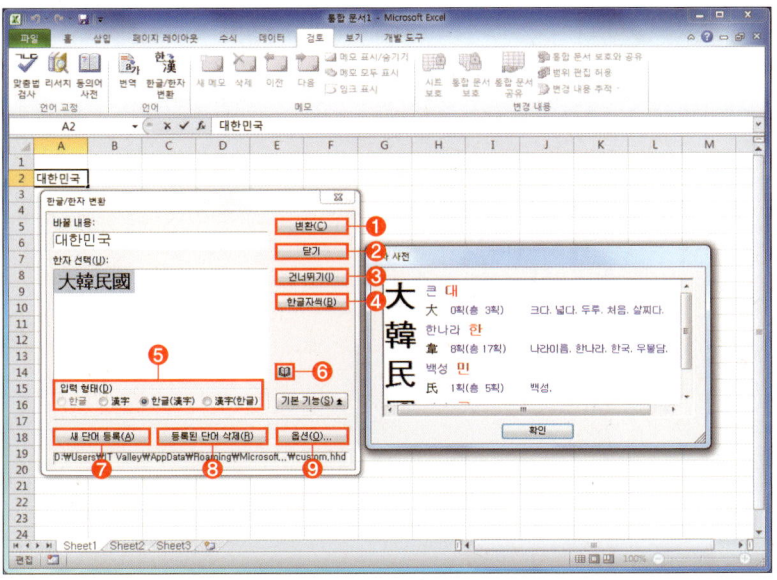

❶ **변환** : 한글을 한자로 변경시킵니다.

❷ **닫기** : [한글/한자 변환] 대화상자를 닫습니다.

❸ **건너뛰기** : 한자로 변환 중에 변환을 원치 않는 글자는 그대로 남기고 다음 글자로 이동합니다.

❹ **한글자씩** : 글자 변경 중 2글자 이상의 한자 변환이 나타나면 이 버튼을 눌러 한글자씩 변경할 수 있습니다.

❺ **입력 형태** : 한글, 한자, 한글+한자를 동시에 표시할 수 있습니다.

❻ **한자 사전** : 한자가 나타내는 뜻과 획수를 보여줍니다.

❼ **새 단어 등록** : 여러 글자를 한 번에 한자로 변경하기 위해 한글 단어를 한자로 등록해 놓으면 그 단어의 한자가 한 번에 나타납니다.

❽ **등록된 단어 삭제** : 한자로 한 번에 나타내려는 단어를 삭제하여 한 글자씩 변경할 수 있습니다.

❾ **옵션** : 한글을 한자로 변환 시 변환 형식, 표시 한자 종류, 한자 사전의 경로 등을 확인할 수 있습니다.

예제 파일 | CD₩Part 01₩효율적인 데이터.xlsx **완성 파일** | CD₩Part 01₩효율적인 데이터-완성.xlsx

■ 문자 데이터 입력

01. 엑셀 2010을 실행하고 '효율적인 데이터.xlsx' 파일을 불러옵니다. [입력] 시트에서 [A4] 셀을 선택하고 '엑셀 2010'을 입력합니다.

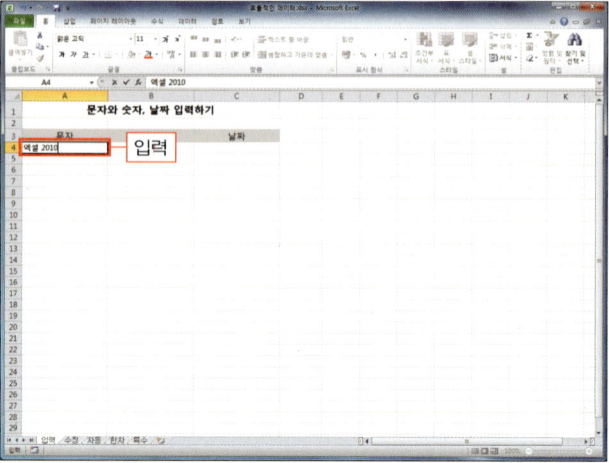

02. [A5] 셀에 '엑셀 2010'을 입력하고 **Alt** + **Enter** 를 누른 후 '쉽게 배우기'를 입력합니다.

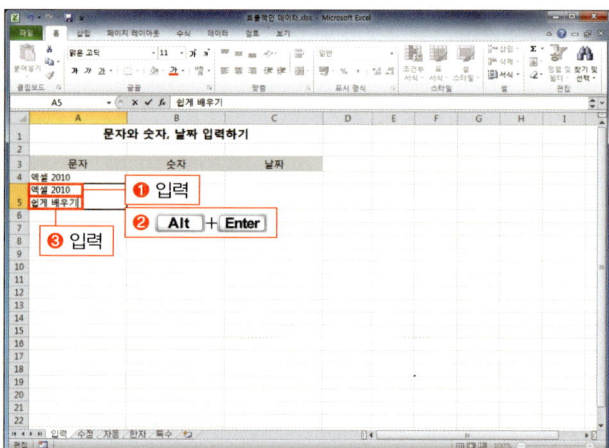

> **TIP :** **Alt** + **Enter** 를 누르면 한 셀 안에 아래로 이동하여 추가적인 내용을 입력할 수 있습니다.

03. [A6] 셀에 '(홑따옴표)1004를 입력합니다.

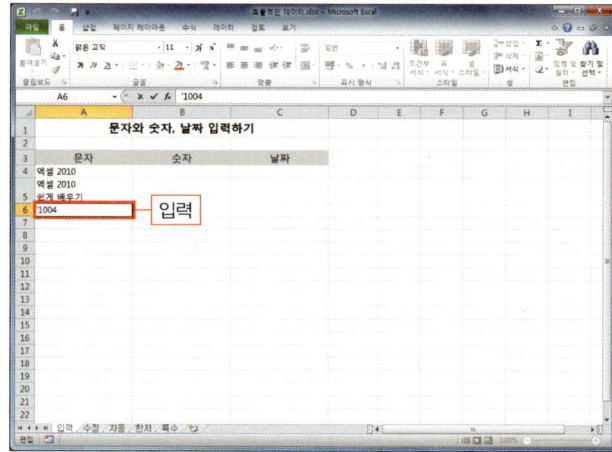

> **TIP :** 문자와 숫자를 같이 사용하면 문자가 되지만 '(홑따옴표)를 이용하면 문자처럼 사용되지만 숫자처럼 계산도 가능합니다.

04. [A7] 셀에 '아름다운 우리강산 푸르게 푸르게'를 입력합니다.

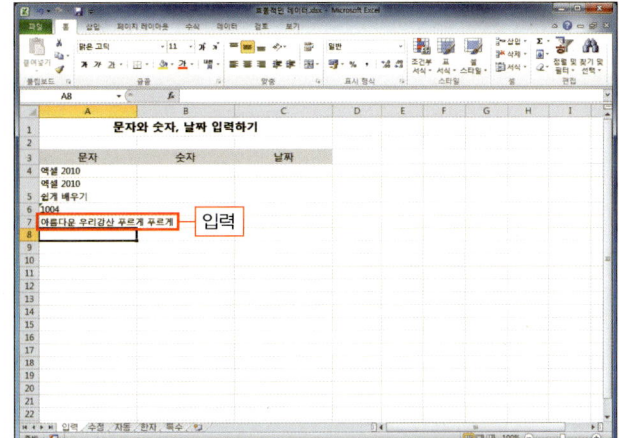

TIP : 셀의 크기를 넘는 문자는 오른쪽 셀이 비어 있을 때 셀 크기를 넘어서 보이게 합니다.

05. [B7] 셀에 '100'을 입력합니다.

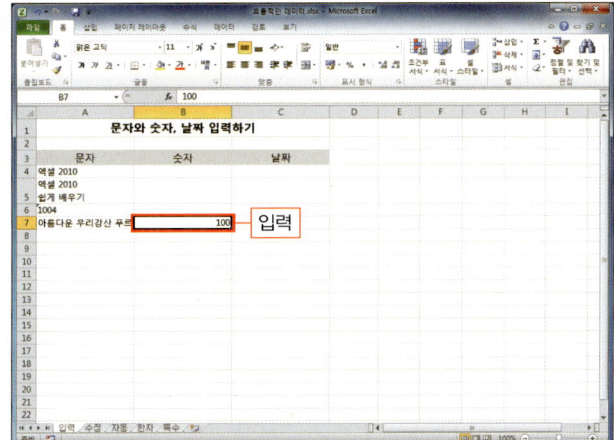

TIP : 오른쪽 셀에 값이 들어가면 넘어서 보이게 되는 값들은 보이지 않게 합니다.

■ 숫자 데이터 입력

01. [B4] 셀에 '200'을 입력하고, [B5] 셀에 '-500'을 입력합니다.

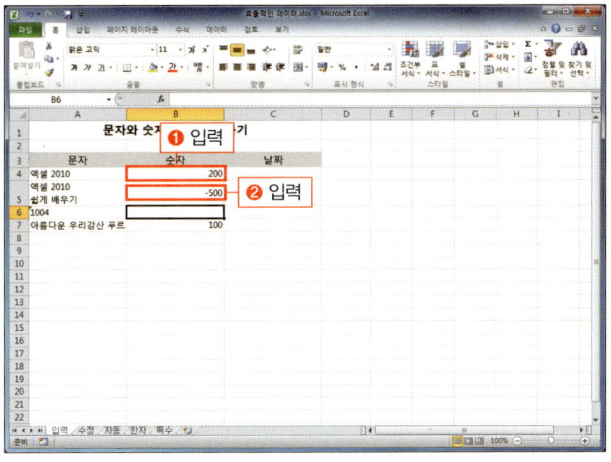

TIP : 문자는 셀의 왼쪽에 맞추어 입력되지만, 숫자는 오른쪽에 맞추어 입력됩니다.

02. [B6] 셀에 '0 1/3'을 입력하고, [B7] 셀의 이전
내용을 삭제한 후 '100 200'을 입력합니다.

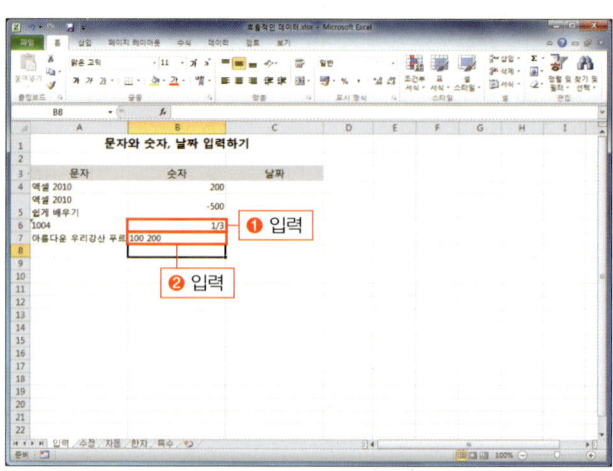

TIP : 분수로 표시할 경우 숫자와 공백, 분자/분모를
넣어 주어야 합니다. 그런데, 숫자를 입력할 경우 숫자,
공백, 숫자를 입력하면 공백 때문에 숫자는 문자로 인
식합니다.

03. [B8] 셀에 '123456789123456789123456789'
를 입력하면 숫자가 지수 형태로 변경됩니다.

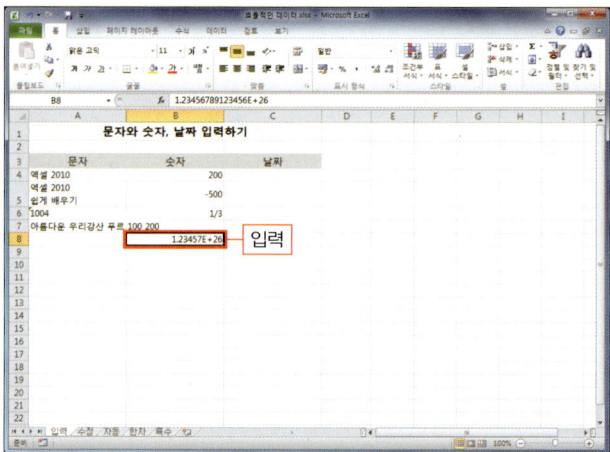

■ 날짜와 시간 데이터 입력

01. [C4] 셀에는 '4/5', [C5] 셀에는 '4-32'를 각각
입력합니다.

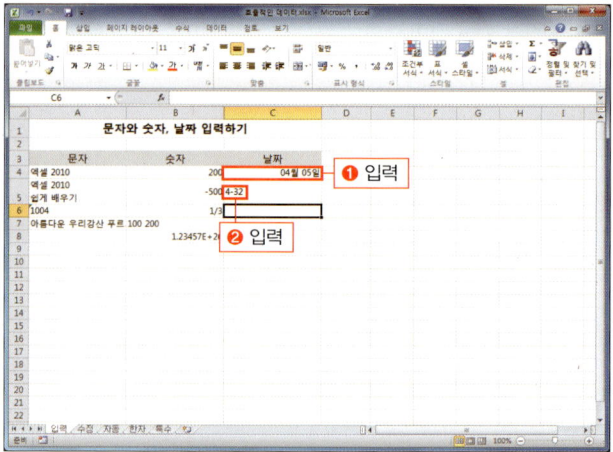

TIP : 날짜는 하이픈(-)과 슬래시(/)로 지정하여 입력
합니다. 그런데, 날짜의 값이 날짜보다 많게 되면 문자
로 표시됩니다.

02. [C6] 셀에 '8월 18일'를 입력하고 [C7] 셀에 '1993년 8월 13일'을 입력합니다.

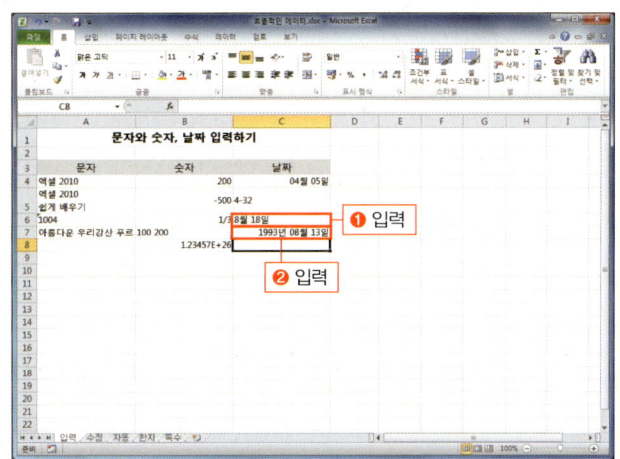

TIP : 셀에 한글로 월, 일을 입력하면 문자로 인식하지만 년, 월, 일을 입력하면 날짜로 인식합니다. 또한, 년, 월, 일간에 공백이 없으면 문자로 인식하기 때문에 주의하기 바랍니다.

03. [C8] 셀에는 '10:26', [C9] 셀에는 '20:45'를 각각 입력합니다.

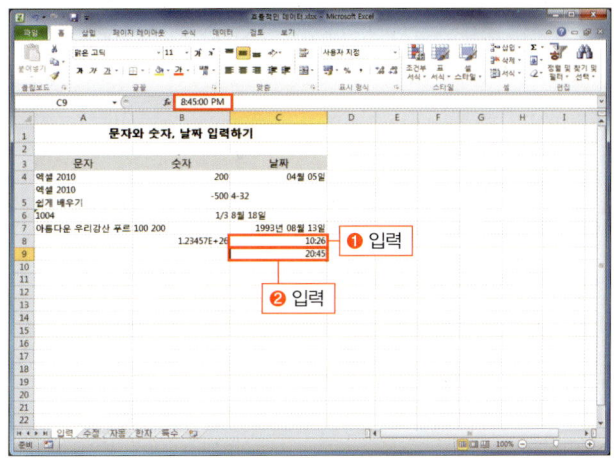

TIP : 12시를 기준으로 이전은 AM으로 이후는 PM으로 표시되는 것을 상단의 수식 표시줄에서 확인할 수 있습니다.

04. [C10] 셀에서는 **Ctrl** + **;** , [C11] 셀에서는 **Ctrl** + **Shift** + **;** 를 각각 누릅니다.

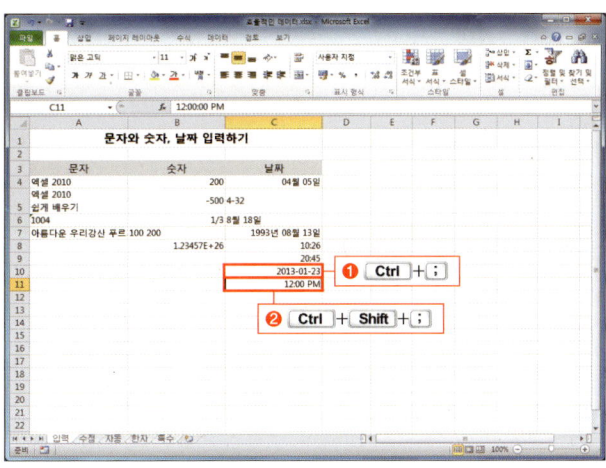

TIP : [C10] 셀은 시스템에 있는 현재 시스템 날짜가 입력되고, [C11] 셀은 현재 시스템의 시간이 입력됩니다.

워크시트에서 셀 포인터를 이동하는 방식은 마우스를 이용하지만 작성 중인 상태에서는 셀 이동 시 키보드의 단축키를 이용하기도 합니다. 또한, 셀 데이터의 수정은 마우스로 더블클릭하거나 **F2**를 눌러 수정합니다.

예제 파일 | CD₩Part 01₩효율적인 데이터.xlsx

■ 셀 포인터 이동하기

01. [수정] 시트로 이동하고 [B4] 셀을 선택한 후 **Ctrl** + **→**를 누릅니다.

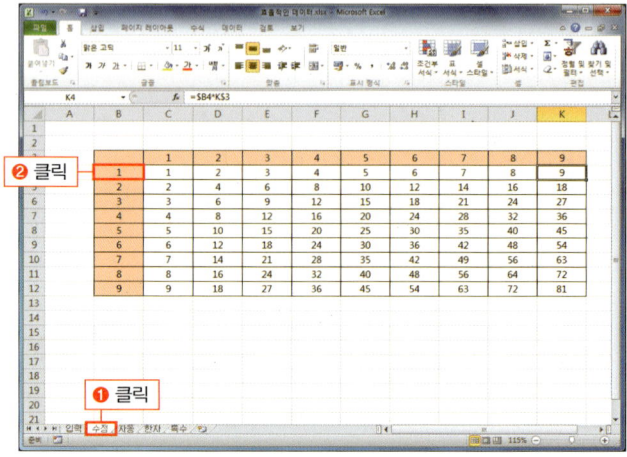

02. 다른 방향키(**↓**, **←**, **↑**)를 순서대로 눌러 봅니다.

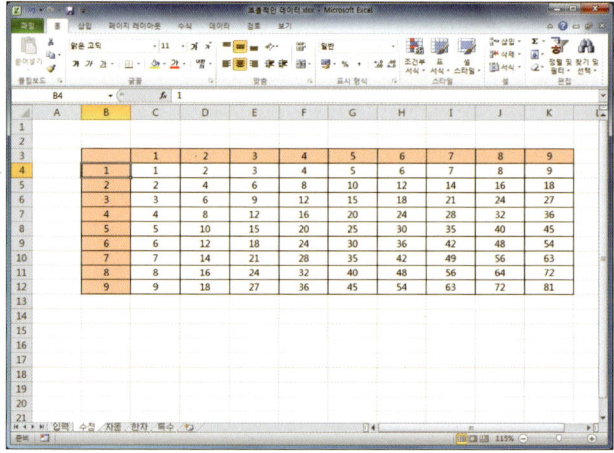

TIP : 일반적인 방향키들은 전체 워크시트 안의 셀에서 이동되지만, **Ctrl** 을 누른 상태로 방향키를 사용하는 경우 현재 영역 안의 마지막 셀로 이동합니다.

03. 바로 [Ctrl] + [End] 를 누르고, 다시 [Ctrl] + [Home] 을 누릅니다.

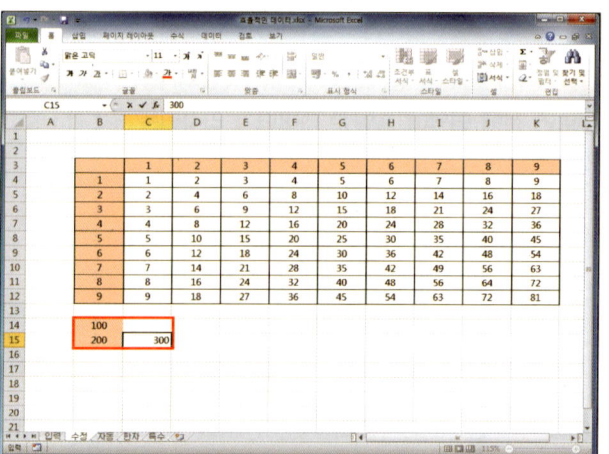

T I P : [End] 는 입력 데이터의 마지막 셀로 이동하고, [Home] 은 워크시트의 시작 셀인 [A1] 셀로 이동합니다.

04. [B14] 셀을 선택하고 '100'을 입력한 후 [Enter] 를 누릅니다. 바로 '200'을 입력하고 [Tab] 을 누른 후 '300'을 입력합니다.

T I P : 일반적으로 [Enter] 를 누르면 셀의 하단으로 이동하고 [Tab] 을 누르면 셀의 오른쪽으로 이동합니다. [Excel 옵션] 대화상자의 [고급]에서 [Enter] 의 이동 방향을 변경할 수 있습니다.

■ 엑셀 2010 설치 시 자신의 컴퓨터 사양을 정확히 알아보고 설치합니다. 또한, 오피스 프로그램은 정품 사용을 기본으로 알아둡니다.

■ 엑셀 2003이나 2007의 사용자들은 엑셀 2010에서 변경된 새로운 기능을 알아보고, 앞으로 변경되는 새로운 기능을 배움에 있어서 어떻게 이용할 것인지를 생각해 봅니다.

■ 엑셀 2010의 화면 구성은 엑셀 2007의 화면 구성에서 크게 변경되는 것은 없지만 오피스 단추가 없어지고 [파일] 탭으로 그 기능을 보다 향상시켰습니다. **25P**

■ 처음 엑셀 2010을 실행하면 [개발 도구] 탭이 없는데, 탭을 활성화하고 빠른 실행 도구 모음을 이용하여 기능들을 보다 편리하게 사용해 봅니다. **31P**

■ 엑셀 2010의 실행과 종료를 위한 기본 사용 방법 이외에 다양한 방법들을 익혀봅니다. **35P**

■ 파일의 저장은 통합 문서 이외에 서식 파일, 이전 버전 파일 등 확장자에 따라 다르게 저장되므로 어떤 형식의 확장자를 가지는지 알아두고, 서식 파일은 많이 사용하니 꼭 기억해 둡니다. **37P**

■ 보안을 위해 암호를 입력하는 데 열기 암호와 쓰기 암호의 차이점을 기억하고 저장 옵션을 이해합니다. **42P**

■ Office.com 서식 창고는 보다 빠르게 문서 작업에 도움을 주는데 어떤 서식 파일이 있는지 확인하고 마이크로소프트에는 계속적으로 업데이트하니 자주 확인하면서 활용도를 높여갑니다. **47P**

■ 엑셀의 입력에는 크게 문자, 숫자, 날짜의 기본 입력과 한자, 특수 문자 이외의 입력 방식을 알아두고 자동 채우기를 할 경우에 변경되는 방식을 꼭 확인합니다. 특히, 자동 채우기는 **Ctrl** 과 같이 사용하는 방식의 차이점을 익혀둡니다. **50P**

03. 바로 [Ctrl]+[End]를 누르고, 다시 [Ctrl] +[Home]을 누릅니다.

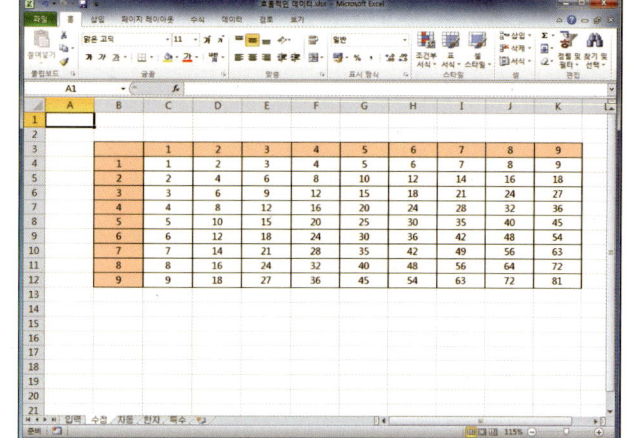

TIP : [End]는 입력 데이터의 마지막 셀로 이동하고, [Home]은 워크시트의 시작 셀인 [A1] 셀로 이동합니다.

04. [B14] 셀을 선택하고 '100'을 입력한 후 [Enter]를 누릅니다. 바로 '200'을 입력하고 [Tab]을 누른 후 '300'을 입력합니다.

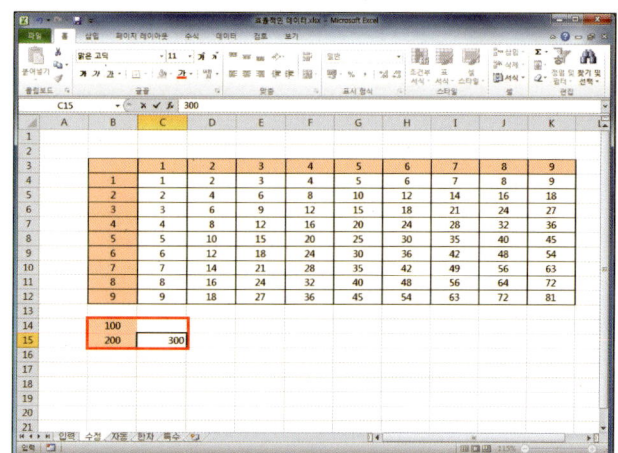

TIP : 일반적으로 [Enter]를 누르면 셀의 하단으로 이동하고 [Tab]을 누르면 셀의 오른쪽으로 이동합니다. [Excel 옵션] 대화상자의 [고급]에서 [Enter]의 이동 방향을 변경할 수 있습니다.

■ 여러 방법으로 데이터 입력하기

01. [B17:E22]를 마우스로 드래그하여 선택합니다.

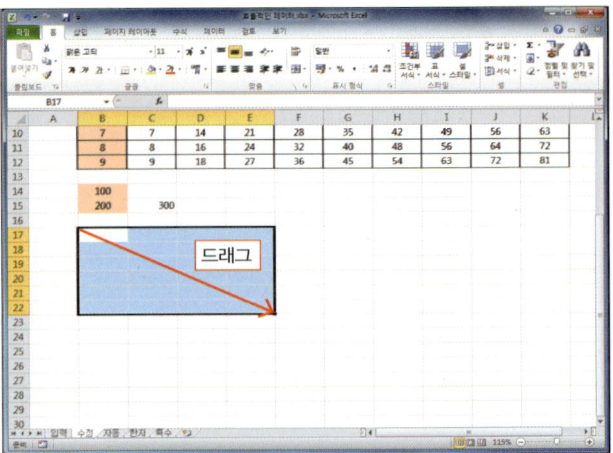

02. '엑셀 2010'을 입력하고 **Ctrl** + **Enter** 를 누르면 선택 영역에 동일한 데이터가 입력되는 것을 확인할 수 있습니다.

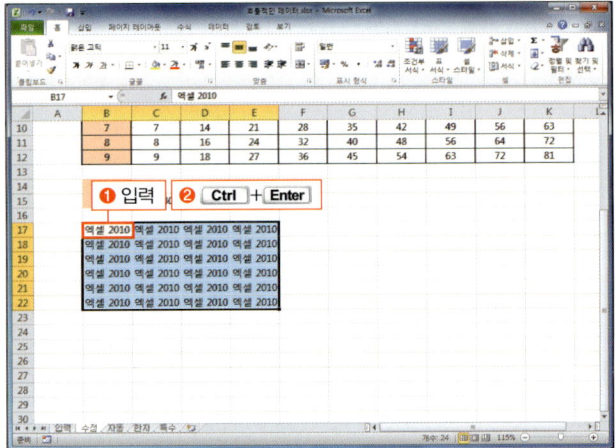

03. 이번에는 [G17:I22]를 선택한 후 '축구', '야구', '농구', '배구', '골프', '수영', '테니스'를 각각 입력합니다.

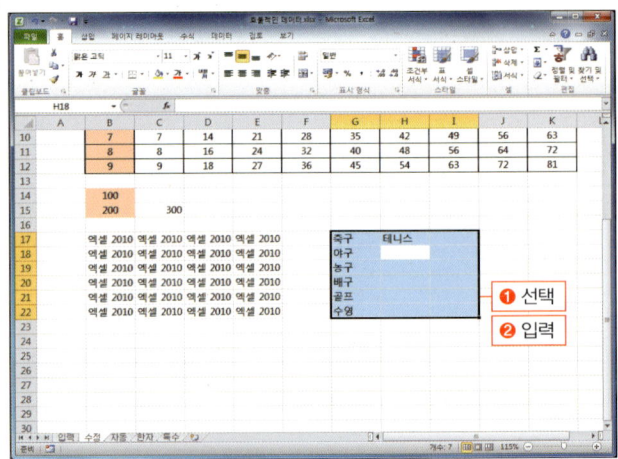

TIP : 범위를 설정하고 **Enter** 를 누르면 범위 안에서만 데이터가 입력됩니다.

■ 데이터 수정하기

01. [E17] 셀을 선택하고 '파워포인트 2010'을 입력합니다.

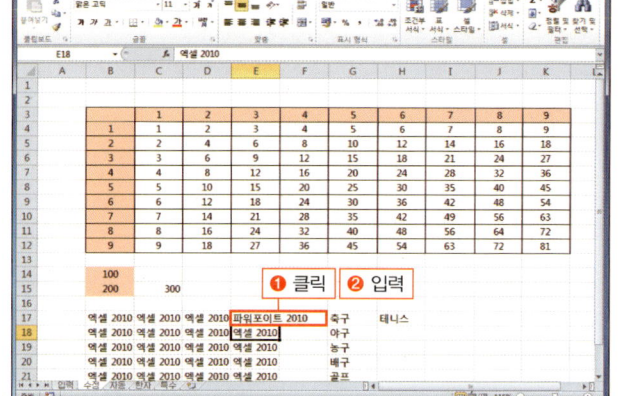

> **TIP :** 바로 클릭하고 데이터를 입력하면 이전의 내용은 삭제되고 새로운 내용으로 덮어쓰기가 됩니다.

02. 이번에는 [E18] 셀을 더블클릭한 후 '엑셀' 부분만 삭제하고 '파워포인트'로 변경합니다.

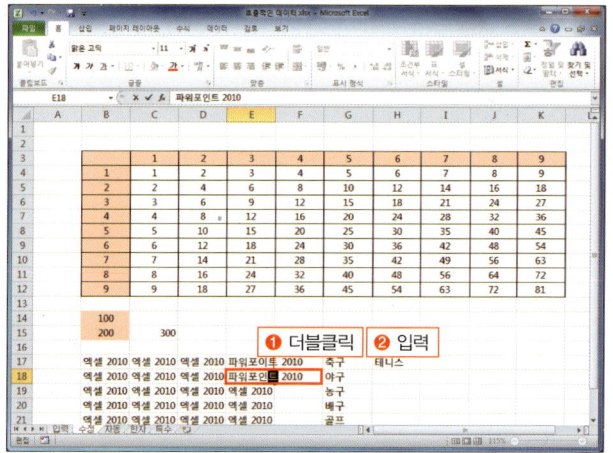

> **TIP :** 셀에 더블클릭하거나, F2 를 누르면 데이터의 일부분만 수정이 가능합니다.

03. 이번에는 [E19] 셀을 선택한 후 상단의 수식 입력줄에 '엑셀'을 '파워포인트'로 변경합니다.

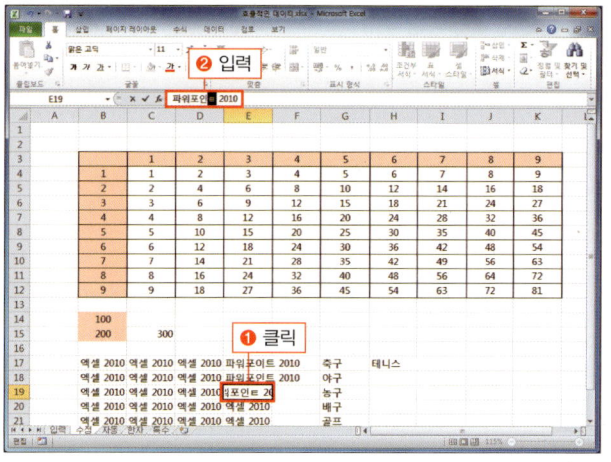

> **TIP :** 수식 입력줄은 셀의 내용이 표시되기 때문에, 바로 수정하거나 입력할 수 있습니다.

자동 채우기는 실제 엑셀에서 중요한 작업입니다. 반복적인 내용을 표현하기 위해서는 직접 작성하는 것보다는 자동 채우기를 이용하여 작성합니다. 문자, 숫자, 날짜의 자동 채우기 방식을 알아봅니다.

예제 파일 | CD₩Part 01₩효율적인 데이터.xlsx

■ 문자와 숫자를 자동 채우기

01. [자동] 시트로 이동하고 [A4] 셀을 선택한 후 셀의 오른쪽 하단에서 아래로 [A10] 셀까지 드래 그합니다.

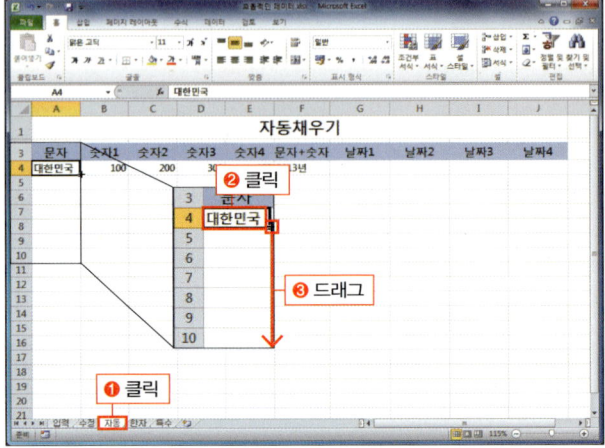

02. [A10] 셀까지 [A4] 셀의 내용이 복사되는 것을 확인할 수 있습니다.

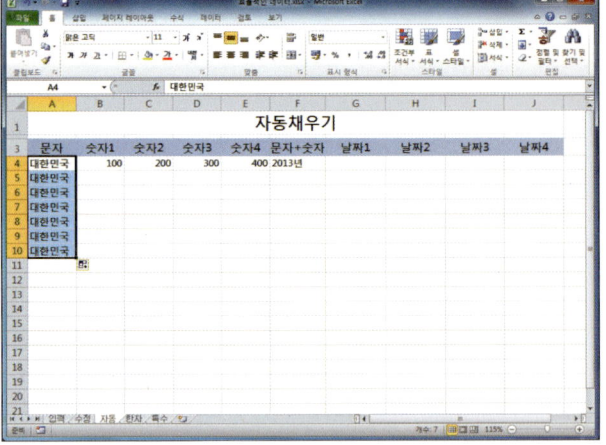

60

03. [B4:B10]까지 자동 채우기하면 숫자도 복사
가 됩니다.

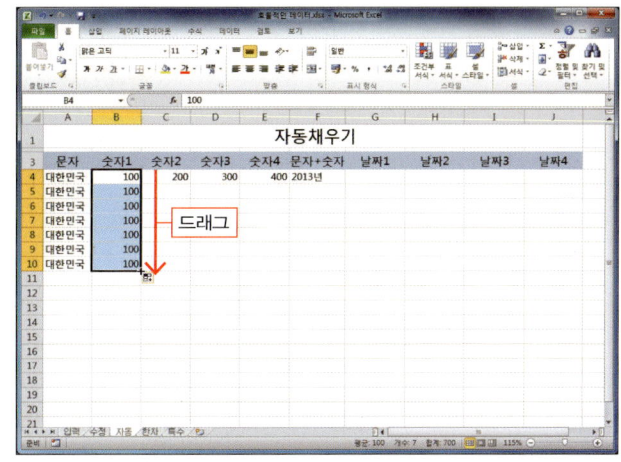

04. 이번에는 [C5] 셀에서 [C10] 셀까지 Ctrl
을 누른 상태로 드래그하여 자동 채우기 합니다.

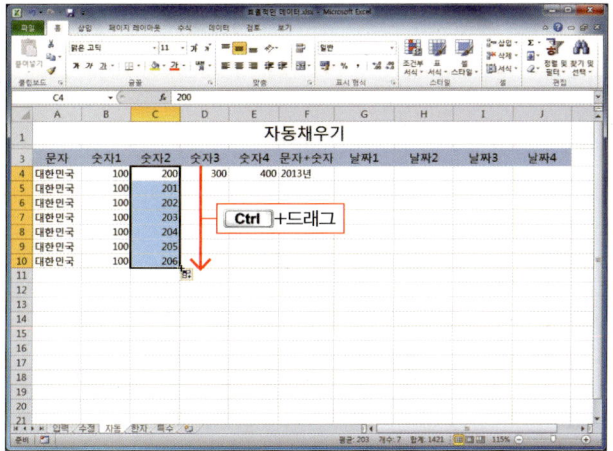

TIP : 숫자에 Ctrl 을 누른 상태에서 드래그하면
1씩 증가합니다.

05. 이번에는 [D5] 셀에 '400'을 입력하고
[D4:D5]를 모두 선택한 후 [D10] 셀까지 드래그하
여 자동 채우기 합니다.

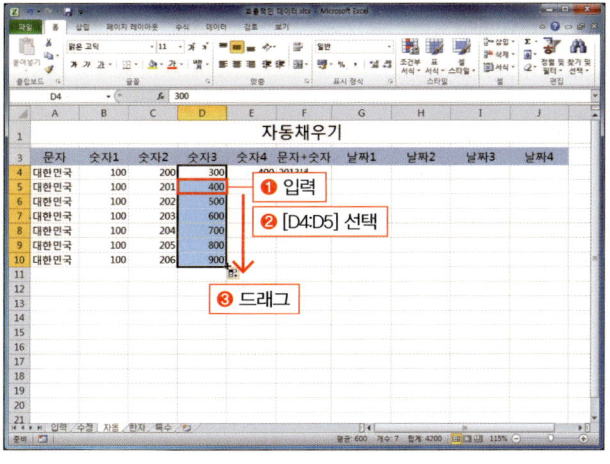

TIP : [D4] 셀과 [D5] 셀은 100 차이가 나는데, 자동
채우기를 하면 100씩 증가합니다.

06. [E4] 셀을 선택하고 마우스 오른쪽 단추로 [E10] 셀까지 자동 채우기를 하면 바로 가기 메뉴가 나타나는 데 [연속 데이터]를 선택합니다.

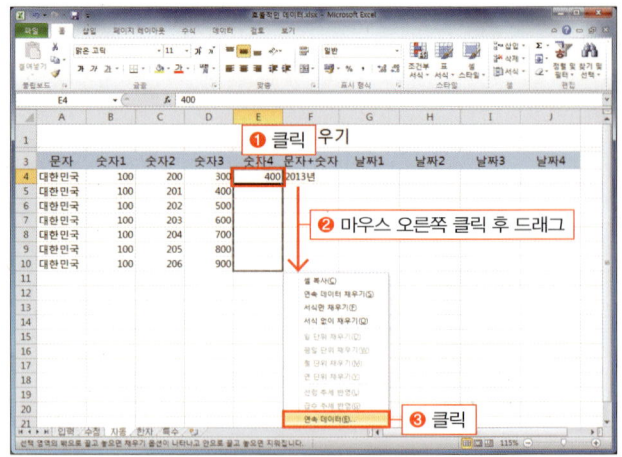

07. [연속 데이터] 대화상자가 나타나면 [유형]을 [급수]로 변경하고 [단계 값]에 '2', [종료 값]에 '3000'을 입력한 후 [확인]을 클릭합니다.

TIP : [유형]에서 [선형]은 단계 값을 더하면서 증가하고, [급수]는 단계 값을 곱하면서 증가합니다. 종료 값은 아무리 증가해도 종료 값까지만 표시됩니다.

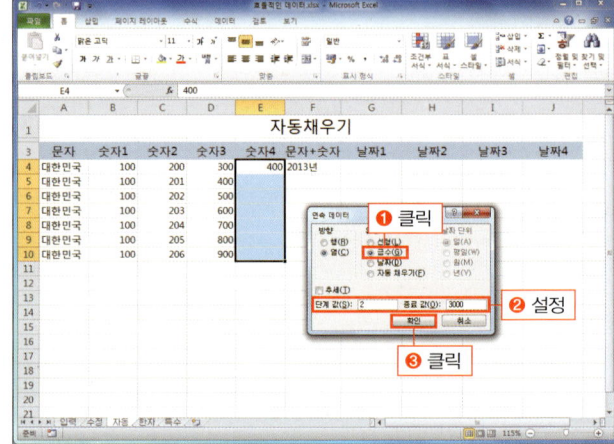

08. 값들이 2배씩 증가하면서 종료 값이 '3000' 이하인 값까지 표시됩니다.

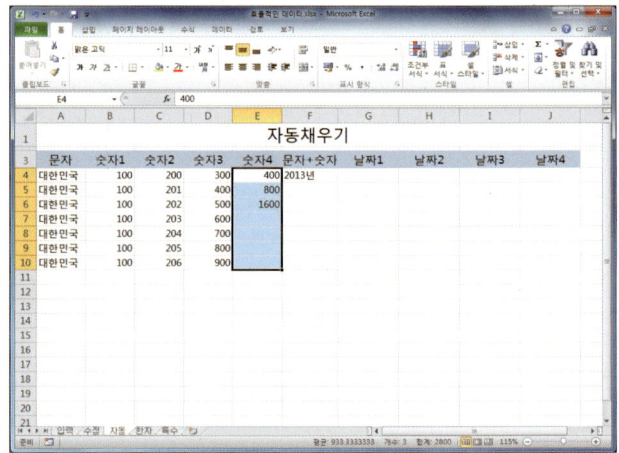

■ 문자+숫자, 날짜 자동 채우기

01. 자동 채우기를 이용하여 [F4:F10]에 데이터를 입력합니다.

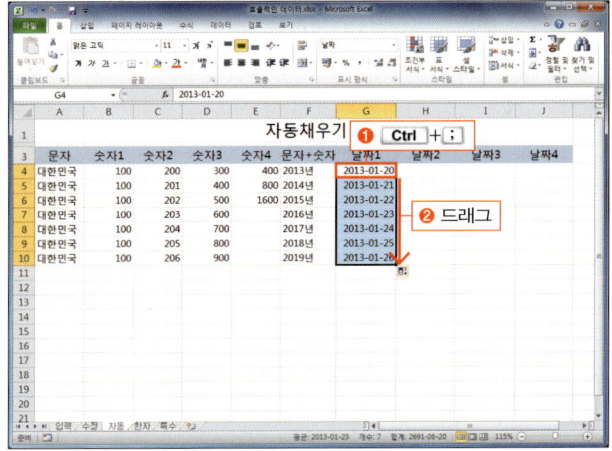

02. [G4] 셀에서 **Ctrl**+**;**를 눌러 지금 날짜를 입력하고, [G10] 셀까지 자동 채우기를 합니다.

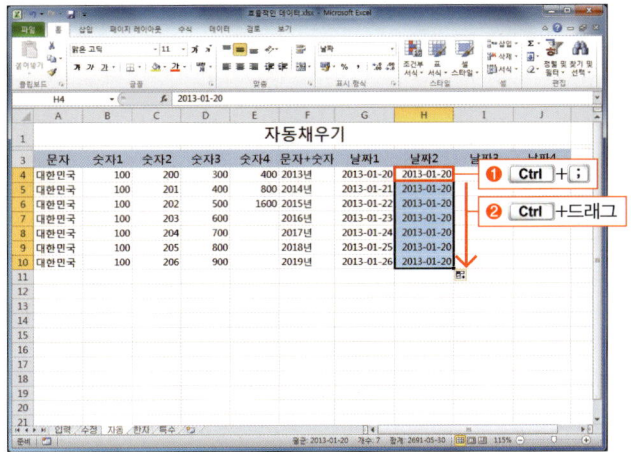

03. [H4] 셀에서 **Ctrl**+**;**를 눌러 지금 날짜를 입력하고, **Ctrl**을 누른 상태로 [H10] 셀까지 자동 채우기를 합니다.

04. [I4] 셀에서 Ctrl + ; 를 눌러 지금 날짜를 입력하고, [I10] 셀까지 마우스 오른쪽 단추로 자동 채우기를 하면 나타나는 바로 가기 메뉴에서 [월 단위 채우기]를 선택합니다. 그러면 [I4:I10]까지 월 단위로 증가합니다.

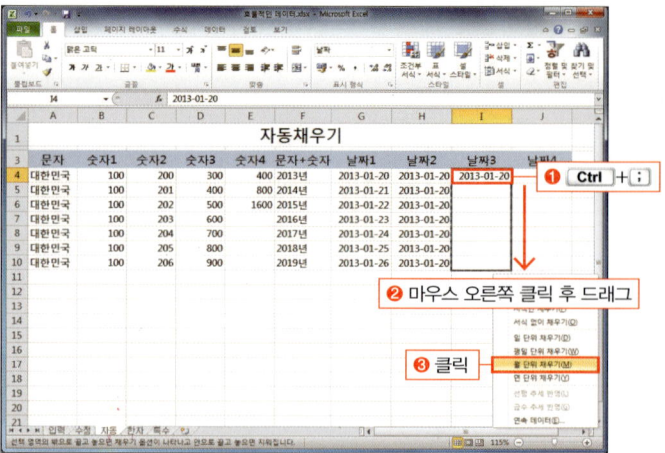

05. [J4] 셀에서 Ctrl + ; 를 눌러 지금 날짜를 입력하고, [J10] 셀까지 마우스 오른쪽 단추로 자동 채우기를 한 후 [연속 데이터]를 선택합니다. [연속 데이터] 대화상자가 나타나면 [유형]을 [날짜]로 변경하고 [단계 값]에 '2'를 입력한 후 [확인]을 클릭합니다.

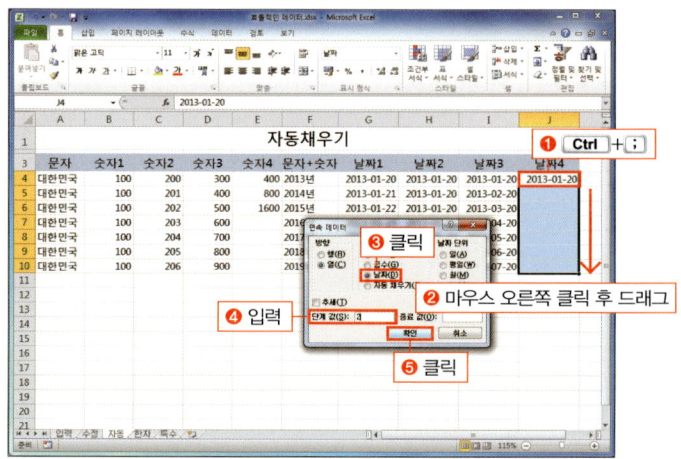

06. [J4:J10]에 2년씩 년도가 증가되는 것을 확인할 수 있습니다.

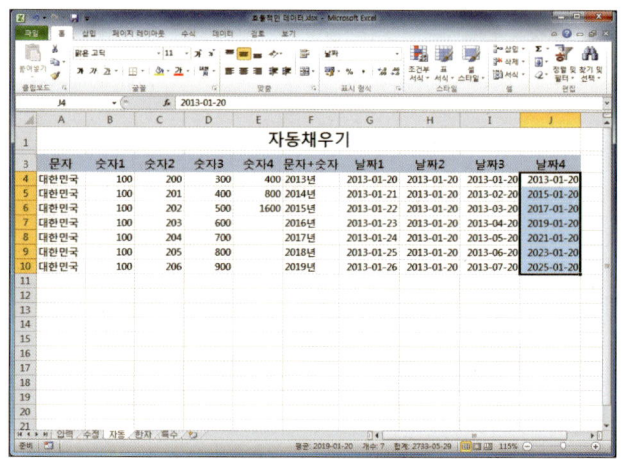

STEP 04 • 한자 입력하기

한글의 음절을 바탕으로 한자로 변환할 수 있습니다. 또한, 한글에 대한 한자 단어를 등록하면 바로 불러와서 한글과 한자 변환을 쉽게 할 수 있습니다.

예제 파일 l CD₩Part 01₩효율적인 데이터.xlsx

■ 데이터를 입력하고 한자로 변경하기

01. [한자] 시트에서 [A2] 셀에 '홍길동'을 입력한 후 더블클릭하여 '홍'에 블록으로 지정하고 한자를 누릅니다. [한글/한자 변환] 대화상자가 나타나면 한자를 선택하고 [변환]을 클릭합니다.

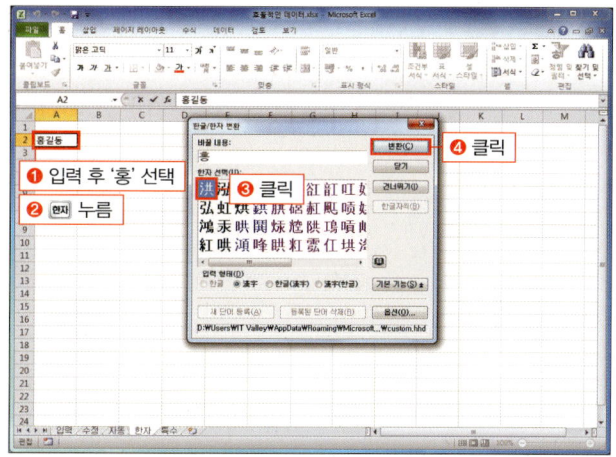

02. '홍'이 한자로 변경되면 나머지도 한자로 같은 방법으로 변환합니다.

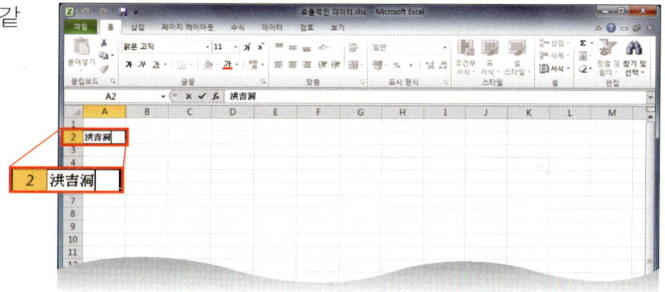

03. [B2] 셀에 '대한민국'을 입력하고 다시 더블클릭한 다음 한자를 누르면 [한글/한자 변환] 대화상자가 나타나는데 '대한민국' 전체가 한자로 변경되는 것을 확인할 수 있습니다. [변환]을 클릭하여 한자로 변환합니다.

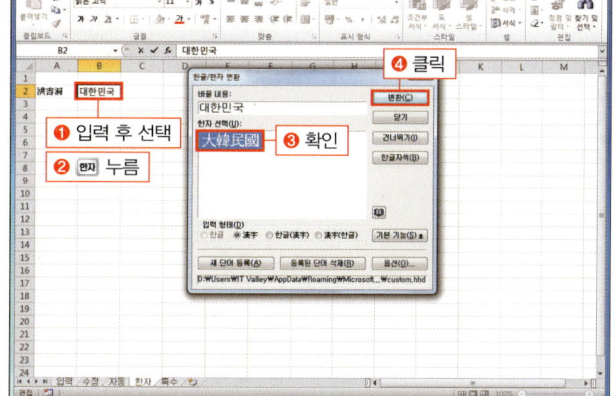

TIP : 단어로 등록된 한자는 한 번에 변경할 수 있습니다.

04. [C2] 셀에 '성춘향'을 입력하고 다시 클릭한 다음 [한자]를 누릅니다. [한글/한자 변환] 대화상자가 나타나면 [새 단어 등록]을 클릭합니다.

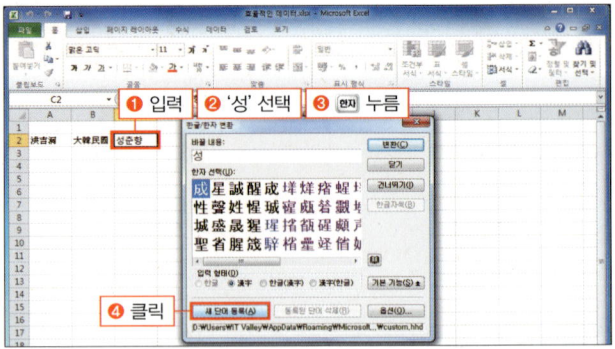

05. '성춘향'에서 한 글자씩 한자를 선택하고 [선택]을 클릭합니다. 모두 한자로 변경되면 [목록에 추가]를 클릭합니다.

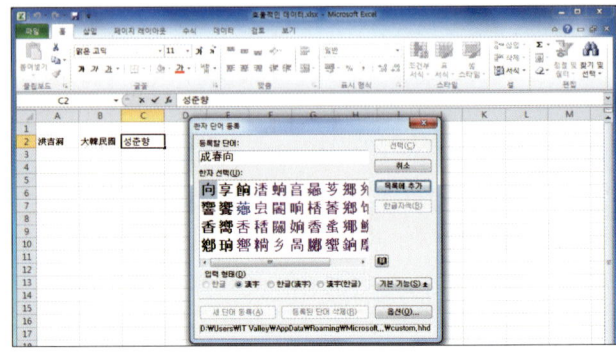

06. [한글/한자 변환] 대화상자에서 [입력 형태]의 [한글(漢字)]를 체크하고 [변환]을 클릭합니다.

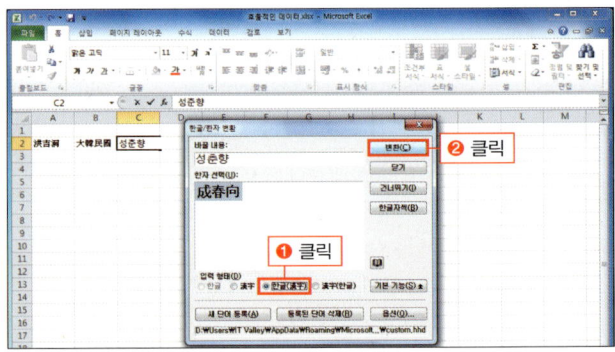

07. [C2] 셀에 한글(한자)가 같이 나오는 것을 확인할 수 있습니다.

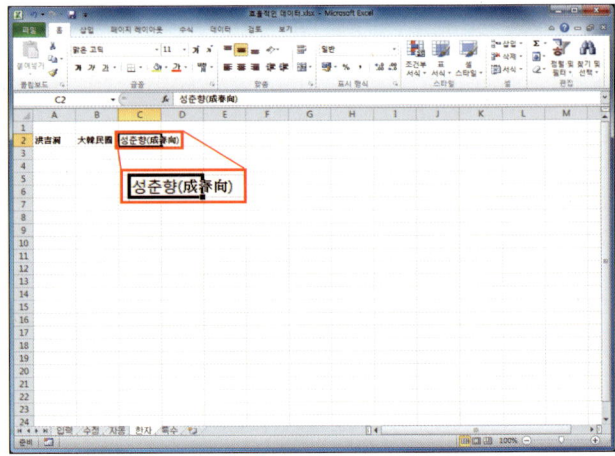

키보드에 없는 특수 문자 단어를 입력하는 방식은 [삽입] 탭-[기호]를 이용하거나 한글의 자음을 입력한 후 [한자]를 눌러 특수 문자를 입력할 수 있습니다.

예제 파일 | CD\Part 01\효율적인 데이터.xlsx

01. 예제 파일의 [특수] 시트에서 [A2] 셀에 '이메일'을 입력하고, [B2] 셀에 'ID□'을 입력한 후 [한자]를 누릅니다.

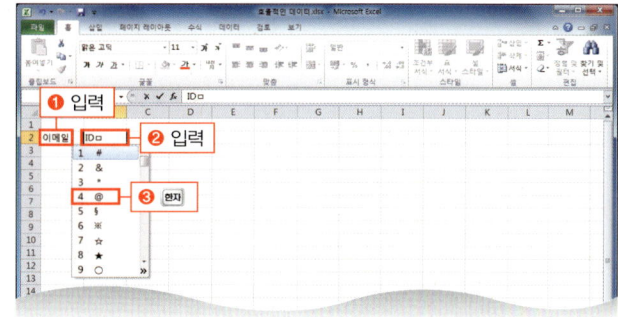

TIP : 자음을 입력하고 [한자]를 누르면 특수 문자로 변경할 수 있습니다.

02. 특수 문자를 '@'로 선택하고 'hanmail.net'을 입력합니다.

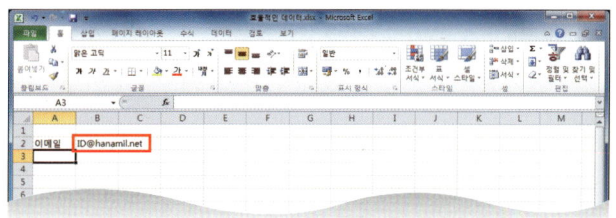

03. 이번에는 [A3] 셀에 'ㅈ'를 입력하고 [한자]를 눌러 여러 가지 특수 문자 중에서 로마자 'Ⅰ'를 선택합니다.

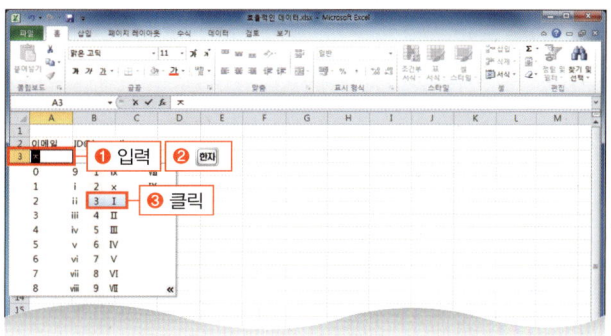

04. [A4] 셀에 'ㅊ'를 입력하고 [한자]를 누르면 여러 분수들이 나타나는 데 이곳에서는 '2/3'을 선택합니다.

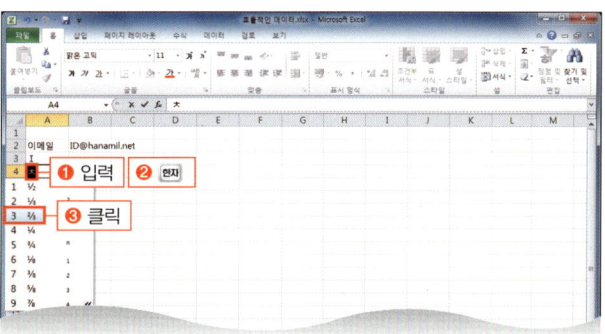

- 엑셀 2010 설치 시 자신의 컴퓨터 사양을 정확히 알아보고 설치합니다. 또한, 오피스 프로그램은 정품 사용을 기본으로 알아둡니다.

- 엑셀 2003이나 2007의 사용자들은 엑셀 2010에서 변경된 새로운 기능을 알아보고, 앞으로 변경되는 새로운 기능을 배움에 있어서 어떻게 이용할 것인지를 생각해 봅니다.

- 엑셀 2010의 화면 구성은 엑셀 2007의 화면 구성에서 크게 변경되는 것은 없지만 오피스 단추가 없어지고 [파일] 탭으로 그 기능을 보다 향상시켰습니다. `25P`

- 처음 엑셀 2010을 실행하면 [개발 도구] 탭이 없는데, 탭을 활성화하고 빠른 실행 도구 모음을 이용하여 기능들을 보다 편리하게 사용해 봅니다. `31P`

- 엑셀 2010의 실행과 종료를 위한 기본 사용 방법 이외에 다양한 방법들을 익혀봅니다. `35P`

- 파일의 저장은 통합 문서 이외에 서식 파일, 이전 버전 파일 등 확장자에 따라 다르게 저장되므로 어떤 형식의 확장자를 가지는지 알아두고, 서식 파일은 많이 사용하니 꼭 기억해 둡니다. `37P`

- 보안을 위해 암호를 입력하는 데 열기 암호와 쓰기 암호의 차이점을 기억하고 저장 옵션을 이해합니다. `42P`

- Office.com 서식 창고는 보다 빠르게 문서 작업에 도움을 주는데 어떤 서식 파일이 있는지 확인하고 마이크로소프트에는 계속적으로 업데이트하니 자주 확인하면서 활용도를 높여갑니다. `47P`

- 엑셀의 입력에는 크게 문자, 숫자, 날짜의 기본 입력과 한자, 특수 문자 이외의 입력 방식을 알아두고 자동 채우기를 할 경우에 변경되는 방식을 꼭 확인합니다. 특히, 자동 채우기는 `Ctrl` 과 같이 사용하는 방식의 차이점을 익혀둡니다. `50P`

01

Office.com 서식 파일을 이용하여 [주간 수업 일정]의 서식 파일을 다운받아서 다음과 같이 완성합니다.

완성 파일 : Test₩Part 01₩주간수업일정.xlsx
동영상 해설 : Test₩Part 01₩Part 01.avi

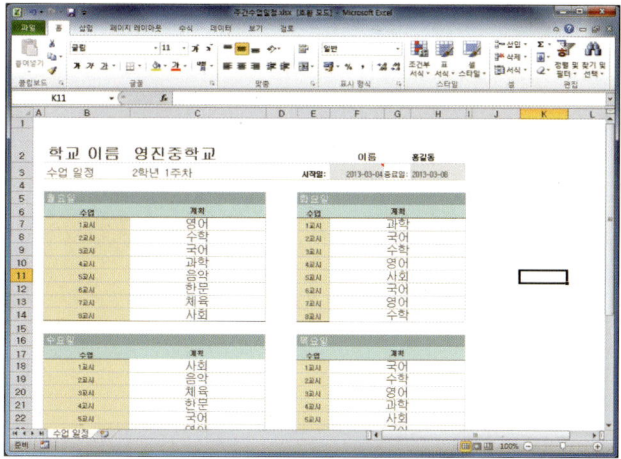

HINT

[파일] 탭-[새로 만들기]-[Office.com 서식 파일]을 이용하여 '주간수업일정' 서식 파일을 다운로드한 후, 날짜와 학교, 수업 일정. 수업 내용 등을 입력하고 서식을 적용합니다.

02

예제 파일을 불러온 후 [B5:B16]까지는 홀수로 증가하도록 하고, [E5:E16]까지는 10일 단위로 증가하도록 합니다. [E17] 셀에는 한글 숫자로 보이도록 설정하고 마지막에 '원'을 입력해 봅니다.

예제파일 : Test₩Part 01₩하계연수명단.xlsx 완성 파일 : Test₩Part 01₩하계연수명단-답안.xlsx
동영상 해설 : Test₩Part 01₩Part 01.avi

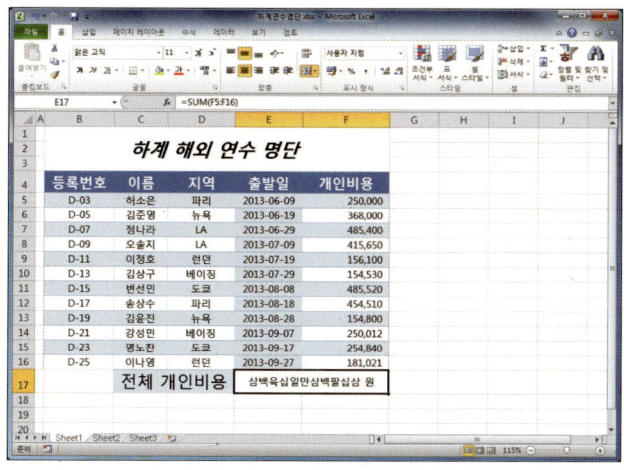

HINT

셀에 데이터를 입력 후 자동 채우기 기능을 이용하여 채우고, [연속 데이터] 대화상자의 [유형]을 이용하여 '날짜'를 설정합니다. 그리고 [셀 서식] 대화상자의 [범주]와 [형식]을 이용하여 작업을 마무리합니다.

02

엑셀 통합 문서 작성에 필요한 기능 익히기

EXCEL · 2010

PART 02에서는 엑셀 2010에서 기본이 되는 워
크시트와 셀을 기반으로 학습하겠습니다. 엑셀
의 핵심을 함수로 보고 있지만 워크시트와 셀을
제대로 다루지 못한다면 어떤 문서 작업도 어렵
습니다. 그러므로 이번 파트는 가장 기본이 되는
내용이니만큼 꼭 핵심을 이해하고 익혀나가길
바랍니다. 또한, 보다 많은 예제를 수록하였으니
내용을 보고 이해하기 보다는 따라해보면서 학
습하면 좋을 것입니다.

[글꼴] 그룹에서 엑셀 통합 문서 수정 및 편집하기

내용을 입력하고 편집할 때 가장 많이 사용하는 부분이 서식과 관련된 기능일 것입니다. 내용을 입력하면서 워크시트에 글자의 글꼴, 크기, 색깔 등 기본 서식을 어떤 방식으로 변경할지 생각하면서 입력하면 보다 보기 좋은 문서를 만들 수 있습니다.

기초탄탄 ▶ 다양한 서식을 이용하여 편집하기

■ 테두리

❶ 위치 테두리 : 아래쪽, 위쪽, 왼쪽, 오른쪽 테두리를 클릭하면 셀의 위치에 맞게 선이 표시됩니다.

❷ 굵기 테두리

- 테두리 없음 : 모든 테두리를 보이지 않게 합니다.
- 모든 테두리 : 선택한 모든 셀에 테두리를 표시합니다.
- 바깥쪽 테두리 : 선택한 셀의 전체 바깥쪽에만 표시하게 됩니다.
- 굵은 상자 테두리 : 테두리를 굵은 선으로 표시합니다.

❸ 여러 설정 테두리

- 아래쪽 이중 테두리 : 아래쪽 방향으로 이중 테두리를 표시합니다.
- 굵은 아래쪽 테두리 : 아래쪽 방향으로 굵은 테두리를 표시합니다.
- 위쪽/아래쪽 테두리 : 위와 아래만 테두리를 표시합니다.
- 위쪽/굵은 아래쪽 테두리 : 위쪽은 일반 테두리로 아래는 굵은 테두리로 표시합니다.
- 위쪽/아래쪽 이중 테두리 : 위쪽은 일반 테두리로 아래는 이중 테두리로 표시합니다.

❹ 테두리 그리기

- 테두리 그리기 : 마우스가 연필 모양으로 변경되면 원하는 테두리를 그려줍니다.
- 테두리 눈금 그리기 : 마우스가 연필 모양으로 변경되며 그려준 블록만큼 전체에 테두리를 그려줍니다.
- 테두리 지우기 : 마우스가 지우개 모양으로 변경되며 원하는 테두리를 지워줍니다.
- 선 색 : 마우스가 연필 모양으로 변경되며 그려준 블록만큼 전체에 테두리를 그려주는데 원하는 색을 선택하면 그 색으로 그려줍니다.

- 선 스타일 : 마우스가 지우개 모양으로 변경되며 점선, 이중점선, 굵은 선등 다양한 선으로 변경하여 테두리를 그려줍니다.

❺ 다른 테두리 : 셀 서식의 [테두리] 대화상자가 나타나며 보다 다양한 옵션의 테두리를 그릴 수 있습니다.

■ 윗주 `77P`

❶ 내현기 윗주 필드 표시(S)
❷ 내현기 윗주 편집(E)
❸ 내현기 윗주 설정(T)...

❶ **윗주 필드 표시** : 셀에 윗주를 설정했는데 보이지 않는 경우 클릭하면 윗주의 내용이 나타납니다.

❷ **윗주 편집** : 셀의 윗주의 내용을 수정하거나 삽입할 수 있습니다.

❸ **윗주 설정** : [윗주 속성] 대화상자가 나타나는데 여기서 윗주의 맞춤(왼쪽, 가운데, 균등분할)로 설정하거나 윗주의 서식을 지정할 수 있습니다.

■ 하이퍼링크 `86P`

하이퍼링크는 텍스트나 그래픽 개체에 차트나 통합 문서, 웹 페이지, 전자 메일 등을 연결하는 기능입니다. 하이퍼링크를 적용한 단어를 클릭하여 원하는 웹 사이트를 찾거나 다른 워크시트로 쉽게 이동할 수 있습니다.

연결 대상	기타	설명
기존 파일/웹 페이지		기존 파일이나 웹 페이지로 링크할 수 있음
현재 문서		현재 문서의 셀이나 워크시트로 링크할 수 있음
새 문서 만들기		링크하여 다른 문서 파일을 열 수 있음
전자 메일 주소		링크하여 메일 주소로 연결하여 보낼 수 있음
	표시할 텍스트	하이퍼링크를 설정하는 셀에 항상 표시되는 문자열
	화면 설정	하이퍼링크 위에 마우스 포인터를 위치시키면 나타나는 문자열
	책갈피	참조될 텍스트의 위치를 설정하여 나중에 참고하거나 연결하도록 셀이 표시됨

오피스에서 사용하는 글꼴 중 하나를 선택하여 원하는 형태로 변경하고 크기도 변경이 가능합니다. 크기는 1~409까지 가능합니다.

예제 파일 I CD₩Part 02₩문서수정및편집.xlsx **완성 파일** I CD₩Part 02₩문서수정및편집-완성.xlsx

■ 글꼴 변경하기

01. 엑셀 2010을 실행하고 [글자서식1] 시트에서 [C3] 셀을 선택한 후 '궁서체'로 변경합니다.

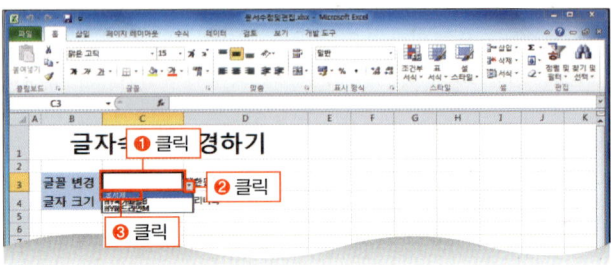

02. [D3] 셀을 선택하고 [홈] 탭-[글꼴] 그룹-[글꼴]을 '궁서체'로 설정합니다.

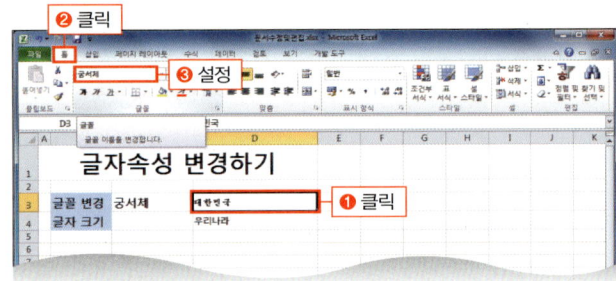

03. [E3] 셀을 선택한 후 'Q33NY'를 입력합니다.

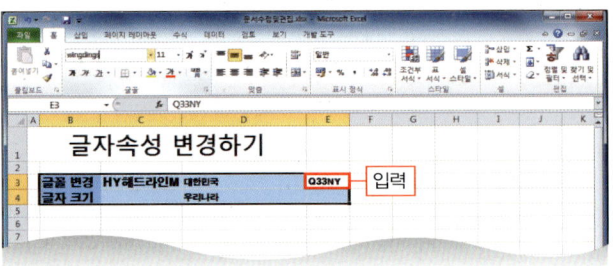

04. 다시 [E3] 셀을 더블클릭한 후 [홈] 탭-[글꼴] 그룹-[글꼴]을 'Wingdings'로 변경합니다.

TIP : 글꼴 중 Webdings, Wingdings, Wingdings 2, Wingdings3은 특수 문자를 만드는 글꼴들입니다.

■ 글자의 크기 변경하기

01. [C4] 셀을 선택하고 '12'로 변경합니다. [D4] 셀을 선택하고 [홈] 탭-[글꼴] 그룹-[글꼴 크기]를 '12'로 변경합니다.

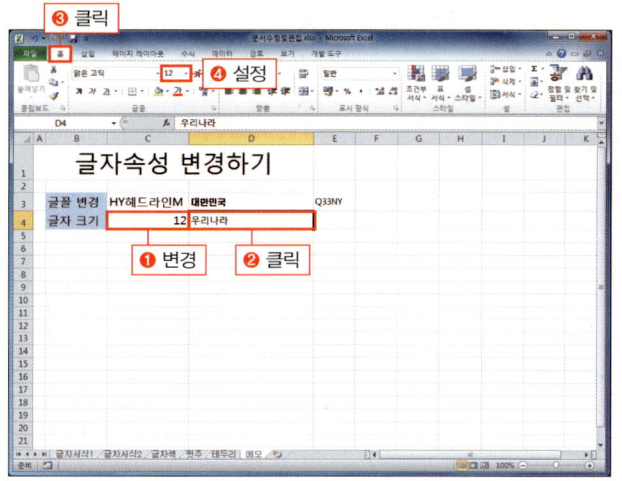

02. [C4] 셀을 선택한 후 [글꼴 크기]를 '50'으로 변경하고 거기에 맞게 [D4] 셀의 [글꼴 크기]도 '50'으로 변경해 봅니다.

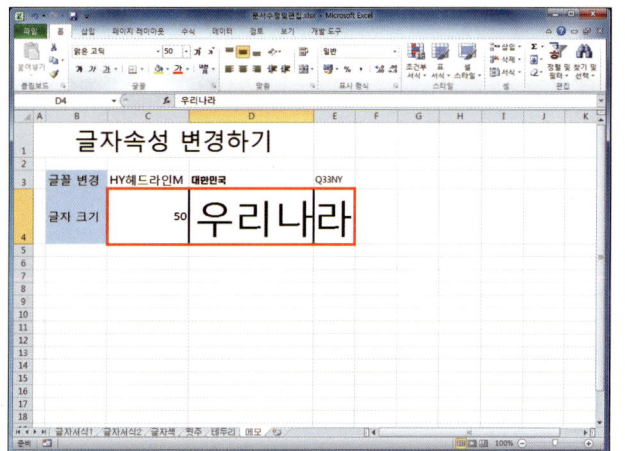

03. 다시 [D4] 셀을 선택한 후 [글꼴 크기]에 '500'을 입력해 봅니다.

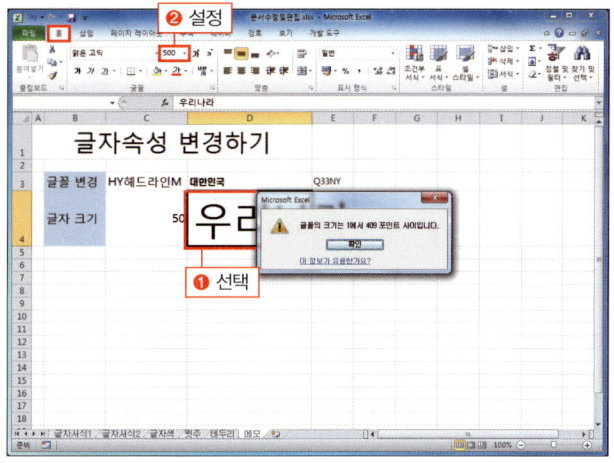

TIP : 글꼴의 크기는 1~409까지입니다. 409 이상의 크기는 입력할 수 없습니다.

글자의 속성을 굵게, 기울임꼴, 밑줄 등으로 수정할 수 있으며, 색상도 변경할 수 있습니다. 글자의 색상에서 목록 단추를 이용하면 보다 많은 색상을 표시하기도 합니다.

예제 파일 ┃ CD\Part 02\문서수정및편집.xlsx

01. 엑셀 2010을 실행하고 [글자서식2] 시트에서 [C3] 셀을 선택한 후 [홈] 탭-[글꼴] 그룹-[굵게]를 클릭합니다.

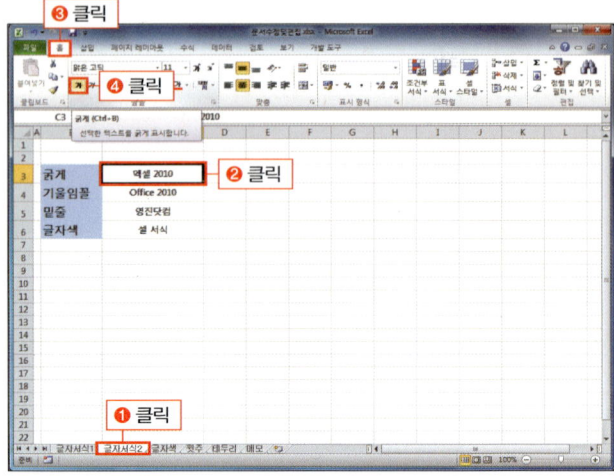

02. 이번에는 [C4] 셀을 선택하고 [홈] 탭-[글꼴] 그룹-[기울임꼴]을 클릭합니다.

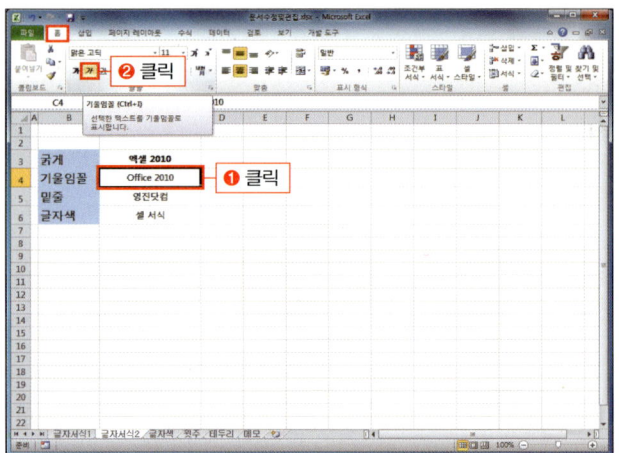

03. [C5] 셀은 [글꼴] 그룹의 [밑줄]을 클릭합니다. [C6] 셀은 [홈] 탭-[글꼴] 그룹-[글꼴 색]의 목록 단추를 클릭하고 [주황, 강조 2, 25% 더 어둡게]를 적용합니다.

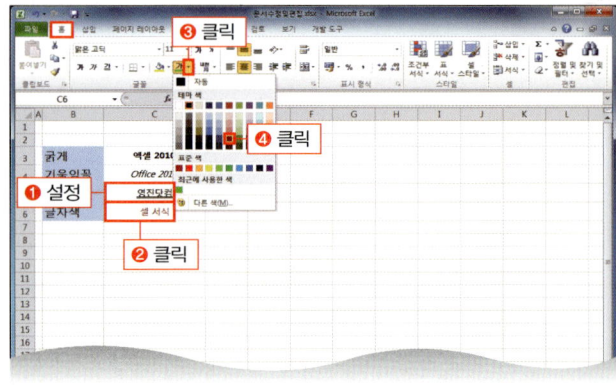

셀의 색상은 글자의 색상과 대비되도록 설정해야 하는데, 같은 색상을 지정한다면 글자가 보이 않으므로 주의하고 윗주는 셀의 내용을 빠르게 파악하는 데 도움을 줍니다.

예제 파일 | CD\Part 02\문서수정및편집.xlsx

■ 표에 맞는 셀에 색 채우기

01. 엑셀 2010을 실행하고 [윗주] 시트로 이동한 다음 [B2] 셀을 선택합니다. [홈] 탭-[글꼴] 그룹-[채우기 색]의 목록 단추를 클릭한 후 [진한 파랑, 텍스트 2, 60% 더 밝게]를 선택합니다.

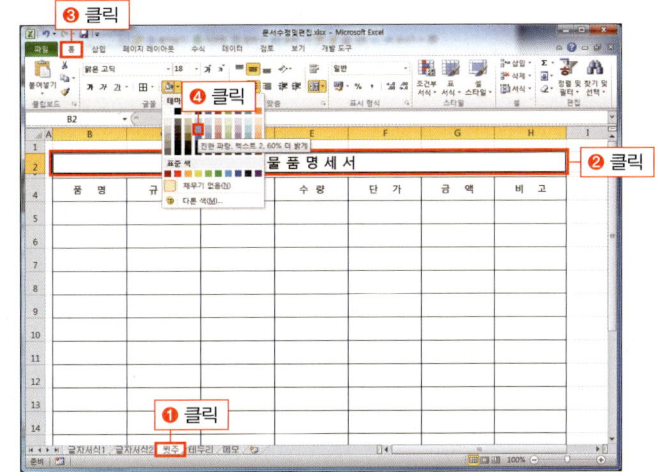

02. [B4:H4]를 선택한 후 [채우기 색]의 목록 단추를 클릭하고 [황록색, 강조 3, 25% 더 어둡게]를 선택합니다.

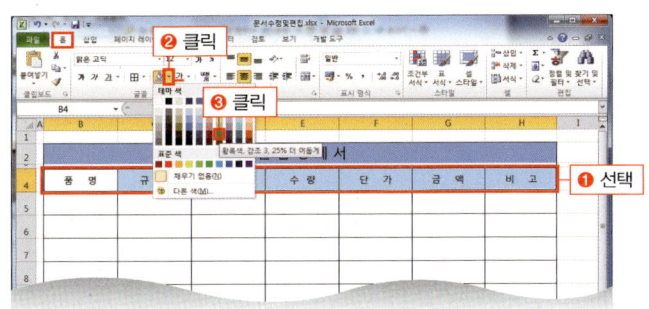

03. [B2] 셀에 'B-001'을 입력하고 [B2] 셀의 오른쪽 하단에 채우기 핸들로 [B19] 셀까지 자동 채우기를 합니다.

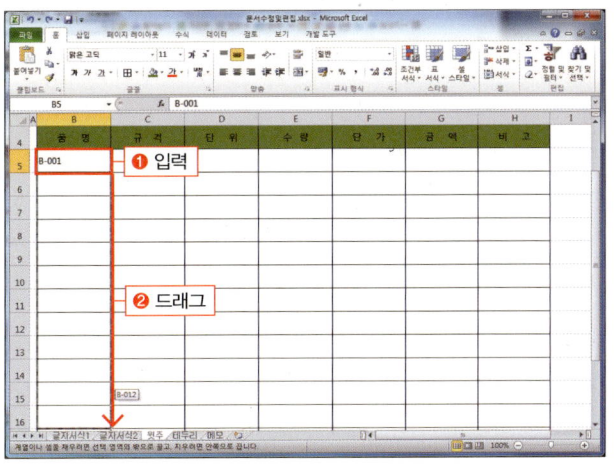

04. [B2:B19]에서 `Ctrl`을 누른 상태로 'B-001', 'B-003', 'B-005' 등의 홀수 셀 등을 선택하고 [채우기 색]의 목록 단추를 클릭한 후 [노랑]을 선택합니다.

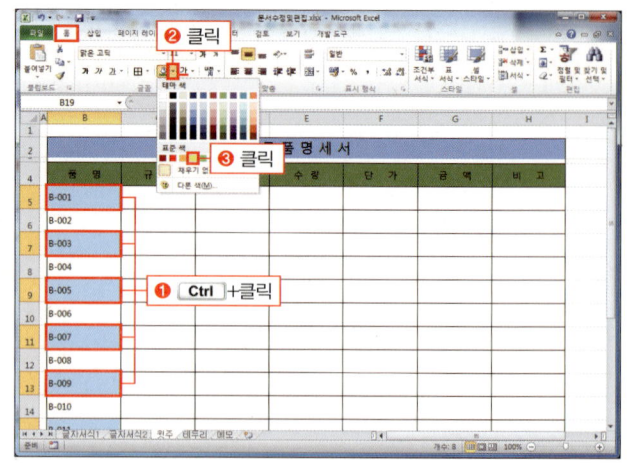

■ 윗주 삽입과 편집하기

01. 계속해서 [윗주] 시트에서 [H4] 셀을 선택하고 [홈] 탭-[글꼴] 그룹-[윗주]의 목록 단추를 클릭한 후 [윗주 설정]을 선택합니다.

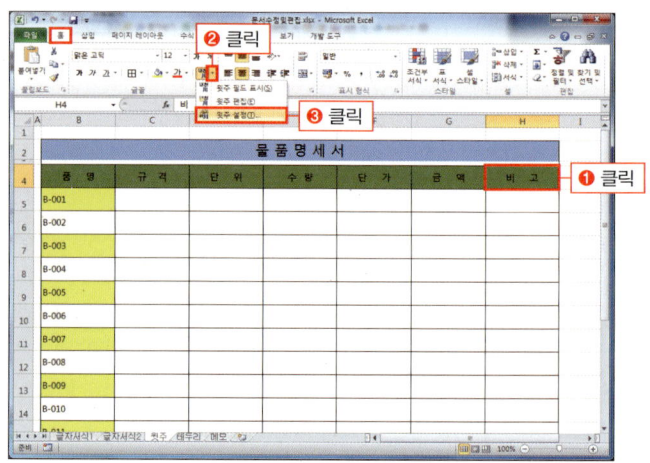

02. [윗주 속성] 대화상자가 나타나면 [설정] 탭에서 [균등 분할]을 체크한 후 [확인]을 클릭합니다.

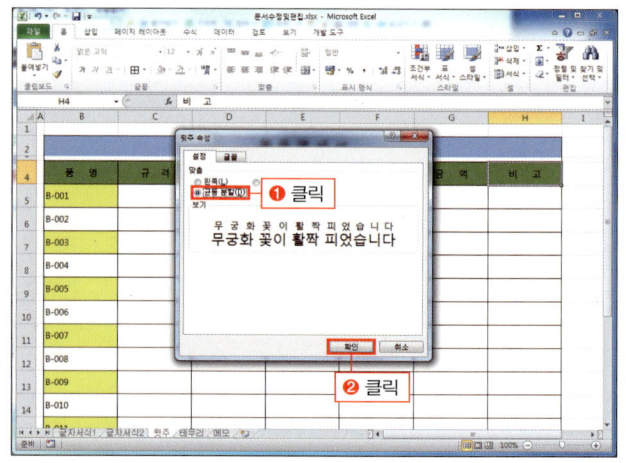

03. 다시 [홈] 탭-[글꼴] 그룹-[윗주]의 목록 단추를 클릭하고 [윗주 편집]을 선택합니다.

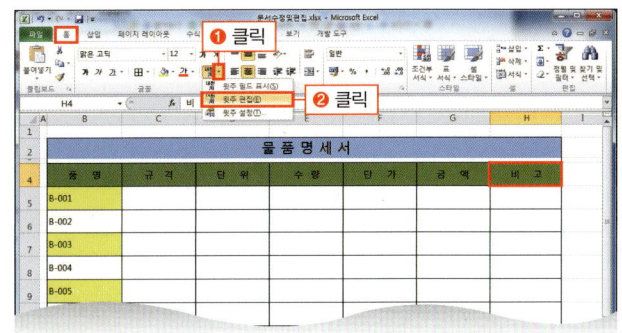

04. '비 고'의 상단에 네모 칸이 나오는 데 여기에 '규격별 상태'를 입력합니다.

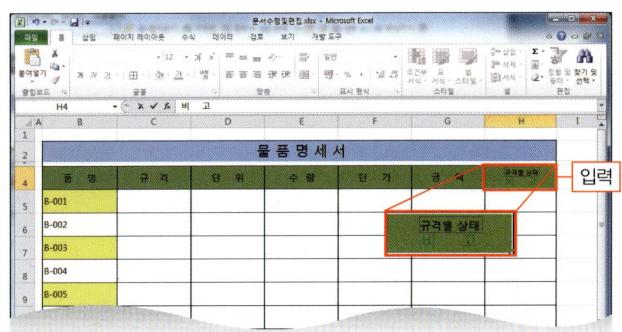

05. 또 [글꼴] 그룹-[윗주]의 목록 단추를 클릭하고 [윗주 설정]을 선택합니다. [윗주 속성] 대화상자가 나타나면 [글꼴] 탭에서 [색]을 '노랑'으로 변경합니다.

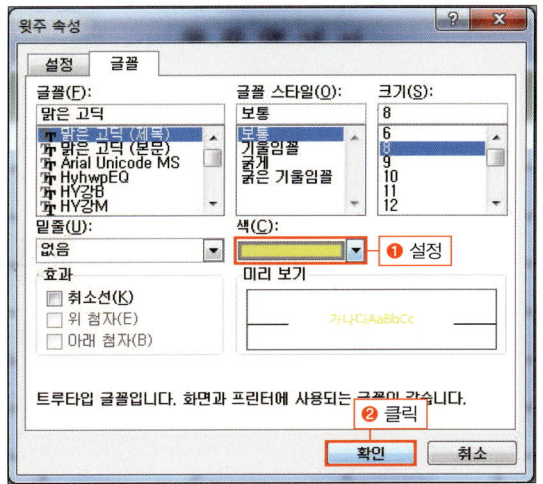

06. [글꼴] 그룹-[윗주]의 목록 단추를 클릭하고 [윗주 필드 표시]를 선택하여 결과를 확인합니다.

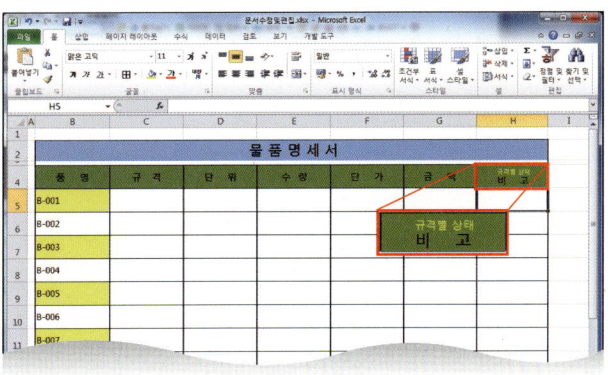

테두리 도구를 이용하여 엑셀로 광고지를 만들어 봅니다. 특히, 점선을 이용하여 광고지의 점선을 적용하는 방법과 테두리의 표현 방식을 익혀둡니다.

예제 파일 | CD\Part 02\문서수정및편집.xlsx

■ 테두리 도구를 이용하여 전단지 만들기

01. [테두리] 시트에서 [B2:G8]을 선택하고 [홈] 탭–[맞춤] 그룹–[병합하고 가운데 맞춤]을 클릭합니다.

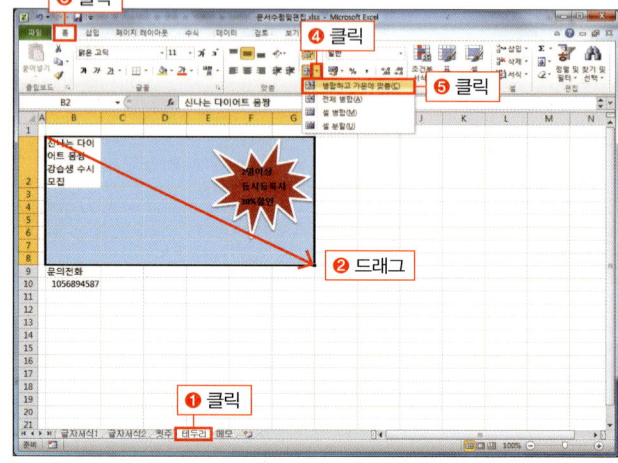

> **문제해결** 폭발 모양의 도형이 오른쪽에 있지 않으면 그림과 같이 이동시킵니다.

02. [B2] 셀을 더블클릭한 후 '신나는 ~수시 모집'을 블록으로 지정하고 [글꼴] 그룹–[글꼴 크기]를 '20'으로 설정합니다.

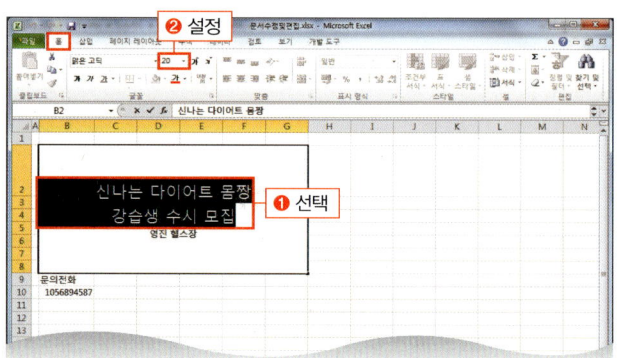

03. '수시 모집'의 마지막을 클릭하고 Alt + Enter 를 2번 누릅니다.

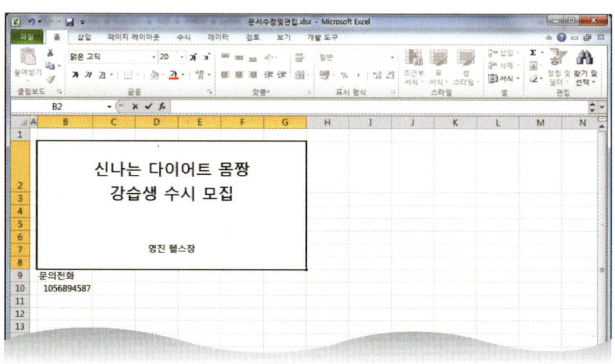

04. '영진 헬스장'을 블록으로 지정하고 [글꼴 크기]를 '18', [글꼴 색]을 '빨강'으로 설정합니다.

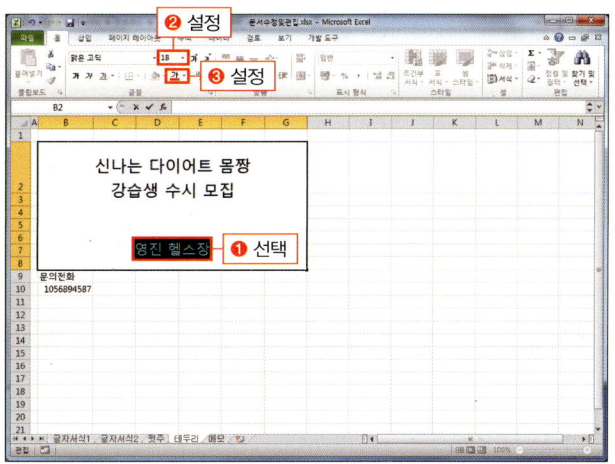

05. 폭발 모양의 도형을 선택하고 안의 글자가 보이도록 도형을 아래로 이동시킵니다.

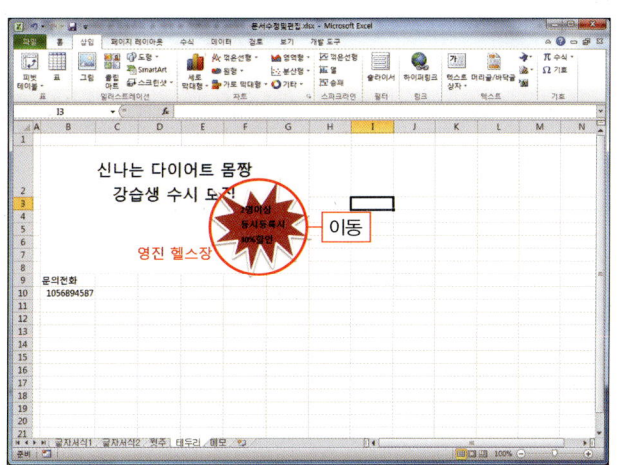

06. [B10:B18]까지 선택하고 [홈] 탭-[맞춤] 그룹-[병합하고 가운데 맞춤]을 클릭합니다.

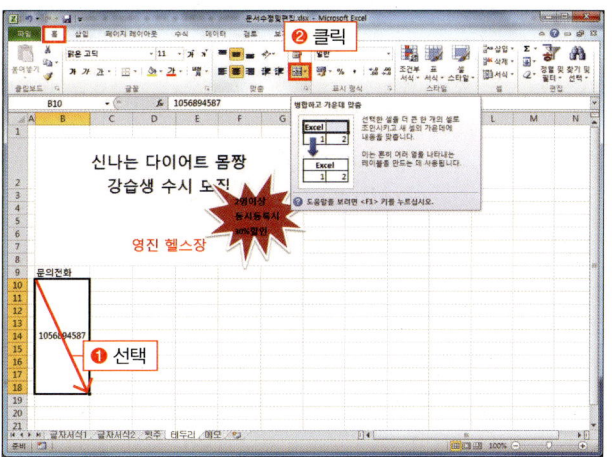

07. [B10] 셀을 선택하고 마우스 오른쪽 단추를 클릭한 후 [셀 서식]을 선택합니다.

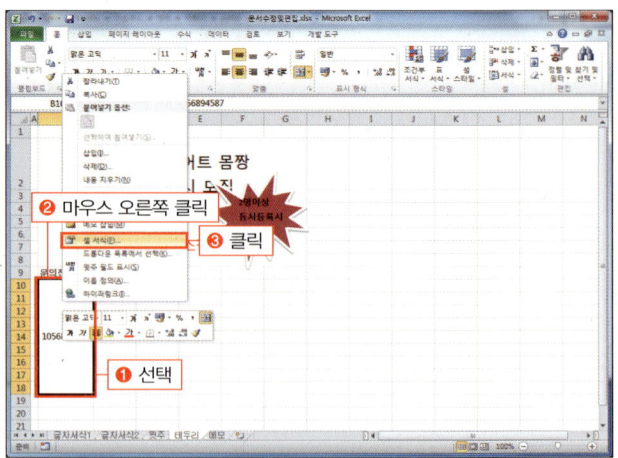

08. [셀 서식] 대화상자가 나타나면 [방향]을 '세로로'로 설정하고, [텍스트 조정]의 [셀에 맞춤]을 체크한 후 [확인]을 클릭합니다.

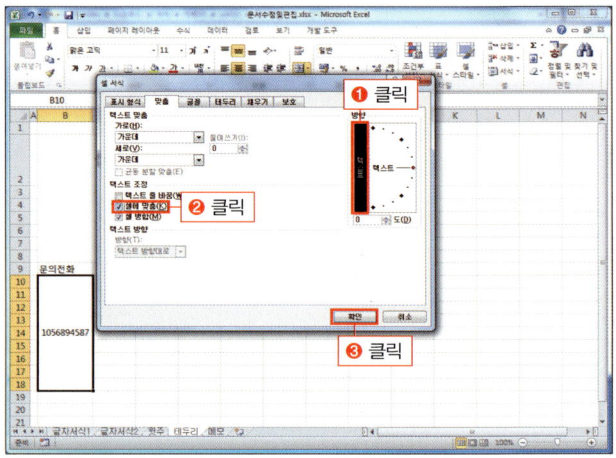

09. [B9:B10]을 선택하고 복사한 후 [G9] 셀까지 붙여 넣습니다.

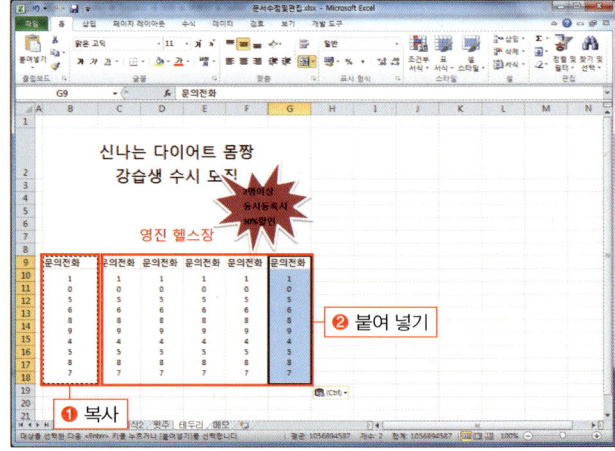

10. [B2:G18]을 선택하고 **Ctrl**+**1**을 눌러 [셀 서식] 대화상자를 불러옵니다. [테두리] 탭에서 [선]의 '굵게', [미리 설정]의 [윤곽선]을 클릭하고 [확인]을 클릭합니다.

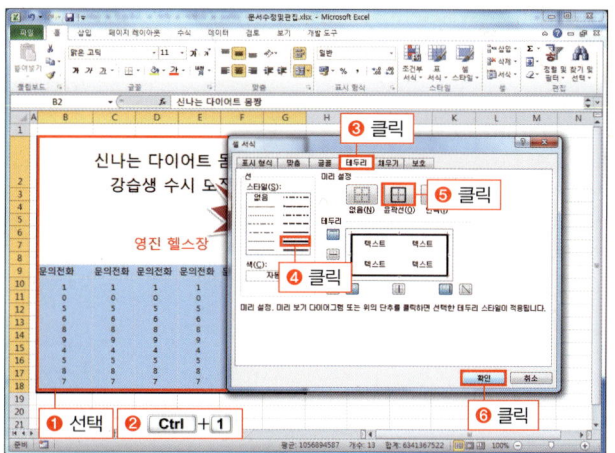

11. [B9:G18]을 선택하고 **Ctrl**+**1**을 눌러 [셀 서식] 대화상자를 불러옵니다. [테두리] 탭에서 [테두리]의 윗선과 가운데 선을 '점선'으로 설정한 후 [확인]을 클릭합니다.

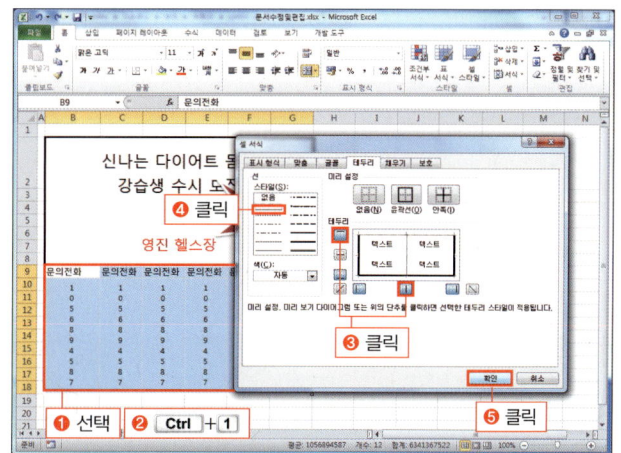

12. [B9:G18]을 선택하고 [홈] 탭─[맞춤] 그룹─[가운데 맞춤]을 클릭합니다.

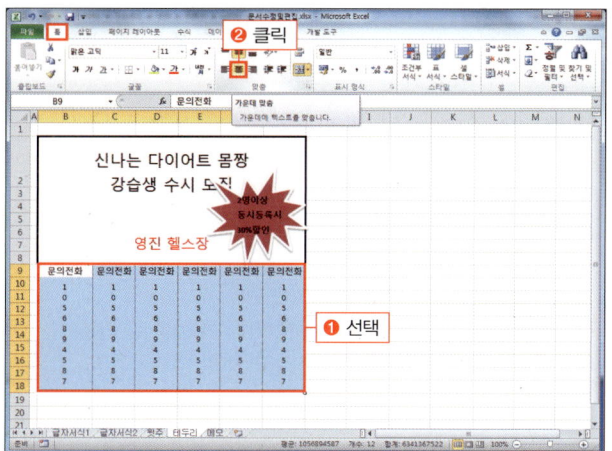

메모는 셀의 내용에 들어갈 수 없는 많은 내용을 추가적으로 보여줍니다. 특히, 워크시트에는 표시하지만 인쇄 시 보이지 않게 할 수도 있으니 정확히 알아두길 바랍니다.

예제 파일 ┃ CD\Part 02\문서수정및편집.xlsx

■ 메모를 입력하고 편집하기

01. 예제 파일의 [메모] 시트에서 [E4] 셀을 선택하고 [검토] 탭-[메모] 그룹-[새 메모]를 클릭합니다.

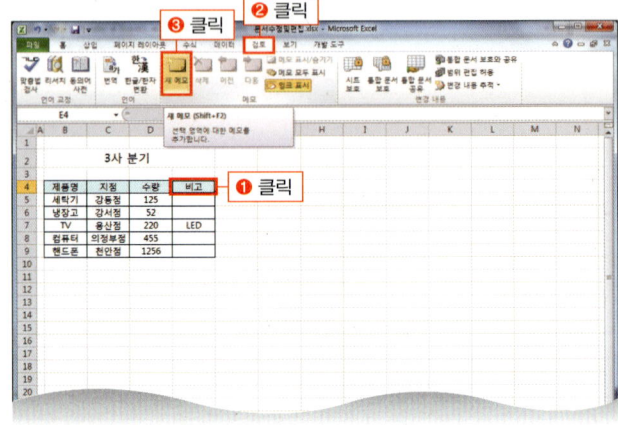

02. 메모 창이 나타나면 안에 '제품명별 종류 구별'을 입력합니다.

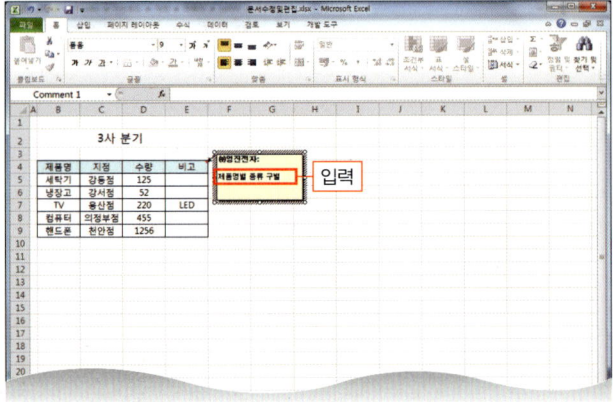

> **TIP :** 메모를 만들면 처음에 시스템의 이름이 나타납니다. 지우고 사용하시면 합니다.

03. 메모가 있는 [E4] 셀에 선택하고 [검토] 탭-[메모] 그룹-[메모 표시/숨기기]를 클릭합니다.

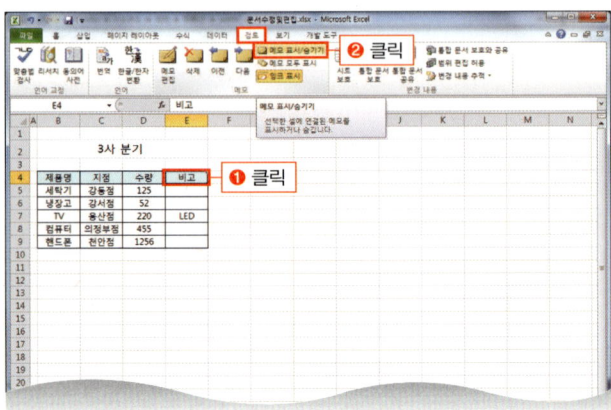

> **TIP :** 메모를 생성하여 빨간 삼각형이 표시되면 숨기게 되는데 메모를 계속 보려면 [메모 표시/숨기기]를 클릭하여 계속 보이도록 합니다.

04. 메모를 선택하고 아래로 이동시킨 후 메모의 크기를 조절해 봅니다.

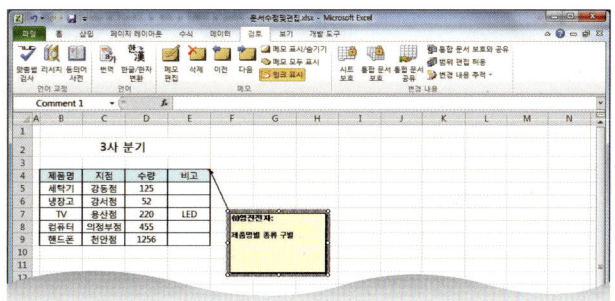

05. [파일] 탭에서 [인쇄]를 클릭하면, 미리 보기로 메모를 확인할 수 없습니다. 메모를 인쇄하기 위해서 [페이지 설정]을 클릭합니다.

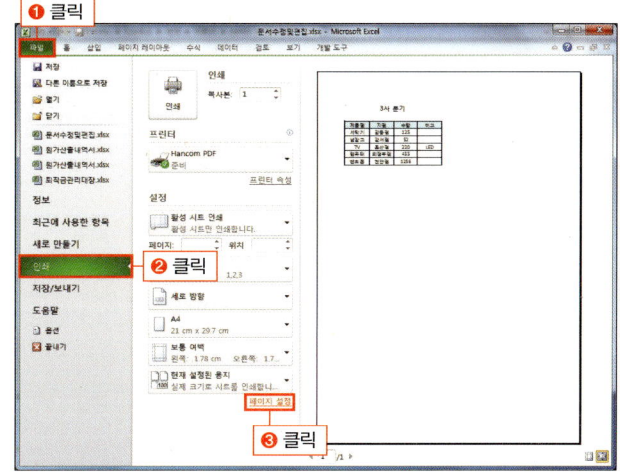

06. [페이지 설정] 대화상자가 나타나면 [시트] 탭을 클릭하고 [인쇄]의 [메모]에서 '시트에 표시된 대로'를 선택하고 [확인]을 클릭합니다.

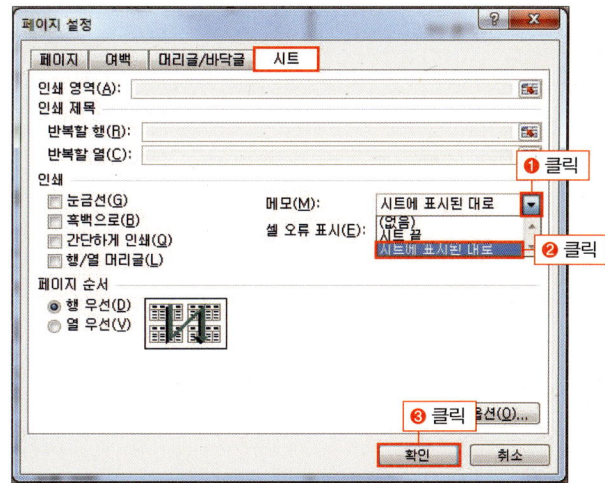

07. 인쇄 미리 보기에 메모를 확인할 수 있습니다. 이때 [인쇄]를 클릭하면 메모와 함께 인쇄할 수 있습니다.

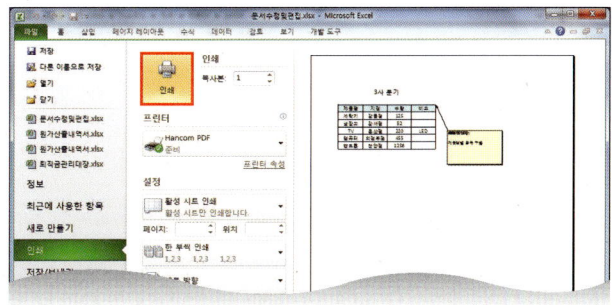

■ 하이퍼링크를 이용하여 홈페이지를 열기

01. [B11]에 '출판사'를, [C11]에 '영진닷컴'을 입력합니다. 다시 [C11] 셀을 선택하고 [삽입] 탭–[링크] 그룹–[하이퍼링크]를 클릭합니다.

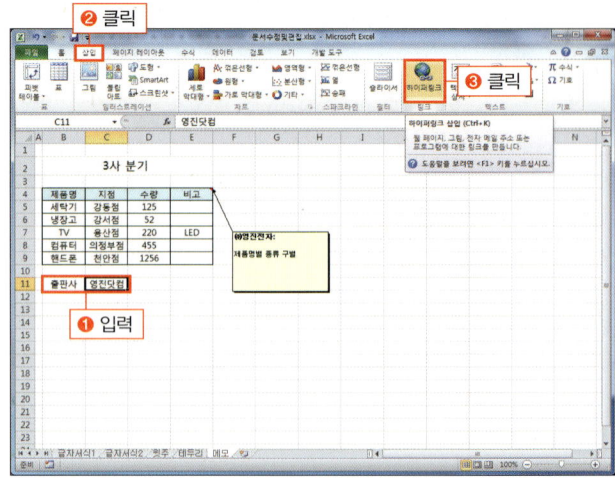

02. [하이퍼링크] 대화상자가 나타나면 [열어본 웹 페이지]를 클릭하고 [주소]에 'http://www.youngjin.com'을 입력한 후 [확인]을 클릭합니다.

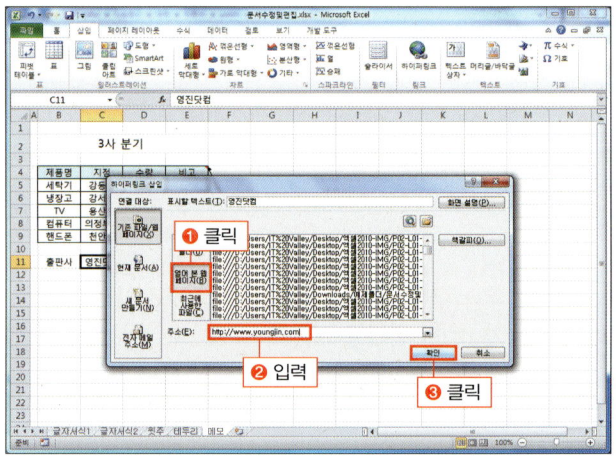

03. [C11] 셀의 '영진닷컴'을 클릭하면 영진닷컴 홈 페이지가 열리는 것을 확인할 수 있습니다.

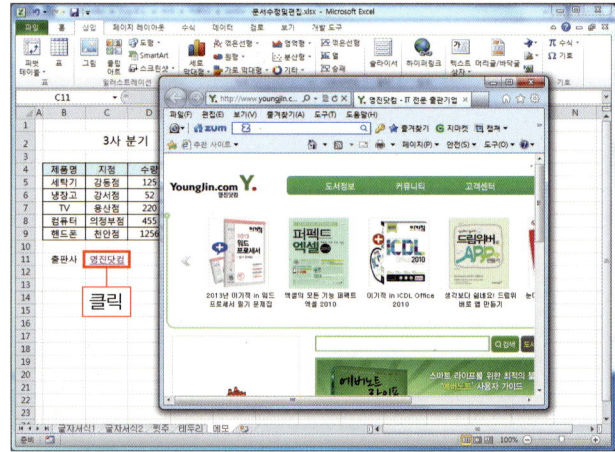

LESSON
02
편리한 [맞춤] 그룹과 [클립보드] 그룹 익히기

레 벨 ● ● ●

셀의 정렬과 여백 지정, 셀 병합 등을 가진 [맞춤] 그룹과 셀을 복사, 잘라내기, 붙여 넣기 등을 할 수 있는 [클립보드] 그룹은 셀 전체 서식 지정에 많이 사용합니다. 또한, 붙여 넣기의 종류가 여러 가지가 있으니 사용자의 응용에 따라 여러 방법으로 활용하기도 합니다.

기초탄탄 ▶ 붙여넣기 종류

■ 붙여넣기

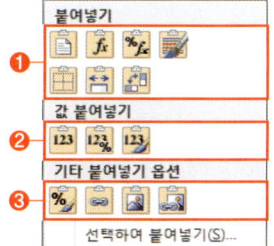

❶ 붙여넣기

- 붙여넣기 : 모든 셀 내용과 서식 전체를 그대로 붙여 넣어줍니다.
- 수식 : 셀에 입력되어 있는 수식만 그대로 붙여 넣어줍니다.
- 수식 및 숫자 서식 : 선택한 셀 수식과 숫자 서식 옵션만 그대로 붙여 넣어줍니다.
- 원본 서식 유지 : 복사되는 내용은 그대로 옮겨지지만 서식은 붙여 넣는 셀의 서식이 적용됩니다.
- 테두리 없음 : 복사되는 내용과 서식이 붙여 넣는 셀에서는 테두리만 없어지고 붙여 넣기가 됩니다.
- 원본 열 너비 유지 : 복사되는 내용과 서식은 그대로 가지만 붙여 넣기가 되는 셀의 열 전체 너비가 복사되는 셀의 너비로 변경됩니다.
- 바꾸기 : 복사되는 범위의 행과 열 바꾸어 붙여 넣기를 합니다.

❷ 값 붙여넣기

- 값 : 셀에 보이는 값만 그대로 붙여 넣어줍니다.
- 값 및 숫자 서식 : 선택된 셀 값과 숫자 서식 옵션만 그대로 붙여 넣어줍니다.
- 값 및 원본 서식 : 셀에 보이는 값과 서식만 그대로 붙여 넣어줍니다.

❸ 기타 붙여넣기 옵션

- 서식 : 셀의 서식만 붙여 넣기가 됩니다.
- 연결하여 붙여넣기 : 복사한 셀의 주소를 붙여 넣는 셀에 수식으로 연결하여 줍니다.

87

- 그림 : 셀의 내용을 복사하고 붙여 넣기는 그림 형태로 붙여 넣기가 됩니다.
- 연결된 그림 : 셀의 내용을 복사하고 붙여 넣기는 그림 형태로 붙여 넣기가 되지만 원본의 내용을 수정하면 그림의 내용도 변경됩니다.

■ [선택하여 붙여넣기] 대화상자 `103P`

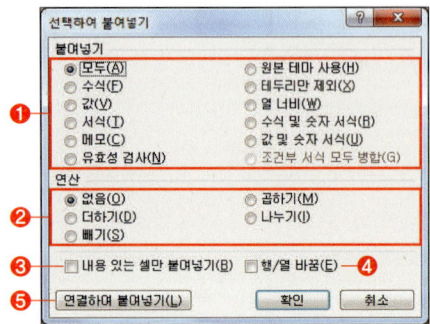

❶ 붙여넣기

- 모두 : 모든 셀 내용과 서식 전체를 그대로 붙여 넣어줍니다.
- 수식 : 셀에 입력되어 있는 수식만 그대로 붙여 넣어줍니다.
- 값 : 셀에 보이는 값만 그대로 붙여 넣어줍니다.
- 서식 : 셀의 내용은 옮기지 않고 서식만 그대로 적용시켜 줍니다.
- 메모 : 셀에 있는 메모만 그대로 붙여 넣어줍니다.
- 유효성 검사 : 데이터 유효성 검사 규칙을 그대로 적용해 붙여 넣어줍니다.
- 원본 테마 사용 : 적용된 테마를 사용해 모든 셀 내용과 서식에 붙여 넣어줍니다.
- 테두리만 제외 : 셀의 테두리만 제외하고 복사된 데이터의 문서 테마 서식에 모든 셀 내용을 붙여 넣습니다.
- 열 너비 : 선택된 열 너비를 붙여 넣는 열 너비에 적용합니다.
- 수식 및 숫자 서식 : 선택된 셀 수식과 숫자 서식 옵션만 그대로 붙여 넣어줍니다.
- 값 및 숫자 서식 : 선택된 셀 값과 숫자 서식 옵션만 그대로 붙여 넣어줍니다.
- 조건부 서식 모두 병합 : 복사되는 셀과 적용되는 셀에 서로 다른 조건부 서식이 지정될 경우 병합을 합니다.

❷ 연산

- 없음 : 기본은 연산을 사용하지 않습니다.
- 더하기 : 복사되는 셀의 값을 붙여 넣는 셀과 더하여 값을 구합니다.
- 빼기 : 복사되는 셀의 값을 붙여 넣는 셀과 빼서 값을 구합니다.
- 곱하기 : 복사되는 셀의 값을 붙여 넣는 셀과 곱해서 값을 구합니다.
- 나누기 : 복사되는 셀의 값을 붙여 넣는 셀과 나누어 값을 구합니다.

❸ 내용이 있는 셀만 붙여 넣기 : 복사되는 범위에 빈 셀이 있으면 빈 셀은 빼고 붙여 넣기를 합니다.

❹ 행/열 바꿈 : 복사되는 범위의 행과 열 바꾸어 붙여 넣기를 합니다.

❺ 연결하여 붙여 넣기 : 복사한 셀의 주소를 붙여 넣는 셀에 수식으로 연결하여 줍니다.

정렬은 기본적으로 세로의 정렬이 가능하지만 가로 데이터의 정렬은 되지 않습니다. 즉, 가로의 데이터
는 정렬 시 옵션에서 [왼쪽에서 오른쪽으로] 설정하고 정렬합니다.

예제 파일 | CD\Part 02\맞춤과클립보드.xlsx **완성 파일 |** CD\Part 02\맞춤과클립보드-완성.xlsx

■ 셀에 있는 값들 세로 정렬하기

01. 엑셀 2010을 실행하고 예제 파일을 불러온
후 [정렬] 시트에서 [B3:B11]을 선택합니다. [데이
터] 탭-[정렬 및 필터] 그룹에서 [오름차순 정렬]
을 클릭합니다.

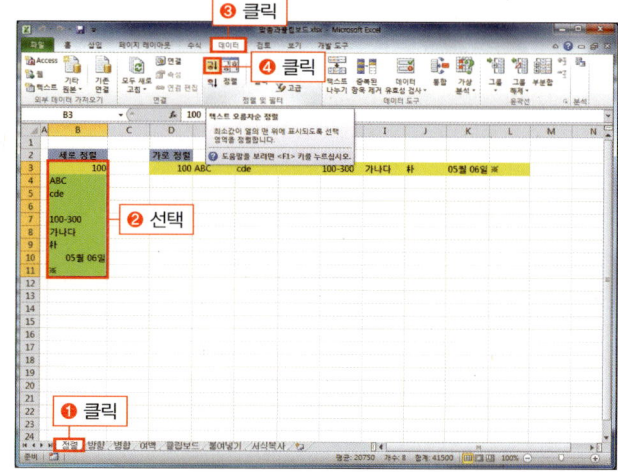

02. [숫자]-[날짜]-[특수 문자]-[숫자+문자]-[영
문(대문자)]-[영문(소문자)]-[한글]-[한자]-[공백]
순으로 정렬되는 것을 확인할 수 있습니다.

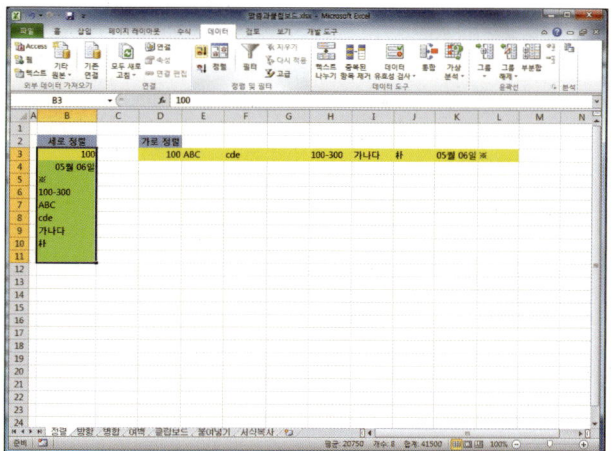

03. [D3:L3]을 선택한 후 [데이터] 탭-[정렬 및 필터] 그룹-[오름차순 정렬]을 클릭합니다.

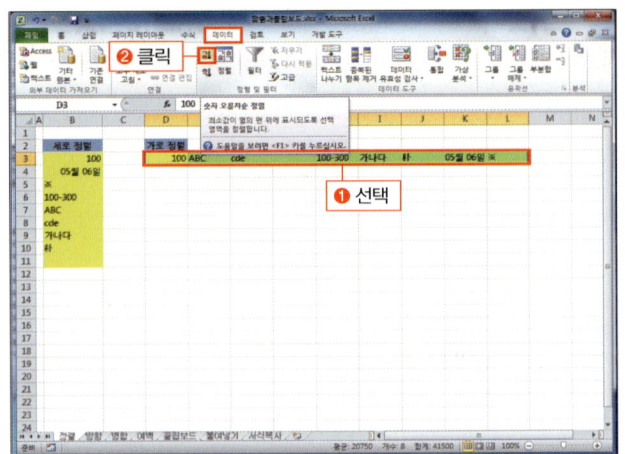

04. [정렬 경고] 대화상자가 나타나면 [현재 선택 영역으로 정렬]을 체크하고 [정렬]을 클릭합니다.

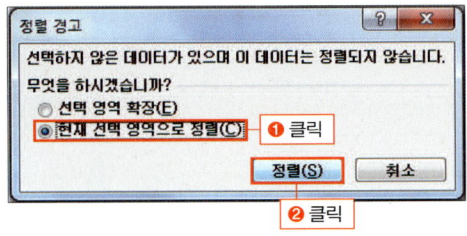

05. 아무런 변화가 없는 것을 확인하고 [데이터] 탭-[정렬 및 필터] 그룹-[정렬]을 클릭합니다.

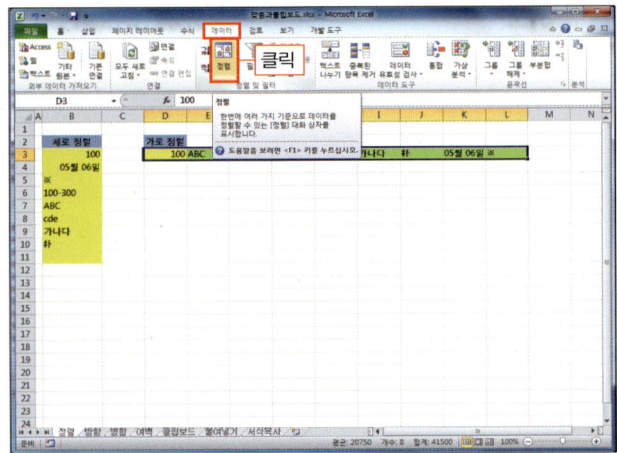

06. [정렬 경고] 대화상자가 또 나타나면 [현재 선택 영역으로 정렬]을 체크하고 [정렬]을 클릭합니다. [정렬] 대화상자에서 내용을 확인한 후 [옵션]을 클릭합니다.

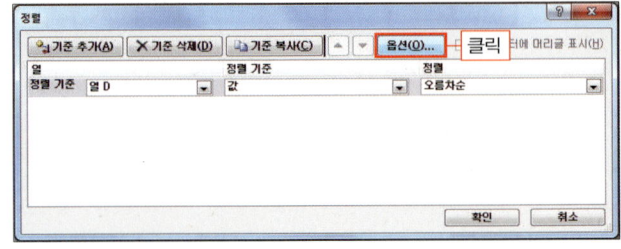

07. [정렬 옵션] 대화상자가 나타나면 [방향]의 [왼쪽에서 오른쪽]을 체크하고 [확인]을 클릭합니다.

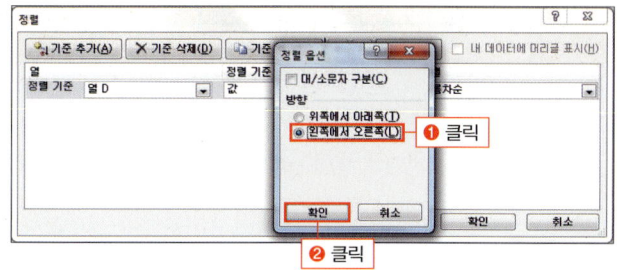

08. [정렬] 대화상자에서 [행렬 기준]을 '행 3'으로 변경하고 [확인]을 클릭합니다.

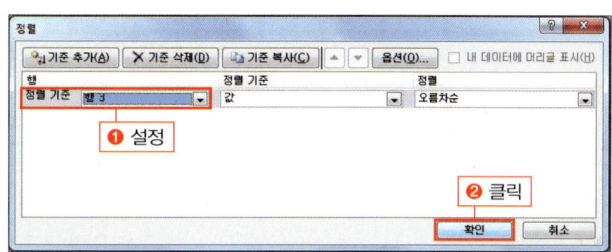

09. [가로 정렬]이 변경되는 것을 확인합니다. [내림 차순]을 하려면 05~08번 따라하기까지 반복하고 [내림 차순]으로 변경한 후 [확인]을 클릭합니다.

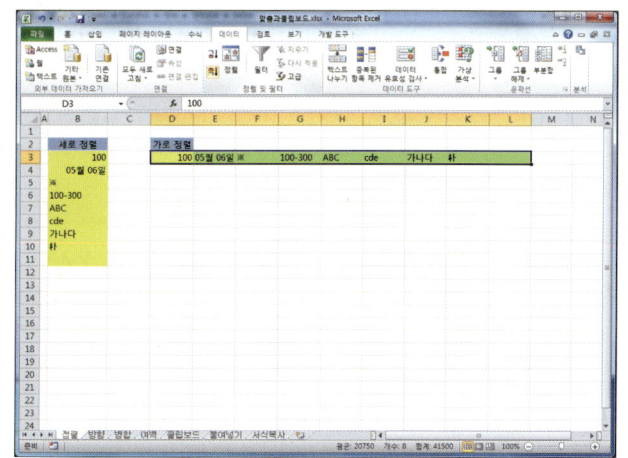

10. 결과를 확인합니다. 내림차순은 [한자]-[한글]-[영문(소문자)]-[영문(대문자)]-[문자+숫자]-[특수 문자]-[날짜]-[숫자]-[공백]순으로 정렬합니다.

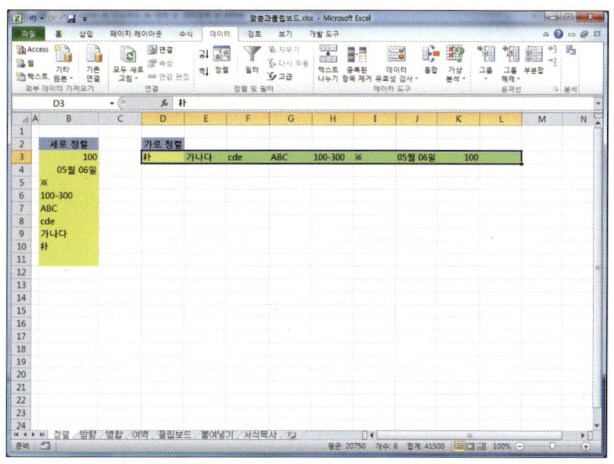

셀에 있는 텍스트의 방향은 세로 쓰기, 시계 방향 각도, 회전 등으로 설정할 수 있으며 셀 안에서 **Alt** + **Enter** 를 눌러 셀의 줄을 바꾸어 입력할 수도 있습니다.

예제 파일 | CD₩Part 02₩맞춤과클립보드.xlsx

■ 텍스트 방향 바꾸기

01. [방향] 시트로 이동하고 [B3] 셀을 선택한 후 [홈] 탭–[맞춤] 그룹–[시계 방향 각도]을 클릭합니다.

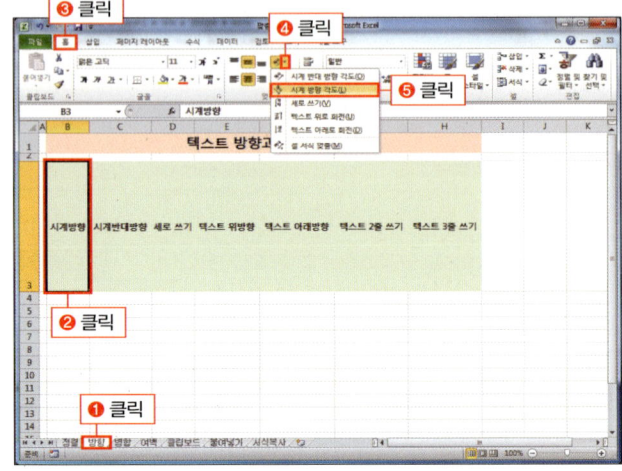

02. [C3] 셀을 선택하고 [시계 반대 방향 각도]를, [D3] 셀은 [세로 쓰기]를, [E3] 셀은 [텍스트 위로 회전]를, [F3] 셀은 [텍스트 아래로 회전]을 각각 적용합니다.

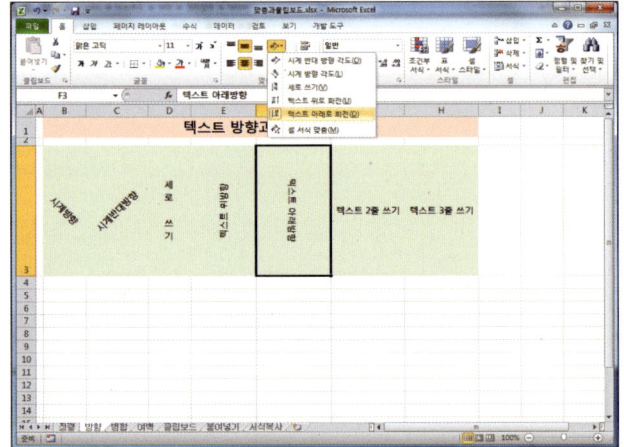

TIP : 텍스트 방향 설정
텍스트 방향의 설정은 [홈] 탭–[맞춤] 그룹–[방향]에서 설정하지만 보다 상세히 설정하기 위해서는 [셀 서식] 대화상자의 [맞춤] 탭에서 [방향]으로 각도를 설정하면 됩니다.

■ 텍스트 줄 바꾸기

01. [G3] 셀을 더블클릭하고 '2줄' 앞을 클릭하여 커서를 위치시킵니다. Alt + Enter 를 눌러 뒤에 있는 줄을 아래로 이동시켜 줍니다.

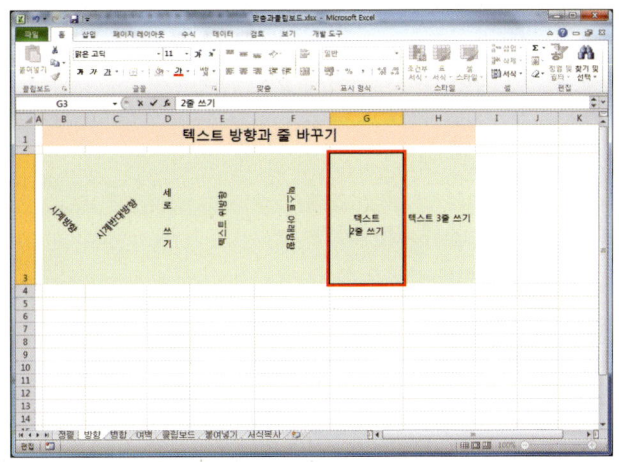

02. [H3] 셀을 더블클릭하고 '2줄' 앞을 클릭하여 커서를 위치시킵니다. Alt + Enter 로, '쓰기' 앞을 클릭하여 커서를 위치시키고 Alt + Enter 를 눌러 이동시켜 줍니다.

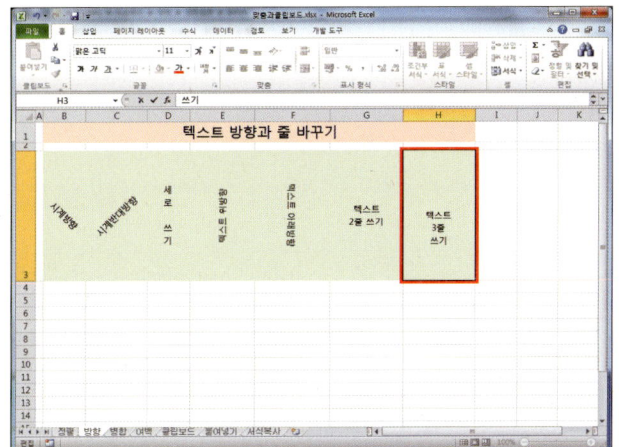

TIP : 텍스트 줄 바꿈

셀에서 Alt + Enter 를 누르면 줄을 바꿔서 입력할 수 있습니다. 다시 줄 바꾼 셀의 내용을 하나로 변경하기 위해서는 [셀 서식] 대화상자의 [맞춤] 탭에서 [텍스트 조정]의 [텍스트 줄 바꿈]을 체크 해제하면 됩니다.

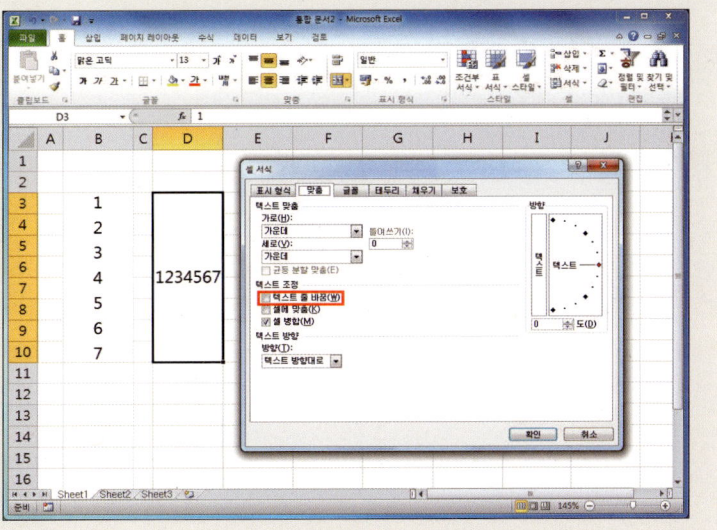

작업 중에 셀을 병합하고 내용을 가운데 맞춤하는 방법을 알아봅니다.

예제 파일 | CD₩Part 02₩맞춤과클립보드.xlsx

■ 셀 병합의 종류 확인하기

01. [병합] 시트로 이동하고 [B3:C5]를 선택한 후
[홈] 탭-[맞춤] 그룹-[병합하고 가운데 맞춤]을 클
릭합니다.

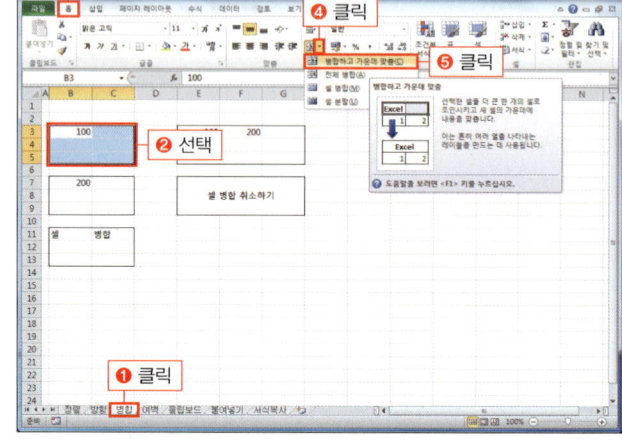

> **TIP :** 선택한 셀이 모두 하나의 셀로 합쳐지고, 내용
> 은 모두 가로 세로 가운데로 이동합니다.

02. [B7:C9]를 선택하고 [홈] 탭-[맞춤] 그룹-[전
체 병합]을 클릭합니다.

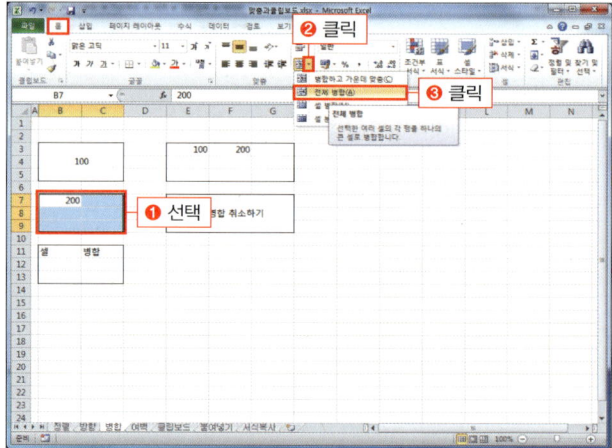

> **TIP :** 선택한 셀에서 행 별로 병합되고 가운데로 이
> 동합니다.

03. [E3:G5]를 드래그하여 선택하고 [홈] 탭-[맞춤] 그룹-[병합하고 가운데 맞춤]을 클릭합니다.

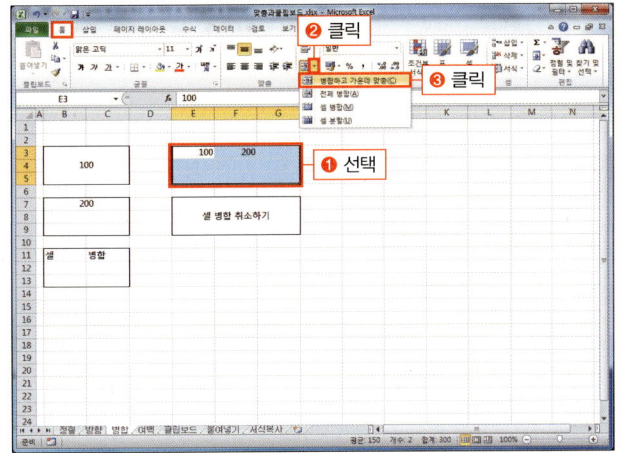

04. 오류 창이 나타나면 [확인]을 클릭합니다.

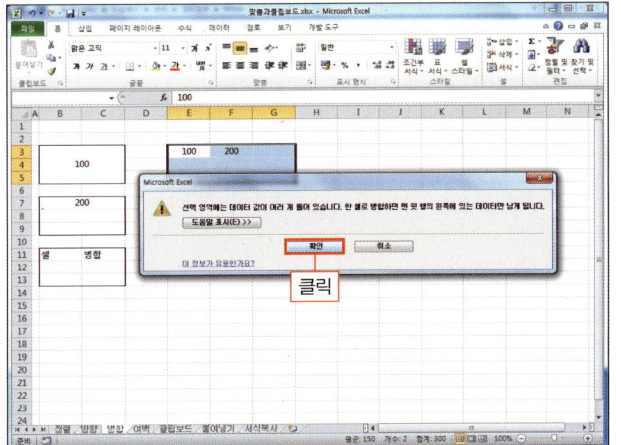

TIP : 셀에 여러 값들이 들어 있는데 병합하면 위 행의 왼쪽에 있는 데이터만 남습니다.

05. [E7] 셀을 선택하고 [홈] 탭-[맞춤] 그룹-[셀 분할]을 클릭하고 결과를 확인합니다.

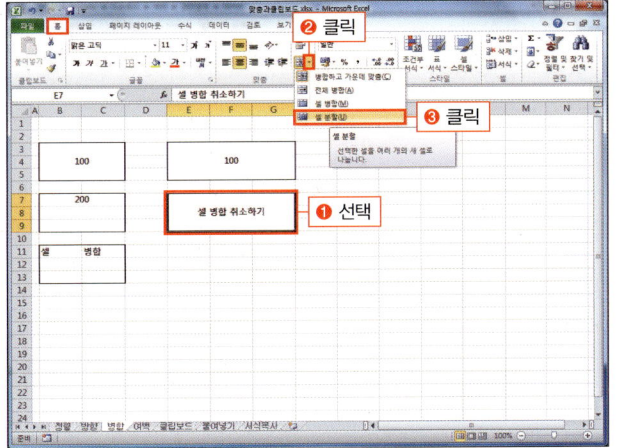

셀에 많은 내용이 입력되어 있는 경우 문서 작업처럼 내어 쓰기와 들여 쓰기를 할 수 있습니다. 또한, 양쪽 맞춤, 균등 분할, 선택 영역의 가운데로 등의 셀의 맞춤을 지정합니다.

예제 파일 | CD₩Part 02₩맞춤과클립보드.xlsx

01. [여백] 시트로 이동한 후 [C3] 셀을 선택하고, [홈] 탭–[맞춤] 그룹–[옵션]을 클릭합니다.

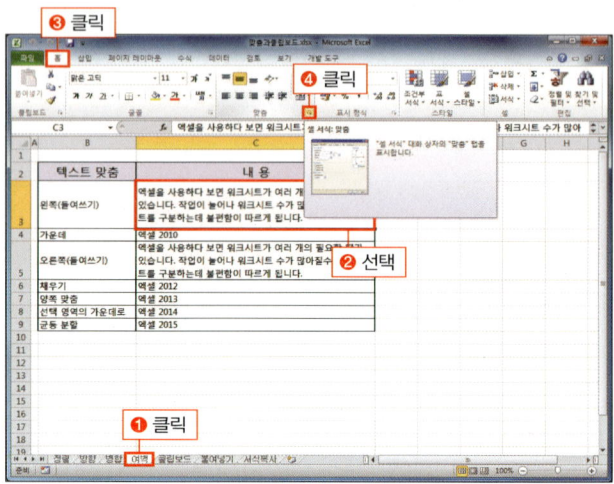

> **TIP :** 몇몇 그룹에는 옵션(⬚)이 있습니다. 이 옵션은 그룹에서 전부 다루지 못하는 많은 기능들을 사용할 수 있습니다.

02. [셀 서식] 대화상자가 나타나면 [텍스트 맞춤]의 [가로]는 '왼쪽(들여쓰기)', [들여쓰기]는 '3'으로 설정한 후 [확인]을 클릭합니다.

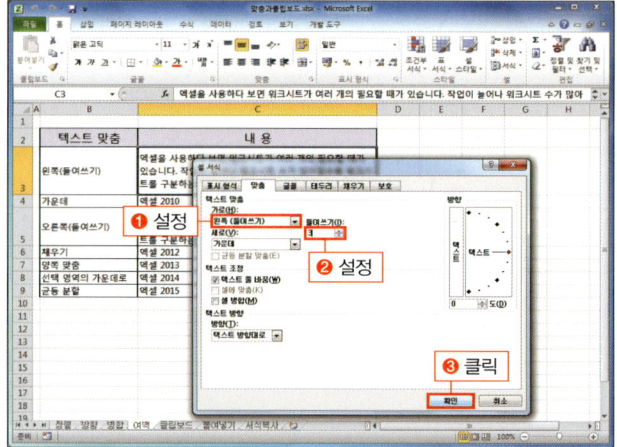

03. [C4] 셀을 선택하고 [홈] 탭–[맞춤] 그룹–[옵션]을 클릭합니다. [셀 서식] 대화상자가 나타나면 [텍스트 맞춤]의 [가로]를 '가운데'로 설정하고 [확인]을 클릭합니다.

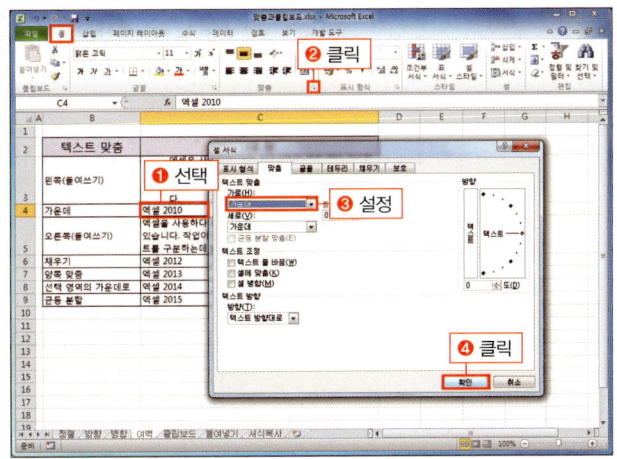

04. 이번에는 [C5] 셀을 선택하고 같은 방법으로 [가로]는 '오른쪽(들여쓰기)'를 선택한 후 [들여쓰기]에는 '2'로 설정하고 [확인]을 클릭합니다.

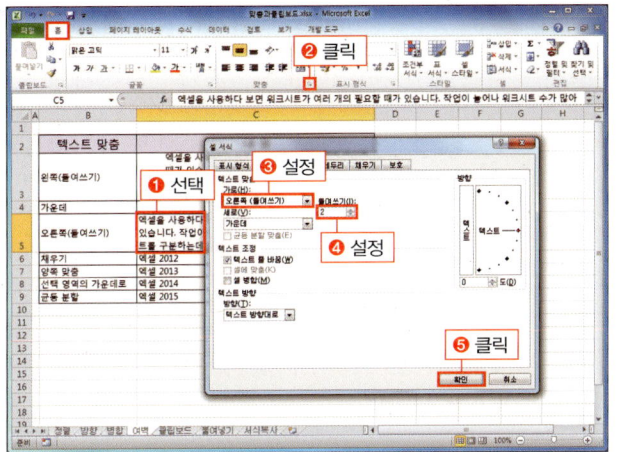

05. [C6] 셀을 선택하고 같은 방법으로 [가로]를 '채우기'로 설정한 후 [확인]을 클릭합니다.

TIP : 채우기를 선택하면 셀 안에 같은 내용을 반복해서 채워집니다.

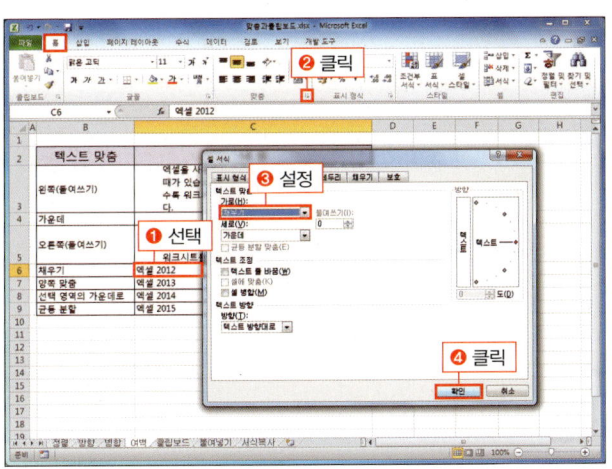

06. [C7] 셀을 선택하고 같은 방법으로 [가로]를 '양쪽 맞춤'으로 설정한 후 [확인]을 클릭합니다.

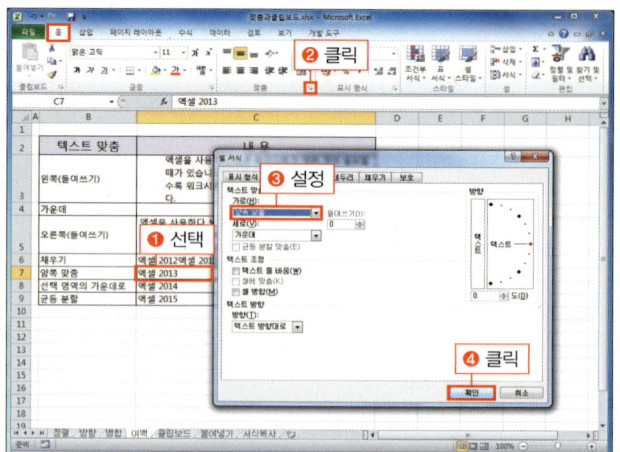

07. [C8] 셀을 선택하고 같은 방법으로 [가로]를 '선택 영역의 가운데로'로 설정한 후 [확인]을 클릭합니다.

TIP : 셀의 크기와 상관없이 전체 선택한 범위에서 가운데로 이동시켜줍니다. 셀 병합 후 가운데가 아니라 셀은 분리된 상태에서 글자만 가운데로 이동시켜줍니다.

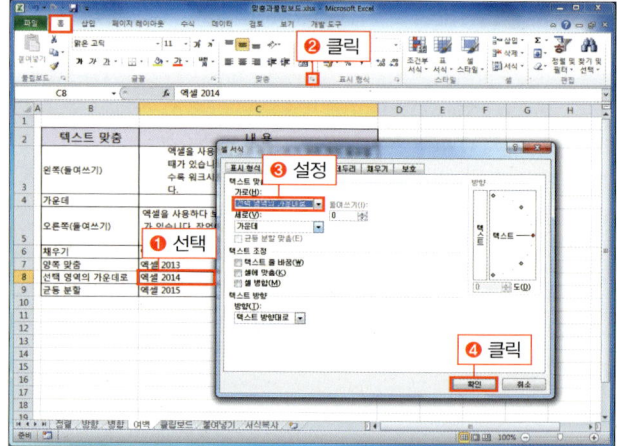

08. [C9] 셀을 선택하고 같은 방법으로 [가로]를 '균등 분할 (들여쓰기)'로 설정하고 [확인]을 클릭한 후 결과를 확인합니다.

TIP : 균등 분할은 셀 안에서 내용을 꽉 차게 분할하여 보여줍니다.

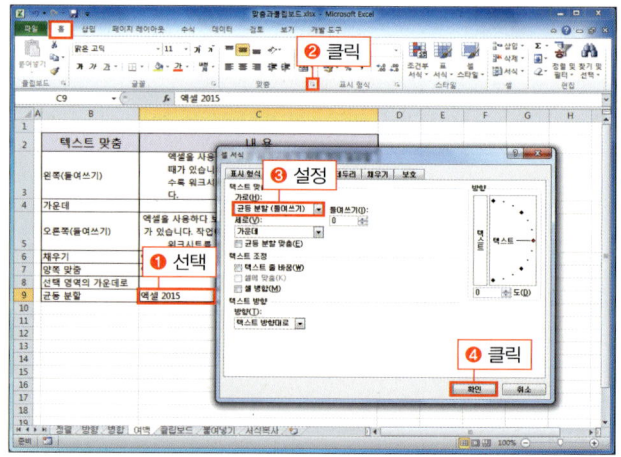

엑셀의 데이터를 그림 복사하여 이미지로 붙여 넣기를 합니다. 또한, 비트맵으로 복사하여 입력하면 데이터를 수정할 수 있습니다.

예제 파일 ┃ CD₩Part 02₩맞춤과클립보드.xlsx

■ 셀에 있는 내용을 복사하기

01. [B2:E11]을 선택한 후 [홈] 탭-[클립보드] 그룹-[복사]를 클릭합니다.

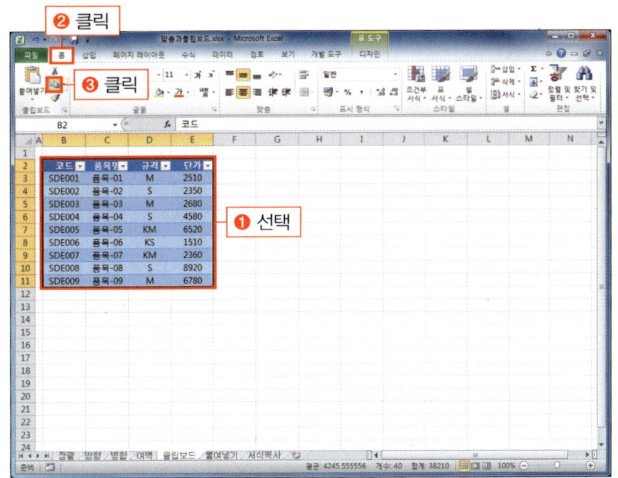

02. [G2] 셀을 선택하고 [홈] 탭-[클립보드] 그룹-[붙여 넣기]를 클릭하여 붙여 넣습니다.

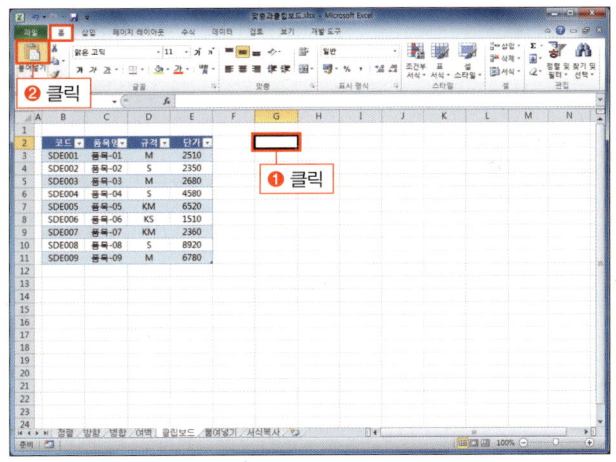

> **TIP :** 붙여 넣기를 끝내면 복사 부분에 점선이 보이는데 이것은 복사되는 부분을 알려주고 계속 다른 위치에서 붙여 넣기를 할 수 있습니다.

03. [Esc]를 눌러 복사 부분의 점선을 해제하고 다시 [B2:E11]을 선택합니다. [홈] 탭-[클립보드] 그룹-[그림으로 복사]를 클릭합니다.

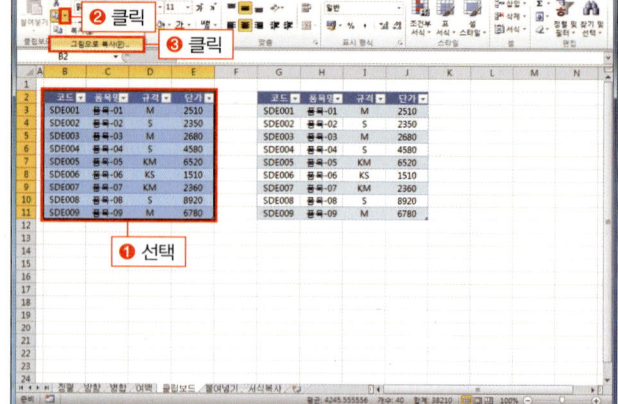

T I P : 점선을 보이지 않게 하는 방법은 키보드에서 [Esc]를 눌러 해제하면 합니다.

04. [그림 복사] 대화상자가 나타나면 [형식]에서 [그림]을 체크하고 [확인]을 클릭합니다.

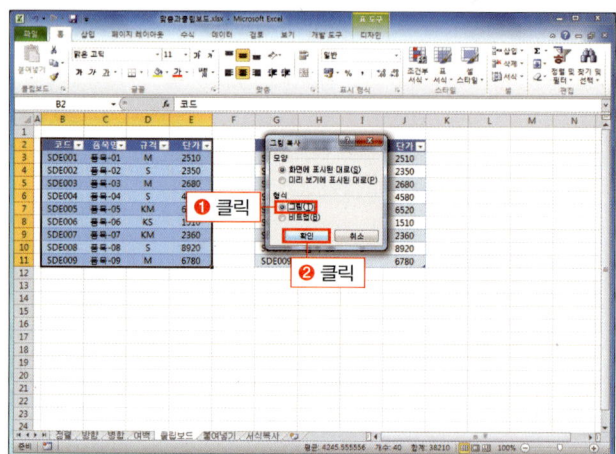

05. [B13] 셀을 선택하고 [붙여 넣기]를 클릭합니다.

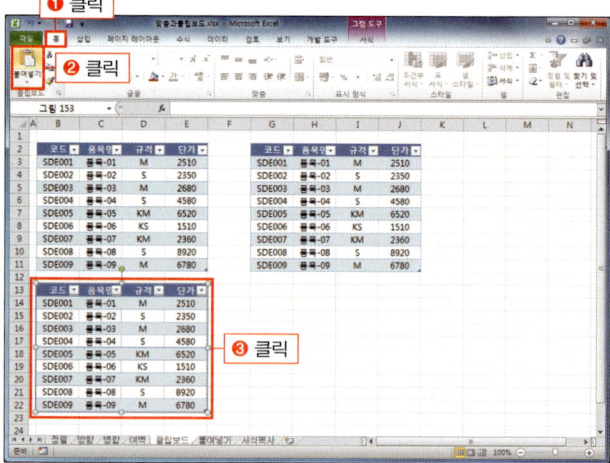

T I P : 이것은 하나의 개체로 붙여 넣기가 됩니다. 즉, 그림 파일이 되어 개체로 인식하기 때문에 [그림 도구]의 서식이 나타납니다.

06. 같은 방법으로 [B2:E11]을 선택하고 [그림으로 복사]를 클릭합니다. [그림 복사] 대화상자가 나타나면 [형식]에서 [비트맵]을 체크한 후 [확인]을 클릭합니다.

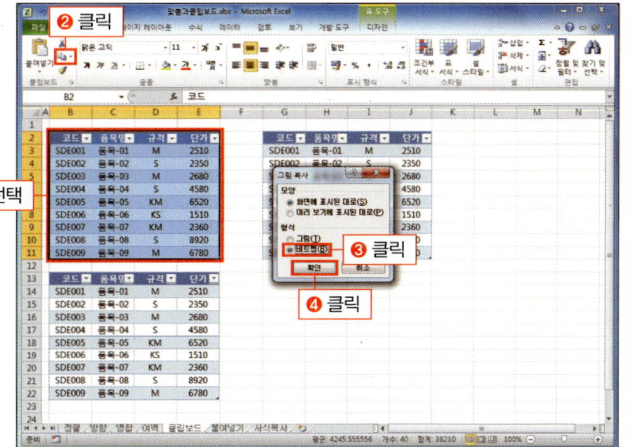

07. [G13] 셀을 선택하고 [붙여 넣기]를 한 다음 왼쪽의 [B13] 셀에 있는 그림을 선택합니다. 그리고 [그림 도구]-[서식] 탭-[정렬] 그룹-[그룹 해제]를 클릭합니다.

> **TIP :** [그림으로 복사]에서 변환을 통해 그룹 해제를 할 수 있지만 '비트맵'은 하나의 개체로 해제 할 수 없습니다.

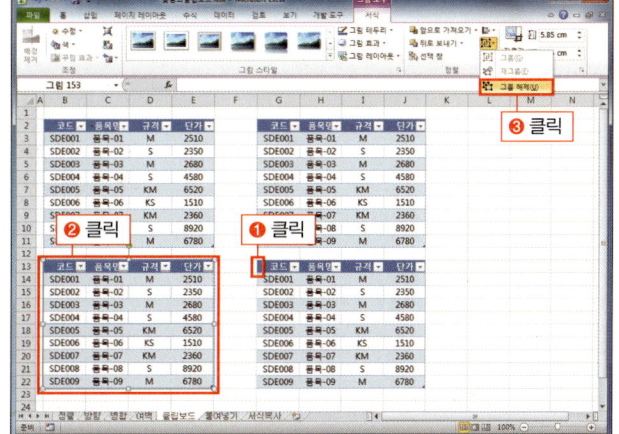

08. [그룹이 아닌 가져온 그림입니다. Microsoft Office 그리기 개체로 변환하시겠습니까?]란 경고 창이 나타나면 [예]를 클릭하면 그림 파일이 변하는데 이때, 내용 중에서 '품목-03'을 선택하고 Delete를 눌러 삭제합니다.

> **TIP :** [그림으로 복사]에서 '그림'으로 지정하면 그룹 해제를 통해 내용의 수정이 가능합니다.

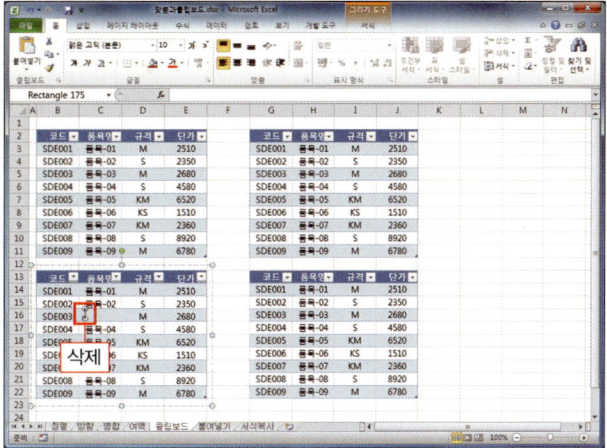

■ 셀에 있는 내용을 잘라내기

01. [G2:J11]을 선택하고 [홈] 탭─[클립보드] 그룹─[잘라내기]를 클릭합니다.

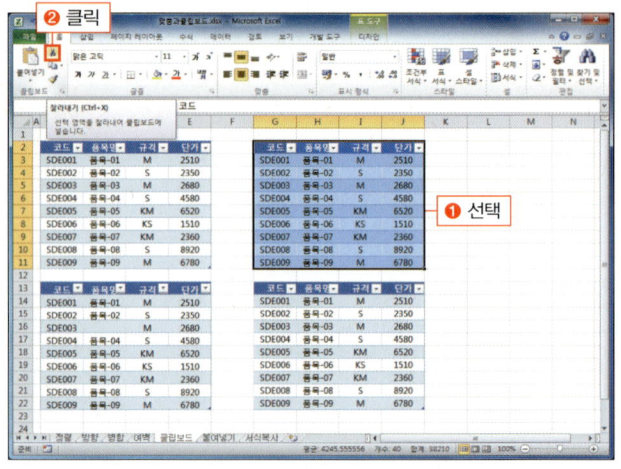

02. [L2] 셀을 선택하고 붙여 넣습니다.

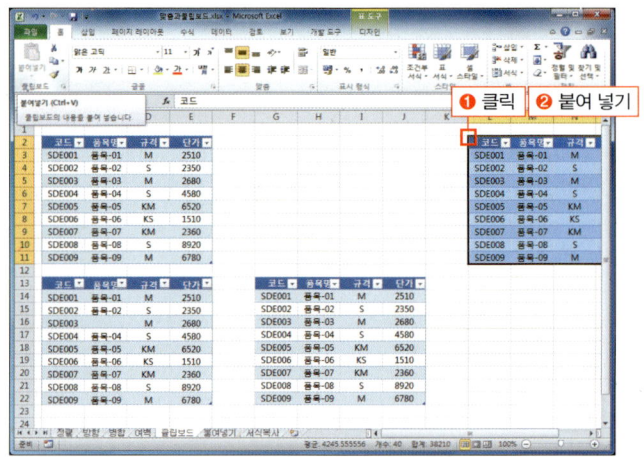

03. [B2:E11]을 선택한 후 범위의 왼쪽 상단에 마우스 포인터를 가져간 후 [G2] 셀로 드래그하여 이동시킵니다.

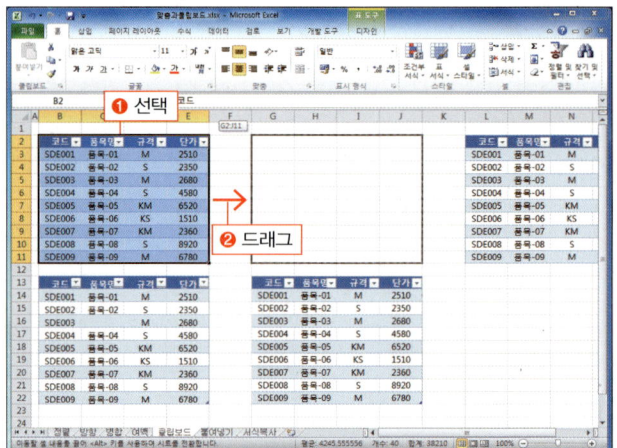

> **TIP :** 잘라내기는 [잘라내기]─[붙여 넣기] 방법보다는 범위 지정 후 이동하기로 내용을 잘라내는 방법을 많이 사용합니다.

붙여 넣기에는 여러 가지 종류의 붙여 넣기가 있습니다. 수식, 값, 서식, 메모 등의 붙여 넣기 종류와 붙여 넣기하면서 연산하는 방식과 행/열 바꿈의 방식을 알아봅니다.

예제 파일 | CD₩Part 02₩맞춤과클립보드_.xlsx

■ 여러 가지 붙여 넣기의 종류

01. [G3] 셀을 선택하고 [홈] 탭–[클립보드] 그룹–[복사]를 클릭합니다. 그리고, [E8] 셀을 선택한 후 [선택하여 붙여 넣기]를 클릭합니다.

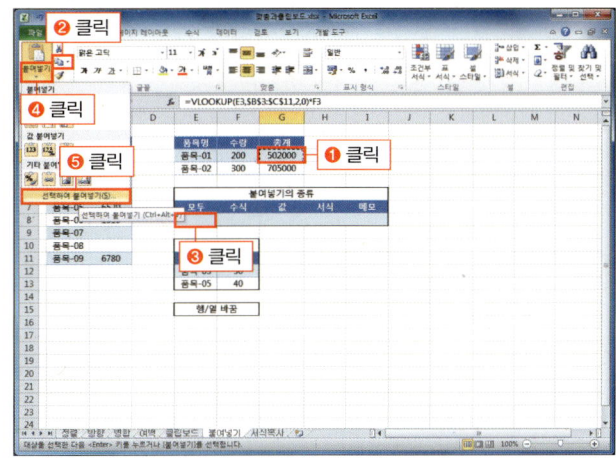

02. [선택하여 붙여넣기] 대화상자가 나타나면 [모두]를 체크하고 [확인]을 클릭합니다.

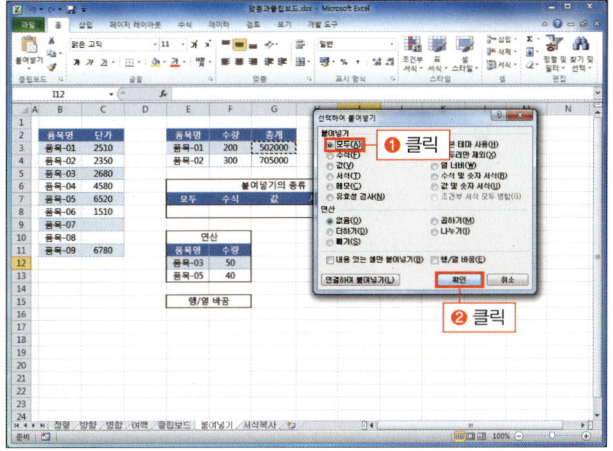

03. [E8] 셀에 오류가 나타나는 데 이때 하단에 [옵션]을 클릭하고 [값 붙여 넣기]-[값]을 선택합니다.

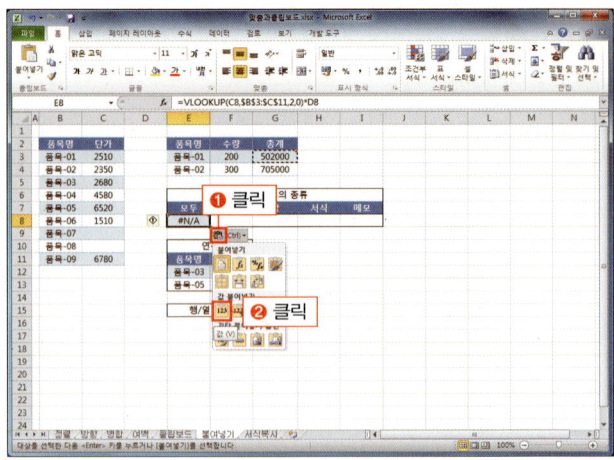

> **문제 해결** [G3] 셀에 데이터 값은 수식이 들어 있는데 그 수식을 [E8] 셀에 그대로 적용하면 수식이 맞지가 않기 때문에 [E8] 셀에 있는 값만 복사해서 가져와야 합니다.

04. [G4] 셀을 선택하고 복사한 후 [F8] 셀에서 [선택하여 붙여넣기]를 클릭합니다. [선택하여 붙여넣기] 대화상자가 나타나면 [수식]을 체크하고 [확인]을 클릭합니다.

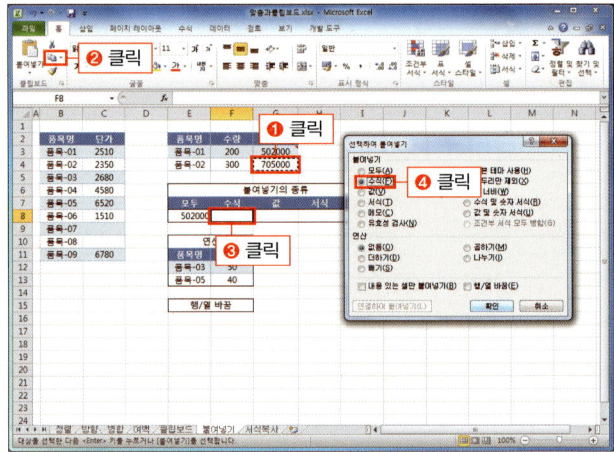

05. [F8] 셀에 오류가 나타나면 내용을 삭제하고, [G4] 셀을 더블클릭하여 수식 자체를 블록으로 지정한 후 복사하여 다시 [F8] 셀에 붙여 넣습니다.

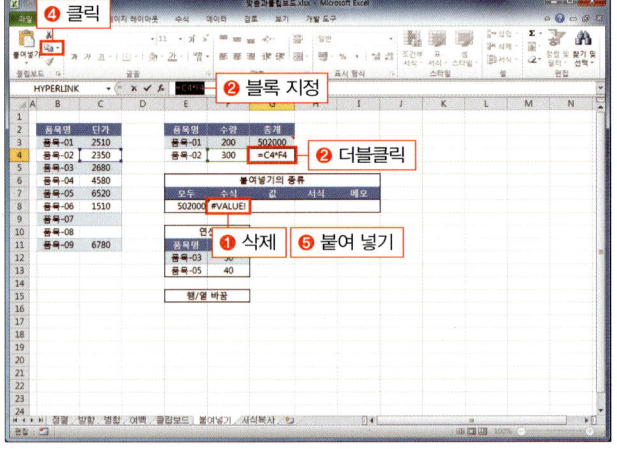

> **TIP :** [선택하여 붙여넣기]의 [수식]은 수식 자체를 복사하는 것이 아니라 해당하는 셀에 맞게 수식이 들어오기 때문에 주의하여 사용하길 바랍니다.

06. 같은 방법으로 [G3] 셀의 내용을 복사하고 [G8] 셀을 선택한 후 [홈] 탭-[클립보드] 그룹-[선택하여 붙여넣기]에서 [값]을 클릭합니다.

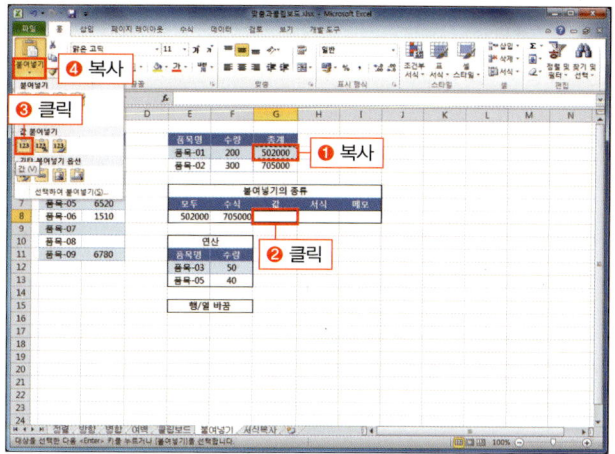

07. 같은 방법으로 [G3] 셀을 선택하고 복사하고 [H8] 셀을 선택한 후 [홈] 탭-[클립보드] 그룹-[선택하여 붙여넣기]에서 [서식]을 클릭합니다.

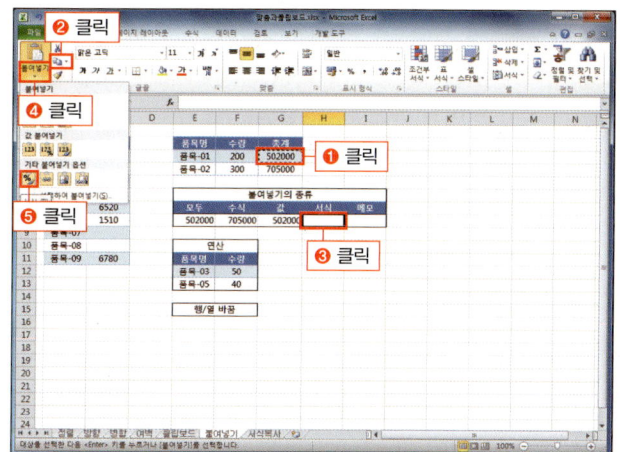

08. 같은 방법으로 [G3] 셀을 선택하여 복사하고 [H8] 셀을 선택한 후 [홈] 탭-[클립보드] 그룹-[선택하여 붙여넣기]를 클릭합니다. [선택하여 붙여넣기] 대화상자가 나타나면 [메모]를 체크하고 [확인]을 클릭합니다.

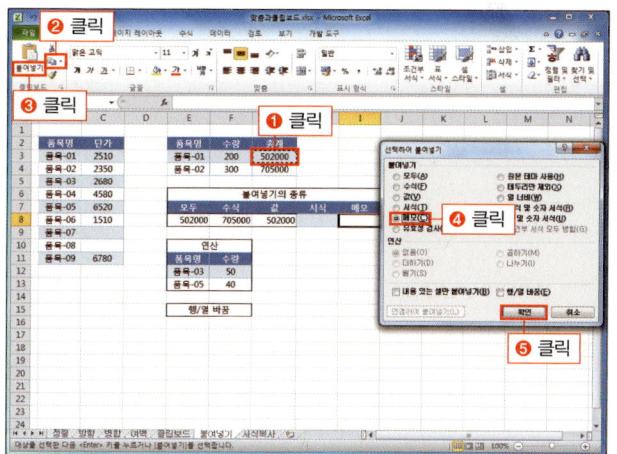

■ 그 외에 방법으로 붙여 넣기

01. Ctrl 을 누른 상태에서 [C5]와 [C7] 셀을
선택하여 복사하고 [F12:F13]을 선택합니다. [선
택하여 붙여넣기]를 클릭하여 대화상자가 나타
나면 [연산]의 [곱하기]를 체크하고 [확인]을 클
릭합니다.

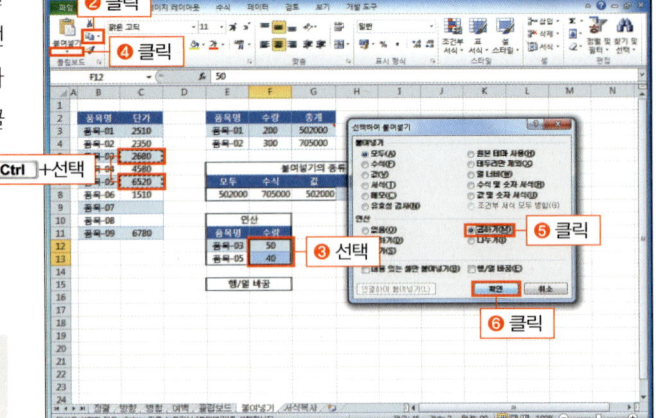

> **TIP :** [붙여 넣기]가 되는 셀에 각각의 셀에 맞게 연
> 산 작업이 이루어집니다.

02. [B2:C11]을 선택하여 복사하고 [B14] 셀을 선
택합니다. [선택하여 붙여넣기]를 클릭하여 대화
상자가 나타나면 [내용 있는 셀만 붙여넣기]를 체
크한 후 [확인]을 클릭합니다.

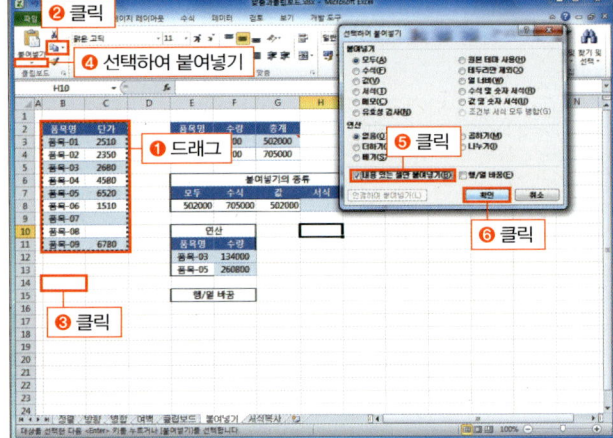

> **TIP :** 내용이 없는 셀은 서식도 복사되지 않는 것을
> 확인합니다.

03. 이번에는 [B2:C11]을 선택하여 복사하고
[E16] 셀을 선택합니다. [선택하여 붙여넣기]를 클
릭하여 대화상자가 나타나면 [행/열 바꿈]을 체크
하고 [확인]을 클릭한 후 결과를 확인합니다.

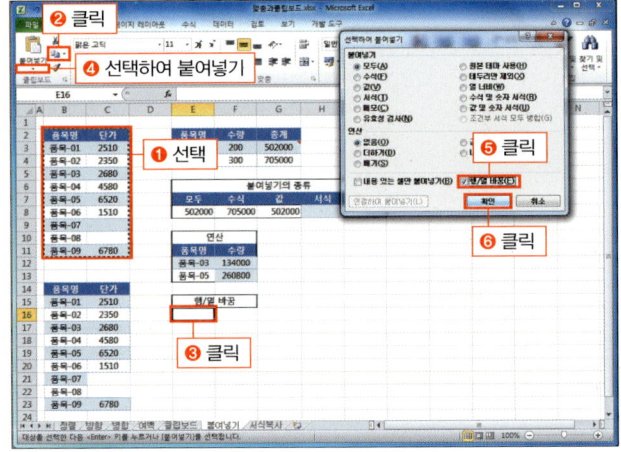

[홈] 탭-[클립보드] 그룹-[서식 복사]를 이용하여 쉽게 셀에 지정된 서식만을 그대로 복사하여 원하는 셀에 적용할 수 있습니다.

예제 파일 | CD₩Part 02₩맞춤과클립보드.xlsx

01. [B2] 셀을 선택하고 [홈] 탭-[클립보드] 그룹-[서식 복사]를 클릭한 다음 [B7] 셀을 클릭합니다.

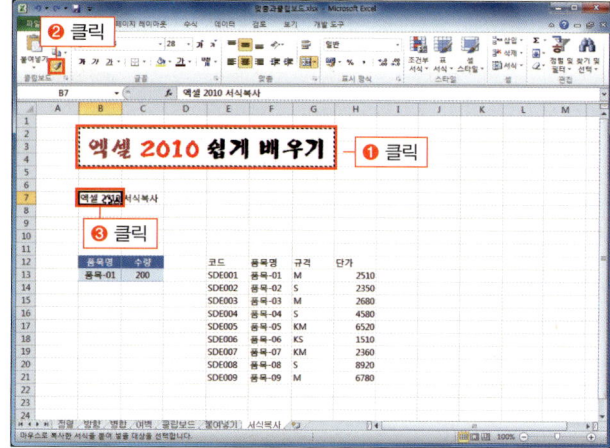

TIP : 한 셀에 있는 다른 글자 색상은 서식 복사를 하지 못하고 전체적인 서식만 복사되게 합니다.

02. [B12:C13]까지 범위를 지정하고 [서식 복사]를 클릭한 다음 [E12:H21]까지 드래그하여 서식 복사를 합니다.

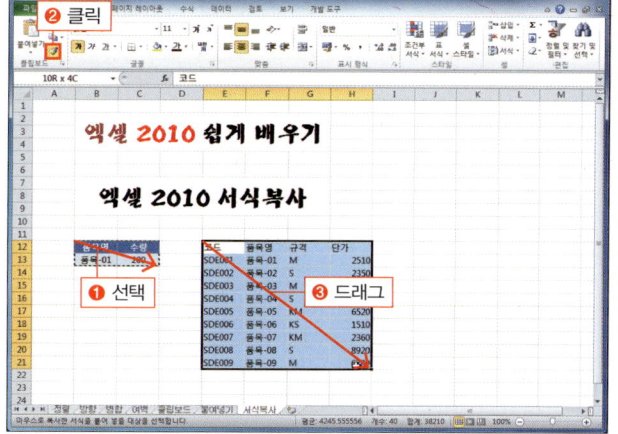

TIP : 원하는 서식으로 변경되지 않는 것은 서식을 전체적으로 보고 반복 적용하기 때문입니다. 그래서 머리글과 본문은 따로 서식을 지정해야 합니다.

03. 다시 [B13:C13]까지 범위를 지정하고 [서식 복사]를 클릭한 다음 [E13:H21]까지 드래그하여 서식 적용을 합니다.

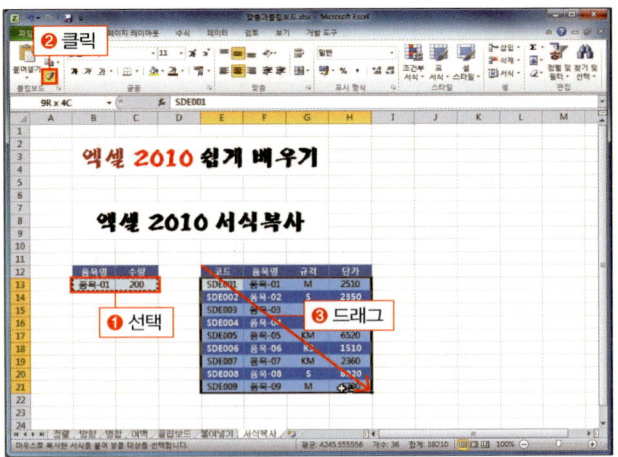

04. 전체 결과를 확인합니다.

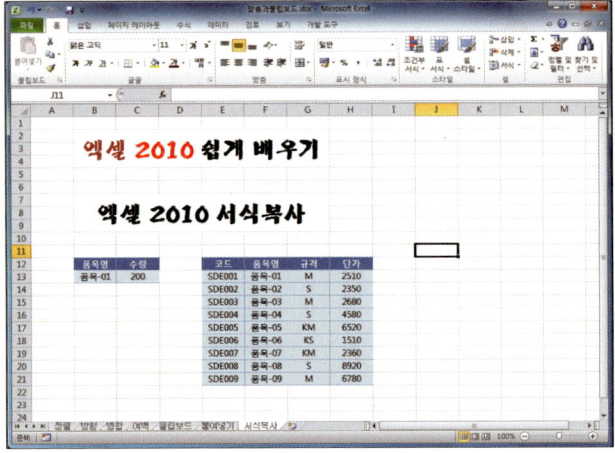

LESSON
03 [표시 형식] 그룹으로
엑셀 데이터 이해하기

레벨 ● ● ●

셀 서식에서 가장 많이 사용하는 기능으로 '표시 형식'을 들 수 있습니다. '표시 형식'을 이용하면 데이터의 내용에 따라 숫자, 통화, 회계, 날짜 등으로 구분할 수 있으며, [사용자 지정]에서는 내용 값에 따라 여러 가지 서식으로 표현할 수 있습니다.

기초탄탄 ▶ 셀 서식의 표시 형식 여러 범주 알아보기

■ 숫자 방식

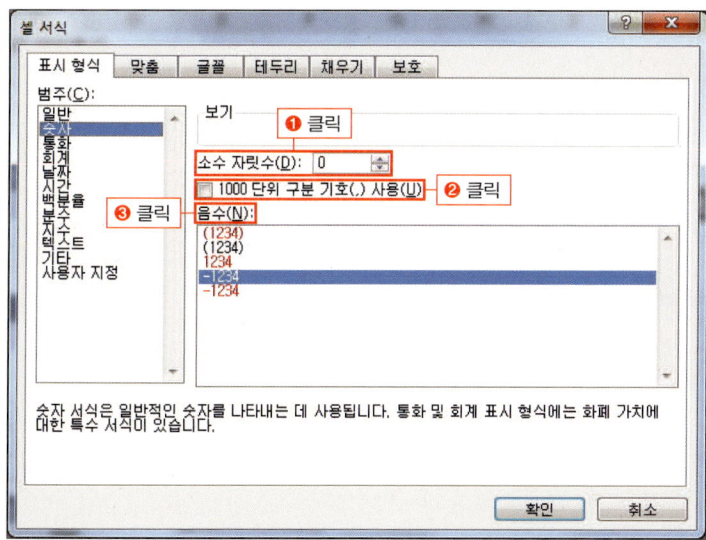

❶ **소수 자릿수** : 자릿수가 증가할수록 소수점 아래로 단위가 증가합니다. 최소 0으로 ROUND 함수처럼 정수의 반올림은 할 수 없습니다.

❷ **1000 단위 구분 기호** : 숫자에 천 단위별로 컴마(,)를 주어 수의 단위를 쉽게 구분합니다.

❸ **음수** : 셀에 음수를 넣을 경우 표시되는 형태를 선택합니다.

■ 통화 형식 113P

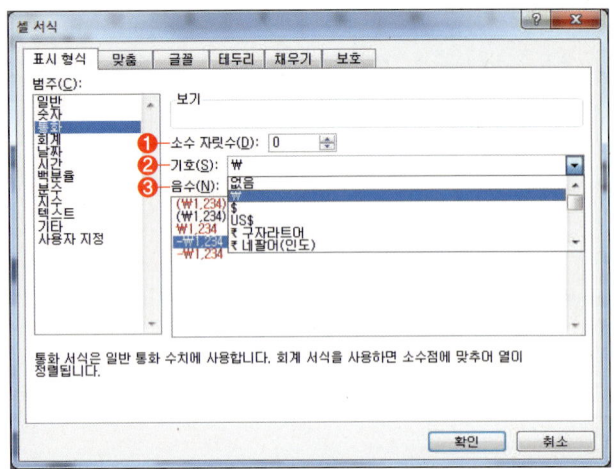

❶ 소수 자릿수 : 자릿수가 증가할수록 소수점 아래로 단위가 증가합니다.

❷ 기호 : 각 나라에서 사용하는 통화의 단위 기호를 지정합니다.

❸ 음수 : 셀에 음수를 넣을 경우 표시되는 형태를 선택합니다.

■ 날짜 형식 115P

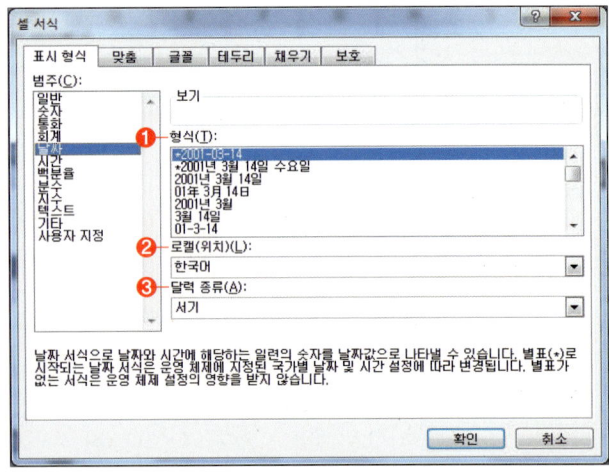

❶ 형식 : 형식 안의 예제를 보고 선택하면 그 날짜 형식과 같은 형태의 날짜로 변경합니다.

❷ 로캘(위치) : 나라별, 지역별로 시간이 다르기 때문에 자신이 살고 있는 위치를 정확히 선택합니다.

❸ 달력 종류 : 기본적으로 서기를 사용하지만 단기로 보고 싶은 경우에 변경하면 됩니다.

■ 사용자 지정 117P

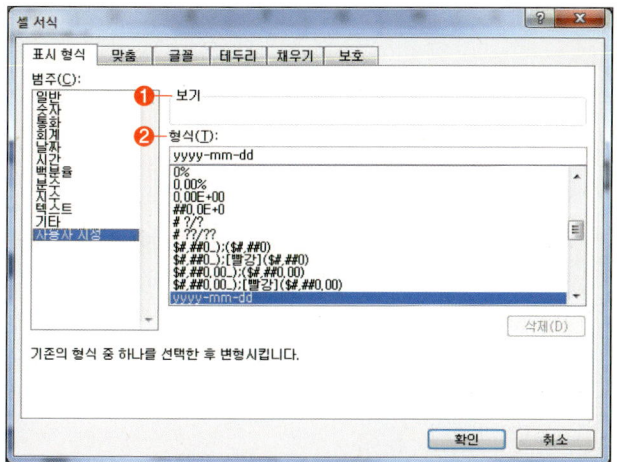

❶ 보기 : 아래의 형식을 지정되면 셀의 내용이 어떻게 변하는지 미리 보여줍니다.

❷ 형식 : 표시 형식에 사용되는 기본 범주 외에 사용자가 보다 직접적으로 원하는 형식을 입력하여 수정합니다.

■ 기타

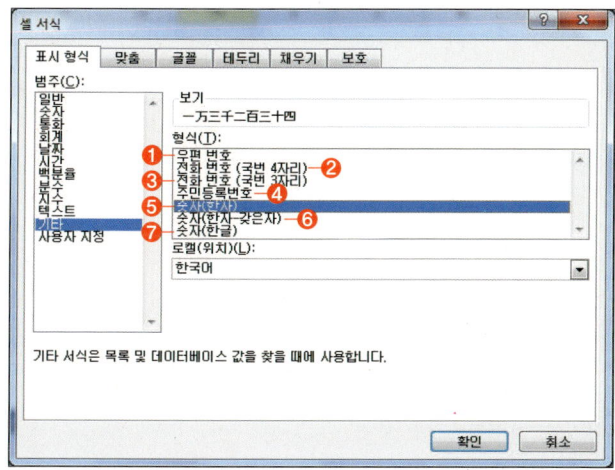

❶ 우편 번호 : 셀의 숫자를 우편번호 형태로 변경합니다.

❷ 전화 번호(국번 4자리) : 전화번호 형태로 지역번호 다음인 국번의 숫자를 4자리로 지정하여 사용합니다.

❸ 전화 번호(국번 3자리) : 전화번호 형태로 지역번호 다음인 국번의 숫자를 3자리로 지정하여 사용합니다.

❹ 주민등록번호 : 주민등록번호 형태인 13자리의 형식에 맞게 표시됩니다.

❺ 숫자(한자) : 아라비아 숫자를 한자 형태로 나타냅니다.

❻ 숫자(한자-갖은자) : 한자 형태로 나타내는데 위치 값인 단위로 형태도 나타냅니다.

❼ 숫자(한글) : 아라비아 숫자를 한글 형태로 나타냅니다.

숫자로 된 데이터 범위에 천 단위가 넘어가면 숫자를 보다 쉽게 보기 위해 천 단위를 구분하는 쉼표를 주고 소수점 아래의 자릿수를 늘리거나 줄여 원하는 크기만큼 보여줍니다.

예제 파일 | CD\Part 02\셀 서식.xlsx   **완성 파일 |** CD\Part 02\셀 서식-완성.xlsx

01. 예제 파일을 불러온 후 [구분기호] 시트에서 [C3:C13], [E3:E13]을 선택합니다. [홈] 탭–[표시 형식] 그룹–[쉼표 스타일]을 클릭합니다.

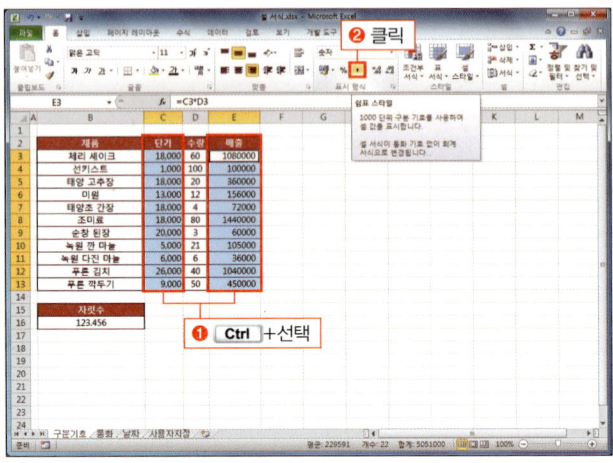

TIP : 쉼표 스타일을 적용하면 천 단위별로 ','를 넣어주어 숫자의 구분을 쉽게 합니다.

02. 이번에는 [B16] 셀을 선택하고 [홈] 탭–[표시 형식] 그룹–[자릿수 늘림]을 두 번 클릭합니다.

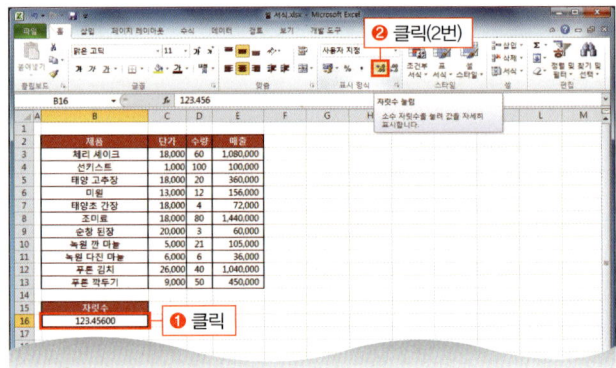

TIP : 소수점 아래로 자릿수를 늘려 줍니다. 없을 경우에는 '0'으로 증가합니다.

03. 이번에는 [B16] 셀을 선택하고 [홈] 탭–[표시 형식] 그룹–[자릿수 줄임]을 여섯 번 클릭합니다.

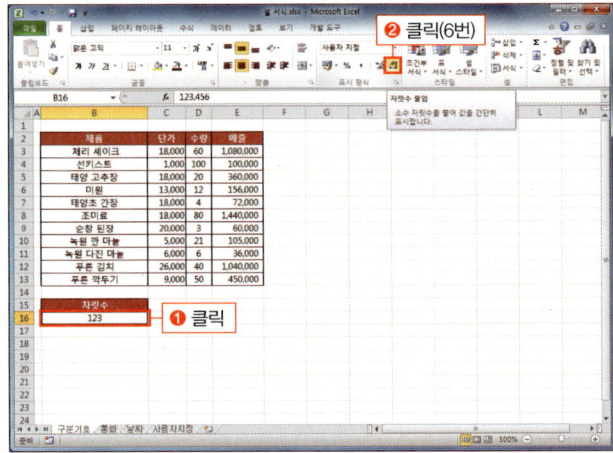

TIP : 자릿수를 줄이면 소수점이 없어지는데 단, 정수 부분은 줄일 수 없습니다.

소수점으로 표시되어 있는 수를 백분율로 표시할 수 있으며 데이터가 통화 데이터라면 한국은 원화, 일본은 엔화, 중국은 위원화 형식의 데이터로 표시합니다.

예제 파일 | CD₩Part 02₩셀 서식.xlsx

01. [통화] 시트에서 [B3:B12]를 선택하고 [홈] 탭–[표시 형식] 그룹–[통화]의 '한국어'를 선택합니다.

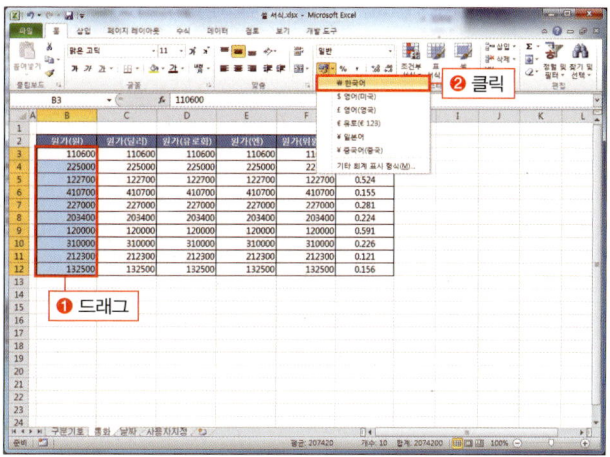

02. [C3:F12]에 다음과 같이 통화를 선택하여 지정합니다.

범위	통화
C3:C12	영어(미국)
D3:D12	유로
E3:E12	일본어
F3:F12	중국어

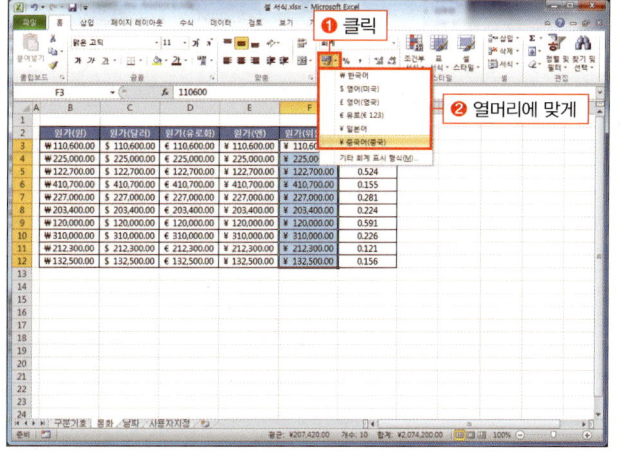

03. [B3:F12]를 선택하고 [홈] 탭–[표시 형식] 그룹–[자릿수 줄임]을 두 번 클릭해서 소수점을 보이지 않게 만듭니다.

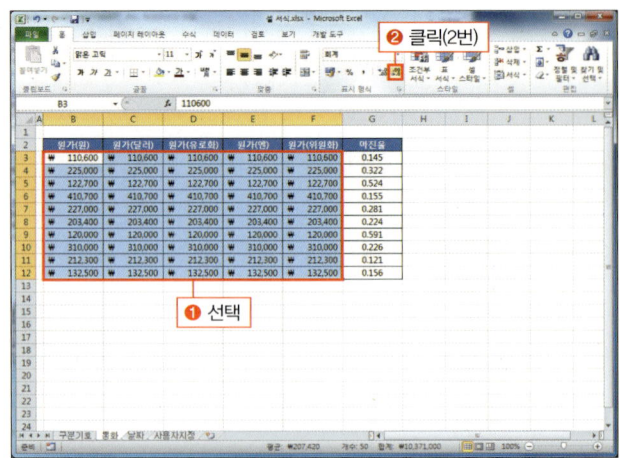

04. [G3:G12]를 선택하고 [홈] 탭–[표시 형식] 그룹–[백분율 스타일]을 클릭합니다.

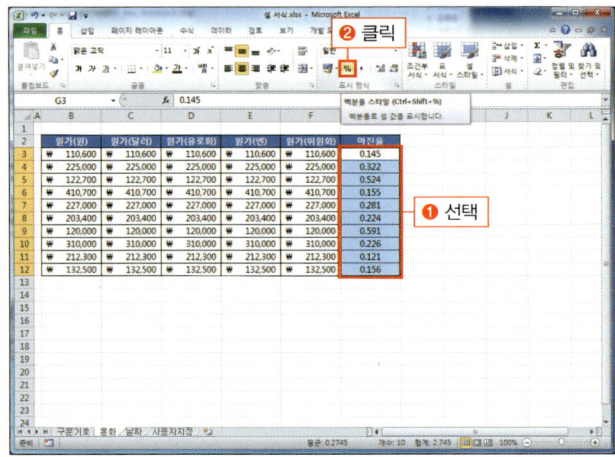

05. 바로 [표시 형식] 그룹에서 [자릿수 늘림]을 한 번 클릭하여 소수점 한 자리씩 증가하도록 만들고 결과를 확인합니다.

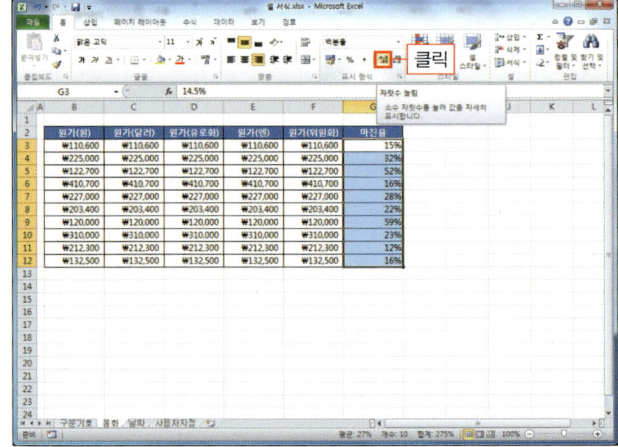

셀에 날짜 데이터를 입력한 후 여러 형식의 날짜 데이터로 변경하여 표시할 수 있습니다. 여기서는 여러 날짜 형식과 요일의 표시 방법을 알아봅니다.

예제 파일 | CD₩Part 02₩셀 서식.xlsx

01. [B3] 셀을 선택하고 [홈] 탭–[표시 형식] 그룹–[간단한 날짜]를 클릭합니다.

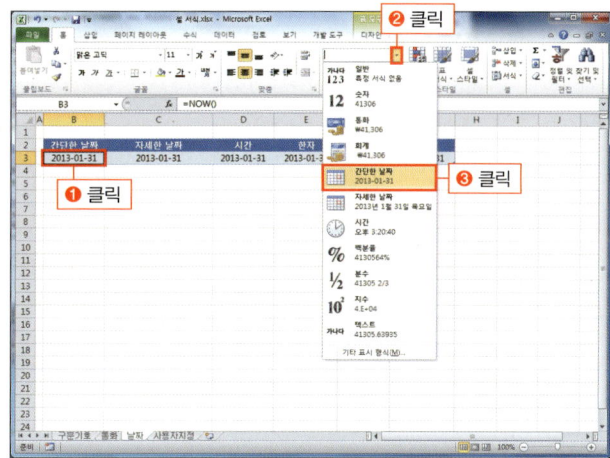

02. [C3] 셀을 선택하고 [자세한 날짜]를, [D3] 셀을 선택하고 [시간]을 각각 클릭하여 적용합니다.

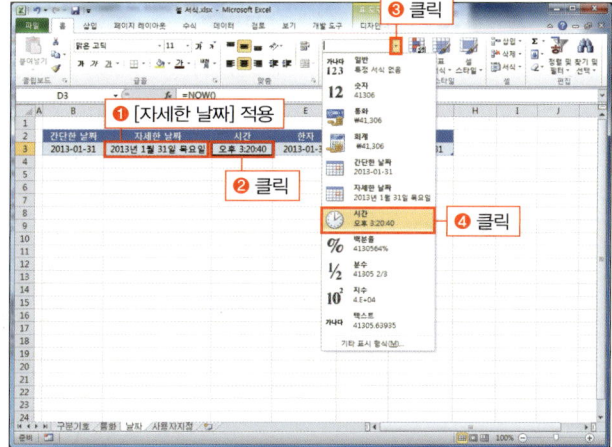

TIP : [간단한 날짜]는 날짜만, [자세한 날짜]는 날짜와 요일을 표시하며, [기타 표시 형식]을 클릭하면 [셀 서식] 대화상자로 이동합니다. 특히, 선택한 셀의 형식에 따라 [셀 서식] 대화상자의 [범주]를 자동으로 찾아서 표시합니다.

03. [E3] 셀을 선택하고 [셀 서식] 대화상자를 불러옵니다. [표시 형식] 탭의 [범주]에서 '날짜'를 선택하고 [형식]에서 '01年 3月 14日'을 선택한 후 [확인]을 클릭합니다.

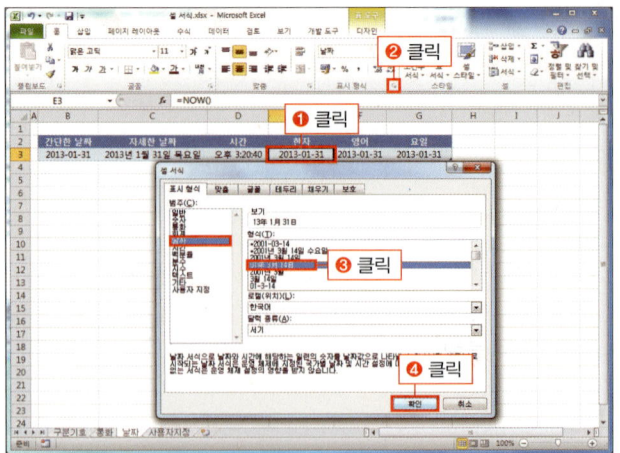

04. 이번에는 [F3] 셀을 선택하고 [셀 서식] 대화상자의 [표시 형식] 탭에서 [범주]와 [형식]을 그림과 같이 설정한 후 [확인]을 클릭합니다.

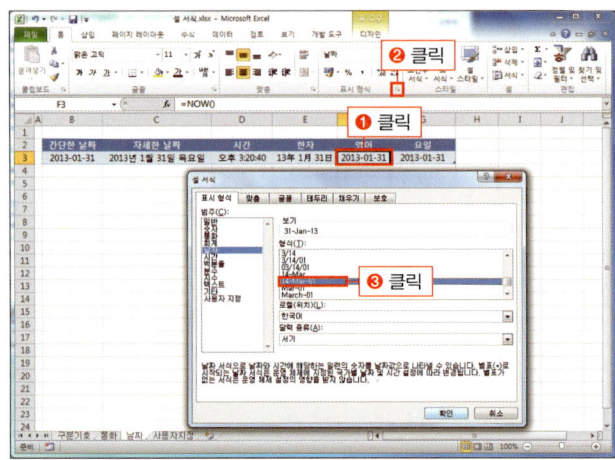

05. [G3] 셀을 선택하고 [셀 서식] 대화상자의 [표시 형식] 탭에서 '사용자 지정'을 선택하고 [형식]에 'aaaa'를 입력한 후 [확인]을 클릭합니다.

TIP : 'a'를 입력하면 한글(요일)이 나타나고 'm'을 입력하면 영문(요일)이 나타납니다.

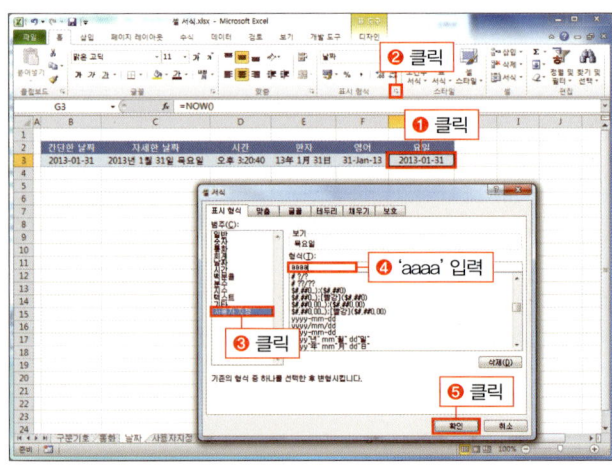

[셀 서식] 대화상자의 [범주]에는 데이터 형식에 맞는 형태를 그룹으로 지정하여 사용하지만, 그 밖의 형식은 사용자가 지정하는 형식으로 변경할 수 있습니다.

예제 파일 | CD\Part 02\셀 서식.xlsx

01. [C2:C5]를 선택하고 [홈] 탭-[표시 형식] 그룹-[옵션]을 클릭하여 [셀 서식] 대화상자를 불러옵니다. [표시 형식] 탭의 [범주]는 '사용자 지정', [형식]은 '[파랑]#,#00;[빨강]-#,#00;[녹색]0.0;@"원"을 입력하고 [확인]을 클릭합니다.

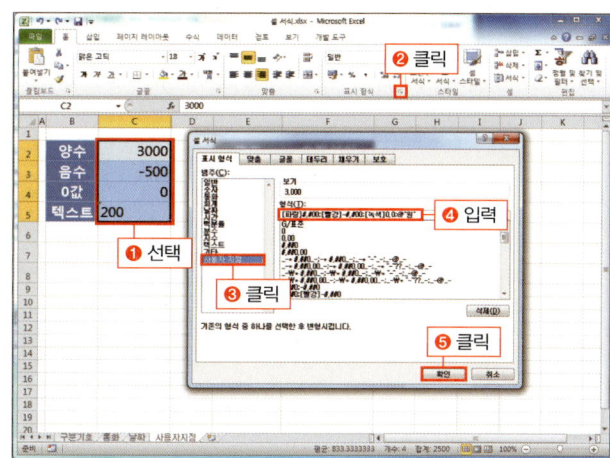

TIP : 사용자 지정 형식은 '양수;음수;0값;텍스트'로 구분하여 사용합니다.

02. [C2:C5]까지 사용자 지정 형식의 결과를 확인합니다.

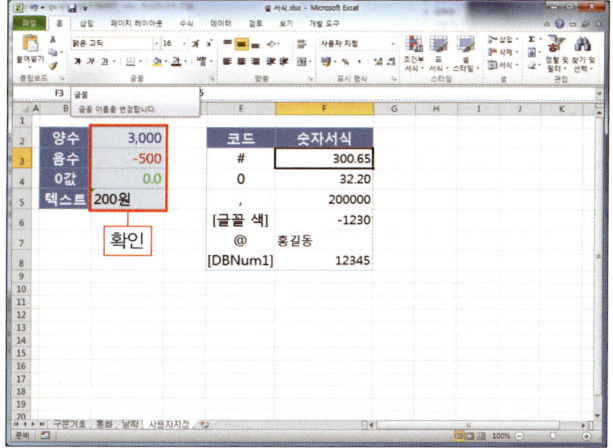

03. 이번에는 [F3] 셀을 선택하고 **Ctrl** + **1** 을 눌러 [셀 서식] 대화상자를 불러옵니다. [범주] 에서 '사용자 지정'을 선택하고 [형식]에 '#.###'를 입력한 후 [확인]을 클릭합니다.

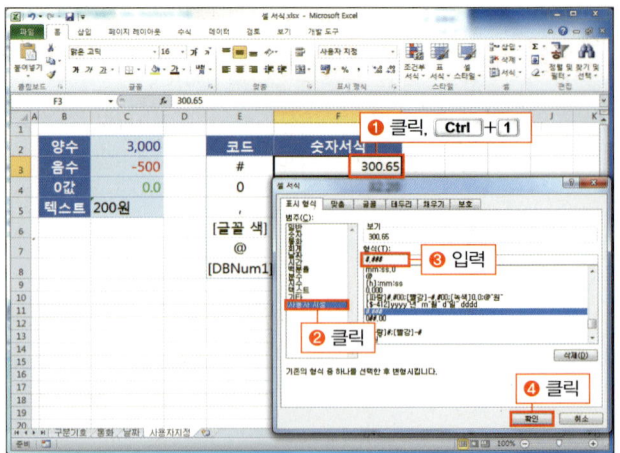

04. [F4:F8]까지 [사용자 지정]의 [형식]에 다음과 같이 입력하고 변경합니다.

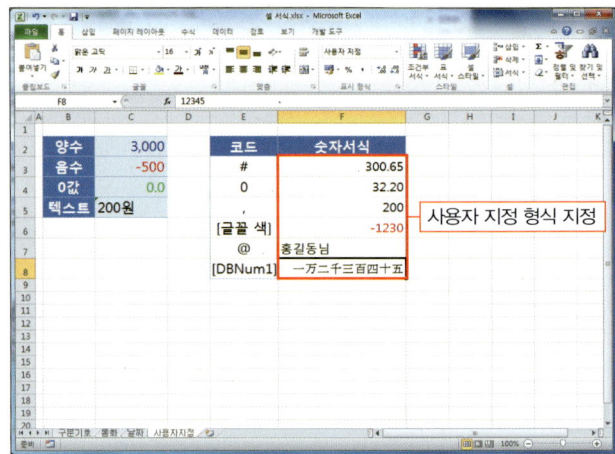

사용자 지정 형식	설명
#.00	소수점 2자리까지 나타나며 없으면 0으로 표시
#,	천 단위로 지정하여 아래의 000은 보이지 않음
[파랑]#;[빨강]-#	양수는 파란색으로 음수는 빨간색으로 표시
@"님"	@은 문자 전체를 인식하고 " "로 문자열 표시
[DBNum1]	사용자 지정 서식으로 숫자를 한자로 변경함

04 [셀] 그룹으로 워크시트와 셀 관리하기

레 벨 ● ○ ○

셀과 워크시트의 삽입, 삭제 방법을 알아보고 행의 높이와 넓이 조정, 각 워크시트의 이동 복사 등 셀과 워크시트의 전체적인 편집 방법에 대해 알아봅니다. 또한, 셀 보호와 워크시트 보호를 통한 엑셀의 보안 능력을 익혀둡니다.

기초탄탄 ▶ 셀과 워크시트 관리를 위한 삽입, 삭제, 이동, 복사

■ 삽입 `122P`

셀에 사용자가 원하는 만큼의 셀을 추가 삽입합니다.

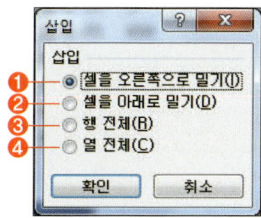

❶ **셀을 오른쪽으로 밀기** : 지정된 범위의 셀을 오른쪽으로 밀어 공간을 확보합니다.

❷ **셀을 아래로 밀기** : 지정된 범위의 셀을 아래쪽으로 밀어 공간을 확보합니다.

❸ **행 전체** : 지정된 범위 셀의 행 전체가 아래로 밀려 범위 만큼의 행 공간을 확보합니다.

❹ **열 전체** : 지정된 범위 셀의 열 전체가 오른쪽으로 밀려 범위 만큼의 열 공간을 확보합니다.

■ 삭제 `126P`

셀에 사용자가 원하는 만큼의 셀을 삭제합니다.

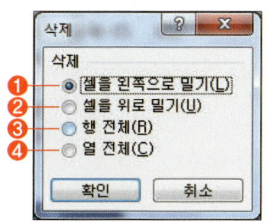

❶ **셀을 왼쪽으로 밀기** : 지정된 범위의 셀을 왼쪽으로 당기며 범위 만큼의 셀을 삭제합니다.

❷ **셀을 위로 밀기** : 지정된 범위의 셀을 위쪽으로 당기며 범위 만큼의 셀을 삭제합니다.

❸ **행 전체** : 지정된 범위 셀의 행 전체가 위로 당겨지며 범위 만큼의 전체 행을 삭제합니다.

❹ **열 전체** : 지정된 범위 셀의 열 전체가 왼쪽으로 당겨지며 범위 만큼의 전체 행을 삭제합니다.

■ **시트 설정** `124P`

워크시트를 선택하고 마우스 오른쪽 단추를 클릭하면 바로 가기 메뉴가 나타나는 데 여기서 워크시트의 여러 설정을 합니다.

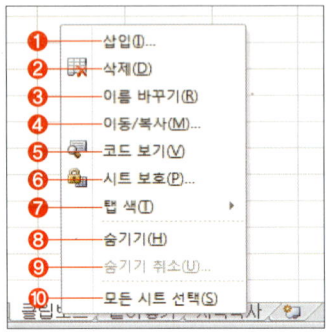

❶ **삽입** : 워크시트를 추가적으로 입력하며, 단순히 일반 워크시트뿐만 아니라 차트 워크시트, 서식 지정 형태의 워크시트와 같은 형태의 워크시트도 입력이 가능합니다.

❷ **삭제** : 워크시트를 삭제합니다.

❸ **이름 바꾸기** : 워크시트의 이름을 변경합니다.

❹ **이동/복사** : 워크시트를 가져다 놓을 워크시트 앞뒤를 선택하여 위치를 변경하거나 똑같은 내용의 워크시트를 만들어 사용하기도 합니다.

❺ **코드 보기** : Visual Basic(Alt + F11)을 실행하는 것처럼 코드 창이 나타나는데, 각 워크시트의 개발 코드를 작성합니다.

❻ **시트 보호** : [시트 보호] 대화상자가 나타나는데, 시트에서 허용할 범위와 보호를 지정합니다.

❼ **탭 색** : 워크시트 탭에 색상을 지정하여 탭 간의 구별을 보다 쉽게 합니다.

❽ **숨기기** : 워크시트를 숨겨줍니다.

❾ **숨기기 취소** : 숨겨진 워크시트를 다시 나타냅니다.

❿ **모든 시트 선택** : 모든 워크시트를 한 번에 선택합니다.

■ 이동/복사 <mark>137P</mark>

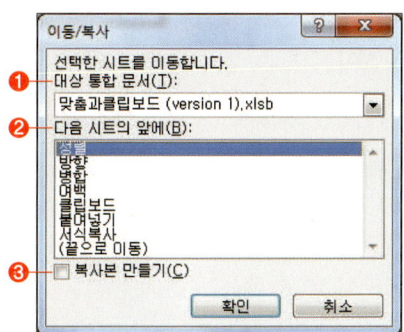

❶ **대상 통합 문서** : 워크시트의 이동과 복사를 할 대상을 선택합니다. 즉, 여러 통합 문서가 열려 있으면 다른 문서에 이동과 복사를 할 수 있습니다.

❷ **다음 시트의 앞에** : 이동할 워크시트의 위치를 여러 워크시트 중에 하나를 선택하여 그 앞에 위치시켜 줍니다. (끝으로 이동)은 맨 마지막 위치에 넣어줍니다.

❸ **복사본 만들기** : 여기에 체크하고 시트를 이동시키면 복사된 워크시트가 생성됩니다.

■ 시트 보호 <mark>140P</mark>

워크시트 보호를 하면 대화상자가 나타나는 데 암호를 입력하여 시트 전체를 삽입/수정을 하지 못하도록 하거나 일부분의 내용만 수정하도록 하는 워크시트 보호 장치입니다.

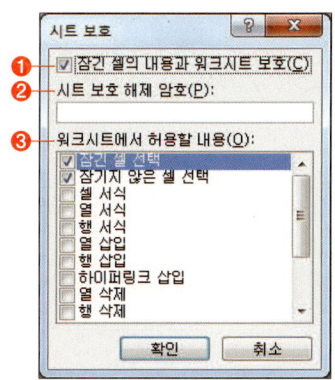

❶ **잠긴 셀의 내용과 워크시트 보호** : 워크시트를 보호하려면 꼭 체크가 된 상태에서 진행해야 합니다.

❷ **시트 보호 해제 암호** : 워크시트가 보호된 상태에서 워크시트 보호를 해제하기 위해서 암호를 입력해 해제하게 합니다. 암호가 있어야 제대로 된 보호가 됩니다.

❸ **워크시트에서 허용할 내용** : 보호할 여러 워크시트 내용에서 원하는 내용을 선택하여 보호하는데 워크시트에 블록을 지정하고 잠기기 않은 셀 선택만 하고 보호하면 전체 워크시트는 잠기는데 블록을 지정한 부분은 삽입/수정이 가능하게 됩니다.

워크시트에 새로운 열을 삽입하거나, 하나의 셀만 오른쪽이나 아래로 밀어서 셀을 추가하거나, 열이나 행 머리글을 선택하여 한 번에 행이나 열을 추가할 수 있습니다.

예제 파일 | CD\Part 02\워크시트와 셀관리.xlsx   **완성 파일 |** CD\Part 02\워크시트와 셀관리-완성.xlsx

■ 셀 삽입하기

01. 예제 파일을 불러오고 [삽입] 시트로 이동합니다. [D열] 머리글을 마우스 오른쪽 단추로 클릭한 후 [삽입]을 선택합니다.

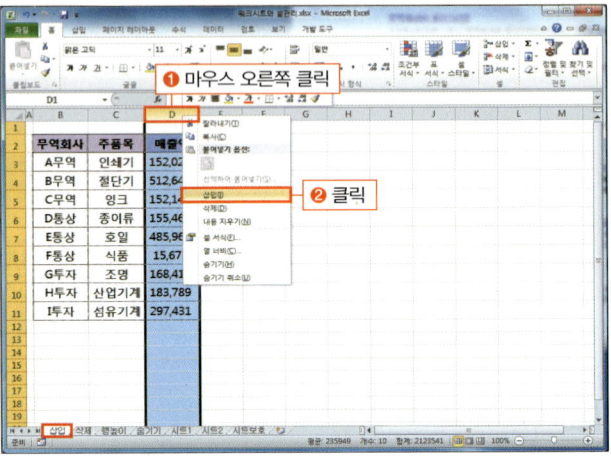

02. [D열]에 새로운 열이 생기면 다음 그림과 같이 내용을 입력합니다.

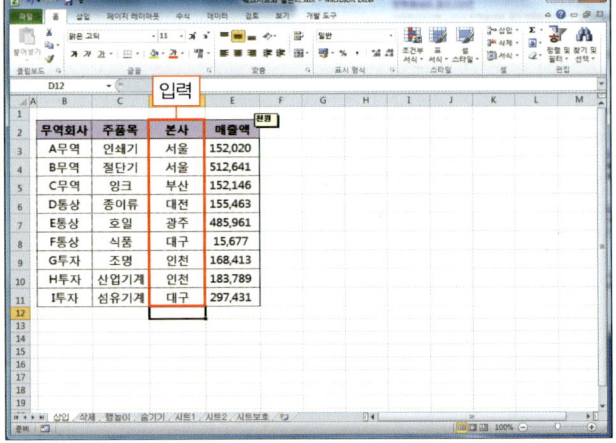

03. [D7] 셀을 선택하고 [홈] 탭-[셀] 그룹-[삽입]에서 [셀 삽입]을 클릭합니다.

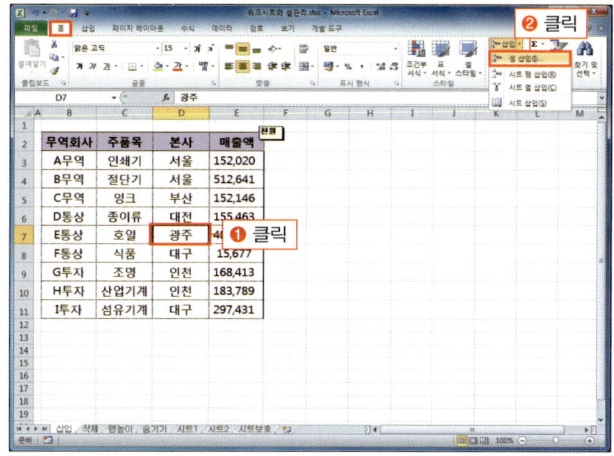

04. [삽입] 대화상자가 나타나면 [셀을 아래로 밀기]를 체크하고 [확인]을 클릭합니다.

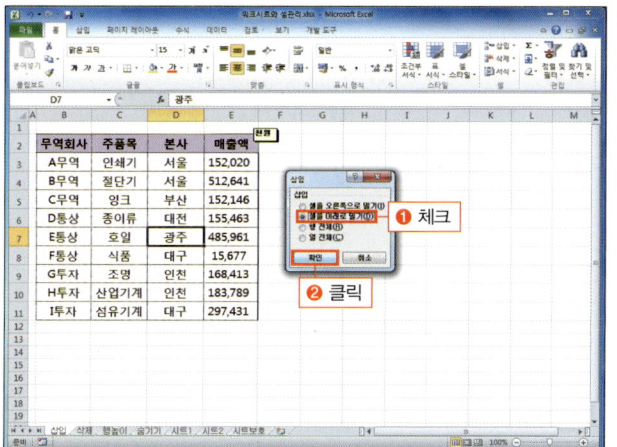

05. 새로운 셀이 추가되면 이번에는 [6행]과 [7행]의 머리글을 선택하고 [홈] 탭-[셀] 그룹-[삽입]에서 [시트 행 삽입]을 클릭합니다.

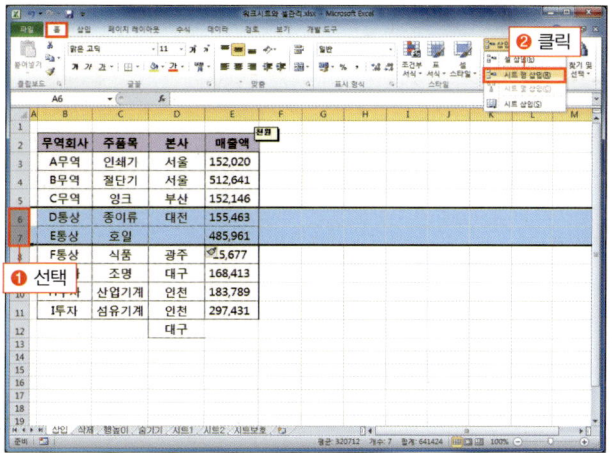

■ 워크시트 삽입하기

01. [삽입] 시트 이름의 이름 부분을 마우스 오른쪽 단추로 클릭하고 [삽입]을 선택합니다.

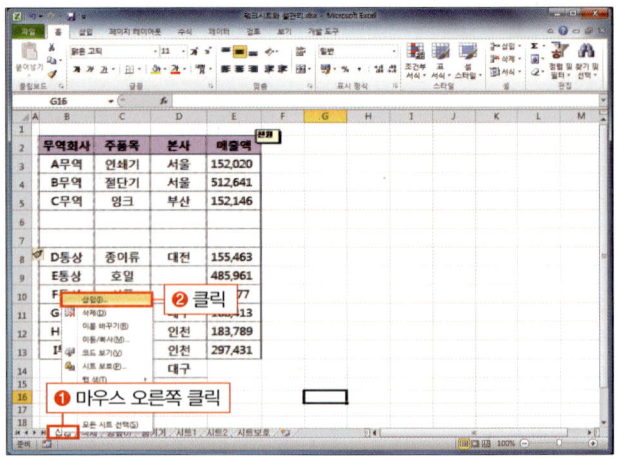

02. [삽입] 대화상자가 나타나면 [Worksheet]를 선택하고 [확인]을 클릭합니다.

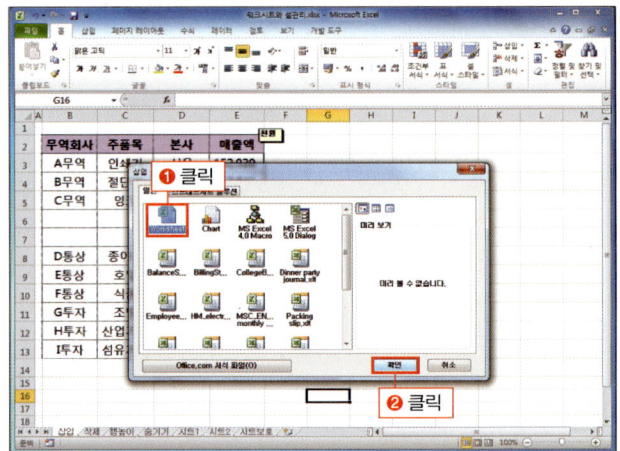

03. 여러 워크시트 중에서 가장 마지막에 새로운 워크시트가 생긴 것을 확인할 수 있습니다.

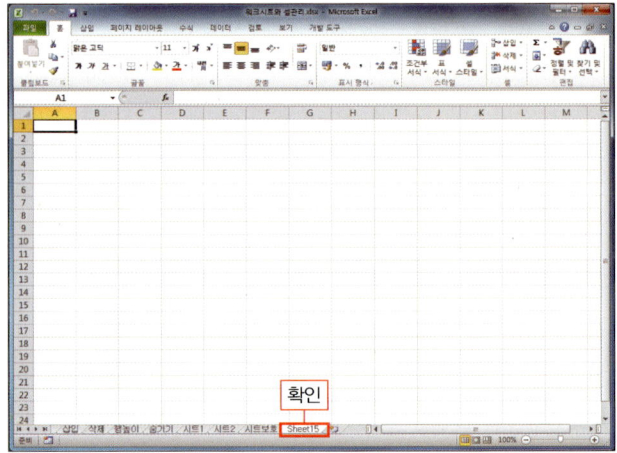

04. 여러 워크시트에서 마지막에 있는 [워크시트 삽입](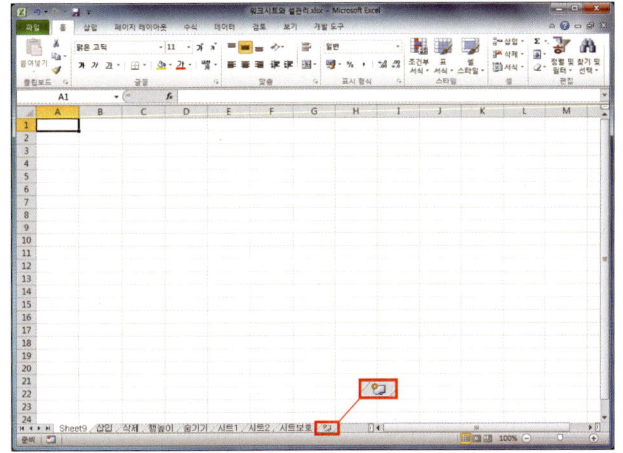) 버튼을 클릭하거나 **Shift** + **F11** 을 눌러 새로운 워크시트를 만들 수도 있습니다.

TIP : 일반적으로 새 통합 문서를 만들면 기본적으로 3개의 워크시트로 구성되어 있습니다. 그러나 새 통합 문서를 만들 때 워크시트 수를 원하는 만큼 열어서 사용하기도 합니다. [파일] 탭-[옵션]을 클릭하면 다음과 같이 [Excel 옵션] 대화상자가 나타납니다.

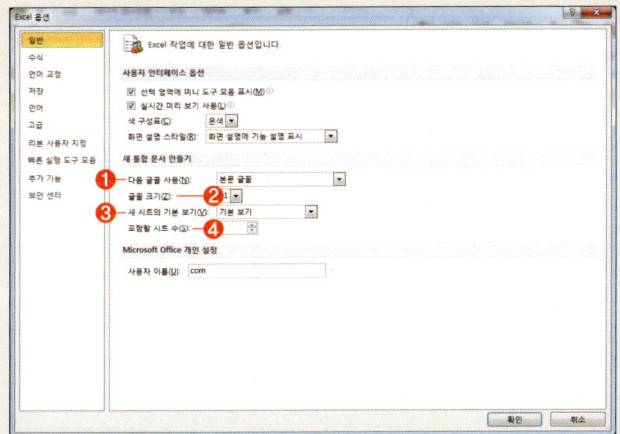

❶ 다음 글꼴 사용 : 글꼴 중 사용할 주요 글꼴을 선택하면 새로운 통합 문서가 생성될 때 선택한 글꼴을 기본 값으로 사용합니다.
❷ 글꼴 크기 : 크기를 미리 설정하면 새로운 통합 문서가 생성될 때 변경된 크기를 기본 값으로 사용합니다.
❸ 새 시트의 기본 보기 : 새로운 워크시트는 기본적으로 기본 보기이지만 설정에 따라 미리 보기나 레이아웃 보기로도 생성할 수 있습니다.
❹ 포함할 시트 수 : 기본 워크시트는 3개이지만 원하는 만큼의 개수를 설정하면 새로운 통합 문서를 만들 때 원하는 개수만큼 워크시트를 생성할 수 있습니다.

셀 삽입처럼 셀이나 행/열 머리글을 선택하고 삭제를 하면 셀의 왼쪽이나 위로 밀어 삭제합니다. 삭제 시 행 전체나 열 전체를 삭제하기도 됩니다.

예제 파일 | CD₩Part 02₩워크시트와 셀관리.xlsx

■ 셀 삭제하기

01. [삭제] 시트에서 [6행]과 [7행]의 머리글을 선택하고 마우스 오른쪽 단추로 클릭한 후 [삭제]를 선택합니다.

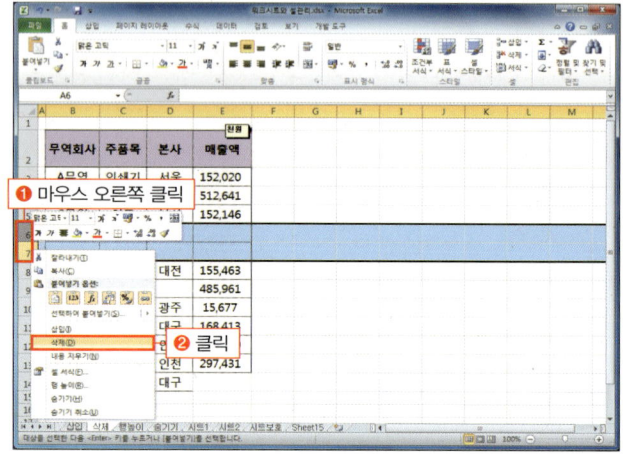

02. 이번에는 [D7] 셀을 선택하고 [홈] 탭–[셀] 그룹–[삭제]에서 [셀 삭제]를 클릭합니다.

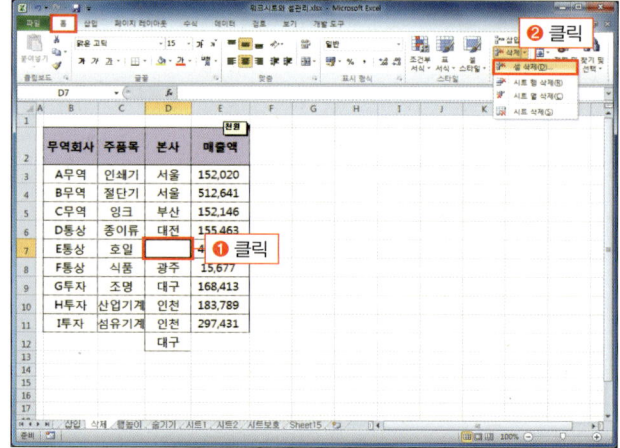

03. [삭제] 대화상자가 나타나면 [셀을 위로 밀기]를 체크하고 [확인]을 클릭하여 삭제합니다.

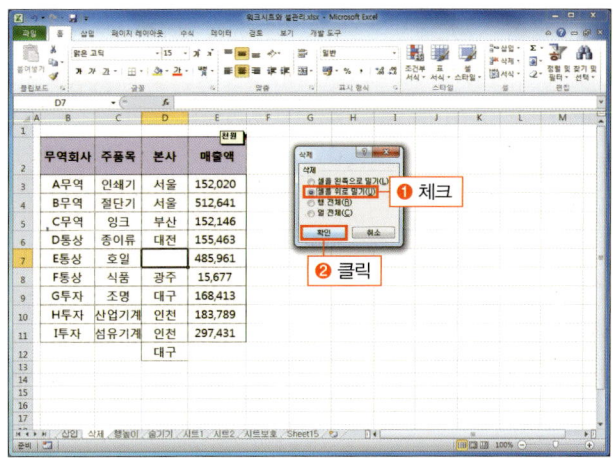

04. 다시 [D7] 셀을 선택하고 [홈] 탭-[셀] 그룹-[삭제]에서 [시트 열 삭제]를 클릭합니다.

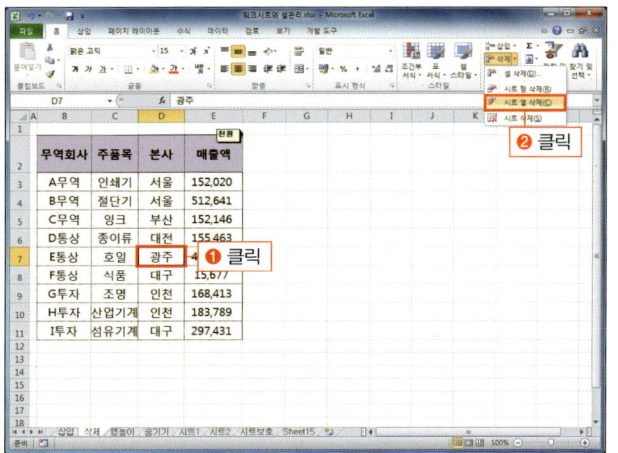

05. 결과를 확인합니다.

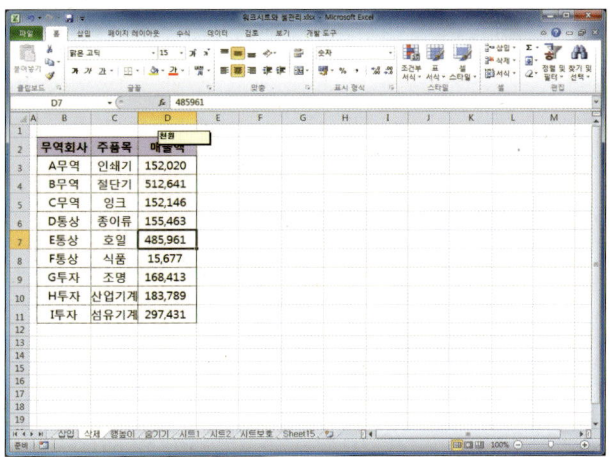

■ 워크시트 삭제하기

01. 가장 처음 워크시트에 있는 새로 만들어진 워크시트의 이름 부분을 마우스 오른쪽 단추로 클릭하고 [삭제]를 선택합니다.

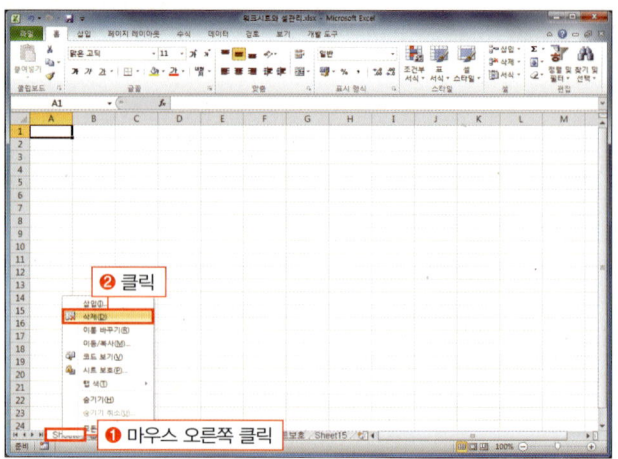

02. 마지막 만들어진 새로운 워크시트의 이름을 선택하고 [홈] 탭-[셀] 그룹-[시트 삭제]를 클릭합니다.

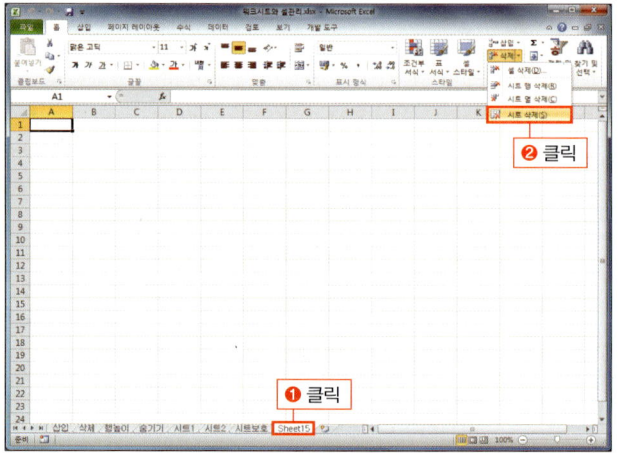

열 너비와 행 높이를 조절하여 해당 행이나 열의 크기를 조절합니다. 또한, 자동 맞춤을 이용하여 내용에 맞게 행/열 크기를 조절합니다.

예제 파일 | CD₩Part 02₩워크시트와 셀관리.xlsx

■ 행/열 높이와 자동 맞춤하기

01. [행높이] 시트로 이동합니다. [A열] 머리글을 선택한 후 마우스 오른쪽 단추를 클릭하고 [열 너비]를 선택합니다.

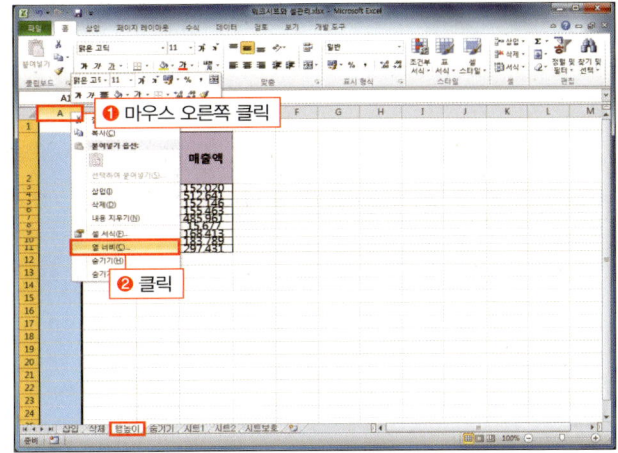

02. [열 너비] 대화상자가 나타나면 '1'을 입력하고 [확인]을 클릭합니다.

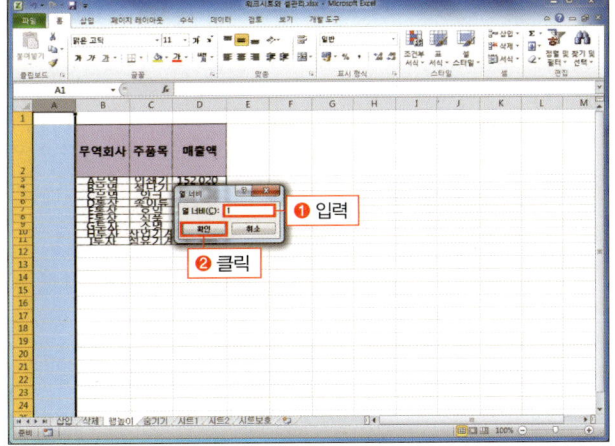

> **TIP :** 엑셀에서 문서 작업을 하는 경우는 일반적으로 [A열]의 열 너비를 '1'로 설정하고 시작합니다. [A열]은 사용하지 않는 이유는 워크시트에 데이터 추가/삭제 시 편리하기 때문입니다.

03. [2행] 머리글을 선택하고 [홈] 탭–[셀] 그룹–[서식]에서 [행 높이]를 클릭합니다. [행 높이] 대화상자가 나타나면 '30'을 입력하고 [확인]을 클릭합니다.

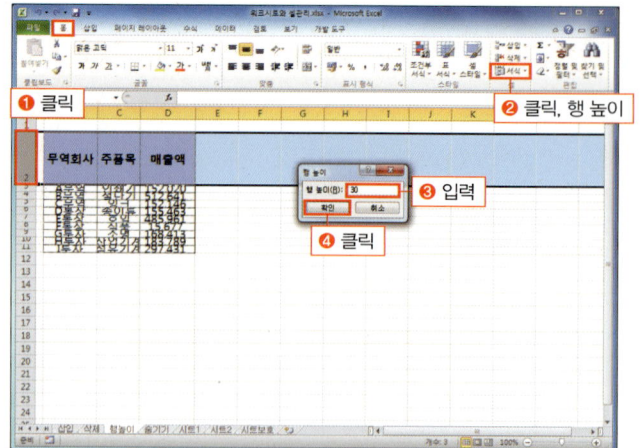

04. 이번에는 [3행:11행]의 머리글을 드래그하여 선택하고 [홈] 탭–[셀] 그룹–[서식]에서 [행 높이 자동 맞춤]을 클릭합니다.

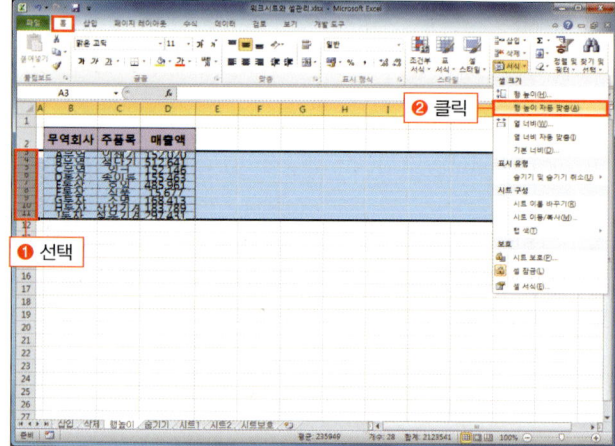

> **TIP :** [자동 맞춤]은 셀 안에 있는 내용의 크기에 맞게 셀의 행과 열의 크기가 자동으로 변경합니다.

05. 이번에는 [B열:D열] 머리글을 선택하고 [홈] 탭–[셀] 그룹–[서식]에서 [열 너비 자동 맞춤]을 클릭합니다.

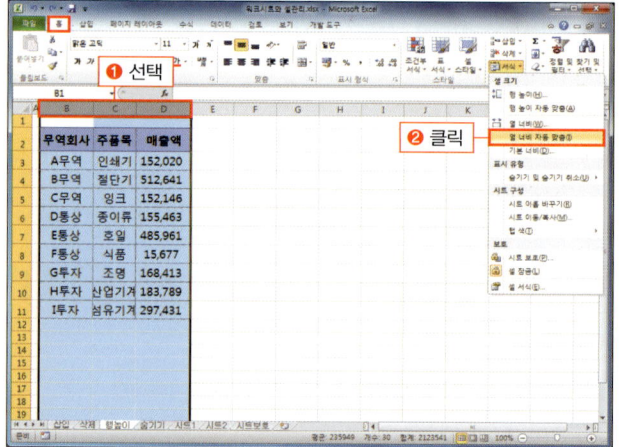

06. `Ctrl` + `Z`를 눌러 자동 맞춤 이전으로 돌아갑니다. [B열:D열] 머리글을 선택하고 [D열] 머리글 마지막의 경계선을 더블클릭합니다.

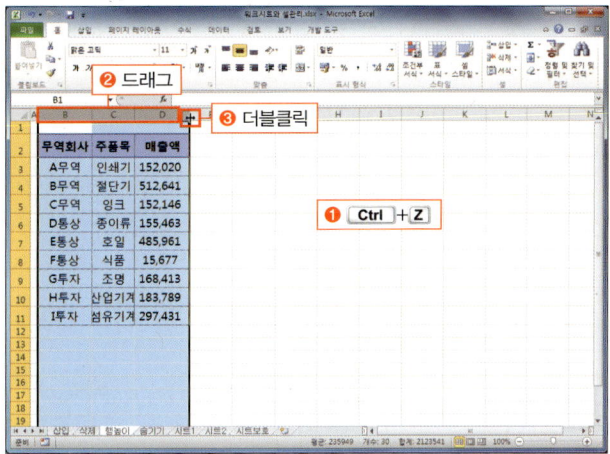

07. 자동으로 열 맞춤되는 것을 확인할 수 있습니다.

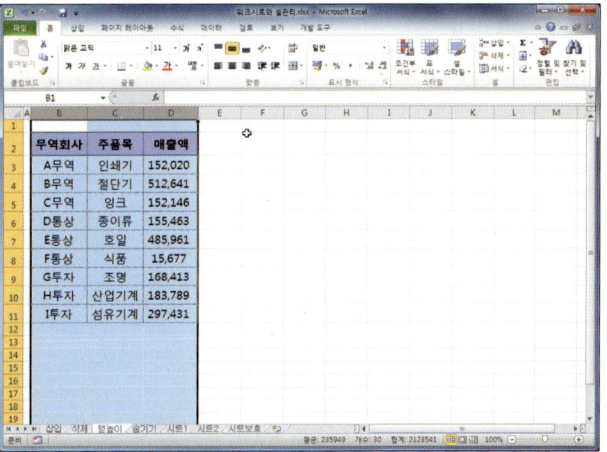

행이나 열 머리글에 선택하고 숨기기를 하면 해당 행이나 열은 보이지 않게 되는데, 다시 보기 위해서는 해당 행이나 열의 앞뒤 범위를 지정하고 숨기기 취소를 해야 합니다.

예제 파일 | CD\Part 02\워크시트와 셀관리.xlsx

■ 행, 열, 워크시트 숨기기

01. [C열] 머리글을 선택한 후 마우스 오른쪽 단추를 클릭하고 [숨기기]를 선택합니다.

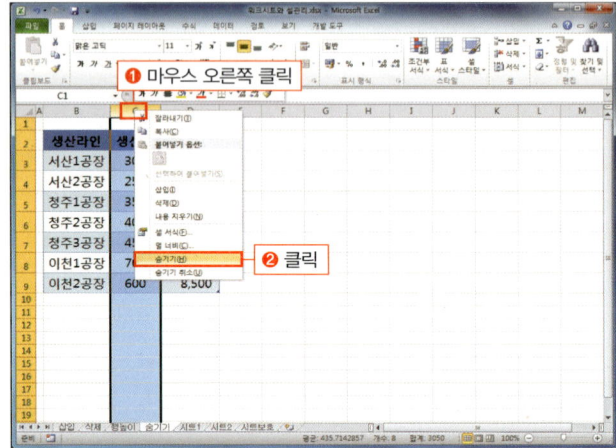

02. 이번에는 [5행:6행] 머리글을 선택하고 마우스 오른쪽 단추를 클릭한 후 [숨기기]를 선택합니다.

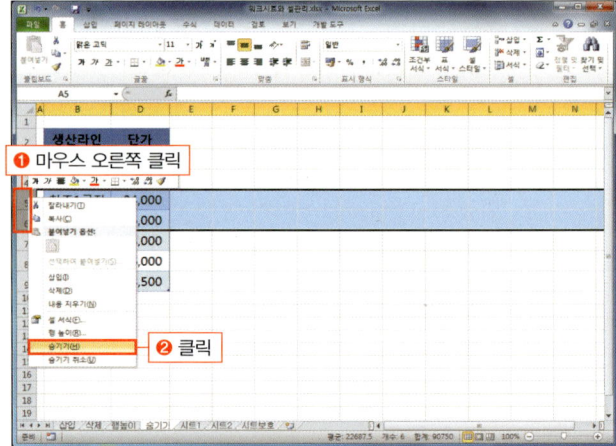

03. [숨기기] 시트 이름 부분을 마우스 오른쪽 단추로 클릭하고 [숨기기]를 클릭합니다.

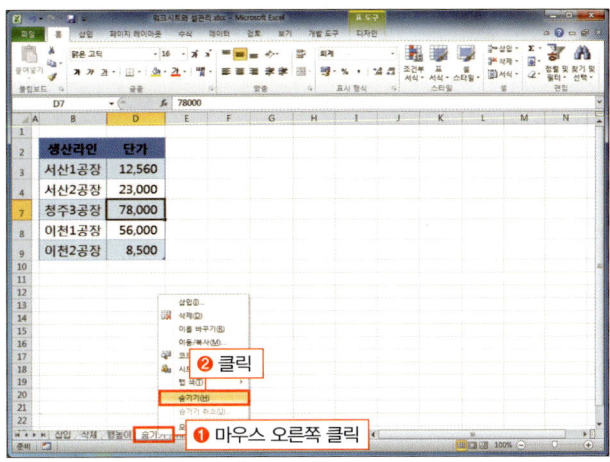

■ 숨기기 취소하기

01. 여러 워크시트 중에서 하나의 워크시트 이름을 선택하고 마우스 오른쪽 단추를 클릭한 후 [숨기기 취소]를 선택합니다.

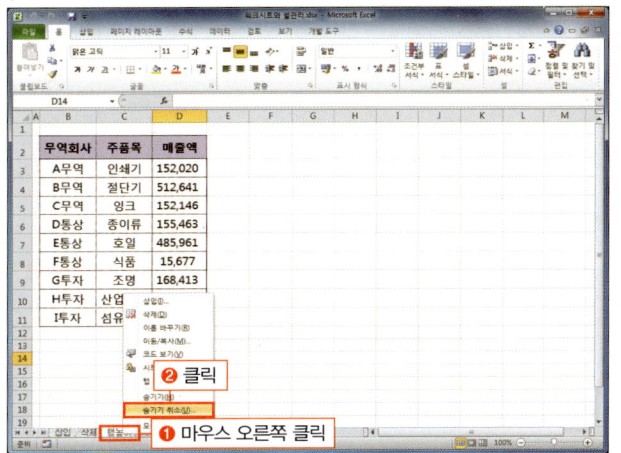

02. [숨기기 취소] 대화상자가 나타나면 숨겨진 워크시트([숨기기] 시트)를 선택하고 [확인]을 클릭합니다.

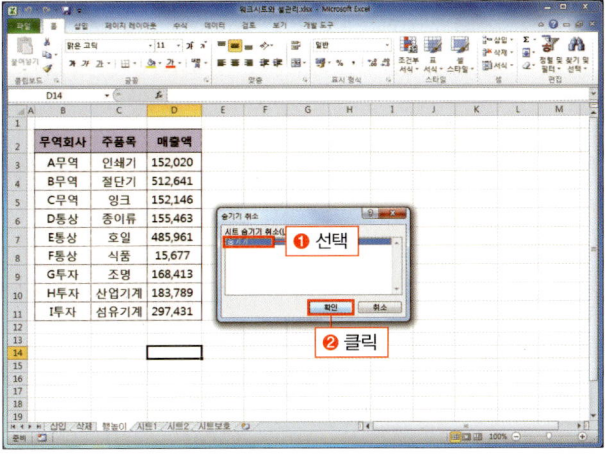

03. 숨겨진 워크시트가 나타나면 [7행] 머리글을 마우스 오른쪽 단추로 클릭하고 [숨기기 취소]를 선택합니다. 그러나, 숨겨진 행이 나타나지 않습니다.

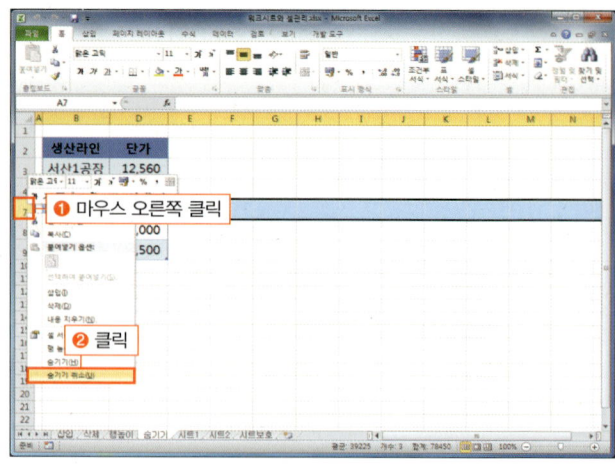

> **문제 해결** 숨겨진 행, 열을 취소하기 위해서는 숨겨진 행, 열의 시작 부분과 마지막 부분의 행, 열 머리글을 선택하고 숨기기 취소를 해야 합니다.

04. 다시 [4행:7행] 머리글을 마우스 오른쪽 단추로 클릭하고 [숨기기 취소]를 선택합니다.

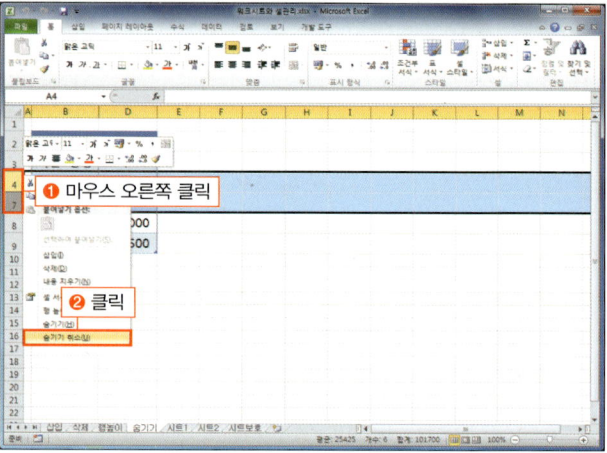

05. 이번에는 [B열:D열] 머리글을 마우스 오른쪽 단추로 클릭하고 [숨기기 취소]를 선택합니다.

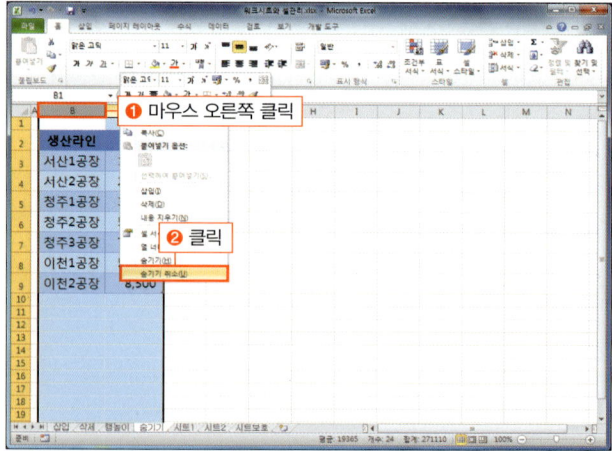

워크시트를 더블클릭하여 이름을 변경하거나 수정할 수 있으며, 탭들의 구별을 위해 탭 색을 지정하여 워크시트 탭의 구별을 확실히 합니다.

예제 파일 | CD₩Part 02₩워크시트와 셀관리.xlsx

■ 워크시트 이름 바꾸기

01. [시트1] 시트의 이름을 마우스 오른쪽 단추로 클릭하고 [이름 바꾸기]를 선택합니다.

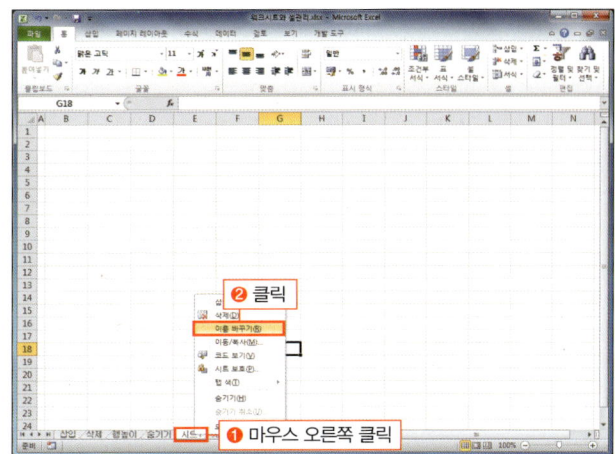

02. 블록이 지정되면 '시트 이름'을 입력하고 **Enter** 를 눌러 이름을 변경합니다.

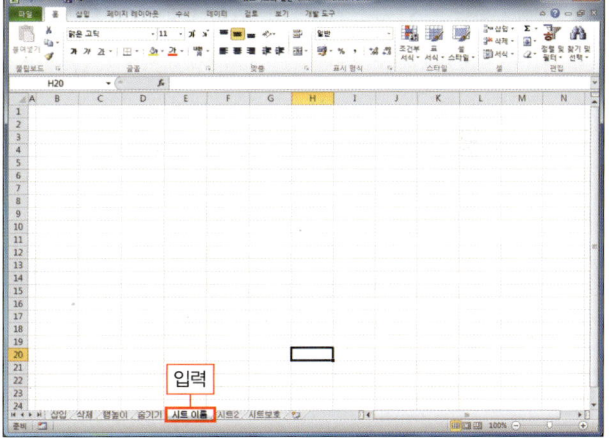

■ 워크시트 탭 색 변경하기

01. [시트 이름] 시트의 이름을 마우스 오른쪽 단추로 클릭하고 [탭 색]-[파랑, 강조1]을 선택하여 색상을 변경합니다.

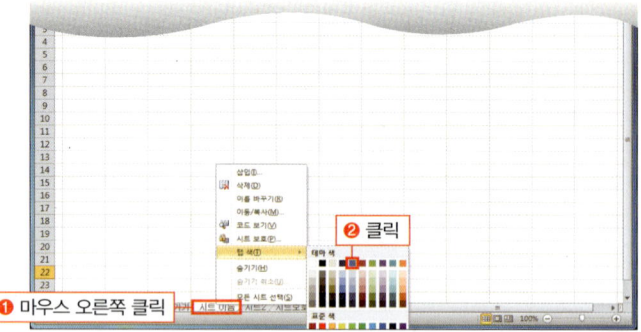

02. 다시 [숨기기] 시트의 이름을 마우스 오른쪽 단추로 클릭하고 [탭 색]-[자주, 강조 4]를 선택하여 색상을 변경합니다.

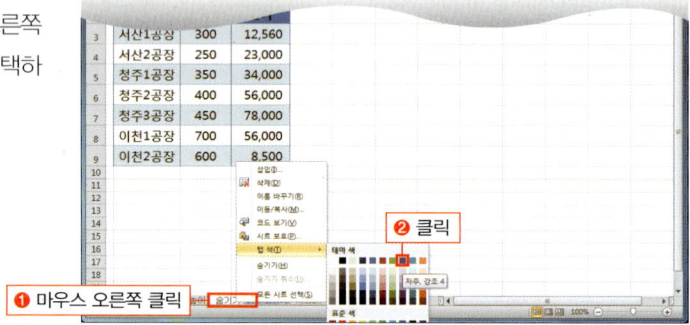

03. [숨기기] 시트의 탭 색이 변경되는 것을 확인할 수 있습니다. 이번에는 탭 색을 없애기 위해 시트 이름을 마우스 오른쪽 단추로 클릭하고 [모든 시트 선택]을 선택합니다.

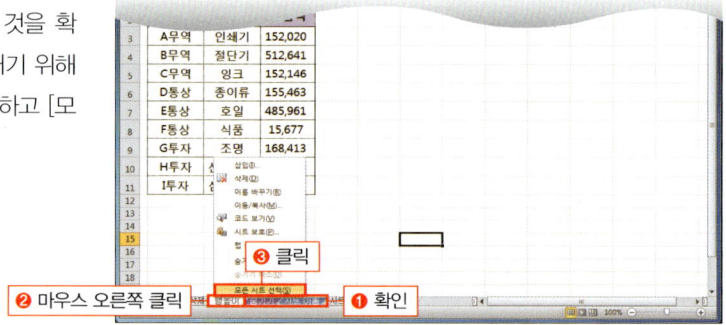

04. 다시 [탭 색]-[색 없음]을 선택하여 모든 탭 색을 보이지 않게 합니다.

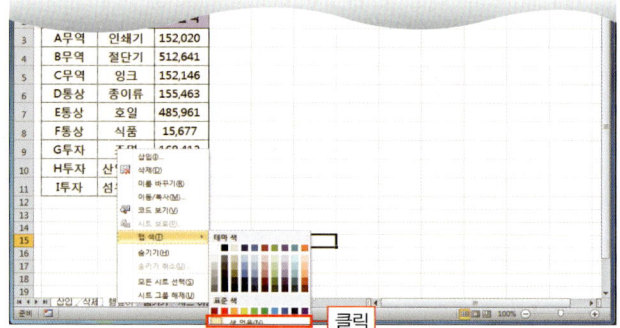

워크시트 간의 위치 순서를 원하는 위치로 변경하거나 시트 복사를 이용하여 같은 내용의 워크시트를 만들고 수정하여 간단하게 워크시트 작성도 합니다.

예제 파일 | CD₩Part 02₩워크시트와 셀관리.xlsx

■ 워크시트 이동하기

01. [시트2] 시트를 선택하고 [삽입]과 [삭제] 시트 사이로 드래그하여 이동시킵니다.

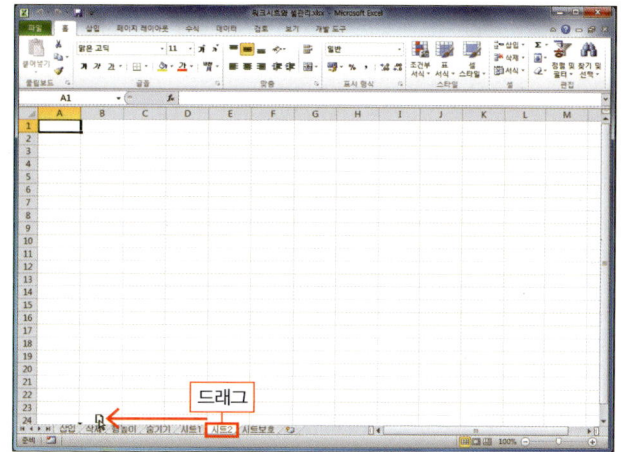

02. 이번에는 [홈] 탭-[셀] 그룹-[서식]에서 [시트 이동/복사]을 클릭합니다.

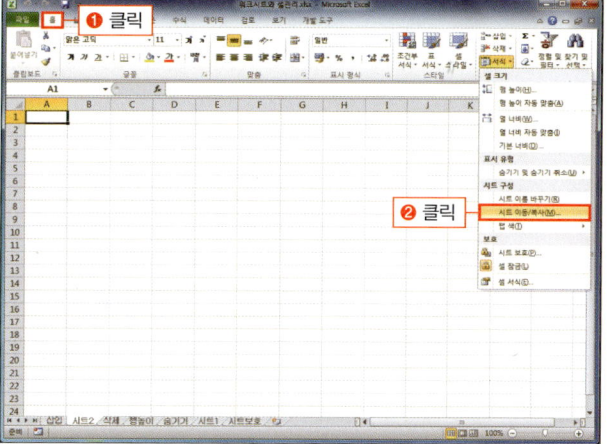

PART 02 · 엑셀 2010 기본 기능

03. [이동/복사] 대화상자가 나타나면 [다음 시트의 앞에]의 '삽입'을 선택하고 [확인]을 클릭합니다.

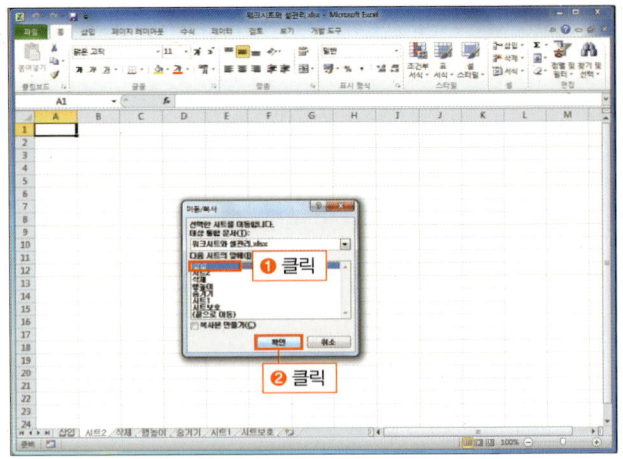

04. [시트2] 시트가 제일 앞으로 이동한 것을 확인할 수 있습니다.

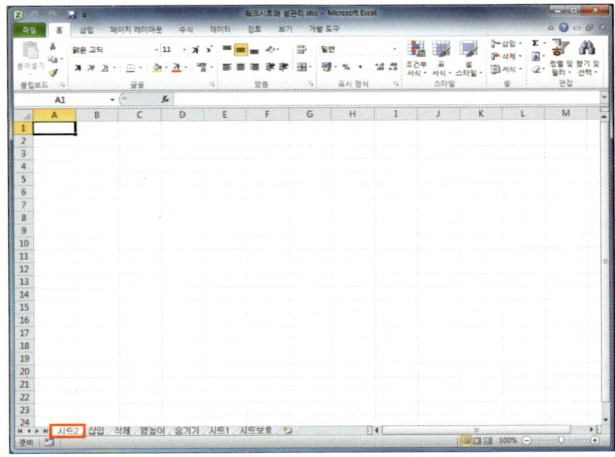

■ 워크시트 복사하기

01. [삽입] 시트를 선택하고 Ctrl 을 누른 상태로 [시트2] 시트 앞으로 이동시킵니다. [삽입] 시트에서 복사된 워크시트가 나타납니다.

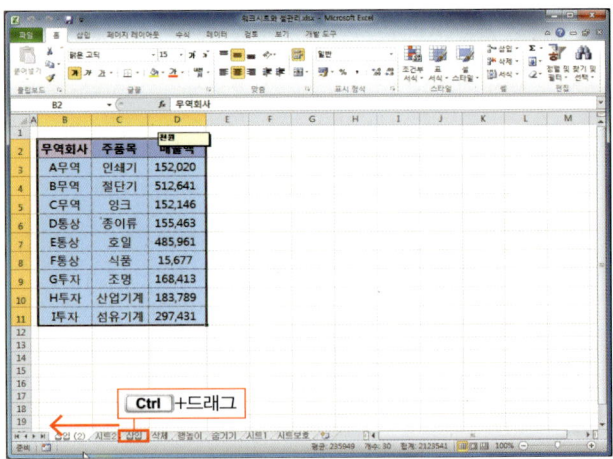

02. [삭제] 시트에서 마우스 오른쪽 단추를 클릭한 후 [이동/복사]를 선택합니다.

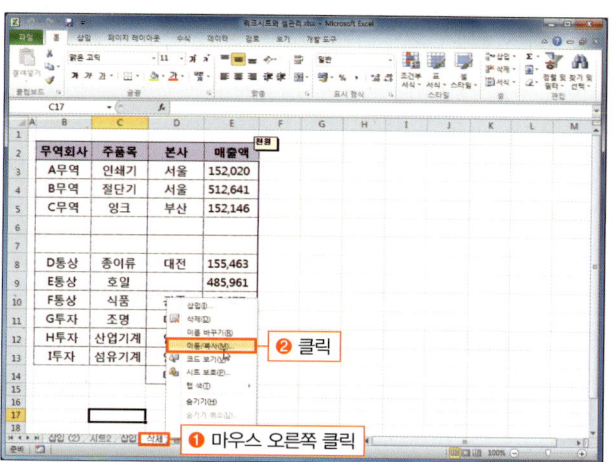

03. [이동/복사] 대화상자가 나타나면 [다음 시트의 앞에]의 '시트2'를 선택한 후 [복사본 만들기] 옵션을 체크하고 [확인]을 클릭합니다.

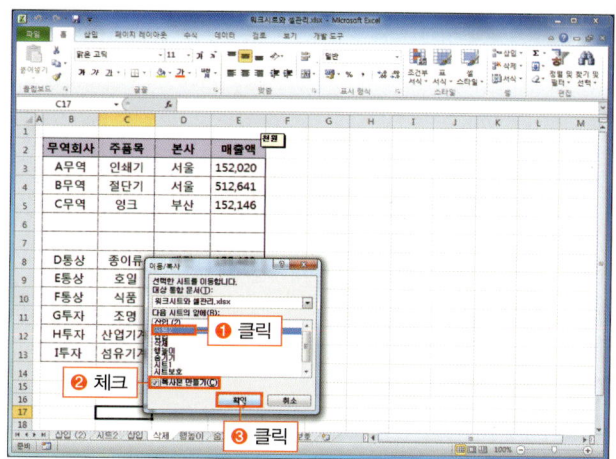

04. [시트2] 시트 앞에 복사된 [삭제] 시트가 생성되는 것을 확인할 수 있습니다.

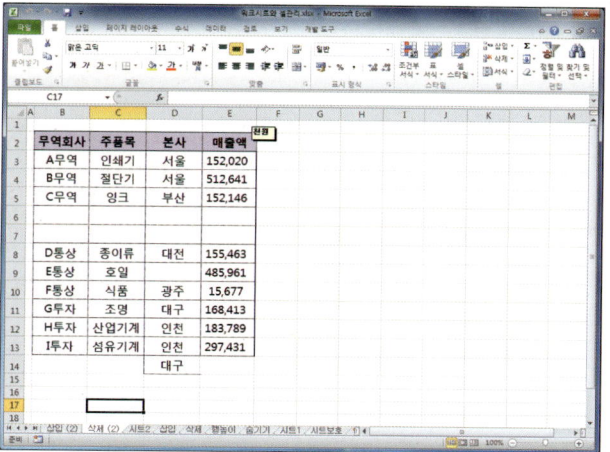

수식이 있는 데이터 범위에 [보호]-[숨김]을 체크하여 수식이 보이지 않게 하고 해당 범위만 보호하여 다른 부분은 선택되지 못하게 하고 범위 안에서만 수정/삭제가 가능합니다.

예제 파일 | CD₩Part 02₩워크시트와 셀관리.xlsx

■ 셀 서식을 이용한 수식 숨기기

01. [시트보호] 시트에서 [F3:F12]를 선택하고 [홈] 탭-[셀] 그룹-[서식]의 [셀 서식]을 선택합니다.

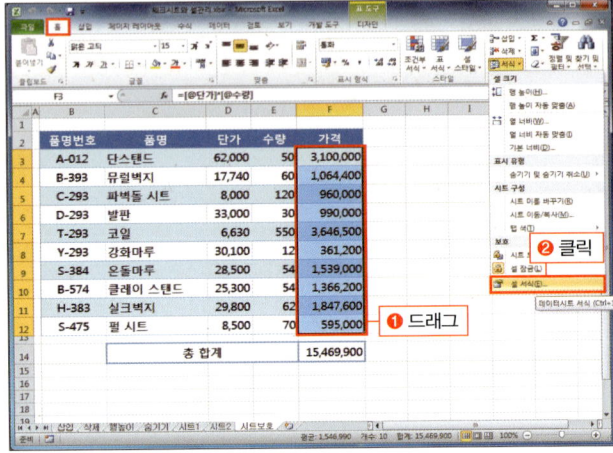

02. [셀 서식] 대화상자가 나타나면 [보호] 탭에서 [숨김] 옵션을 체크하고 [확인]을 클릭합니다.

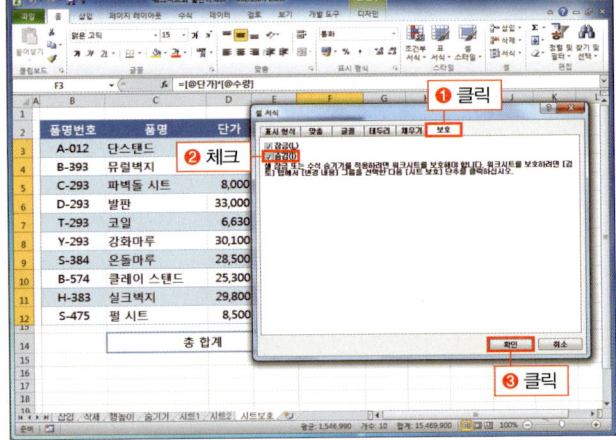

140

03. 다시 [홈] 탭–[셀] 그룹–[서식]에서 [시트 보호]를 클릭합니다.

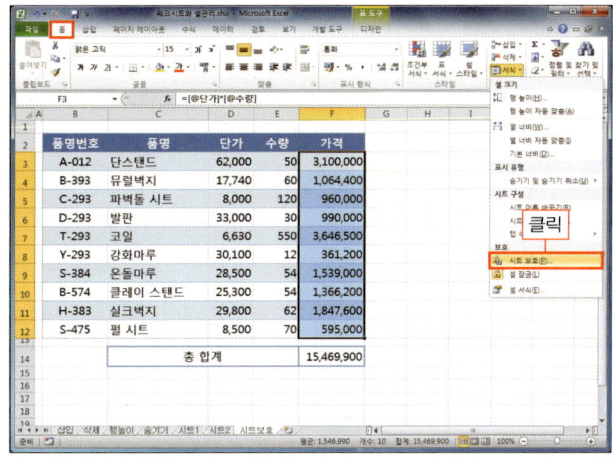

04. [시트 보호] 대화상자가 나타나면 [시트 보호 해제 암호]에 '123'을 입력하고 [확인]을 클릭합니다. [암호 확인] 대화상자가 나타나면 '123'을 다시 한 번 더 입력한 후 [확인]을 클릭합니다.

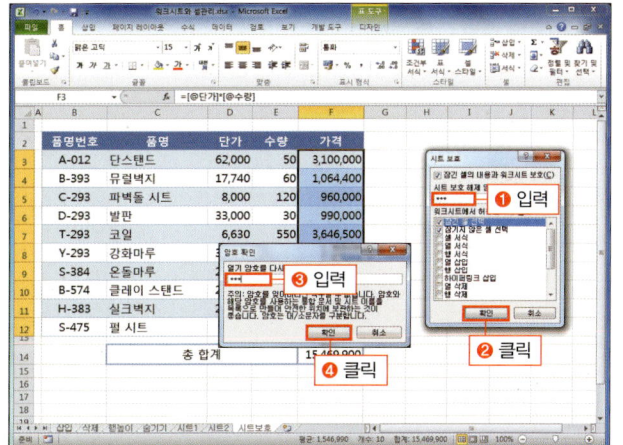

05. [F3:F12]에 임의의 셀을 선택하면 수식이 보이지 않는 것을 알 수 있습니다.

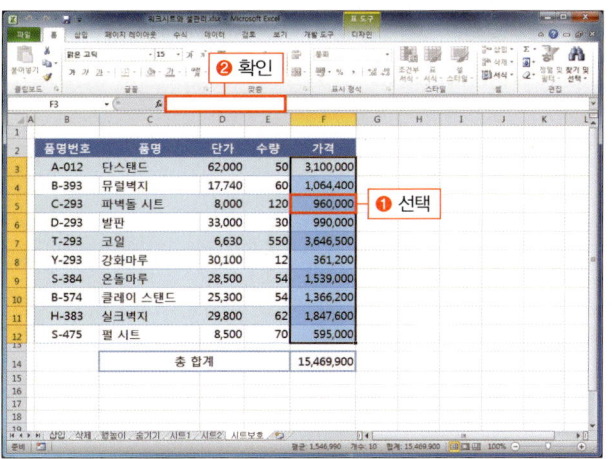

■ 셀 잠금을 이용하여 원하는 셀 보호

01. 먼저 잠금 해제를 하기 위해 [홈] 탭-[셀] 그룹-[시트 보호 해제]를 클릭합니다. [시트 보호 해제] 대화상자가 나타나면 [암호]에 '123'을 입력하고 [확인]을 클릭합니다.

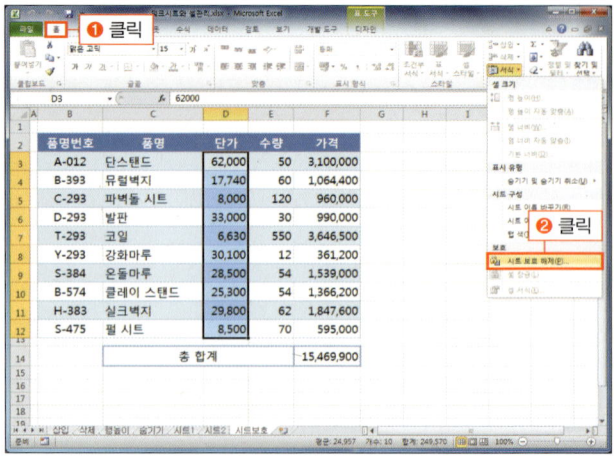

02. [D3:D12]를 선택하고 [홈] 탭-[셀] 그룹-[서식]에서 [셀 잠금]을 클릭합니다.

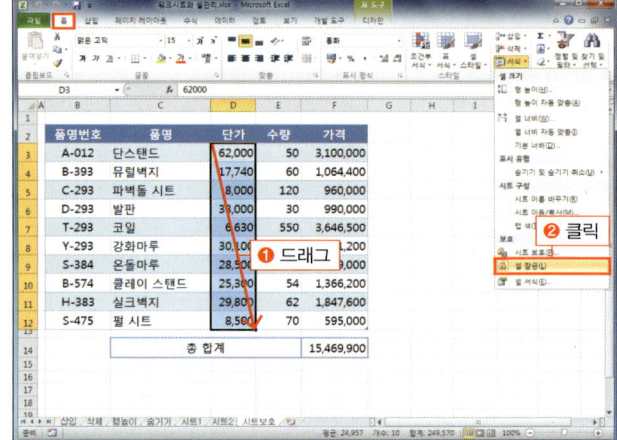

> **TIP** : 원하는 셀만 다시 잠그기 위해서는 먼저 [셀 잠금]에 체크를 해제해야 합니다.

03. [셀] 그룹-[서식]에서 [시트 보호]를 선택합니다.

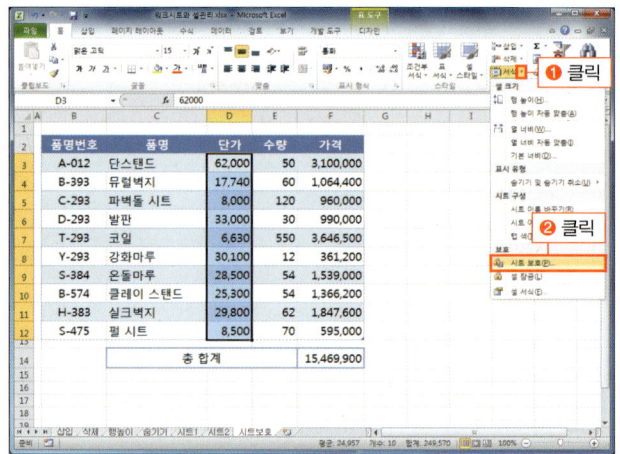

04. [시트 보호] 대화상자가 나타나면 먼저 [워크시트에서 허용할 내용]의 [잠긴 셀 선택]을 체크 해제하고 [암호]에 '123'을 입력합니다. 또, [암호 확인] 대화상자에 '123'에 입력하고 [확인]을 클릭합니다.

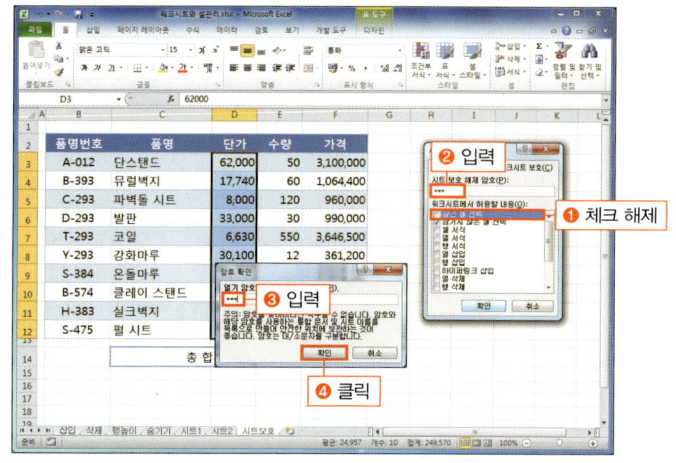

05. [D3:D12]를 제외한 나머지 부분은 선택하지 못하는 것을 알 수 있습니다.

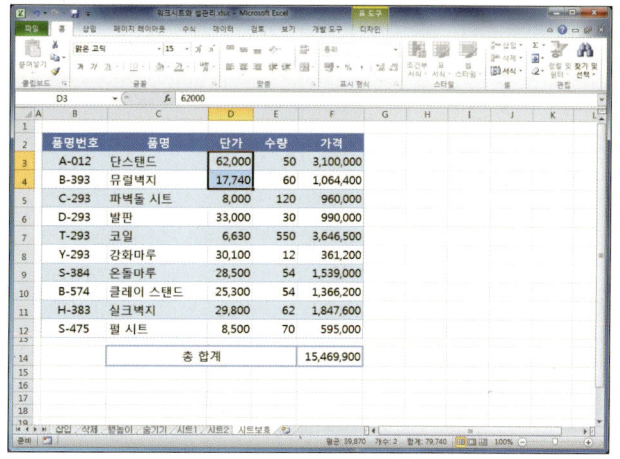

LESSON

05 [편집] 그룹 이해하기

레벨 ● ● ●

[편집] 그룹에는 범위 안에 데이터가 있으면 한 쪽의 원하는 데이터로 같은 값을 가질 수 있도록 변경하는 패턴과 일반적인 삭제가 아니라 서식, 내용 등 특정 부분만 삭제하는 기능, 필요한 내용이나 서식을 찾아서 바꿀 수 있는 기능들이 묶여있습니다.

기초 탄탄 ▶ [홈] 탭–[편집] 그룹 이해하기

■ 찾기 및 선택

[홈] 탭에서 [찾기 및 선택]을 클릭하여 기본적인 찾기와 바꾸기를 하며 수식, 메모, 조건부 서식 등이 설정되어 있는 위치를 찾아 표시하여 줍니다.

❶ **찾기** : [검색] 대화상자가 나타나 통합 문서나 찾을 키워드의 위치를 보여줍니다.

❷ **바꾸기** : [바꾸기] 대화상자가 나타나 통합 문서나 워크시트의 바꿀 키워드를 찾아 하나씩이나 한 번에 변경할 수 있습니다.

❸ **이동** : 통합 문서에서 이동한 흔적이 남는 데 [이동] 대화상자에서 쉽게 이전에 이동한 위치로 바로 갈 수 있습니다.

■ 찾기/바꾸기 `151P`

찾기는 통합 문서에서 키워드나 서식을 입력하여 위치를 찾아주는데, 바꾸기는 찾은 키워드나 서식을 다른 형태의 내용으로 변경합니다.

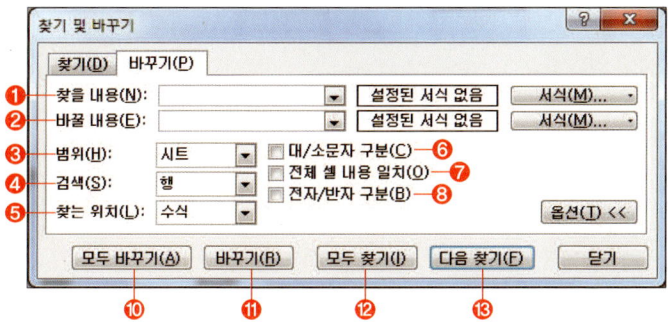

❶ 찾을 내용 : 찾을 내용의 키워드를 직접 입력합니다. 또한, [서식] 단추를 클릭하면 찾을 서식을 직접 입력하거나 [셀에서 서식 선택]을 눌러 비슷한 서식을 입력합니다.

❷ 바꿀 내용 : 찾아서 바꿀 내용의 키워드를 입력합니다. 마찬가지로 [서식] 단추를 클릭하면 바꿀 서식을 직접 입력하거나 [셀에서 서식 선택]을 눌러 변경될 서식을 입력합니다.

❸ 범위 : 찾을 내용을 현재 열려 있는 워크시트나 통합 문서에서 지정하여 찾습니다.

❹ 검색 : 찾을 내용을 행(왼쪽에서 오른쪽), 열(위에서 아래)로 찾을 것인지를 결정합니다.

❺ 찾는 위치 : 수식, 값, 메모 중 하나를 선택하여 찾는데 내용에 맞게 선택하면 됩니다.

❻ 대/소문자 구분 : 체크를 하면 영문에서 대소문자를 구분하여 찾게 됩니다.

❼ 전체 셀 내용 일치 : 체크를 하면 찾을 키워드와 셀 내용의 전체 키워드가 정확한지 검사하여 찾습니다. 키워드가 일부분인 경우 찾을 수 없습니다.

❽ 전자/반자 구분 : 체크를 하면 전각 문자와 반각 문자를 구분해 찾습니다.

❾ 옵션 : 옵션을 클릭하면 상세한 구분과 간단한 구분으로 찾거나 바꿀 수 있습니다.

❿ 모두 바꾸기 : 변경될 키워드를 한 번에 바꾸어 줍니다.

⓫ 바꾸기 : 변경하는 키워드를 한 개씩 보면서 변경하게 됩니다.

⓬ 모두 찾기 : 찾을 키워드를 한 번에 보여 줍니다.

⓭ 다음 찾기 : 하나의 키워드를 찾고 다른 위치에 있는 키워드를 바로 찾아줍니다.

[홈] 탭-[편집] 그룹-[채우기]를 선택하면 셀의 범위와 내용에 따라 상하 좌우 형태로 데이터 내용을 채우고 자동 채우기처럼 증가 값을 변경하거나 수정하여 내용을 채워줍니다.

예제 파일 | CD₩Part 02₩편집.xlsx   **완성 파일 |** CD₩Part 02₩편집-완성.xlsx

■ 시트 그룹 채우기를 이용하여 편집하기

01. 예제 파일을 불러온 후 [바꾸기] 시트로 이동합니다. [워크시트 삽입]( ) 버튼을 두 번 클릭하여 새로운 워크시트를 두 개 만듭니다.

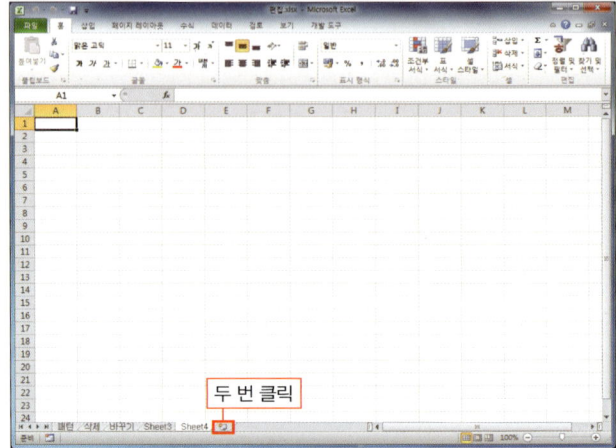

02. 이번에는 [패턴] 시트에서 [A열] 머리글을 선택하고 **Ctrl** 을 누른 상태로 새로 만든 워크시트를 모두 선택합니다.

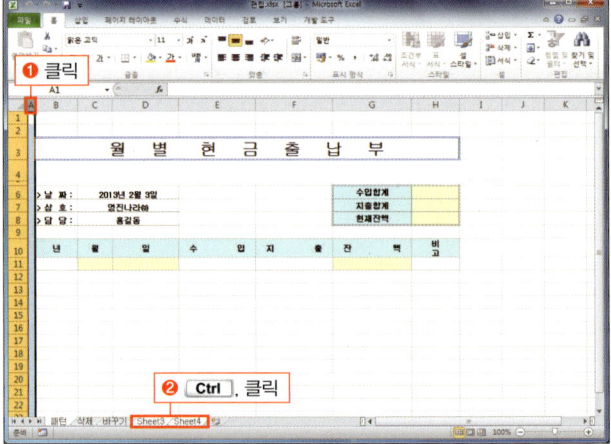

03. [홈] 탭-[편집] 그룹-[채우기]에서 [시트 그룹]을 클릭합니다. [시트 그룹 채우기] 대화상자가 나타나면 [모두]를 체크한 상태에서 [확인]을 클릭합니다.

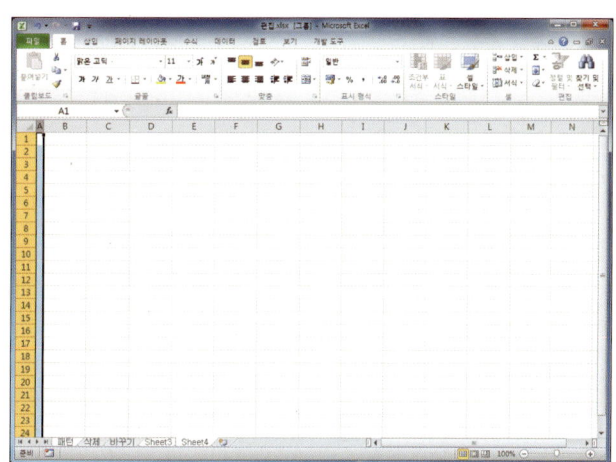

TIP : 선택한 모든 워크시트에 블록으로 지정한 부분의 내용과 서식을 그대로 채워 줍니다.

04. 임의의 새로운 워크시트를 확인해 보면 같은 서식으로 변경된 것을 확인할 수 있습니다.

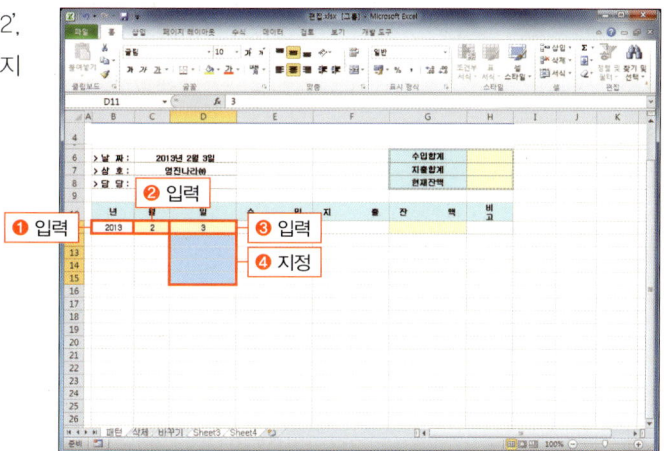

■ 방향의 채우기를 이용하여 편집하기

01. [패턴] 시트의 [B11] 셀에 '2013', [C11] 셀에 '2', [D11] 셀에 '3'을 입력하고, [D11:D15]까지 범위를 지정합니다.

02. [홈] 탭-[편집] 그룹-[채우기]에서 [아래쪽]을 클릭합니다.

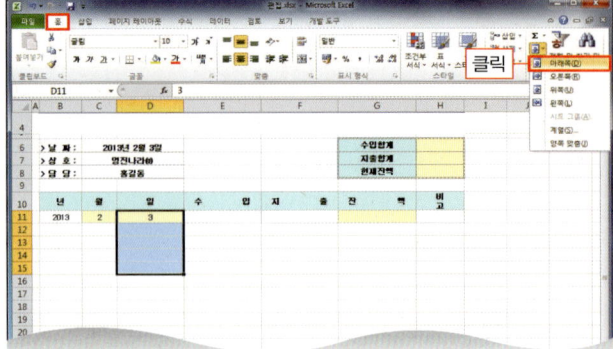

TIP : 채우기에서 아래쪽, 오른쪽, 위쪽, 왼쪽은 범위 안에서 해당하는 부분으로 값들이 채워집니다.

03. [E11:F15]에 다음과 같이 수입과 지출의 내용을 입력하고 [G11] 셀에 '=E11-F11'을 입력합니다.

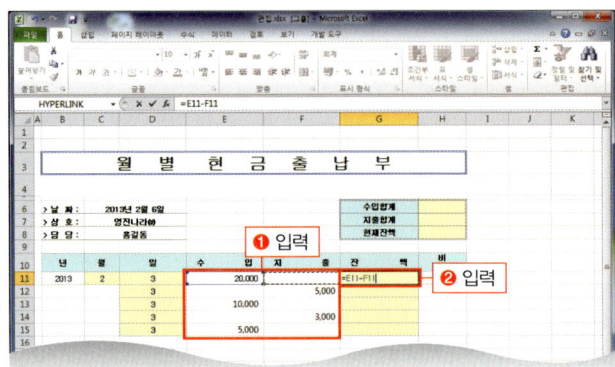

04. [G12] 셀에 '=G11+E12-F12'를 입력하고 [G12:G15]를 선택한 후 [홈] 탭-[편집] 그룹-[채우기]에서 [아래쪽]을 클릭합니다.

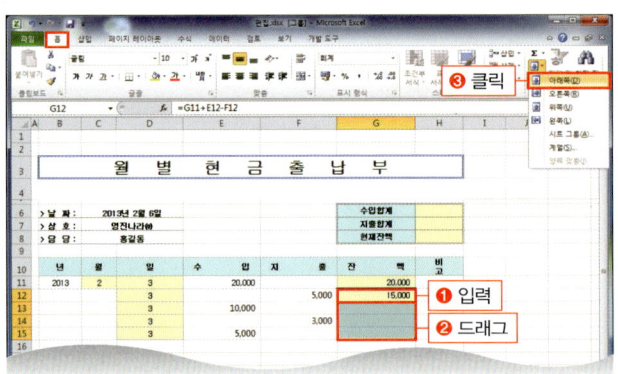

05. 그림과 같이 수식도 채워지는 것을 확인할 수 있습니다.

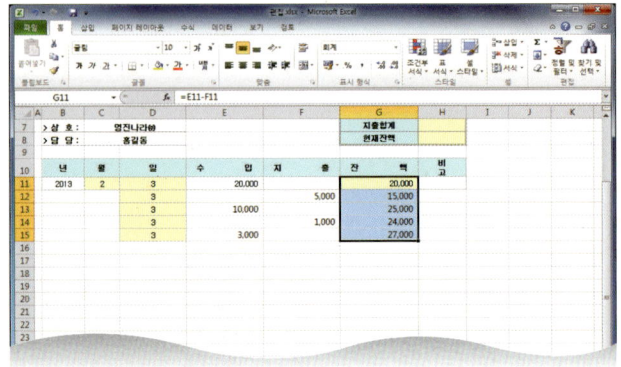

[홈] 탭–[편집] 그룹–[지우기]에서 기본 지우기는 내용을 지우지만 서식 지우기, 내용 지우기, 메모 지우기, 하이퍼링크 해제(제거)를 통해 원하는 부분만 삭제할 수 있습니다.

예제 파일 | CD₩Part 02₩편집.xlsx

■ 지우기를 이용한 다양한 삭제

01. [삭제] 시트에서 [B2] 셀을 선택하고 [홈] 탭–[편집] 그룹–[지우기]의 [서식 지우기]를 클릭합니다.

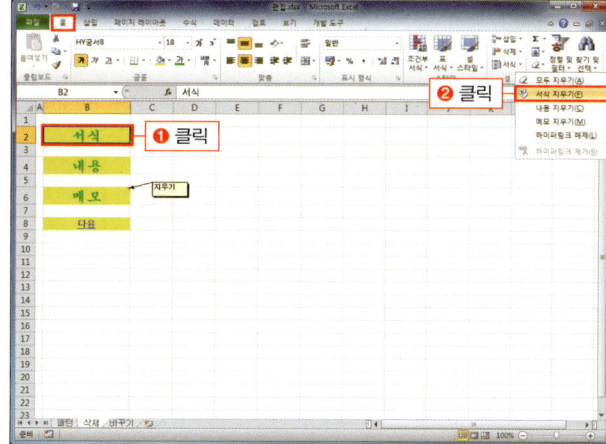

TIP : 서식 지우기는 셀 안의 내용은 그대로 두고 서식만 삭제합니다.

02. [B4] 셀을 선택하고 [홈] 탭–[편집] 그룹–[지우기]의 [내용 지우기]를 클릭합니다.

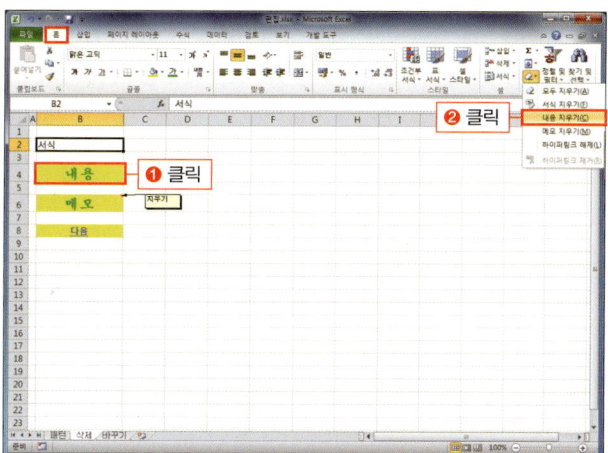

TIP : 내용 지우기는 셀 안의 서식은 그대로 두고 내용만 삭제합니다.

03. 이번에는 [B6] 셀을 선택하고 [홈] 탭─[편집] 그룹─[지우기]의 [메모 지우기]를 클릭합니다.

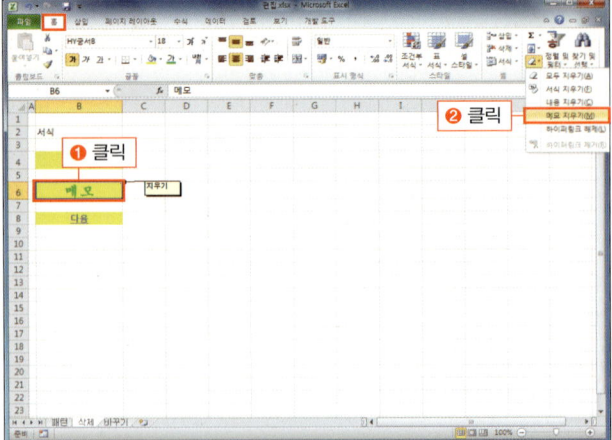

연관 검색 메모 지우기는 [검토] 탭─[메모] 그룹─[삭제]와 같이 메모만 삭제합니다.

04. [B8] 셀을 선택하고 [홈] 탭─[편집] 그룹─[지우기]에서 [하이퍼링크 해제]를 클릭합니다.

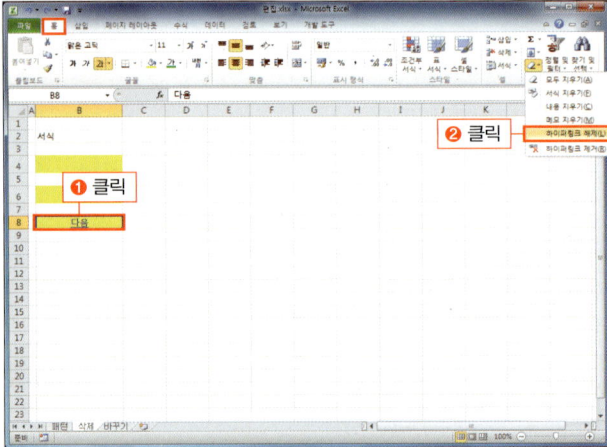

TIP : 하이퍼링크 해제는 연결된 하이퍼링크만 해제시켜주고, 하이퍼링크 삭제는 기존의 서식도 함께 삭제합니다.

05. [B8] 셀에 지우기 형태의 아이콘이 나타나면 클릭한 후 [하이퍼링크 및 서식 해제]를 선택합니다.

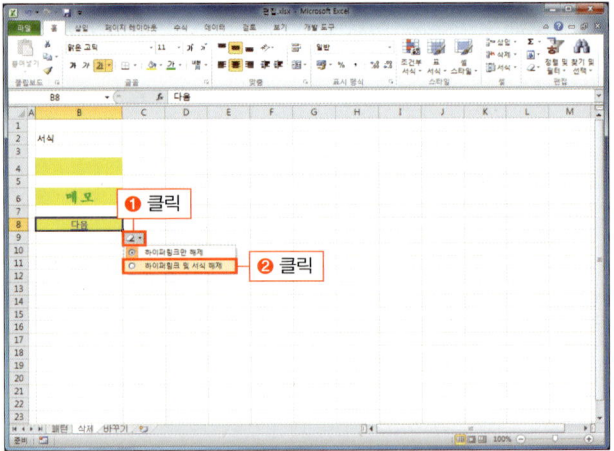

[찾기와 바꾸기]에서는 같은 시트에서 같은 내용을 찾는데 사용하며, 바꾸기는 찾은 내용을 다른 내용이나 서식으로 변경할 수 있습니다. 물론, 옵션의 설정에 따라 다른 워크시트의 내용도 찾거나 바꿀 수 있습니다.

예제 파일 | CD\Part 02\편집.xlsx

■ 필요한 서식이나 내용 찾기

01. [바꾸기] 시트에서 [홈] 탭-[편집] 그룹-[찾기 및 선택]에서 [찾기]를 클릭합니다.

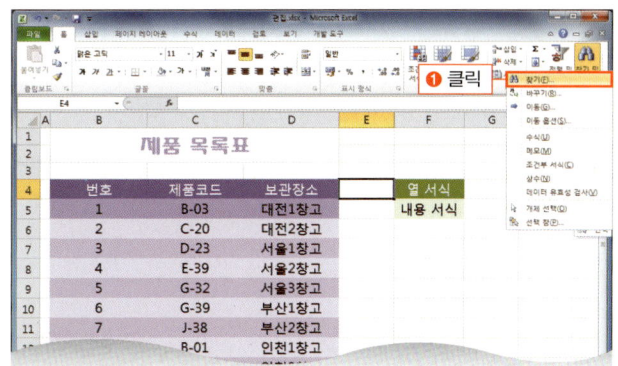

02. [찾기 및 바꾸기] 대화상자가 나타나면 오른쪽 하단의 [옵션]을 클릭하고, [서식]-[서식]을 클릭합니다.

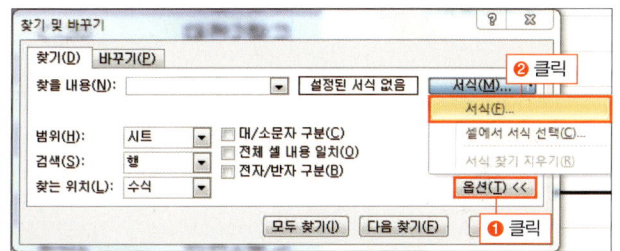

03. [서식 찾기] 대화상자가 나타나면 [글꼴] 탭에서 [크기]에 '15'를 입력하고 [확인]을 클릭합니다.

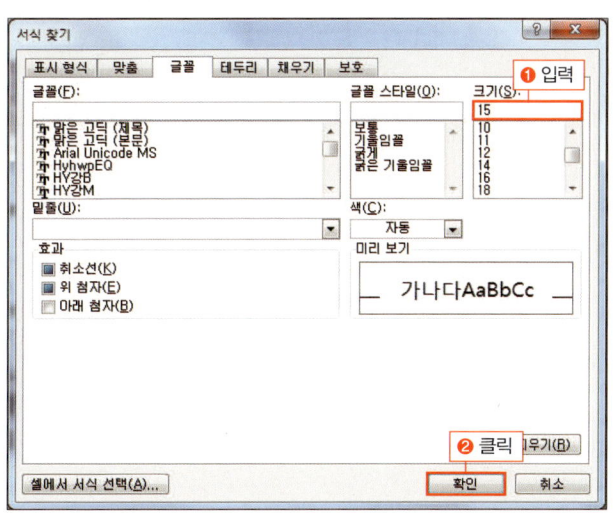

TIP : [찾기]는 내용뿐만 아니라 서식의 일부분인 크기와 색상을 포함하여 부분적인 내용들을 찾을 수도 있습니다.

04. 다시 [찾기 및 바꾸기] 대화상자에서 [모두 찾기]를 클릭합니다. 그럼 결과를 확인할 수 있습니다.

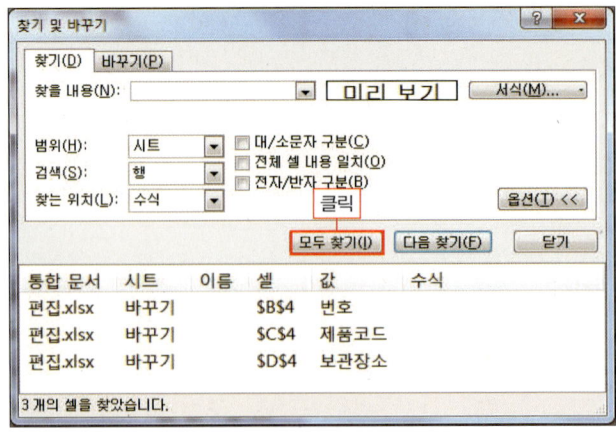

■ 원하는 서식을 한 번에 변경하기

01. [홈] 탭-[편집] 그룹-[찾기 및 선택]에서 [바꾸기]를 클릭합니다.

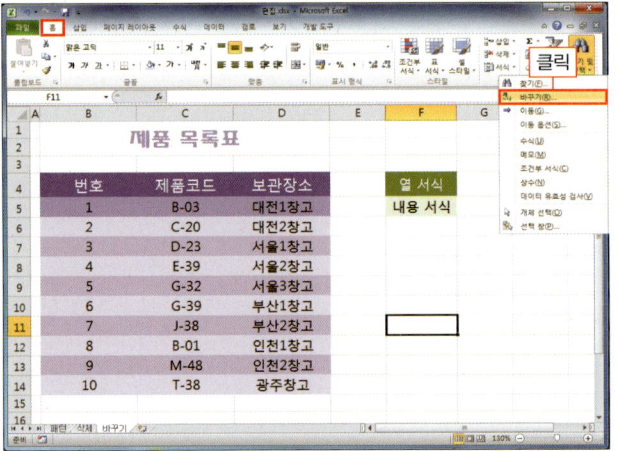

02. [찾기 및 바꾸기] 대화상자가 나타나면 [바꾸기] 탭의 [찾을 내용]에서 [서식]-[셀에서 서식 선택]을 선택합니다.

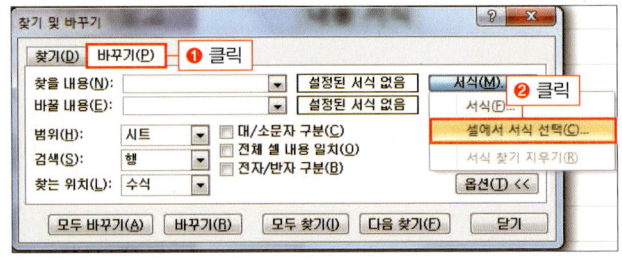

03. 마우스 포인터가 스포이드 모양으로 바뀌면 [B4] 셀을 선택합니다. [찾기 및 바꾸기] 대화상자의 미리 보기가 변경됩니다. [바꿀 내용]에서 [서식]-[셀에서 서식 선택]을 선택합니다.

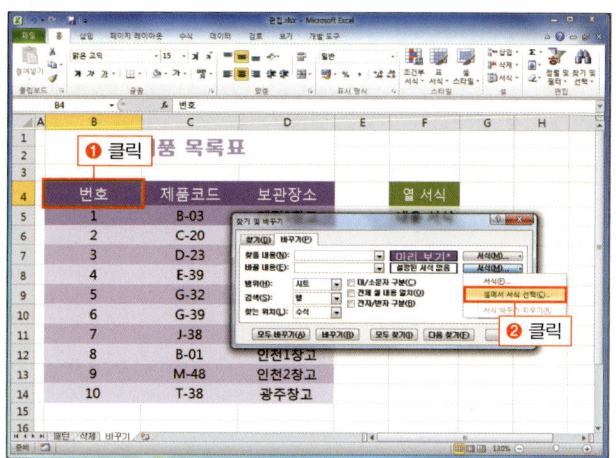

04. 스포이드 모양의 아이콘이 나오면 [F4] 셀을 선택하여 [찾기 및 바꾸기] 대화상자의 미리 보기가 변경됩니다. [바꿀 내용]의 미리 보기가 변경되는 것을 확인하고 [모두 바꾸기]를 클릭하여 변경합니다.

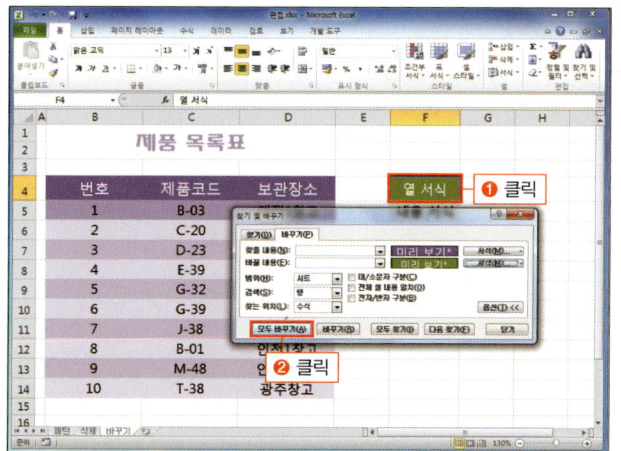

05. [B4:D4]의 서식이 변경된 것을 확인할 수 있습니다. 변경 사항을 확인하는 대화상자가 나타나면 [확인]을 클릭합니다. [찾기 및 바꾸기] 대화상자의 [닫기]를 클릭하여 작업을 마무리합니다.

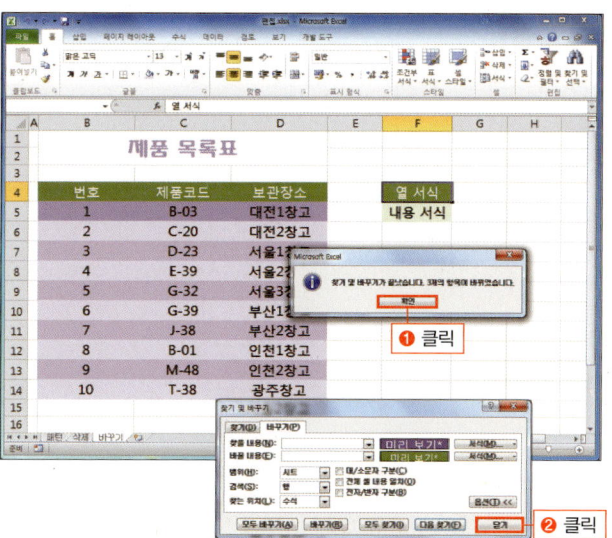

LESSON

06

레 벨 ● ○ ○

통합 문서 작성에 강한 [스타일] 그룹 이해하기

[스타일] 그룹은 셀에 원하는 서식들이 모여 있어서 작업을 손쉽게 할 수 있습니다. 각 셀 별로 지정할 수 있는 셀 스타일과 표 단위로 지정하는 표 서식이 있습니다. 조건부 서식은 많이 사용하는 단순한 조건을 주어 표시하는 서식이 아니라, 보다 까다로운 조건을 입력하고 셀 별로 또는 다른 셀과 같이 묶어 서식을 지정할 수 있습니다.

기초탄탄 ▶ [홈] 탭→[스타일] 그룹의 조건부 서식, 표 서식, 셀 스타일 설정

■ 조건부 서식 `166P`

조건부 서식을 표나 데이터 안에 조건에 맞는 셀에 서식을 주는 것을 의미합니다. 예전 버전에 비해 간단히 클릭만으로 쉽게 조건부 서식을 지정하기도 합니다.

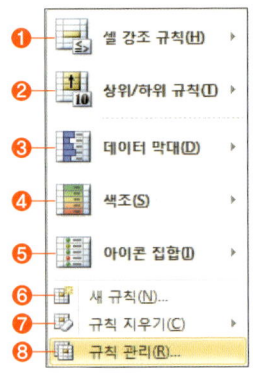

❶ 셀 강조 규칙 : 워크시트의 블록을 지정한 범위 안에서 조건에 맞거나 같을 경우 서식을 표현합니다.

❷ 상위/하위 규칙 : 워크시트의 블록을 지정한 범위 안에서 원하는 항목이나 퍼센트(%)만큼 서식을 표현합니다.

❸ 데이터 막대 : 블록 안의 데이터 값을 기준으로 그라데이션 채우기나 단색 채우기 형태의 서식을 표현합니다.

❹ 색조 : 블록 안의 데이터 값을 기준으로 2가지 이상의 색을 섞어 표현합니다.

❺ 아이콘 집합 : 블록 안의 데이터 값을 기준으로 값의 크고 작음을 방향이나 도형, 표시기 등을 이용하여 표현합니다.

❻ 새 규칙 : 블록 안의 조건부 서식을 보다 상세한 설정으로 표현합니다. 특히, 기본의 것들은 셀 값을 중심으로 표현하지만 수식을 가지고 이용하면 행 별로 조건부 서식을 지정하기도 합니다.

154

❼ **규칙 지우기** : 조건부 서식에서 지정된 서식을 선택한 셀이나 시트 전체, 표, 피벗 테이블에서 지우기도 합니다.

❽ **규칙 관리** : [조건부 서식 규칙 관리자] 대화상자가 나타나며 미리 설정된 규칙들을 보고 수정하거나 바로 삭제하여 원하는 조건부 서식만 지우기도 합니다.

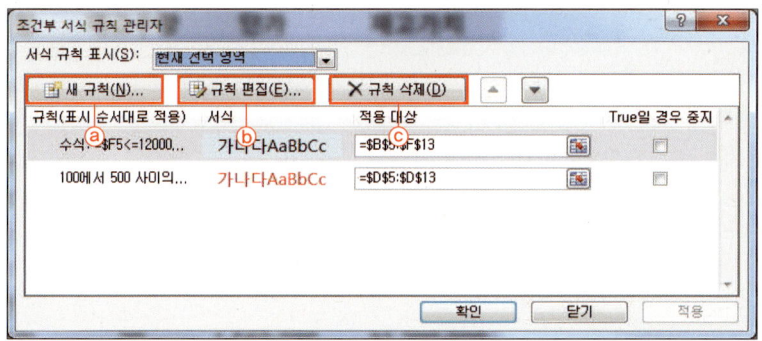

ⓐ 새 규칙 : 새로운 규칙을 지정하여 조건부 서식을 만들어 줍니다.
ⓑ 규칙 편집 : 하나의 규칙을 선택하고 편집을 원하는 형태로 다시 설정하기도 합니다.
ⓒ 규칙 삭제 : 여러 규칙 중 원하는 규칙을 삭제합니다.

■ **표 서식** `163P`

워크시트에서 표 형태의 데이터에 스타일을 지정합니다. 기존의 설정되어 있는 스타일뿐만 아니라 새로운 형태를 스타일 사용자가 직접 만들어 적용하기도 합니다.

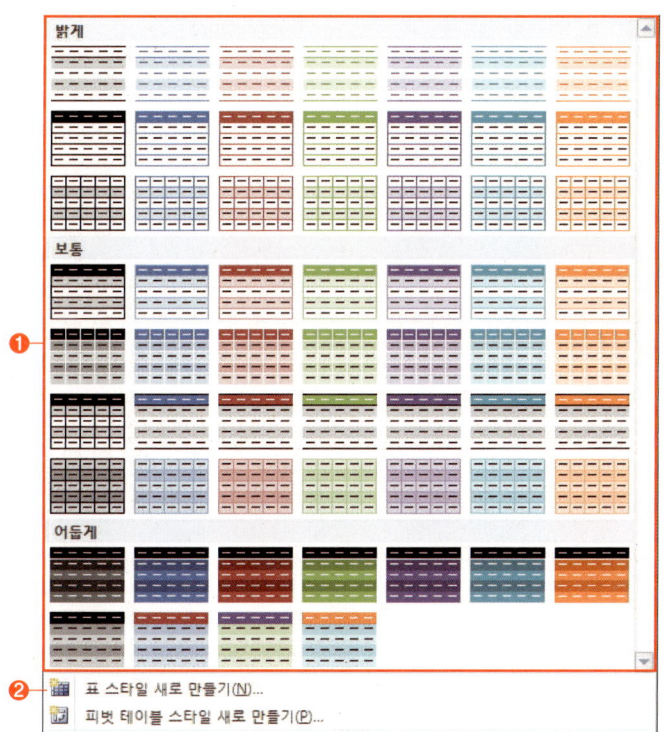

❶ 밝게, 보통, 어둡게 : 표 전체 스타일의 형태를 3개로 그룹 지정하여 그룹 중 하나를 선택하면 표 스타일 을 바로 지정합니다.

❷ 표 스타일 새로 만들기 : 새로운 표 스타일 직접 만들어 봅니다.

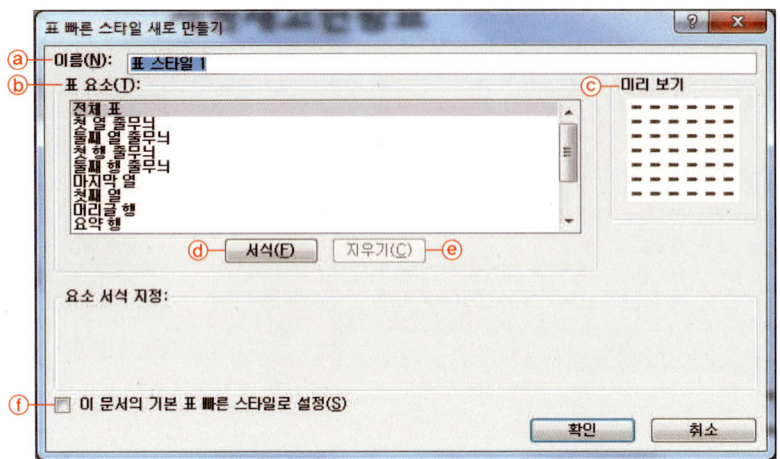

ⓐ 이름 : 새로 지정될 표 스타일 이름을 넣어 줍니다.

ⓑ 표 요소 : 표에 있는 요소별로 지정하여 스타일을 변경합니다.

ⓒ 미리 보기 : 변경된 스타일을 미리 보며 확인합니다.

ⓓ 서식 : 표 요소에서 하나를 선택하고 [서식]을 클릭하여 직접 원하는 형태의 서식을 지정합니다.

ⓔ 지우기 : 표 요소에서 선택하여 변경된 서식을 지워줍니다.

ⓕ 이 문서의 기본 표 빠른 스타일로 설정 : 여기에 체크하면 기본 표에 있는 스타일을 가져와 지정합 니다.

■ 셀 스타일 <mark>158P</mark>

셀의 범위로 지정된 부분에 바로 셀 스타일을 적용합니다.

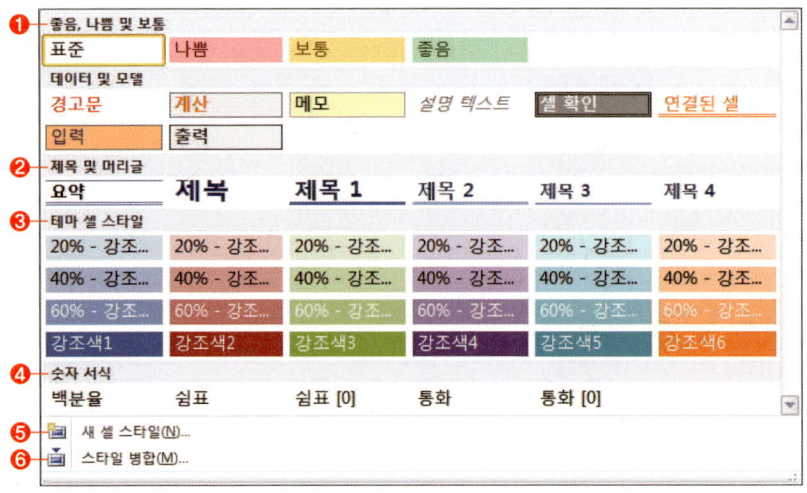

❶ 좋음, 나쁨 및 보통, 데이터 및 모델 : 여러 형태로 제공되는 셀 스타일을 선택하여 변경합니다.

❷ **제목 및 머리글** : 셀의 제목이나 머리글의 셀 스타일을 골라 선택합니다.

❸ **테마 셀 스타일** : 단순히 색으로 지정된 스타일이 아니라 여러 서식과 테마 형태의 스타일로 지정된 스타일입니다.

❹ **숫자 서식** : 셀에 표시 형식처럼 백분율, 숨표, 통화 형태로 스타일을 변경합니다.

❺ **새 셀 스타일** : 새로운 셀 스타일을 만들어 줍니다.

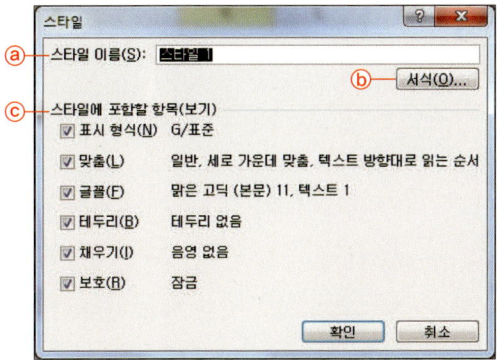

ⓐ 스타일 이름 : 셀 스타일의 이름을 지정합니다.

ⓑ 서식 : 셀 스타일을 직접 변경합니다.

ⓒ 스타일에 포함할 항목(보기) : 서식으로 스타일을 변경하면 상세한 내용을 여기에 글로 표시합니다. 또한, 체크를 해제하면 스타일에서 그 부분을 적용되지 않습니다.

❻ **스타일 병합** : 여러 셀 스타일을 통합 문서에 복사하여 스타일을 병합하기도 합니다.

데이터가 표처럼 이루어진 자료에 스타일을 설정하는데 [셀 스타일]에서 미리 지정되어 있는 여러 스타일 중에 원하는 스타일을 지정하여 빠르게 셀 스타일 지정을 완성합니다.

예제 파일 | CD\Part 02\스타일과 조건서식.xlsx　**완성 파일 |** CD\Part 02\스타일과 조건서식-완성.xlsx

01. [셀 스타일] 시트에서 [B1] 셀을 선택하고 [홈] 탭-[스타일] 그룹-[셀 스타일]을 클릭합니다. [제목 및 머리글]-[제목 1]을 선택하여 셀 스타일을 변경합니다.

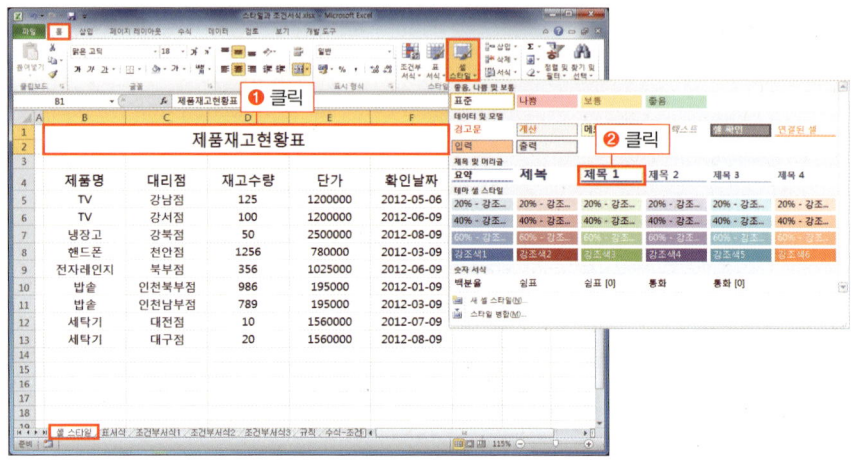

02. 이번에는 [B4:F4]를 선택하고 [홈] 탭-[스타일] 그룹-[셀 스타일]에서 [테마 셀 스타일]-[강조색1]을 선택하여 셀 스타일을 변경합니다.

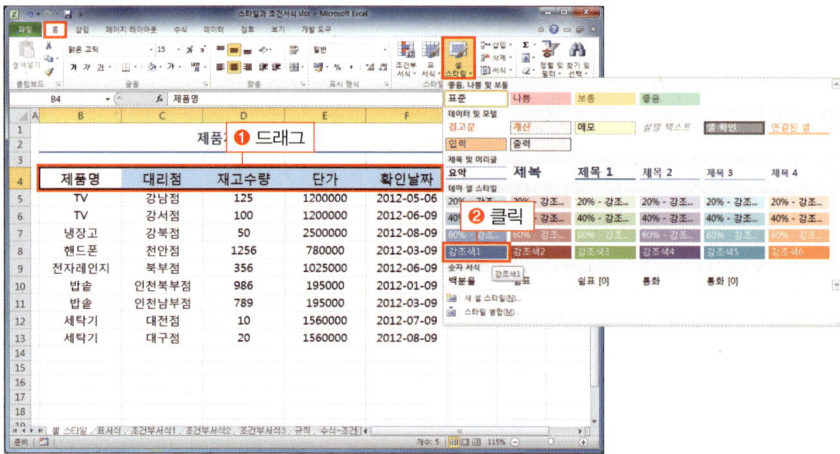

03. 앞선 따라하기와 같은 방법으로 [B5:F13]을 선택하고 [홈] 탭–[스타일] 그룹–[셀 스타일]에서 [제목 및 머리글]–
[20%–강조5]를 적용합니다.

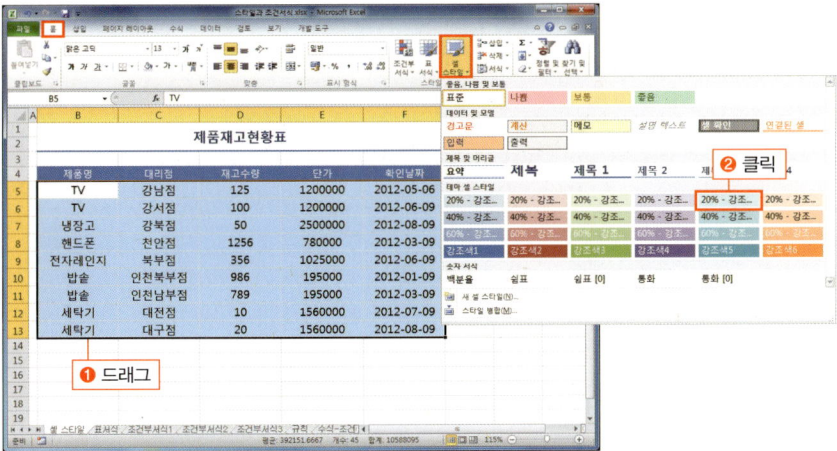

04. [E5:E13]을 선택하고 같은 방법으로 [셀 스타일]에서 [숫자 서식]–[쉼표[0]]을 적용합니다.

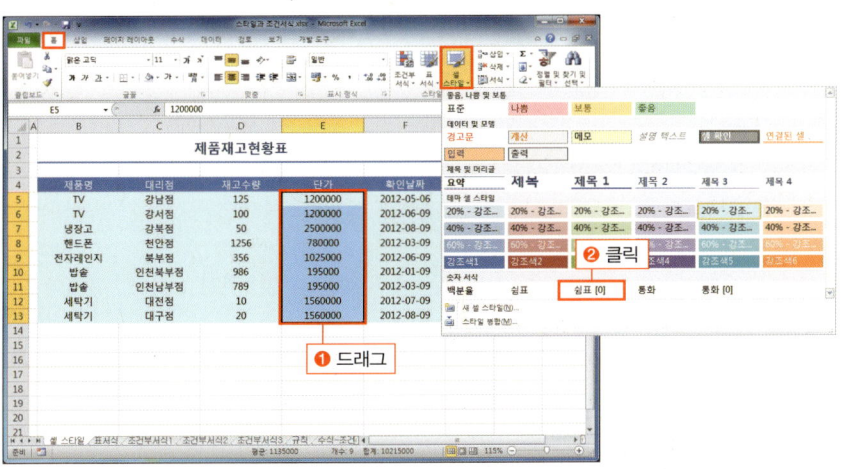

> **문제**
> **해결** 뒤에서 이어 학습할 내용을 위해 지금까지의 내용은 저장하지 않습니다.

기존의 스타일을 사용하는 것이 아니라 직접 크기, 스타일, 색 등을 설정하고 스타일을 등록한 다음 등록한 스타일을 적용하여 사용할 수 있습니다.

예제 파일 | CD₩Part 02₩스타일과 조건서식.xlsx

01. [셀 스타일] 시트를 선택하고 [홈] 탭─[스타일] 그룹─[셀 스타일]에서 [새 셀 스타일]을 선택합니다.

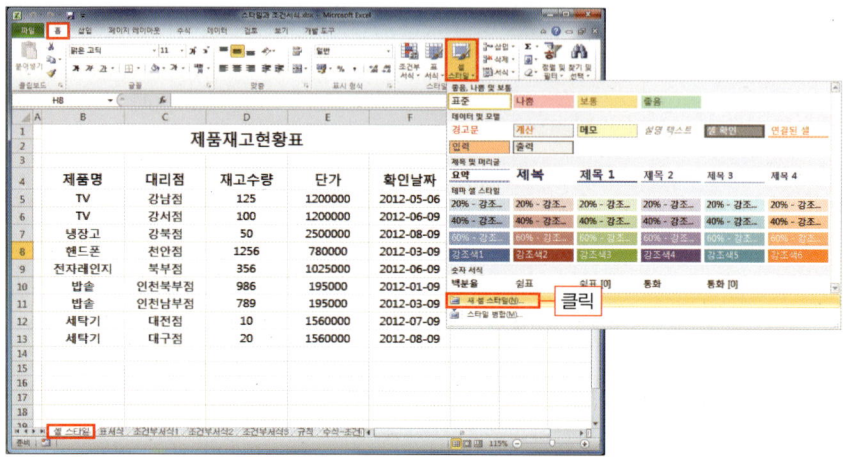

02. [스타일] 대화상자가 나타나면 [스타일 이름]에 '제품제목'을 입력하고 [서식]을 클릭합니다.

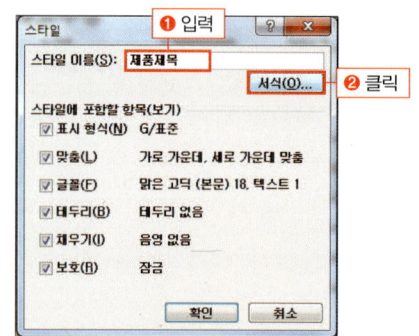

03. [셀 서식] 대화상자가 나타나며 [글꼴] 탭의 [크기]는 '22'로 [글꼴 스타일]은 '굵게'로 [색]은 '흰색'으로 설정하고, [채우기] 탭의 [자주, 강조4]를 선택한 후 [확인]을 클릭합니다. [스타일] 대화상자에서 다시 한 번 [확인]을 클릭합니다.

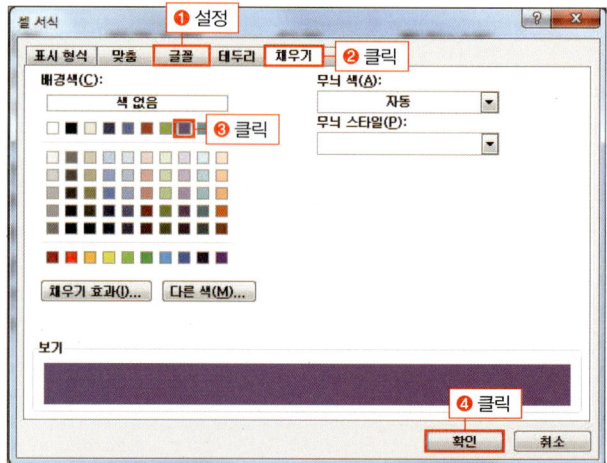

04. 다시 [스타일] 대화상자를 불러오고 [스타일 이름]에 '주제열'을 입력한 후 [서식]을 클릭합니다.

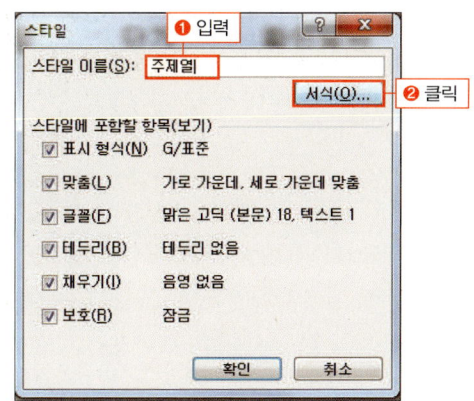

05. [셀 서식] 대화상자가 나타나면 [맞춤] 탭에서 [가로]는 '가운데'로, [글꼴] 탭에서 [글꼴 스타일]은 '굵게'로 [크기]는 '14'로 [색]은 '흰색', [채우기] 탭은 [자주, 강조 4, 25% 더 어둡게]를 선택한 후 [확인]을 클릭합니다. [스타일] 대화상자에서 다시 한 번 [확인]을 클릭합니다.

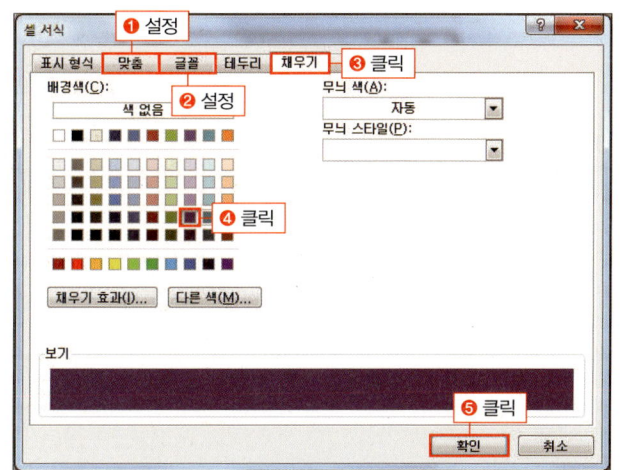

06. 다시 [스타일] 대화상자를 불러오고 [스타일 이름]에 '내용'을 입력한 후 [서식]을 클릭합니다.

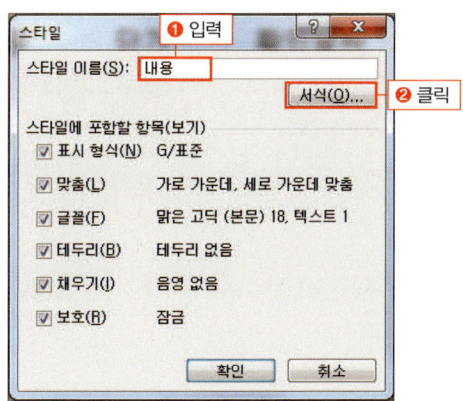

07. [셀 서식] 대화상자가 나타나면 [글꼴] 탭에서 [글꼴 스타일]은 '보통', [크기]는 '10', [색]은 '검은색', [채우기] 탭에서 [빨강, 강조 2, 80% 더 밝게]를 선택한 후 [확인]을 클릭합니다. [스타일] 대화상자에서 다시 한 번 [확인]을 클릭합니다.

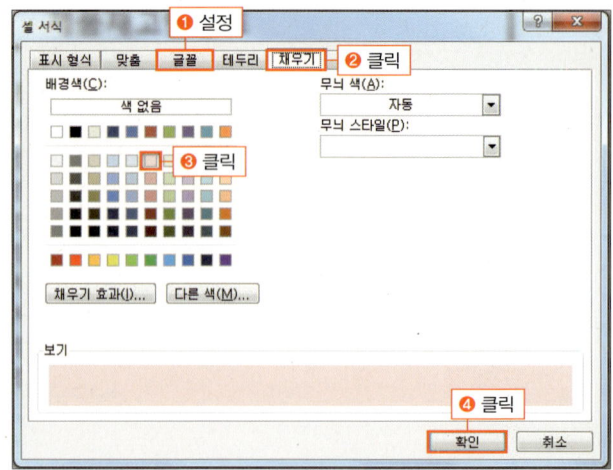

08. [홈] 탭–[스타일] 그룹–[셀 스타일]의 [사용자 지정]을 보면 앞에서 설정한 셀 스타일을 확인할 수 있습니다. [B1] 셀을 선택하고 [제품제목]을 적용하고, [B4:F4]를 선택하고 [주제열]을 적용, [B5:F13]을 선택하고 [내용]을 적용합니다.

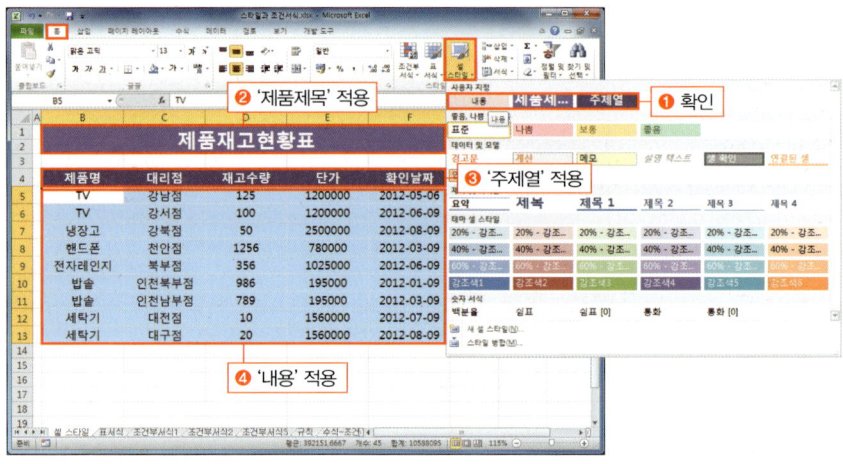

09. 결과를 확인합니다.

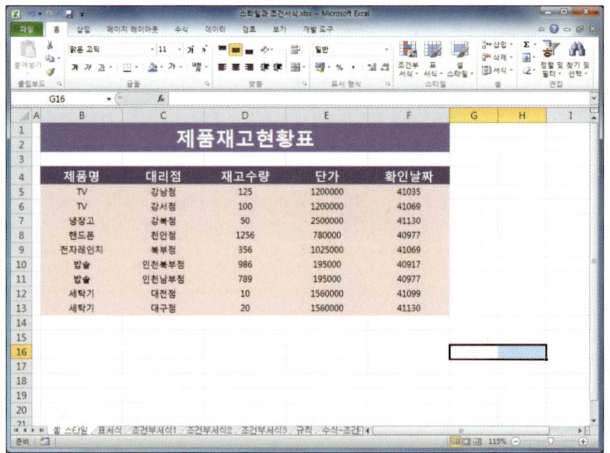

워크시트에 있는 데이터에 표 서식을 적용하여 표 형태로 만들고 표 스타일로 적용해 봅니다. 또한, 표 스타일을 자신에 맞는 스타일로 변경하고 등록한 후 적용해 봅니다.

예제 파일 | CD₩Part 02₩스타일과 조건서식.xlsx

■ 기본 자료에 표 서식 적용하기

01. [표 서식] 시트로 이동하고 [B2:F11]을 선택합니다. [홈] 탭–[스타일] 그룹–[표 서식]에서 [표 스타일 보통 4]를 선택하여 적용합니다.

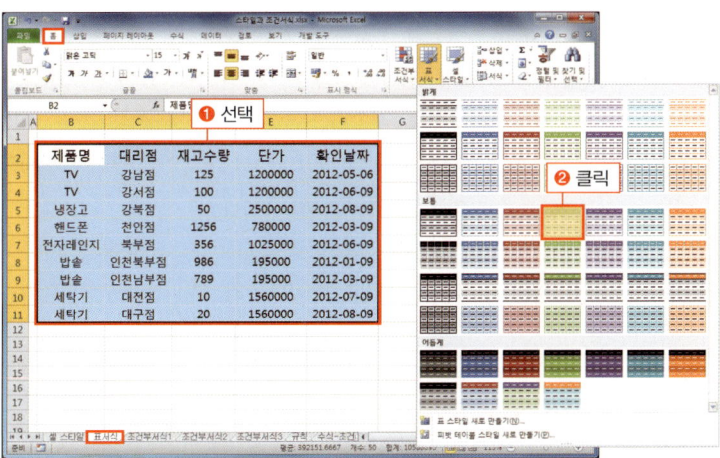

02. [표 서식] 대화상자가 나타나면 [머리글 포함]을 체크하고 [확인]을 클릭합니다.

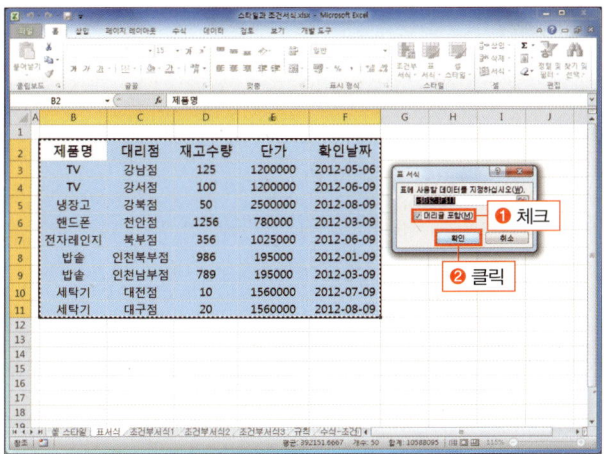

03. [표 도구]-[디자인] 탭-[도구] 그룹-[범위로 변환]을 클릭하면 나타나는 알림 창에서 [예]를 클릭합니다.

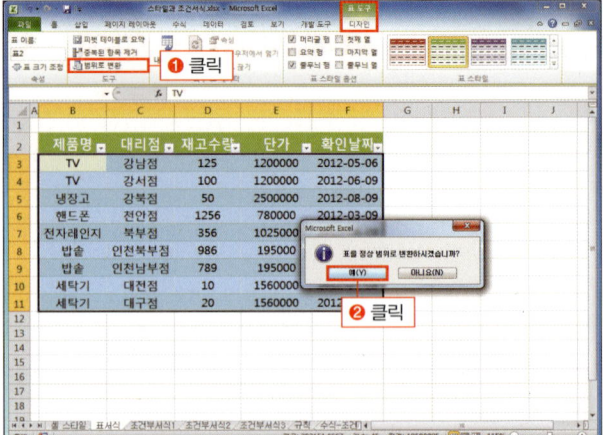

TIP : 범위로 변환은 셀의 정상 범위로 변환합니다.

04. 기본 자료가 표 서식 형태로 변경되는 것을 확인할 수 있습니다.

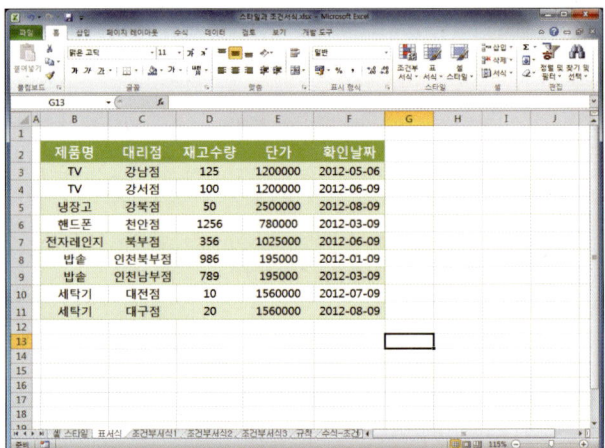

■ 표 스타일 새로 만들어 표 서식 적용하기

01. [홈] 탭-[스타일] 그룹-[표 서식]에서 [표 스타일 새로 만들기]를 클릭합니다.

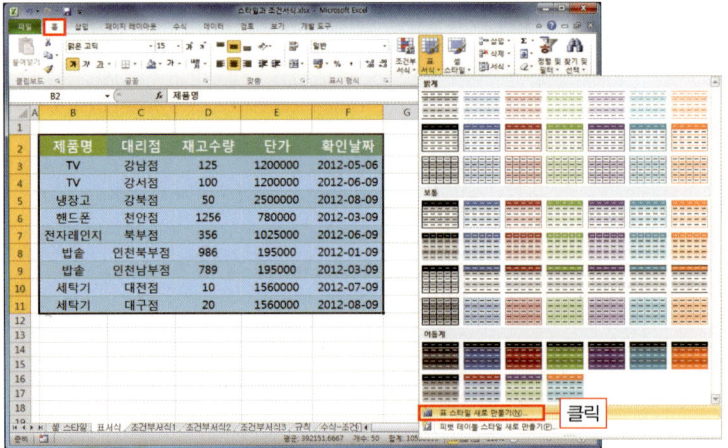

02. [표 빠른 스타일 새로 만들기] 대화상자가 나타나면 [이름]에 '새스타일'이라고 입력하고 [서식]을 클릭합니다. [셀 서식] 대화상자가 나타나면 [채우기] 탭에서 [바다색, 강조 5, 80% 더 밝게]를 선택하고 [확인]을 클릭합니다. 또, [확인]을 클릭합니다.

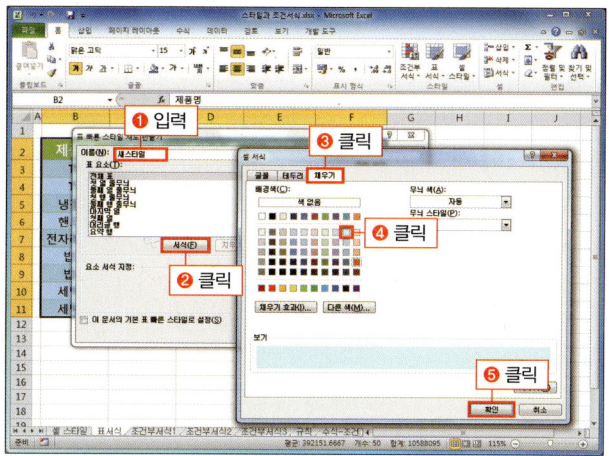

03. [B2:F11]을 선택하고 [홈] 탭-[스타일] 그룹-[표 서식]에서 [사용자 지정]의 [새스타일]을 선택합니다.

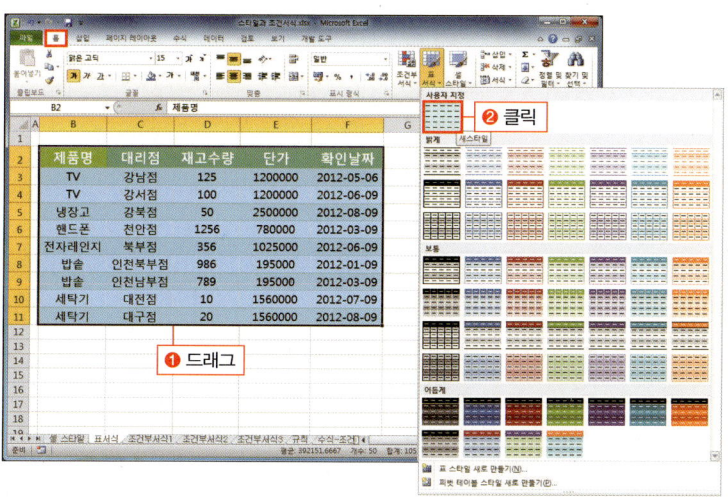

04. [표 서식] 대화상자가 나타나면 [머리글 포함]에 체크하고 [확인]을 클릭합니다. 결과를 확인할 수 있습니다.

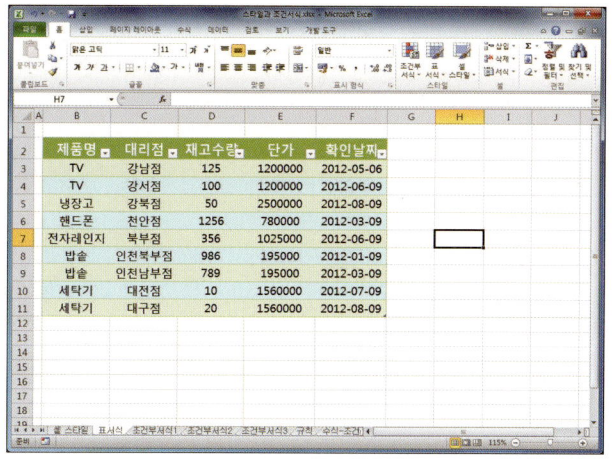

조건부 서식의 셀 강조 규칙을 이용하여 기준 값을 입력하고 그 값보다 크거나/작거나/같을 때 서식을 나타냅니다. 또한, 어떤 글자를 포함하거나 발생 날짜, 중복된 값을 찾아 서식을 주기도 합니다.

예제 파일 | CD₩Part 02₩스타일과 조건서식.xlsx

01. [조건부 서식1] 시트에서 [B5:B13]까지 범위를 지정하고 [홈] 탭-[스타일] 그룹-[조건부 서식]에서 [셀 강조 규칙]-[같음]을 선택합니다.

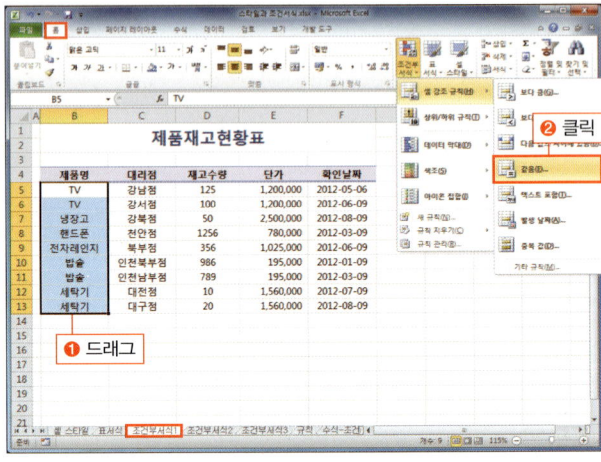

02. [같음] 대화상자가 나타나면 [다음 값과 같은 셀의 서식 지정]의 빈 칸에 '핸드폰'을 입력하고, [적용할 서식]을 '진한 빨강 텍스트가 있는 연한 빨강 채우기'로 변경한 다음 [확인]을 클릭합니다.

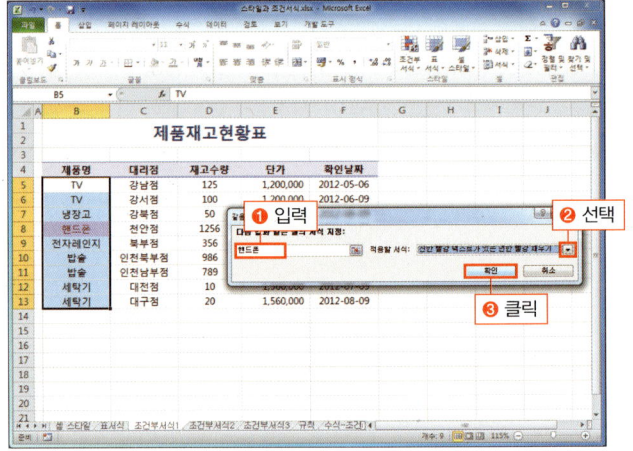

03. [D5:D13]을 선택하고 [조건부 서식]-[셀 강조 규칙]-[보다 큼]을 클릭합니다.

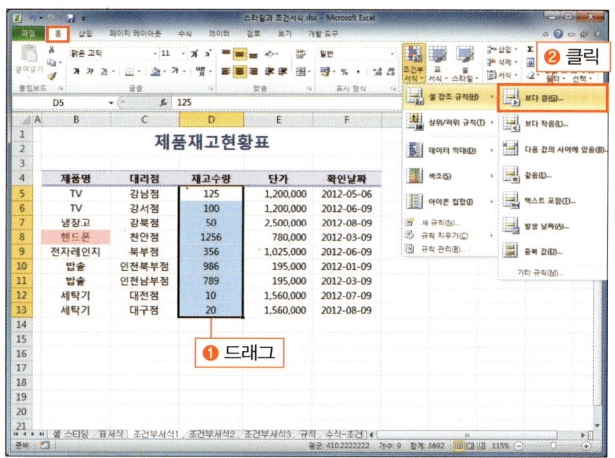

04. [보다 큼] 대화상자가 나타나면 빈 칸에 '1000'을 입력하고, [적용할 서식]을 '진한 노랑 텍스트가 있는 노랑 채우기'로 변경한 다음 [확인]을 클릭합니다.

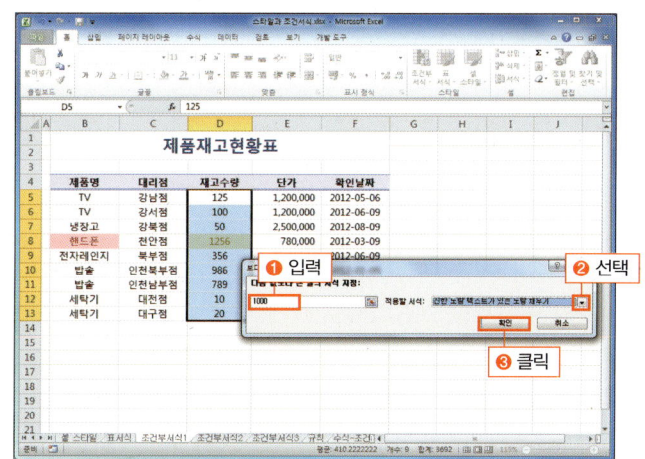

05. [E5:E13]을 선택하고 [조건부 서식]-[셀 강조 규칙]-[다음 값의 사이에 있음]을 클릭합니다.

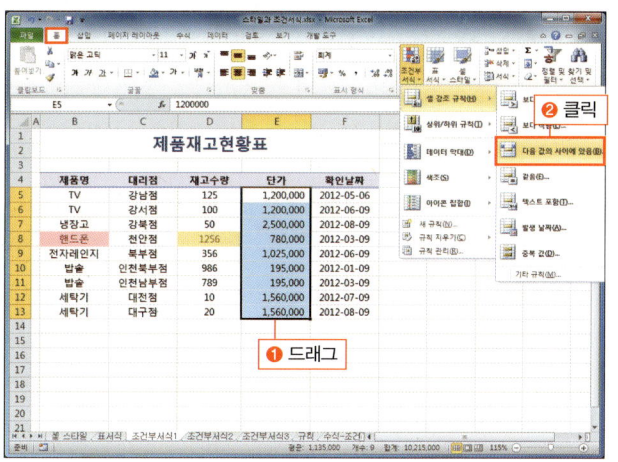

06. [해당 범위] 대화상자가 나타나면 처음 값에는 '1000000'에 끝 값에 '1250000'을 입력하고, [적용할 서식]을 '진한 녹색 텍스트가 있는 녹색 채우기'로 변경한 다음 [확인]을 클릭합니다.

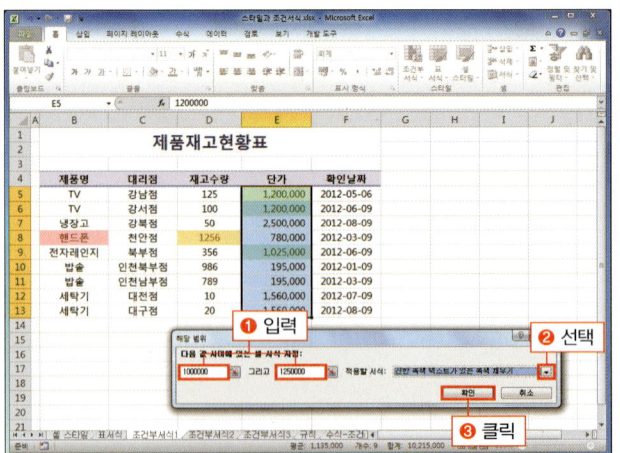

07. [F5:F13]을 선택하고 [조건부 서식]-[셀 강조 규칙]-[중복 값]을 클릭합니다.

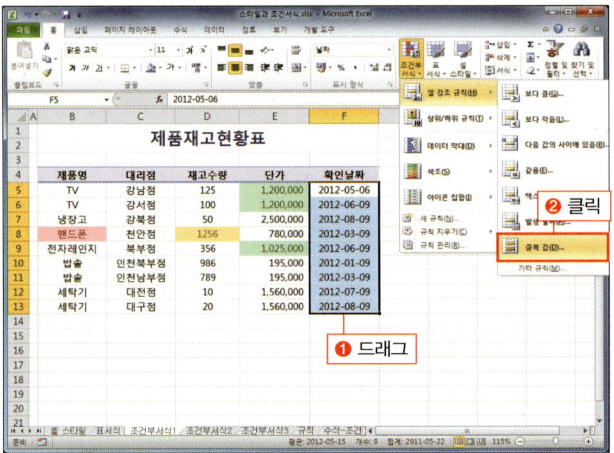

08. [중복 값] 대화상자가 나타나면 [셀의 서식 지정]에 '중복'을 선택하고, [적용할 서식]을 '연한 빨강 채우기'로 변경하고 [확인]을 클릭합니다.

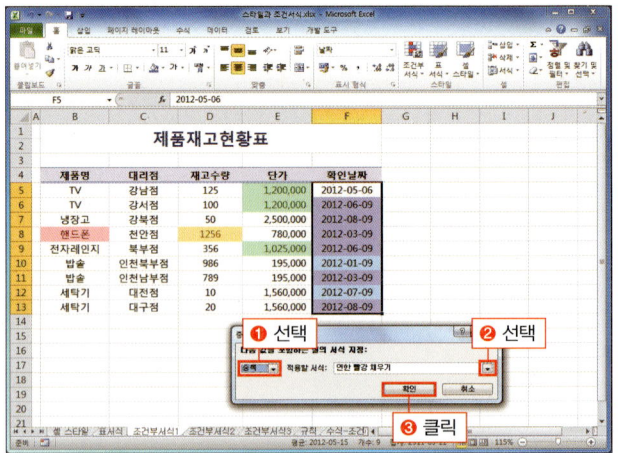

조건부 서식의 상위/하위 규칙은 상위/하위로 10%로나 10개의 항목으로 지정하여 서식을 주거나 내용의 평균을 가지고 초과하거나 미만일 경우의 서식을 지정하여 줍니다.

예제 파일 | CD₩Part 02₩스타일과 조건서식.xlsx

01. [조건부 서식2] 시트에서 [D5:D13]을 선택합니다. [홈] 탭–[스타일] 그룹–[조건부 서식]에서 [상위/하위 규칙]–[상위 10개 항목]을 클릭합니다.

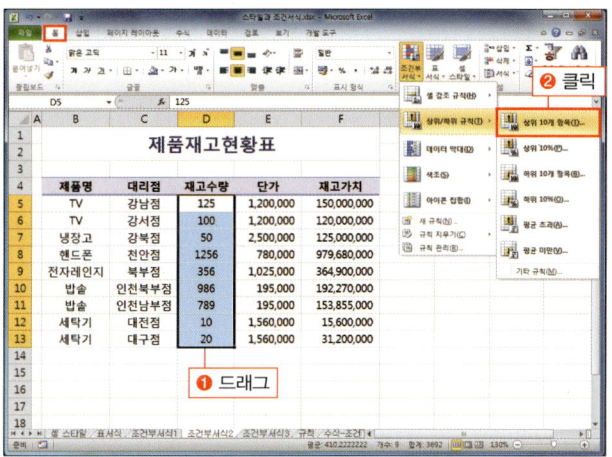

02. [상위 10개 항목] 대화상자가 나타나면 값을 '2'로 변경하고, [적용할 서식]을 '진한 노랑 텍스트가 있는 노랑 채우기'로 변경한 후 [확인]을 클릭합니다.

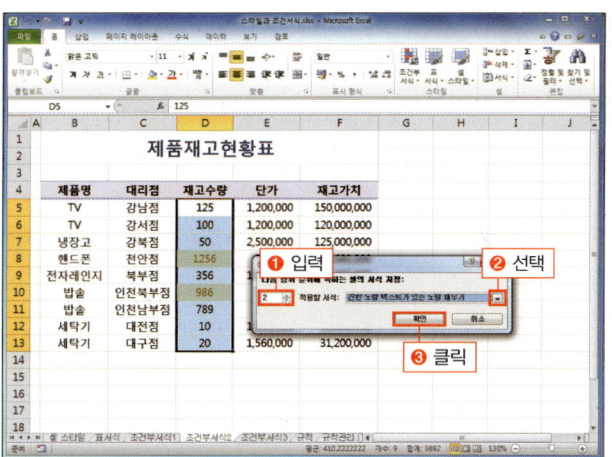

03. [E5:E13]을 선택하고 다시 [조건부 서식]–[상위/하위 규칙]–[하위 10%]을 클릭합니다.

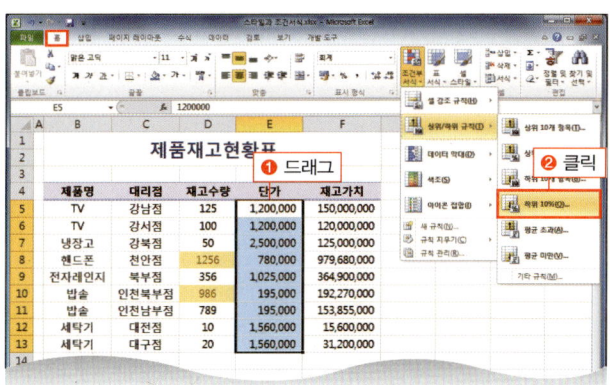

04. [하위 10%] 대화상자가 나타나면 '10%', 적용할 서식을 '진한 빨강 텍스트가 있는 연한 빨강 채우기'로 변경하고 [확인]을 클릭합니다.

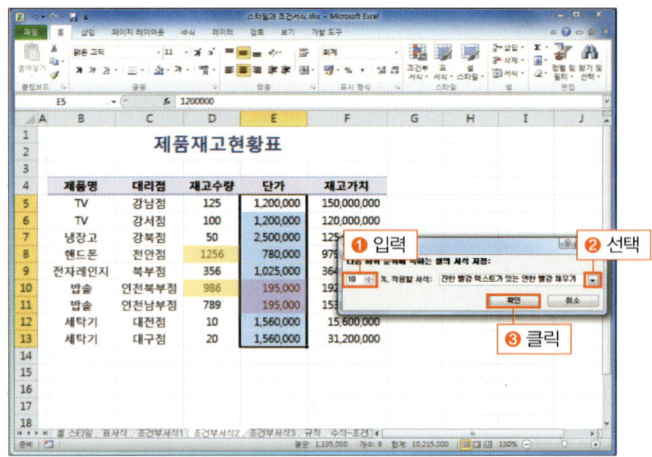

05. 이번에는 [F5:F13]을 선택하고 [조건부 서식]-[상위/하위 규칙]-[평균 초과]를 클릭합니다.

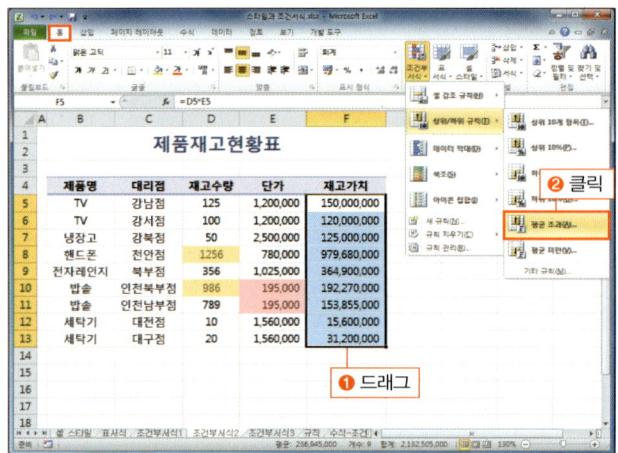

06. [평균 초과] 대화상자가 나타나면 적용할 서식을 '진한 녹색 텍스트가 있는 녹색 채우기'로 변경하고 [확인]을 클릭한 후 결과를 확인합니다.

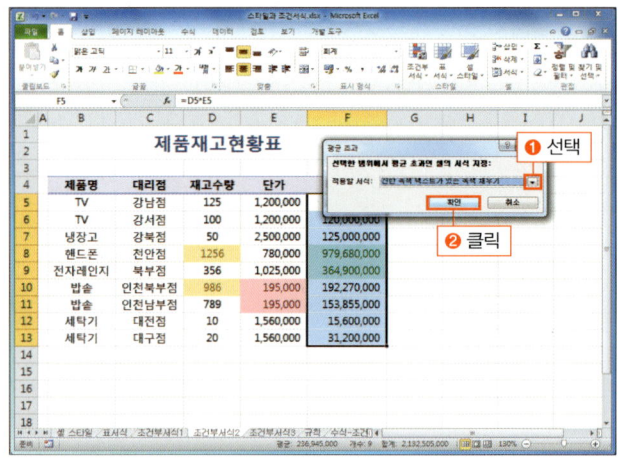

조건의 서식의 데이터 막대나 색조, 아이콘 집합을 이용하여 데이터의 내용을 쉽게 표시할 수 있습니다.
다른 위치에 표시하는 것이 아니라 자신의 셀 안에 표시하여 별도의 공간이 필요 없습니다.

예제 파일ㅣ CD₩Part 02₩스타일과 조건서식.xlsx

■ 데이터 막대를 이용한 데이터 표시하기

01. [조건부 서식3] 시트에서 [D5:D13]을 선택합
니다. [홈] 탭–[스타일] 그룹–[조건부 서식]에서
[데이터 막대]–[그라데이션 채우기]–[주황 데이터
막대]를 클릭합니다.

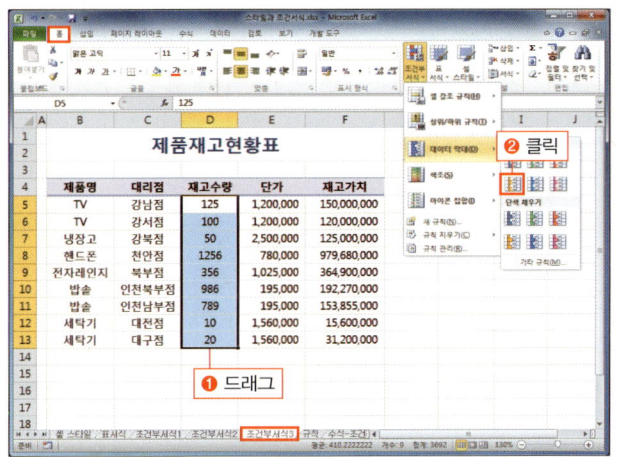

> **TIP :** 데이터 막대는 [그라데이션 채우기]와 [단색
> 채우기]로 구분하는 데 데이터별로 값의 차이를 색조
> 로 표시할 수 있습니다.

02. 다시 [D5:D13]을 선택하고 [조건부 서식]–[데
이터 막대]–[단색 채우기]–[녹색 데이터 막대]를
클릭합니다.

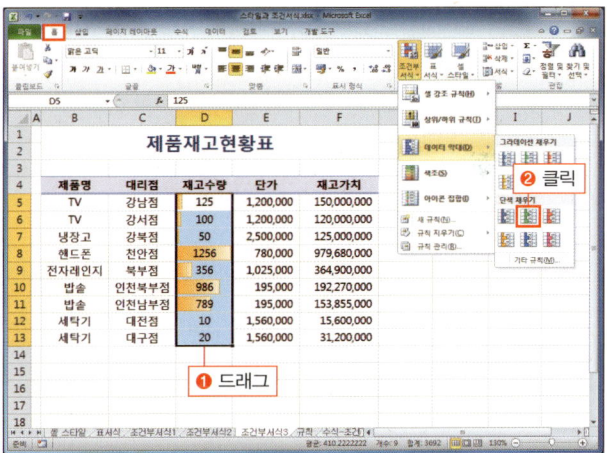

■ 색조를 이용한 데이터 표시하기

01. [E5:E13]을 선택하고 [조건부 서식]-[색조]-[녹색-흰색 색조]를 클릭합니다.

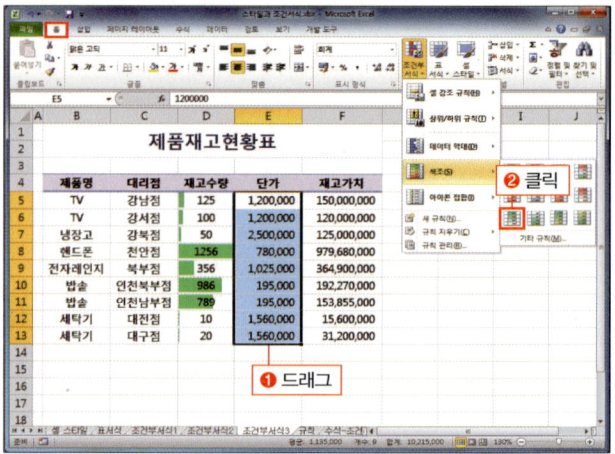

> **T I P :** 색조는 데이터의 변화를 쉽게 이해하는 데 도움을 줍니다. 색조 값이 2색이면 큰 값과 작은 값 사이의 색상 변화로, 3색이면 큰 값, 중간 값, 작은 값의 색상을 변화를 표현합니다.

02. 데이터에 색조 결과를 볼 수 있습니다.

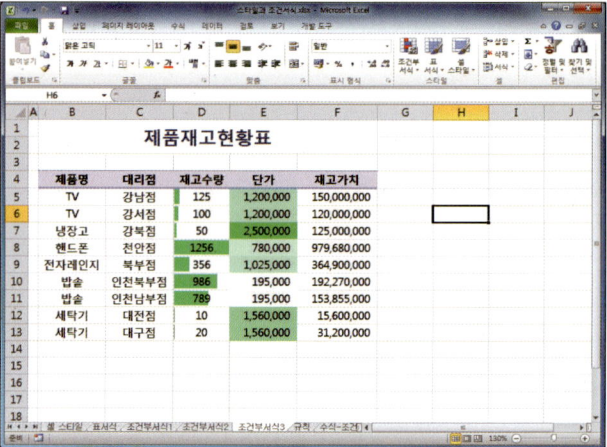

■ 아이콘을 이용한 데이터 표시하기

01. [F5:F13]을 선택하고 [조건부 서식]-[아이콘 집합]-[방향]-[4방향 화살표(컬러)]를 클릭합니다.

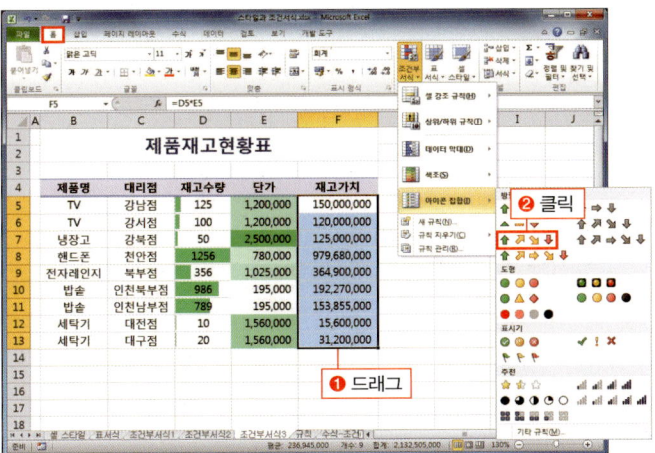

> **TIP :** 아이콘 집합에서 [방향], [도형], [표시기], [추천] 등으로 나누어 표시하고 색상의 경우에 녹색은 '큰 값', 노란색은 '중간 값', 빨간색
> 은 '낮은 값'으로 많이 표시합니다.

02. 범위 안에 데이터별로 아이콘이 표시되는 것을 확인할 수 있습니다.

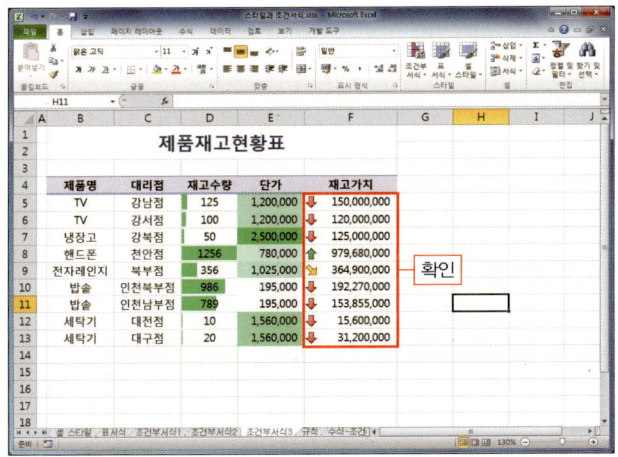

조건부 서식은 셀 값으로 내용에 조건부 서식을 주지만 새 규칙은 수식을 이용하여 전체 범위의 셀 값에 조건부 서식을 줄 수 있습니다. 특히, 해당 열의 조건부 서식을 이용할 때 사용합니다.

예제 파일 | CD₩Part 02₩스타일과 조건서식.xlsx

■ 셀 값을 이용한 서식 지정하기

01. [규칙] 시트에서 [C5:C13]을 선택하고, [홈] 탭-[스타일] 그룹-[조건부 서식]에서 [새 규칙]을 클릭합니다.

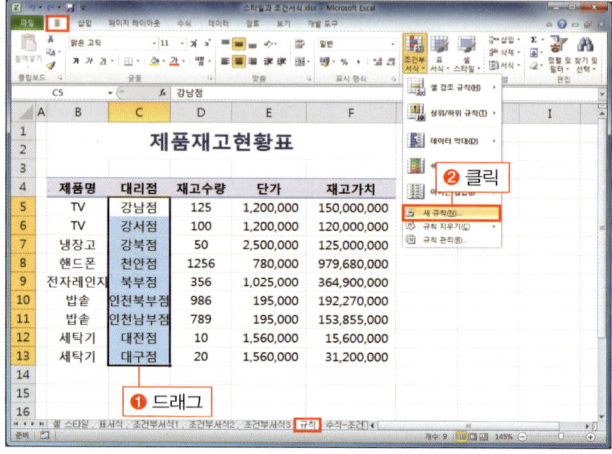

02. [새 서식 규칙] 대화상자가 나타나면 [규칙 유형 선택]에서 '다음을 포함하는 셀만 서식 지정' 을 선택하고 '셀 값'을 '특정 텍스트'로 변경한 후 [포함]은 '시작 문자'로 변경합니다. 빈 칸에 '인천' 을 입력하고 [서식]을 클릭하여 글자색을 '보라색' 으로 변경한 후 [확인]을 클릭합니다.

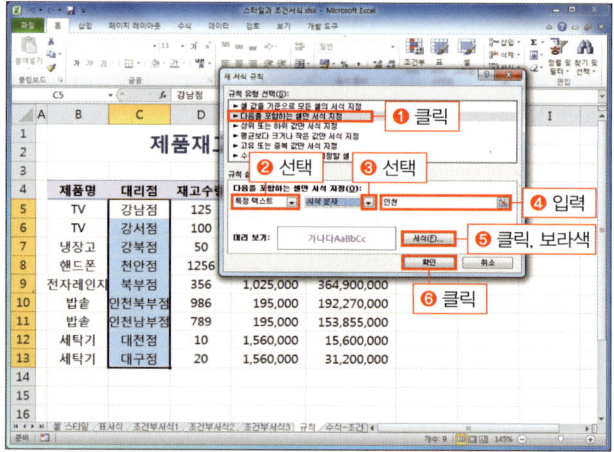

TIP : '다음을 포함하는 셀만 서식 지정'은 범위로 선택한 셀 안에서만 필요한 조건을 만족하는 서식을 지정할 수 있습니다. '특정 텍스트' 는 셀 안에 있는 텍스트 값 중에 일부분만 가지고 찾을 수 있습니다.

03. [D5:D13]을 선택하고 [홈] 탭-[스타일] 그룹-[조건부 서식]에서 [새 규칙]을 클릭합니다.

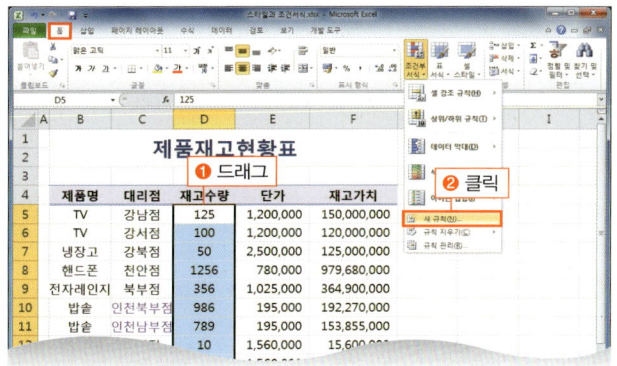

04. [새 서식 규칙] 대화상자가 나타나면 [셀 값]-[해당 범위]에서 처음 값은 '100'을 입력, 다음 값은 '500'을 입력합니다. [서식]을 클릭하여 색상을 '빨간색'으로 변경하고 [확인]을 클릭합니다.

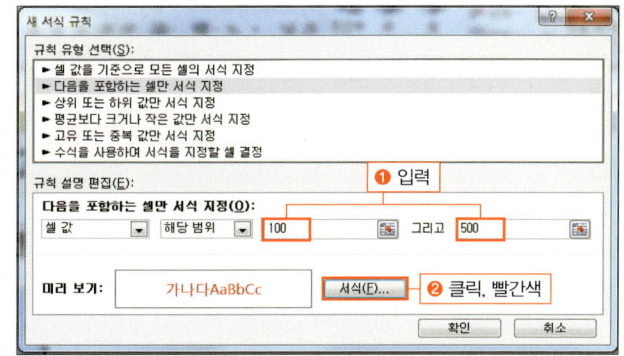

05. 범위 안의 값이 100~500에 해당하는 값에 서식이 적용된 것을 확인할 수 있습니다.

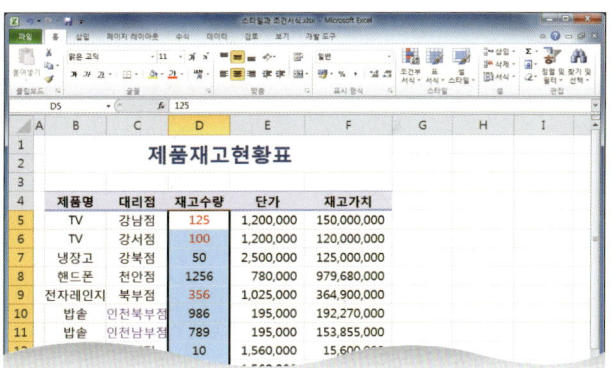

■ 수식을 사용하여 서식 지정하기

01. [B5:F13]을 선택하고 [홈] 탭-[스타일] 그룹-[조건부 서식]에서 [새 규칙]을 클릭합니다. [새 서식 규칙] 대화상자가 나타나면 [규칙 유형 선택]에서 '수식을 사용하여 서식을 지정할 셀 결정'을 선택합니다.

> **TIP :** '수식을 사용하여 서식을 지정할 셀 결정'을 할 때는 직접 수식을 입력하여 사용합니다.

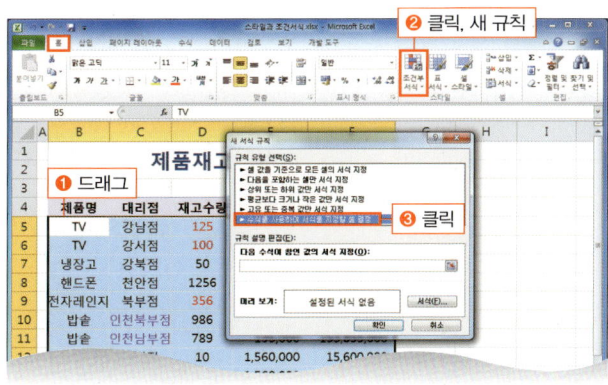

02. 빈 칸을 먼저 선택하고 [F5] 셀을 선택하면
절대 참조 값인 '=$F$5'로 변경되는 데, **F4**를 두
번 눌러 '$F5'로 변경합니다.

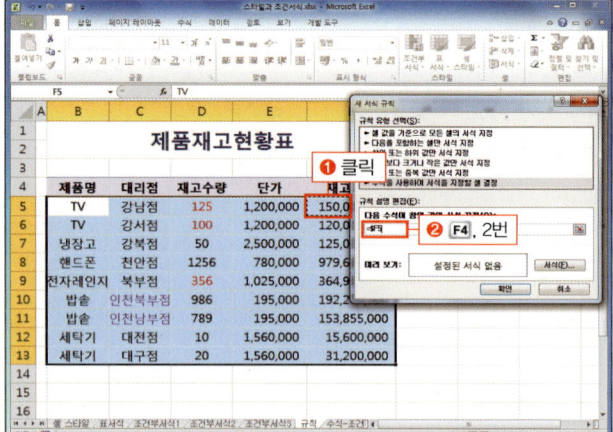

연관
검색 절대 참조에 관한 내용은 279P를 참고하세요.

03. 다시 빈 칸에 '=$F5<=120000000'을 입력하
고 [서식]을 클릭하고 [채우기]에서 '파랑, 강조1,
80% 더 밝게'를 선택한 후 [확인]을 클릭합니다.

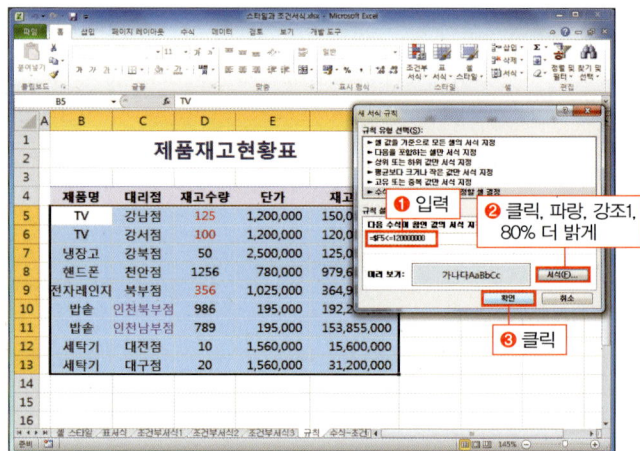

04. 해당하는 행 별로 서식이 적용된 것을 확인
할 수 있습니다.

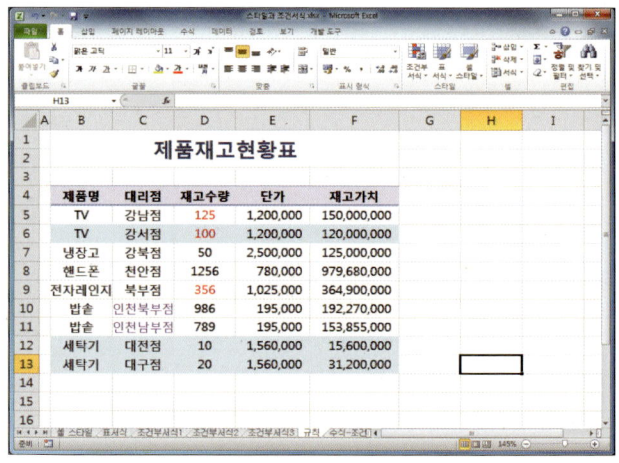

조건부 서식으로 지정한 규칙을 편집하여 새로운 규칙으로 변경하거나 필요 없는 규칙을 삭제하여 조건부 서식을 선택하여 삭제합니다.

예제 파일 | CD\Part 02\스타일과 조건서식.xlsx

■ 규칙 편집을 이용하여 조건 변경하기

01. [규칙관리] 시트에서 [B5:F13]을 선택하고, [홈] 탭-[스타일] 그룹-[조건부 서식]에서 [규칙 관리]를 클릭합니다.

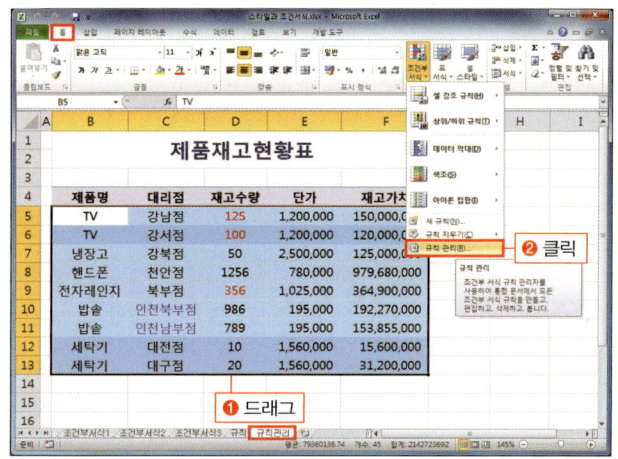

02. [조건부 서식 규칙 관리자] 대화상자가 나타나면 '100에서 500 사이의...'를 선택하고 [규칙 편집]을 클릭합니다.

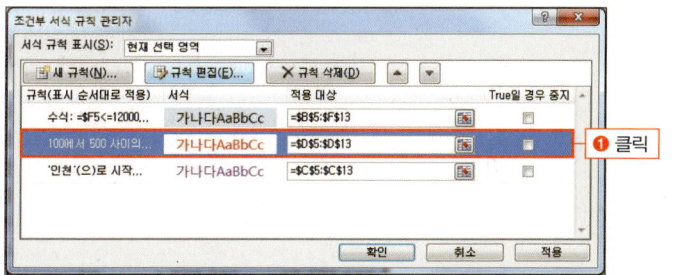

03. [서식 규칙 편집] 대화상자가 나타나면 '500'의 값을 '1000'으로 변경하고 [확인]을 클릭합니다. 또, [확인]을 클릭합니다.

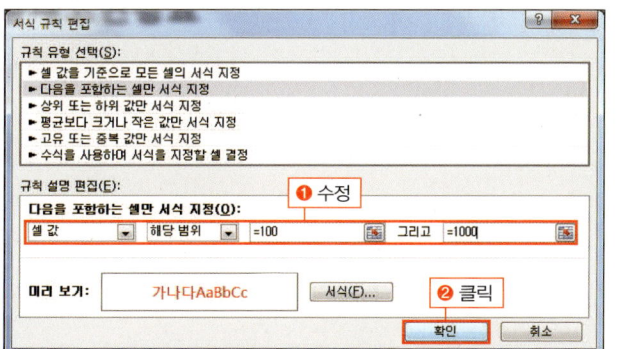

■ 필요 없는 서식 규칙 삭제하기

01. 바로 [홈] 탭-[스타일] 그룹-[조건부 서식]에서 [규칙 관리]를 클릭합니다.

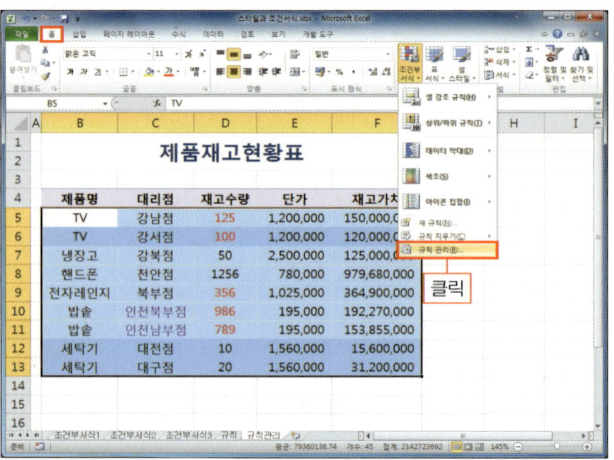

02. [조건부 서식 규칙 관리자] 대화상자가 나타나면 '인천'(으)로 시작...'을 선택하고 [규칙 삭제]을 클릭한 후 [확인]을 클릭합니다.

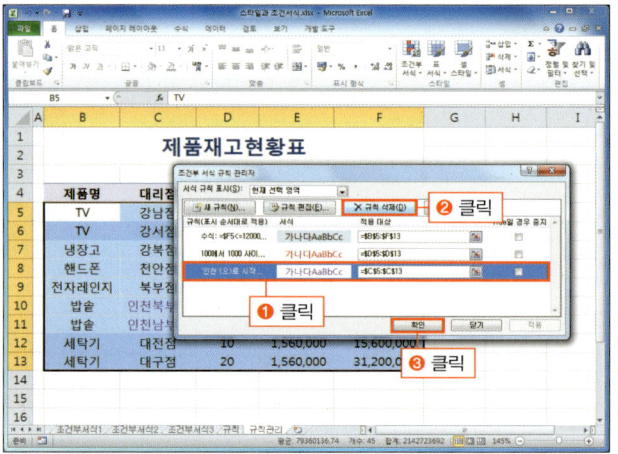

03. 서식이 삭제되는 것을 확인할 수 있습니다.

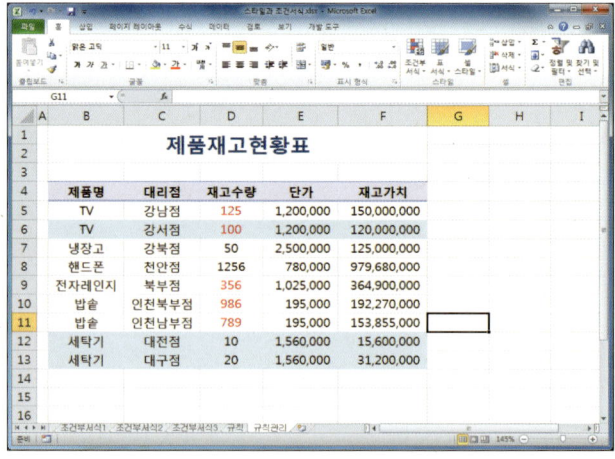

- 서식의 기본은 글꼴, 크기, 색상입니다. `72P`

- 엑셀 2010은 이전에 비해 색상이 다양해졌으므로 문서를 꾸밀 때 많은 색상을 활용하는 것이 좋습니다. `77P` `84P`

- 윗주와 메모의 구별과 사용법을 정확히 이해해야 합니다.

- 엑셀은 셀 간의 테두리 선을 주지 않으므로 프린터를 하려면 테두리 선을 정확히 알아야 합니다. `80P`

- 정렬 시 기본은 상하 정렬이고 좌우 정렬 시 변경 옵션을 사용해야 합니다. `89P`

- 병합 시 내용들은 어떤 방식으로 병합되는지, [병합하고 가운데]와 [전체 병합]의 차이점을 정확히 알아야 합니다. `94P`

- 셀 복사의 그림 복사 중에 그림과 비트맵의 차이점을 알아둡니다. `100P`

- 붙여 넣기에는 여러 방식의 종류가 있는데 각각의 차이점을 알아둡니다. `103P`

- 통화 스타일에 많은 종류가 있는데 자주 사용하는 통화 스타일 알아둡니다. `113P`

- 셀 서식의 사용자 서식에 지정할 수 있는 양수 음수0;문자열 지정 방식을 알아둡니다. `117P`

- 셀과 워크시트의 삽입과 삭제 방식을 쉽게 사용할 수 있도록 합니다. `122P`

- 수식을 보이지 않도록 하는 시트 보호와 필요한 부분만 편집할 수 있는 시트 보호 방식을 이해합니다. `140P`

- 셀 스타일에서 새 셀 스타일을 지정하고 필요 시 빠르게 적용합니다. `158P`

- 표 서식에도 종류가 많은 데 내용에 맞게 표 서식을 지정해 봅니다. `163P`

- 조건부 서식을 통한 서식을 지정할 수 있어야 하고 특히, 전체 범위를 선택하고 수식을 이용한 조건부 서식 방식을 사용할 수 있어야 합니다. `166P`

01

예제 파일을 불러와서 전체 시트의 내용을 수정하지 못하도록 설정해 봅니다(암호 : 345).

예제 파일 : Test\Part 02\서식파일.xlsx 셀 잠금 sheet   **완성 파일 :** Test\Part 02\서식파일-완성.xlsx 셀 잠금 sheet
동영상 해설 : Test\Part 02\Part 02.avi

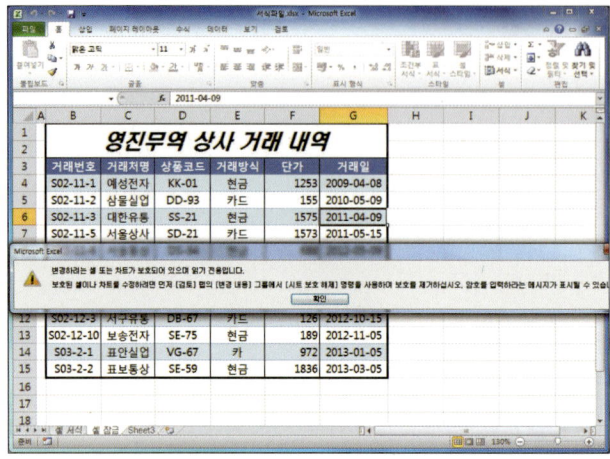

HINT

[시트 보호] 대화상자를 이용하여 워크시트를 보호할 암호를 설정합니다(암호 : 345).

02

예제 파일을 불러와서 거래 방식이 '현금'일 경우에 해당 행의 채우기 색을 '노란색'으로 변경해 봅니다.

예제 파일 : Test\Part 02\서식파일.xlsx 조건부 sheet   **완성 파일 :** Test\Part 02\서식파일-완성.xlsx 조건부 sheet
동영상 해설 : Test\Part 02\Part 02.avi

HINT

[B4:G15]를 선택한 후 [조건부 서식]의 [새 규칙]을 이용하여 [새 서식 규칙] 대화상자를 불러옵니다. 이곳에서 '현금'일 경우에 채우기 색을 '노란색'으로 설정합니다.

03

보기 좋은 문서를
만들기 위한 기능 익히기

EXCEL · 2010

엑셀은 많은 데이터를 가지고 작업을 하는데 데이터가 많을수록 데이터에 대한 분석은 어려워집니다. 그렇기 때문에 엑셀은 많은 데이터를 보다 빠르게 파악하고 쉽게 분석하기 위한 표나 차트와 같은 기능들을 제공합니다. 또한 여러 가지 기호 등을 함께 이용해서 데이터 입력자가 아니어도 내용을 쉽게 파악하는 데 도움을 줍니다.

LESSON 01 표 도구로 데이터를 관리하고 분석 및 요약하기

레벨 ● ● ○

엑셀의 데이터 관리 도구 중 가장 대표적인 것이 표입니다. 표의 기본적인 작성 방법과 규칙을 보여주고 거기에 맞게 작업을 합니다. 또한, 표로 작성된 데이터들을 하나의 축으로 다시 보기 쉽게 작성하는 것이 피벗 테이블입니다. 계속해서, 피벗 테이블이나 표의 나열을 한 눈에 알아보기 좋게 하는 것이 피벗 차트입니다. 그럼 표와 피벗 테이블, 피벗 차트의 작성 방법과 활용법을 알아보겠습니다.

기초탄탄 ▶ 엑셀의 데이터 관리 도구

■ [표 도구]─[디자인] 탭 이해하기 `190P`

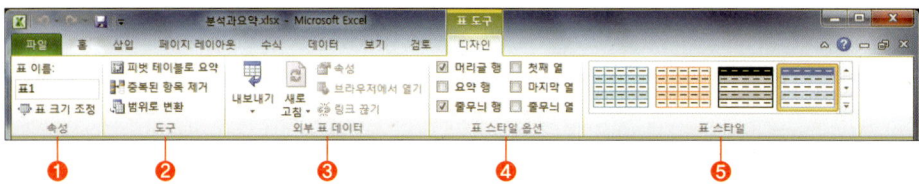

❶ **속성**

- 표 이름 : 일반적인 표에 대한 범위의 이름입니다. 표를 만들 때 마다 표 이름이 자동으로 지정되고 변경도 가능합니다.
- 표 크기 조정 : 표 범위를 다시 조정을 할 수 있는데, 표의 범위를 줄이거나 늘릴 수 있습니다.

❷ **도구**

- 피벗 테이블로 요약 : 표 목록에 있는 데이터를 피벗 테이블로 만들어 줍니다.
- 중복된 항목 제거 : 데이터들 간에 중복된 항목들이 있다면 중복된 열을 선택하고 제거하면 됩니다.

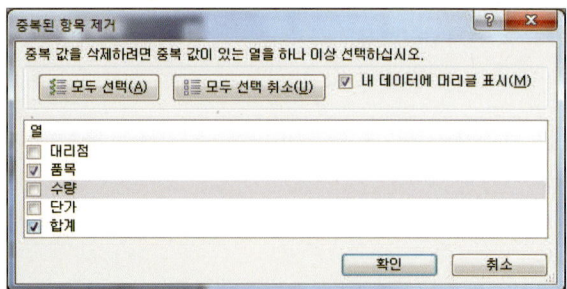

- 범위로 변환 : 표로 설정된 범위를 일반 범위로 변환시켜 줍니다.

184

❸ 외부 표 데이터

- 내보내기 : SharePoint 목록이나 Visio 피벗 다이어그램 사이트로 표 목록을 내보내기가 가능하지만 해당 사이트들의 권한이 있어야 합니다.
- 새로 고침 : [데이터] 탭에 있는 [모두 새로 고침]과 같은 기능으로 표 목록의 새로 고침이 가능합니다.
- 속성/브라우저에서 열기/링크 끊기 : 내보내기를 통하여 표 목록과 사이트가 연결되어 있을 경우 사용할 수 있습니다.

❹ 표 스타일 옵션

- 머리글 행 : 표의 속성으로 구분되는 머리글의 유/무를 결정합니다.
- 첫째 열, 마지막 열 : 처음과 마지막에 있는 열의 데이터를 진하게 표시합니다.
- 요약 행 : 표의 마지막 행에 요약 내용이 나오는데 각 열의 평균, 개수, 최대값, 최소값 등 함수로 열의 계산이 가능합니다.
- 줄무늬 행, 줄무늬 열 : 표의 행, 열에 줄무늬 표시로 스타일을 지정할 수 있습니다.

❺ 표 스타일

- 표 스타일 : 미리 정의된 표 서식을 선택하여 표의 서식을 설정합니다.
- 표 스타일 새로 만들기 : 사용자가 각각의 표 요소별로 서식을 지정하여 새로운 표 스타일을 만들 수 있습니다.

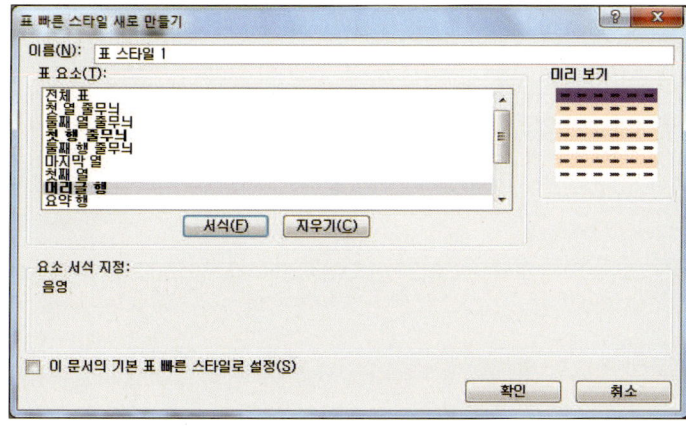

- 지우기 : 표에 설정되어 있는 표 스타일을 지웁니다.

■ [피벗 테이블 도구]-[옵션] 탭 이해하기 195P

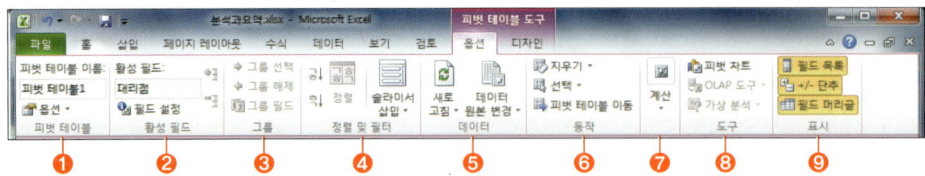

① 피벗 테이블

• 피벗 테이블 이름 : 피벗 테이블의 이름을 지정할 수 있습니다.

• 옵션 : 피벗 테이블에서 사용하는 레이아웃 및 서식, 요약 및 필터, 표시, 인쇄, 데이터 등 자세한 피벗 테이블 옵션을 설정할 수 있습니다.

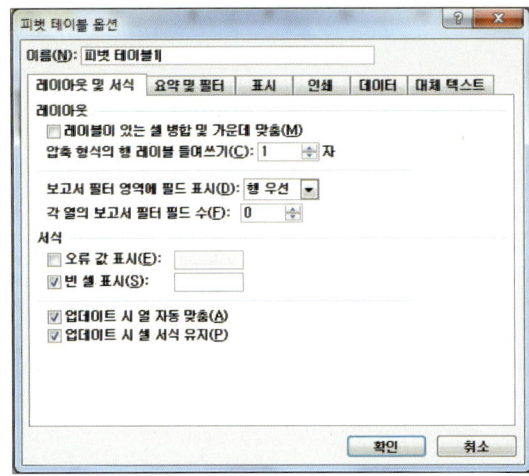

• 보고서 필터 페이지 표시 : 보고서 필터의 각 데이터를 중심으로 워크시트로 작성하여 워크시트별로 피벗 테이블을 생성합니다.

• GetPivotData 생성 : 체크가 되어 있는 상태에서는 GetPivotData 함수가 자동 생성됩니다.

② 활성 필드

• 필드의 확장/축소 : 활성화된 필드에 필드를 확대하여 보여주거나 축소합니다.

• 필드 설정 : 활성화된 필드에 부분합 및 필터를 설정하거나, 레이아웃 및 인쇄에 관한 설정을 할 수 있습니다.

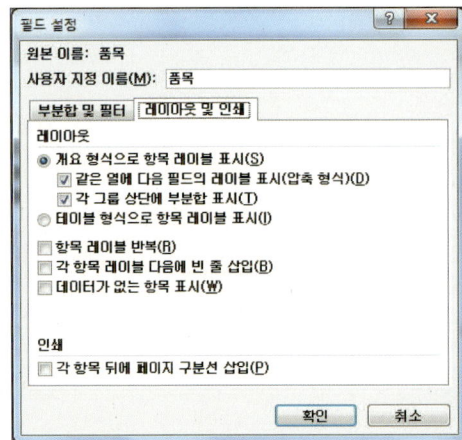

❸ 그룹

• 그룹 선택 : 행 레이블이나 열 레이블에 원하는 부분만 선택하여 각각의 그룹으로 묶어서 지정할 수 있습니다.
• 그룹 해제 : 그룹으로 묶여 있는 레이블을 해제할 수 있습니다.
• 그룹 필드 : 행 레이블이나 열 레이블에 선택하여 데이터별로 시작, 끝의 값을 따로 지정하고 그룹 단위를 줄 수 있습니다.

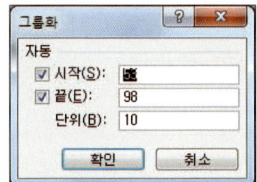

❹ 정렬 및 필터

• 정렬 : 오름차순, 내림차순으로 데이터를 설정하거나 방향에 따라 정렬할 수 있습니다.
• 슬라이서 삽입 : 보고서 필터 대신 슬라이서로 삽입하거나 연결할 수 있습니다.

❺ 데이터

• 새로 고침 : 원본 목록이 변경되어 있을 경우 새로 고침을 하거나 취소, 연결 속성을 따로 설정할 수 있습니다.
• 데이터 원본 변경 : 피벗 테이블의 원본 데이터를 변경하거나 새로 설정할 경우에 사용합니다.

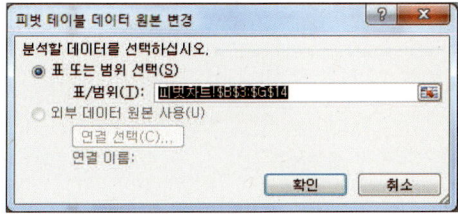

❻ 동작

• 지우기 : 피벗 테이블에 설정된 필터들을 지워서 기본 피벗 테이블 형태로 되돌리거나 설정되어 있는 필터를 해제할 수 있습니다.
• 선택 : 피벗 테이블의 값만, 레이블만, 값과 레이블만 또는 전체 피벗 테이블의 전체 선택을 할 경우에 사용합니다.
• 피벗 테이블의 이동 : 피벗 테이블을 기존에 있는 워크시트로 이동하거나 새로운 워크시트를 만들어 이동시킬 수 있습니다.

❼ 계산

• 값 요약 기준 : 피벗 테이블의 데이터 요약 기준을 다시 설정합니다. 기본은 합계이지만 개수, 평균, 최대값 등으로 변경합니다.
• 값 표시 형식 : 피벗 테이블의 데이터 비율이나 순위 지정, 누계 등을 다시 설정할 수 있습니다.
• 필드, 항목 및 집합 : 계산 필드, 계산 항목, 계산 순서, 수식 보고서 작성 등을 다시 설정할 수 있습니다.

❽ 도구

- 피벗 차트 : 피벗 테이블의 데이터를 이용하여 새로운 피벗 차트를 생성합니다.
- OLAP 도구 : OLAP 데이터 원본과 연결된 피벗 테이블로 작업합니다.
- 가상 분석 : 피벗 테이블에서 다양한 값을 시도해 보는데, 종속된 값들의 영향을 확인할 수 있습니다.

❾ 표시

- 필드 목록 : 피벗 테이블 필드 목록 창의 표시 유/무를 설정합니다.
- +/− 단추 : 피벗 테이블의 그룹 지정 시 그룹 앞에 +/−의 유/무를 설정합니다.
- 필드 머리글 : 피벗 테이블의 열 레이블이나 행 레이블의 표시 유/무를 설정합니다.

■ [피벗 테이블 도구]−[디자인] 탭 이해하기

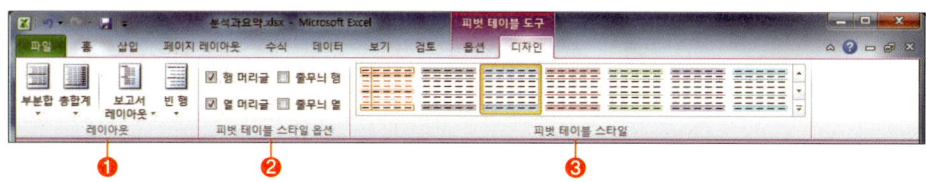

❶ 레이아웃

- 부분합 : 행 레이블이나 열 레이블에 그룹이 지정되어 있는 경우 그룹의 상단, 하단에 그룹별로 부분합을 표시하거나 표시하지 않습니다.
- 총합계 : 행 및 열의 총합계를 설정하거나 해제할 수 있습니다.
- 보고서 레이아웃 : 보고서 형태의 레이아웃을 압축, 개요, 테이블 형태로 표시하거나 각 항목 레이블을 반복하여 표시합니다.
- 빈 행 : 빈 행이 있는 경우 각 항목 다음의 빈 줄에 삽입하거나 삭제합니다.

❷ 피벗 테이블 스타일 옵션

- 행, 열 머리글 : 행이나 열 머리글의 표시되는 스타일을 체크하여 설정합니다.
- 줄무늬 행, 열 : 데이터의 행, 열 별로 줄무늬 표시를 체크하여 설정합니다.

❸ 피벗 테이블 스타일 : 일반 표 스타일 설정처럼 미리 지정된 스타일을 설정하거나 새로 만들 수 있습니다.

■ [피벗 차트 도구]−[분석] 탭 이해하기 `200P`

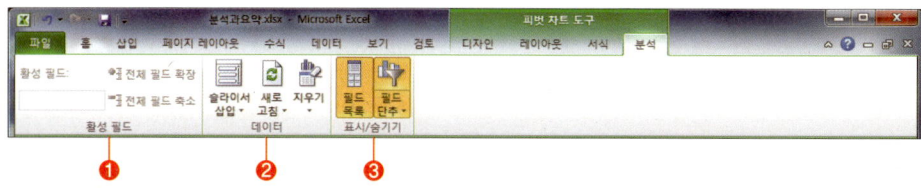

❶ 활성 필드

- 필드 이름 : 차트의 데이터 계열을 선택한 경우 필드 이름을 표시합니다.
- 전체 필드 확장/축소 : 활성화된 필드의 전체 확장과 축소를 설정합니다.

❷ 데이터

- 슬라이서 삽입 : 차트에 슬라이서를 삽입합니다. 피벗 테이블처럼 필드 이름 선택하여 차트를 변경할 수 있습니다. 또한, 피벗 테이블에서 연결할 슬라이서를 선택할 수도 있습니다.
- 새로 고침 : 기존의 차트에 변화가 있는 경우에 새로 고침으로 확인할 수 있습니다.
- 지우기 : 차트의 기본 필터 내용을 삭제하거나 초기화시킬 수 있습니다.

❸ 표시/숨기기

- 필드 목록 : 피벗 테이블 필드 목록 창의 표시 여부를 선택합니다.
- 필드 추가 : 피벗 차트에 보고서, 범례, 축, 값 필드 표시를 각각 선택할 수 있습니다.

> **TIP :** 피벗 차트 도구의 [디자인], [레이아웃], [서식]은 일반 차트의 [디자인], [레이아웃], [서식]과 동일합니다.

■ [슬라이서 도구]-[옵션] 탭 이해하기 195P

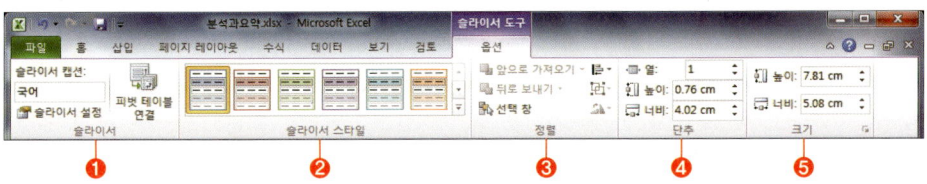

❶ 슬라이서

- 슬라이서 캡션 : 필드 목록별로 설정된 슬라이서 이름을 보여줍니다.
- 슬라이서 설정 : 슬라이서의 이름, 머리글, 정렬 및 필터링 등의 상세한 설정을 할 수 있습니다.

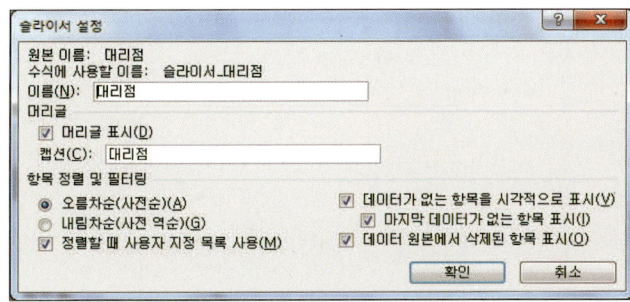

- 피벗 테이블 연결 : 슬라이서에 연결된 다른 시트의 피벗 테이블들도 선택할 수 있습니다.

❷ 슬라이서 스타일

- 슬라이서 스타일 : 미리 지정된 슬라이서의 스타일을 선택합니다.
- 새 슬라이서 스타일 : 슬라이서에 사용할 요소별 서식을 적용하여 새로운 스타일을 지정합니다.

❸ 정렬

- 앞으로/뒤로 보내기 : 슬라이서 간의 순서를 설정합니다. 원하는 순서를 앞뒤로 이동시킬 수 있습니다.
- 선택 창 : [선택 및 표시] 대화상자가 나타나면 각 슬라이서의 표시나 숨기기를 선택할 수 있습니다.

❹ 단추 : 슬라이서 단추의 열, 높이, 너비의 크기를 직접 지정하여 변경할 수 있습니다.

❺ 크기 : 슬라이서 자체의 높이, 너비의 크기를 직접 지정하여 변경할 수 있습니다.

표를 이용하면 작성 규칙에 맞게 자료를 입력할 수 있고 수식과 서식이 자동으로 적용됩니다. 또한, 워크시트에 사용하는 표를 외부 데이터로 이용할 수도 있습니다. 표를 선택하면 리본 메뉴에 [표] 탭이 나타나 쉽게 작업할 수 있습니다.

예제 파일 | CD\Part 03\분석과 요약.xlsx **완성 파일 |** CD\Part 03\분석과 요약-완성.xlsx

■ 데이터 목록을 표로 만들고 나머지 완성하기

01. 예제 파일을 불러온 후 [표] 시트로 이동합니다. [B3:G14]를 선택하고 [삽입] 탭-[표] 그룹-[표]를 클릭합니다.

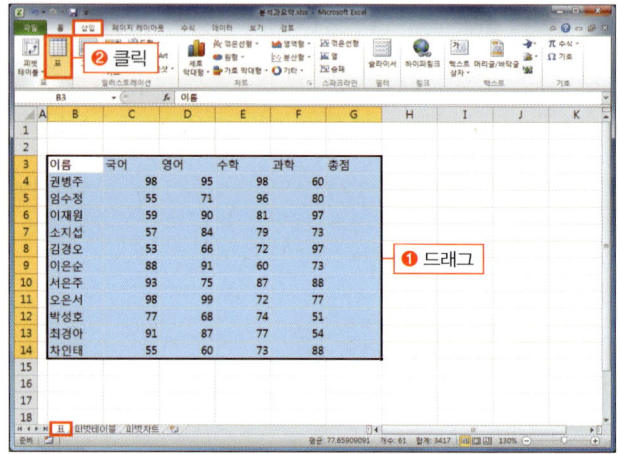

02. [표 만들기] 대화상자가 나타나면 [머리글 포함] 옵션을 체크하고 [확인]을 클릭합니다.

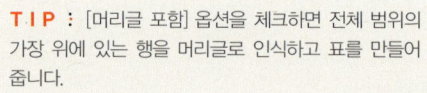

TIP : [머리글 포함] 옵션을 체크하면 전체 범위의 가장 위에 있는 행을 머리글로 인식하고 표를 만들어 줍니다.

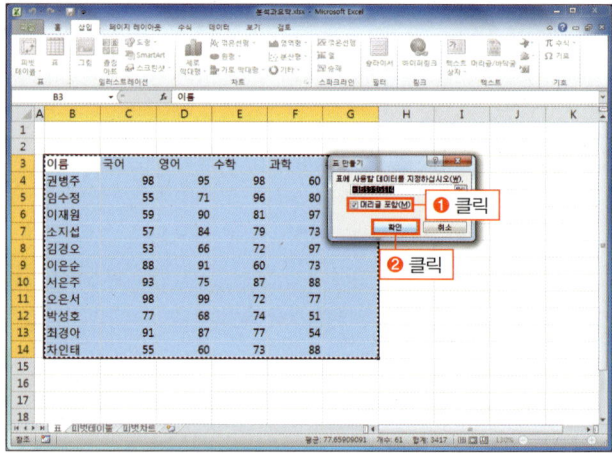

03. 표가 나타나면 [G4] 셀을 선택하고 '='를 입력한 후 [C4] 셀을 선택합니다. 계속 '+'를 입력하면서 [D4], [E4], [F4] 셀을 차례대로 선택하여 다음과 같이 완성합니다.

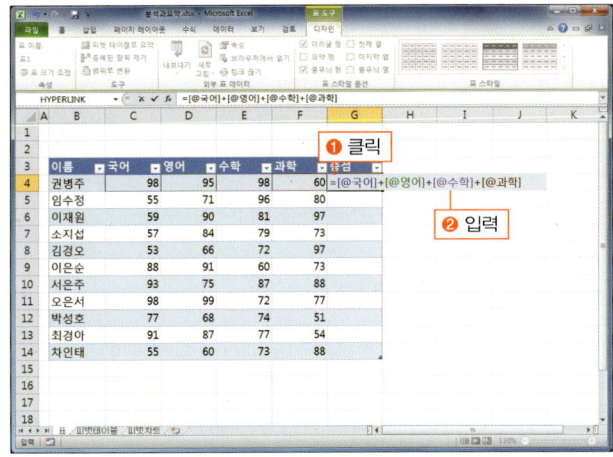

04. Enter 를 눌러 나머지 행의 총점이 계산되면, [표 도구]-[디자인] 탭-[표 스타일 옵션] 그룹-[요약 행]을 체크합니다.

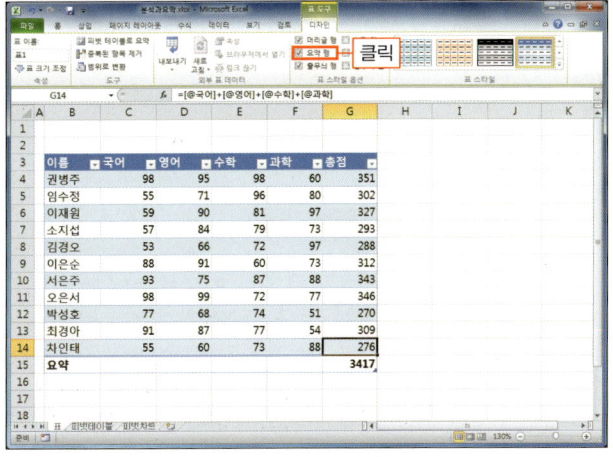

TIP : 일반 데이터에서는 한 부분을 계산하고 자동 채우기로 완성하지만, 표는 한 부분만 계산하면 나머지는 자동으로 완성됩니다.

문제 해결 Enter 를 눌렀는데 자동 채우기가 되지 않으면 [파일] 탭-[옵션]을 클릭합니다. [Excel 옵션] 대화상자의 [언어 교정]-[자동 고침 옵션]을 클릭합니다. [자동 고침] 대화상자의 [입력할 때 자동 서식] 탭에서 [표에 수식을 채워 계산된 열 만들기] 옵션을 체크합니다.

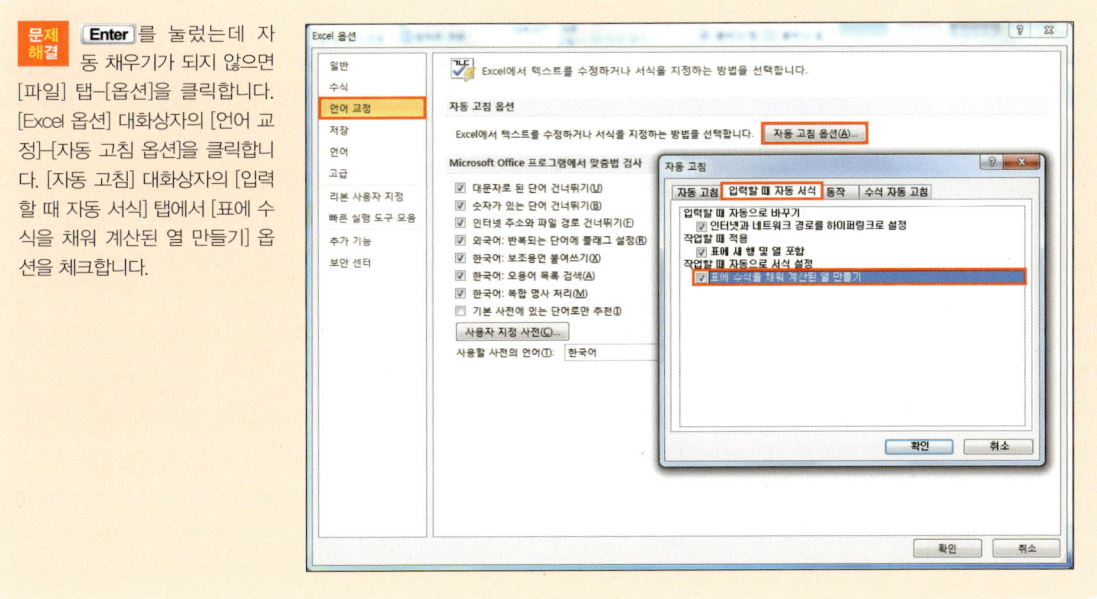

05. [C15] 셀을 선택하면 나타나는 목록 단추를 클릭하고 '평균'을 선택합니다. [G15] 셀까지 같은 방법으로 변경시켜 줍니다.

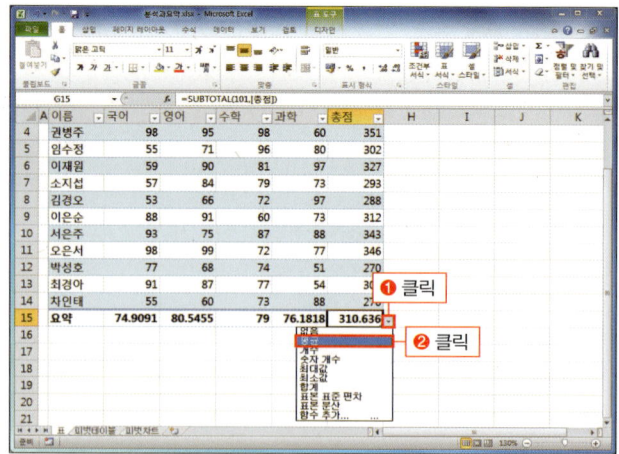

06. [표 스타일] 그룹에서 [자세히]( )를 클릭한 후 [보통]–[표 스타일 보통 5]를 선택하여 스타일을 변경합니다.

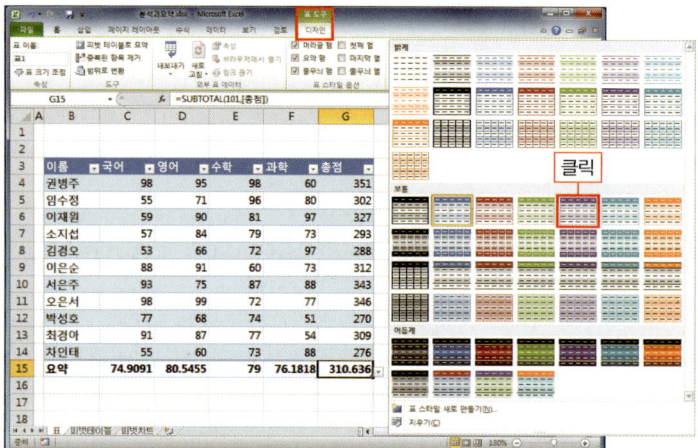

■ 직접 표를 삽입하고 나머지 내용 완성하기

01. [I3] 셀을 선택하고 [삽입] 탭–[표] 그룹–[표]를 클릭합니다. [표 만들기] 대화상자가 나타나면 [머리글 포함] 옵션을 체크하고 [확인]을 클릭합니다.

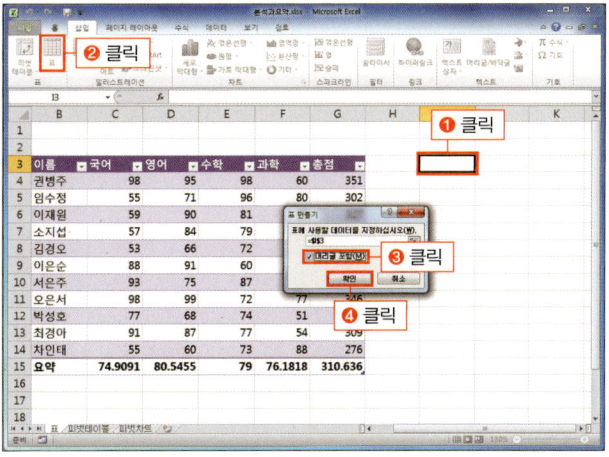

02. [I3] 셀을 더블클릭한 다음 '상품번호'를, [I4] 셀에는 'D–001'을 각각 입력합니다.

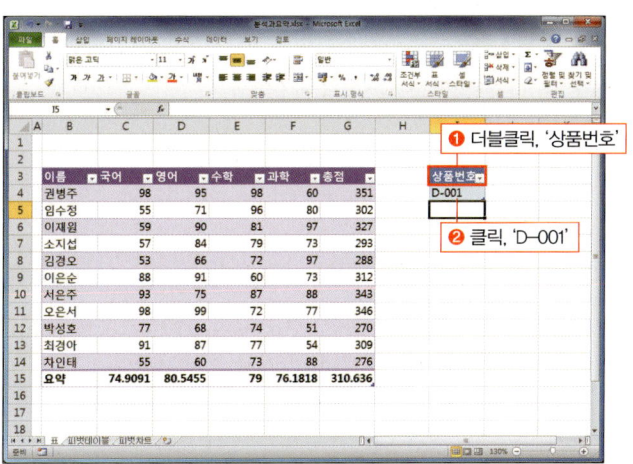

03. [I14] 셀까지 자동 채우기로 상품번호를 입력합니다.

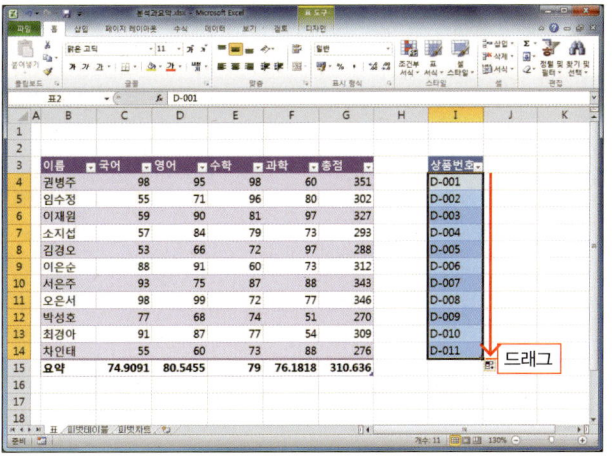

04. [J4] 셀을 선택하고 '상품명'을 입력하고, 다음과 같이 각각의 셀에도 내용을 입력합니다.

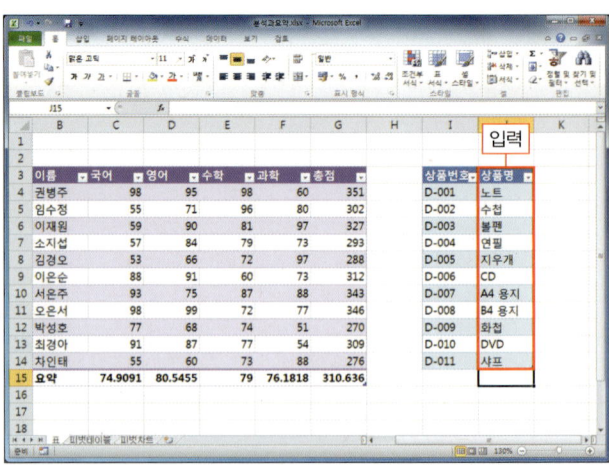

T I P : 표에 직접 데이터를 입력하면 [표 도구]-[디자인] 탭-[표 스타일 옵션] 그룹-[머리글 행], [줄무늬 행]은 자동으로 서식이 지정됩니다.

05. [I3:J14] 안에 임의의 셀을 선택하고 [표 도구]-[디자인] 탭-[도구]에서 [범위로 변환]을 클릭합니다. '표를 정상 범위로 변환하시겠습니까?' 메시지가 나타나면 [예]를 클릭합니다.

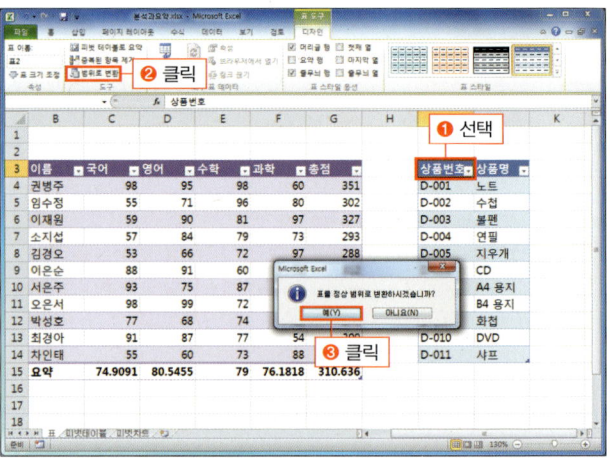

06. 표가 일반 데이터 표식으로 나타나고 범위 안을 클릭해도 [표 도구]-[디자인] 탭이 나타나지 않는 것을 확인할 수 있습니다.

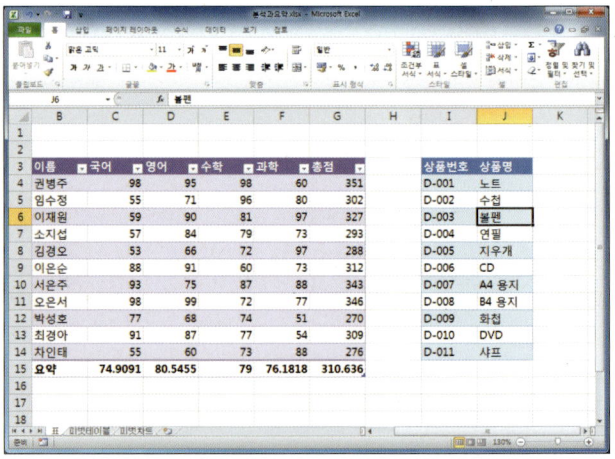

피벗 테이블(Pivot Table)은 특정 부분을 중심으로 행과 열의 위치 변화를 통해 여러 형태로 보여 줍니다. 데이터를 통합하거나 요약하여 사용자가 원하는 형태로 만들 수 있습니다.

예제 파일 | CD\Part 03\분석과 요약.xlsx **완성 파일 |** CD\Part 03\분석과 요약-완성.xlsx

■ 피벗 테이블을 완성하고 필드 추가하기

01. 예제 파일을 열고 [피벗 테이블] 시트에서 [표 도구]-[디자인] 탭-[도구] 그룹-[피벗 테이블 요약]을 클릭합니다. [피벗 테이블 만들기] 대화상 자가 나타나면 [표/범위]는 '표1', [넣을 위치]는 [새 워크시트]로 체크하고 [확인]을 클릭합니다.

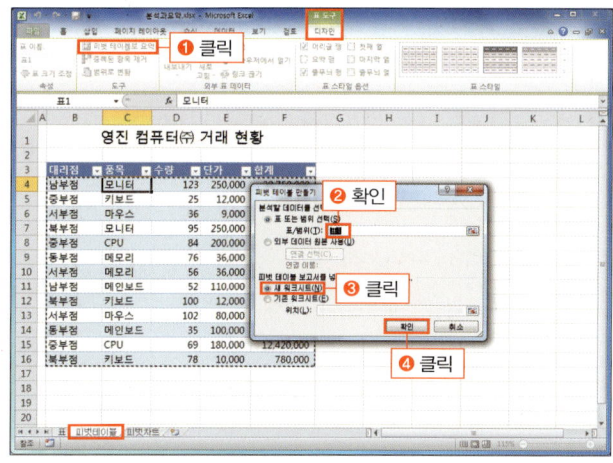

02. 피벗 테이블의 새로운 워크시트가 나타나면 오른쪽의 [피벗 테이블 필드 목록] 창에서 [대리점]을 [보고서 필터]로, [품목]을 [행 레이블]로, [수량]과 [단가]를 [값]으로 각각 이동시킵니다.

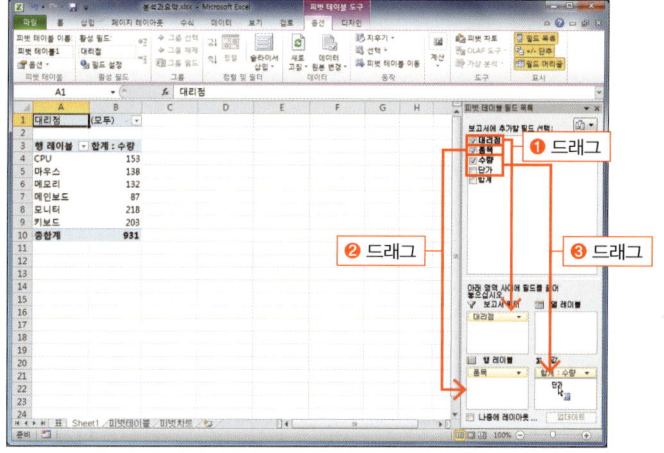

03. [값]의 [합계:단가]를 클릭하고 [값 필드 설정]을 선택합니다.

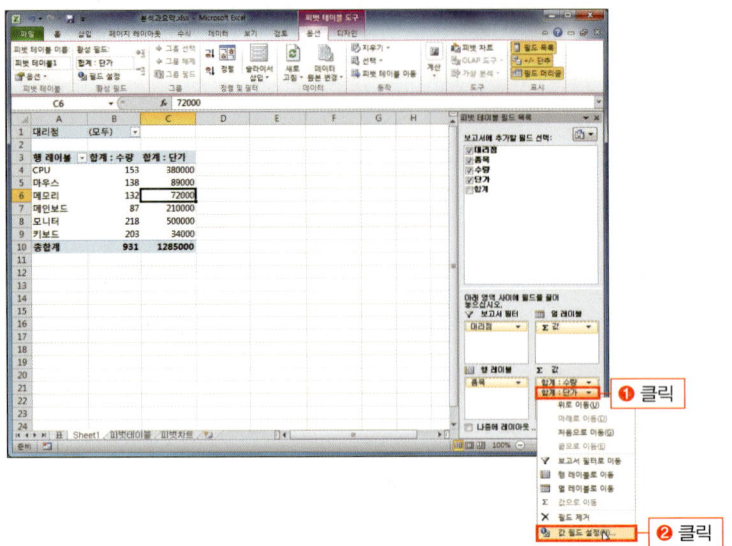

04. [값 필드 설정] 대화상자가 나타나면 [선택한 필드의 데이터]에서 '평균'을 선택하고 [사용자 지정 이름]을 '단가 평균'으로 변경한 후 [표시 형식]을 클릭합니다.

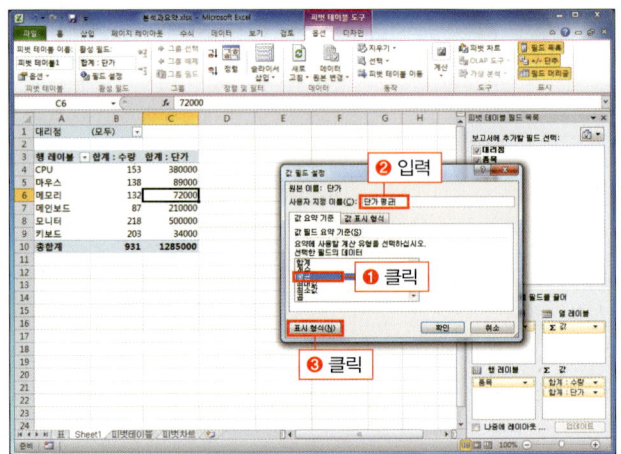

05. [셀 서식] 대화상자가 나타나면 [범주]를 '숫자'로 변경하고 [1000 단위 구분 기호(,) 사용] 옵션을 체크한 후 [확인]을 클릭합니다.

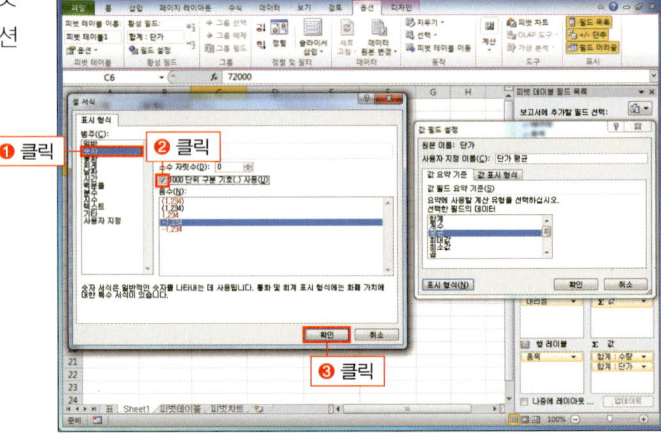

06. [단가 평균] 열에 천 단위 구분 기호가 적용된 것을 확인할 수 있습니다. 범위 안을 클릭하고 [피벗 테이블 도구]–[옵션] 탭–[계산] 그룹–[필드, 항목 및 집합]에서 [계산 필드]를 클릭합니다.

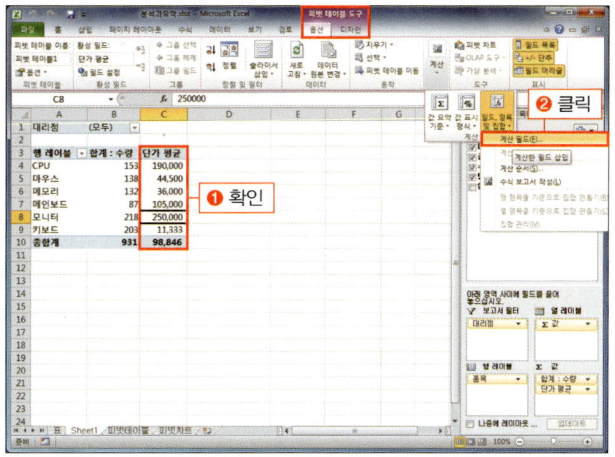

07. [계산 필드 삽입] 대화상자가 나타나면 [이름]에는 '총액의 부가가치세'를 입력하고, [수식]에는 '=합계*0.1'을 입력한 후 [추가]와 [확인]을 각각 클릭합니다.

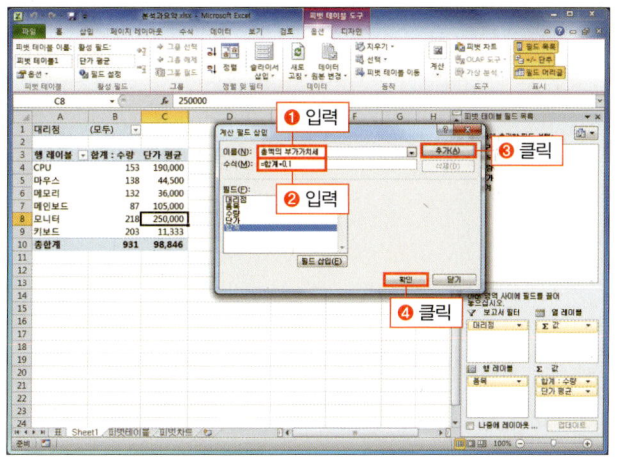

08. [D] 열에 데이터가 추가됩니다. [B1] 셀을 선택하면 여러 항목이 나타나는 데 [여러 항목 선택] 옵션을 체크하고 [남부점], [북부점], [중부점]을 각각 체크한 후 [확인]을 클릭합니다.

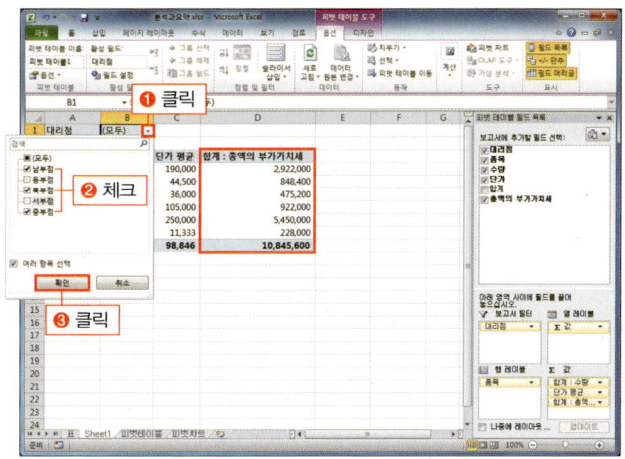

09. 결과를 확인합니다.

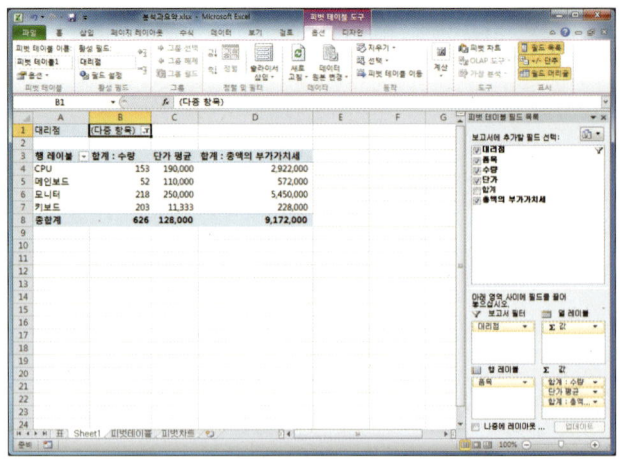

■ 슬라이서를 이용하여 피벗 테이블 검색

01. 피벗 테이블에서 임의의 셀을 선택하고 [피벗 테이블 도구]–[옵션] 탭–[정렬 및 필터] 그룹–[슬라이서 삽입]을 클릭합니다.

02. [슬라이서 삽입] 대화상자가 나타나면 [대리점]에 체크하고 [확인]을 클릭합니다.

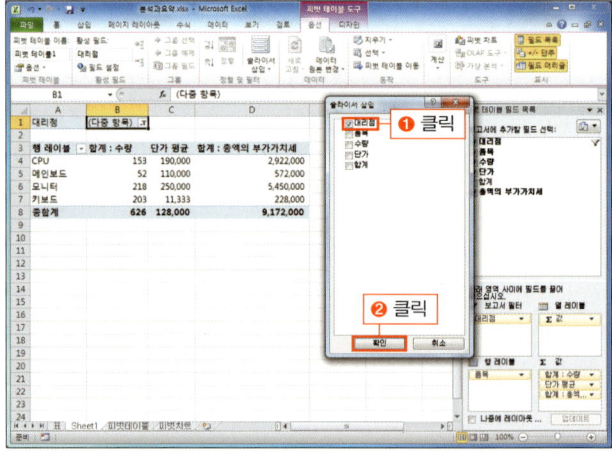

03. [슬라이서 도구]-[옵션] 탭-[슬라이서 스타일] 그룹의 [자세히](▾)를 클릭하고 [슬라이서 스타일 어둡게 4]를 선택하여 스타일을 변경합니다.

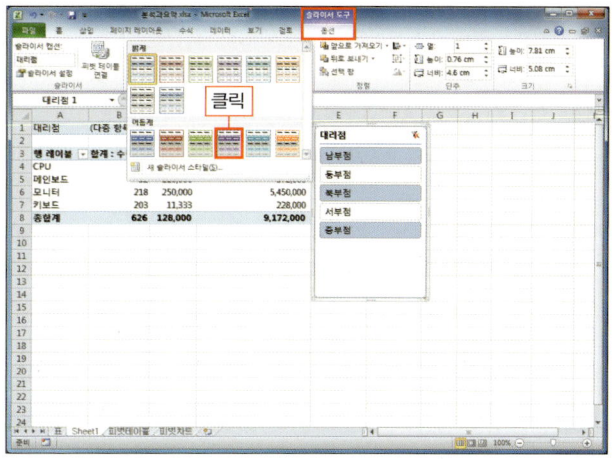

04. [대리점] 슬라이서 창에서 [남부점]~[중부점]까지 한 번씩 클릭하면 피벗 테이블에 데이터가 검색되는 것을 확인할 수 있습니다.

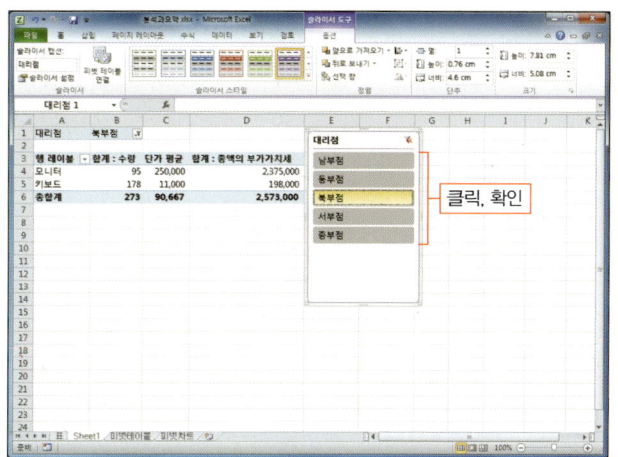

05. [대리점] 슬라이서 창의 오른쪽 상단에 [필터 지우기]를 클릭하면 전체 피벗 테이블의 내용이 나타납니다.

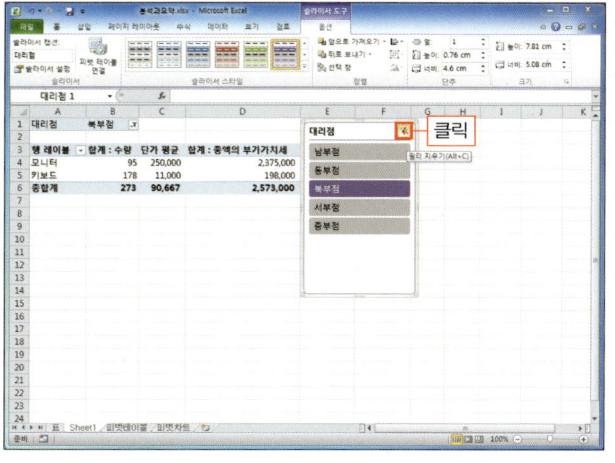

피벗 차트를 이용하면 피벗 테이블과 같은 방식으로 테이블을 생성하는 것이 아니라, 보다 보기 좋은 차트 형식으로 데이터를 변경할 수 있습니다.

예제 파일 | CD₩Part 03₩분석과 요약.xlsx **완성 파일** | CD₩Part 03₩분석과 요약-완성.xlsx

■ 피벗 차트 완성하기

01. 예제 파일을 불러오고 [피벗 테이블] 시트에서 범위 안에 임의의 셀을 선택합니다. [삽입] 탭-[표] 그룹-[피벗 테이블]에서 [피벗 차트]를 클릭합니다.

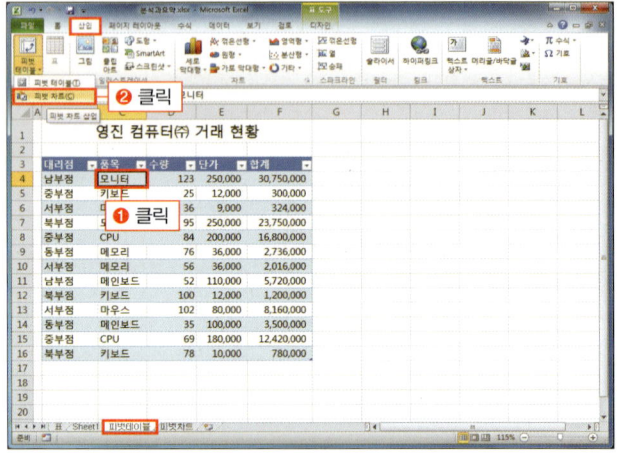

02. [피벗 테이블 및 피벗 차트 만들기] 대화상자가 나타나면 [표/범위]는 '표1', [기존 워크시트]를 체크하고 [위치]에서 [H3] 셀을 선택합니다. 바로 [확인]을 클릭합니다.

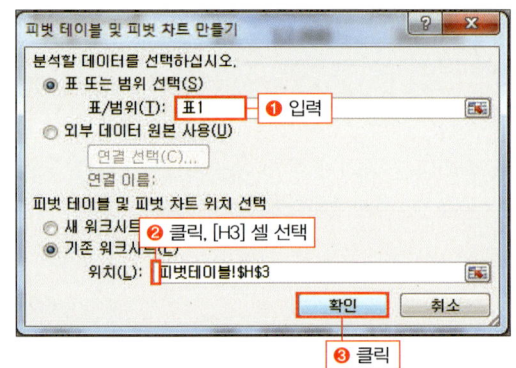

03. 오른쪽에 [피벗 테이블 필드 목록] 대화상자가 나타나면 [보고서 필터]에 '대리점'을, [축 필드(항목)]에 '품목'을, [값]에 '합계'를 드래그하여 이동시킵니다.

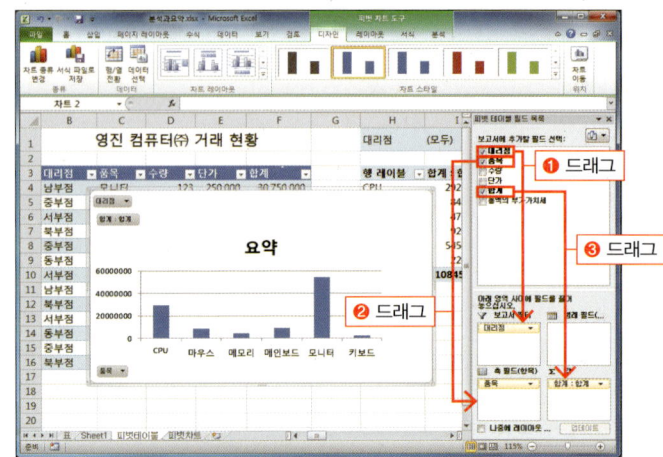

04. 피벗 차트의 내용이 완성되면 [피벗 차트 도구]-[디자인] 탭-[종류] 그룹-[차트 종류 변경]을 클릭합니다. [차트 종류 변경] 대화상자가 나타나며 [꺾은 선형]에서 [꺾은 선형]을 클릭합니다.

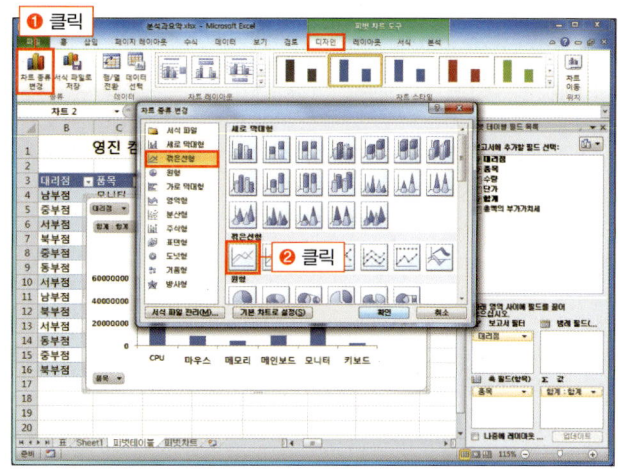

05. 다시 [피벗 테이블 필드 목록] 대화상자에서 '총액의 부가가치세'를 [값]으로 드래그하여 데이터를 추가하고, [피벗 차트 도구]-[레이아웃] 탭-[분석] 그룹-[선]에서 [최고/최저 연결선]을 클릭합니다. 제목을 '품목별 합계'로 변경합니다.

> **TIP** : [최고/최저 연결선]은 각 항목의 최고값부터 최저값까지 이어지는 선으로 차이값을 확인할 때 많이 사용합니다.

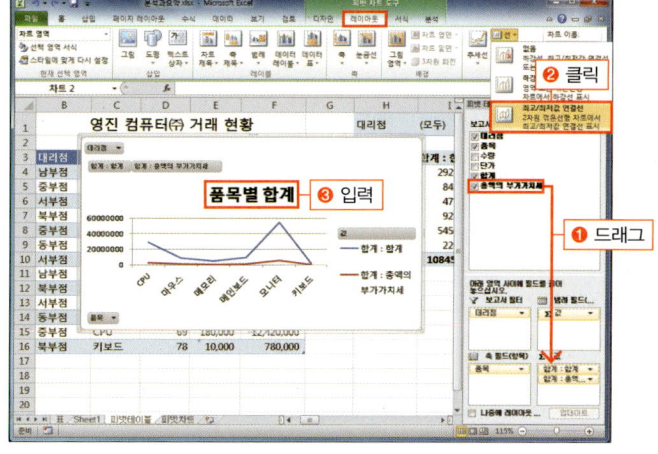

06. 결과를 확인합니다.

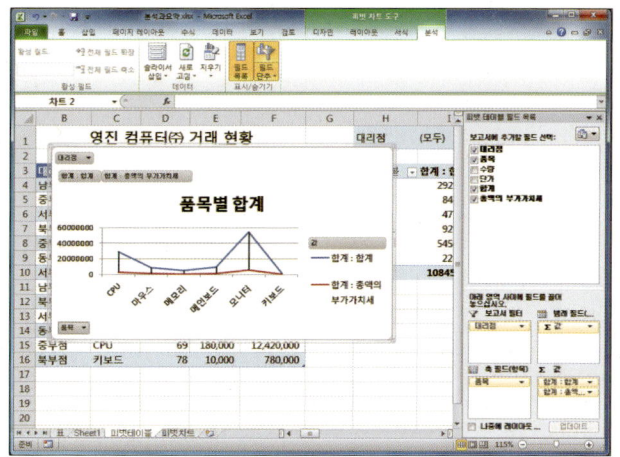

02 파워포인트 부럽지 않은 [일러스트레이션] 그룹

레 벨 ● ○ ○ ○

[삽입] 탭–[일러스트레이션] 그룹에는 파워포인트의 중요한 기능들을 사용할 수 있습니다. 엑셀에서는 단순한 워크시트의 내용이 아니라 그림, 클립 아트, SmartArt 등 여러 도구를 이용하여 보다 화려하고 다이내믹하게 문서를 완성시킬 수 있습니다.

기초 탄탄 ▶ 다이내믹한 엑셀 문서 꾸미기 도구

■ [그림 도구]–[서식] 탭 이해하기 `205P`

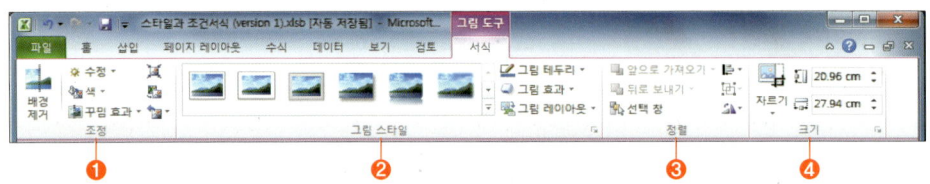

❶ 조정
- 배경 제거 : 그림의 배경 부분을 제거하여 주요 부분만 표시할 수 있습니다.
- 수정 : 그림의 선명도를 조절하여 부드럽게 하거나, 선명하게 만들고, 밝기와 대비를 조절할 수도 있습니다.
- 색 : 그림의 채도, 색조를 조절하거나 다시 칠하기로 여러 가지 지정된 색상을 표현할 수 있습니다.
- 그림 압축 : 그림의 해상도나 출력 대상에 맞게 압축할 수 있습니다.

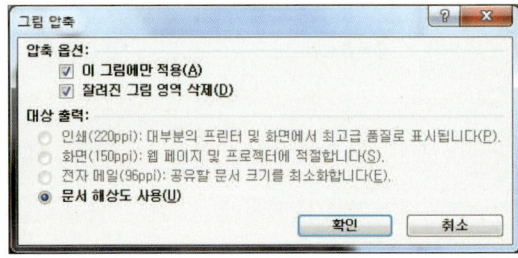

- 그림 바꾸기 : 기존의 그림을 다른 그림으로 변경할 수 있습니다.
- 그림 원래대로 : 수정된 그림을 다시 복귀하거나 크기를 설정할 수 있습니다.

❷ 그림 스타일
- 그림 스타일 : 미리 지정된 그림 스타일 형태로 그림을 지정할 수 있습니다.
- 그림 테두리 : 그림 테두리의 색상, 두께, 대시 등을 설정할 수 있습니다.

- 그림 효과 : 그림의 그림자, 반사, 네온, 입체 효과, 3차원 회전 등의 특수 효과를 설정할 수 있습니다.
- 그림 레이아웃 : 그림으로 설정할 수 있는 SmartArt로 변경할 수 있습니다.

❸ 정렬 : 그림들의 배치, 표시, 맞춤, 그룹, 회전을 설정할 수 있습니다.

❹ 크기
- 자르기 : 필요한 크기로 그림을 자르거나 다시 채울 수 있습니다.
- 크기 설정 : 그림의 가로, 세로의 크기를 설정할 수 있습니다.

■ [그리기 도구]–[서식] 탭 이해하기 212P

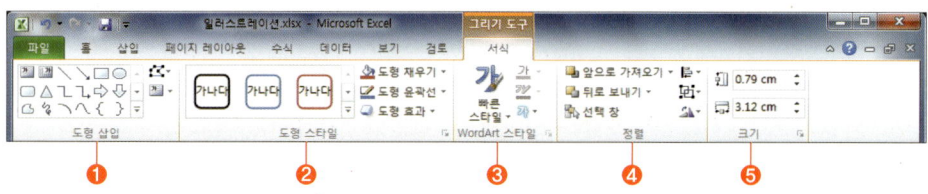

❶ 도형 삽입
- 도형 삽입 : 워크시트에 사용자가 원하는 도형을 삽입할 수 있습니다.
- 도형 편집 : 그려 놓은 도형을 다른 도형으로 변경하거나 점 편집을 통해 도형을 보다 다양한 형태로 변경할 수 있습니다.
- 텍스트 상자 : 워크시트에 가로, 세로 테스트 상자를 만들 수 있습니다.

❷ 도형 스타일
- 도형 스타일 : 도형을 미리 설정된 형태의 도형 스타일로 지정할 수 있습니다.
- 도형 채우기 : 도형의 색, 도형 안에 그림 지정, 그라데이션 색상 지정, 질감 무늬 설정을 할 수 있습니다.
- 도형 윤곽선 : 도형의 윤곽선을 보이지 않게 하거나 두께를 설정할 수 있으며 도형이 직선인 경우에는 화살표 스타일로 변경할 수 있습니다.
- 도형 효과 : 도형에 그림자, 반사, 네온, 가장자리, 입체 효과, 3차원 회전 등 특수 효과를 적용할 수 있습니다.

❸ WordArt 스타일
- WordArt 스타일 : [삽입] 탭에서 WordArt를 설정한 경우에 원하는 스타일을 지정할 수 있습니다.
- 텍스트 채우기 : WordArt의 색상, 그림, 그라데이션, 질감 무늬 설정을 할 수 있습니다.
- 텍스트 윤곽선 : WordArt의 윤곽선을 보이지 않게 하거나 두께를 설정할 수 있으며, 도형이 직선인 경우 화살표 스타일로 변경합니다.
- 텍스트 효과 : WordArt의 그림자, 반사, 네온, 입체 효과, 3차원 회전, 변환을 설정할 수 있습니다.

❹ 정렬 : 도형이나 WordArt의 배치, 표시, 맞춤, 그룹, 회전을 설정할 수 있습니다.

❺ 크기 : 도형이나 WordArt의 크기를 설정할 수 있습니다.

■ [SmartArt]-[디자인] 탭 이해하기 217P

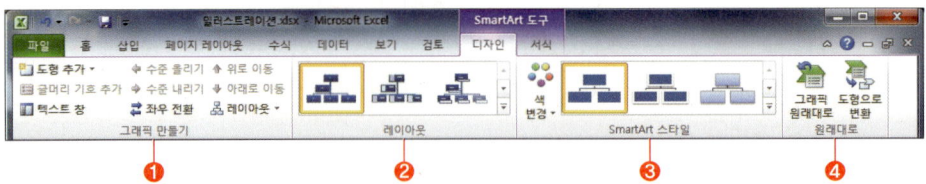

① 그래픽 만들기

- 도형 추가 : SmartArt의 앞/뒤, 위/아래에 도형을 추가하거나 보조자를 추가할 수 있습니다.
- 글머리 기호 추가 : SmartArt의 텍스트인 글머리를 추가할 수 있습니다.
- 텍스트 창 : SmartArt의 텍스트만 설정하는 텍스트 창의 표시 여부를 설정할 수 있습니다.
- 수준 올리기/내리기 : SmartArt의 텍스트 수준을 올리거나 내릴 수 있습니다.
- 위/아래로 이동 : SmartArt의 텍스트를 위로 올리거나 아래로 내릴 수 있습니다.
- 좌우 전환 : SmartArt의 도형들을 좌우로 교체할 수 있습니다.
- 레이아웃 : SmartArt의 도형들을 배열할 수 있습니다.

② 레이아웃 : SmartArt에 미리 지정된 레이아웃을 적용하거나, 기타 레이아웃에 있는 여러 레이아웃 중에서 원하는 형태로 변경할 수 있습니다.

③ SmartArt 스타일

- 색 변경 : SmartArt의 강조 색에서 원하는 색상으로 변경할 수 있습니다.
- SmartArt 스타일 : 효과 형태의 스타일이나 3차원 형태의 스타일을 지정할 수 있습니다.

④ 원래대로

- 그래픽 원래대로 : SmartArt 그래픽에 변경한 서식을 모두 취소할 수 있습니다.
- 도형으로 변환 : SmartArt를 이동, 크기 조정, 삭제할 수 있는 도형으로 변환할 수 있습니다.

워크시트에 그림을 넣고 배경을 제거하거나 선명도, 밝기, 대비, 채도 등을 조절할 수 있습니다. 즉, 포토샵에서 사용하는 그림 효과 기능이 엑셀에서 간단한 클릭만으로도 가능한 것입니다.

예제 파일 l CD₩Part 03₩일러스트레이션.xlsx **완성 파일 l** CD₩Part 03₩일러스트레이션-완성.xlsx

■ 그림의 배경 제거하기

01. 예제 파일을 불러오고 [그림] 시트로 이동합니다. [삽입] 탭-[일러스트레이션] 그룹-[그림]을 클릭합니다. [그림 삽입] 대화상자가 나타나면 [라이브러리]-[사진]-[사진 샘플]의 '등대.jpg' 파일을 선택하고 [삽입]을 클릭합니다.

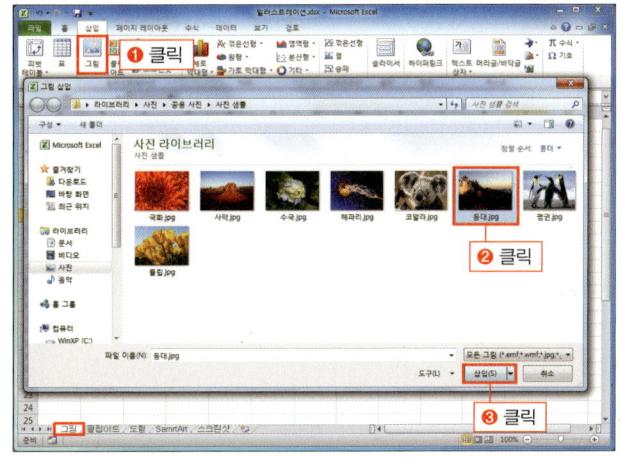

> **문제 해결** 그림 파일은 윈도우 7에 있는 기본 사진 파일입니다. 윈도우 비스타나 윈도우 XP 사용자들은 임의의 그림 파일을 사용해도 됩니다.

02. 그림 파일 나타나면 선택하고 [그림 도구]-[서식] 탭-[크기] 그룹에서 [높이]와 [너비]를 각각 '12, 16'으로 변경한 후 그림을 [B2] 셀 위치로 이동시킵니다.

03. [그림 도구]-[서식] 탭-[조정] 그룹-[배경 제거]를 클릭하면 [배경 제거] 탭이 나오는데 그림의 하늘 부분만 제거하기 위해 왼쪽, 오른쪽, 아래의 영역을 그림과 같이 이동시킵니다.

04. 나머지 부분의 하늘 배경을 제거하기 위해 [제거할 영역 표시]에 클릭하고 하늘 배경 부분에 드래그하거나 클릭하여 제거 부분을 정리합니다. 제거할 부분이 선택이 되면 [변경 내용 유지]를 클릭합니다.

05. 하늘 배경 부분이 삭제되는 것을 확인할 수 있습니다.

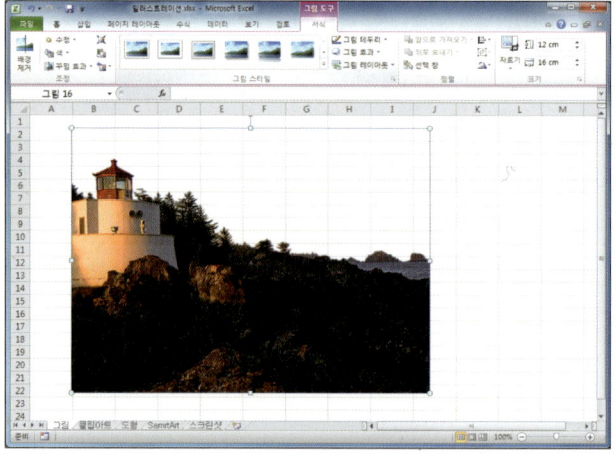

■ 선명도, 채도, 스타일 등을 이용하여 그림 완성하기

01. 이번에는 [그림 도구]–[서식] 탭–[조정] 그룹–[수정]에서 [선명도 조절]–[선명하게 25%]를 클릭합니다.

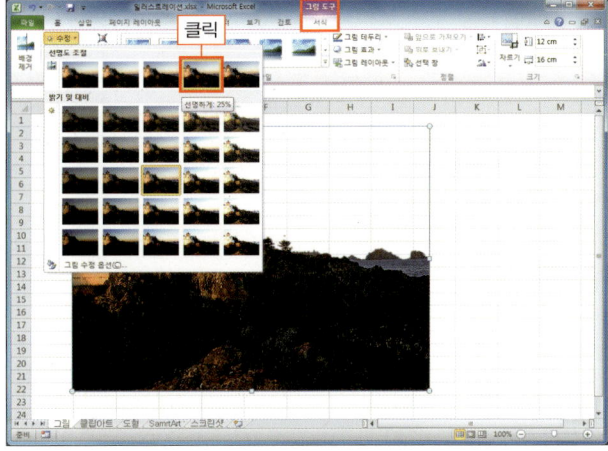

02. 다시 [조정] 그룹에서 [색]–[색 채도]–[채도 0%]을 클릭하여 그림에 적용합니다.

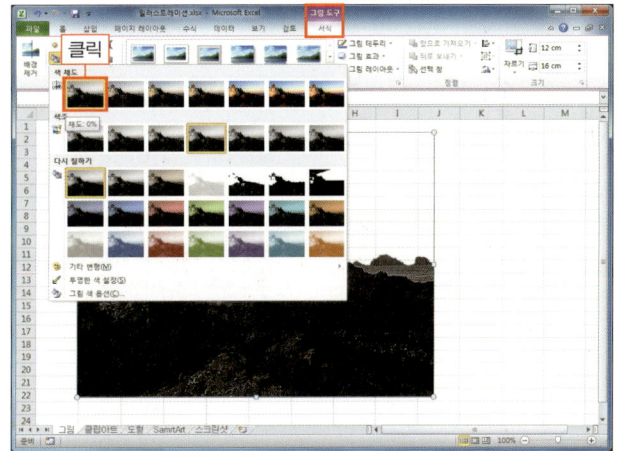

> **TIP** : 채도 0%는 색감이 들어가지 않아서 흑백 그림처럼 보입니다.

03. [그림 도구]–[서식] 탭–[그림 스타일] 그룹의 [자세히](▼)를 클릭하면 나타나는 그림 스타일에서 [부드러운 가장자리 타원]을 클릭합니다.

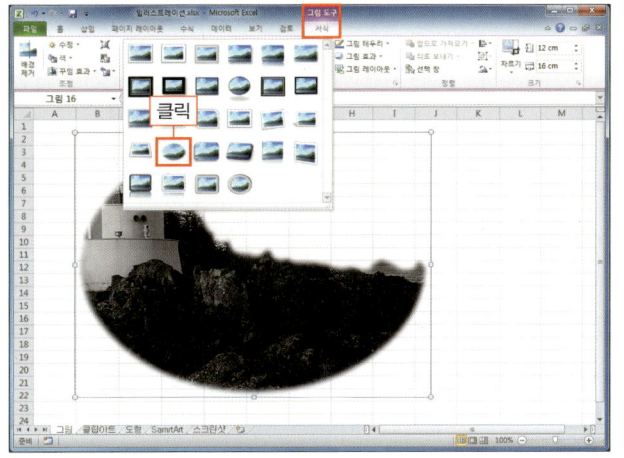

04. 계속 [그림 스타일] 그룹에서 [그림 효과]-[기본 설정]-[기본 설정 색 11]을 적용해 봅니다.

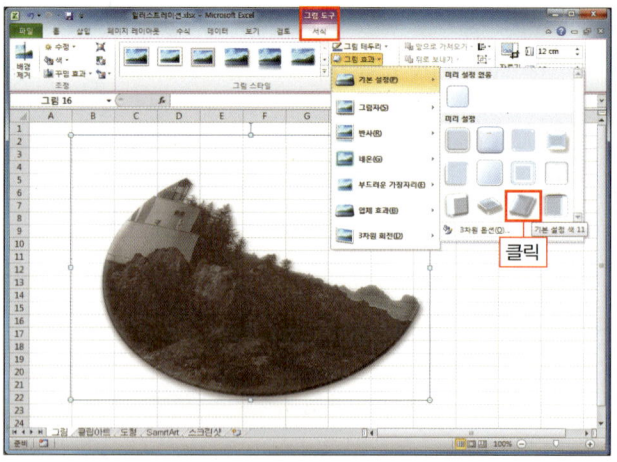

TIP : [그림 서식] 대화상자

그림 수정 이미지를 선택하고 마우스 오른쪽 단추를 클릭한 후 [그림 서식]을 선택하면 [그림 서식] 대화상자가 나타납니다.

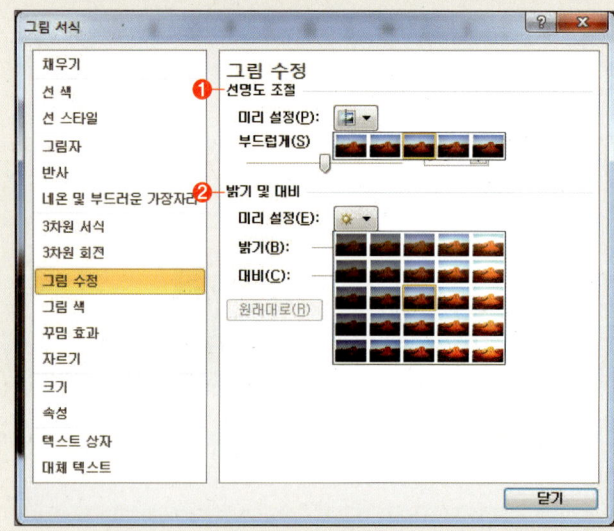

❶ 선명도 설정 : 선명도는 그림을 보는 데 얼마나 뚜렷하게 잘 보이는가를 측정하는 정도입니다. 즉, 그림이 선명하게 잘 보이는가와 부드럽게 보이는가를 설정하는데 그림의 느낌에 따라 설정하여 조절합니다.

❷ 밝기 및 대비 : 밝기는 그림에 빛이 많이 들어오느냐를 따져 환하고 어두움을 조절하며, 대비는 어떤 색이 인접한 색, 혹은 배경색의 영향이나 본색에 영향을 미쳐 실제와 다른 색으로 느끼게 되는가를 표현하는 현상입니다.

클립 아트는 마이크로소프트(Microsoft)사에서 제공하는 그림 파일들로 검색을 통해서 원하는 그림을 엑셀에 불러와 사용할 수 있습니다.

예제 파일 | CD₩Part 03₩일러스트레이션.xlsx　**완성 파일 |** CD₩Part 03₩일러스트레이션-완성.xlsx

■ 내용에 맞는 클립 아트를 찾아 삽입하기

01. [클립 아트] 시트에서 [삽입] 탭-[일러스트레이션] 그룹-[클립 아트]를 클릭하고 오른쪽에 [클립 아트] 창이 나타나면 [검색 대상]에 '야구'를 입력하고 [이동]을 클릭합니다. 야구와 관련된 그림들이 나타나면 첫 번째 그림을 클릭하여 작업 창으로 이동시킵니다.

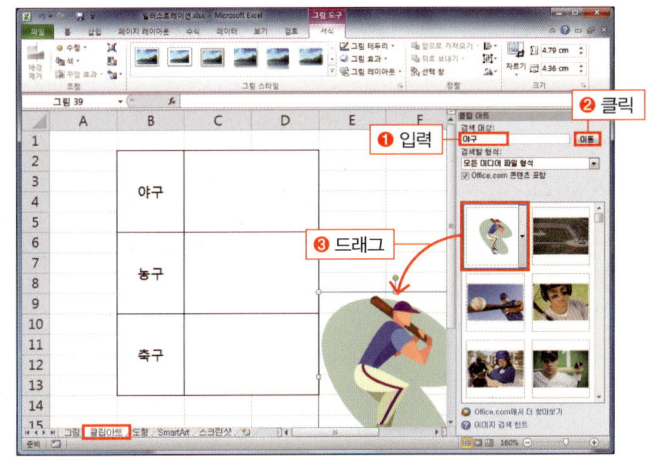

02. 야구 그림을 선택하고 [그림 도구]-[서식] 탭-[크기] 그룹-[크기 및 속성]( )을 클릭합니다. [그림 서식] 대화상자가 나타나면 [가로 세로 비율 고정] 옵션의 체크를 해제하고 [높이]에 '2.32', [너비]에 '3.8'로 설정한 후 [닫기]를 클릭합니다.

> **TIP :** 클립 아트는 일정한 크기를 가지고 있어서 크기 변경 시 [가로 세로 비율 고정] 옵션의 체크를 해제하고 변경해야 합니다.

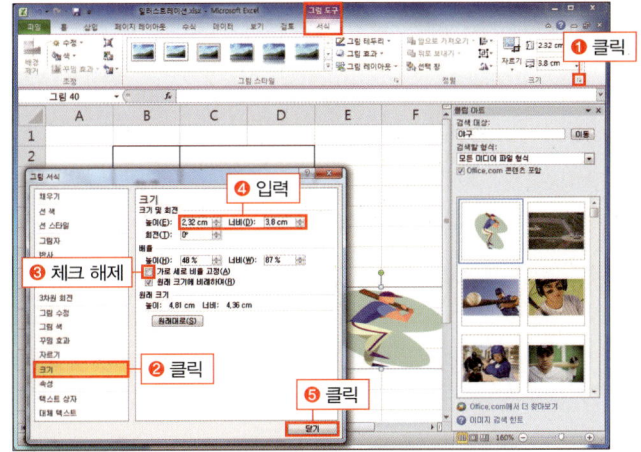

03. 그림을 [C2] 셀로 이동시키고, 같은 방법으로 농구와 축구도 클립 아트를 이용하여 그림과 같이 만듭니다.

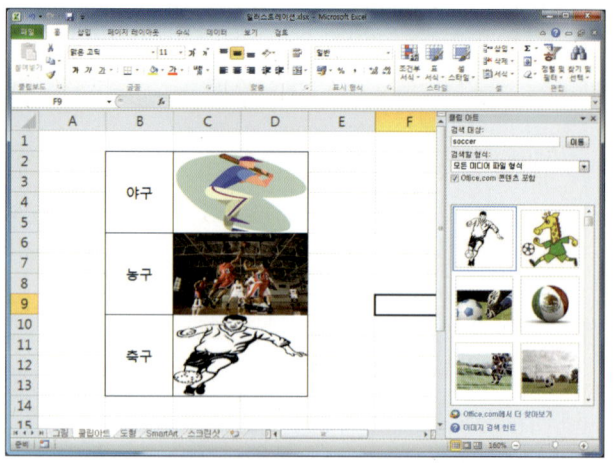

문제 해결 단, 축구는 [검색 대상]에 '축구'보다는 'soccer'로 검색해야 합니다. '축구'로 검색하면 미식축구가 먼저 검색됩니다.

■ 클립 아트의 색상 변경하기

01. [C2] 셀에 삽입한 클립 아트를 선택하고 [그림 도구]–[서식] 탭–[정렬] 그룹–[그룹]에서 [그룹 해제]를 클릭합니다.

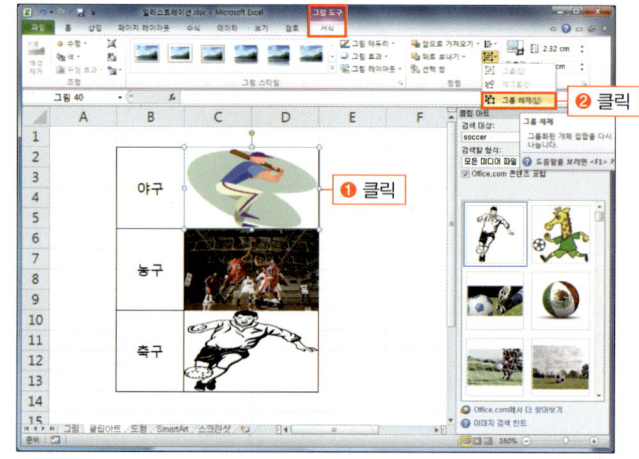

TIP : JPG와 같은 실사 그림은 [그룹 해제]가 되지 않지만 일반 그림은 [그룹 해제]가 가능합니다.

02. 그리기 개체로 변환하는 메시지 창이 나타나면 [예]를 클릭합니다.

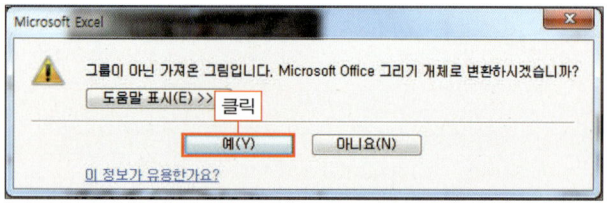

TIP : [그림] 개체가 [그리기] 개체로 변환되기 때문에 각 그림별로 그룹을 지을 수 있습니다.

03. [C2] 셀에 있는 클립 아트에서 상위 부분만 선택하고 [그리기 도구]-[서식] 탭-[도형 스타일] 그룹-[도형 채우기]를 클릭하고 [주황, 강조 6, 25% 더 어둡게]를 선택합니다.

04. 위와 같은 방법으로 상의 앞부분, 어깨, 모자 등을 선택하고 원하는 색상으로 변경해 봅니다.

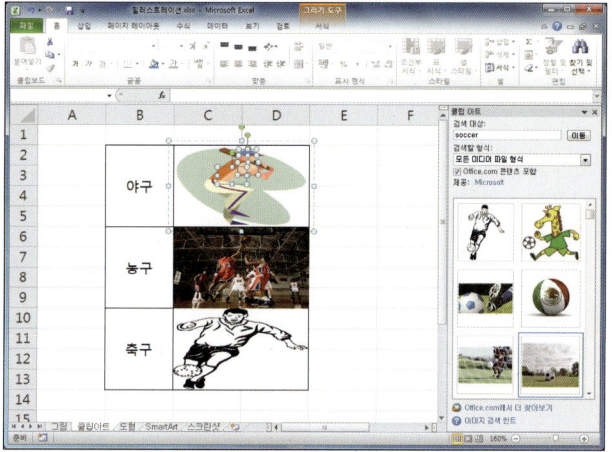

05. [C10] 셀에 있는 클립 아트도 앞선 방법과 같이 그룹을 해제하고 색상을 변경해 봅니다.

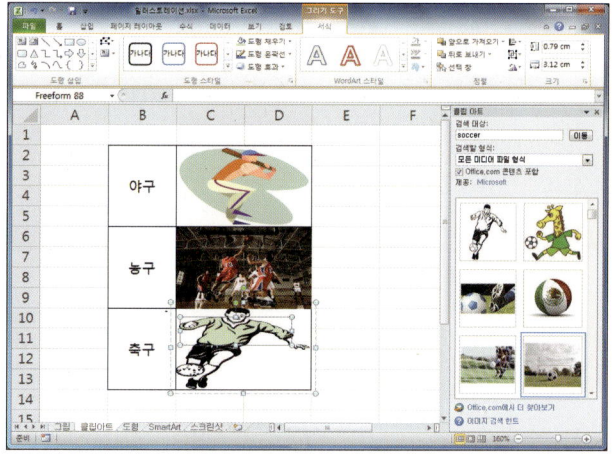

도형은 파워포인트나 그래픽 작업을 필요로 하는 문서에 많이 사용합니다. 엑셀에서는 보다 화려한 문서를 꾸미거나 특정 도형이 필요한 경우에 사용하는데 도형의 기능은 파워포인트 만큼이나 다양하게 꾸밀 수 있습니다. 이번에는 차트에서 직접 작업할 수 없는 간트 차트를 도형으로 만들어 보겠습니다.

예제 파일 | CD₩Part 03₩일러스트레이션.xlsx **완성 파일 |** CD₩Part 03₩일러스트레이션-완성.xlsx

■ 도형을 이용한 간트 차트 만들기

01. 예제 파일을 열고 [도형] 시트로 이동합니다. [A] 열에 개발 내용을 입력하기 위해 [A] 열의 머리글을 선택하고 [홈] 탭-[셀] 그룹-[서식]에서 [열 너비]를 클릭합니다.

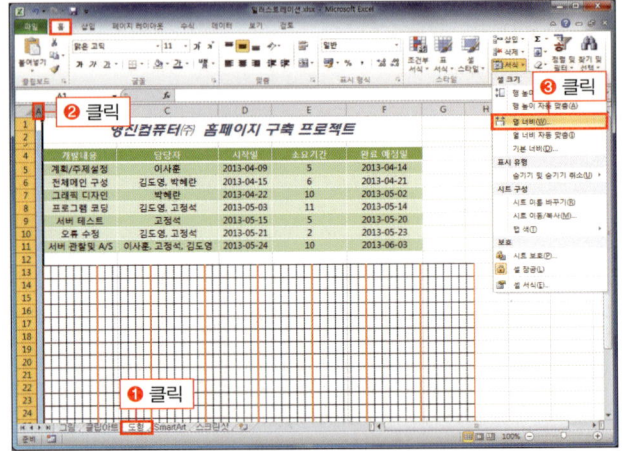

> **TIP :** 간트 차트는 프로젝트의 일정 관리를 목적으로 사용하는 차트입니다. 시간의 흐름만큼 그래픽으로 표시하여 전체 일정을 한눈에 파악하는 데 많이 이용됩니다.

02. [열 너비] 대화상자가 나타나면 '15'를 입력하고 [A] 열이 넓어지면 [A13:A14]를 블록으로 지정합니다. 그리고 [홈] 탭-[맞춤] 그룹-[병합하고 가운데 맞춤]을 클릭합니다.

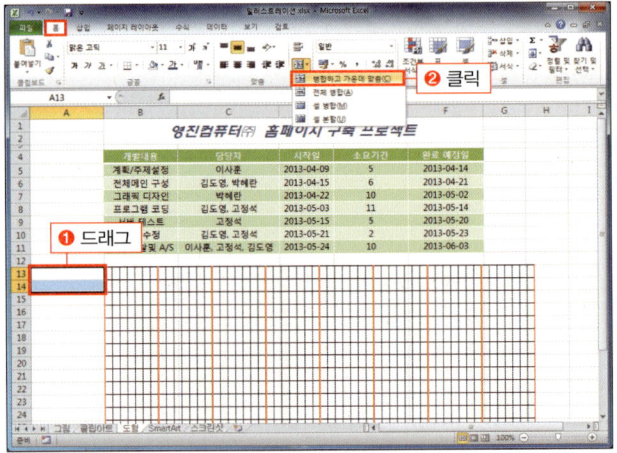

03. [A13] 셀이 선택되어 있는 상태에서 [홈] 탭–[클립보드] 그룹–[서식 복사]를 클릭하고 [A15:A26]까지 드래그하여 선택합니다.

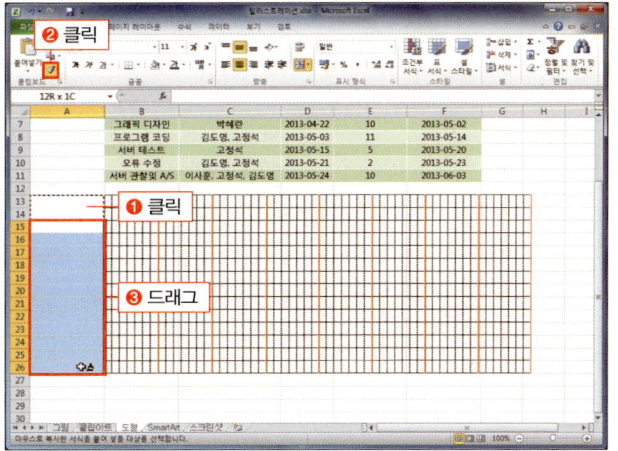

04. 2개의 셀로 병합된 [A13] 셀에는 '=B5', [A15] 셀에는 '=B6', [A17] 셀에는 '=B7', [A19] 셀에는 '=B8', [A21] 셀에는 '=B9', [A23] 셀에는 '=B10', [A25] 셀에는 '=B11'을 각각 입력합니다.

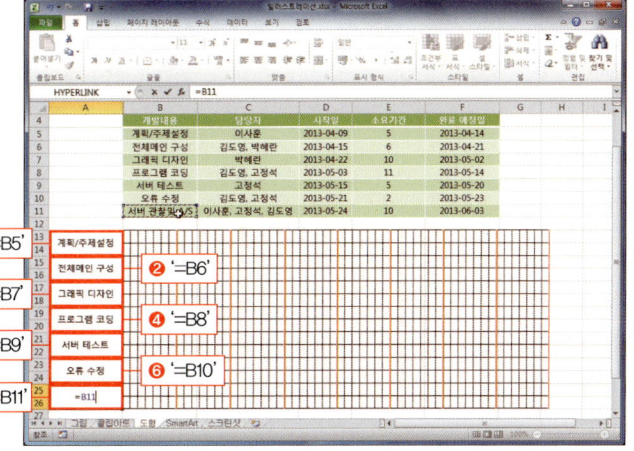

05. [삽입] 탭–[일러스트레이션] 그룹–[도형]에서 [텍스트 상자]를 클릭합니다.

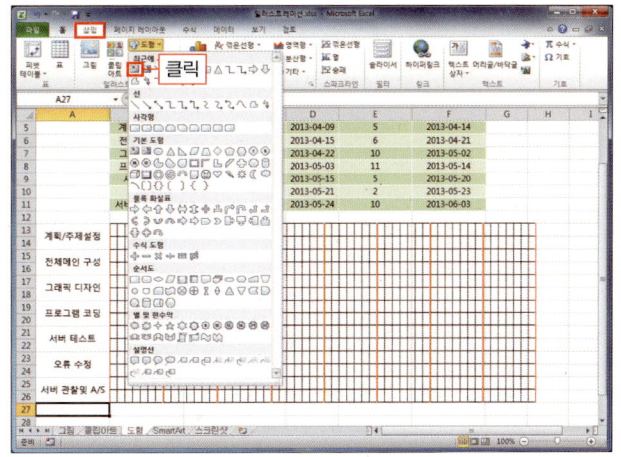

06. [27행]에서 처음 나오는 색상선 중간에 일정한 크기로 그리고 안에 '4월 09일'을 입력합니다.

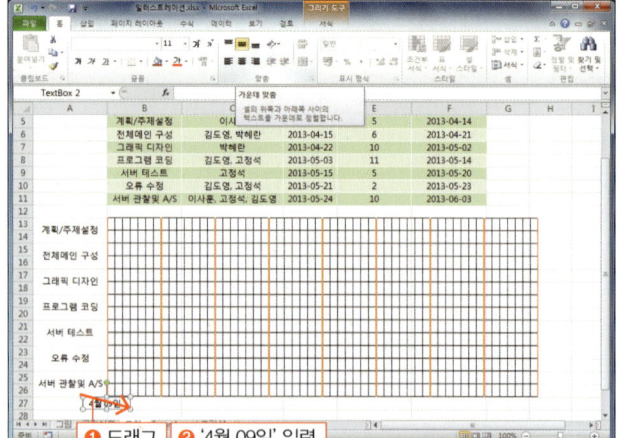

❶ 드래그   ❷ '4월 09일' 입력

문제 해결 내용이 중앙에 위치하지 않으면 [홈] 탭–[맞춤] 그룹–[세로 가운데 정렬]을 클릭하여 정렬시킵니다.

07. [27행]에 만들어진 텍스트 상자를 선택하고 **Ctrl** + **Shift**를 누른 상태에서 색상선 중간에 마우스로 드래그하면 복사됩니다. 이것을 모든 색상선 중간에 복사합니다.

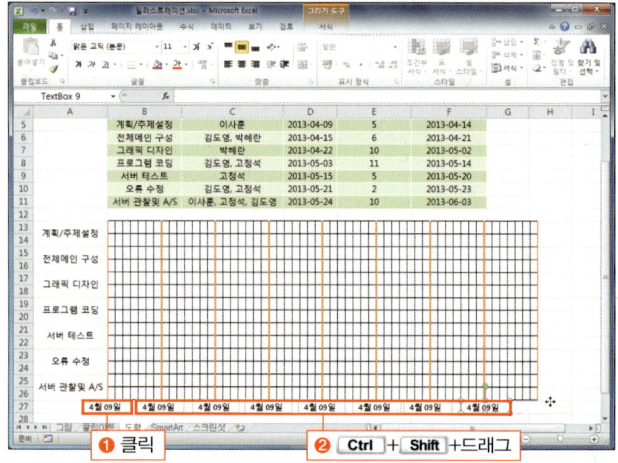

❶ 클릭   ❷ **Ctrl** + **Shift** +드래그

TIP : **Ctrl** 을 누르고 도형을 드래그하면 복사되고, **Shift**를 누른 상태에서 드래그하면 도형이 직각(0°, 90°, 180°, 270°)으로 이동하기 때문에 정확한 위치에 배치시킬 수 있습니다.

08. 복사된 텍스트 상자의 내용을 7일(일주일) 간격으로 변경시킵니다.

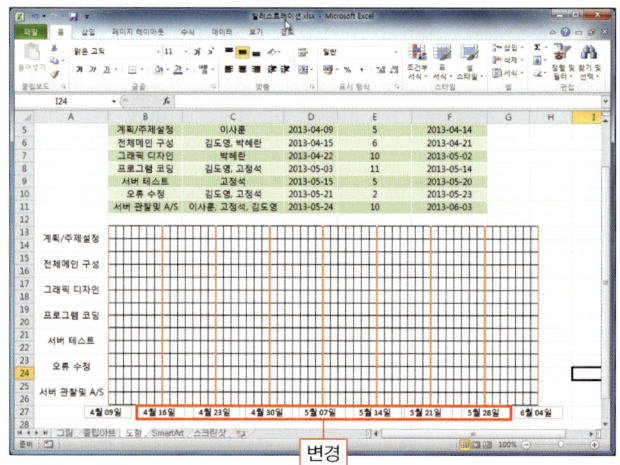

변경

09. 텍스트 상자들의 간격을 동일하게 적용하기 위해 모든 텍스트 상자를 선택하고 [그리기 도구]–[서식] 탭–[정렬] 그룹–[맞춤]에 있는 [가로 간격을 동일하게]를 클릭합니다.

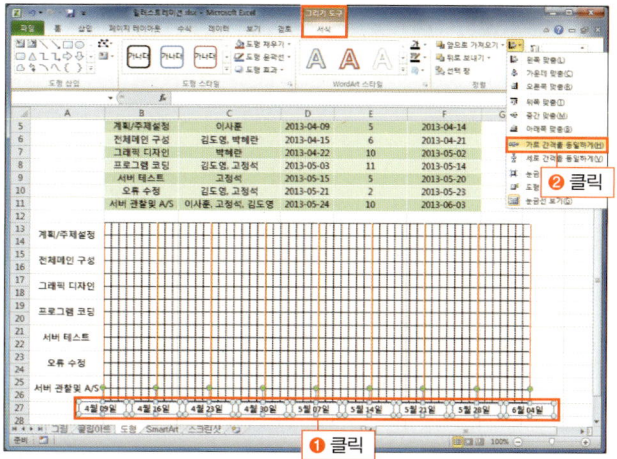

10. [삽입] 탭–[일러스트레이션] 그룹–[도형]에서 [직사각형]을 클릭하고, [B13:14]의 색상선을 기준으로 5칸 정도의 크기를 드래그하여 그려줍니다.

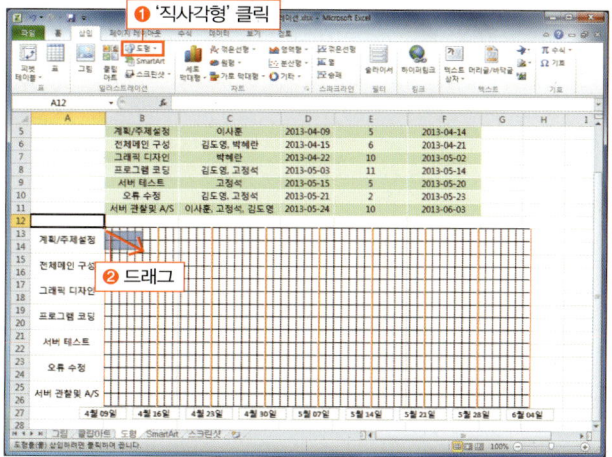

11. 앞에서 만든 도형을 선택하고 [그리기 도구]–[서식] 탭–[도형 스타일] 그룹–[자세히]( )를 클릭한 후 [강한 효과 – 황록색, 강조 3]을 선택합니다.

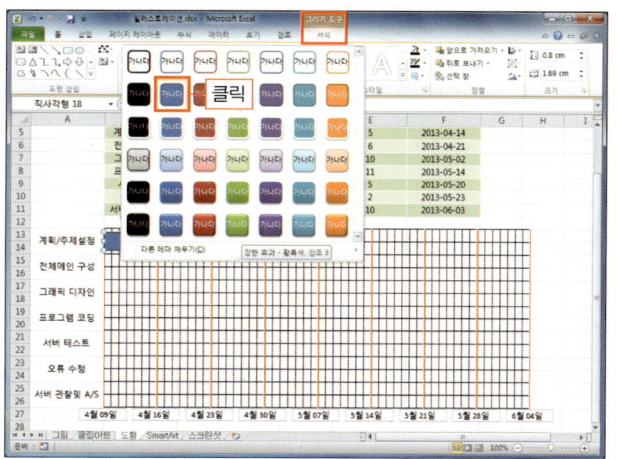

12. 나머지 부분도 [시작일]과 [완료 예정일]에 맞게 도형의 크기를 맞춰서 그립니다.

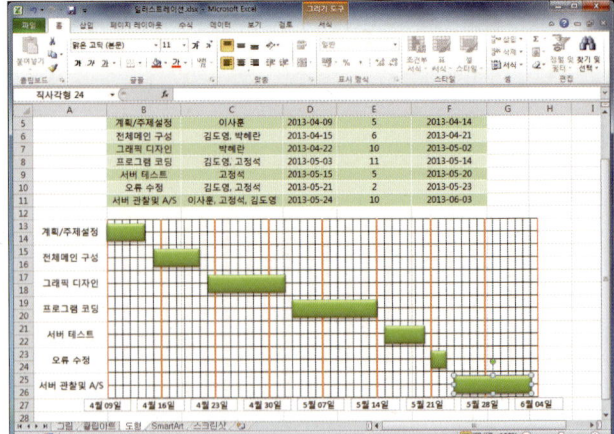

TIP : 한 개의 개발 내용이 끝날 때 마다 일주일을 쉬었으니, 이 점을 유의해서 작성하면 됩니다.

13. 다시 모든 도형을 선택하고 [그리기 도구]-[서식] 탭-[도형 삽입] 그룹-[도형 모양 변경]에서 [블록 화살표]-[오각형]을 클릭합니다.

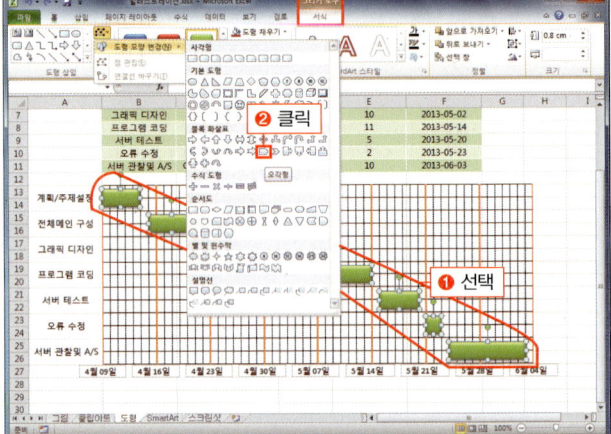

TIP : [도형 모양 변경]은 기존의 모양을 다른 모형으로 변경할 수 있습니다.

14. 간트 차트로 만들어진 결과를 확인합니다.

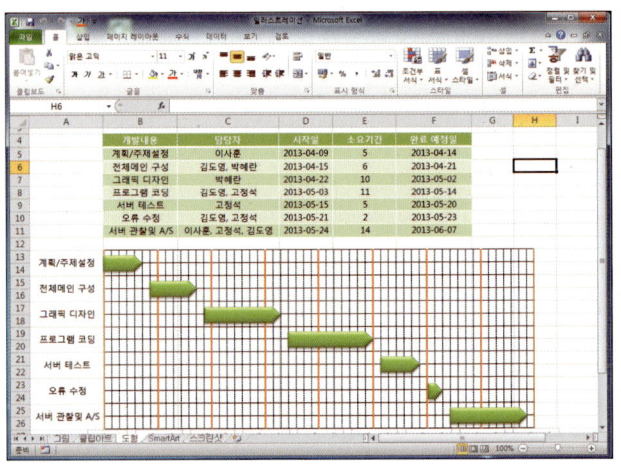

SmartArt는 여러 레이아웃에서 원하는 옵션을 선택하고 빠르고 쉽게 만들 수 있는 정보의 시각적 표현으로, 메시지나 내용을 효과적으로 전달할 수 있습니다. 특히 도형으로 쉽게 그리기 힘든 작업들을 바로 만들어서 사용할 수 있습니다.

예제 파일 | CD₩Part 03₩일러스트레이션.xlsx **완성 파일 |** CD₩Part 03₩일러스트레이션-완성.xlsx

■ SmartArt를 이용한 조직도 완성하기

01. [SmartArt] 시트에서 [삽입] 탭–[일러스트레이션] 그룹–[SmartArt]를 클릭합니다. [SmartArt 그래픽 선택] 대화상자가 나타나면 [계층 구조형]–[조직도형]을 선택한 후 [확인]을 선택합니다.

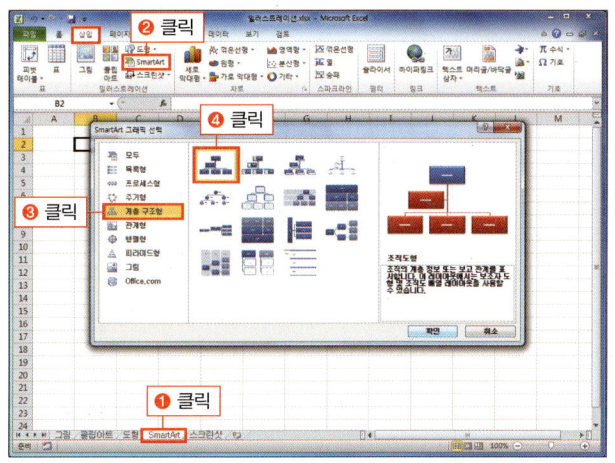

02. '조직도형' 스마트아트가 나타나면 그림과 같이 내용을 입력합니다.

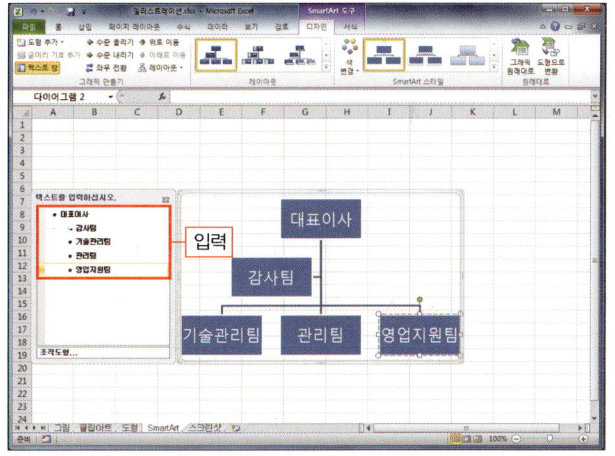

03. 또한, 추가적인 내용을 넣기 위해 '영업 지원팀' 도형에 선택하고 [SmartArt 도구]–[디자인] 탭–[그래픽 만들기] 그룹–[도형 추가]에서 [뒤에 도형 추가]를 두 번 클릭합니다.

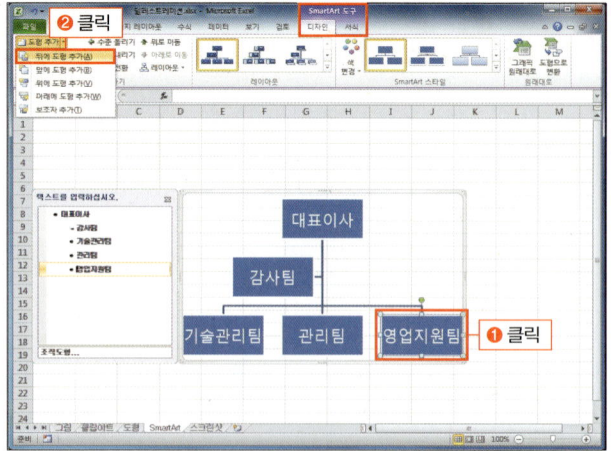

04. 2개 도형이 만들어지면 각각 '국내 영업부', '해외 영업부'라고 입력합니다. 왼쪽의 텍스트 입력 창을 닫고 [SmartArt 도구]–[서식] 탭–[크기] 그룹에서 [높이]는 '12', [너비]는 '19'로 설정합니다.

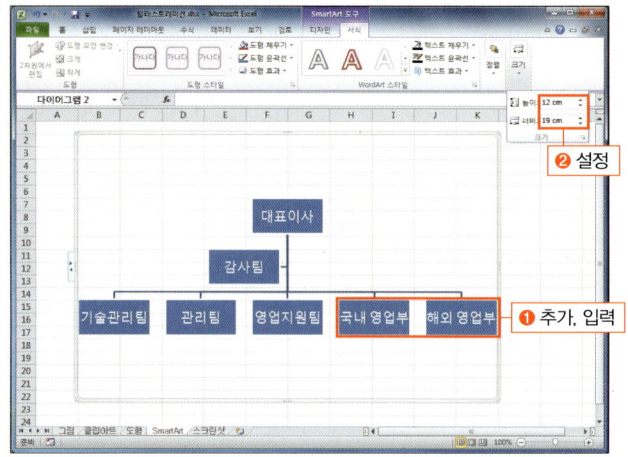

05. '기술 관리팀' 도형을 선택하고 [SmartArt]–[디자인] 탭–[그래픽 만들기] 그룹–[도형 추가]에서 [아래로 도형 추가]를 클릭합니다.

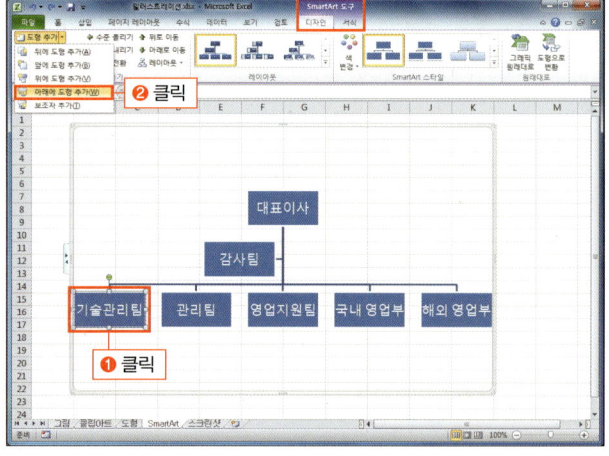

06. 아래에 생성된 도형을 선택하고 [SmartArt 도구]-[서식] 탭-[도형] 그룹에서 [도형 모양 변경]-[모서리가 둥근 직사각형]을 클릭합니다.

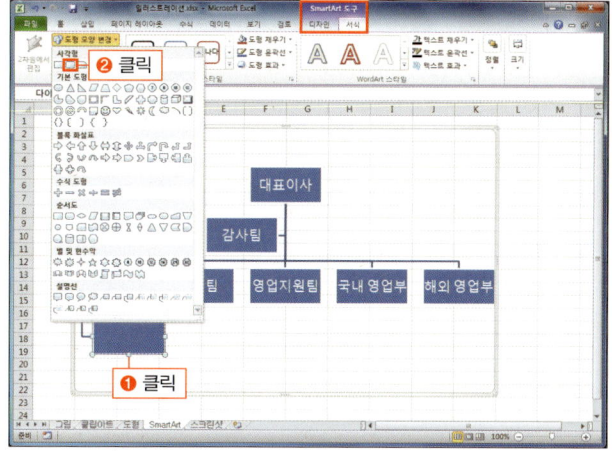

07. 변경된 도형을 일정한 크기로 조정한 후 다음과 같은 내용을 입력합니다.

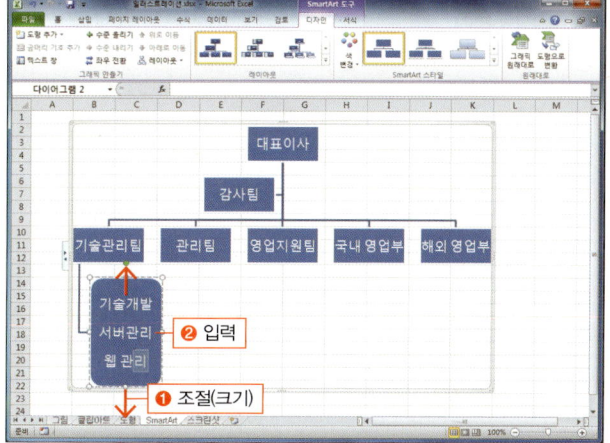

TIP : 도형의 크기를 조절하지 않고 내용을 입력하면 다른 도형의 글자 크기가 변경되니 유의하기 바랍니다.

08. 앞선 따라하기와 같이 반복하여 다음과 같이 내용을 입력합니다.

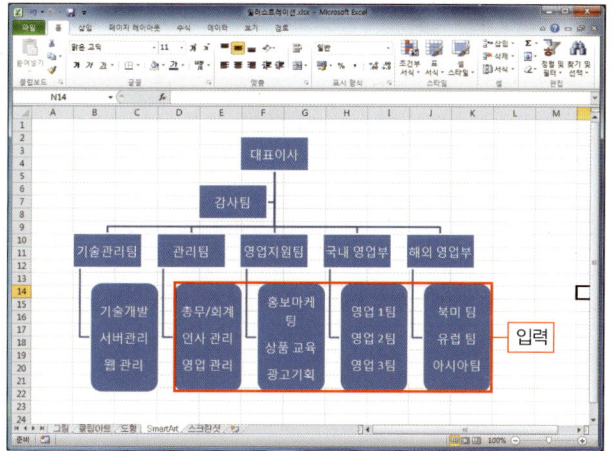

09. '조직도형' 스마트아트를 선택하고 [SmartArt 도구]–[디자인] 탭–[SmartArt 스타일] 그룹–[색 변경]을 클릭한 후 [색상형]–[색상형 범위 – 강조색 5 또는 6]을 선택합니다.

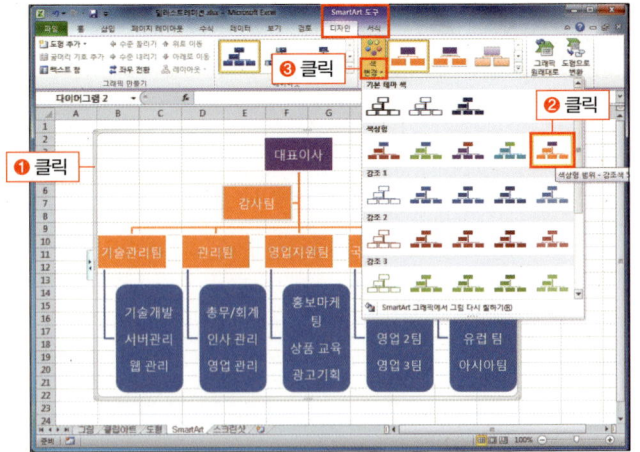

10. 이번에는 [SmartArt 도구]–[디자인] 탭–[SmartArt 스타일] 그룹–[자세히]( )를 클릭하고, [3차원]–[광택 처리]를 클릭합니다.

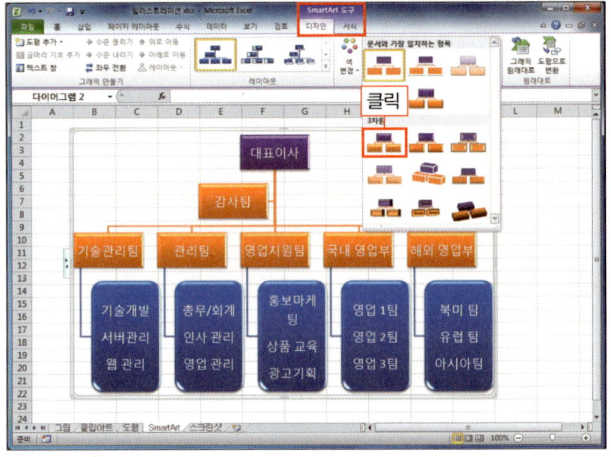

스크린샷은 활성화된 윈도우 창이나 바탕 화면에 있는 내용을 캡처하여 바로 사용할 수 있습니다. 엑셀 2010에 새롭게 추가된 기능으로 필요한 그림을 보면서 작업에 바로 활용할 수 있기 때문에 매유 유용하게 사용할 수 있습니다.

예제 파일 | CD\Part 03\일러스트레이션.xlsx　**완성 파일 |** CD\Part 03\일러스트레이션-완성.xlsx

01. 먼저 인터넷 익스플로러를 실행하고 '영진닷컴' 사이트로 이동합니다(www.youngjin.com). 예제 파일에서 [스크린샷] 시트로 이동한 후 [삽입] 탭-[일러스트레이션] 그룹-[스크린샷]을 클릭합니다. 인터넷 창이 보이는 데로 바로 클릭합니다.

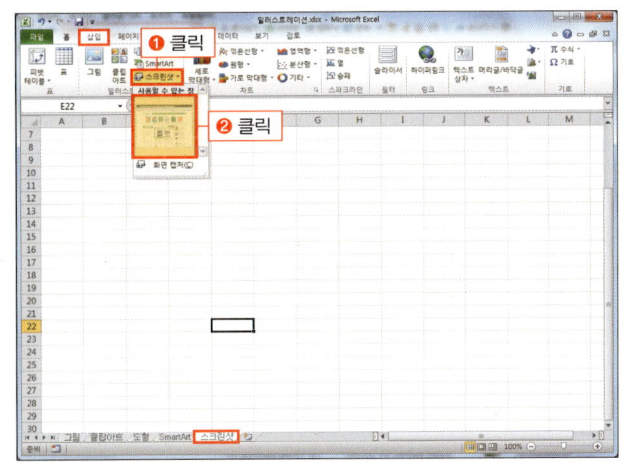

02. 워크시트에 인터넷 그림이 나타나면 선택하고 [그림 도구]-[서식] 탭-[크기] 그룹의 [크기 및 속성]( )을 클릭합니다. [그림 서식] 대화상자가 나타나면 [가로 세로 비율 고정] 옵션의 체크를 해제하고 [높이]를 '8', [너비]를 '9'로 설정한 후 [닫기]를 클릭합니다.

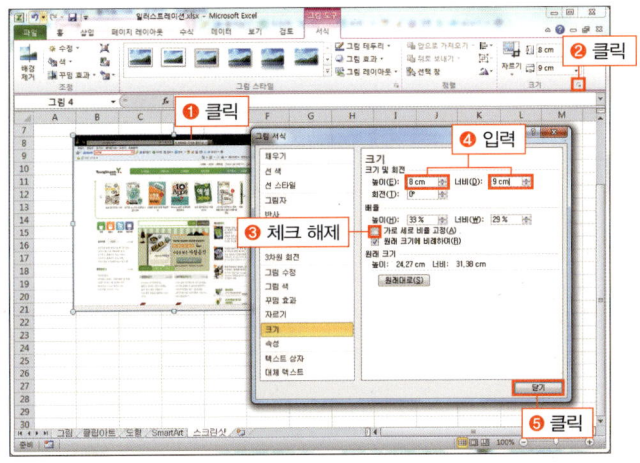

03. 이번에는 인터넷 익스플로러에서 [최소화]를 클릭하여 아래로 내리고, [삽입] 탭-[일러스트레이션] 그룹-[스크린샷]에서 [화면 캡쳐]를 클릭합니다.

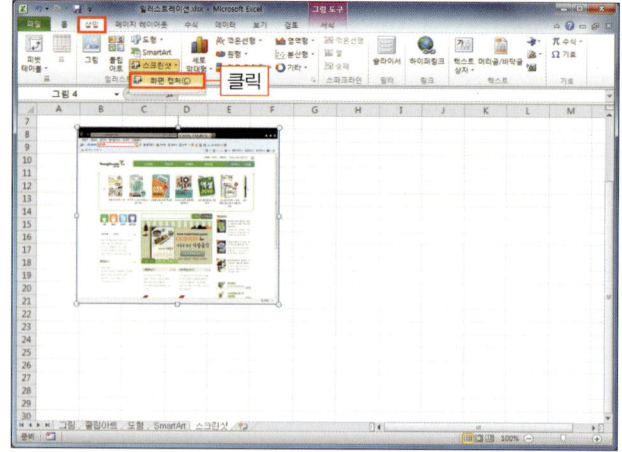

04. 바탕 화면 전체가 흰색으로 흐려지는데 일정 부분을 드래그하면 그 부분을 캡쳐할 수 있습니다.

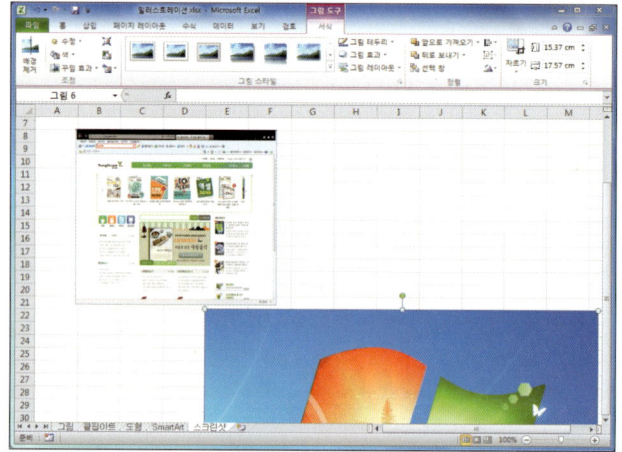

05. 캡쳐한 이미지를 선택하고 [그림 도구]-[서식] 탭-[크기] 그룹의 [크기 및 속성]( )을 클릭합니다. [그림 서식] 대화상자에서 [가로 세로 비율 고정] 옵션의 체크를 해제하고 [높이]는 '8', [너비]는 '9'로 설정합니다.

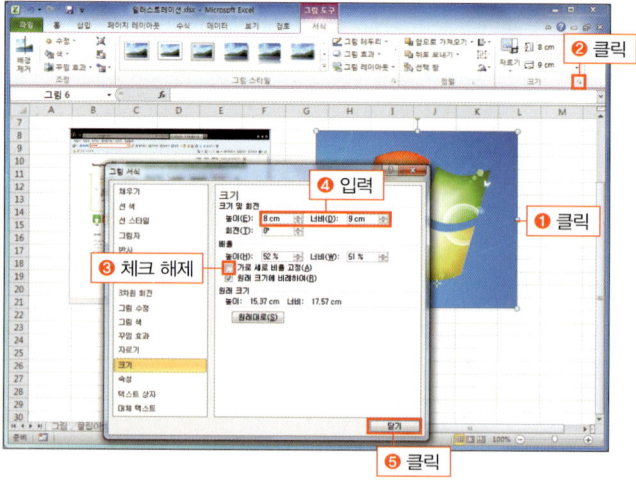

06. 워크시트에 있는 2개의 그림을 선택한 후 [그림 도구]-[서식] 탭-[그림 스타일] 그룹-[자세히](▼)를 클릭하고 [대각선 방향의 모서리 잘림, 흰색]을 선택해 봅니다.

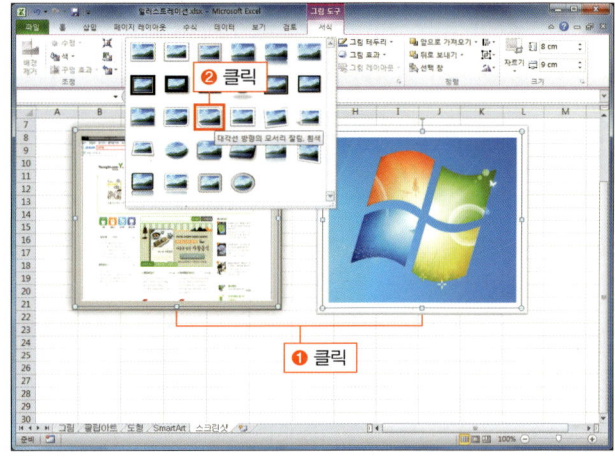

TIP : 캡쳐하기

모니터에서 보는 화면이나 영상을 캡쳐할 수 있습니다. 이전 버전들은 캡쳐를 하는 경우에 외부 프로그램을 이용했는데 [스크린샷]을 이용하면 쉽게 캡쳐할 수 있습니다. 그러나 아직도 많은 경우는 외부 프로그램을 사용합니다.

• 윈도우 상에서 캡쳐하기

화면이 열어 있는 상태에서 **Alt** + **Print Screen**을 누르면 클립보드에 활성화된 윈도우가 캡쳐됩니다. 그럼, 그림판을 열고 **Ctrl** + **V**(붙여 넣기)를 하여 캡쳐한 그림을 볼 수 있습니다.

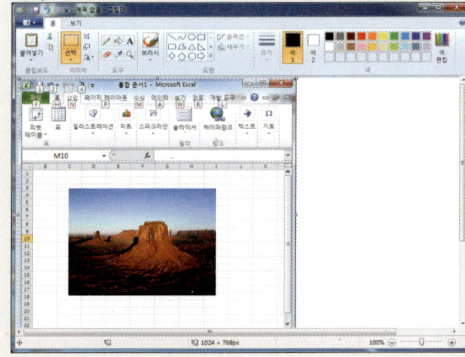

• 외부 캡쳐 프로그램

– 오픈캡쳐 : 이미지 캡쳐, 동영상 캡쳐 등 개인 사용자에게는 프리웨어 프로그램입니다.

– 안카메라 : 제한 없이 사용하는 프리웨어 프로그램으로 연속 캡쳐 기능을 지원합니다.

– 이지캡쳐 : 6가지 캡쳐 방식을 지원하는 프리웨어 프로그램입니다. –

LESSON 03
[차트]와 [스파크라인] 그룹을 이용하여 비주얼한 데이터 꾸미기

레벨 ● ● ○

무한대는 아니지만 워크시트에는 많은 데이터를 입력하고 처리할 수 있습니다. 직접 작성한 사용자가 아니라면 많은 데이터를 쉽게 파악할 수 없는데 이러한 경우에 '차트'를 이용하면 보다 쉽게 데이터의 흐름을 파악할 수 있습니다. 다른 오피스 프로그램에서도 차트는 쓰이지만 엑셀에서 차트는 작업 중에 가장 많이 사용되고, 중요한 기능이라고 할 수 있습니다.

기초탄탄 ▶ 멋지게 데이터 꾸미기

■ [차트 도구]-[디자인] 탭 이해하기 235P

❶ 종류
- 차트 종류 변경 : 기존에 입력된 차트를 다른 종류의 차트로 변경할 수 있습니다.
- 서식 파일로 저장 : 사용자가 적용한 여러 서식을 저장합니다. 이 저장된 서식은 나중에 다시 적용하여 사용할 수 있습니다.

❷ 데이터
- 행/열 전환 : 차트의 행/열 부분인 가로 축과 범례 부분을 변경할 수 있습니다.
- 데이터 선택 : 차트 범례 계열이나 항목 계열의 데이터 범위를 변경하거나 추가/편집/제거를 할 수 있습니다.

❸ 차트 레이아웃 : 미리 지정된 차트의 전체 레이아웃 구성을 선택할 수 있습니다.

❹ 차트 스타일 : 미리 지정된 차트 구성 요소들의 서식을 선택할 수 있습니다.

❺ 차트 이동 : 차트를 기존의 워크시트로 이동하거나 새 워크시트에 만들 수 있습니다.

■ [차트 도구]-[레이아웃] 탭 이해하기 231P

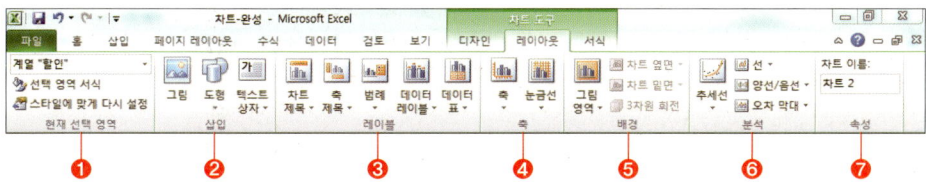

❶ 현재 선택 영역
- 차트 요소 : 차트를 구성하는 요소들을 선택하면 목록의 이름을 표시해 줍니다.
- 선택 영역 서식 : 차트 계열 간의 겹치기 설정이나 간격 조절, 계열 지정을 할 수 있습니다.
- 스타일에 맞게 다시 설정 : 차트 요소에 사용자가 지정한 서식을 지우고 차트에 적용된 전체 스타일로 되돌립니다.

❷ 삽입 : 차트에 그림, 도형, 텍스트 상자를 삽입할 수 있습니다.

❸ 레이블
- 차트 제목 : 차트에 위치를 지정하여 제목을 입력할 수 있습니다.
- 축 제목 : 차트의 가로/세록 축 제목을 입력할 수 있습니다.
- 범례 : 차트의 위치를 지정하여 범례 표시를 할 수 있습니다.
- 데이터 레이블 : 차트에 있는 데이터의 레이블을 표시할 수 있습니다.
- 데이터 표 : 항목 축 하단에 전체 데이터 값을 보여주는 데이터 표를 표시할 수 있습니다.

❹ 축
- 축 : 가로 축에는 축 방향을 표시하고 세로 축에는 단위별로 축 표시를 할 수 있습니다.
- 눈금선 : 차트의 가로/세로 주, 보조 눈금선을 표시할 수 있습니다.

❺ 배경
- 그림 영역 : 차트의 그림 영역에 표시하거나 보이지 않게 합니다.
- 차트 옆면/밑면 : 차트가 3차원일 경우 차트의 옆면과 밑면의 표시 여부를 설정할 수 있습니다.
- 3차원 회전 : 차트가 3차원일 경우 차트의 회전, 개체 위치, 차트 배율 등을 설정할 수 있습니다.

❻ 분석
- 추세선 : 차트의 종류에 따라 선형, 지수, 선형 예측, 2구간 이동 추세선을 설정할 수 있습니다.
- 선 : 차트의 계열 간에 하강선이나 최고/최저값 연결선을 줄 수 있습니다.
- 양선/음선 : 차트의 계열 간에 양적 차이의 표시 여부를 설정할 수 있습니다.
- 오차 막대 : 차트의 계열에 오차 막대 표시를 설정할 수 있습니다.

❼ 속성 : 선택한 차트 이름을 보여줍니다.

■ [스파크라인]-[디자인] 탭 이해하기 `248P`

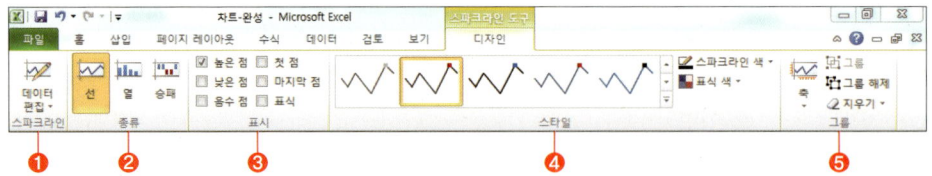

❶ 스파크라인

선택한 스파크라인 범위나 단일 셀에 적용된 데이터 범위를 편집하는 데 사용합니다.

❷ 종류 : 선택한 스파크라인을 다른 스파크라인 종류로 변경할 수 있습니다.

❸ 표시

- 높은 점/낮은 점 : 표시한 스파크라인의 가장 높은 점과 낮은 점을 체크하여 표시할 수 있습니다.
- 첫 점/마지막 점 : 표시한 스파크라인의 처음 데이터 점과 마지막 데이터 점을 표시할 수 있습니다.
- 음수 점 : 스파크라인 그룹에서 음수 값을 다른 색으로 표시할 수 있습니다.
- 표식 : 스파크라인 그룹 각각의 선 스파크라인에서 점을 강조할 수 있습니다.

❹ 스타일

- 스타일 : 미리 지정된 여러 스파크라인 스타일에서 선택하여 변경할 수 있습니다.
- 스파크라인 색 : 스파크라인 색상을 직접 변경할 수 있습니다.
- 표시 색 : [표시] 그룹에서 체크할 수 있는 여러 선들의 색상을 직접 변경할 수 있습니다.

❺ 그룹

- 축 : 스파크라인 그룹의 가로 축 옵션, 세로 축 최소값 옵션, 세로 축 최대값 옵션의 종류에서 내용에 맞게 선택할 수 있습니다.
- 그룹/그룹 해제 : 스파크라인을 함께 그룹화하여 서식 및 배율 옵션을 공유하거나 그룹화되어 있는 것을 해제할 수 있습니다.
- 지우기 : 선택한 스파크라인을 지울 수 있습니다.

■ 차트의 종류

세로 막대형

시간의 변화에 따라 데이터의 변동률을 표시하거나 각각의 데이터를 항목별로 비교하는데 유용합니다. 가장 기본적인 차트로 사용됩니다.

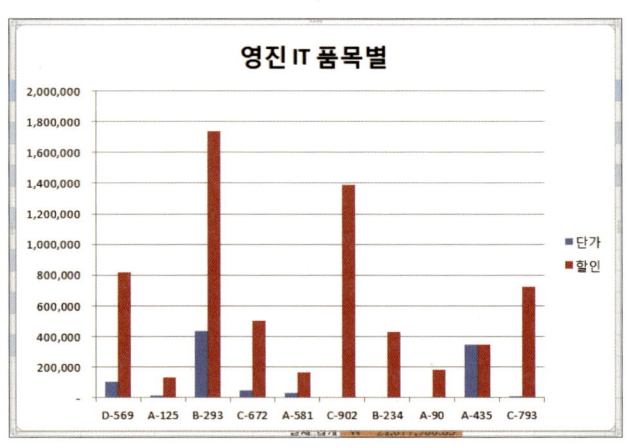

가로 막대형

각각의 데이터 항목 크기를 비교할 때 많이 사용합니다. 세로 막대형처럼 시간에 따른 변동률보다는 항목의 비교 값을 강조합니다.

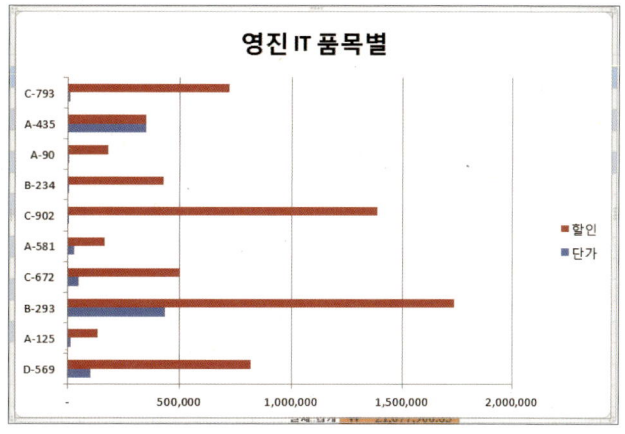

꺾은 선형

일정에 따른 변화 추이를 표시하는 데 유용합니다. 특히, 시간의 흐름에 따른 데이터 변화 추세를 표시합니다.

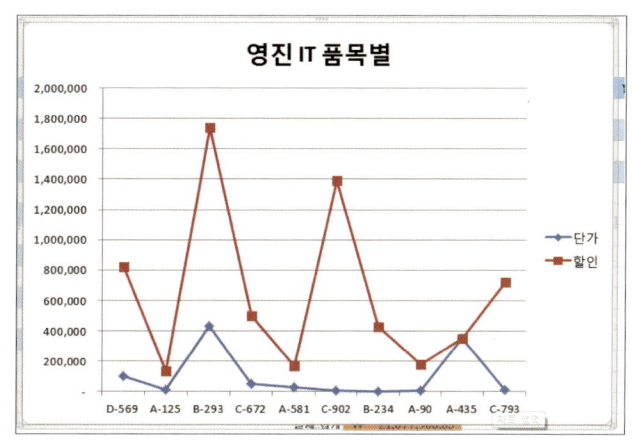

원형

하나의 데이터 계열로 각 항목별의 크기 비율을 나타내는 데 유용합니다. 특정 데이터의 비율 표시에 많이 사용합니다.

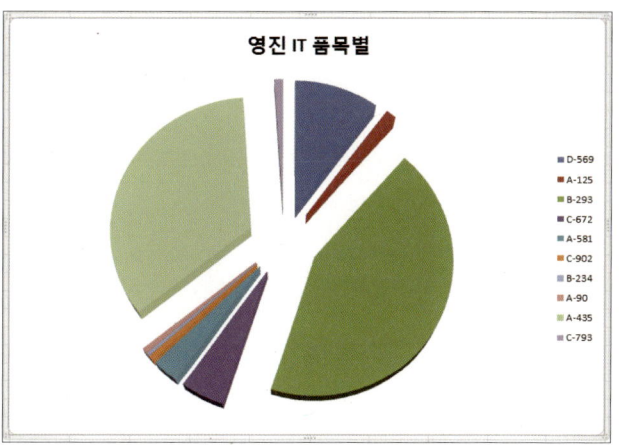

영역형

전체 영역에서 특정 부분별로 차이점을 비교하는 데 유용합니다. 시간에 따른 변화량이 어떤 방식으로 변경되는지를 쉽게 확인할 수 있습니다.

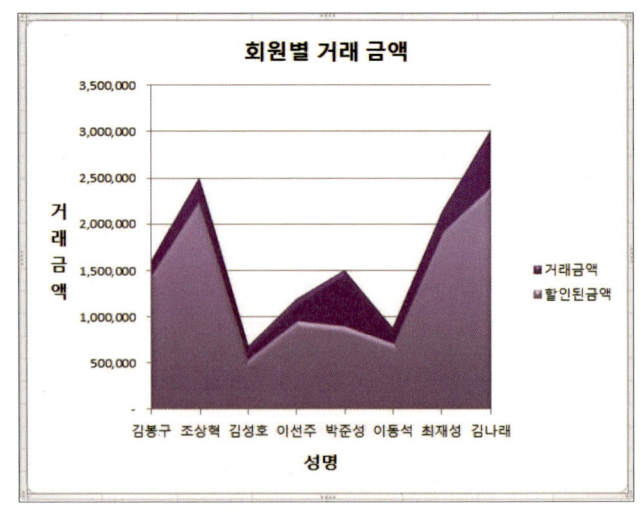

분산형

여러 데이터 계열에 있는 숫자 값 사이의 관계를 보여주거나 두 개의 숫자 그룹을 좌표로 이루어진 하나의 계열로 표시합니다. 과학, 통계 및 공학 데이터와 같은 숫자 값을 표시하고 비교하는 데 사용합니다.

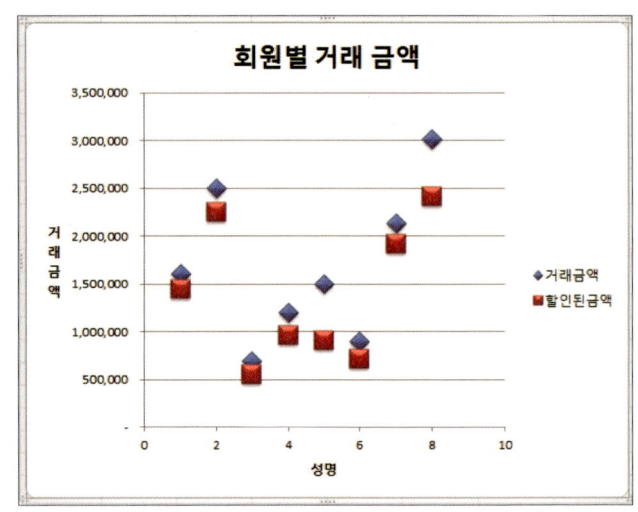

주식형

주가 변동을 나타내는 데 주로 사용합니다. 또한, 과학 차트의 기온 변화와 같은데도 사용합니다. 주식의 고가, 저가, 종가 등의 거래를 기준으로 만들어야 합니다.

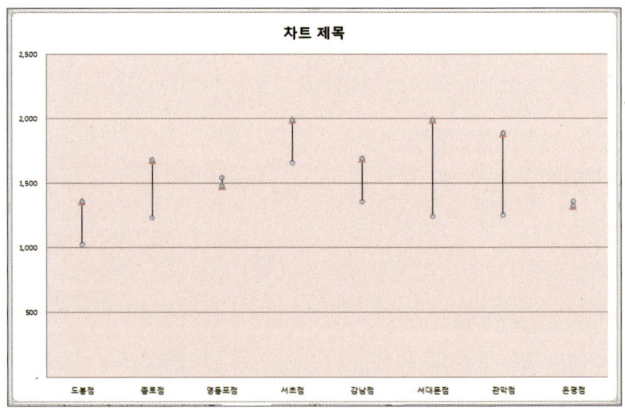

표면형

두 데이터 집합 간의 최적 조합을 찾을 때 유용합니다. 같은 값 범위에 있는 영역을 나타내며, 지형도에 많이 사용합니다.

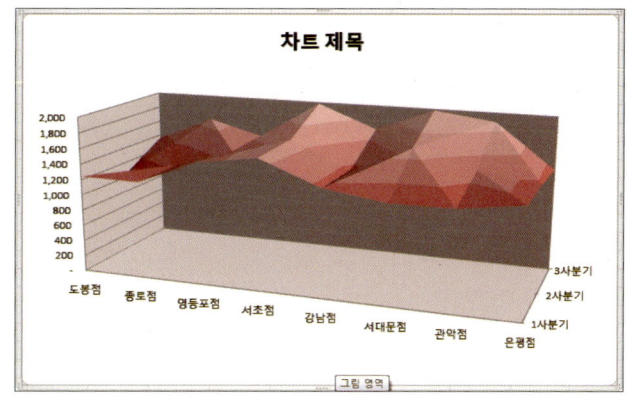

도넛형

원형 차트와 마찬가지로 전체에 대한 각 계열 간의 관계를 보여주지만 원형은 한 개의 계열을 보여주는 반면 도넛형은 2개 이상의 계열을 보여줍니다.

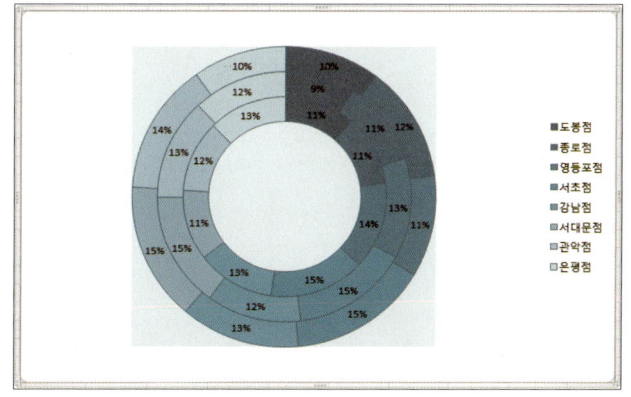

거품형

첫 번째 열에 나열된 값이 X값을 나타내고 인접한 열에 나열된 값은 해당 Y값과 거품 크기를 나타냅니다.

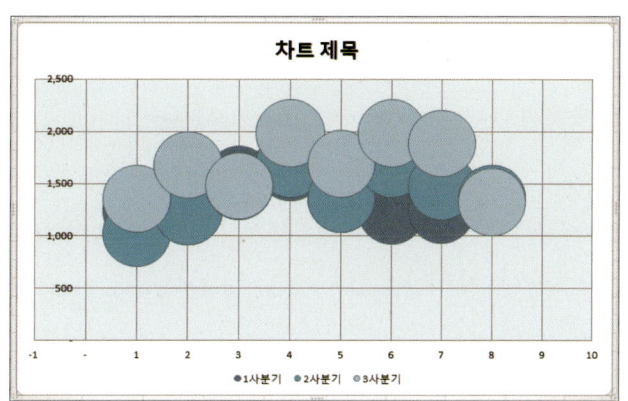

방사형

각 계열 요소에 대한 표식과 함께 표시되거나 표식 없이 표시되며, 중간 지점에 대한 값의 변화를 보여줍니다. 또한, 채워진 방사형 차트는 데이터 계열에 해당하는 영역이 채워집니다.

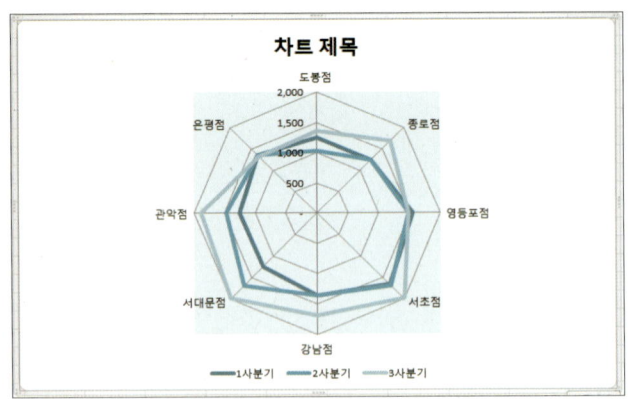

■ 차트의 구성 요소

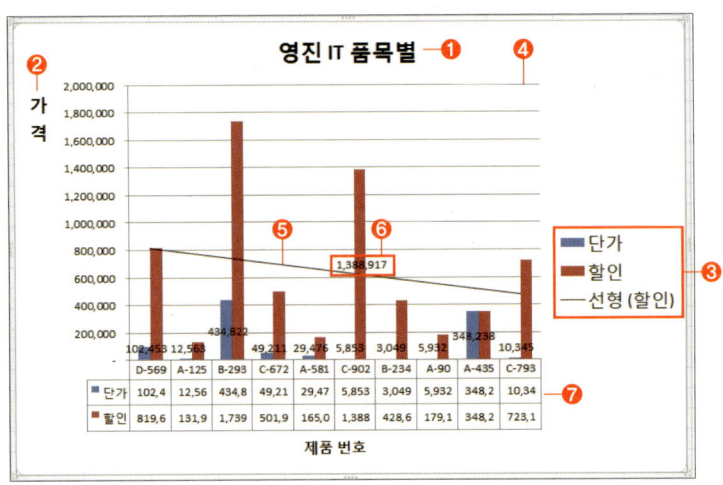

❶ 차트 제목 : 차트의 전체 제목입니다.

❷ 축 제목 : 가로 축/세로 축에 있는 제목으로 위의 그림에서는 세로 축의 내용 제목을 표시합니다.

❸ 범례 : 각 데이터 계열이나 항목을 식별할 수 있도록 이름과 색으로 표시합니다.

❹ 눈금선 : 데이터 값의 내용을 쉽게 파악하도록 그림 영역 안에 선으로 표시합니다.

❺ 추세선 : 일정 기간 동안 늘어나거나 줄어든 데이터 계열을 경사진 선으로 표시합니다.

❻ 데이터 레이블 : 데이터 계열 또는 요소의 값과 이름을 표시합니다.

❼ 데이터 표 : 각 계열 간의 데이터 값을 표시합니다.

차트는 먼저 워크시트에 삽입을 하고 데이터를 입력하는 방식보다는 기존의 데이터에 차트를 인식하게 하여 작성하는 방식이 기본입니다. 그리고, 차트는 종류가 많지만 데이터의 내용을 먼저 파악한 다음 내용과 가장 어울리는 차트는 선택하여 작성하는 것이 좋습니다.

예제 파일 | CD\Part 03\차트.xlsx   **완성 파일 |** CD\Part 03\차트-완성.xlsx

01. 예제 파일을 불러온 후 [차트작성] 시트로 이동합니다. [B3:D13]을 선택하고 [삽입] 탭―[차트] 그룹―[세로 막대형]에서 [묶은 세로 막대형]을 클릭합니다.

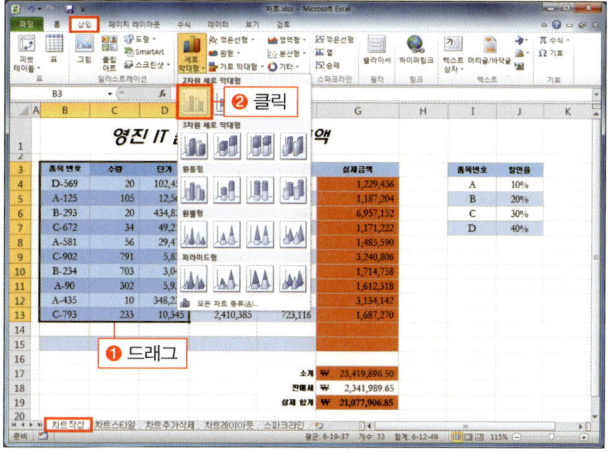

02. 차트가 생성되면 [차트 도구]―[레이아웃] 탭―[레이블] 그룹―[차트 제목]에서 [차트 위]를 클릭합니다.

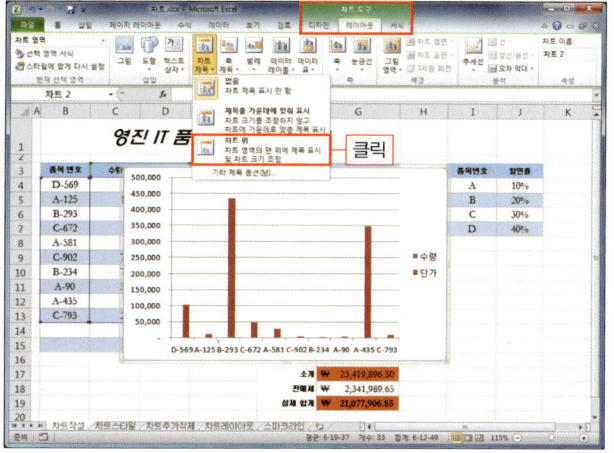

03. 차트 위에 차트 제목이 나타나면 클릭하여 '품목별 할인 매출액'으로 변경합니다.

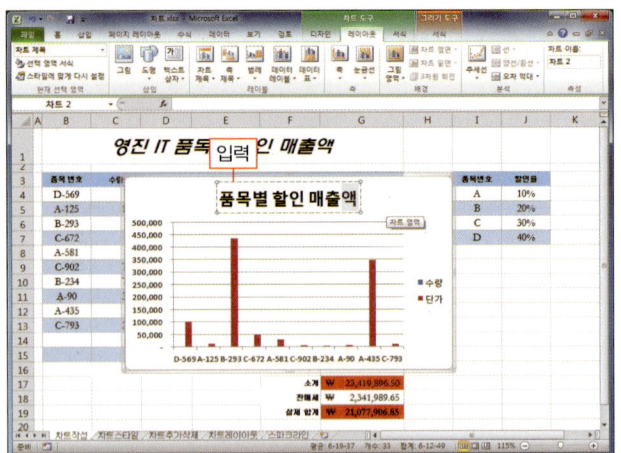

04. [차트 도구]-[레이아웃] 탭-[축] 그룹-[레이블]에서 [기본 가로 축 제목]-[축 제목 아래]를 선택합니다.

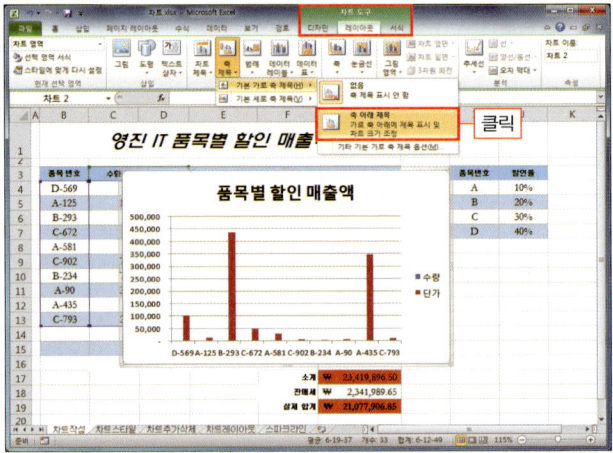

05. 아래에 축 제목이 나타나면 '품목 번호'라고 입력합니다.

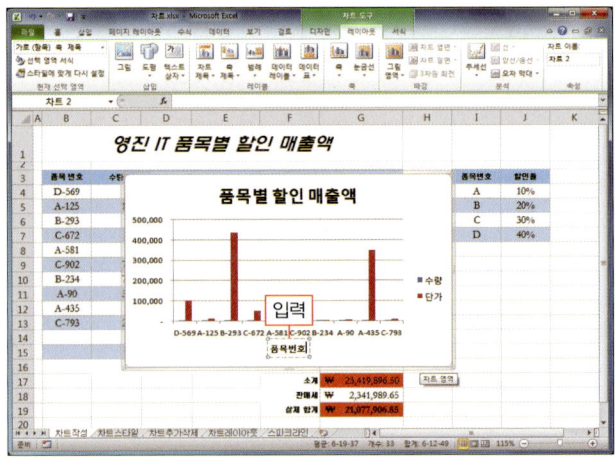

06. 같은 방법으로 [축 제목]에서 [기본 세로 축 제목]-[세로 제목]을 클릭한 다음 축 제목이 나타나면 '단위'라고 입력합니다.

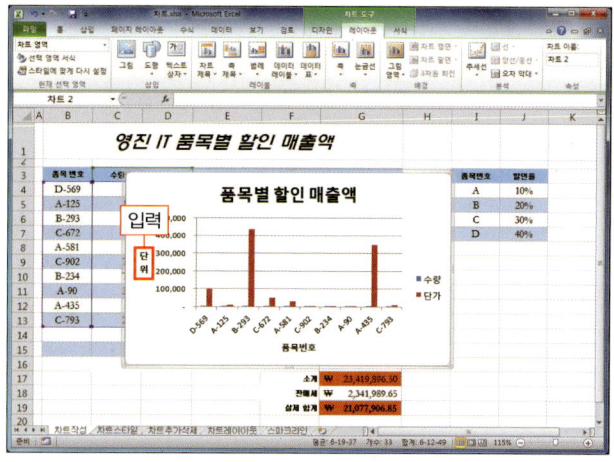

07. 이번에는 [차트 도구]-[레이아웃] 탭-[축] 그룹-[눈금선]에서 [기본 가로 눈금선]-[없음]을 클릭합니다.

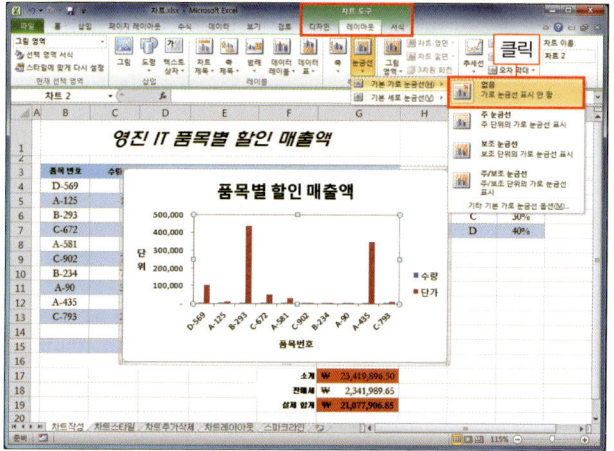

> **TIP** : 눈금선은 가로, 세로별로 주, 보조 눈금선을 줄 수 있는데 가장 기본은 가로 주 눈금선으로 보이게 하거나 보이지 않게 할 수 있습니다.

08. [배경] 그룹에서 [그림 영역]-[기타 그림 영역 옵션]을 클릭하여 [그림 영역 서식] 대화상자를 불러옵니다. [채우기]에서 [단색 채우기]에 체크하고 [색]은 '진한 파랑, 텍스트 2, 80% 더 밝게'를 선택한 후 [닫기]를 클릭합니다.

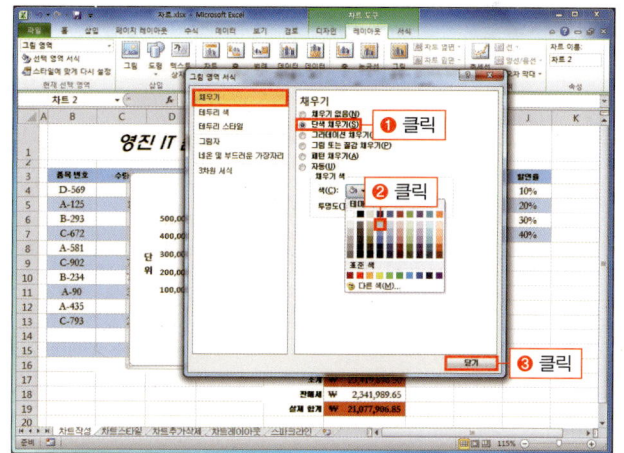

09. [디자인] 탭으로 이동하고 [위치]-[차트 이동]을 클릭하면 [차트 이동] 대화상자가 나타나는데 [새 시트]를 체크하고 '차트시트'라고 입력한 후 [확인]을 클릭합니다.

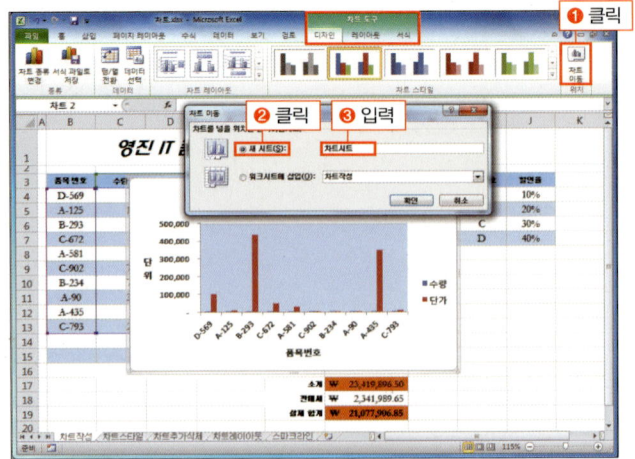

10. 결과를 확인합니다.

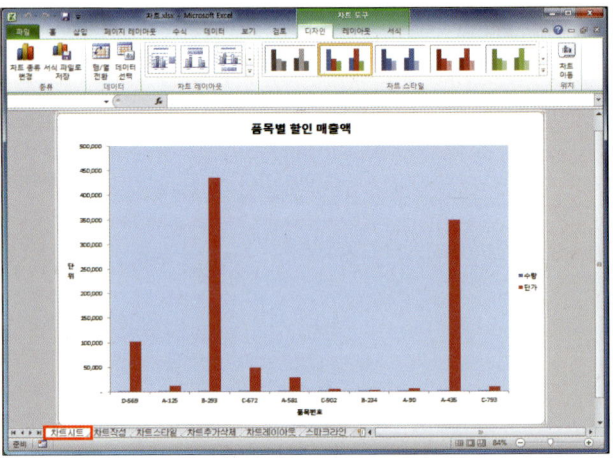

기존의 차트에서 다른 차트 종류로 쉽게 변경이 가능합니다. 또한, 데이터 계열 중에서 한 개만 선택하고 차트 종류를 변경하면 선택된 데이터 계열만 종류가 변경되어 혼합 차트가 됩니다. 차트의 스타일은 48개의 목록을 가지는데 그 중에 원하는 스타일 형태로 변경이 가능합니다.

예제 파일 | CD₩Part 03₩차트.xlsx　**완성 파일 |** CD₩Part 03₩차트-완성.xlsx

■ 차트 종류 변경하기

01. [차트스타일] 시트로 이동한 후 차트를 선택합니다. [차트 도구]-[디자인] 탭-[종류] 그룹-[차트 종류 변경]을 클릭하여 [차트 종류 변경] 대화상자가 나타나면 [꺾은 선형]-[꺾은 선형]을 선택하고 [확인]을 클릭합니다.

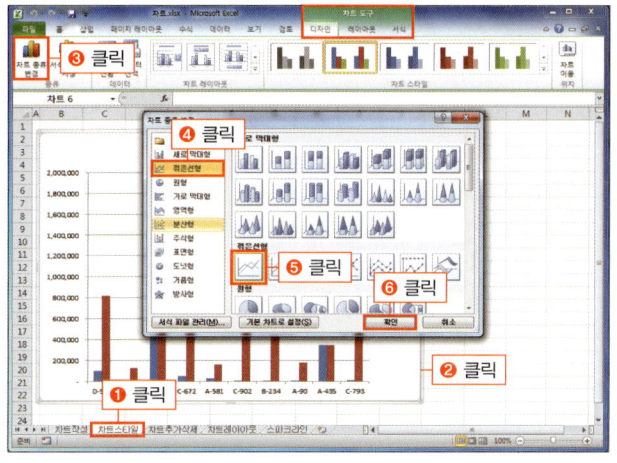

02. 차트가 변경되면 '단가' 영역 부분만 선택하고 [차트 도구]-[디자인] 탭-[종류] 그룹-[차트 종류 변경]을 클릭합니다. [차트 종류 변경] 대화상자가 나타나면 [묶은 세로 막대형]을 선택하고 [확인]을 클릭합니다.

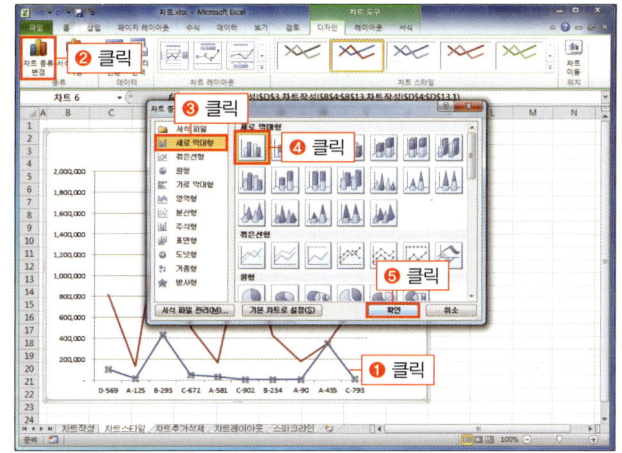

03. 또한, 차트 영역에서 '할인' 영역의 가장 큰 값인 [B-293]을 선택한 후 한 번 더 클릭하면 그 부분만 선택되는데 이때 마우스 오른쪽 단추를 클릭하고 [데이터 레이블 추가]를 선택합니다.

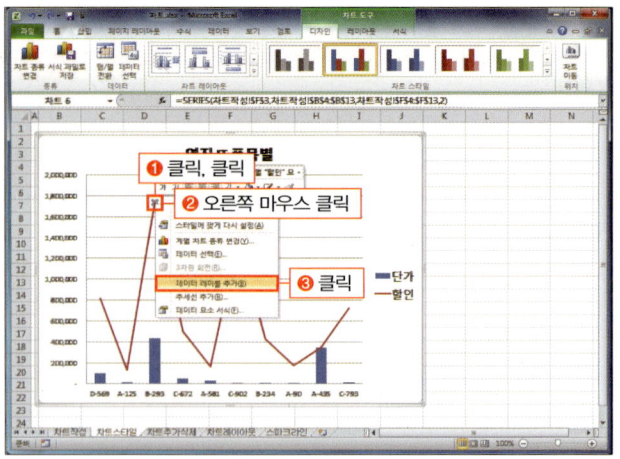

04. 계속 차트 영역에서 '단가' 영역의 가장 큰 값인 [B-293]을 두 번 클릭하여 그 부분만 선택하고, 마우스 오른쪽 단추를 클릭한 후 [데이터 레이블 추가]를 선택합니다.

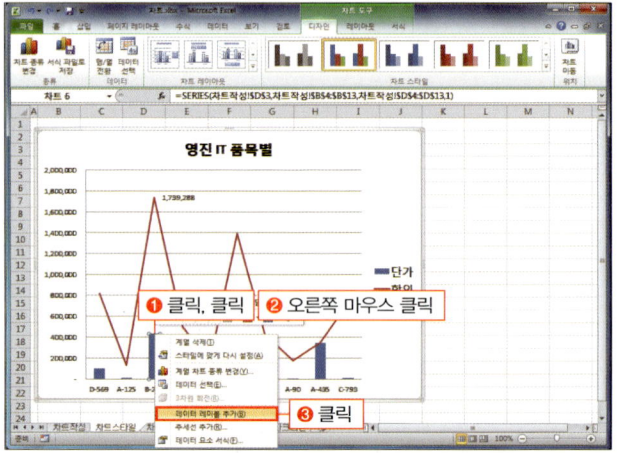

05. '할인' 영역에 나온 '데이터 레이블'을 선택하고 [차트 도구]–[레이아웃] 탭–[레이블] 그룹–[데이터 레이블]에서 [기타 데이터 레이블 옵션]을 클릭합니다. [데이터 레이블 서식] 대화상자가 나타나면 [레이블 위치]를 [위쪽]으로 변경합니다.

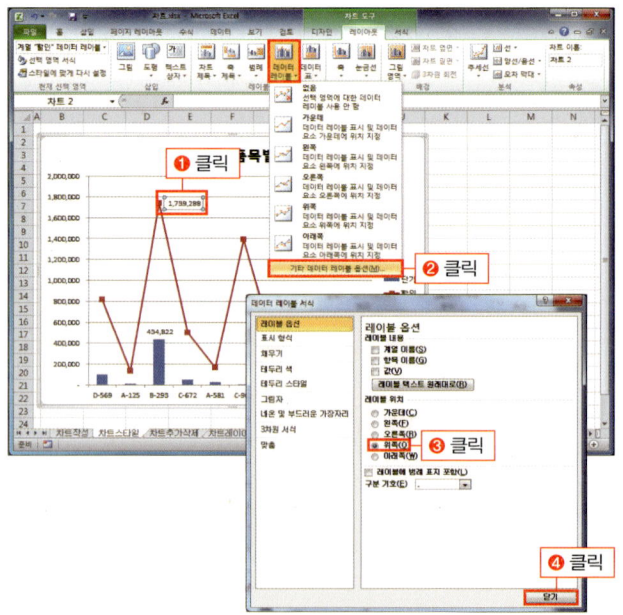

06. 바로 차트 영역에서 '단가' 영역의 '데이터 레이블'을 선택하고 이번에는 [레이블 위치]를 [가운데]로 변경한 후 [닫기]를 클릭합니다.

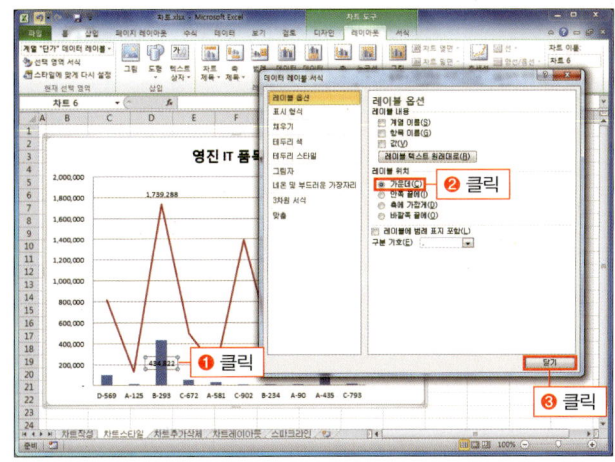

■ 차트 스타일 변경하기

01. 바로 차트를 선택하고 [차트 도구]-[디자인] 탭-[차트 스타일] 그룹-[자세히]()를 클릭한 후 [스타일 26]을 선택합니다.

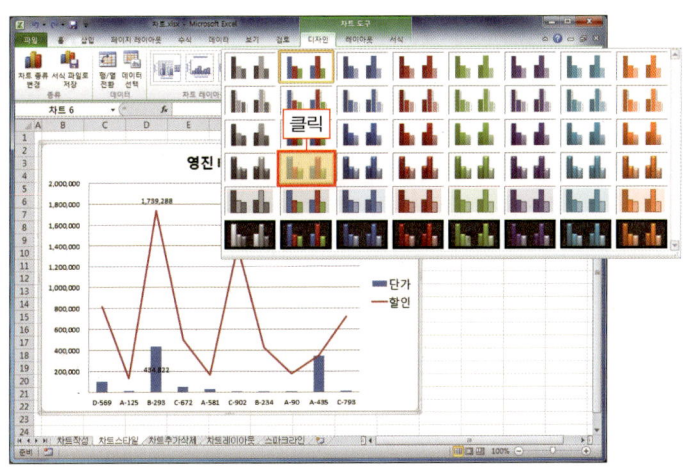

02. 차트를 선택한 상태에서 [차트 도구]-[레이아웃] 탭-[현재 차트 영역] 그룹-[선택 영역 서식]을 클릭합니다.

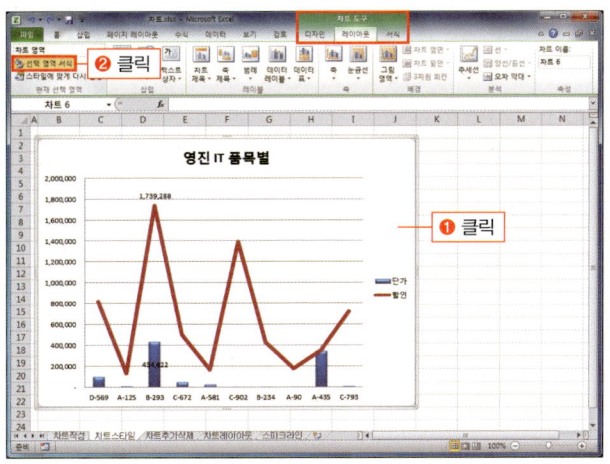

03. [차트 영역 서식] 대화상자가 나타나면 [채우기]의 [그라데이션 채우기]를 체크하고 [종류]는 '방사형'으로, [방향]은 [가운데에서]로 변경한 후 [닫기]를 클릭합니다.

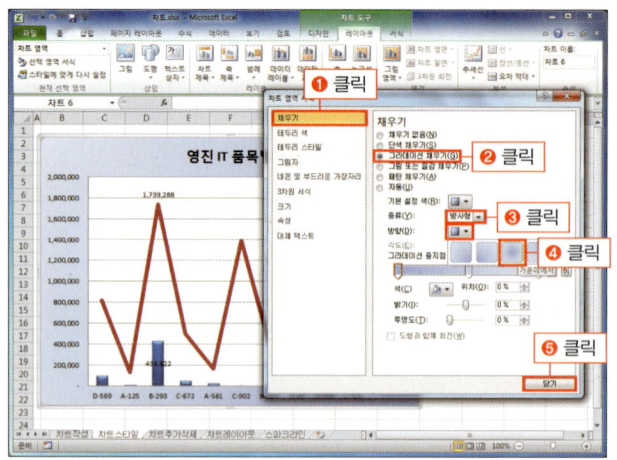

04. 이번에는 차트의 그림 영역만 선택하고 [차트 도구]-[레이아웃] 탭-[배경] 그룹-[그림 영역]의 [없음]을 클릭합니다.

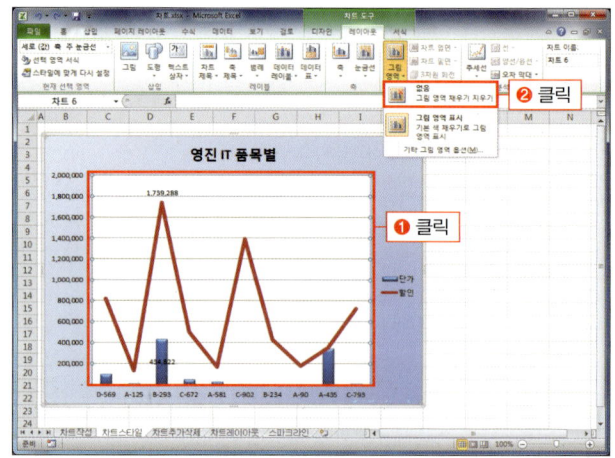

05. [차트 도구]-[레이아웃] 탭-[축] 탭-[눈금선]에서 [기본 가로 눈금선]-[없음]을 클릭하여 그림 영역을 꾸밉니다.

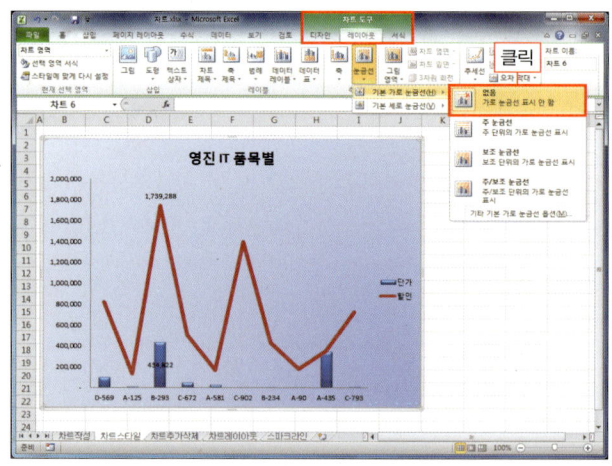

차트에는 전체 데이터 중 특정 부분만 선택하여 만들어 줍니다. 그러나 데이터가 부족하여 추가가 필요한 경우나 특정 영역 부분을 삭제하고 싶은 경우 차트를 다시 설정하는 것이 아니라 범위 설정을 다시하여 추가/삭제할 수 있습니다.

예제 파일 | CD₩Part 03₩차트.xlsx **완성 파일 |** CD₩Part 03₩차트–완성.xlsx

■ 차트에 데이터 추가하기

01. [차트 추가삭제] 시트에서 차트를 선택한 후 [차트 도구]–[디자인] 탭–[데이터] 그룹–[데이터 선택]을 클릭합니다.

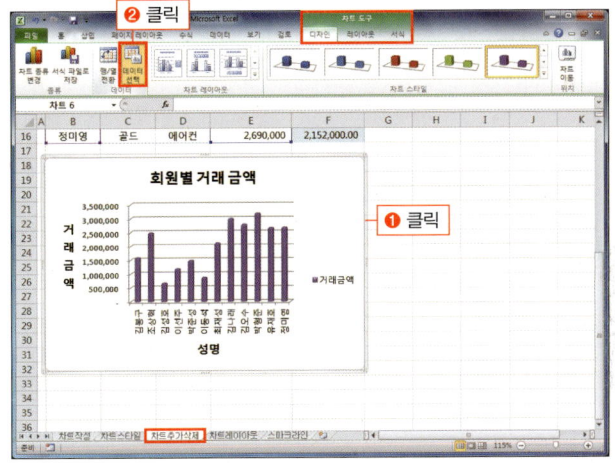

02. [데이터 원본 선택] 대화상자가 나타나면 [범례 항목(계열)]에서 [추가]를 클릭합니다.

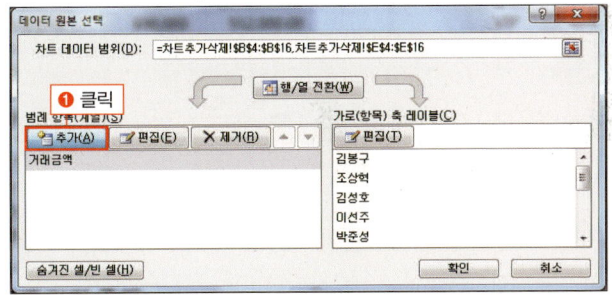

03. [계열 편집] 대화상자가 나타나면 [계열 이름]에 '할인된 금액'을 입력하고 [계열 값]에는 이전의 내용은 꼭 삭제한 후 [F5:F16]까지 드래그하여 선택합니다. 그리고 [확인]을 클릭합니다.

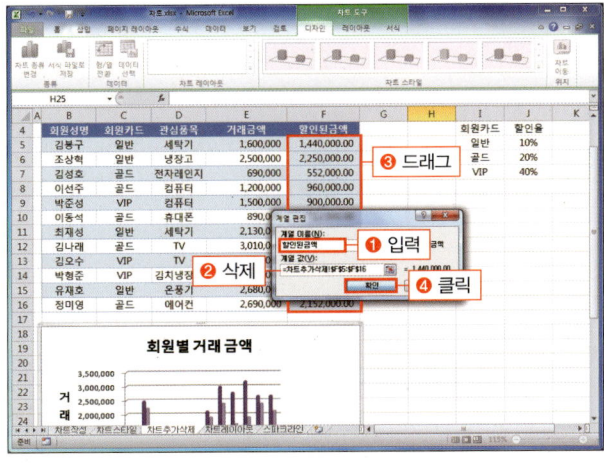

04. 다시 [데이터 원본 선택] 대화상자가 나타나면 왼쪽 하단에 [숨겨진 셀/빈 셀]을 클릭하고 [빈 셀 표시 형식]의 [0으로 처리]를 체크한 후 [확인]을 클릭, [데이터 원본 선택] 대화상자에서도 [확인]을 클릭합니다.

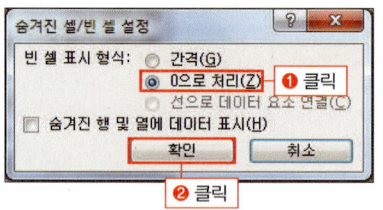

TIP : [빈 셀 표시 형식]의 [0으로 처리]를 체크하면 계산된 데이터 값이 없더라도 '0'으로 인식하고 결과를 나타냅니다.

05. 차트에 데이터가 추가되는 것을 확인할 수 있습니다. 왼쪽의 세로 축을 선택하고 [차트 도구]-[레이아웃] 탭-[축] 그룹-[축]에서 [기본 세로 축]-[기타 기본 세로 축 옵션]을 클릭합니다.

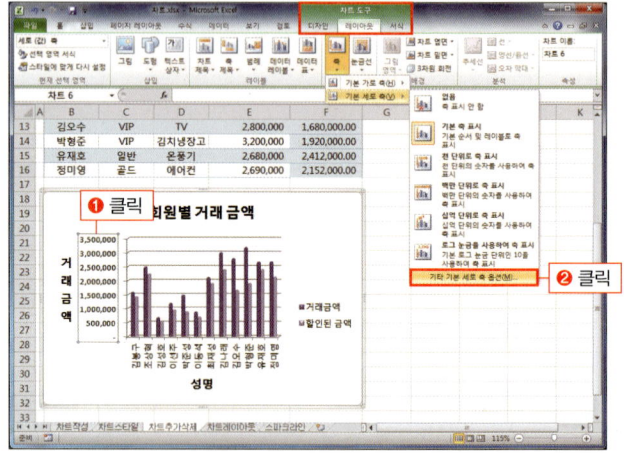

06. [축 서식] 대화상자가 나타나면 [최소값]의 [고정]을 체크하고 '0'으로, [최대값]의 [고정]을 체크하고 '4000000', [주 단위]를 [고정]에 체크하고 '500000'으로 설정합니다. 계속 [표시 단위]를 '천'으로 변경하고 [닫기]를 클릭합니다.

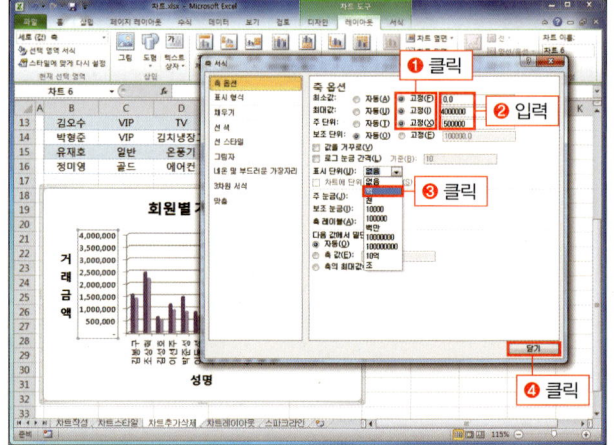

TIP : [표시 단위]를 '천'으로 설정하면 '1,000,000'이 '1,000 천'으로 표시되어 높은 숫자에 '0'이 많을 경우 간단히 표현할 수 있습니다.

07. 차트에 '천'이라는 단위가 나오면 더블클릭
합니다. [표시 단위 레이블 서식] 대화상자의 [맞
춤]에서 [텍스트 방향]을 '세로'로 설정하고 [닫기]
를 클릭합니다.

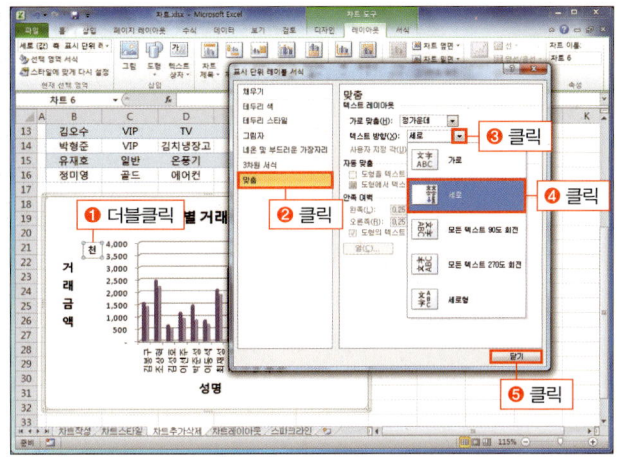

08. '천'이 축의 상단으로 이동하면 작업을 마무
리합니다.

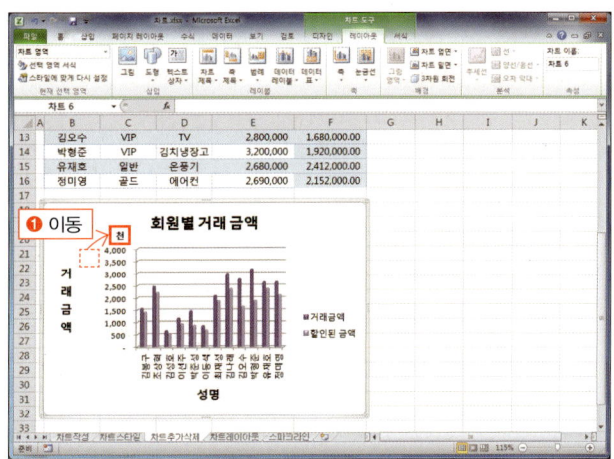

■ 차트의 범위를 수정하고 삭제하기

01. [차트 도구]-[디자인] 탭-[데이터] 그룹-[데
이터 선택]을 클릭합니다. [데이터 원본 선택] 대
화상자가 나타나면 [가로(항목) 축 레이블]의 [편
집]을 클릭합니다.

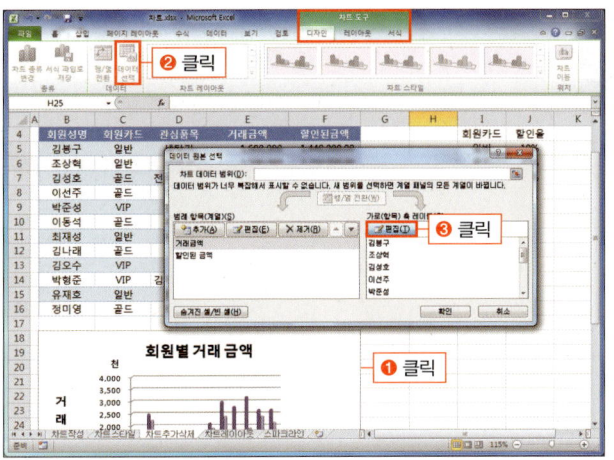

02. [축 레이블] 대화상자가 나타나면 범위에 이전의 내용은 삭제하고 [D5:D8]을 선택합니다. [D10], [D12], [D15:D16]만 **Ctrl**을 누른 상태로 선택하고 [확인]을 클릭합니다.

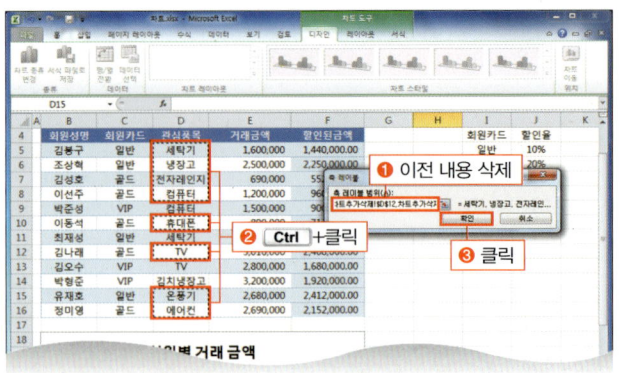

03. 다시 [데이터 원본 선택] 대화상자에서 [범례 항목(계열)]의 '거래금액'을 선택하고 [편집]을 클릭합니다. [계열 편집] 대화상자가 나타나면 [계열 이름]은 그대로, [계열 값]은 이전의 데이터는 삭제하고 [E5, E6, E7, E8, E10, E12, E15, E16] 셀을 **Ctrl**을 이용하여 선택한 후 [확인]을 클릭합니다.

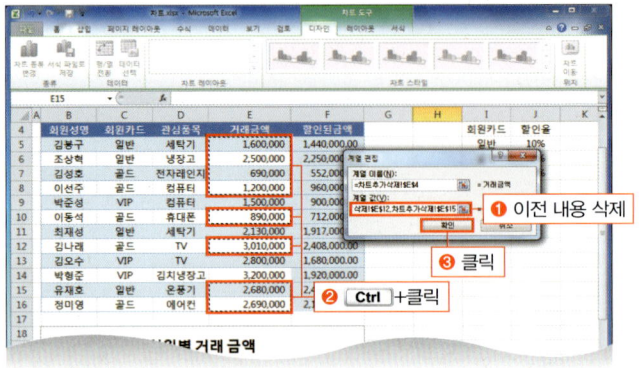

04. 다시 [데이터 원본 선택] 대화상자에서 [범례 항목(계열)]의 '할인된 금액'을 선택하고 [제거]를 클릭한 후 [확인]을 클릭합니다.

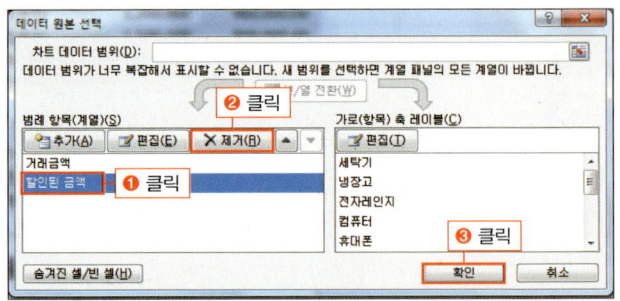

05. 차트의 [제목]을 '상품별 거래 금액'으로 [아래 축 제목]을 '품목명'으로 변경하여 차트를 완성합니다.

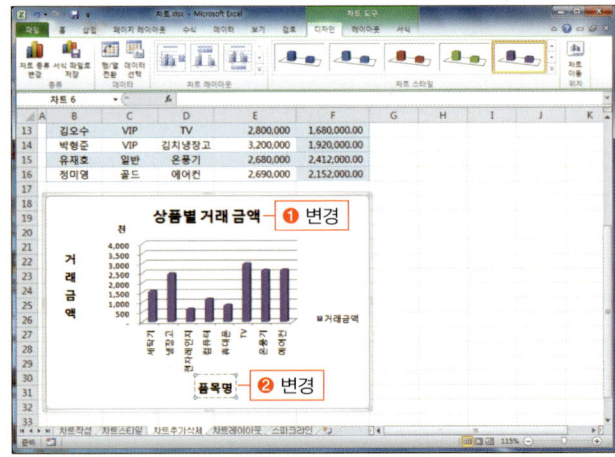

차트 레이아웃은 미리 정의된 여러 종류의 형태 중에 원하는 스타일을 적용하는 방법과 직접 [레이아웃] 탭에서 상세히 설정하는 방법이 있습니다. 사용자가 지정한 레이아웃이나 서식 스타일은 저장할 수 없지만 차트를 차트 서식 파일로 저장하여 동일한 지정 레이아웃이나 서식을 다시 사용할 수 있습니다.

예제 파일 | CD₩Part 03₩차트.xlsx   **완성 파일 |** CD₩Part 03₩차트-완성.xlsx

■ 미리 지정한 레이아웃 사용하기

01. [차트레이아웃] 시트로 이동한 후 차트를 선택합니다. [차트 도구]-[디자인] 탭-[차트 레이아웃] 그룹-[자세히](▼)를 클릭하고 [레이아웃 2]를 선택합니다.

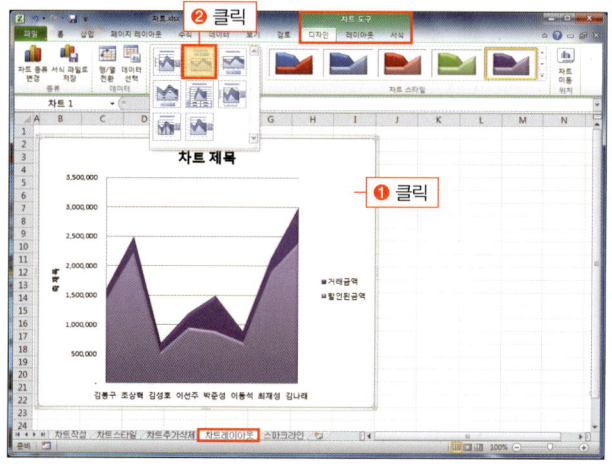

02. [차트 도구]-[레이아웃] 탭-[레이블] 그룹-[데이터 표]에서 [범례 표시와 함께 데이터 표 표시]를 클릭합니다.

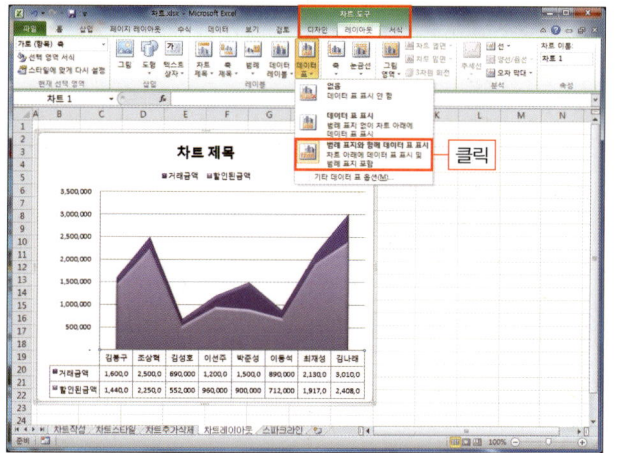

03. [차트 도구]-[레이아웃] 탭-[분석] 그룹-[오차 막대]에서 [오차 막대(표준 편차)]를 클릭합니다.

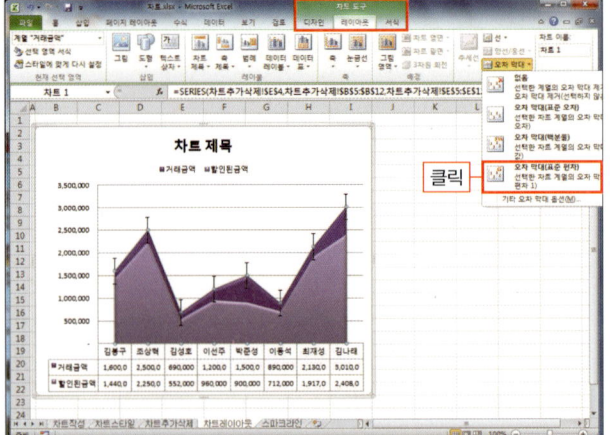

T I P ： [오차 막대]로 거래 금액과 할인된 금액간의 범위 차이를 확인할 수 있습니다.

04. [차트 도구]-[레이아웃] 탭-[레이블] 그룹-[축 제목]에서 [기본 가로 축 제목]-[축 아래 제목]을 클릭합니다.

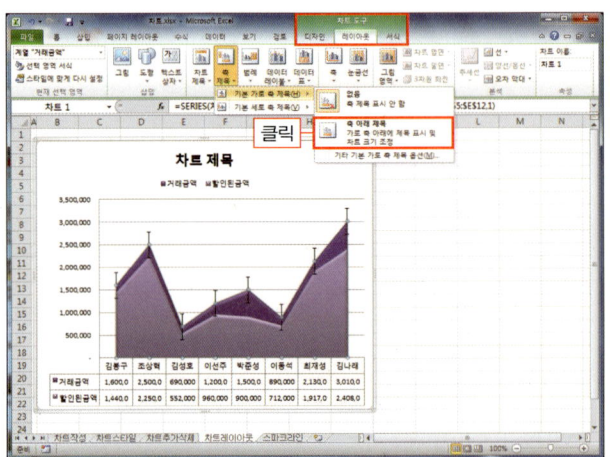

05. 하단에 축 제목이 나타나면 '성명'이라고 입력하여 차트를 완성합니다.

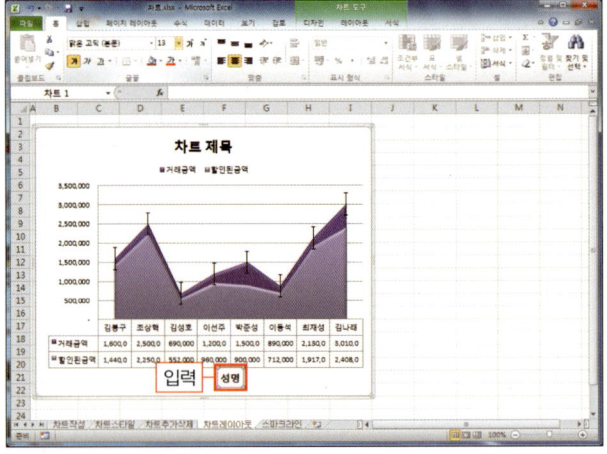

■ 원하는 형태의 차트 레이아웃 변경하기

01. 차트를 선택하고 [차트 도구]-[디자인]
탭-[종류] 그룹-[차트 종류 변경]을 클릭합니다.
[차트 종류 변경] 대화상자가 나타나면 [세로 막대
형]-[3차원 원통형]을 클릭합니다.

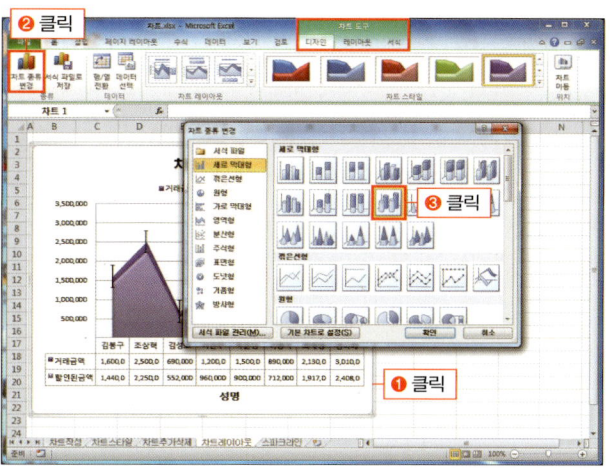

02. [차트 도구]-[디자인] 탭-[차트 스타일] 그룹-[자세히](▾)를 클릭하고 [스타일 18]을 선택합니다.

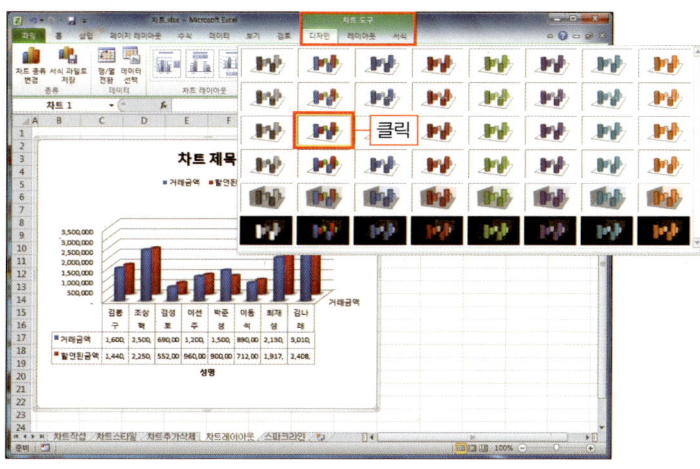

03. 이번에는 [차트 도구]-[레이아웃] 탭-[레이
블] 그룹-[데이터 표]에서 [없음]을 클릭합니다.

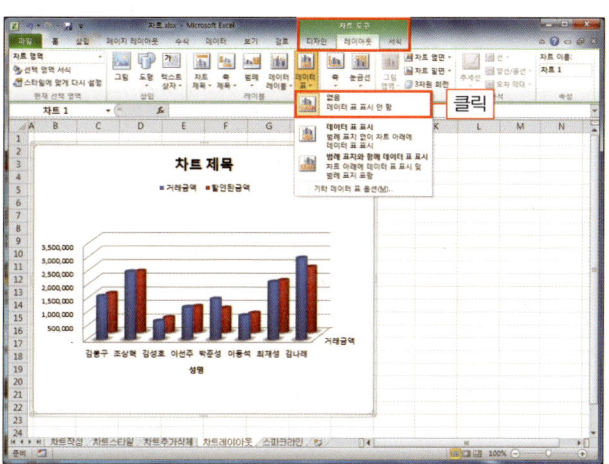

04. 보다 큰 차트를 보기 위해서는 차트의 그림 영역을 선택하고 좌/우와 하단 영역 경계선을 드래그하여 그림 영역을 크게 만듭니다.

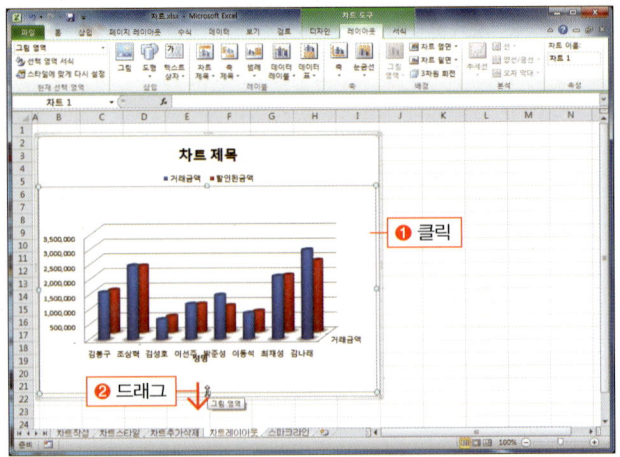

05. 하단에 있는 축 제목을 가운데로 이동시키고 [차트 도구]─[레이아웃] 탭─[배경] 그룹─[차트 옆면]에서 [기타 옆면 옵션]을 클릭합니다.

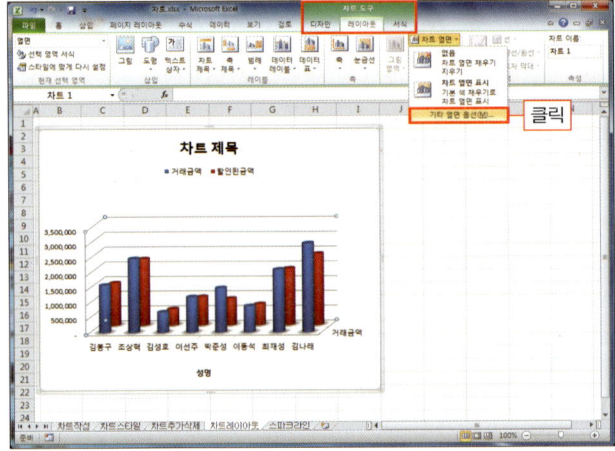

06. [옆면 서식] 대화상자가 나타나면 [채우기]에서 [단색 채우기]를 체크하고 [색]은 '자주, 강조 4, 60% 더 밝게'를 선택합니다.

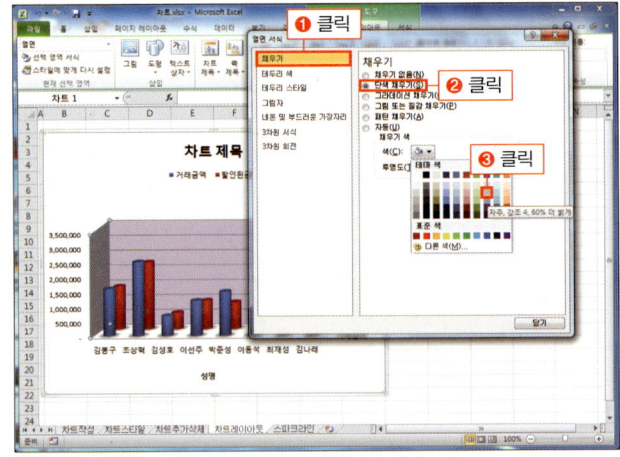

07. 바로 차트의 밑면을 클릭하면 창이 [밑면 서식] 대화상자로 변경되는데 이때, [채우기]에서 [단색 채우기]를 체크하고 [색]은 '자주, 강조 4, 25% 더 어둡게'를 선택한 후 [닫기]를 클릭합니다.

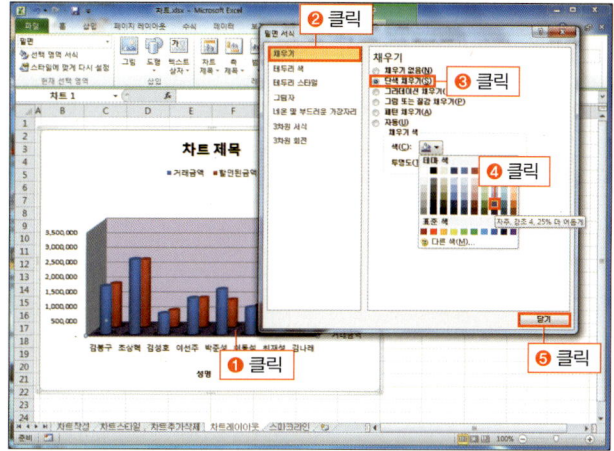

08. [차트 도구]–[레이아웃] 탭–[배경] 그룹–[3차원 회전]을 클릭합니다. [차트 영역 서식] 대화상자가 나타나면 [3차원 회전]–[회전]에서 [회전]의 [X]는 '130', [Y]는 '50'으로 설정합니다.

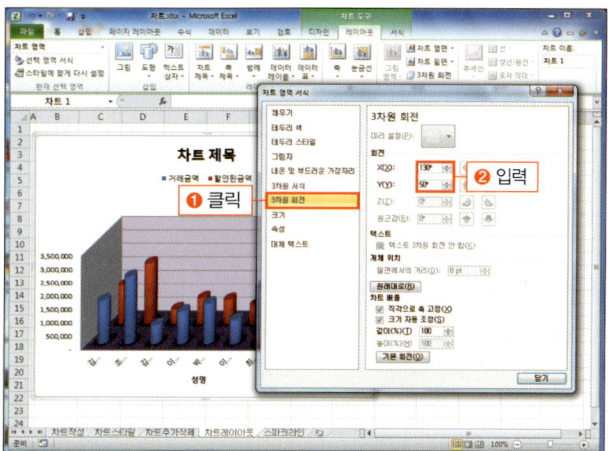

스파크라인은 셀 안에 있는 작은 차트로 전체 데이터에 셀별로 차트가 들어가 데이터의 변화를 쉽게 이해하는데 도움이 됩니다. 스파크라인의 종류에는 '꺾은 선형', '열', '승패'가 있으며, '꺾은 선형'은 데이터 간의 추세를 알아보는 데 적합하고, '열'은 데이터들 간의 크기를 비교하는 데 적합합니다. '승패'는 음수와 양수의 표현만 다르게 하여 이익과 손해를 쉽게 파악하는 데 도움을 줍니다.

예제 파일ㅣ CD₩Part 03₩차트.xlsx **완성 파일ㅣ** CD₩Part 03₩차트-완성.xlsx

01. 예제 파일을 불러오고 [스파크라인] 시트로 이동합니다. [G4] 셀을 선택하고 [삽입] 탭-[스파크라인] 그룹-[꺾은 선형]을 클릭합니다.

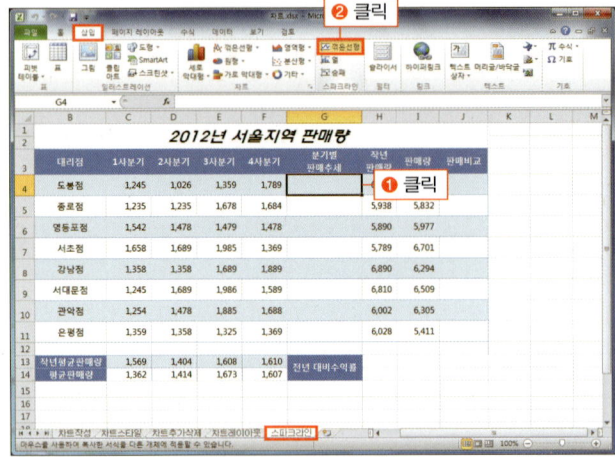

02. [스파크라인] 대화상자가 나타나면 [데이터 범위]에는 'C4:F11'를, [위치 범위]는 '$G$4:$G$11'을 입력하고 [확인]을 클릭합니다.

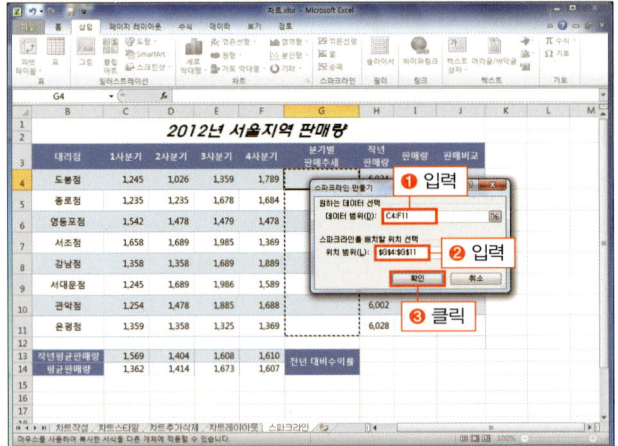

03. [스파크라인 도구]–[디자인] 탭–[표시] 그룹–[높은 점]을 체크하고 [스타일] 그룹–[스파크라인 스타일 어둡게 #3]을 선택하여 스타일을 변경합니다.

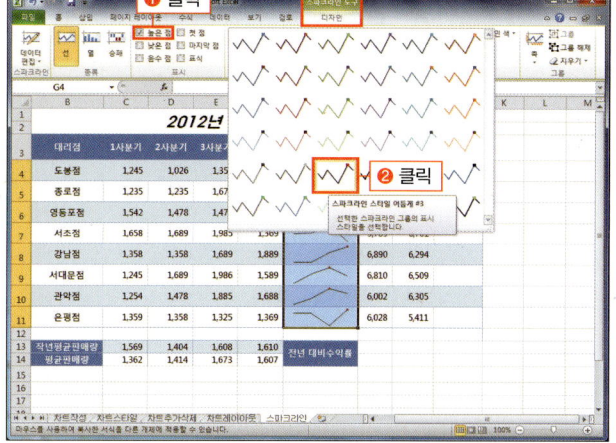

> **TIP :** [높은 점]을 체크하면 범위 중에 가장 큰 값의 위치를 바로 확인할 수 있습니다.

04. 이번에는 [J4] 셀을 선택하고 [삽입] 탭–[스파크라인] 그룹–[열]을 클릭합니다.

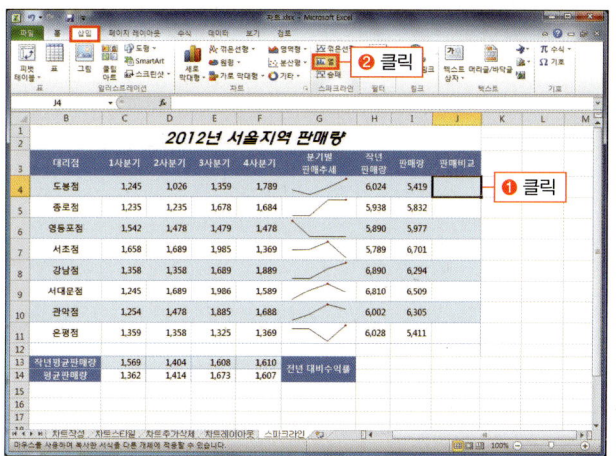

05. [스파크라인 만들기] 대화상자가 나타나면 [데이터 범위]는 'H4:I4'로 [위치 범위]는 '$J$4'로 설정하고 [확인]을 클릭합니다.

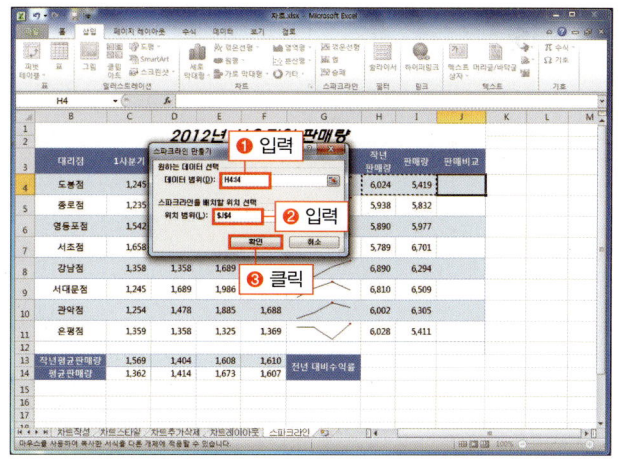

06. 스파크라인 나타나면 [J11] 셀까지 자동 채우기로 드래그하여 스파크라인으로 채우고, [스타일] 그룹-[스파크라인 색]에서 [자주색]으로 변경합니다.

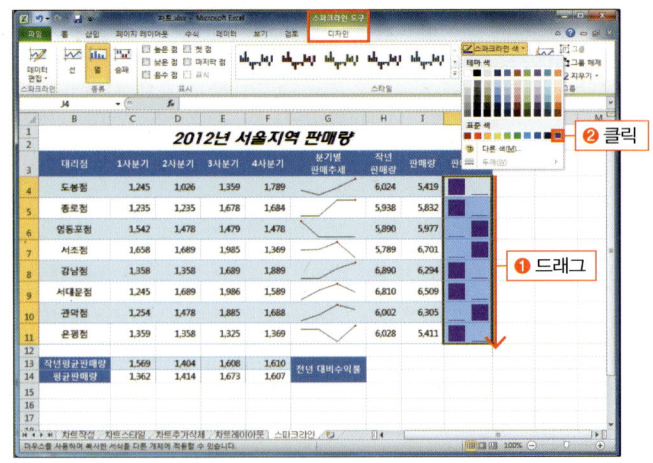

07. [C15] 셀을 선택하고 '=C14-13'을 입력한 다음 [F15] 셀까지 자동 채우기로 데이터를 채워줍니다.

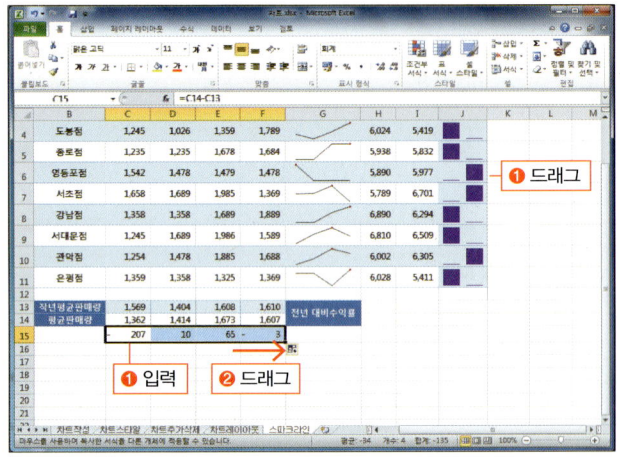

08. [G15] 셀을 선택하고 [삽입] 탭-[스파크라인] 그룹-[승패]를 클릭합니다. [스파크라인 만들기] 대화상자가 나타나면 [데이터 범위]를 'C15:F15'로 설정하고 [위치 범위]를 '$G$15'로 설정한 후 [확인]을 클릭합니다.

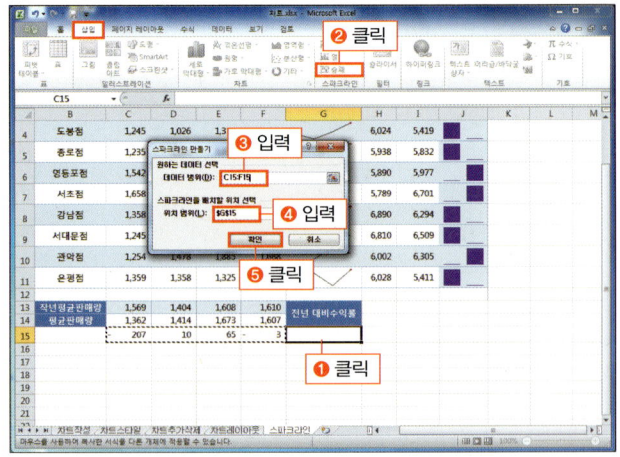

09. [스파크라인 도구]-[디자인] 탭-[스타일] 그
룹-[자세히](▼)를 클릭하고 [스파크라인 스타일
강조 1, (어둡게 또는 밝게 없음)]을 선택합니다.

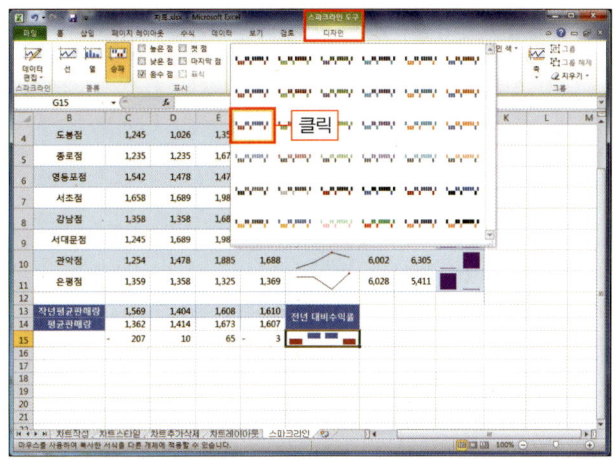

04 [텍스트]/[기호]/[링크] 그룹을 이용하여 문서 만들기

레벨 ● ○ ○

텍스트 상자나 WordArt를 이용하여 보기 좋은 글자 형태로 만들어 보고 워드에서 사용하는 머리글과 바닥글도 입력하여 봅니다. 개체를 통한 여러 응용 프로그램을 가져오는 방법과 수식으로 키보드로 표현할 수 없는 어려운 형태의 수식도 표현합니다.

기초탄탄 ▶ 엑셀의 문서 꾸미기

■ [머리글/바닥글 도구]─[디자인] 탭 이해하기 `261P`

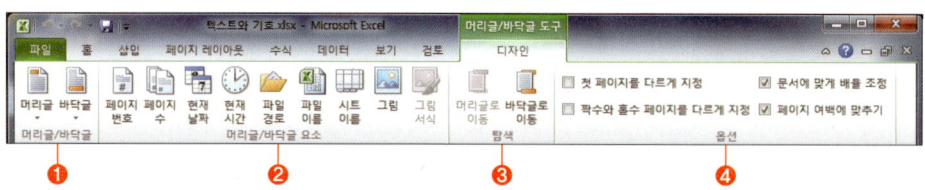

❶ 머리글/바닥글

- 머리글 : 머리글에 들어갈 수 있는 항목을 표시합니다. 원하는 항목을 클릭하면 적용할 수 있습니다.
- 바닥글 : 바닥글에 들어갈 수 있는 항목을 표시합니다. 원하는 항목을 클릭하면 적용할 수 있습니다.

❷ 머리글/바닥글 요소

- 페이지 번호 : 현재 페이지 번호를 입력합니다.
- 페이지 수 : 현재 전체 페이지 수를 입력합니다.
- 현재 날짜/시간 : 현재 날짜와 시간을 입력합니다.
- 파일 경로/이름 : 인쇄할 문서의 파일 경로와 이름을 입력합니다.
- 시트 이름: 인쇄할 문서의 시트 이름을 입력합니다.
- 그림/그림 서식 : 그림 파일을 입력하고 그림의 서식을 변경할 수 있습니다.

❸ 탐색 : 머리글과 바닥글로 이동하면 문서를 편집할 수 있습니다.

❹ 옵션

- 첫 페이지를 다르게 지정 : 첫 페이지의 머리글과 바닥글을 다른 페이지와 다르게 지정할 수 있습니다.
- 짝수와 홀수 페이지를 다르게 지정 : 홀/짝 페이지의 머리글과 바닥글을 따로 지정할 수 있습니다.
- 문서에 맞게 배율 지정 : 머리글과 바닥글의 배율을 자동으로 지정할 수 있습니다.
- 페이지 여백에 맞추기 : 페이지의 왼쪽/오른쪽 여백에 맞게 머리글/바닥글의 여백도 조절합니다.

■ [수식 도구]-[디자인] 탭 이해하기 `266P`

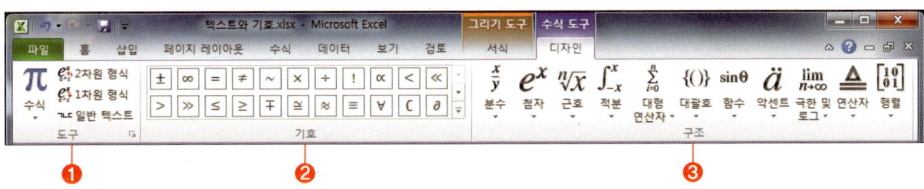

❶ 도구
- 수식 : 원 면적, 이항 정리, 푸리에 급수, 피타고라스의 정리 등 수식이 있는 기본 원리를 그대로 가져와서 값을 변화하여 사용합니다.
- 2차원/1차원 형식, 일반 텍스트 : 수학식이 아닌 텍스트로 작성할지, 수식을 1차원 형식으로 변환하여 사용할지, 2차원 형식으로 변환하여 사용할지를 결정합니다.

❷ 기호 : 수학식에 사용하는 기호들의 모임으로 기본 수식 연산자, 그리스 문자, 연산자, 글자꼴 기호 등이 있으며 클릭하면 입력할 수 있습니다.

❸ 구조 : 수학식을 사용하기 위한 구조 형태를 먼저 작성하는 것으로 분수, 첨자, 적분, 대형 연산자, 대괄호 등의 구조 형태를 먼저 입력하고 해당 칸을 클릭하여 기호를 입력합니다.

■ WordArt의 변환 `258P`

WordArt는 일반적인 텍스트 상자와 다르게 글자의 입력과 서식만 주는 것이 아니라 글자 형태를 도형처럼 변환할 수 있습니다. 이것은 같은 오피스 계열인 파워포인트의 기능보다 단순하지만 여러 변환 모양의 값을 가지고 있습니다.

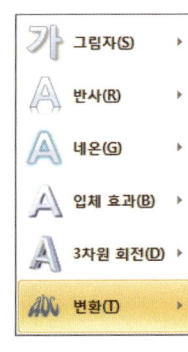

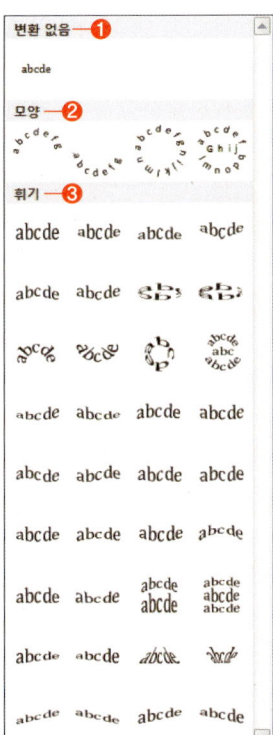

❶ 변환 없음 : 글자의 모양을 원래대로 변경시켜 줍니다.

❷ 모양 : 원호 형태로 위쪽, 아래쪽으로 변경하며 둥글게 하거나 단추 형태로 글자 모양을 변경합니다.

❸ 휘기 : 여러 모양의 휘기 형태 중 하나를 선택합니다. 글자 모양이 변경되면 색상을 가진 포인트 점이 보이는데 이것을 움직여 좀 더 모양 변경을 가져옵니다.

텍스트 상자는 가로 텍스트와 세로 텍스트가 있는 데 기본은 가로 텍스트를 사용하지만 텍스트를 세로로 입력하는 경우에 세로 텍스트를 사용합니다.

예제 파일 | CD₩Part 03₩텍스트와 기호.xlsx **완성 파일** | CD₩Part 03₩텍스트와 기호-완성.xlsx

■ 가로 텍스트 상자 이용하기

01. 예제 파일을 불러온 후 [텍스트] 시트로 이동합니다. [삽입] 탭-[텍스트 상자]-[가로 텍스트 상자]를 클릭합니다.

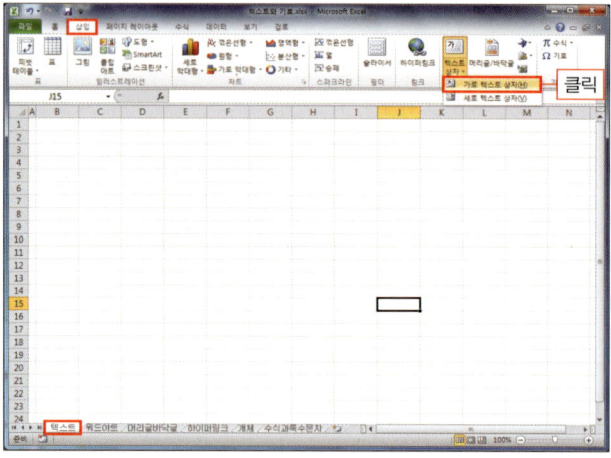

02. [B2:E4]까지 Alt 를 누른 상태에서 드래그합니다. 텍스트 상자가 나타나면 '쉽게 배우기는 엑셀2010'을 입력합니다.

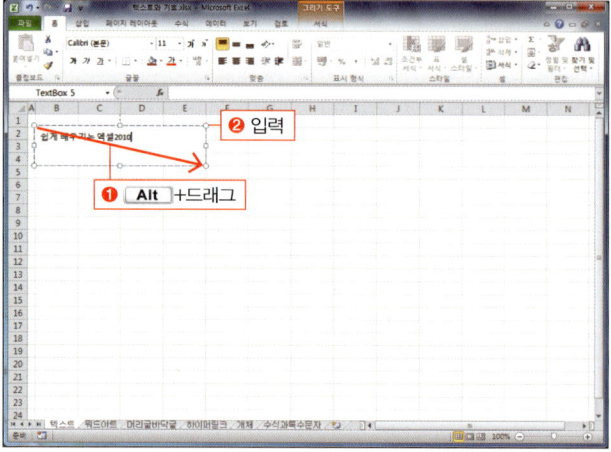

TIP : Alt 를 누르고 도형이나 텍스트 상자를 드래그하면 셀 단위로 크기를 조절할 수 있습니다.

03. 텍스트 상자를 선택하고 [그리기 도구]–[서식] 탭–[도형 스타일] 그룹–[밝은 색 1 윤곽선, 색 채우기 – 빨강, 강조 2]를 클릭합니다.

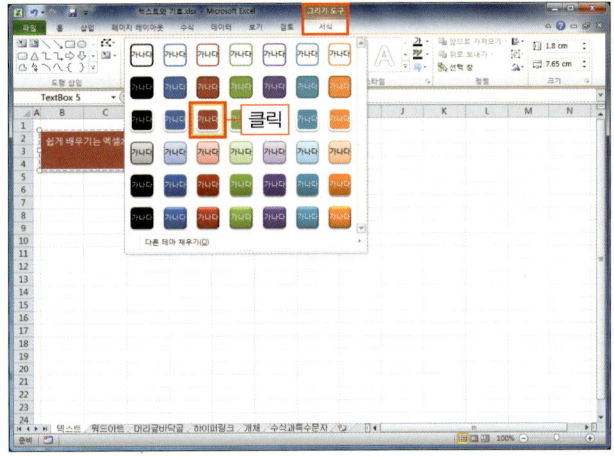

04. 텍스트를 블록으로 지정하고 [홈] 탭–[글꼴] 그룹에서 [글꼴]은 'HY견고딕', [글꼴 크기]는 '18', [맞춤] 그룹에서 [가로 가운데], [세로 가운데]를 각각 클릭합니다.

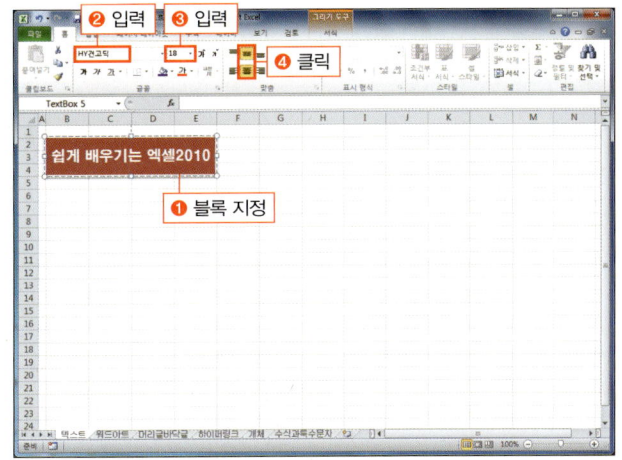

05. 다시 텍스트 상자를 선택하고 [그리기 도구]–[서식] 탭–[도형 스타일] 그룹–[도형 채우기]에서 [자주색]을 클릭합니다.

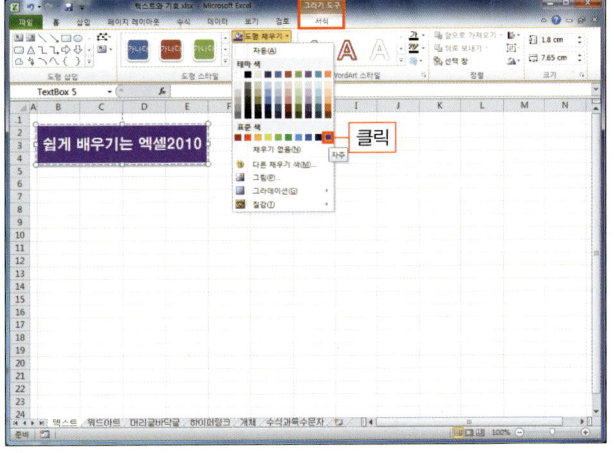

06. 이어서 [그리기 도구]-[서식] 탭-[도형 스타일] 그룹-[도형 윤곽선]에서 [두께]-[6pt]를 클릭합니다.

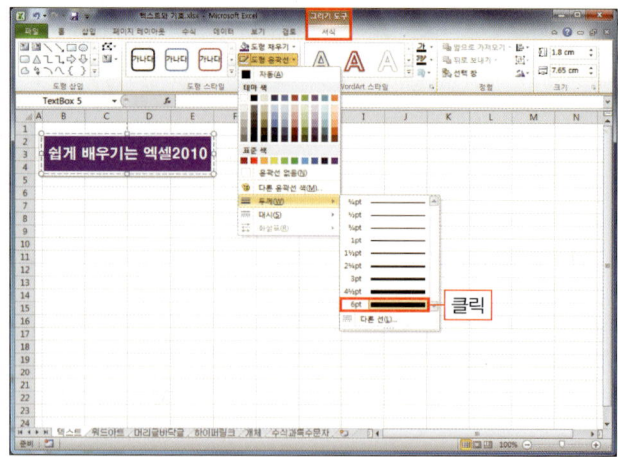

■ 세로 텍스트 상자 사용하기

01. [삽입] 탭-[텍스트] 그룹-[텍스트 상자] [세로 텍스트 상자]를 클릭하고, [D7:D15]까지 **Alt** 를 누른 상태에서 드래그하여 텍스트 상자를 만듭니다. 그리고 '엑셀 2010 그리기 도구 설정'을 입력합니다.

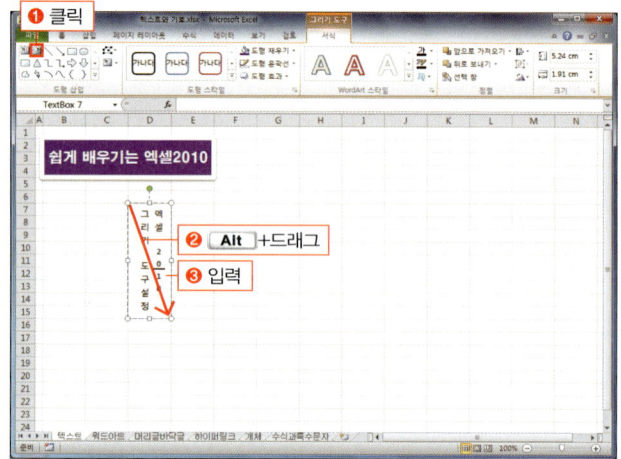

02. [그리기 도구]-[서식] 탭-[도형 스타일] 그룹-[자세히](⯆)를 클릭하고 스타일 중에서 [강한 효과 – 파랑, 강조 1]을 선택합니다.

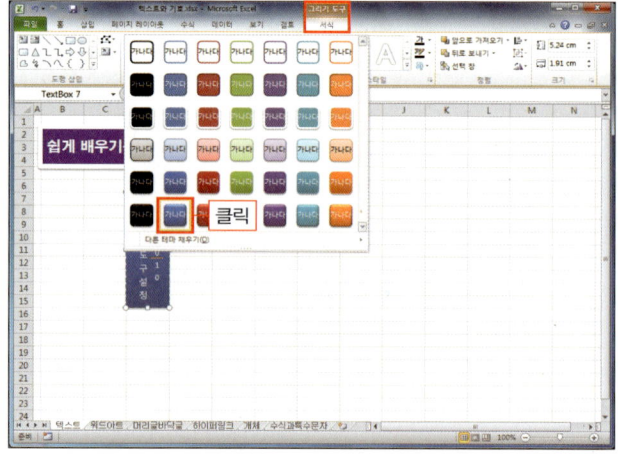

03. 다시 텍스트 상자를 선택하고 [그리기 도구]-[서식] 탭-[도형 스타일] 그룹-[도형 효과]의 [기본 설정]-[기본 설정 1]을 클릭합니다.

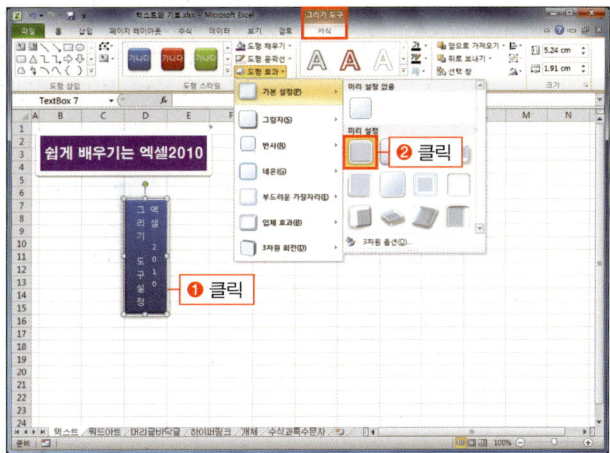

04. 서식을 지정하기 위해 [홈] 탭-[글꼴] 그룹에서 [글꼴]은 'HY견고딕', [글꼴 크기]는 '14', [맞춤]은 [세로 가운데], [가로 가운데]로 설정합니다.

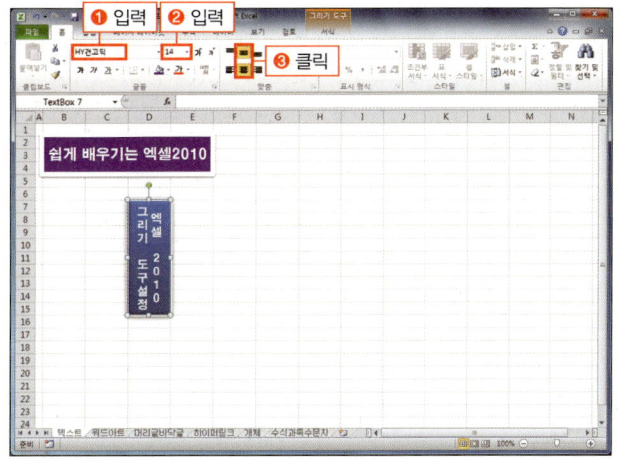

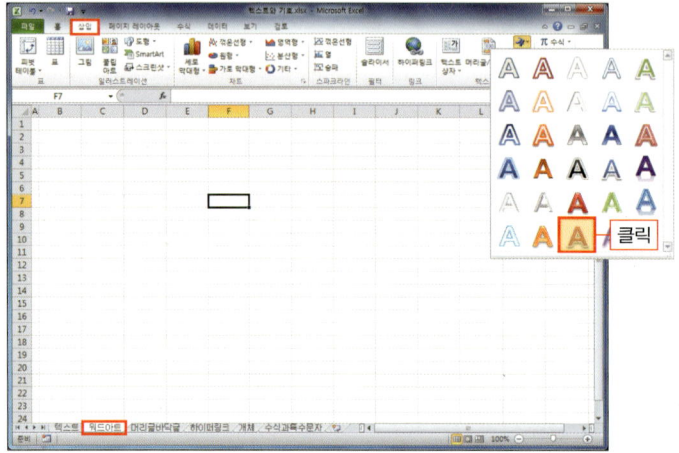

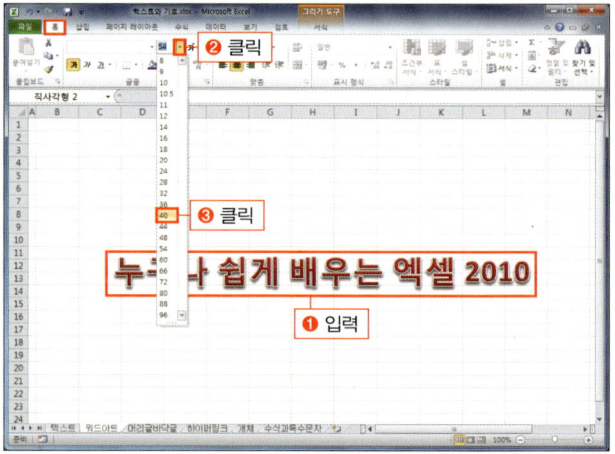

데이터의 표나 워크시트에 중요한 제목 입력 시 단순한 텍스트보다 화려하게 꾸밈을 줄 수 있는 WordArt를 사용합니다.

예제 파일 | CD\Part 03\텍스트와 기호.xlsx **완성 파일 |** CD\Part 03\텍스트와 기호-완성.xlsx

01. [워드아트] 시트로 이동한 다음 [삽입] 탭-[텍스트] 그룹-[WordArt]-[채우기 - 빨강, 강조 2, 무광택 입체]를 클릭합니다.

02. 워크시트에 WordArt가 나타나면 '누구나 쉽게 배우는 엑셀 2010'을 입력하고 [홈] 탭-[글꼴] 그룹-[글꼴 크기]를 '40'으로 설정합니다.

03. WoedArt를 선택하고 [그리기 도구]–[서식] 탭–[WordArt 스타일] 그룹–[텍스트 채우기]를 클릭하고 [그라데이션]–[기타 그라데이션]을 선택합니다.

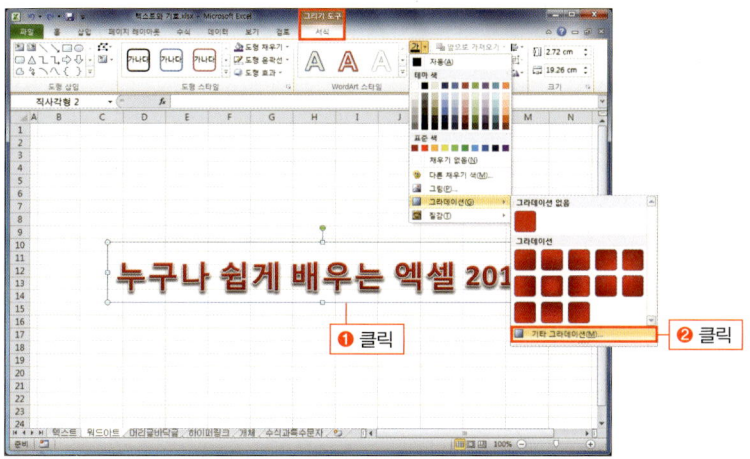

04. [텍스트 효과 서식] 대화상자가 나타나면 [기본 설정 색]은 '이끼 그라데이션', [종류]는 '방사형', [방향]은 '가운데에서'로 설정하고 [닫기]를 클릭합니다.

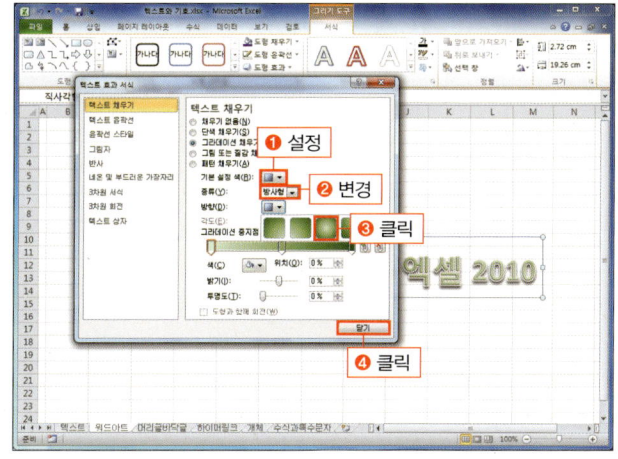

05. WordArt를 선택하고 내용 중에 '엑셀 2010'만 블록으로 지정합니다. [그리기 도구]–[서식] 탭–[WordArt 스타일] 그룹–[자세히](▼)를 클릭하고 [그라데이션 채우기– 파랑, 강조 1, 윤곽석–흰색]을 선택합니다.

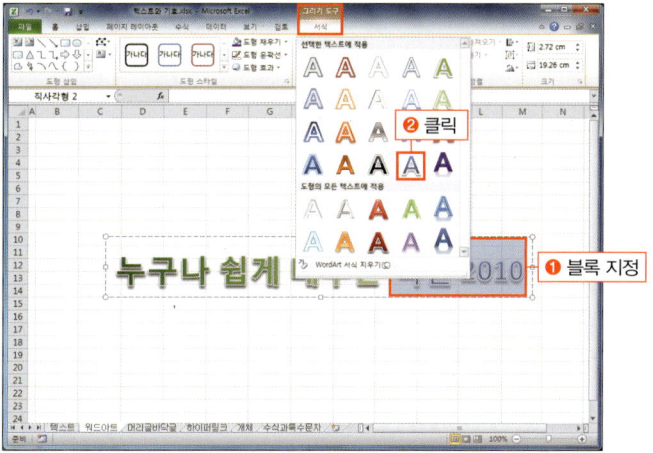

TIP : WordArt 스타일은 블록으로 지정할 수 있는 [선택한 텍스트에 적용], 전체를 한 번에 변경하는 [도형의 모든 텍스트에 적용]으로 구분할 수 있습니다.

06. [WordArt 스타일] 그룹에서 [텍스트 효과]-[변환]-[위쪽 원호]를 클릭하여 적용합니다.

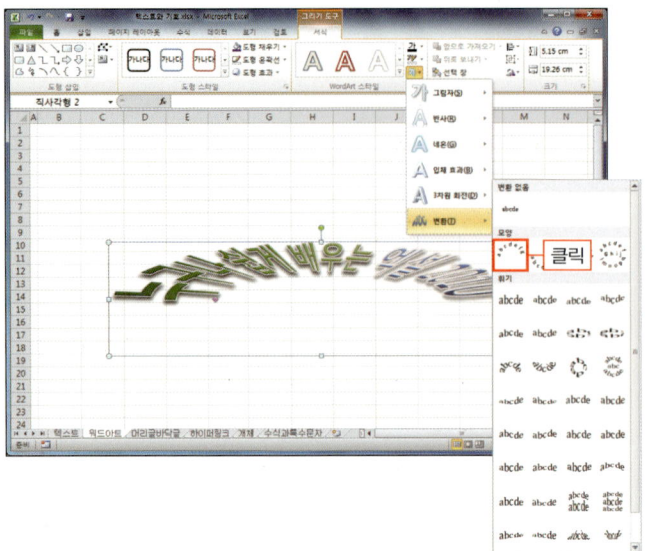

07. 텍스트를 좀 더 원호에 가깝게 하기 위해 WordArt의 분홍색 점을 선택하고 안으로 드래그 합니다.

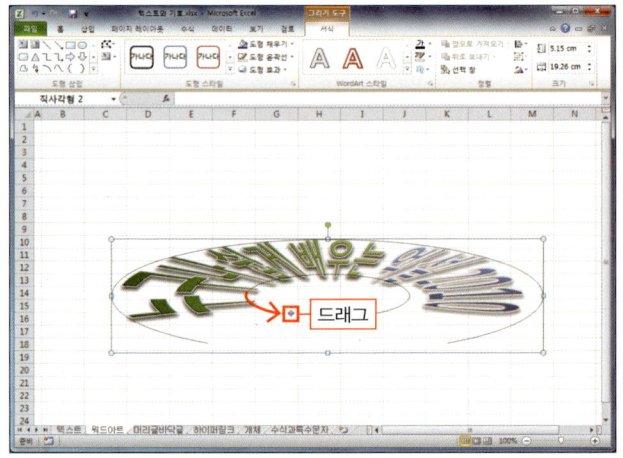

08. WordArt 안의 텍스트가 작게 느껴지면 하단의 크기를 드래그하여 크게 조정합니다.

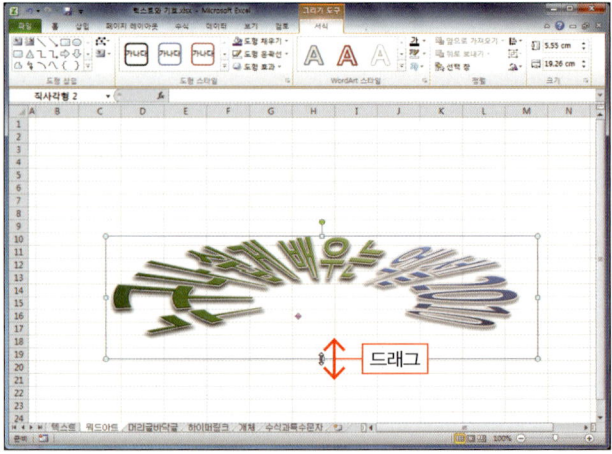

머리글과 바닥글은 워드프로세서에서 많이 사용하지만 엑셀에 있는 워크시트 내용을 프린트하여 체계적으로 정리하는 경우 머리글과 바닥글이 필요합니다. 간단한 머리글과 바닥글을 입력하고 미리 보기로 확인하는 방법을 알아보겠습니다.

예제 파일 | CD₩Part 03₩텍스트와 기호.xlsx   **완성 파일 |** CD₩Part 03₩텍스트와 기호-완성.xlsx

■ 머리글과 바닥글 주기

01. [머리글바닥글] 시트로 이동한 다음 [삽입] 탭-[텍스트] 그룹-[머리글/바닥글]을 클릭합니다.

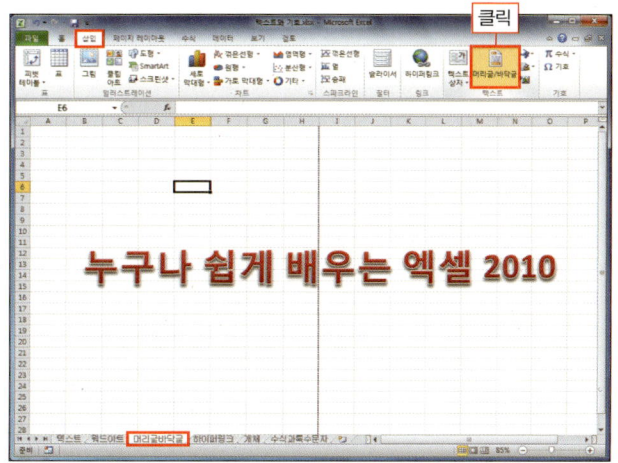

02. 머리글의 가장 왼쪽 셀을 선택한 후 '누구나 쉽게 배우는 엑셀 2010'을 입력하고 [머리글/바닥글 도구]-[디자인] 탭-[옵션] 그룹-[짝수와 홀수 페이지를 다르게 지정]을 체크합니다.

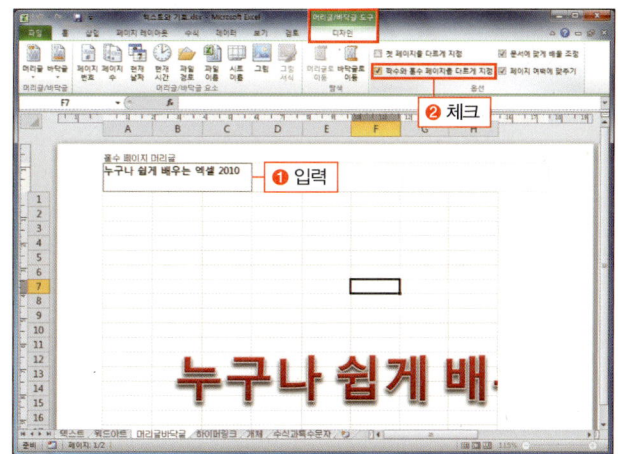

PART 03 · 표와 차트

03. 바로 옆 장으로 이동하여 머리글의 가장 오른쪽에 있는 셀을 선택한 후 'PART 3 보기 좋은 문서 만들기'를 입력합니다.

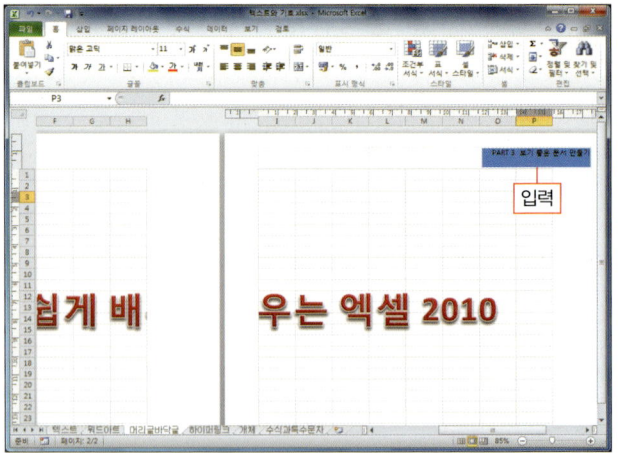

04. 머리글이 선택되어 있는 상태에서 [머리글/바닥글 도구]-[디자인] 탭-[탐색] 그룹-[바닥글로 이동]을 클릭합니다.

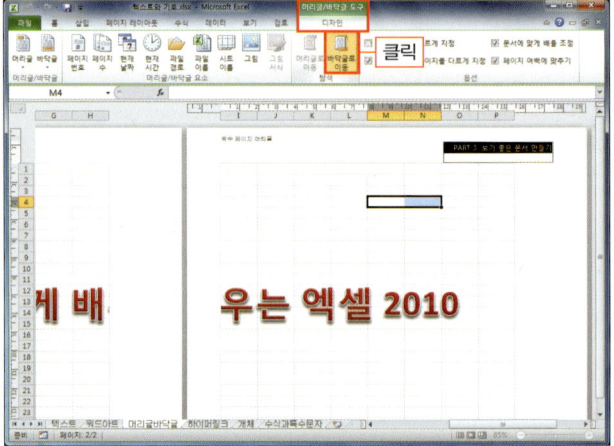

05. 바닥글 가장 오른쪽 셀을 선택하고 [머리글/바닥글 요소] 그룹-[페이지 번호]를 클릭합니다. 페이지 번호가 입력되면 'Lesson 04'를 추가 입력합니다.

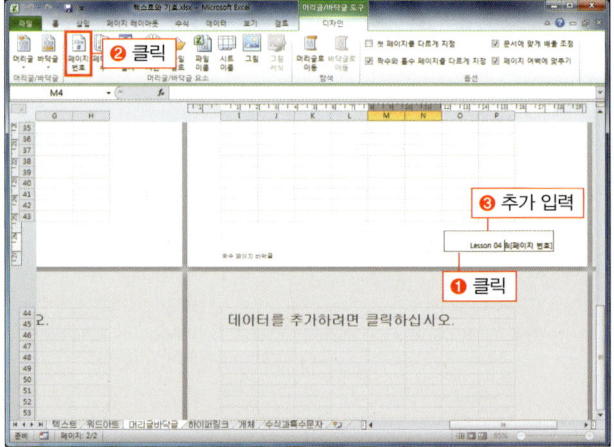

06. 또, 옆 장으로 이동하여 가장 왼쪽 셀을 선택하고 [머리글/바닥글 요소] 그룹–[시트 이름]을 클릭합니다. 시트 이름이 입력되면 안을 클릭하고 '워크시트'라고 추가 입력합니다.

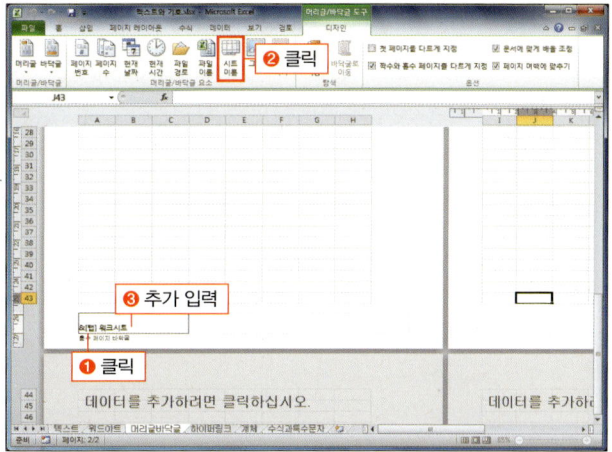

07. 머리글과 바닥글이 완성되면 [파일] 탭–[인쇄]를 클릭합니다. 1, 2페이지의 머리글과 바닥글을 확인합니다.

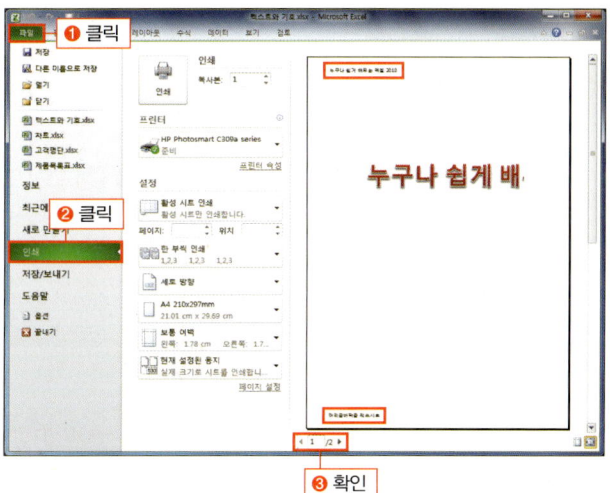

개체 삽입을 이용하면 파워포인트, 워드, 한글, 플래시 등의 파일을 가져와 엑셀에서 사용하는데, 가져오는 프로그램이 컴퓨터에 설치되어 있는 경우에만 가능하며 바로 표시하거나 아이콘 형식으로 표시하여 사용합니다. 또한, 수식은 직접 엑셀에서 작업할 수 없는 식을 빠르게 사용할 수 있습니다.

예제 파일 | CD\Part 03\텍스트와 기호.xlsx, 지구탐험대.pptx **완성 파일** | CD\Part 03\텍스트와 기호-완성.xlsx

■ 개체를 삽입하고 실행하기

01. [개체와수식] 시트로 이동한 다음 [삽입] 탭-[텍스트] 그룹-[개체 삽입]을 클릭합니다.

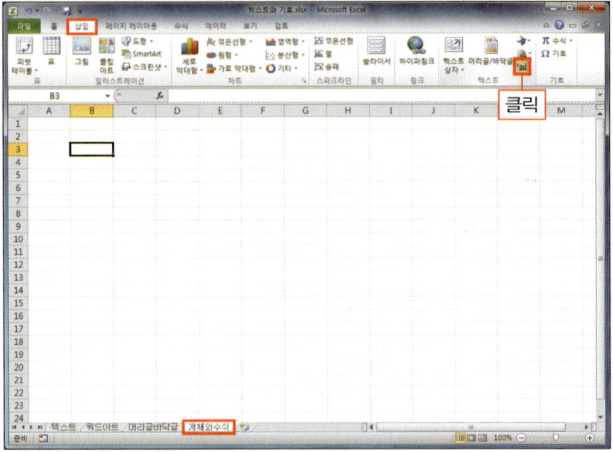

02. [개체] 대화상자가 나타나면 [파일로부터 만들기] 탭에서 [찾아보기]을 클릭하고, 부록 CD에서 '지구탐험대.pptx' 파일을 선택한 후 [삽입]을 클릭합니다.

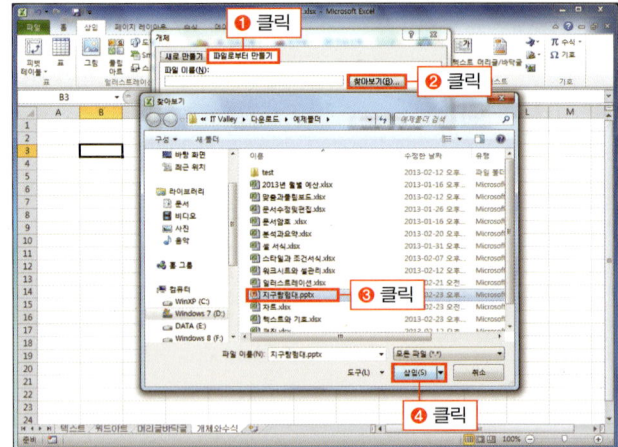

03. 다시 [개체] 대화상자에서 [아이콘으로 표시] 옵션에 체크하고 [확인]을 클릭합니다.

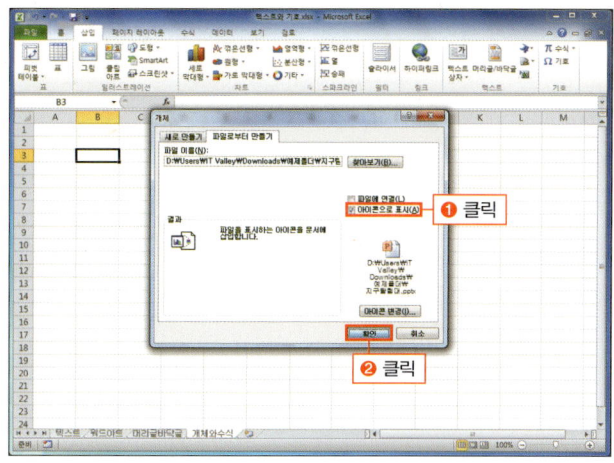

04. 워크시트에 아이콘으로 된 파워포인트 파일(pptx)을 확인할 수 있는 데 이것을 더블클릭합니다.

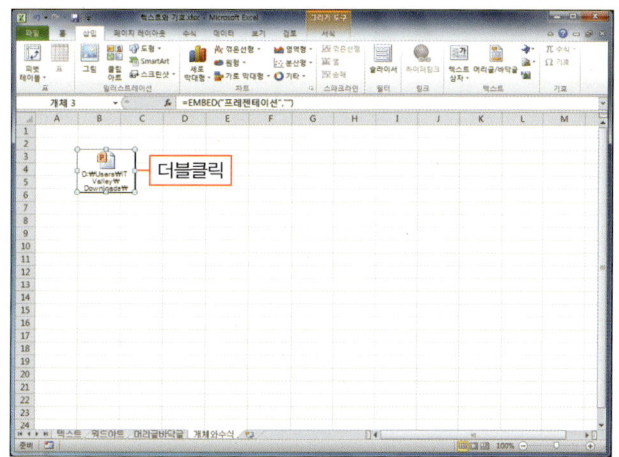

05. 파워포인트가 실행되면서 내용을 확인할 수 있습니다

■ 수식 입력하기

01. [B8] 셀을 선택하고 '전기력 F'를 입력합니다. [삽입] 탭–[기호] 그룹–[수식]을 클릭합니다. 워크시트에 '여기에 수식을 입력하시오'라는 텍스트 상자의 크기를 늘려줍니다.

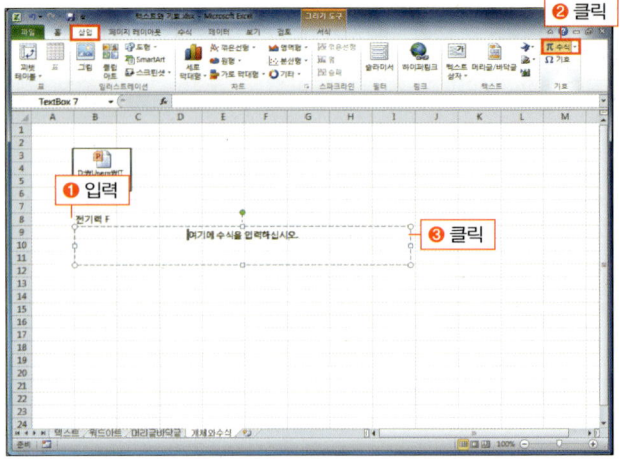

02. '여기에 수식을 입력하시오'를 클릭하고 'F = K'를 입력합니다. [수식 도구]–[디자인] 탭–[기호] 그룹에서 [·]를 클릭합니다.

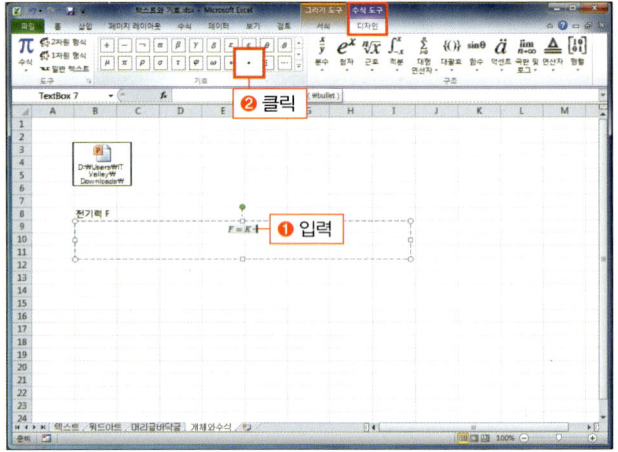

03. [수식 도구]–[디자인] 탭–[구조] 그룹–[분수]에서 [상하형 분수]를 클릭합니다.

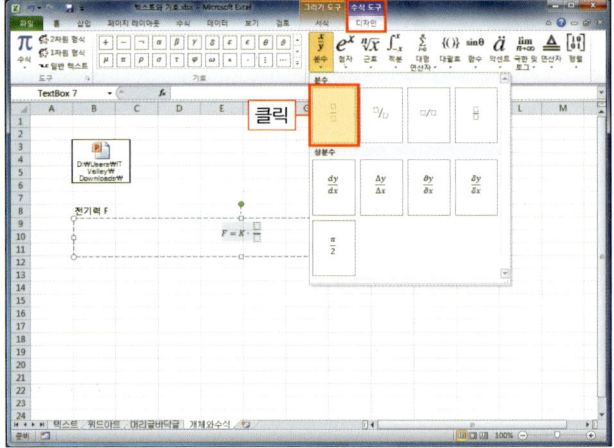

04. 분자의 네모 칸을 선택하고 바로 [구조] 그룹의 [첨자]-[아래 첨자]를 2번 연속해서 클릭합니다.

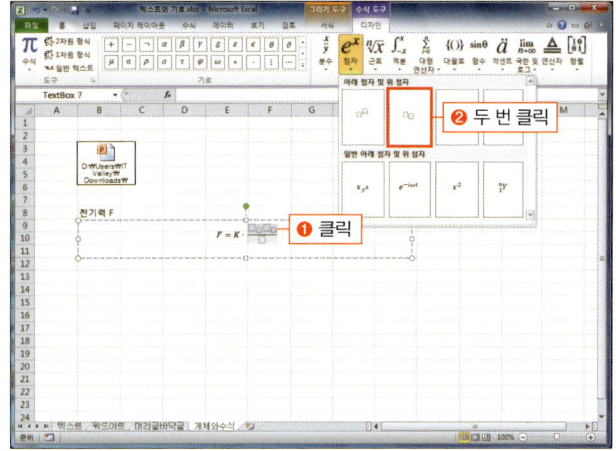

05. 만들어진 네모 칸을 선택하고 'Q', 바로 아래 첨자를 선택하고 '1', 다음 네모 칸에 클릭하고 'Q', 바로 아래 첨자를 선택하고 '2'를 입력합니다.

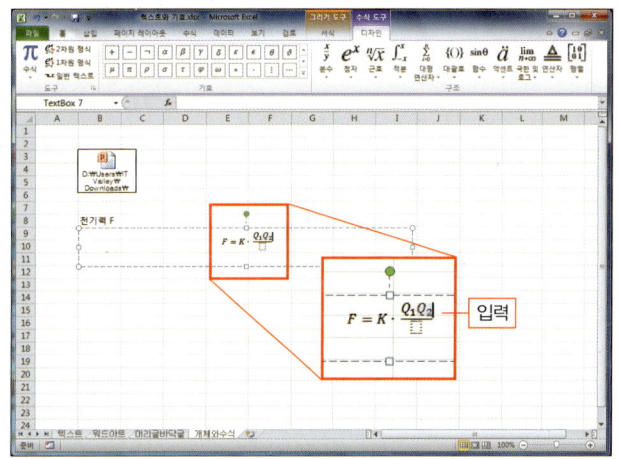

06. 분모의 네모 칸을 선택하고 [구조] 그룹에서 [첨자]-[윗 첨자]를 클릭합니다.

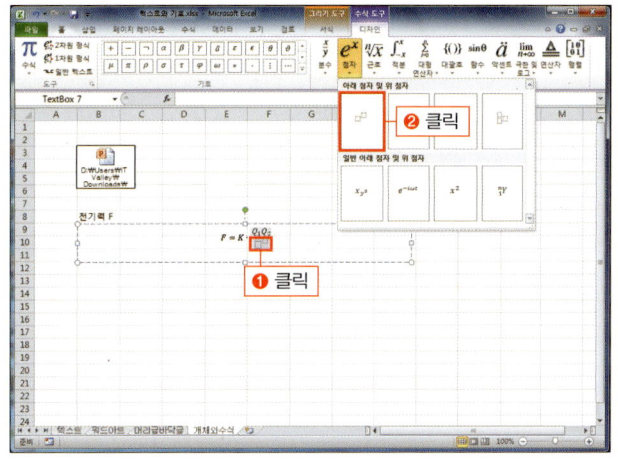

07. 네모 칸을 선택하고 'r', 윗 첨자를 선택하고 '2'를 입력한 후 이동하여 '='를 입력합니다. [삽입] 탭-[기호] 그룹-[수식]을 다시 클릭합니다.

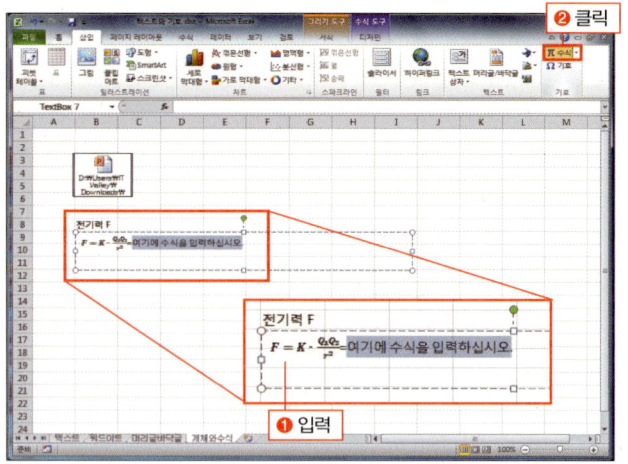

TIP : 수식 기호에 벗어나면 [수식 도구] 탭이 사라지므로 바로 [수식]을 클릭하여 수식을 입력해야 합니다.

08. 같은 방법으로 모든 수식을 완성합니다.

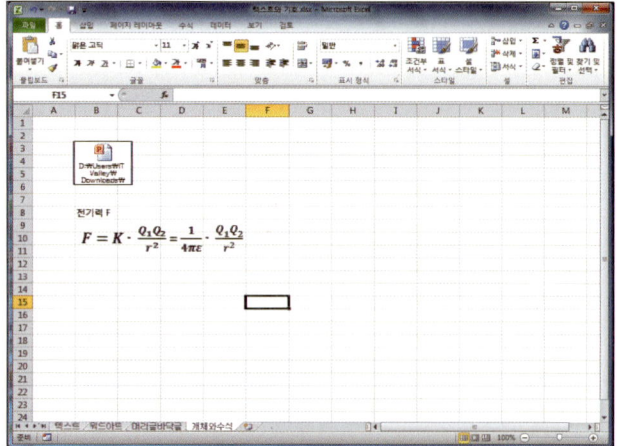

PART SUMMARY

- 데이터 목록을 표로 완성하고 표에 스타일을 적용한 후 다시 데이터 목록으로 변환하는 방법을 알아둡니다. `190P`

- 데이터 목록에서 데이터 입력과 표에서 데이터 입력의 차이점을 알아둡니다. `193P`

- 피벗 테이블과 피벗 차트의 작성 방법을 알아둡니다. `195P`

- 피벗 테이블의 계산 필드 사용법을 알아둡니다.

- 슬라이서를 이용하면 피벗 테이블의 간편한 검색이 가능합니다.

- 그림 삽입 시 그림의 배경을 원하는 부분까지 제거하는 방법을 알아둡니다. `205P`

- 클립 아트를 가져와 다른 색으로 변경하는 방법을 알아둡니다. `209P`

- SmartArt로 조직도를 입력하고 조직도의 추가/삭제 방법을 알아둡니다. `217P`

- 데이터의 내용에 맞는 차트를 입력하고 차트를 변경하는 방법을 알아둡니다. `231P`

- 차트의 항목 축 레이블의 추가/수정/삭제 방법을 알아둡니다. `239P`

- 차트의 레이아웃을 변경하고 자신만의 레이아웃 형태로 변화하는 방법을 알아둡니다. `243P`

- 선형, 열, 승패 스파크라인의 사용 방법을 알아둡니다. `248P`

- 홀/짝수 페이지의 머리글과 바닥글을 다르게 설정하는 방법과 다양한 머리글/바닥글 형식을 추가해 봅니다. `261P`

- WordArt를 이용하여 다양한 제목을 만들어 봅니다. `258P`

- 개체 삽입 시의 특징과 수식 입력하는 방법을 알아둡니다. `264P`

01 [피벗 테이블] 시트에서 그룹 필드와 계산 필드를 이용하여 다음과 같이 완성해 봅니다.

예제 파일 : Test\Part 03\피벗-그룹과계산.xlsx　　　**완성 파일** : Test\Part 03\피벗-그룹과계산-완성.xlsx
동영상 해설 : Test\Part 03\Part 03.avi

- 시작을 '10'으로, 끝을 '40'으로 하여 10개씩 그룹으로 묶기
- 이름 : 판매금액별 세금, 수식 : '금년 판매금액*0.1'되도록 추가 필드 만들기

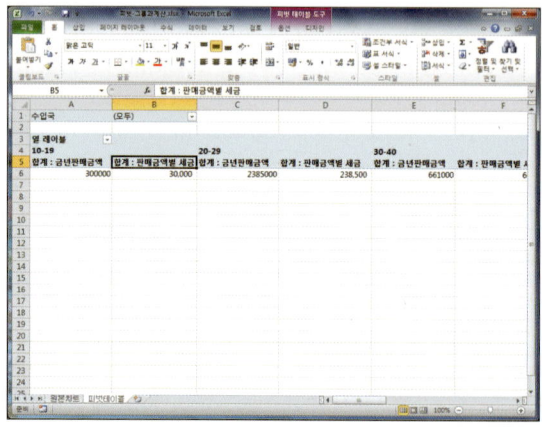

HINT

피벗 테이블에 그룹 필드를 추가하기 위해 [그룹 필드]를 클릭한 후 [그룹화] 대화상자를 따라하기의 내용에 맞게 설정합니다.
그리고 계산 필드를 추가하기 위해 [계산 필드]를 클릭하고 이름은 '판매금액별 세금', 수식은 '금년판매금액*0.1'을 입력합니다.

02 '꺾은 선형' 스파크라인을 '열' 스파크라인으로 변경해 봅니다.

예제 파일 : Test\Part 03\스파크라인.xlsx　　　**완성 파일** : Test\Part 03\스파크라인-완성
동영상 해설 : Test\Part 03\Part 03.avi

- [N3]과 [O3] 셀을 '상반기 판매율'과 '하반기 판매율'로 변경/입력하고 기존의 스파크라인 삭제
- 상반기(1~6월), 하반기(7~12월)에 '열' 스파크라인 적용
- 스파크라인 색을 '주황, 강조 6'으로 변경하고 [N4:O11]까지 범위에서 높은 점을 선택하고 '빨간색'으로 변경

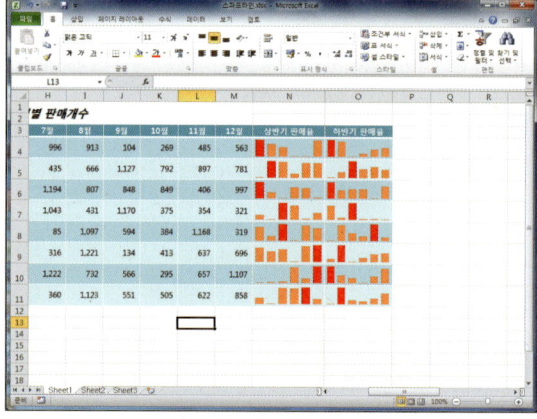

HINT

[N3] 셀은 '상반기 판매율', [O3] 셀은 '하반기 판매율'을 입력합니다. [N4:N11]의 스파크라인을 삭제한 후 '열' 스파크라인을 추가
합니다(범위 [B4:G11]), [O4:O11]에도 '열' 스파크라인을 추가합니다(범위 [H4:M11]), 그리고 스파크라인의 색(주황, 강조 6)과 높은
점의 색상(빨간색)을 설정합니다.

백전백승
수식 및 함수 익히기

EXCEL · 2010

수식은 엑셀의 가장 중요한 기능입니다. 수식을 이용하여 셀에 있는 숫자들을 계산하고 보다 빠르게 필요한 값들을 구할 수 있습니다. 이런 수식을 하나의 기능으로 묶은 것이 함수입니다. 즉, 함수는 수식을 보다 빠르게 계산하기 위한 활용 도구입니다. 여기서는 수식을 사용하는 방법과 기본 함수들을 사용하는 방법에 대하여 알아보겠습니다.

LESSON
01

셀 참조와
[정의된 이름] 그룹 이해하기

레 벨 ●　●　●

셀에 있는 값을 계산하다 보면 셀의 위치 값이 이동되면서 다시 계산이 필요하기도 하고, 고정이 된 값들의 계산이 필요하기도 합니다. 또한, 일정 부분의 셀을 모아 하나의 이름을 적용하면 쉽게 계산할 수도 있습니다. 이러한 작업들은 수식이나 함수를 이용하면 편리하게 작업할 수 있습니다.

기초 탄탄 ● [수식] 탭과 상대/절대/혼합 참조

■ [수식] 탭

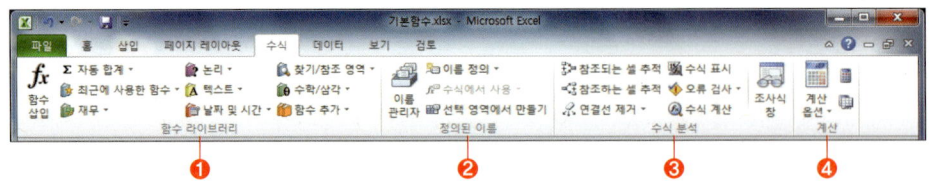

❶ 함수 라이브러리
- 함수 삽입 : 함수 마법사에서 함수를 선택하여 보다 쉽게 함수를 사용할 수 있습니다.
- 자동 합계 : 합계, 평균, 숫자 개수, 최대값, 최소값을 바로 사용할 수 있습니다.
- 최근에 사용한 함수 : 이전에 사용한 함수들을 다시 사용할 수 있습니다.
- 재무 : FV, PMT, PV 등 재무 함수를 사용할 수 있습니다.
- 논리 : AND, IF, OR, TRUE 등 논리 함수를 사용할 수 있습니다.
- 텍스트 : LEFT, RIGHT, MID, LEN 등 텍스트 함수를 사용할 수 있습니다.
- 날짜 및 시간 : DATE, DAY, HOUR, MINUTE 등 날짜와 시간에 관련된 함수를 사용할 수 있습니다.
- 찾기/참조 영역 : INDEX, MATCH, ROW 등 찾기와 참조 영역을 사용할 수 있습니다.
- 수학/삼각 : ABS, COS, INT, MOD, PI 등 수학과 삼각 함수를 사용할 수 있습니다.
- 함수 추가 : 바로 설정하지 않은 통계, 공학, 큐브, 정보, 호환성과 관련된 함수를 사용할 수 있습니다.

❷ 정의된 이름
- 이름 관리자 : 셀 범위에 이름을 지정/편집하고 삭제할 수 있습니다.
- 이름 적용 : 셀 범위를 지정하여 셀의 이름을 적용할 수 있습니다.
- 수식에서 사용 : 이름으로 지정된 범위를 수식으로 사용할 수 있습니다.
- 선택 영역에서 만들기 : 워크시트에서 범위를 선택하고 그 안에서 첫 행, 왼쪽 열, 끝 행, 오른쪽 열을 지정할 수 있습니다.

❸ 수식 분석

- 참조되는 셀 추적 : 현재 선택한 셀 값에 영향을 주는 셀을 나타내는 화살표를 표시합니다.
- 참조하는 셀 추적 : 현재 선택한 셀 값의 영향을 받는 셀을 나타내는 화살표를 표시합니다.
- 연결선 제거 : [참조되는 셀 추적], [참조하는 셀 추적]을 사용하여 그려진 화살표를 삭제합니다.
- 수식 표시 : 각 셀에 결과 값 대신 수식을 표시합니다.
- 오류 검사 : 수식에서 발생하는 일반 오류를 확인합니다.
- 수식 계산 : 각 수식을 개별적으로 계산하여 수식을 수정 시 사용합니다.
- 조사식 창 : 워크시트에 변경 내용을 적용할 때 특정 셀의 값을 모니터링합니다.

❹ 계산

- 계산 옵션 : 수식을 계산할 시간을 지정합니다. 자동, 데이터 표만 수동, 수동으로 하는 방식이 있습니다.
- 지금 계산 : 지금 전체 통합 문서를 계산합니다.
- 시트 계산 : 지금 현재 시트를 계산합니다.

■ 상대 참조와 절대 참조 그리고 혼합 참조

상대 참조와 절대 참조가 필요한 이유는 자동 채우기를 하기 때문입니다. 즉, 직접 수식을 하나씩 입력한다면 절대 참조는 필요없는 것입니다. 자동 채우기로 빠른 계산을 하기 위해서는 수식들 간의 변화를 보면서 상대 참조와 절대 참조가 어떤 방식으로 변경되는지 확인해 봅니다.

상대 참조 `277P`

상대 참조는 자동 채우기를 아래로 이동하면 수식으로 되어 있는 값들 중에 행들이 증가됩니다. 행들이 증가되어 하나씩 수식을 넣지 않아도 한 번에 원하는 수식을 만들 수 있습니다.

재고수량	단가	재고단가
125	1200000	=D5*E5
100	1200000	=D6*E6
50	2500000	=D7*E7
1256	780000	=D8*E8
356	1025000	=D9*E9
986	195000	=D10*E10
789	195000	=D11*E11
10	1560000	=D12*E12
20	1560000	=D13*E13

절대 참조 `279P`

절대 참조는 고정된 값을 계속적으로 수식으로 계산하려고 할 때 사용하는데 자동 채우기로 아래로 이동하면 행 들이 증가되며 고정된 값도 증가되어 원하지 않는 값이 나오게 됩니다. 즉, 고정된 값을 행이나 열의 증가 없이 같은 자리의 셀을 포함하여 사용하려면 F4를 눌러 행과 열의 앞에 달러 형태($)가 배치되어 고정된 형태의 절대 참조를 만들고 계산합니다.

D	E	G
	제고이률	0.1
재고수량	단가	재고단가
125	1200000	=D5*E5-D5*E5*$G$2
100	1200000	=D6*E6-D6*E6*$G$2
50	2500000	=D7*E7-D7*E7*$G$2
1256	780000	=D8*E8-D8*E8*$G$2
356	1025000	=D9*E9-D9*E9*$G$2
986	195000	=D10*E10-D10*E10*$G$2
789	195000	=D11*E11-D11*E11*$G$2
10	1560000	=D12*E12-D12*E12*$G$2
20	1560000	=D13*E13-D13*E13*$G$2

혼합 참조 `282P`

혼합 참조는 절대 참조와 상대 참조를 같이 사용하는 경우입니다. 자동 채우기를 아래로 이동하거나 왼쪽으로 이동한다면 절대 참조로 끝나지만 행과 열을 값을 같이 사용하여 고정된 값을 찾기 위해서는 혼합 참조를 사용해야 합니다. 즉, 아래로 이동할 경우는 열을 고정시켜 주고 왼쪽으로 이동시킬 경우는 행을 고정시켜 줍니다.

F4를 한 번 누르면 $열$행, F4를 두 번 누르면 열$행, F4를 세 번 누르면 $열행, F4를 다시 한 번 누르면 원래대로 열행이 표시되므로 혼합 참조를 정확히 파악하고 설정합니다.

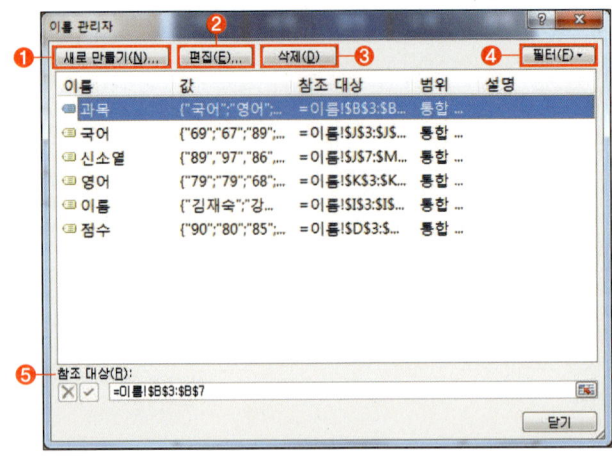

■ [이름 관리자] 대화상자 `289P`

워크시트의 범위를 지정하고 이름 상자에 글자를 넣으면 범위만큼 글자의 이름으로 지정됩니다. 이런 모든 이름을 한 번에 관리하는 것이 이름 관리자입니다.

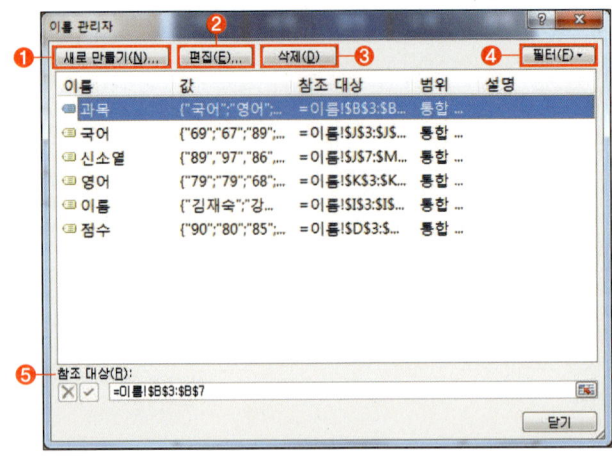

❶ 새로 만들기 : 다른 새로운 이름을 만들기 할 때 사용합니다.

❷ 편집 : 기존에 만들어진 이름을 선택하고 범위나 이름을 새로 편집하여 변경합니다.

❸ 삭제 : 이름을 삭제합니다.

❹ 필터 : 이름 관리자에서 해당하는 이름만 표시하여 줍니다. 예를 들어, 통합 문서에 있는 이름을 체크하면 해당 통합 문서에 있는 이름만 이름 관리자에 표시됩니다.

❺ 참조 대상 : 이름이 가지고 있는 범위를 보다 정확히 보여줍니다.

상대 참조는 하나의 값만 계산을 할 때는 필요 없지만 자동 채우기로 여러 값들을 계산을 할 때는 중요한 기능입니다. 즉, 스프레드시트(엑셀)이 어떤 다른 오피스 프로그램보다 가장 많이 사용되는 이유가 이것 때문이라고 할 수 있습니다.

예제 파일 | CD\Part 04\참조와이름.xlsx **완성 파일 |** CD\Part 04\참조와이름_완성.xlsx

01. 예제 파일을 불러온 후 [상대참조] 시트로 이동합니다. [G4] 셀을 선택하고 '='를 입력, [C4] 셀을 선택하고 '+'를 입력, [D4] 셀을 선택하고 '+'를 입력, [E4] 셀을 선택하고 '+'를 입력한 후 마지막으로 [F4] 셀을 선택하고 **Enter** 를 누릅니다.

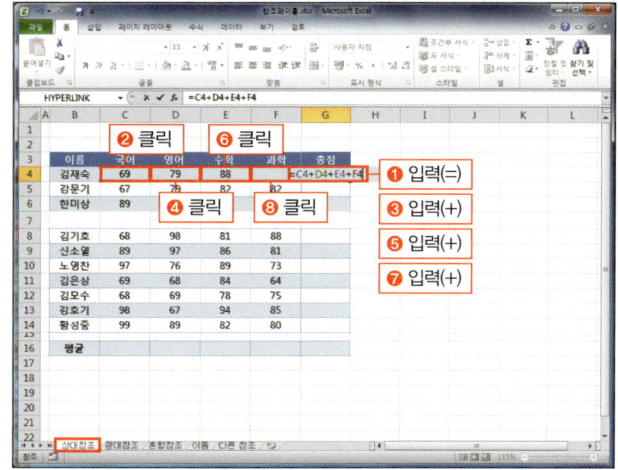

02. [G4:G14]까지 채우기 핸들을 드래그하여 자동 채우기로 총점을 완성합니다.

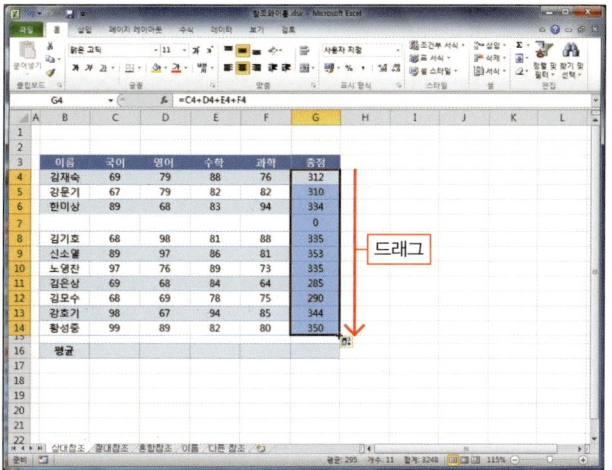

03. [G7] 셀을 선택하고 [Ctrl]+[~]를 누릅니다. [G] 열에 수식 기호를 확인할 수 있는데, [G4] 셀과 [G5] 셀을 비교할 때 [C] 열은 그대로이지만, [4] 행은 [5] 행으로 증가되는 것을 확인할 수 있습니다. 즉, 아래로 자동 채우기를 하면 [행]이 증가됩니다.

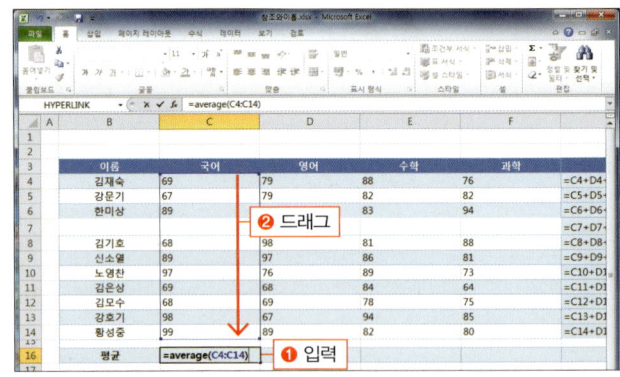

> **TIP** : 수식이 있는 셀을 선택하면 수식 값들이 어느 셀을 가져와서 사용되는지 색상으로 표시됩니다.

> **TIP** : [Ctrl]+[~]를 누르면 셀에 계산 값을 보이는 것이 아니라 수식을 그대로 보여 줍니다.

04. [C16] 셀을 선택하고 '=average('를 입력한 후 [C4:C14]까지 드래그합니다. 그리고 ')'를 입력하여 함수를 완성합니다.

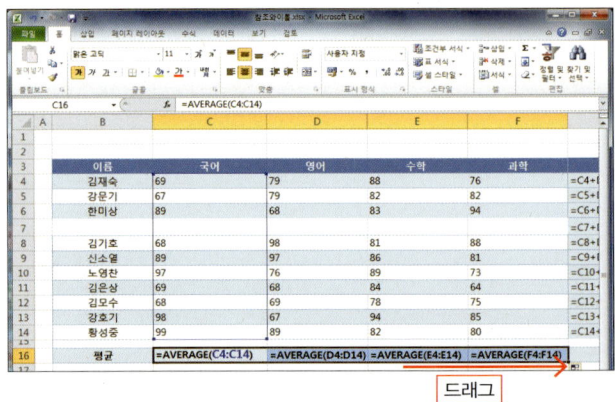

연관검색 AVERAGE() 함수는 평균을 구하는 함수입니다.

05. [C16:F16]까지 자동 채우기를 합니다. 여기서는 오른쪽으로 자동 채우기를 하면 [행]이 증가되는 것이 아니라 [열]이 증가되는 것을 확인할 수 있습니다.

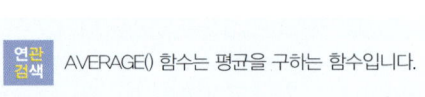

06. 다시 [Ctrl]+[~]를 눌러 원래의 결과 값을 확인합니다.

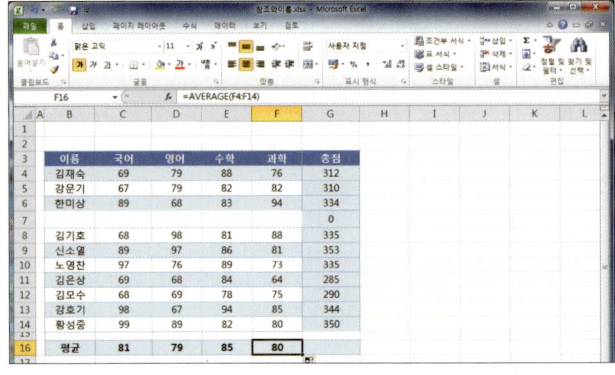

절대 참조는 상대 참조와 반대로 특정 셀만 고정하여 수식으로 계산합니다. 특히, 일정한 범위를 계속 포함해서 사용하는 경우 많이 사용합니다. 절대 참조를 할 때는 [F4]를 눌러 절대 참조가 되어야 하며 절대 참조의 표시는 기호($)가 들어간다는 것을 알아둡니다.

예제 파일 | CD₩Part 04₩참조와이름.xlsx　**완성 파일 |** CD₩Part 04₩참조와이름-완성.xlsx

■ 절대 참조 이해하기

01. [절대참조] 시트로 이동한 다음 [C4] 셀을 선택하고 '=B4+B4*C11'을 입력합니다. 즉, 원래의 값에 이율을 추가하여 값을 변경하는 것입니다. [Enter]를 누릅니다.

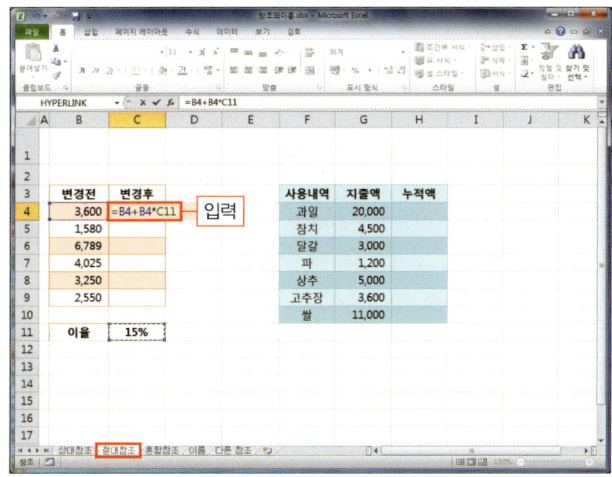

02. [C4:C9]까지 자동 채우기로 드래그하여 값을 채웁니다. 그러나, [C5:C9]의 값은 바뀌지 않은 것을 확인할 수 있습니다. [C5:C9]까지의 수식에서는 [행]의 증가로 인해 [C11]의 값이 바뀌었기 때문입니다.

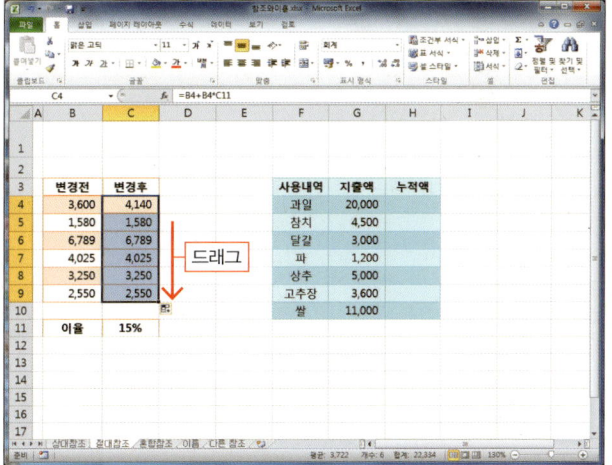

03. [C4:C9]까지 데이터를 지우고 [C4] 셀을 선택합니다. '=B4+B4*C11'을 입력한 다음 [C11] 셀에서 F4 를 눌러 '$C$11'로 변경합니다.

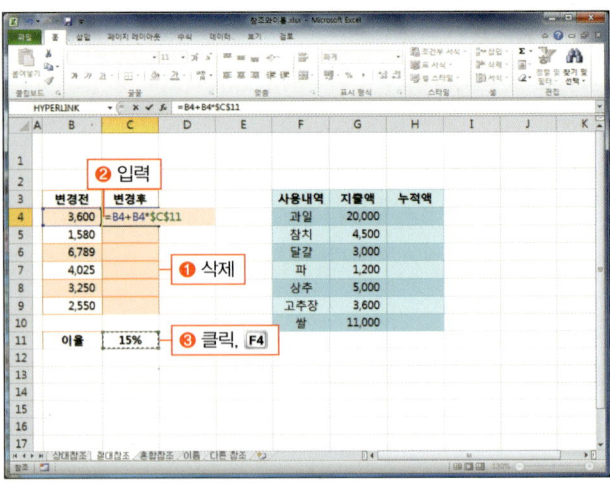

04. [C4:C9]까지 자동 채우기로 데이터를 완성합니다.

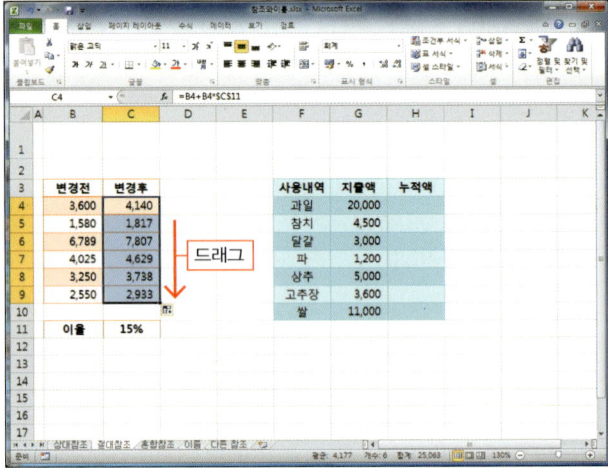

■ 절대 참조 응용하기

01. 지출액의 값을 누적하여 마지막에 셀에서 최종 총액을 구하는 방법으로, [H4] 셀을 선택하고 '=SUM(G4:G4)'를 입력합니다.

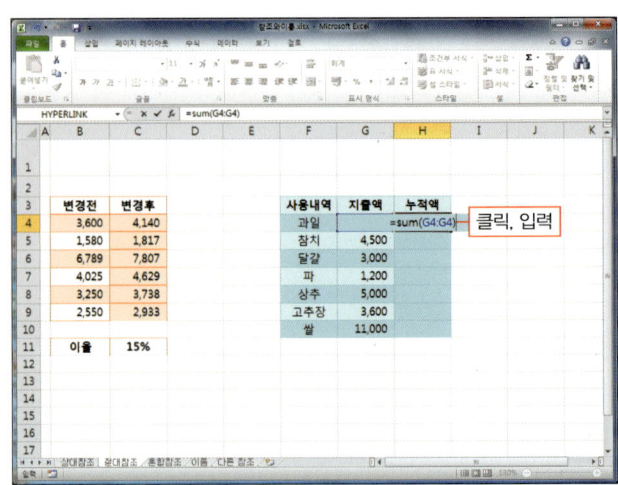

연관검색 SUM() 함수는 범위 안의 값들을 더하는 함수입니다.

02. 입력된 수식 중에서 뒤에 있는 [G4] 셀을 선택하고 F4 를 누릅니다.

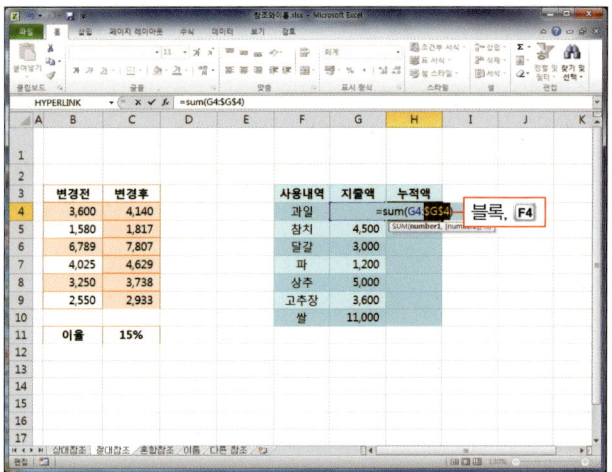

03. [H4:H10]까지 자동 채우기로 수식을 완성합니다.

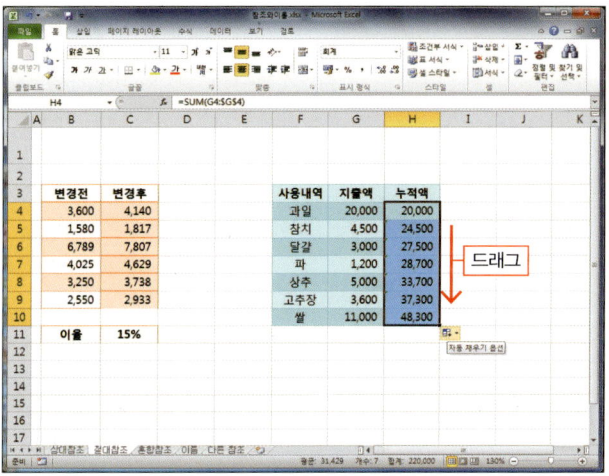

작업 시 상대 참조만 사용하는 경우도 있고, 절대 참조만 사용하는 경우도 있는데 이 중에 한쪽 열이나 행만 고정시켜서 사용하는 혼합 참조인 경우도 있습니다. 특히, 표에서 2가지의 데이터를 모두 만족하는 경우의 값을 찾거나, 조건부 서식에서 조건에 맞는 서식을 행 단위로 찾는 경우에 혼합 참조가 필요합니다.

예제 파일 | CD₩Part 04₩참조와이름.xlsx   **완성 파일 |** CD₩Part 04₩참조와이름—완성.xlsx

■ 혼합 참조 이해하기

01. [혼합참조] 시트를 선택하고 [C4] 셀에 '=B4*C3'을 입력한 후 Enter 를 누릅니다.

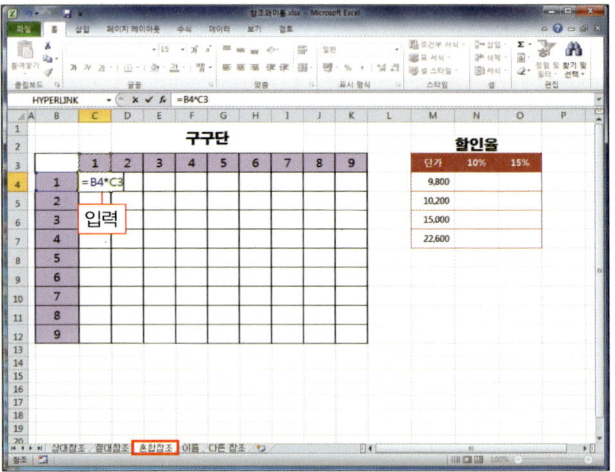

02. [C4:C12]까지 자동 채우기를 합니다. 원하는 값이 안 나타나는 것을 확인할 수 있습니다. [C5] 셀을 선택하면 [B5] 셀은 맞지만 [C4] 셀은 [행]의 증가로 인해 곱해야 값이 나오는 것입니다. 즉, [C3] 셀이 고정이 되어야 제대로 된 값을 구할 수 있을 것입니다.

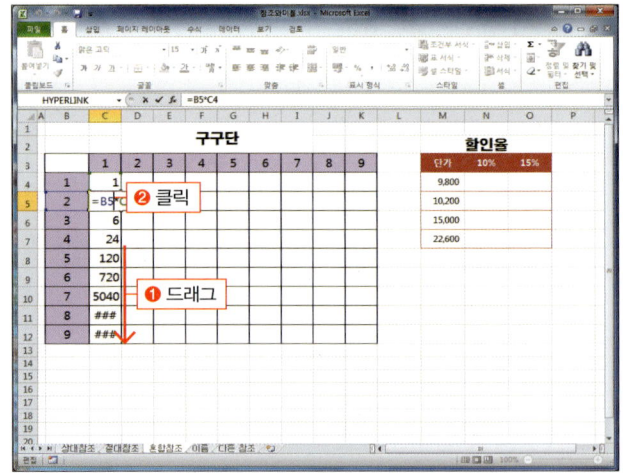

03. [C4:C12]의 값은 지우고 다시 [C4] 셀에 '=B4*C3'을 입력한 후 [C4:K4]까지 자동 채우기를 합니다. 마찬가지로 원하는 값이 안 나타나는 것을 확인할 수 있습니다. [D4] 셀을 선택하면 [C3] 셀은 맞지만 [B5] 셀은 [열]의 증가로 인해 곱해야 값이 오른쪽으로 이동하는 것을 알 수 있습니다.

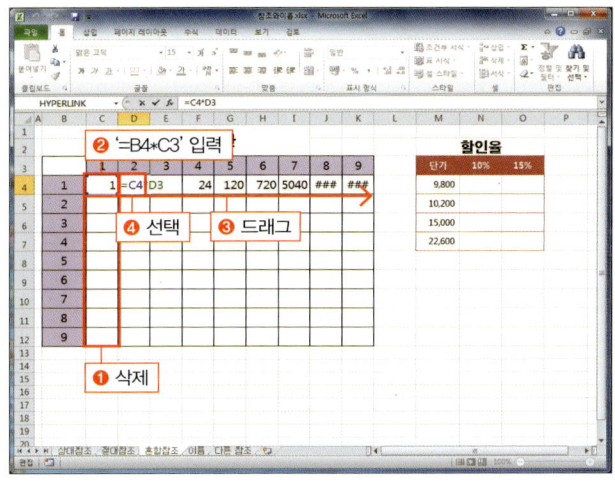

04. 위와 같은 문제를 해결하기 위해 [C4:K4]의 값은 지우고 [C4] 셀에 '=B4*C3'을 입력하고 'B4'를 선택한 다음 F4 를 3번 누릅니다. 이번에는 'C3'을 선택하고 F4 를 2번 눌러서 '=$B4*C$3'로 변경된 것을 확인한 후 Enter 를 누릅니다.

TIP : [A1] 셀에서 F4 을 한 번 누르면 '$A$1'로, 두 번 누르면 'A$1'로, 세 번 누르면 '$A1'로, 네 번 누르면 'A1'로 변경됩니다.

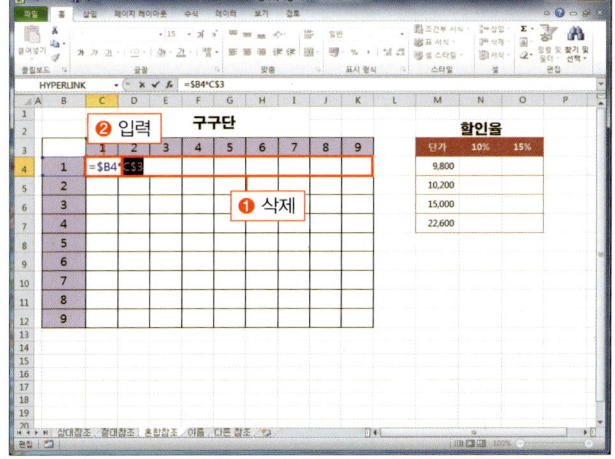

05. [C4:C12]까지 자동 채우기를 하면 1단 구구단이 완성됩니다. 자동 채우기가 끝나면 [C4] 셀에서 [K12] 셀까지 자동 채우기로 [C4:K12]까지 수식을 모두 적용합니다.

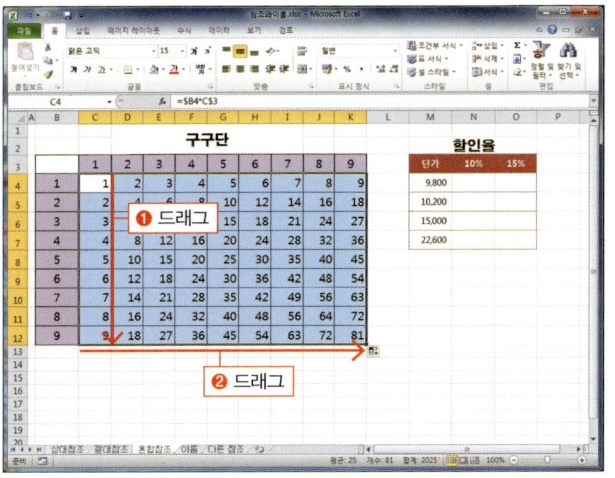

■ 혼합 참조 활용하기

01. 할인율을 구하는 식에서 [N4] 셀을 선택하고 '=M4−M4*N3'을 입력합니다.

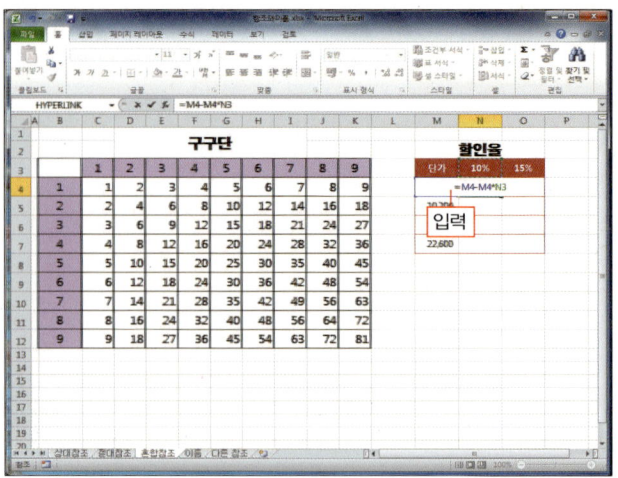

02. 'M4'를 선택하고 F4 를 3번 누르고, 'N3'을 선택하고 F4 를 2번 누릅니다.

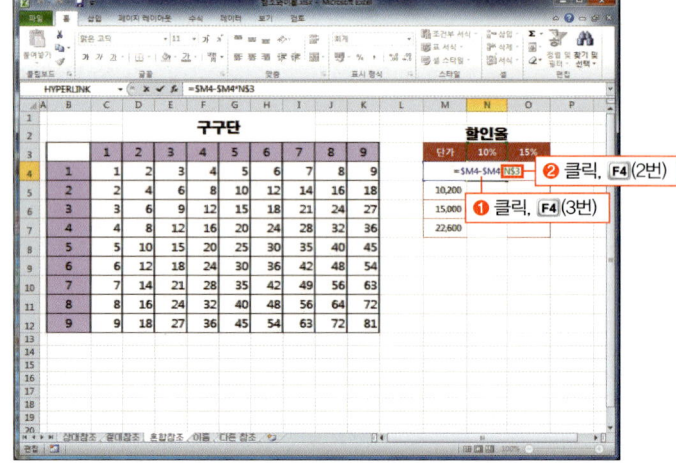

문제 해결 [N3] 셀에 절대 참조를 하면 10%, 20% 열의 값들을 따로 지정하여 구해야 합니다. 여기서는 한 번에 구하기 위해 상대 참조를 사용합니다.

03. [N4:N7]까지 연속 채우기로 수식을 완성하고 바로 [O7] 셀까지 드래그하여 [N4:O7]까지 수식을 적용합니다.

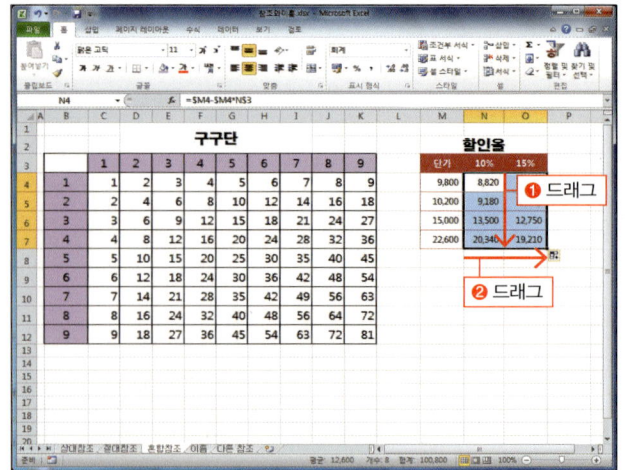

셀에는 셀의 위치 값을 가지는 이름을 가지고 있습니다. 또한, 여러 셀의 범위를 한 번에 지정하여 이름을 적용할 수도 있습니다. 셀 범위에 이름을 부여하면 이 범위는 절대 참조되어 따로 **F4**를 눌러 절대 참조로 변경할 필요가 없으며 함수, 유효성 검사, 수식 계산을 쉽게 할 수 있습니다.

예제 파일 | CD₩Part 04₩참조와이름.xlsx   **완성 파일 |** CD₩Part 04₩참조와이름-완성.xlsx

■ 이름 정의와 사용하기

01. [이름] 시트에서 [B3:B7]까지 범위를 지정하고 [이름 상자]에 '과목'을 입력한 후 **Enter**를 누릅니다.

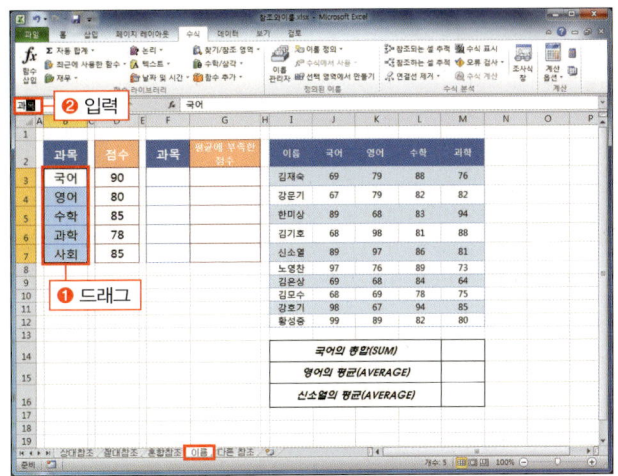

02. [D3:D7]까지 범위를 지정하고 [이름 상자]에 '점수'를 입력한 후 **Enter**를 누릅니다.

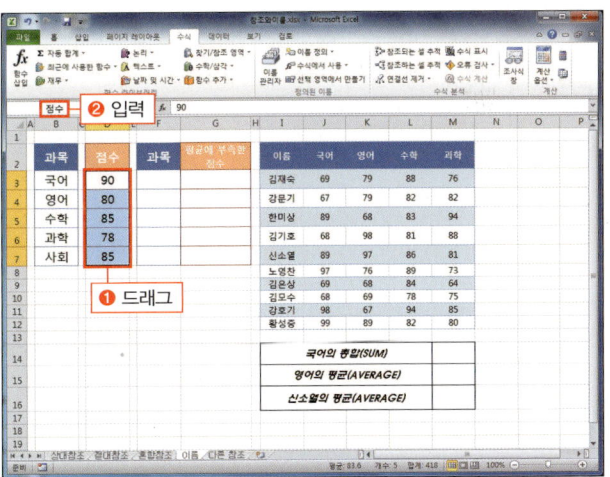

03. 이번에는 [F3:F7]까지 선택하고 바로 '=과목'을 입력한 후 Ctrl + Enter 를 누릅니다.

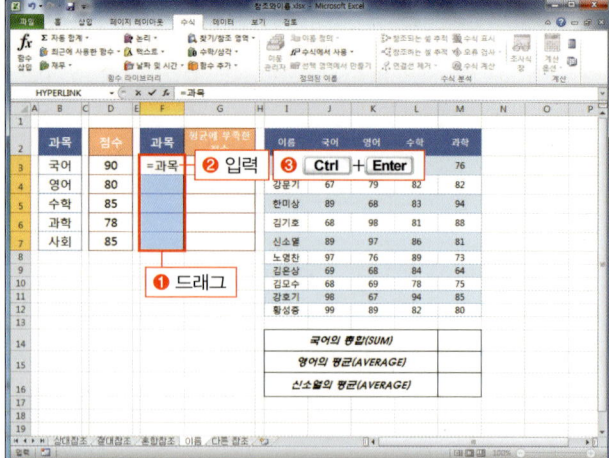

TIP : 범위를 지정하고 이름으로 지정된 과목을 입력하면 범위에 맞게 범위 값들을 입력합니다.

04. [G3] 셀을 선택하고 '=AVERAGE(점수)–D3'을 입력합니다.

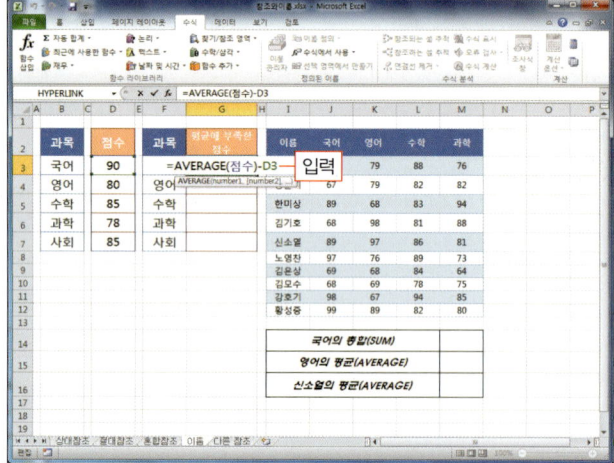

TIP : 함수()안에 이름을 지정하면 이름을 범위로 인식하여 계산됩니다.

05. [G3:G7]까지 자동 채우기로 완성합니다.

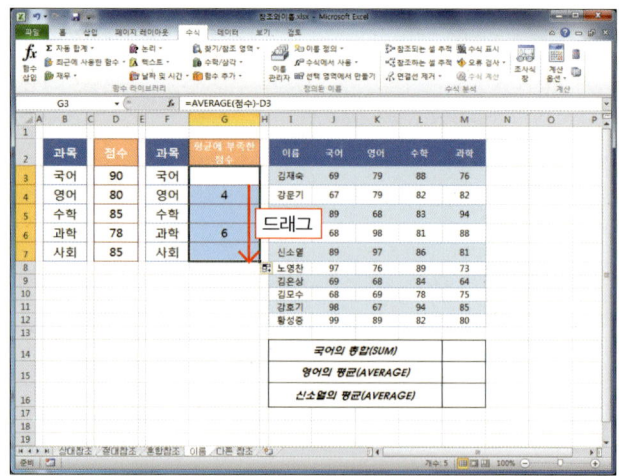

■ 선택 영역에서 이름 지정과 이름 삭제하기

01. [I2:M12]를 선택하고 [수식] 탭-[정의된 이름] 그룹-[선택 영역에서 만들기]를 클릭합니다.

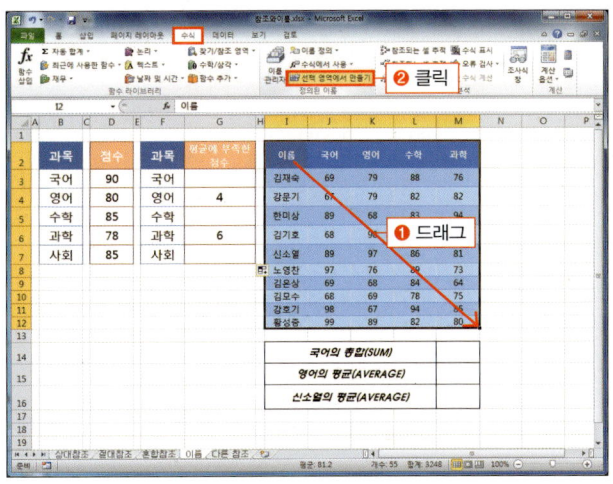

02. [선택 영역에서 이름 만들기] 대화상자가 나타나면 [첫 행]을 체크하고 [왼쪽 열]은 체크 해제한 후 [확인]을 클릭합니다.

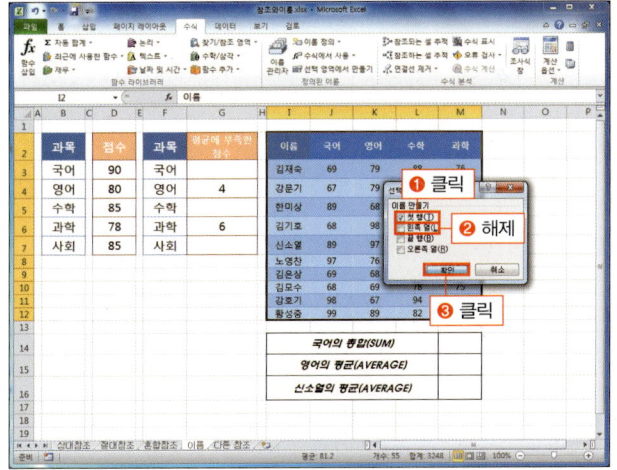

> **TIP :** 첫 행의 셀이 이름이 되고 나머지 셀들의 범위는 이름의 범위가 됩니다.

03. [I3:I12], [J3:J12], [K3:K12], [L3:L12], [M3:M12] 중 하나의 범위를 선택하면 [이름 상자]에 이름이 나타나는 것을 확인할 수 있습니다.

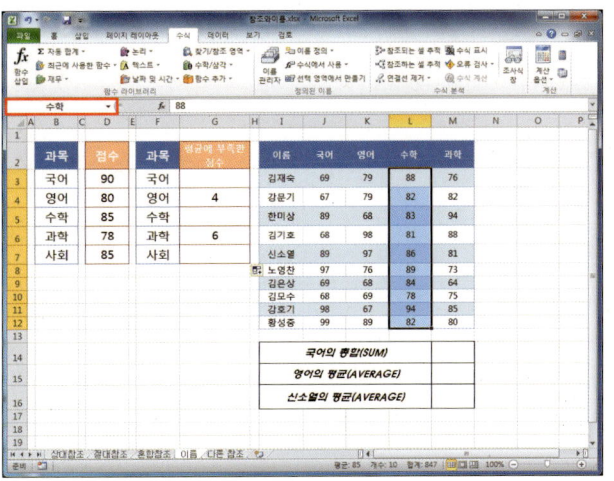

04. [M14] 셀에 '=SUM(국어)'를 입력하고 [M15] 셀에는 '=AVERAGE(영어)'를 입력합니다.

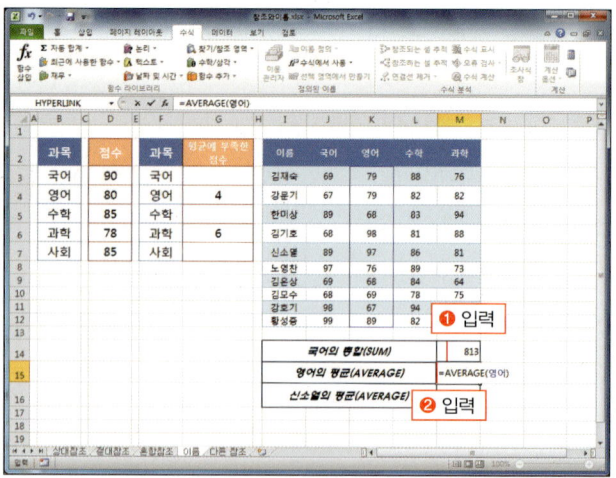

05. [I7:M7]을 선택하고 [수식] 탭–[정의된 이름] 그룹–[선택 영역에서 만들기]를 클릭합니다. [선택 영역에서 이름 만들기] 대화상자가 나타나면 [왼쪽 열]을 체크하고 [확인]을 클릭합니다.

> **TIP** : '신소열'이 가지는 범위를 구하기 위해 다시 범위를 지정하고 이름을 부여합니다.

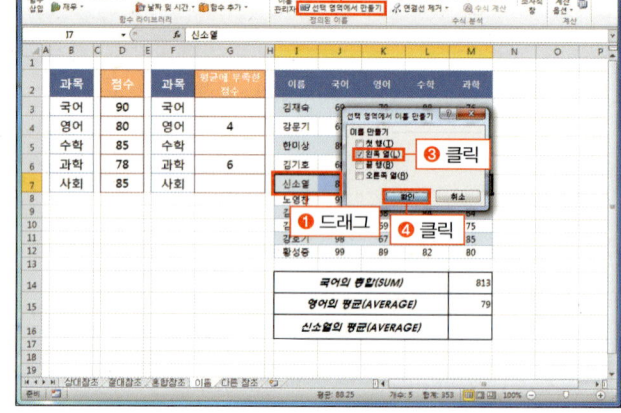

06. [M16] 셀에 '=AVERAGE(신소열)'을 입력합니다.

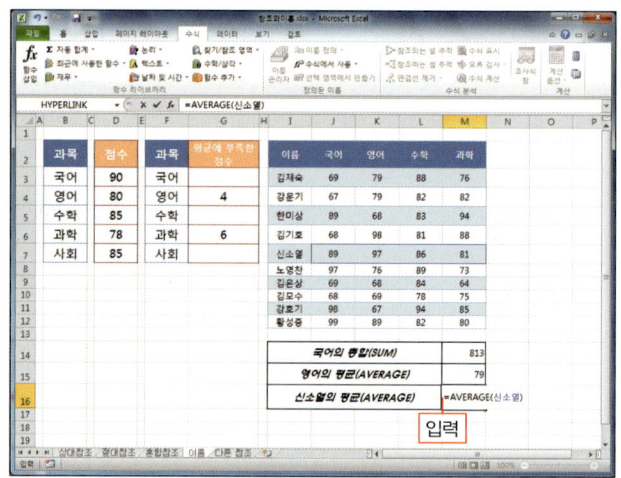

07. 이번에는 정의된 이름을 지우기 위해 [수식] 탭-[정의된 이름] 그룹-[이름 관리자]를 클릭합니다. [이름 관리자] 대화상자가 나타나면 [과학, 국어, 수학]의 범위를 지정하고 [삭제]를 클릭합니다.

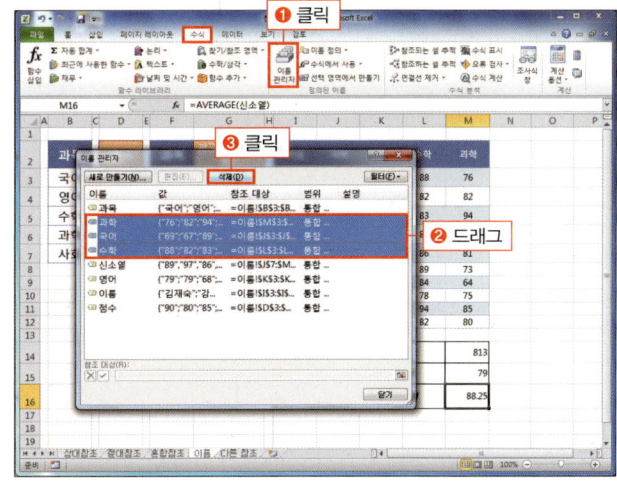

08. [삭제한 이름을 삭제하시겠습니까?] 대화상자가 나타나면 [확인]을 클릭합니다. [M14] 셀에 오류가 발생하는 것을 확인할 수 있습니다.

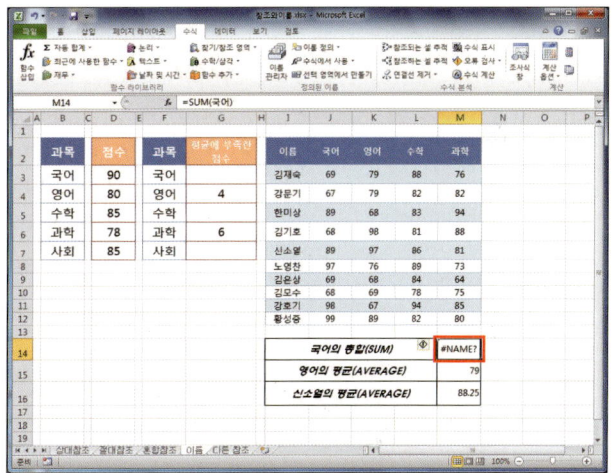

> **문제 해결** 이름을 사용한 함수나 수식들은 이름이 삭제되면 오류가 발생합니다.

보통 일반적인 수식의 계산은 같은 워크시트 내에서 셀 값을 선택하여 계산하지만 필요한 경우에는 다른 워크시트의 셀 범위나 다른 통합 문서의 범위 데이터 값도 가져와 사용할 수 있습니다. 다른 워크시트의 범위는 '시트 이름!셀 범위'로 구분하고 다른 통합 문서의 범위는 '[통합문서] 시트 이름!셀 범위'로 구분합니다.

예제 파일 | CD\Part 04\참조와이름.xlsx, 차트.xlsx **완성 파일 |** CD\Part 04\참조와이름-완성.xlsx

■ 다른 워크시트의 범위를 가져와 수식 구하기

01. [다른 참조] 시트로 이동하기 전에 [이름] 시트로 이동합니다. [J2:K12]를 선택하고 [수식] 탭-[정의된 이름] 그룹-[선택 영역에서 만들기]를 클릭합니다. [선택 영역에서 만들기] 대화상자가 나타나면 [첫 행] 옵션을 체크하고 [확인]을 클릭합니다.

> **TIP :** 이름을 사용하면 다른 워크시트의 범위도 쉽게 가져와 사용할 수 있습니다.

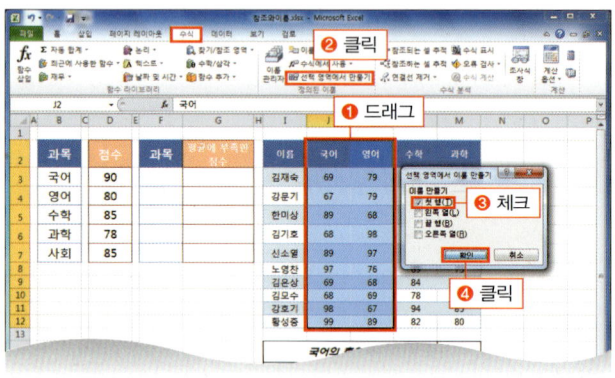

02. [다른 참조] 시트에서 [C3] 셀을 선택하고 '=AVERAGE(국어)'를 입력한 후 [C4] 셀에는 '=AVERAGE(영어)'를 입력합니다.

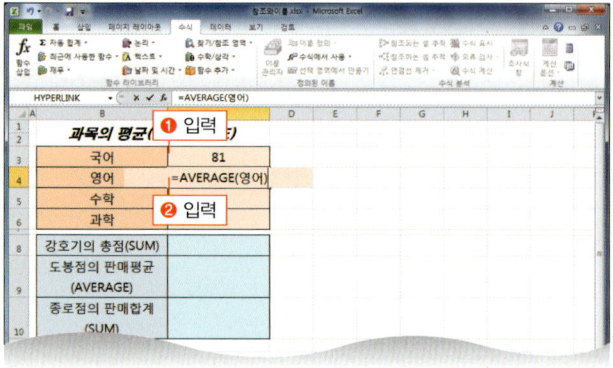

03. [C5] 셀을 선택하고 '=AVERAGE('를 입력한 후 [이름] 시트로 이동합니다. [L3:L12]를 선택한 후 ')'를 입력하고 **Enter**를 누릅니다.

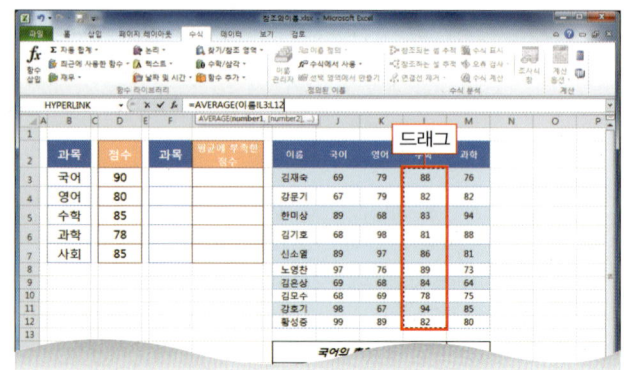

04. [C6] 셀을 선택하고 01~02번 따라하기와 같은 방식으로 수식을 구합니다. 또한, [C8] 셀을 선택하고 03번 따라하기와 같은 방법으로 강호기의 총점을 구해봅니다.

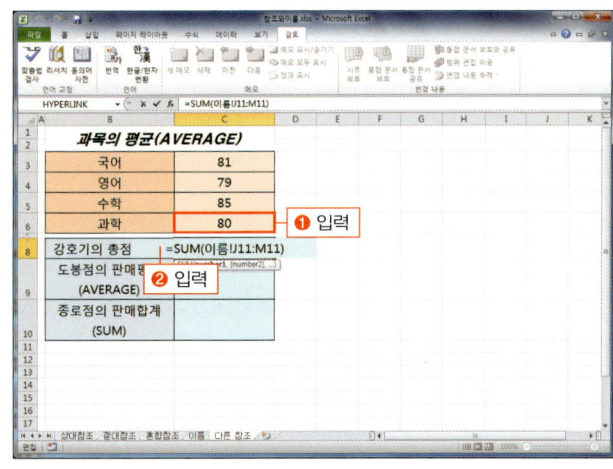

■ 다른 통합 문서의 범위 이용하기

01. 앞선 따라하기에 이어서 [파일]-[열기] 메뉴를 클릭하여 '차트.xlsx' 파일을 불러온 후 [스파크라인] 시트로 이동합니다.

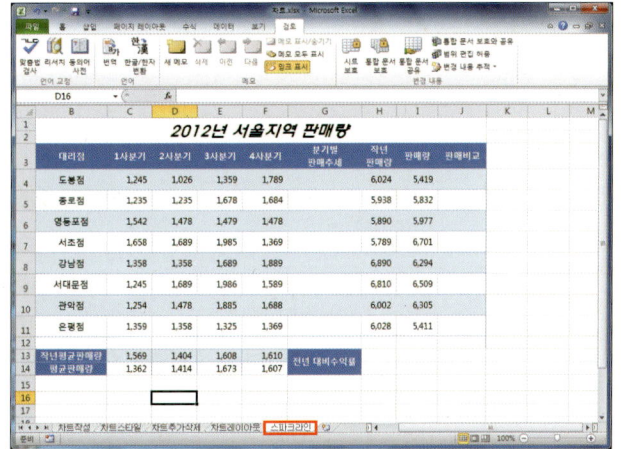

02. [보기] 탭-[창] 그룹-[창 전환]을 클릭하고 [참조와 이름.xlsx]를 클릭합니다.

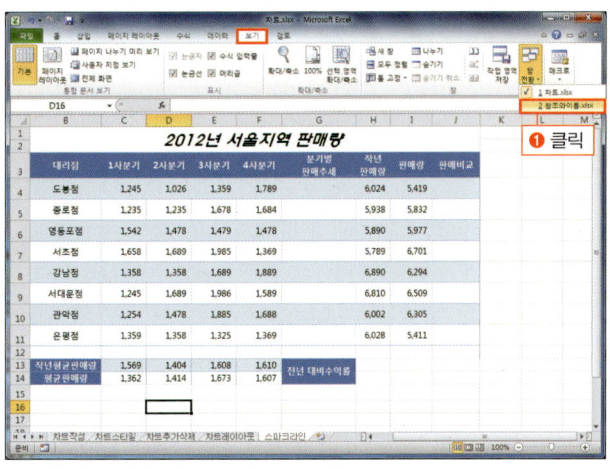

03. [다른 참조] 시트로 이동하여 [C9] 셀에 '=AVERAGE('를 입력합니다. [보기] 탭-[창] 그룹-[창 전환]을 클릭하고 [차트.xlsx]를 클릭합니다.

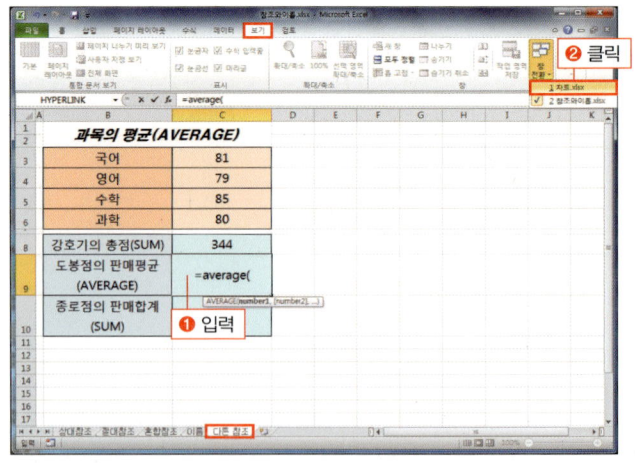

04. [스파크라인] 시트에서 [C4:F4]를 선택하고 Enter 를 누릅니다.

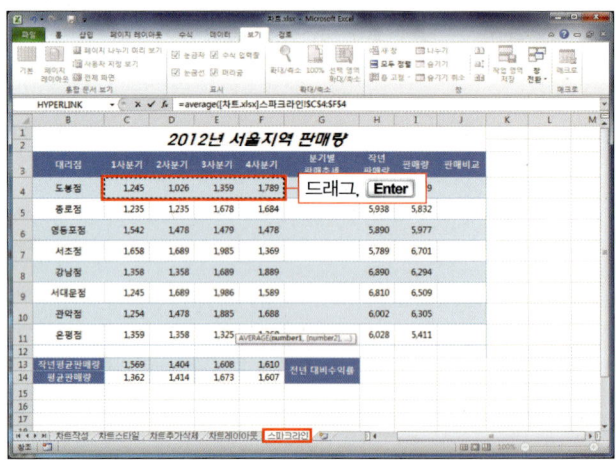

05. '참조와 이름.xlsx' 파일에서 결과를 확인할 수 있습니다. 계속해서 [보기] 탭-[창] 그룹-[나란히 보기]를 클릭합니다.

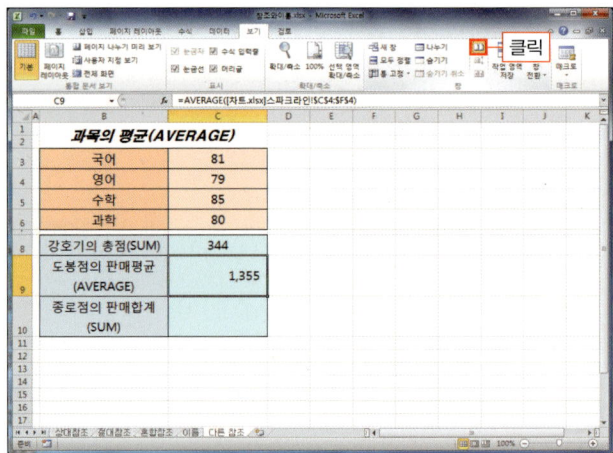

06. '차트.xlsx' 파일로 이동한 후 [C5:F5]를 선택하고 [이름 상자]에 '종로점'이라고 입력합니다.

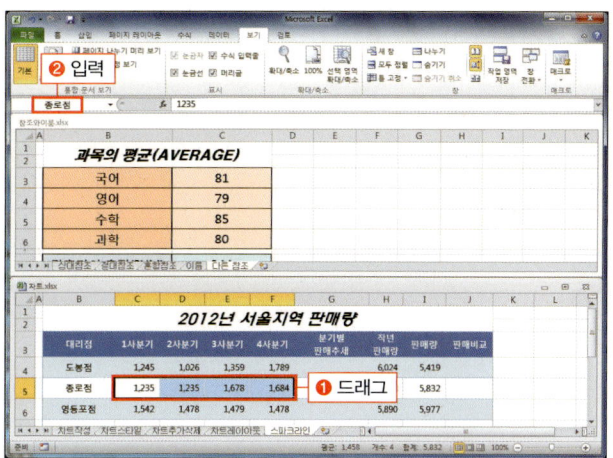

07. '참조와 이름.xlsx' 파일로 이동한 후 [C10] 셀을 선택하고 '=AVERAGE(종로점)'을 입력합니다.

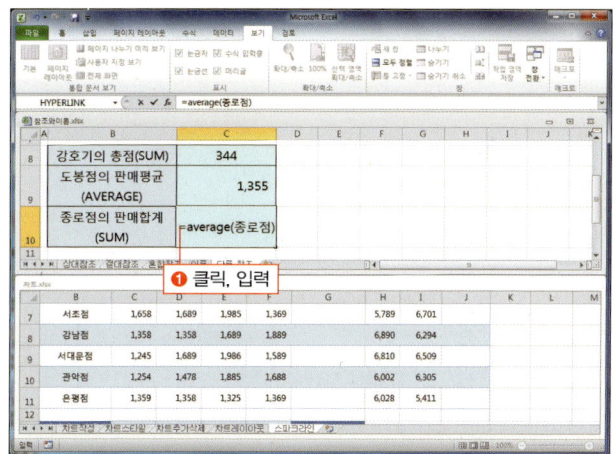

08. 결과 값처럼 오류가 발생합니다.

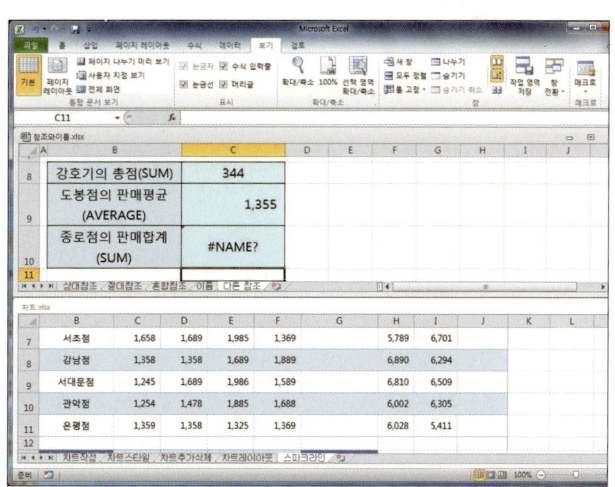

PART 04 · 수식 및 함수

> **문제해결** 즉, 같은 통합 문서에서는 이름을 가지고 범위 설정이 가능하지만 문서가 다를 경우에는 이름을 사용하지 않고 직접 범위를 설정해야 합니다.

LESSON
02 기본 함수 이해하기

레벨 ● ○ ○

함수는 수식을 보다 쉽게 작업하기 위해서 만든 약속된 언어입니다. 그 함수의 사용 방법을 정확히 알고 활용도를 높여준다면 우리가 사용할 수 있는 곳이 무수히 많을 것입니다. 사용 방법에 따라 많은 함수가 있으나 그중에 가장 기본 함수인 SUM(합계), AVERAGE(평균), MAX/MIN(최대, 최소), COUNT(개수)에 대해 알아보겠습니다.

기초탄탄 ▶ 함수 마법사의 사용법과 기본 함수

■ [함수 마법사] 대화상자 이해하기

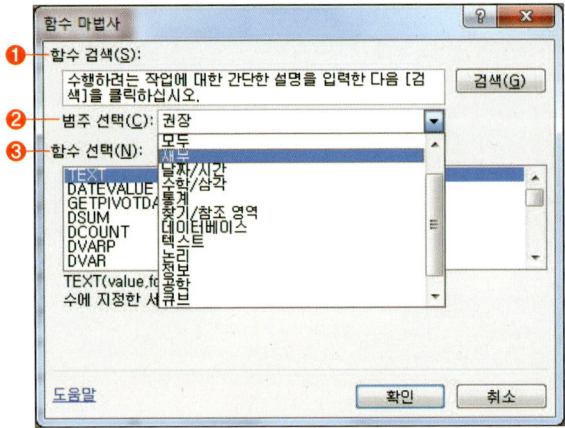

❶ **함수 검색** : 임의의 함수를 입력하고 [검색]을 클릭하면 함수를 찾을 수 있습니다.

❷ **범주 선택** : 그룹별로 지정된 범주에서 해당하는 함수 그룹을 찾으면 사용하려는 함수를 보다 빨리 찾을 수 있습니다.

❸ **함수 선택** : 필요한 함수를 찾아 선택한 후 [확인]을 클릭하면 함수 마법사를 실행합니다.

> **TIP** : 함수 마법사는 수식 입력줄 왼쪽의 [함수 삽입](fx)을 클릭하면 각 해당 함수 마법사가 나오는 데 함수의 이해가 어려운 경우에 사용하면 좋습니다.

■ SUM 함수 이해하기 297P

셀의 인수들 간의 합을 구합니다.

> SUM(데이터1, 데이터2, 데이터3……)
> SUM(데이터1:데이터3)

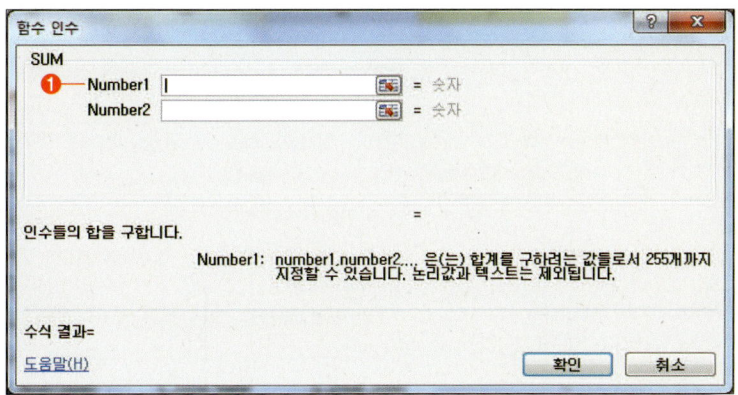

❶ Number1 : 해당 데이터의 범위를 지정하면 됩니다.

■ AVERAGE 함수 이해하기 298P

셀의 인수들 간의 평균을 구합니다.

> AVERAGE(데이터1, 데이터2, 데이터3……)
> AVERAGE(데이터1:데이터3)

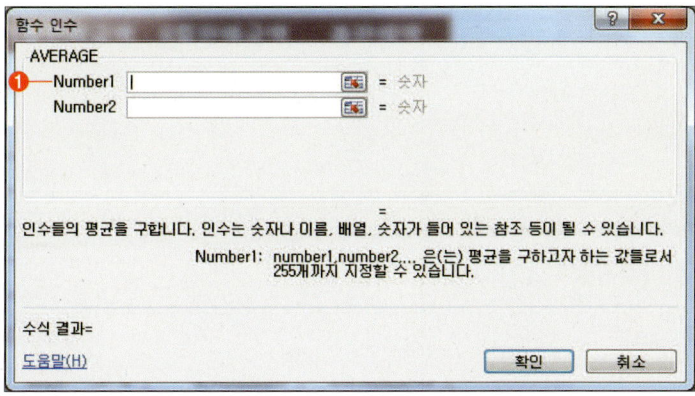

❶ Number1 : 해당 데이터의 범위를 지정하면 됩니다.

■ MAX, MIN 함수 이해하기 `299P`

셀의 인수들 간의 최대값과 최소값을 구합니다.

> MAX(데이터1, 데이터2, 데이터3.......)
> MAX(데이터1:데이터3)
>
> MIN(데이터1, 데이터2, 데이터3.......)
> MIN(데이터1:데이터3)

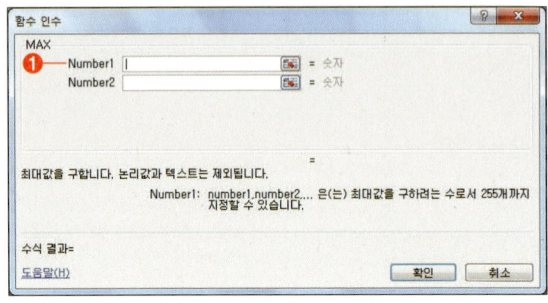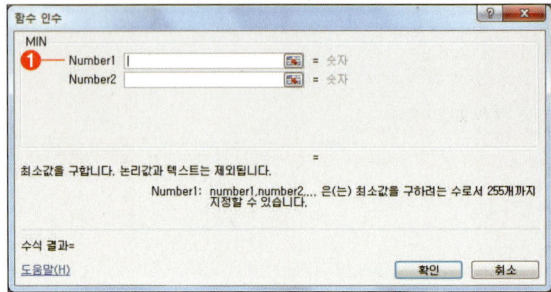

❶ Number1 : 해당 데이터의 범위를 지정하면 됩니다.

■ COUNT 함수 이해하기 `301P`

셀의 인수들 개수를 세어 수로 나타냅니다. 단, 수로 되어 있는 인수들만 구합니다.

> COUNT(데이터1, 데이터2, 데이터3.......)
> COUNT(데이터1:데이터3)

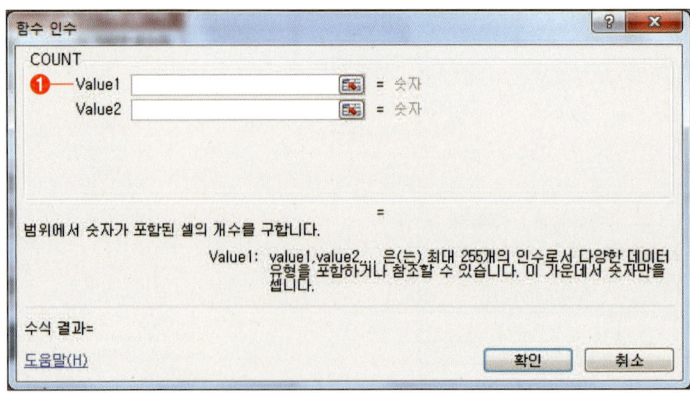

❶ Value1 : 해당 데이터의 범위를 지정하면 됩니다.

SUM 함수는 합계를 구하는 함수로 엑셀에서 가장 기본이 되는 함수입니다.

예제 파일 | CD\Part 04\기본함수.xlsx　　**완성 파일** | CD\Part 04\기본함수-완성.xlsx

01. 예제 파일을 불러오고 [SUM] 시트로 이동합니다. [F4] 셀을 선택하고 [수식] 탭–[함수 라이브러리] 그룹–[자동 합계]를 클릭하고 [합계]를 선택합니다.

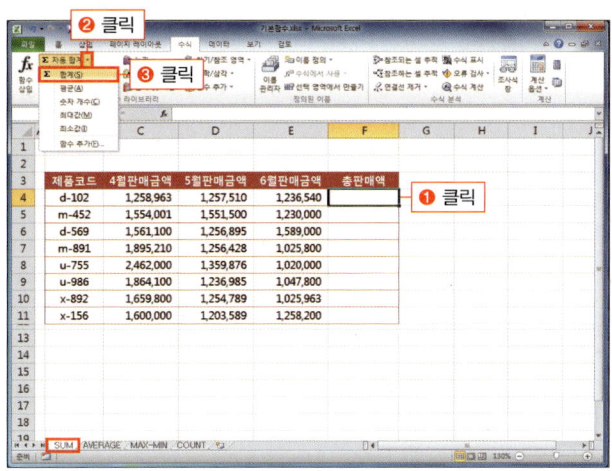

> **TIP** : 함수를 실행하기 전에 반드시 결과가 나타날 셀을 선택해야 합니다.

02. [F4] 셀에 SUM 함수가 나타나면 수식 입력줄의 [함수 삽입](fx)을 클릭합니다. [함수 인수] 대화상자가 나타나면 [Number1]에서 [C4:E4]를 다시 한 번 드래그하여 범위를 지정하고 [확인]을 클릭합니다.

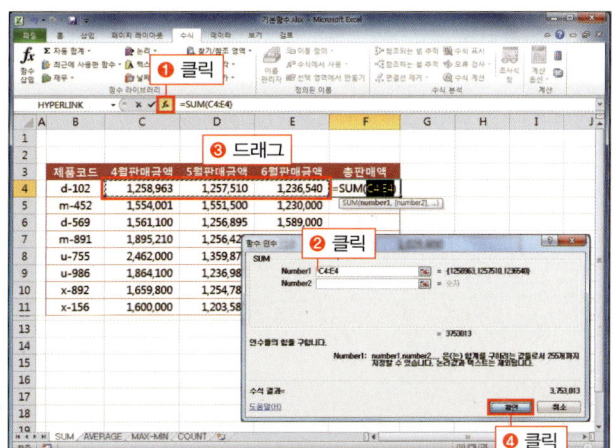

> **문제 해결** 영역 지정을 다시 한 번 하는 이유는 자동으로 영역 지정이 되는 부분이 잘못 선택되는 경우가 있기 때문입니다.

03. [F4] 셀에 결과가 나타나면 [F4:F11]까지 채우기 핸들을 드래그하여 총 판매액을 완성합니다.

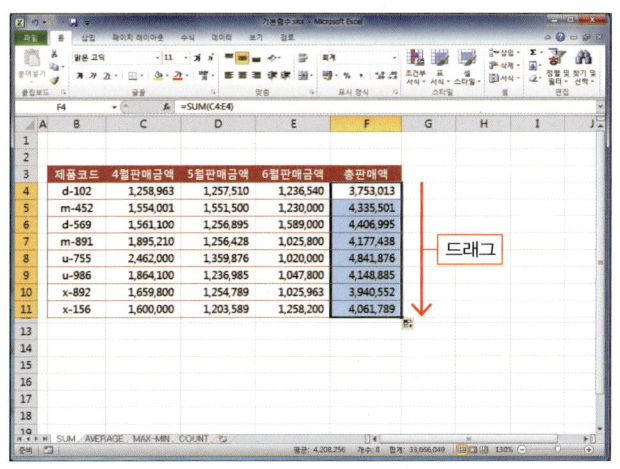

AVERAGE 함수는 평균을 구할 수 있는 기본 함수입니다.

예제 파일 | CD\Part 04\기본함수.xlsx **완성 파일 |** CD\Part 04\기본함수-완성.xlsx

01. [AVERAGE] 시트로 이동한 다음 [G3] 셀을 선택하고 [수식] 탭-[함수 라이브러리] 그룹-[자동 합계]에서 [평균]을 클릭합니다.

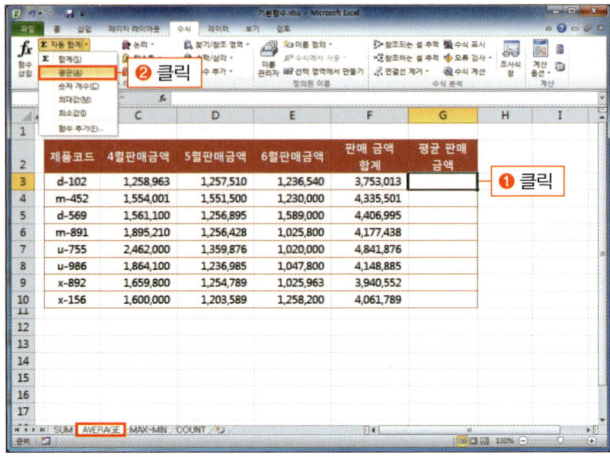

02. [G3] 셀에 AVERAGE 함수가 나타나면 함수 마법사를 표시하기 위해 수식 입력줄의 [함수 삽입](f_x)을 클릭합니다. [AVERAGE 함수 인수] 대화상자가 나타나면 [Number1]을 선택하고 [C3:E3] 까지 영역을 지정한 후 [확인]을 클릭합니다.

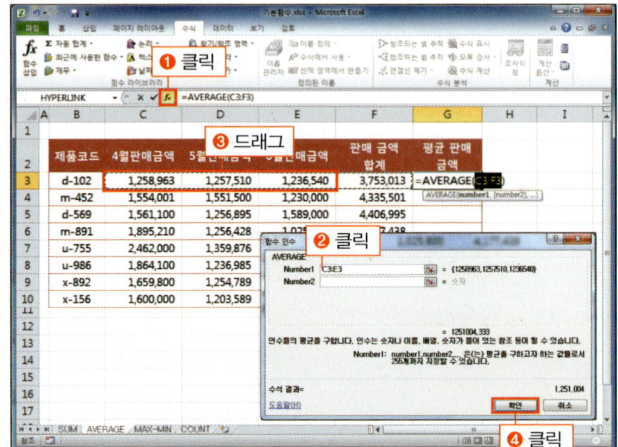

03. [G3:G10]까지 채우기 핸들을 드래그하여 평균 판매 금액을 완성합니다.

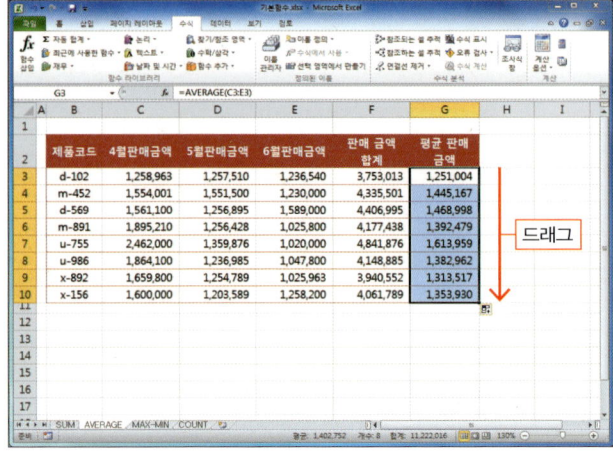

MAX 함수는 최대값을 구하는 함수이고, MIN 함수는 최소값을 구하는 함수입니다.

예제 파일 | CD₩Part 04₩기본함수.xlsx **완성 파일 |** CD₩Part 04₩기본함수—완성.xlsx

01. [MAX—MIN] 시트로 이동한 후 [H3] 셀을 선택합니다. [수식] 탭–[함수 라이브러리] 그룹–[자동 합계]에서 [최대값]을 클릭합니다.

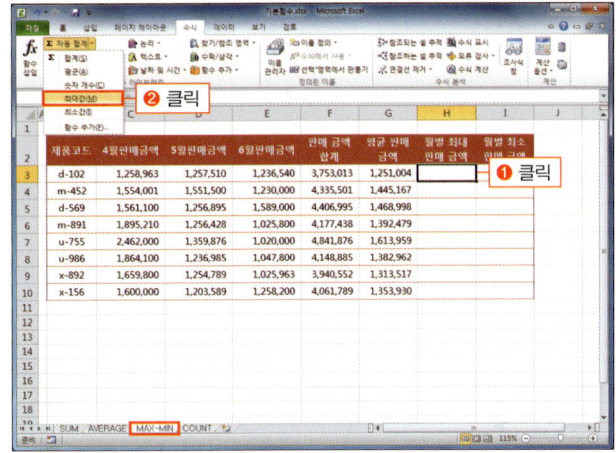

02. [H3] 셀에 MAX 함수가 나타나면 수식 입력줄에서 [함수 삽입](f_x)을 클릭합니다. [MAX 함수 인수] 대화상자가 나타나면 [Number1]에서 [C3:E3]까지 드래그하여 선택하고 [확인]을 클릭합니다.

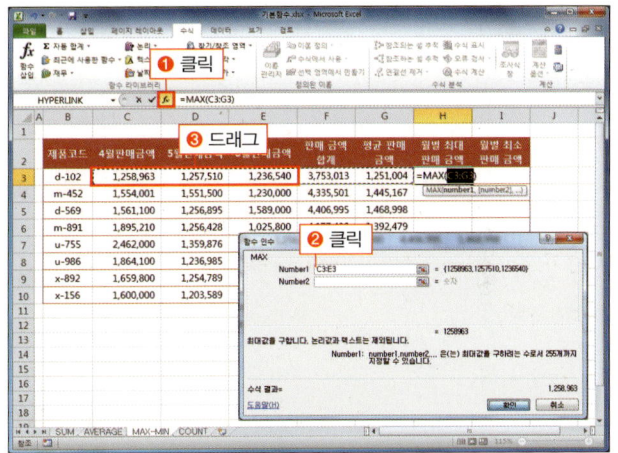

03. [H3:H10]까지 자동 채우기로 월별 최대 판매 금액을 완성합니다.

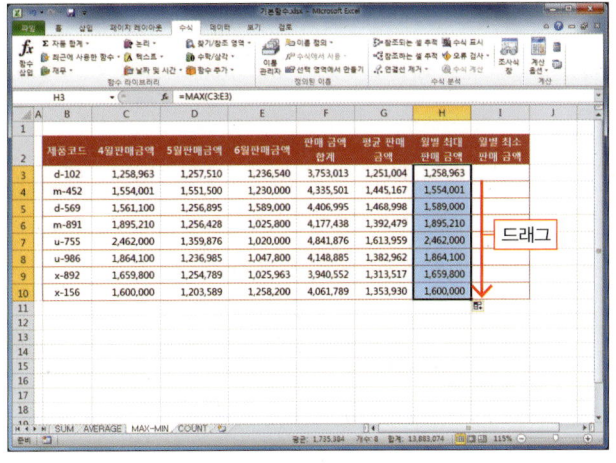

04. 이번에는 최소값을 구하기 위해 [I3] 셀을 선택하고 [수식] 탭–[함수 라이브러리] 그룹–[자동 합계]에서 [최소값]을 클릭합니다.

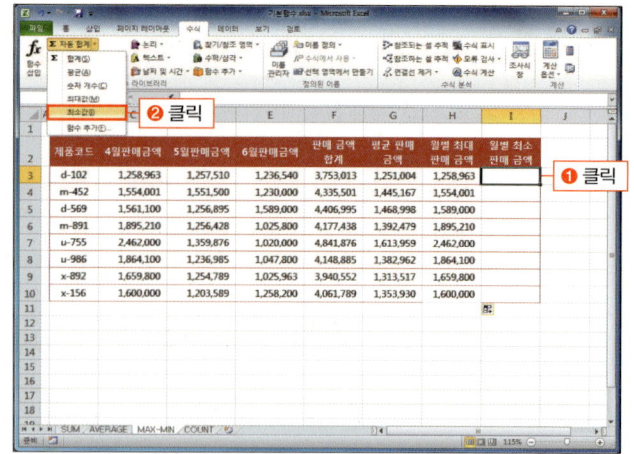

05. [I3] 셀에 MIN 함수가 나타나면 수식 입력줄의 [함수 삽입](f_x)을 클릭합니다. [MIN 함수 인수] 대화상자가 나타나면 [Number1]에서 [C3:E3]을 드래그하여 선택하고 [확인]을 클릭합니다.

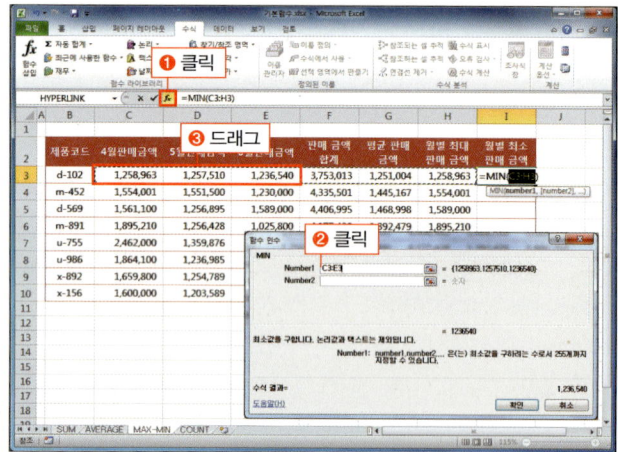

06. [I3:I10]까지 자동 채우기로 월별 최소 판매 금액을 완성합니다.

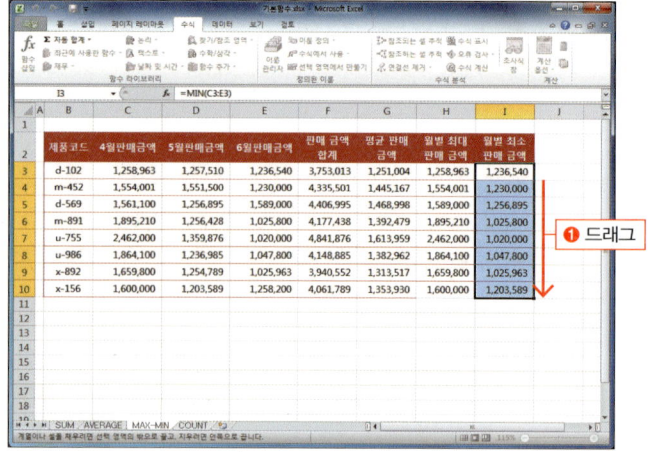

COUNT 함수는 범위 안의 빈 값이나 문자는 인지하지 않고 숫자만 인식하기 때문에, 개수를 구하는 함수입니다.

예제 파일 | CD₩Part 04₩기본함수.xlsx   **완성 파일 |** CD₩Part 04₩기본함수-완성.xlsx

01. [COUNT] 시트에서 [D12] 셀을 선택하고 [수식] 탭-[함수 라이브러리] 그룹-[자동 합계]에서 [숫자 개수]를 클릭합니다.

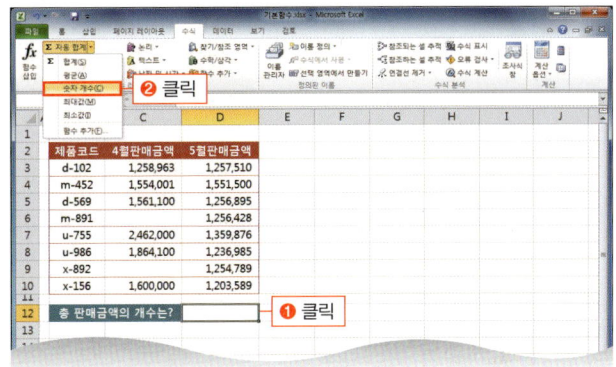

02. [D12] 셀에 COUNT 함수가 나타나면 수식 입력줄의 [함수 삽입](f_x)을 클릭합니다. [COUNT 함수 인수] 대화상자가 나타나면 [Value1]에서 [C3:D10]을 드래그하여 선택하고 [확인]을 클릭합니다.

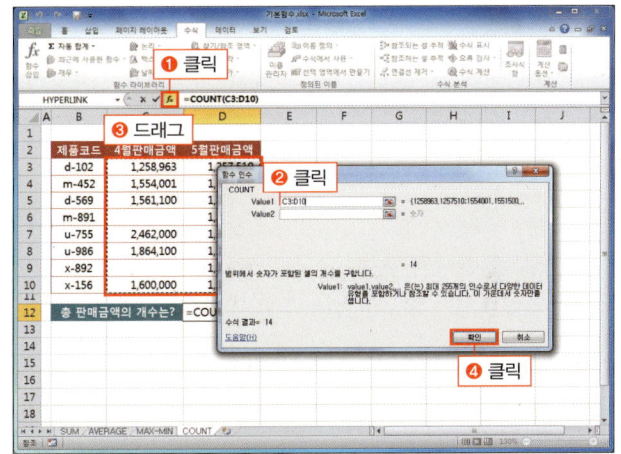

03. [I12] 셀에서 결과를 확인할 수 있습니다.

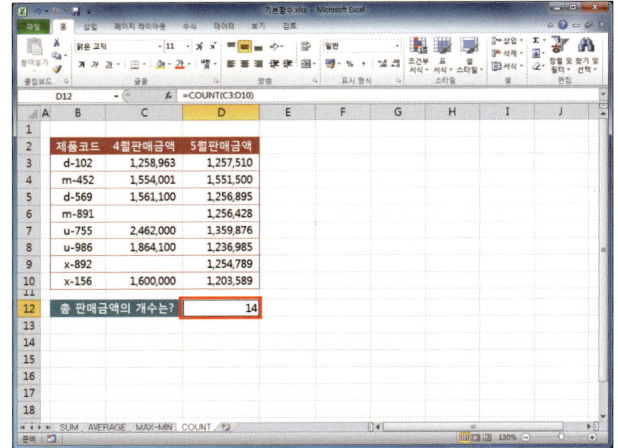

연관검색 COUNT 함수는 숫자의 개수만 계산하므로 공백이나 문자는 인식하지 않습니다. 그래서, 문자나 숫자를 같이 사용하기 위해서는 COUNTA 함수를 사용해야 합니다.

LESSON
03 논리 함수 이해하기

레벨 ● ● ●

논리 함수는 조건에 따라 결과 값을 다르게 합니다. 조건이 맞을 경우는 참의 값인 true(1), 맞지 않을 경우는 거짓의 값인 false(0)로 돌려줍니다. 함수 중에 가장 많이 사용하는 함수이기 때문에 꼭 기억하길 바랍니다.

기초탄탄 ▶ 논리 함수의 중요 함수들

■ IF 함수 이해하기 304P

조건이 맞을 때는 참의 값이 추출되고, 맞지 않을 경우는 거짓의 값이 추출됩니다.

IF(조건, 참의 값, 거짓의 값)

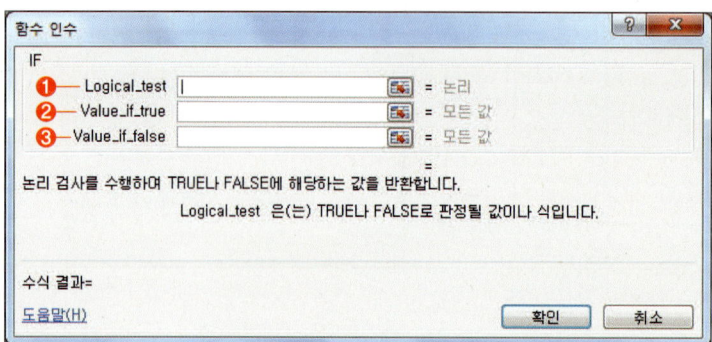

❶ Logical_test : 논리 검사할 조건의 식을 입력합니다.

❷ Value_if_true : 논리식이 맞을 때 돌려주는 값입니다.

❸ Value_if_false : 논리식이 맞지 않을 경우 돌려주는 값입니다.

■ AND 함수 이해하기 308P

모든 조건식이 만족할 경우 참의 값이 반환하고 하나라도 만족하지 않을 경우 거짓의 값이 반환됩니다.

AND(조건, 조건...)

■ OR 함수 이해하기 310P

조건식 중에 하나라도 만족하는 경우 참의 값이 반환되고 모두 만족하지 않을 경우 거짓의 값이 반환됩니다.

> OR(조건, 조건...)

■ IFERROR 함수 이해하기

선택한 값이 오류가 있다면 그 값을 원하는 반환 값으로 나타냅니다.

> IFERROR(오류 값, 반환 값)

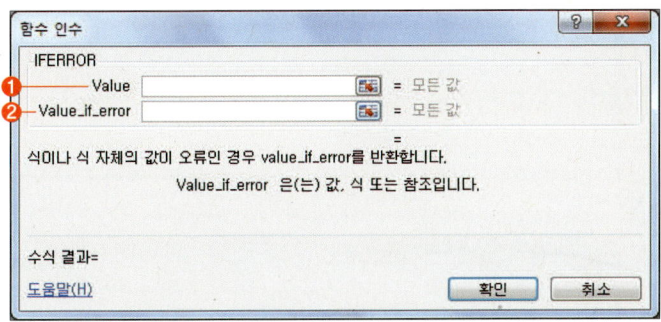

❶ Value : 식이나 식 자체의 값이 오류인지를 판단합니다.

❷ Value_if_error : Value 오류인 경우 원하는 값으로 반환합니다.

■ 중첩 함수 305P

여러 개의 조건을 가지고 조건을 맞을 때마다 다른 값을 구하는 경우 사용되는 여러 개의 IF 함수를 중첩 함수라고 합니다.

예를 들어) 학점이 80점 이상은 "합격", 60점 이상은 "재시험", 60점 이하는 "불합격"이라고 3개 이상의 조건이 있을 경우
① 먼저 조건이 3개인 경우는 IF문이 2개가 필요합니다.
② 함수 마법사를 사용하는 것보다 직접 IF문을 입력하는 것이 좋습니다.

작성 형식
=IF(조건1, 조건1일 때 값, IF(조건2, 조건2일 때 값, 나머지 값))

실제 작성되는 수식
=IF(셀 >= 80, "합격", IF(셀 >= 60, "재시험", "불합격"))

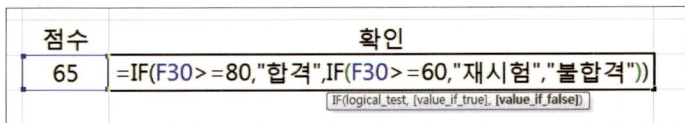

점수	확인
65	=IF(F30>=80,"합격",IF(F30>=60,"재시험","불합격"))

IF 함수는 값들에 따라서 조건을 만족할 때와 만족하지 않을 때를 구분하여 표시하는 함수입니다.

예제 파일 | CD₩Part 04₩논리함수.xlsx **완성 파일 |** CD₩Part 04₩논리함수-완성.xlsx

01. 예제 파일에서 [IF] 시트로 이동한 다음 [I3] 셀을 선택합니다. [수식] 탭–[함수 라이브러리] 그룹–[논리]에서 [IF]를 클릭합니다.

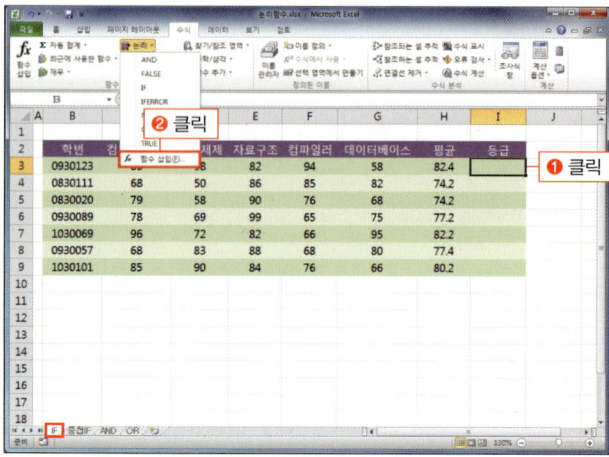

02. [IF 함수 인수] 대화상자가 나타나면 [Logical_test]에서 [H3] 셀을 선택하고, '>=80'을 입력합니다. [Value_if_ture]에 '우수'를, [Value_if_false]에 '""'를 입력하고 [확인]을 클릭합니다.

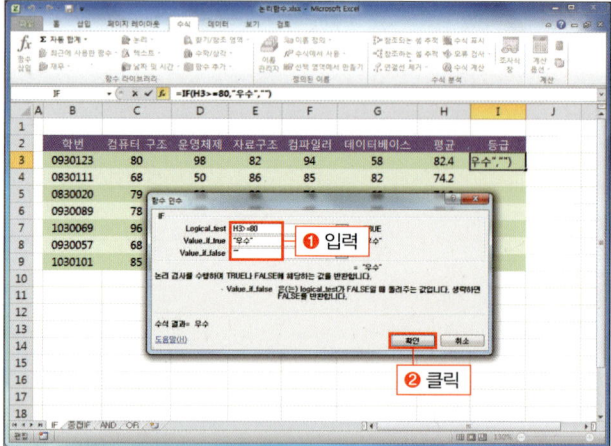

> **TIP :** IF문에서 참의 값이나 거짓의 값에 특별히 값을 주지 않을 경우에는 쌍 따옴표("")를 입력하면 빈 셀의 값을 넣을 수 있습니다.

03. [I3:I9]를 자동 채우기로 등급을 완성합니다.

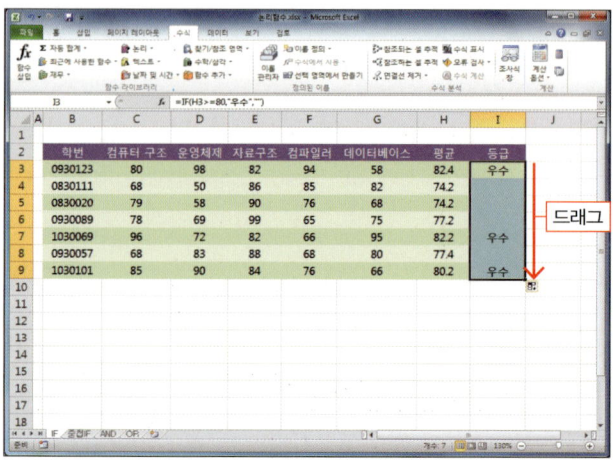

중첩 IF문은 여러 개의 조건을 가진 다양한 결과 값을 추출하는 경우에 많이 사용합니다.

예제 파일ㅣ CD\Part 04\논리함수..xlsx   **완성 파일ㅣ** CD\Part 04\논리함수-완성.xlsx

01. [중첩IF] 시트에서 [C4] 셀을 선택하고 [수식] 탭-[함수 라이브러리] 그룹-[논리]에서 [IF]를 클릭합니다.

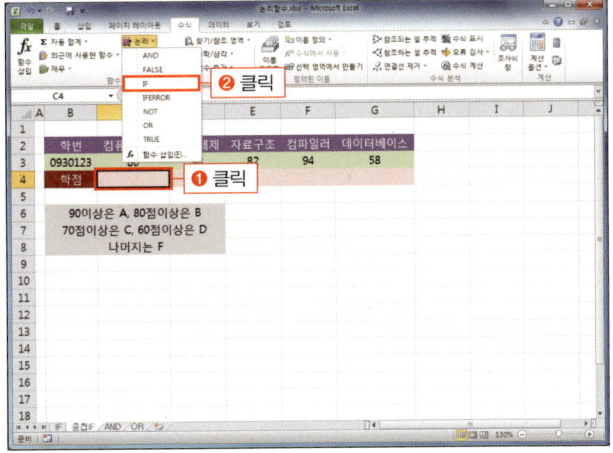

02. [IF 함수 인수] 대화상자가 나타나면 [Logical_test]에 'C3>=90'을 입력하고, [Value_if_true]에 '"A"'를 입력한 후 [확인]을 클릭합니다.

> **TIP** : 중첩 IF 함수는 여러 개의 IF문을 사용하는데 거짓의 값인 [Value_if_false]에 다시 IF문을 입력해야 합니다.

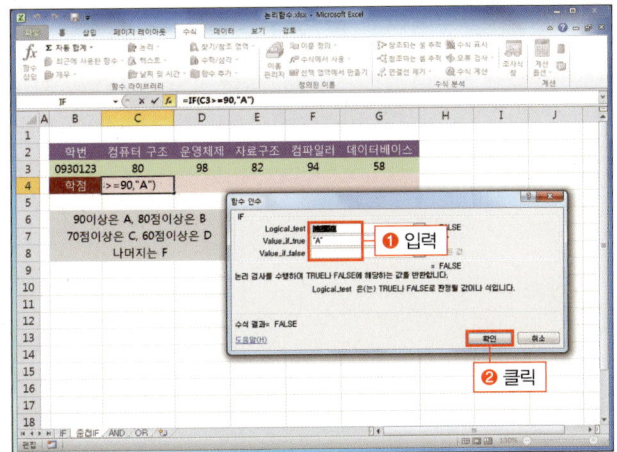

03. [C4] 셀에 결과 값이 나타나면 더블클릭한 후 'A' 다음에 컴마(,)를 입력하고, 'IF('를 입력한 후 [함수 삽입](fx)을 클릭합니다.

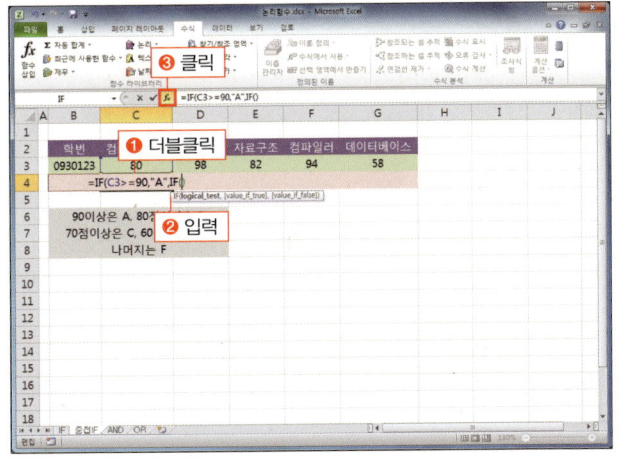

04. 또 [IF 함수 인수] 대화상자가 나타나면 [Logical_test]에 'C3>=80'을 입력하고, [Value_if_true]에 '"B"'를 입력한 후 [확인]을 클릭합니다.

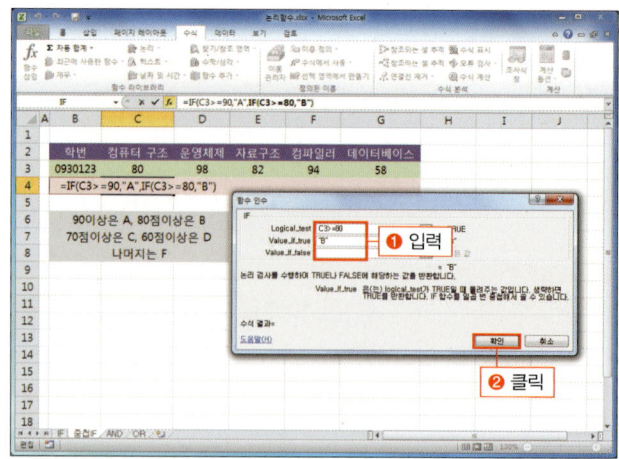

05. [C4] 셀에 결과가 나타나면 같은 방법으로 더블클릭한 후 컴마(,)를 입력하고, 'IF('를 입력한 후 [함수 삽입]([fx])을 클릭합니다.

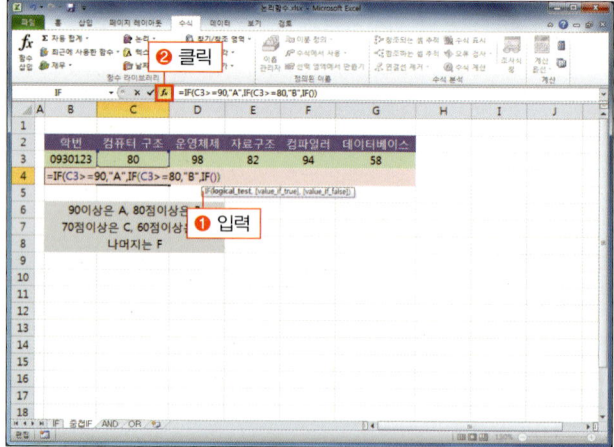

06. 또 [IF 함수 인수] 대화상자가 나타나면 이번에는 [Logical_test]에 'C3>=70'을 입력하고 [Value_if_true]에 '"C"'를 입력한 후 [확인]을 클릭합니다.

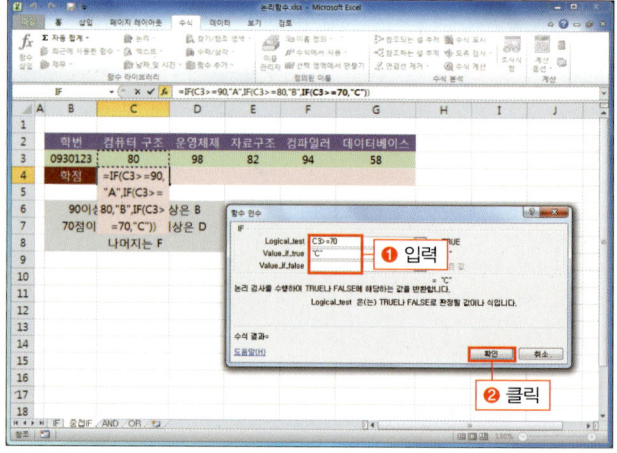

07. [C4] 셀에 결과가 나타나면 같은 방법으로 더블클릭한 후 컴마(,)를 입력하고, 'IF('를 입력한 후 [함수 삽입](*fx*)을 클릭합니다.

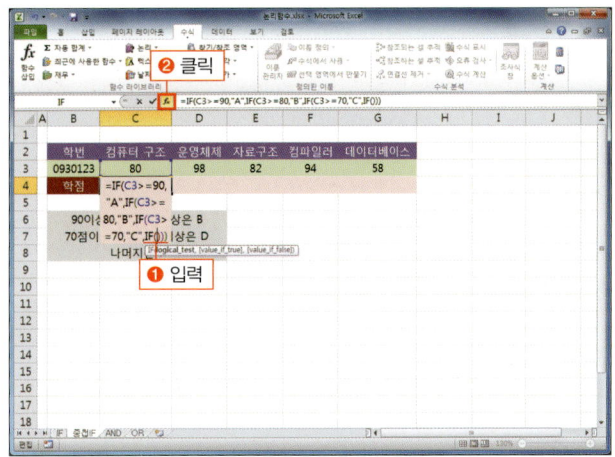

08. 또 [IF 함수 인수] 대화상자가 나타나면 이 번에는 [Logical_test]에 'C3>=60'을 입력하고, [Value_if_true]에 '"D"'를 입력합니다. [Value_if_false]에는 '"F"'를 입력하고 [확인]을 클릭합니다.

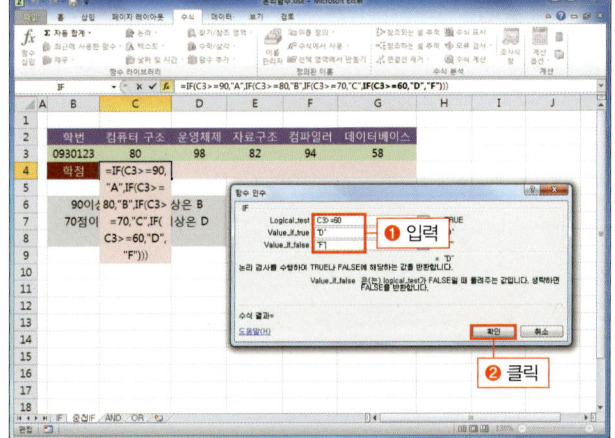

> **TIP :** 중복 함수의 마지막 결과 값에는 참의 값과 거짓의 값을 모두 주어야 합니다.

09. [C4:G4]에 자동 채우기로 학점을 완성합니다.

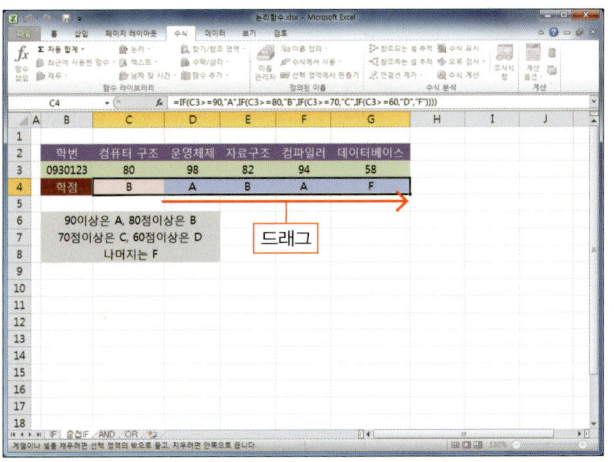

307

AND 함수는 조건을 모두 만족할 경우에 사용하는 함수입니다. 기본적으로 IF문이나 다른 함수와 같이 사용하며 혼자서는 잘 사용하지 않습니다.

예제 파일 | CD₩Part 04₩논리함수.xlsx **완성 파일 |** CD₩Part 04₩논리함수-완성.xlsx

01. [AND] 시트에서 [F3] 셀을 선택하고 [수식] 탭–[함수 라이브러리] 그룹–[논리]에서 [IF]를 클릭합니다.

02. [IF 함수 인수] 대화상자가 나타나면 [Logical_test]에 'AND'를 입력하고 수식 입력줄의 [함수 삽입](f_x)을 2번 정도 클릭합니다.

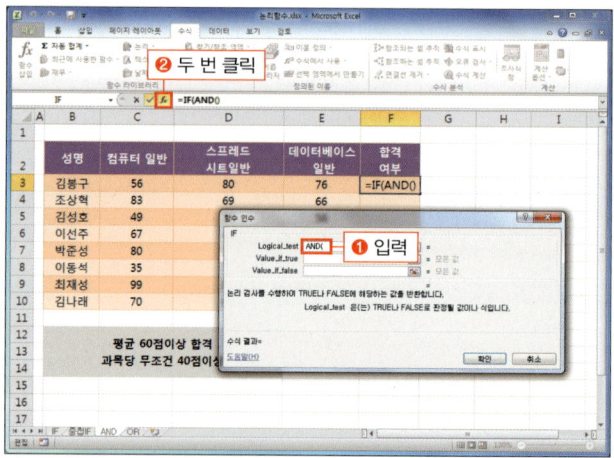

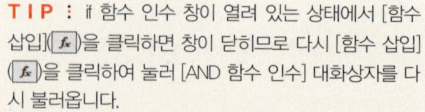

TIP ▪ if 함수 인수 창이 열려 있는 상태에서 [함수 삽입](f_x)을 클릭하면 창이 닫히므로 다시 [함수 삽입] (f_x)을 클릭하여 눌러 [AND 함수 인수] 대화상자를 다시 불러옵니다.

03. [AND 함수 인수] 대화상자로 변경되면 [Logical1]에 평균 60점 이상을 나타내기 위해 'AVERAGE(C3:E3)>=60'을, [Logical2]에 'C3>=40' 을, [Logical3]에 'D3>=40'을, [Logical4]에 'E3>=40' 을 입력하고 [확인]을 클릭합니다.

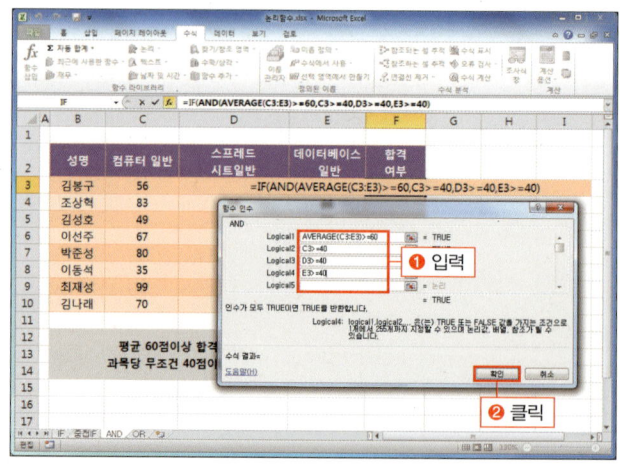

04. 오류 창이 나타나면 [확인]을 클릭하고 수식 입력줄에서 'IF'를 선택한 후 [함수 삽입](f_x)을 클릭합니다. [IF 함수 인수] 대화상자가 나타나면 [Value_if_true]에 '"합격"'을, [Value_if_false]에 '"불합격"'을 입력하고 [확인]을 클릭합니다.

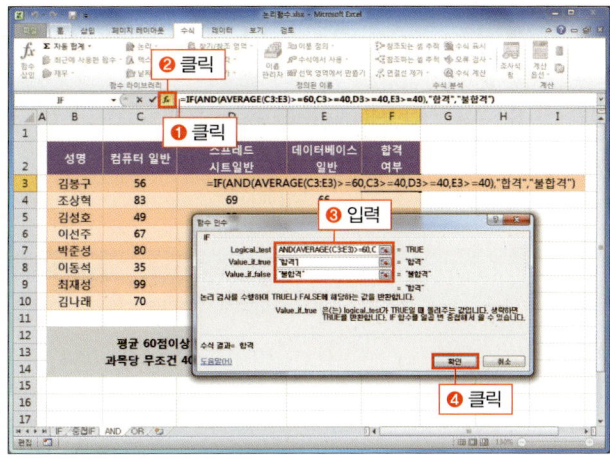

05. [F3:F10]에 자동 채우기로 합격 여부를 완성합니다.

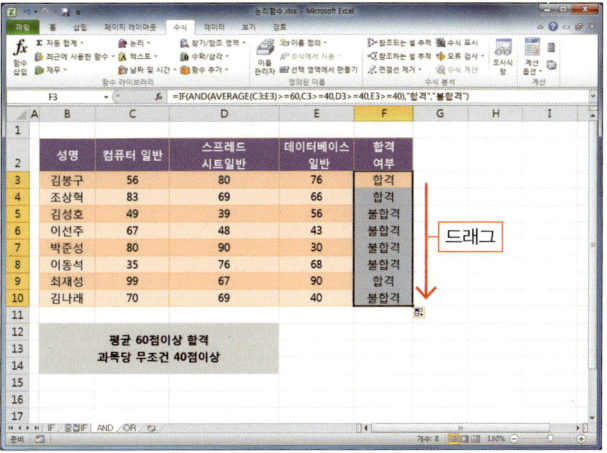

309

OR 함수는 AND 함수와 다르게 여러 개의 조건 값에서 한 개만 참이면 참의 값을 가져오는 함수입니다.

예제 파일 | CD₩Part 04₩논리함수.xlsx **완성 파일 |** CD₩Part 04₩논리함수-완성.xlsx

01. [OR] 시트에서 [H3] 셀을 선택하고 [수식] 탭-[함수 라이브러리] 그룹-[논리]에서 [IF]를 클릭합니다.

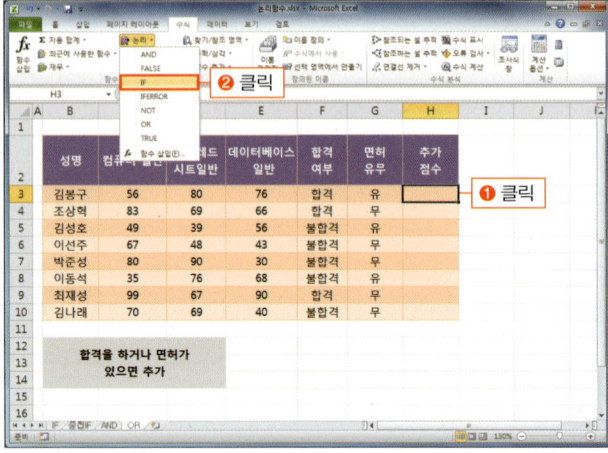

02. [IF 함수 인수] 대화상자가 나타나면 [Logical_test]에 'OR('를 입력하고 수식 입력줄의 [함수 삽입](*fx*)을 2번 정도 클릭합니다.

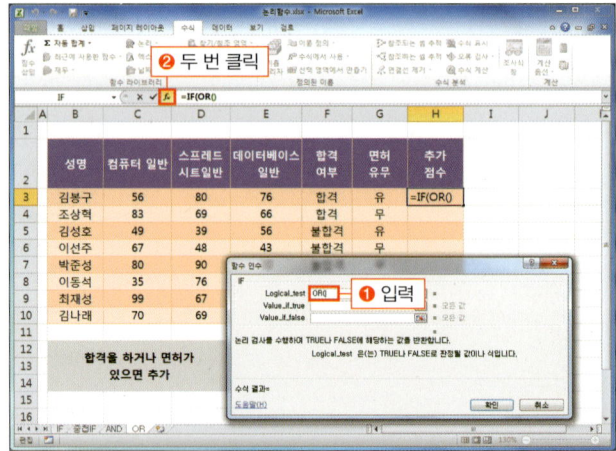

03. [OR 함수 인수] 대화상자로 변경되면 [Logical1]에 'F3="합격"'을, [Logical2]에 'G3="유"'를 입력한 후 [확인]을 클릭합니다.

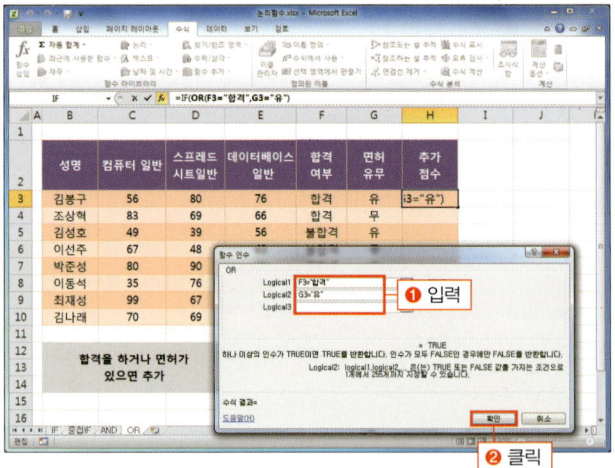

04. 오류 창이 나타나면 [확인]을 클릭하고 수식 입력줄에서 'IF'를 선택한 후 [함수 삽입](f_x)을 클릭합니다. [IF 함수 인수] 대화상자가 나타나면 [Value_if_true]에 '"추가"'를, [Value_if_false]에 ""를 입력하고 [확인]을 클릭합니다.

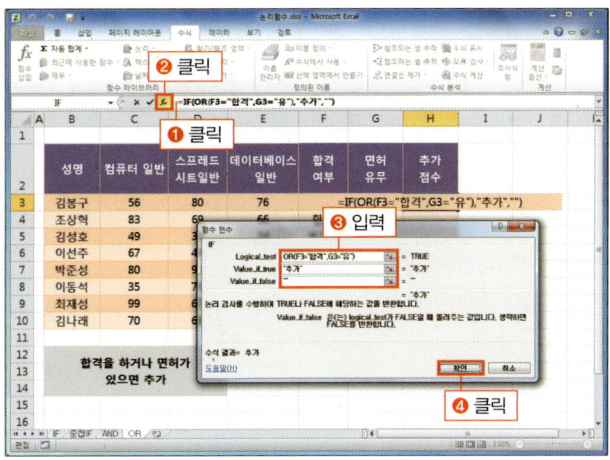

05. [H2:H10]에 자동 채우기를 하여 추가 점수를 완성합니다.

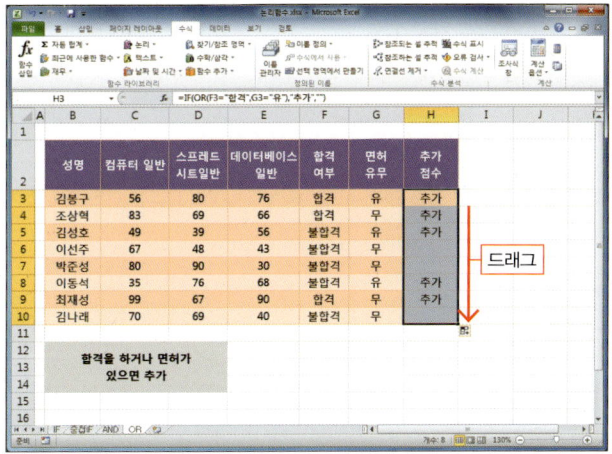

LESSON
04
레 벨 ● ● ○

찾기/참조 영역 함수 이해하기

엑셀에는 많은 데이터를 가지고 작업을 하는 경우가 있습니다. 많은 데이터 중에서 필요한 부분만 가져와서 사용하는 찾기 함수와 어느 특정 부분을 참조해야 하는 참조 함수가 있습니다. HLOOKUP, VLOOKUP 함수 등은 찾기/참조 함수 중에서 가장 많이 사용하는 함수입니다.

기초탄탄 ▶ 찾기/참조 함수들의 이해

■ (H)VLOOKUP 함수 이해하기 `315P`

범위의 첫 열에서 검색 값을 찾아 넣고 참조되는 범위를 지정한 다음 행, 열 번호로 찾을 범위를 지정한 다음 검색 값이 정확한지(FALSE), 비슷한지(TRUE)를 가려서 값을 표시합니다.

> (H)VLOOKUP(검색 값, 참조 범위, (행)열 번호, 검색 유형)

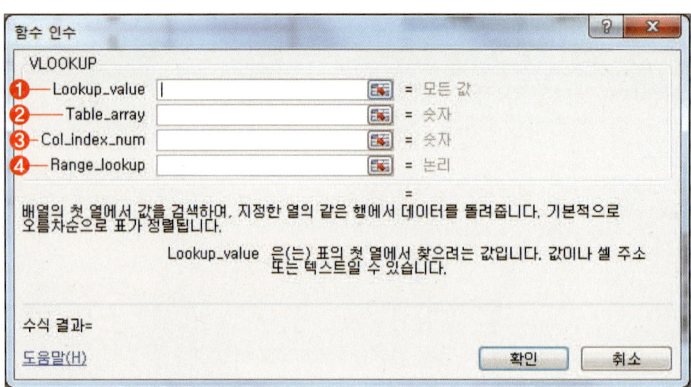

❶ **Lookup_value** : 찾을 값의 기준이 되는 검색 값, 참조 표와 검색하여 찾을 값들 사이에 기준이 되는 검색 값입니다.

❷ **Table_array** : 참조 범위를 가지고 있는 표, 참조 범위 안에 값이 들어 있습니다.

❸ **(Row)Col_index_num** : 참조 범위 안에서 값들이 있는 열(행)을 숫자(번째)로 표시합니다.

❹ **Range_lookup** : 검색 값과 정확할 때는 FALSE를 입력하고 근사치나 비슷할 때는 TRUE를 입력하여 검색합니다.

■ INDEX 함수 이해하기 `319P`

표나 일정 범위를 배열로 인식하여 (행, 열)로 값을 찾습니다.

> INDEX(배열의 범위, 행 번호, 열 번호)

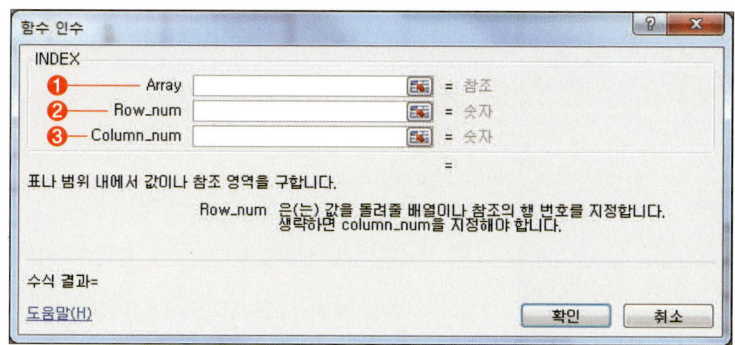

❶ Array : 범위를 지정하여 배열의 형태로 인식합니다.

❷ Row_num : 값이 들어있는 행 번호입니다.

❸ Column_num : 값이 들어있는 열 번호입니다.

■ MATCH 함수 이해하기 `318P`

선택한 범위 안에서 있는 지정된 값의 위치를 찾습니다.

> MATCH(검사 값, 지정 범위, 범위 정렬 형태)

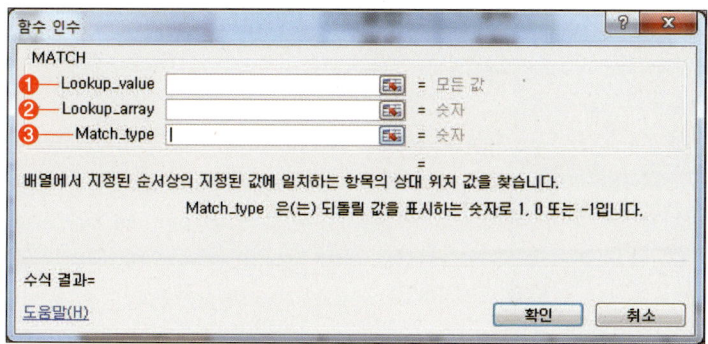

❶ Lookup_value : 검사 값, 지정된 범위 안에서 찾을 값입니다.

❷ Lookup_array : 찾을 값이 들어 있는 범위를 지정합니다.

❸ Match_type : 범위의 정렬이 되어 있는 형태를 지정합니다.
  1 : 지정 범위가 오름차순으로 정렬되어 있는 경우에 사용합니다.
  2 : 지정 범위가 정렬되어 있지 않는 경우에 사용합니다.
  3 : 지정 범위가 내림차순으로 정렬되어 있는 경우에 사용합니다.

■ OFFSET 함수 이해하기

기준 값에서 시작해서 행 수, 열 수만큼 이동하여 값을 찾거나, 높이와 폭을 이용하여 일정한 범위의 값들을 찾을 수 있습니다.

OFFSET(기준 값, 행 수, 열 수, 높이, 폭)

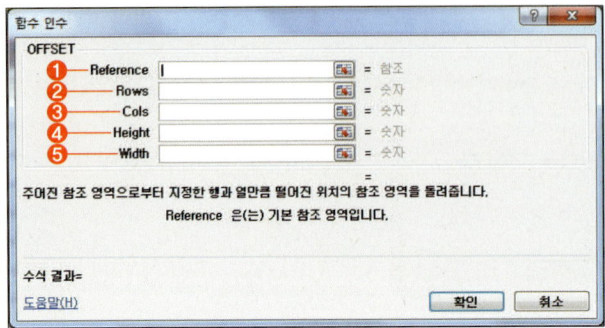

❶ Reference : 전체 범위에서 처음 기준이 되는 값입니다.

❷ Rows : 찾을 행만큼의 수를 입력합니다.

❸ Cols : 찾을 열만큼의 수를 입력합니다.

❹ Height : 찾은 값을 기준으로 다시 찾는 범위 높이의 값입니다.

❺ Width : 찾은 값을 기준으로 다시 찾는 범위 너비의 값입니다.

■ CHOOSE 함수 이해하기

인덱스 번호에 찾을 값의 수를 입력하면 바로 수에 해당하는 값을 찾아서 표시합니다.

CHOOSE(인덱스 번호, 값1, 값2, 값3.....)

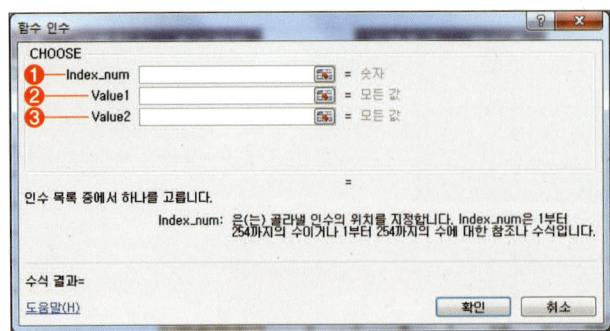

❶ Index_num : 인덱스 번호, 찾을 값의 위치 번호입니다.

❷ Value1 : index_num이 1의 값이 들어오면 추출되는 값을 넣습니다.

❸ Value2 : index_num이 2의 값이 들어오면 추출되는 값을 넣습니다.

HLOOKUP 함수와 VLOOKUP 함수는 검색 값을 지정하고 참조 표에서 필요한 값을 찾는 함수입니다. 둘 다 같은 방식으로 참조 표의 행이나 열을 기준으로 하는 차이가 있을 뿐입니다. 그 차이를 정확히 확인하고 사용하길 바랍니다.

예제 파일 | CD₩Part 04₩찾기-참조함수.xlsx **완성 파일 |** CD₩Part 04₩찾기-참조함수-완성.xlsx

01. 예제 파일을 열고 [VLOOKUP] 시트로 이동한 후 [D3] 셀을 선택합니다. [수식] 탭–[함수 라이브러리] 그룹–[찾기/참조 영역]에서 [VLOOKUP]을 클릭합니다.

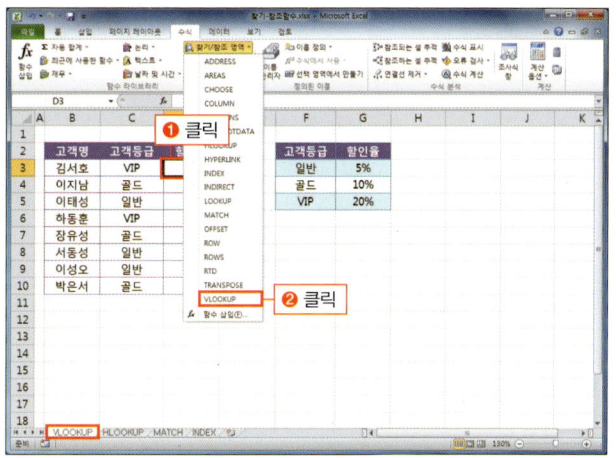

> **문제 해결** 참조 표의 머리글이 열 순서대로 나열되어 있으면 VLOOKUP 함수를 사용하며, 행 순서대로 나열되어 있으면 HLOOKUP 함수를 사용합니다.

02. [VLOOKUP 함수 인수] 대화상자가 나타나면 참조 표의 검색 값이 되는 [Lookup_value]에 'C3'을, 참조 표가 되는 범위를 지정한 [Table_array]에서 [F3:G5]를 선택한 후 **F4** 를 눌러 절대 참조로 변경합니다. 참조 표의 결과가 들어 있는 열 순서인 [Col_index_num]에 '2'를 입력, 참조 표의 검색 값이 정확한지를 따지는 [Range_lookup]에 'FALSE'를 입력하고 [확인]을 클릭합니다.

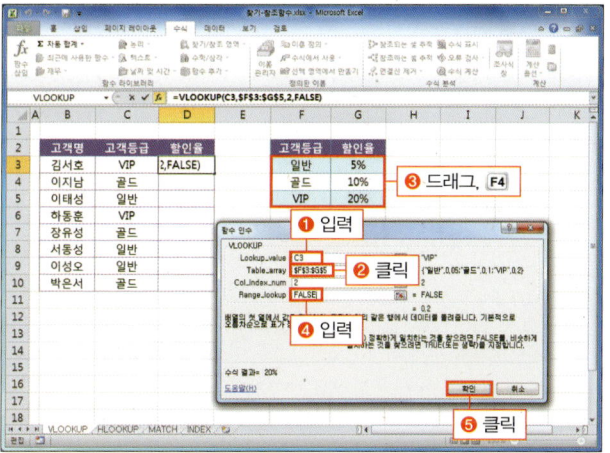

03. [D3:D10]까지 자동 채우기를 이용하여 할인율을 완성합니다.

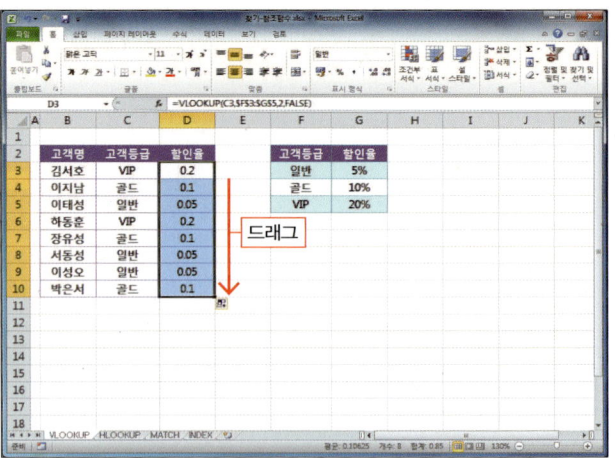

04. [D3:D10]이 선택되어 있는 상태에서 [홈] 탭-[표시 형식] 그룹-[백분율]을 클릭하여 작업을 마무리합니다.

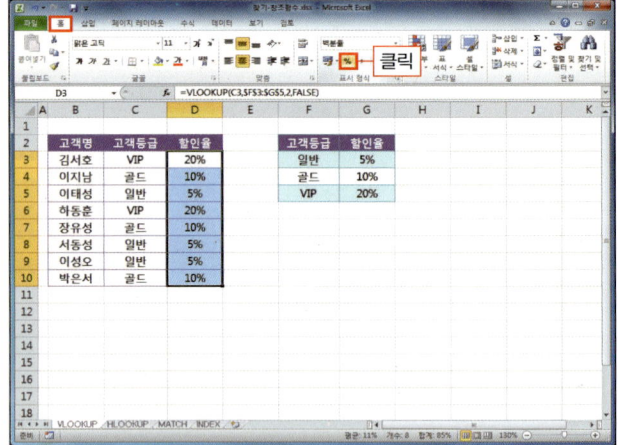

연관 검색 표시 형식에 관한 내용은 109P를 참고하세요.

VLOOKUP 함수를 사용하는 참조 범위의 머리글 위치가 열 순서라면 HLOOKUP 함수는 머리글 위치가 행 순서에 따라 사용합니다.

예제 파일 | CD\Part 04\찾기-참조함수.xlsx **완성 파일 |** CD\Part 04\찾기-참조함수-완성.xlsx

01. [HLOOKUP] 시트에서 [E3] 셀을 선택하고, [수식] 탭-[함수 라이브러리] 그룹-[찾기/참조 영역]에서 [HLOOKUP]을 클릭합니다.

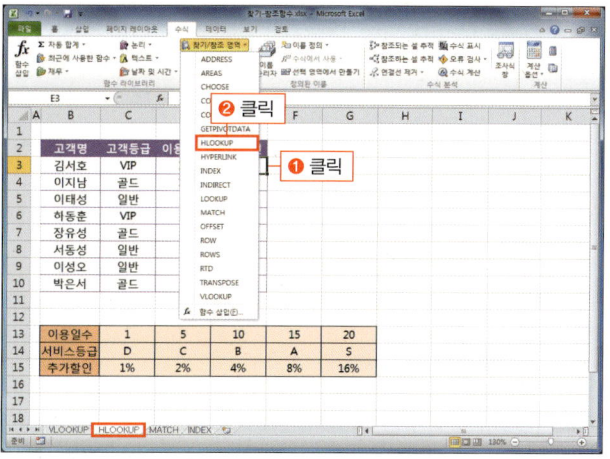

02. [HLOOKUP 함수 인수] 대화상자가 나타나면 [Lookup_value]에 'D3'을, [Table_array]에서 [C13:G15]를 선택하고 절대 참조를 위해 F4를 누릅니다. [Row_index_num]에 '3'을 입력하고 [Range_lookup]에 '1'을 입력한 후 [확인]을 클릭합니다.

> **TIP :** [Range_lookup]에 정확할 경우 'FALSE'나 '0'을, 비슷할 경우에는 'TRUE'나 '1'을 입력하여 사용하면 됩니다.

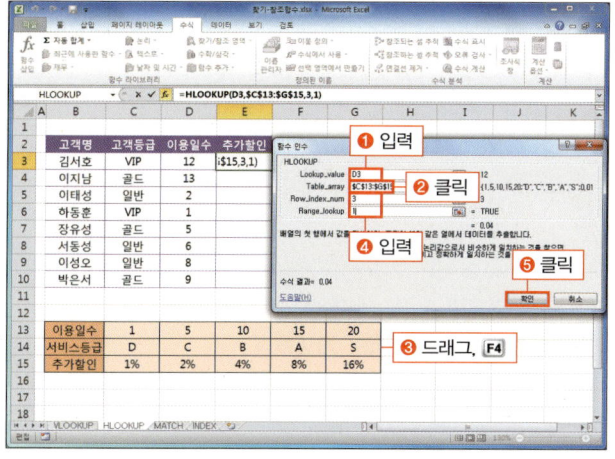

03. [E3:E10]을 자동 채우기로 완성하고, [홈] 탭-[표시 형식] 그룹-[백분율]을 클릭하여 작업을 마무리합니다.

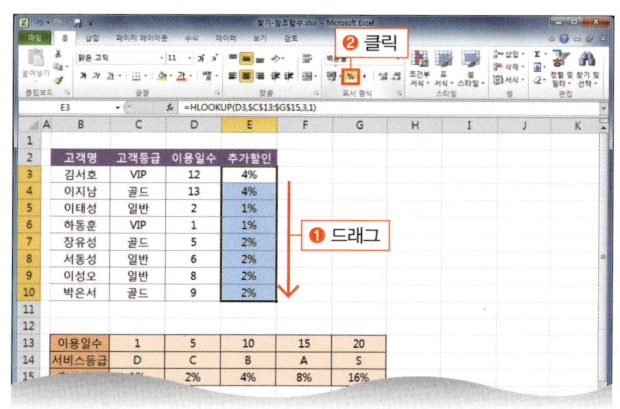

MATCH 함수를 이용하면 선택한 범위에서 검색 값의 순서를 알아낼 수 있습니다. 특히, 선택 범위가 정렬을 했느냐, 어떤 정렬이냐에 따라 정확한 값을 추출할 수 있습니다.

예제 파일 | CD₩Part 04₩찾기-참조함수.xlsx   **완성 파일 |** CD₩Part 04₩찾기-참조함수-완성.xlsx

01. [MATCH] 시트에서 [F11] 셀을 선택하고, [수식] 탭-[함수 라이브러리] 그룹-[찾기/참조 영역]에서 [MATCH]를 클릭합니다.

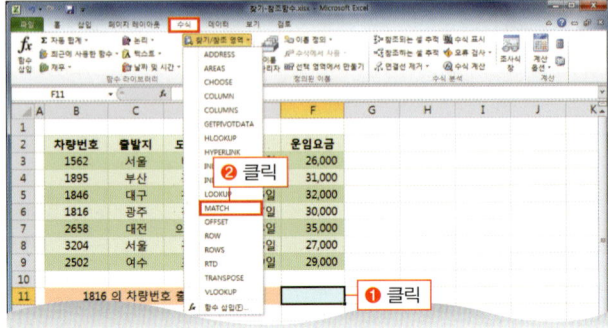

02. [MATCH 함수 인수] 대화상자가 나타나면 [Lookup_value]에 'B11'을 입력하고, [Lookup_array]에서 'B3:B9'를 입력합니다. [Match_type]에 '0'을 입력한 후 [확인]을 클릭합니다.

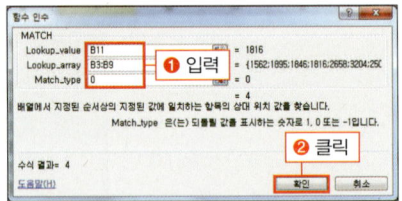

TIP : [Match_type]는 일반적으로 거의 범위가 정렬이 되어 있지 않기 때문에 '0'을 입력하면 쉽게 작업할 수 있습니다.

03. [F4] 셀에 나타난 결과를 확인하고 **Ctrl** +**1**을 눌러 [셀 서식] 대화상자를 불러옵니다. [표시 형식] 탭의 [범주]에서 '사용자 지정'을 선택하고 [형식]에 '# 번째'를 입력한 후 [확인]을 클릭합니다.

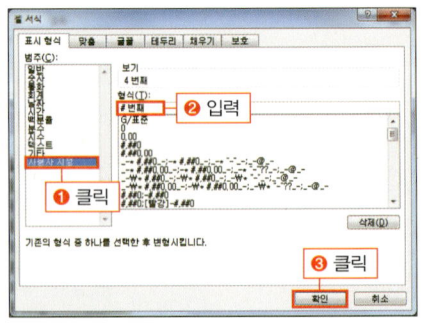

04. [B11] 셀의 값을 '3204'로 변경하면 [F11] 셀의 값이 '6 번째'로 변경되는 것을 확인합니다.

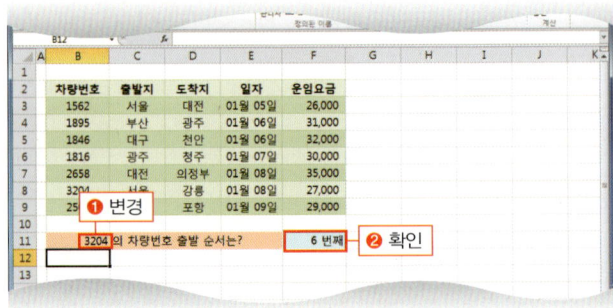

INDEX 함수를 이용하면 선택한 범위를 행렬로 인식하기 때문에, 필요한 내용을 찾을 때 행의 순서와 열의 순서를 입력하면 쉽게 원하는 값을 찾을 수 있습니다.

예제 파일 | CD₩Part 04₩찾기-참조함수.xlsx **완성 파일 |** CD₩Part 04₩찾기-참조함수-완성.xlsx

01. [INDEX] 시트에서 [F11] 셀을 선택하고, [수식] 탭-[함수 라이브러리] 그룹-[찾기/참조 영역]에서 [INDEX]를 클릭합니다.

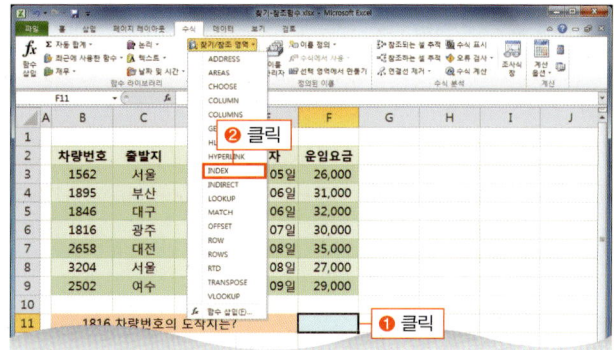

02. [인수 선택] 대화상자가 나타나면 'array, row_num, column_num'을 선택하고 [확인]을 클릭합니다.

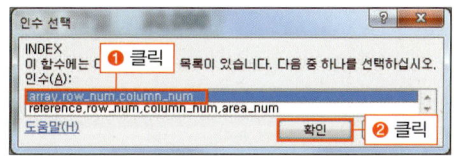

> **TIP :** 'reference, row_num, column_num, area_num'은 하나의 값을 찾는 것이 아니라 범위를 구할 때 사용됩니다.

03. [INDEX 함수 인수] 대화상자가 나타나면 [Array]에 'B3:F9'를 입력하고 [Row_num]에 'MATCH(B11,B3:B9,0)', [Column_num]에 '3'을 각각 입력한 후 [확인]을 클릭합니다.

> **TIP :** [Row_num]에서 'MATCH'를 이용하여 순서를 입력하면 값에 대한 행렬 순서를 정할 수 있습니다.

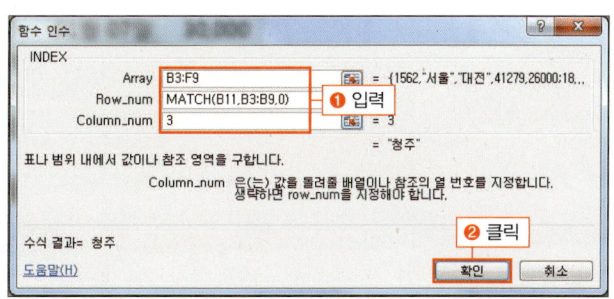

04. [F11] 셀에 나타나는 값을 확인합니다.

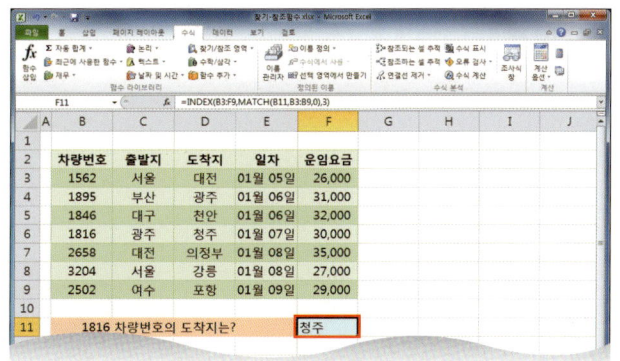

LESSON
05 텍스트 함수 이해하기

레벨 ● ● ●

텍스트 함수는 문자열에서 일부분을 추출하여 원하는 값을 찾거나 문자와 조합하여 작업을 할 때 많이 사용하는 함수입니다. 문자를 이용하여 여러 변화를 줄 수 있는 활용도가 높은 함수라고 할 수 있습니다.

기초탄탄 ▶ 텍스트 함수 중 중요한 위치 함수를 알아보자

■ LEFT 함수 이해하기 `323P`

문자열의 왼쪽에서 추출 문자 수 만큼의 부분 문자를 반환합니다.

> LEFT(텍스트, 추출 문자 수)

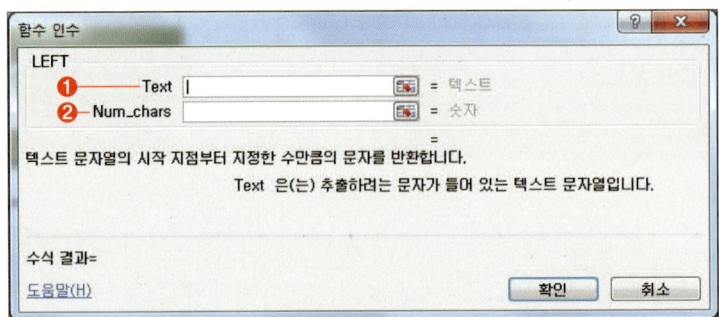

❶ Text : 추출되는 문자가 들어있는 텍스트 문자열입니다.

❷ Num_chars : 왼쪽에서부터 추출할 문자의 개수를 넣습니다.

■ RIGHT 함수 이해하기 `325P`

문자열의 오른쪽에서 추출 문자 수 만큼의 부분 문자를 반환합니다.

> RIGHT(텍스트, 추출 문자 수)

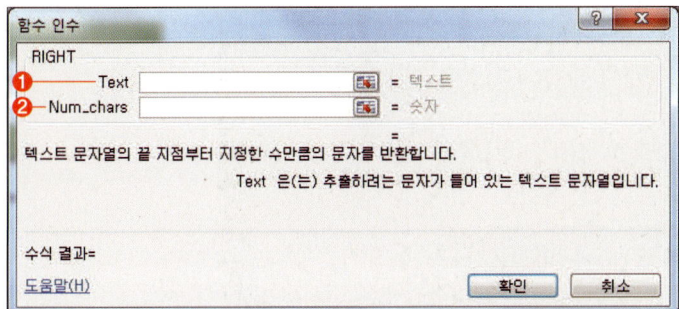

❶ Text : 추출되는 문자가 들어있는 텍스트 문자열입니다.

❷ Num_chars : 오른쪽에서부터 추출할 문자의 개수를 넣습니다.

■ MID 함수 이해하기 `327P`

문자열의 중간에 추출되는 문자의 위치가 가진 수를 입력하고 문자 크기 수 만큼 넣으면 부분 문자를 반환합니다.

MID(텍스트, 추출 문자 위치 수, 문자 수)

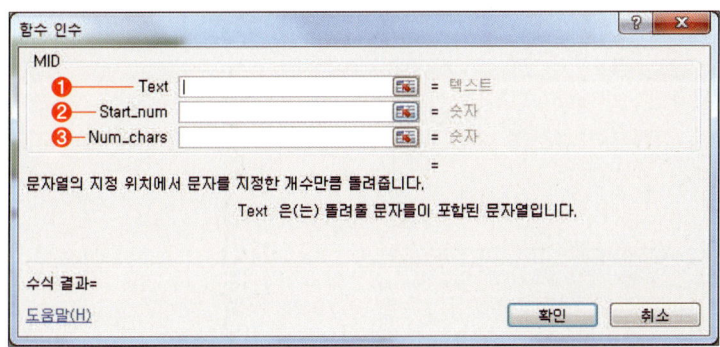

❶ Text : 추출되는 문자가 들어있는 텍스트 문자열을 선택합니다.

❷ Start_num : 중간에 있는 추출이 시작되는 문자의 위치 수를 넣습니다.

❸ Num_chars : 추출되는 문자의 개수만큼 수를 입력합니다.

■ REPLACE 함수 이해하기 `331P`

선택한 문자열에서 일부 문자들을 원하는 형태의 문자로 변경하는 함수입니다.

> REPLACE(변경할 텍스트, 변경될 문자 시작 위치, 변경할 문자 수, 변경할 문자 형태)

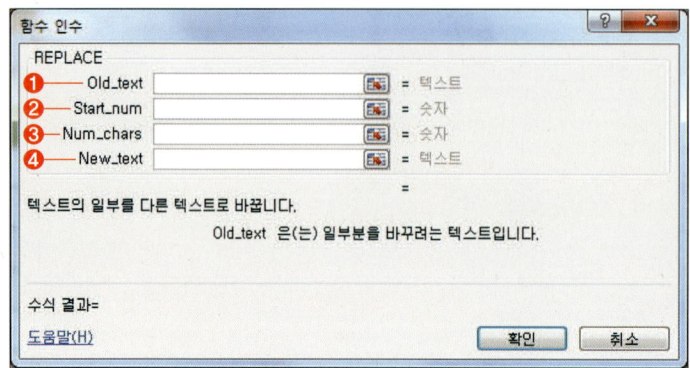

❶ Old_text : 변경할 텍스트를 선택합니다.

❷ Start_num : 변경이 시작되는 문자의 위치 수만큼 입력합니다.

❸ Num_chars : 변경하려는 문자의 개수만큼 입력합니다.

❹ New_text : 변경하려는 문자의 형태를 입력합니다. 예를 들어, *를 입력하면 암호 문자처럼 보입니다.

■ 텍스트 함수

셀에 있는 인수의 값을 텍스트로 변환하여 나타냅니다. 단, 표시 형식에 따라 다른 내용으로 나옵니다.

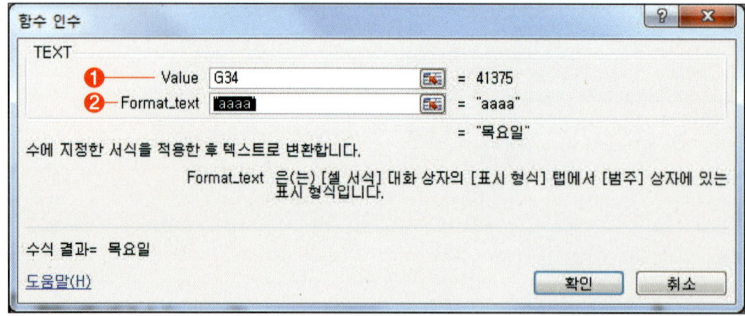

❶ Value : 텍스트 함수로 변할 셀을 선택합니다.

❷ Fomat_text : [표시 형식]−[사용자 정의]의 형식처럼 형태를 입력할 수 있습니다.

322

LEFT 함수는 문자열이나 셀의 내용에서 왼쪽으로 시작하여 원하는 수만큼의 텍스트를 추출하는 함수입니다.

예제 파일 | CD\Part 04\텍스트함수.xlsx **완성 파일 |** CD\Part 04\텍스트함수-완성.xlsx

01. 예제 파일에서 [LEFT] 시트로 이동한 후 [D3] 셀을 선택합니다. [수식] 탭-[함수 라이브러리] 그룹-[텍스트]에서 [LEFT]를 클릭합니다.

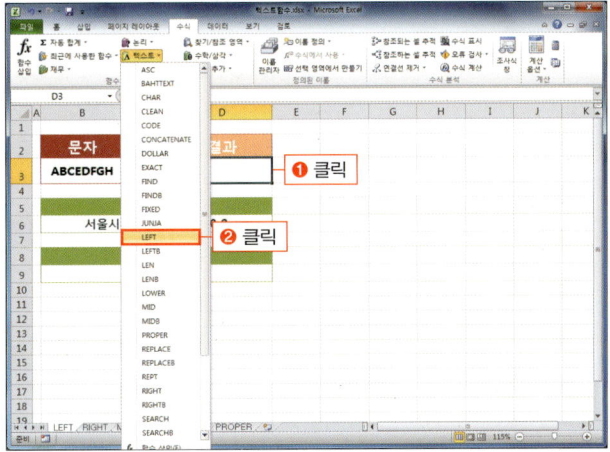

02. [LEFT 함수 인수] 대화상자가 나타나면 [Text]에 'B3'을 입력하고, [Num_chars]에 '3'을 입력한 후 [확인]을 클릭합니다.

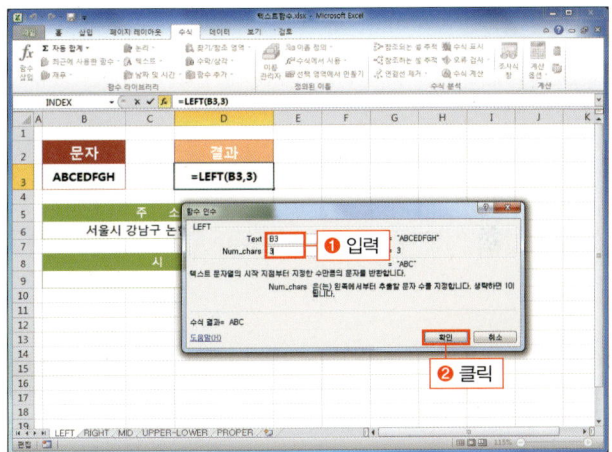

03. [D3] 셀에 부분 문자를 가져오는 것을 확인할 수 있습니다.

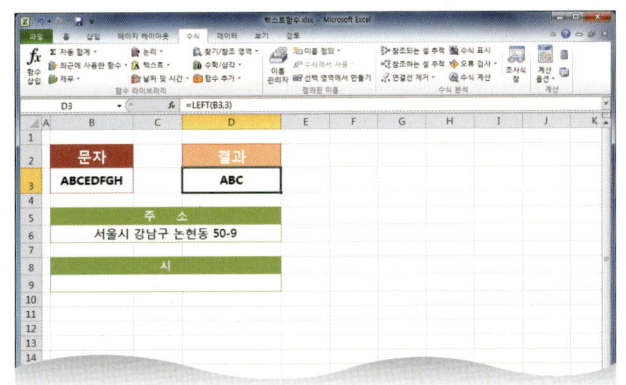

04. 이번에는 [B9] 셀을 선택하고 [수식] 탭–[함수 라이브러리] 그룹–[텍스트]에서 [LEFT]를 클릭합니다.

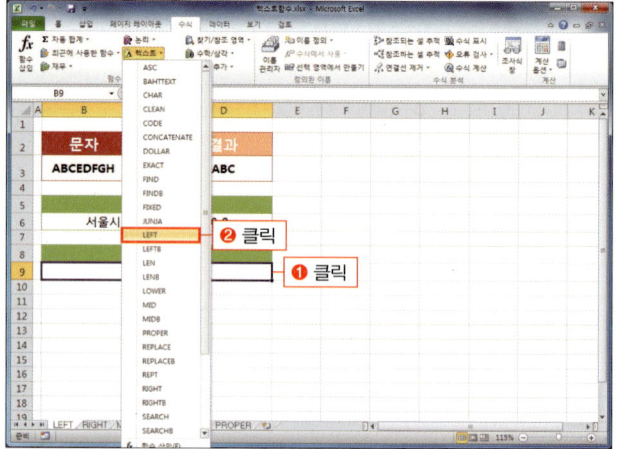

05. [LEFT 함수 인수] 대화상자가 나타나면 [Text]에 'B6'을 입력하고 [Num_chars]에 '3'을 입력한 후 [확인]을 클릭합니다.

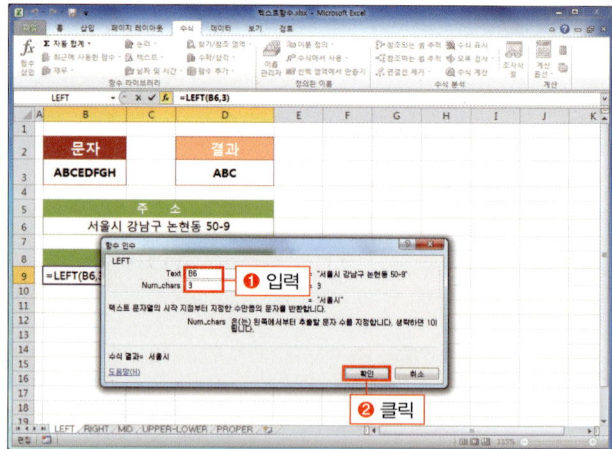

06. [B9] 셀에 나타나는 결과를 확인합니다.

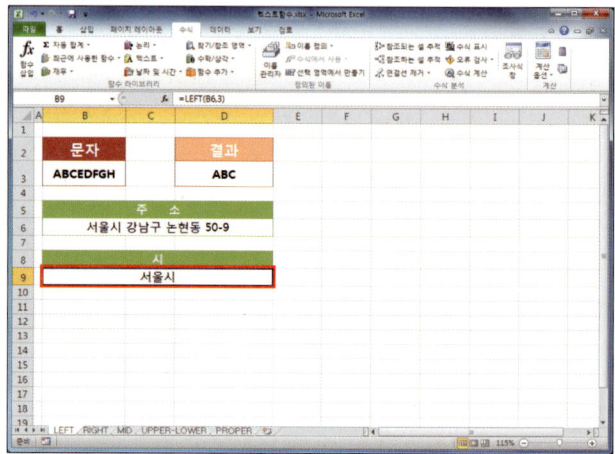

RIGHT 함수는 LEFT 함수와 반대로 오른쪽에서 원하는 수만큼 텍스트를 추출하는 함수입니다.

예제 파일 I CD₩Part 04₩텍스트함수.xlsx   **완성 파일 I** CD₩Part 04₩텍스트함수-완성.xlsx

01. 예제 파일에서 [RIGHT] 시트로 이동한 후 [D3] 셀을 선택합니다. [수식] 탭─[함수 라이브러리] 그룹─[텍스트]에서 [RIGHT]를 클릭합니다.

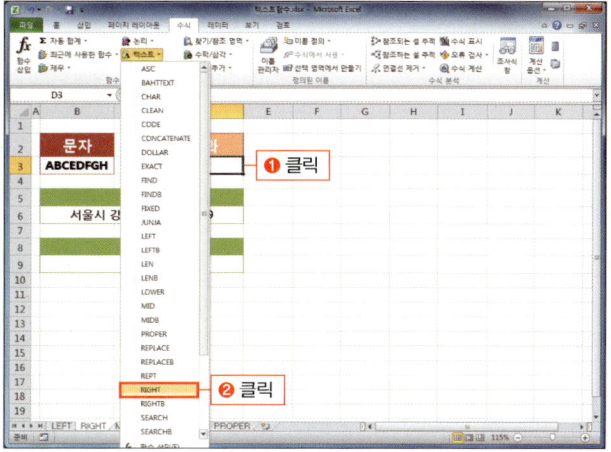

02. [RIGHT 함수 인수] 대화상자가 나타나면 [Text]에 'B3'을 입력하고 [Num_chars]에 '2'를 입력한 후 [확인]을 클릭합니다.

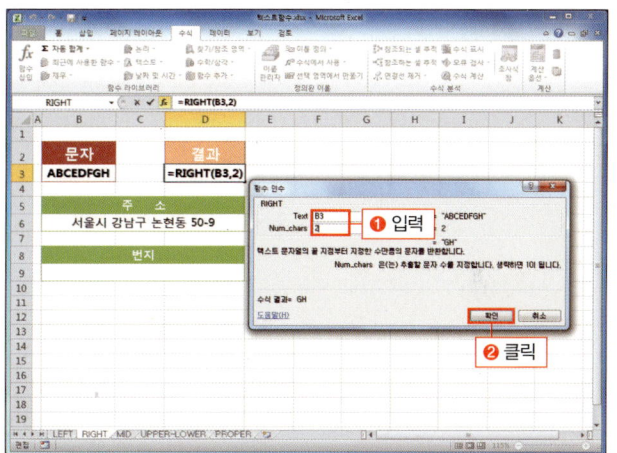

03. [D3] 셀에 부분 문자를 가져오는 것을 확인할 수 있습니다.

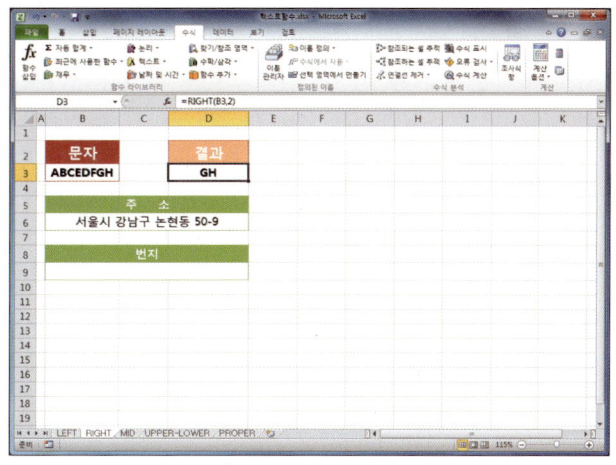

04. 다시 [B9] 셀을 선택하고 [수식] 탭-[함수 라이브러리] 그룹-[텍스트]에서 [RIGHT]를 클릭합니다.

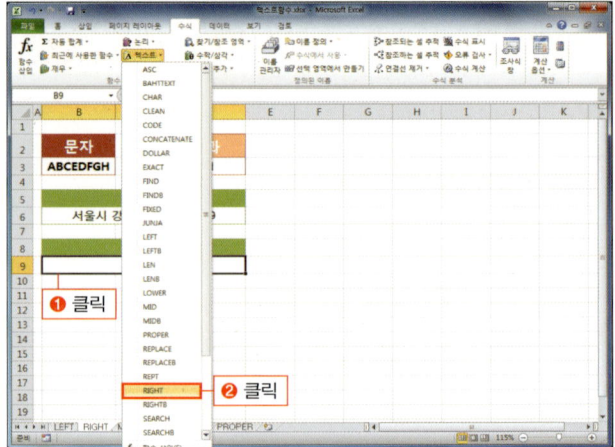

05. [RIGHT 함수 인수] 대화상자가 나타나면 [Text]에 'B6'을 입력하고 [Num_chars]에 '4'를 입력한 후 [확인]을 클릭합니다.

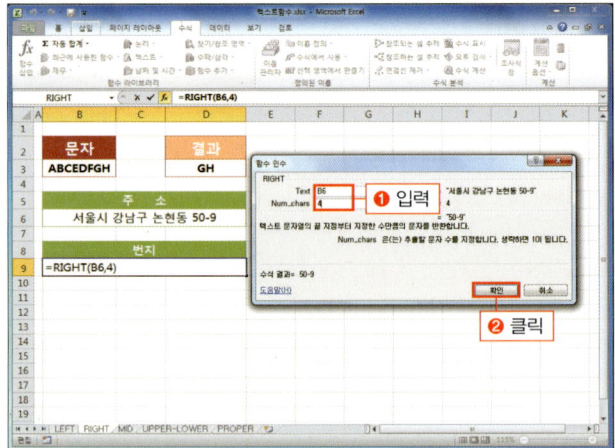

06. [B9] 셀에 나타나는 결과를 확인합니다.

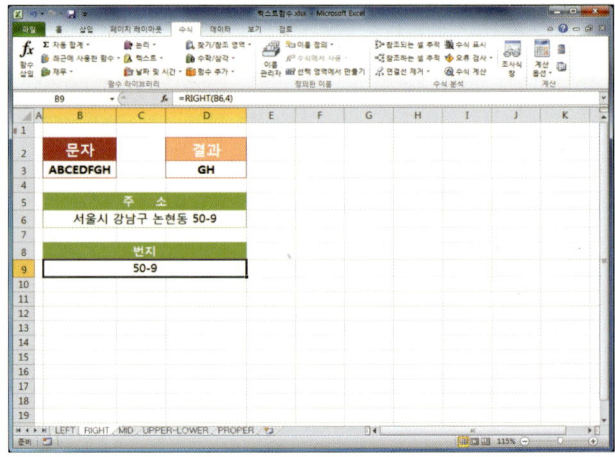

MID 함수는 왼쪽이나 오른쪽에서 문자를 추출하는 것이 아니라 중간에 있는 문자를 추출할 때 사용하는 유용한 텍스트 함수입니다.

예제 파일 | CD₩Part 04₩텍스트함수.xlsx **완성 파일 |** CD₩Part 04₩텍스트함수-완성.xlsx

01. [MID] 시트에서 [D3] 셀을 선택하고, [수식] 탭-[함수 라이브러리] 그룹-[텍스트]에서 [MID]를 클릭합니다.

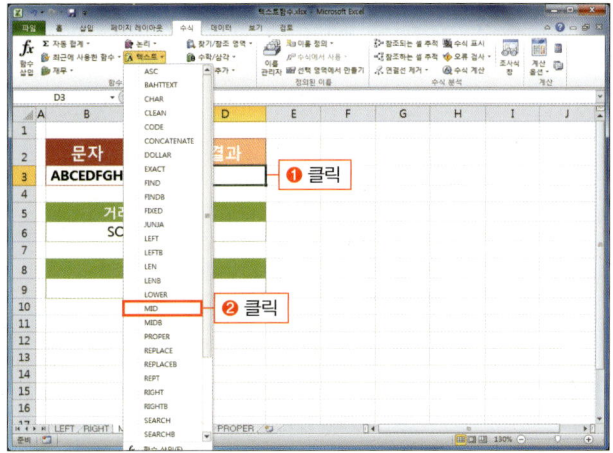

02. [MID 함수 인수] 대화상자가 나타나면 [Text]에 'B3'을 입력하고 [Start_num]에 '3', [Num_chars]에 '2'를 각각 입력한 후 [확인]을 클릭합니다.

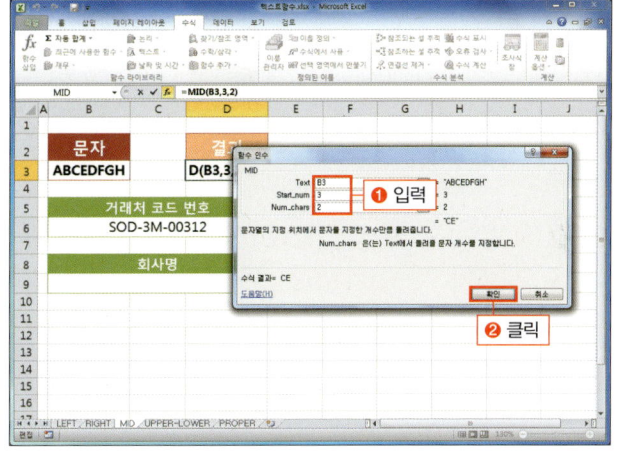

> **TIP :** 'ABCEDFGH'에서 'CE'를 추출하기 위해 'C'의 위치 값인 '3'과 'CE'의 크기인 '2'를 입력하는 것입니다.

03. [D3] 셀에 부분 문자를 가져오는 것을 볼 수 있습니다.

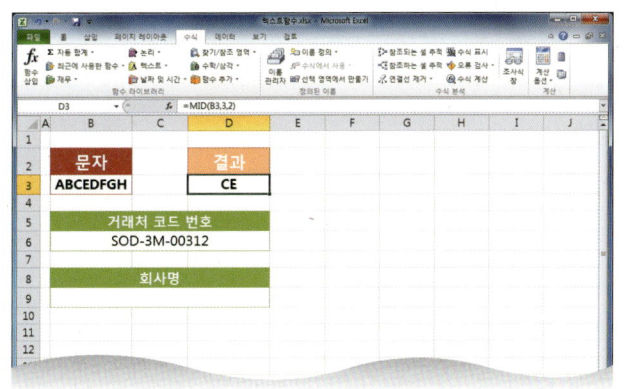

04. 이번에는 [B9] 셀을 선택하고 [수식] 탭–[함수 라이브러리] 그룹–[텍스트]에서 [MID]를 클릭합니다.

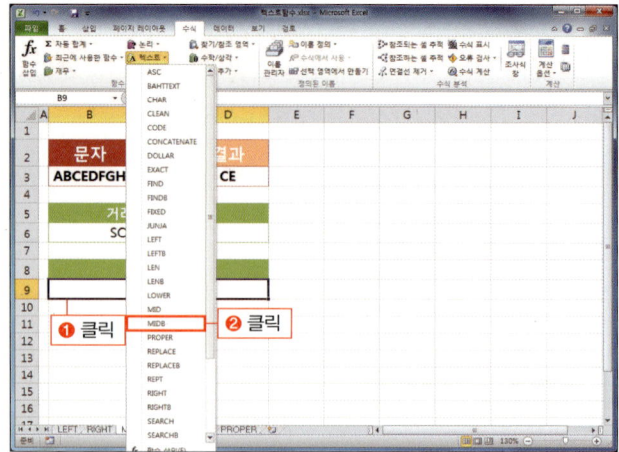

05. [MID 함수 인수] 대화상자가 나타나면 [Text]에 'B6'을 입력하고 [Start_num]에 '5', [Num_chars]에 '2'를 각각 입력한 후 [확인]을 클릭합니다.

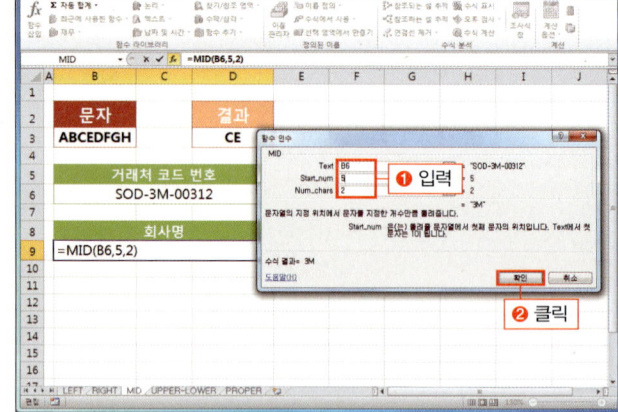

TIP : 거래처 코드에서 중간에 있는 코드명이 회사명이므로 중간의 위치 순서와 크기로 회사명을 가져올 수 있습니다.

06. [B9] 셀에 나타나는 결과를 확인합니다.

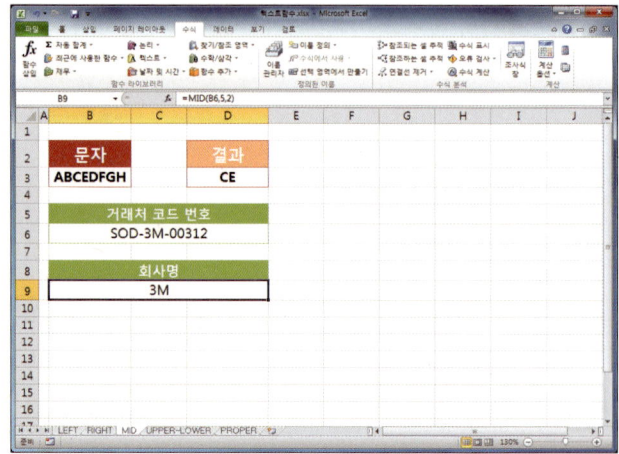

UPPER 함수는 대문자를 소문자로, LOWER 함수는 소문자를 대문자로 변경하는 함수입니다. 둘 다 무조건 전체를 대문자나 소문자로 변경할 수 있으며, 상황에 따라 첫 문자만 대문자로 변경하는 PROPER 함수도 있습니다.

예제 파일 । CD₩Part 04₩텍스트함수.xlsx   **완성 파일 ।** CD₩Part 04₩텍스트함수-완성.xlsx

01. [UPPER-LOWER] 시트에서 [H3] 셀을 선택하고 [수식] 탭-[함수 라이브러리] 그룹-[텍스트]에서 [UPPER]를 클릭합니다.

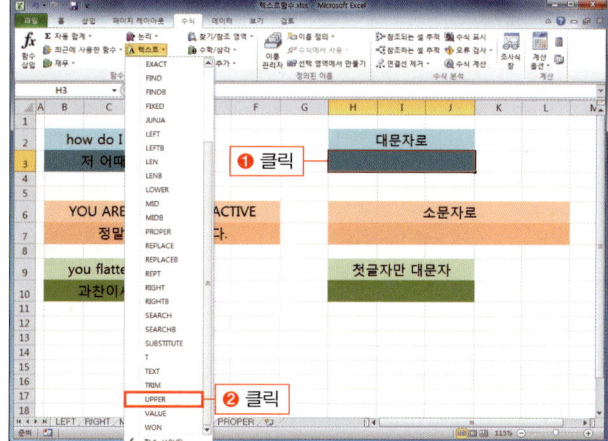

> **문제 해결** UPPER 함수가 보이지 않을 것입니다. 오른쪽의 스크롤 바를 아래로 내려서 찾으면 됩니다.

02. [UPPER 함수 인수] 대화상자가 나타나면 [TEXT]에 'B2'를 입력하고 [확인]을 클릭합니다.

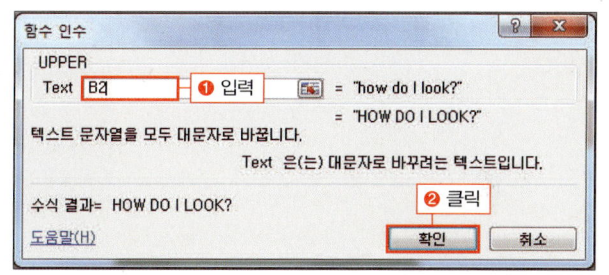

03. [H3] 셀에서 결과를 확인한 후, [H7] 셀을 선택하고 [수식] 탭-[함수 라이브러리] 그룹-[텍스트]에서 이번에는 [LOWER]를 클릭합니다.

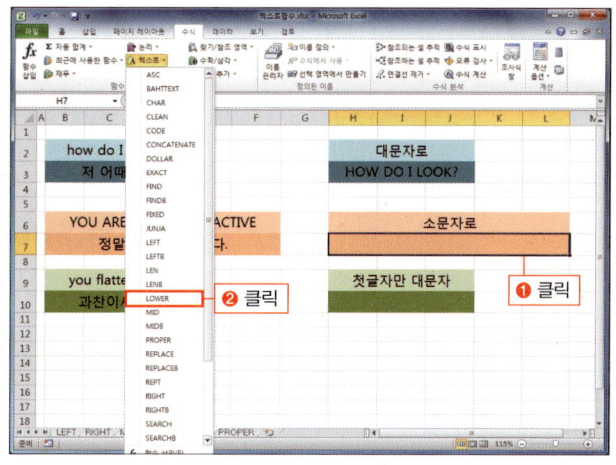

04. [LOWER 함수 인수] 대화상자가 나타나면 [TEXT]에 'B6'을 입력하고 [확인]을 클릭합니다.

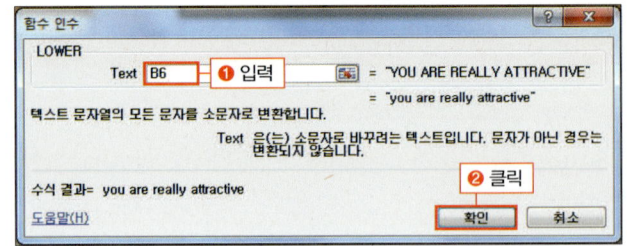

05. [H7] 셀에서 결과를 확인한 후, [H10] 셀을 선택하고 [수식] 탭−[함수 라이브러리] 그룹−[텍스트]에서 [PROPER]를 클릭합니다.

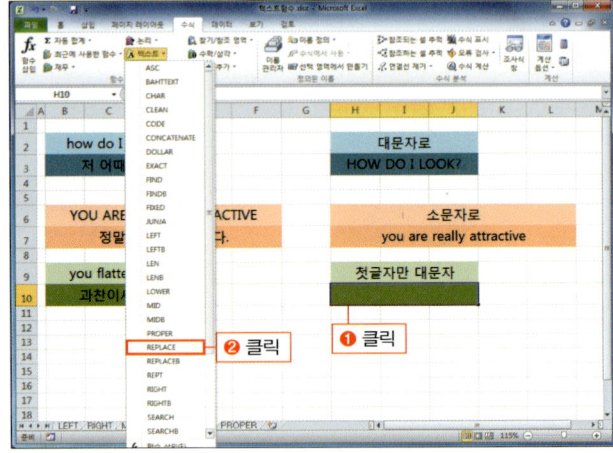

06. [PROPER 함수 인수] 대화상자가 나타나면 [TEXT]에 'B9'를 입력한 후 [확인]을 클릭합니다.

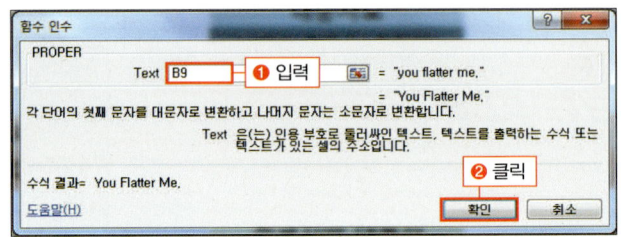

07. [H10] 셀의 결과를 확인합니다.

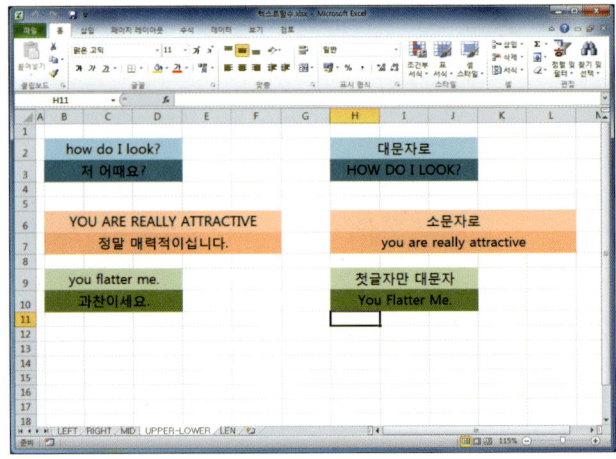

LEN 함수는 문자 크기의 개수를 구하는 함수로 문자열이 불규칙하게 나열되어 있는 경우에 크기를 이용한 문자 추출 작업에도 사용하기도 합니다. REPLACE 함수는 문자열의 일부 문자를 다른 문자로 변환할 수 있는 함수입니다.

예제 파일 | CD\Part 04\텍스트함수.xlsx **완성 파일 |** CD\Part 04\텍스트함수-완성.xlsx

01. [LEN] 워크시트에서 [D3] 셀을 선택하고, [수식] 탭-[함수 라이브러리] 그룹-[텍스트]에서 [LEN]을 클릭합니다.

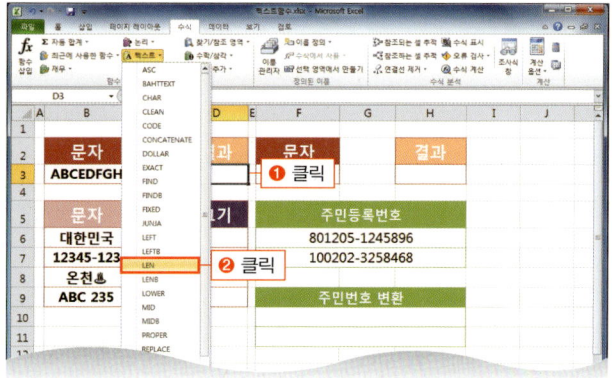

02. [LEN 함수 인수] 대화상자가 나타나면 [Text]에 'B3'을 입력하고 [확인]을 클릭합니다.

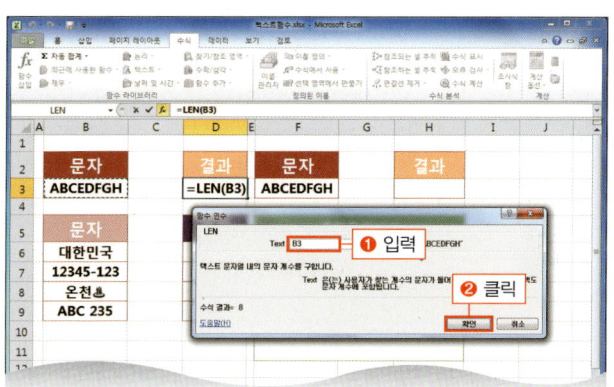

03. [D3] 셀에 결과가 나타나면 이번에는 [D6] 셀을 선택하고 [수식] 탭-[함수 라이브러리] 그룹-[텍스트]에서 [LEN]을 클릭합니다.

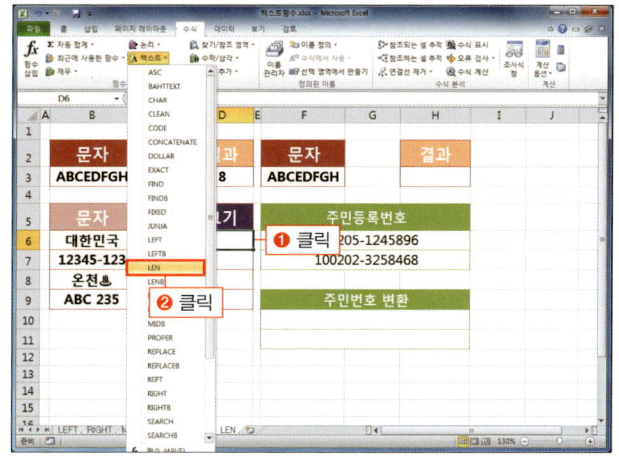

331

04. [LEN 함수 인수] 대화상자가 나타나면 [Text]에 'B6'을 입력하고 [확인]을 클릭합니다.

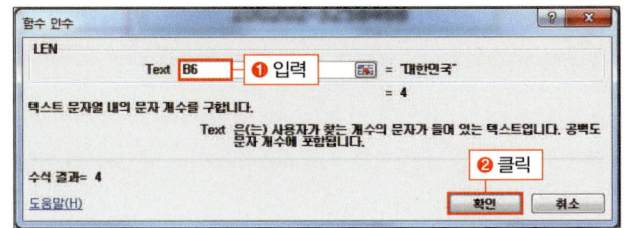

05. [D6:D9]에 자동 채우기를 이용하여 완성합니다.

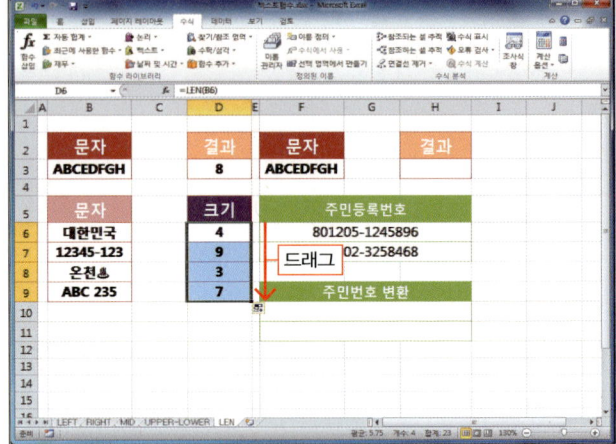

> **TIP :** 숫자나 특수 문자, 공백도 문자의 개수로 인식하여 결과를 보여줍니다.

06. 이번에는 [H3] 셀을 선택하고 [수식] 탭-[함수 라이브러리] 그룹-[텍스트]에서 [REPLACE]를 클릭합니다.

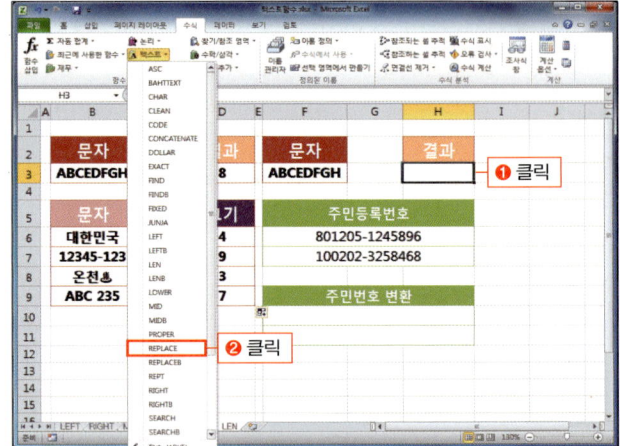

07. [REPLACE 함수 인수] 대화상자가 나타나면 [Old_text]에 'F3'을 입력하고, [Start_num]에 '1', [Num_chars]에 '3', [New_text]에 '"CBA"'를 각각 입력한 후 [확인]을 클릭합니다.

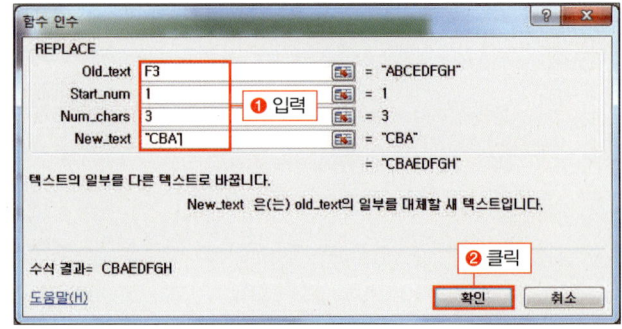

08. [H3] 셀의 결과를 확인한 후 [F10] 셀을 선택하고 [수식] 탭-[함수 라이브러리] 그룹-[텍스트]에서 [REPLACE]를 클릭합니다.

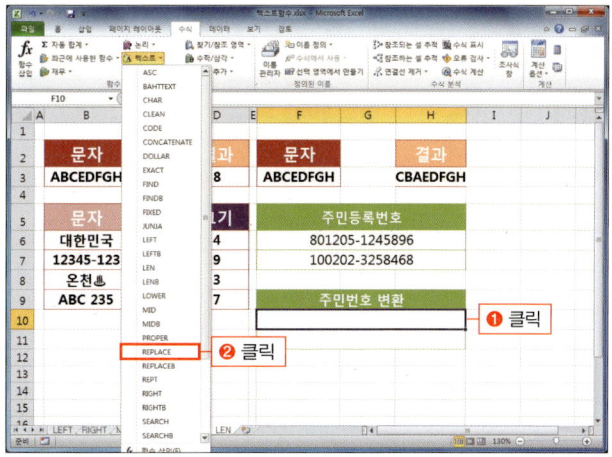

09. [REPLACE 함수 인수] 대화상자가 나타나면 [Old_text]에 'F6'을 입력하고 [Start_num]에 '8', [Num_chars]에 '7', [New_text]에 '*******'를 각각 입력한 후 [확인]을 클릭합니다.

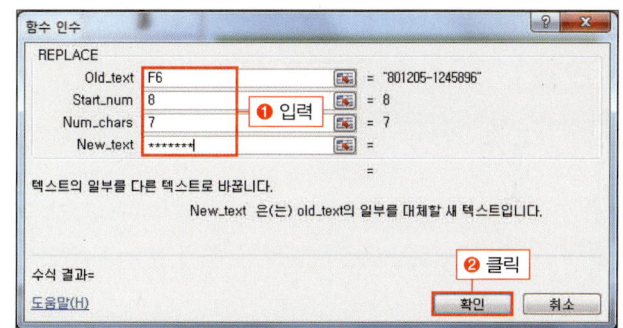

10. [F10:F11]을 자동 채우기로 완성합니다.

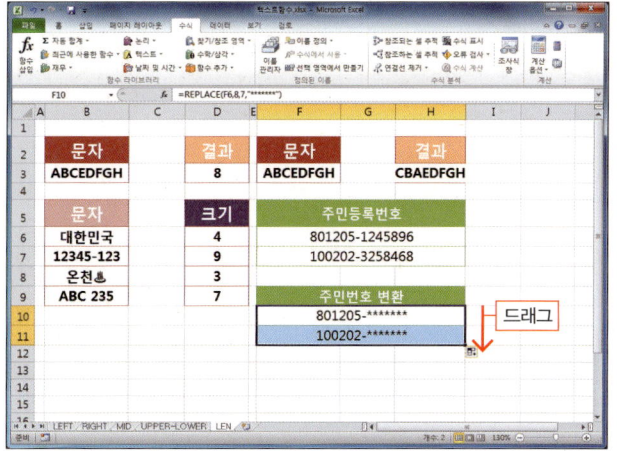

LESSON 06 날짜 및 시간 함수 이해하기

레벨 ● ● ●

날짜와 시간 함수는 특정 기간의 년, 월, 일을 분리하여 추출할 수 있고 날짜 간의 계산이나 시간 간의 계산이 가능합니다. 또한, 원하는 형태의 날짜를 추출하는 데 많이 사용합니다.

기초탄탄 ▶ YEAR, MONTH, DAY, DATE, WEEKDAY, DAYS360 함수

■ YEAR 함수 이해하기 337P

날짜를 선택하면 날짜에서 연도를 추출합니다.

YEAR(날짜)

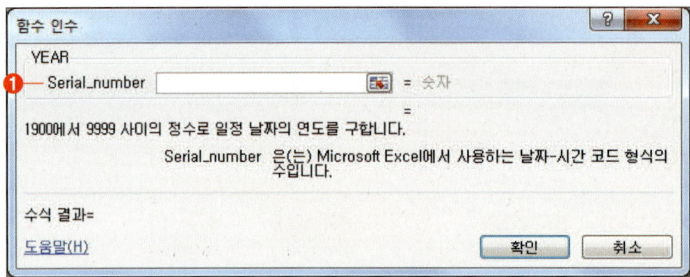

❶ Serial_number : 날짜—시간 코드 형식이 들어있는 셀을 선택합니다.

■ MONTH 함수 이해하기 337P

날짜를 선택하면 날짜에서 해당 월을 추출합니다.

MONTH(날짜)

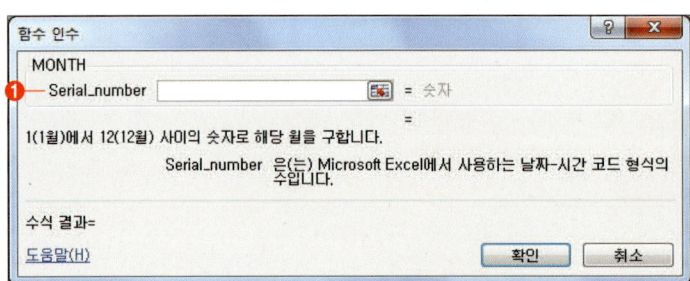

334

❶ Serial_number : 날짜–시간 코드 형식이 들어있는 셀을 선택합니다.

■ DAY 함수 이해하기 `337P`

날짜를 선택하면 날짜에서 일을 추출합니다.

DAY(날짜)

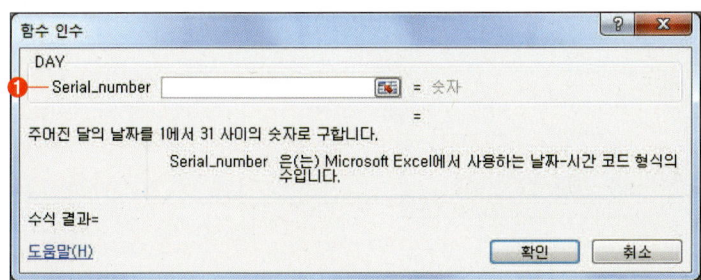

❶ Serial_number : 날짜–시간 코드 형식이 들어있는 셀을 선택합니다.

■ DATE 함수 이해하기

연도, 월, 일에 해당하는 수를 받아서 날짜 형태로 변경합니다.

DATE(년도, 월, 일)

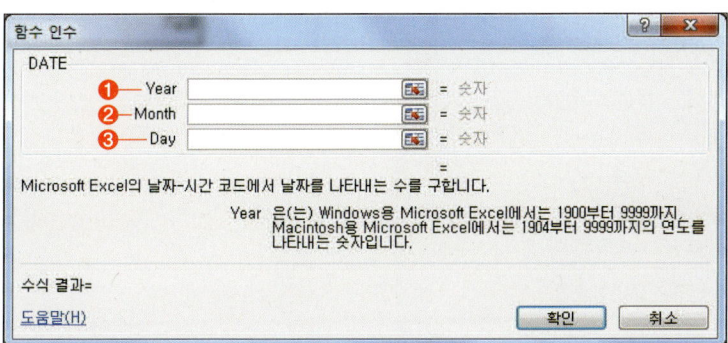

❶ Year : 날짜 형태로 변환되는 연도가 될 수를 입력합니다.

❷ Month : 날짜 형태로 변환되는 연도가 될 월을 입력합니다.

❸ Day : 날짜 형태로 변환되는 연도가 될 일을 입력합니다.

■ WEEKDAY 함수 이해하기 342P

날짜를 선택하면 해당하는 요일이 결정되는 수를 추출합니다.

> WEEKDAY(날짜, 결과 값의 유형을 결정)

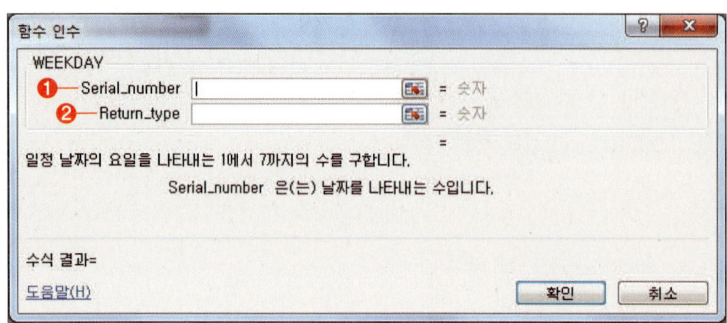

❶ Serial_number : 날짜-시간 코드 형식이 들어있는 셀을 선택합니다.

❷ Return_type : '1'을 입력하면 일요일(1)부터, '2'를 입력하면 월요일(1)부터, '3'을 입력하면 월요일(0)부터 추출됩니다.

■ DAYS360 함수 이해하기 345P

1년을 기준으로 두 날짜 사이의 날짜 수를 계산합니다.

> DAYS360(시작되는 날짜, 마지막이 되는 날짜, 계산 형태)

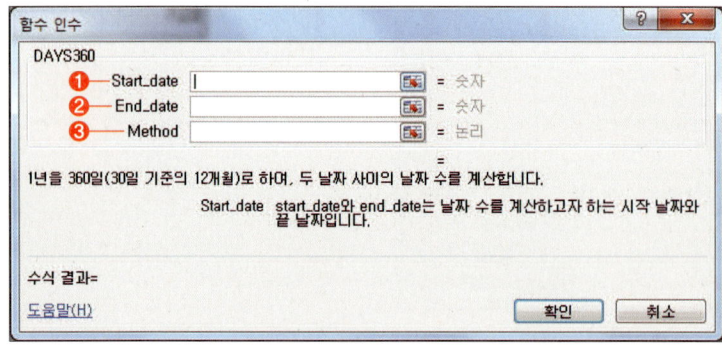

❶ Start_date : 워크시트 시작되는 날짜의 셀을 선택합니다.

❷ End_date : 워크시트 마지막이 되는 날짜의 셀을 선택합니다.

❸ Method : 생략하거나 'FASLE'를 입력하면 북미 방식, 'TRUE'는 유럽 방식으로 표현됩니다.

셀에 날짜로 되어있는 형태의 경우에 년(YEAR), 월(MONTH), 일(DAY)의 함수를 이용하면 년, 월, 일로 따로 분리하여 나타낼 수 있습니다. 또한, 반대로 DATE 함수는 각각 떨어져 있는 년, 월, 일을 하나의 날짜 형태로 변경이 가능한 함수입니다.

예제 파일 | CD\Part 04\날짜와시간.xlsx **완성 파일 |** CD\Part 04\날짜와시간-완성.xlsx

■ YEAR/MONTH/DAY 함수를 이용하여 년, 월, 일구하기

01. 예제 파일을 불러온 후 [년월일] 시트로 이동합니다. [B3] 셀을 선택하고 [수식] 탭–[함수 라이브러리] 그룹–[날짜 및 시간]에서 [TODAY]를 클릭합니다.

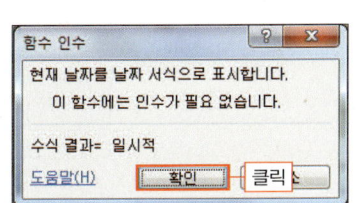

> **TIP :** TODAY 함수는 오늘로 되어 있는 시스템 날짜를 불러옵니다. 즉, 시스템 날짜가 맞지 않으면 틀린 날짜가 나타납니다.

02. [TODAY 함수 인수] 대화상자가 나타나면 [확인]을 클릭합니다.

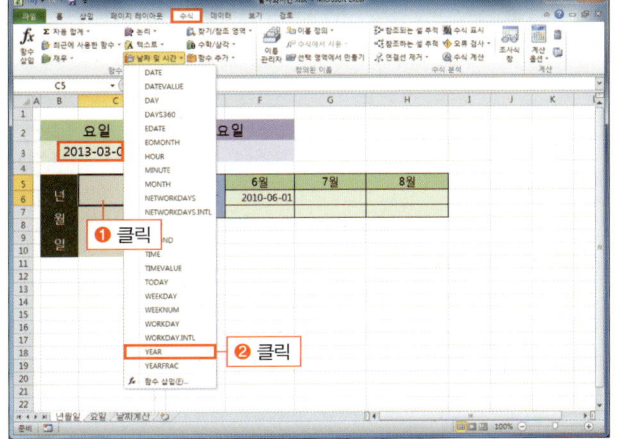

03. 이번에는 연도를 추출하기 위해 [C5] 셀을 선택하고 [수식] 탭–[함수 라이브러리] 그룹–[날짜 및 시간]에서 [YEAR]를 클릭합니다.

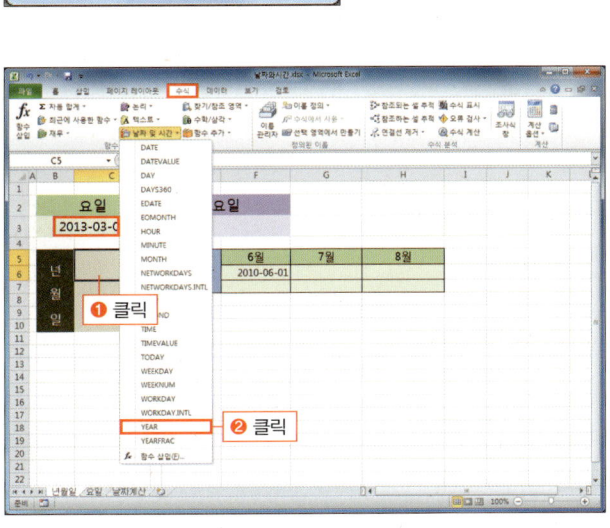

> **TIP :** YEAR 함수는 날짜에서 연도만 추출합니다.

04. [YEAR 함수 인수] 대화상자가 나타나면 [Serial_number]에서 [B3] 셀을 클릭하고 [확인]을 클릭합니다.

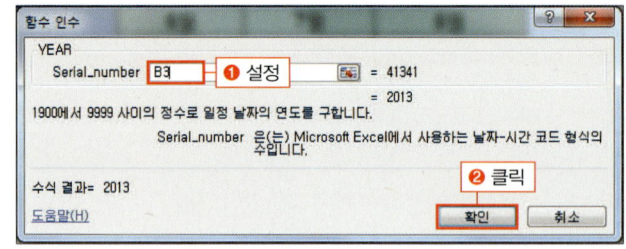

05. [C5] 셀에 결과가 나타나면 이번에는 [C7] 셀을 선택하고 [수식] 탭–[함수 라이브러리] 그룹–[날짜 및 시간]에서 [MONTH]를 클릭합니다.

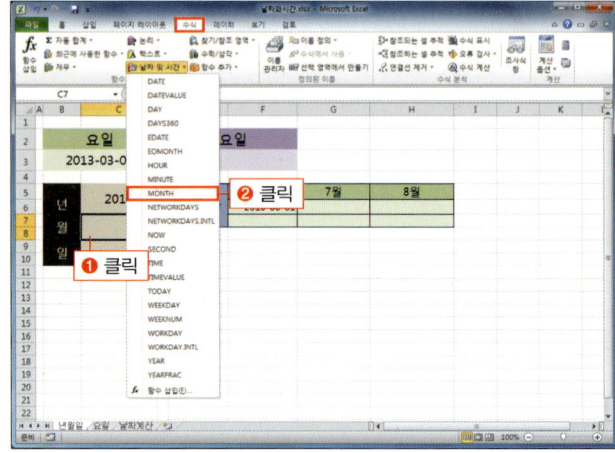

06. [MONTH 함수 인수] 대화상자가 나타나면 [Serial_number]에서 [B3] 셀을 선택하고 [확인]을 클릭합니다.

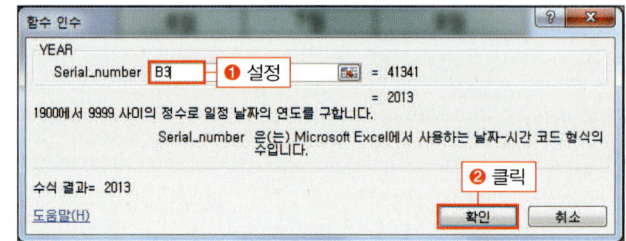

07. [C7] 셀에 결과가 나타나면 [C9] 셀을 선택하고 [수식] 탭–[함수 라이브러리] 그룹–[날짜 및 시간]에서 [DAY]를 클릭합니다.

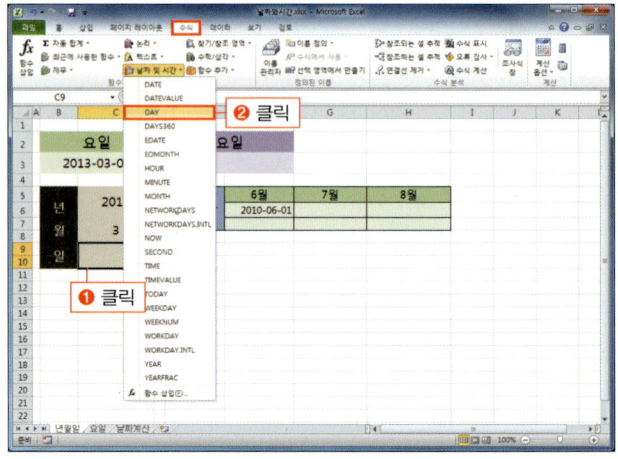

08. [DAY 함수 인수] 대화상자가 나타나면 [Serial_number]에서 [B3] 셀을 선택하고 [확인]을 클릭합니다.

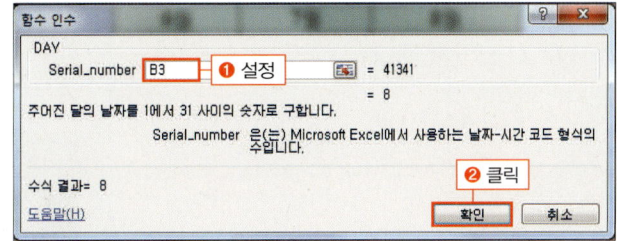

09. [C9] 셀의 결과를 확인합니다.

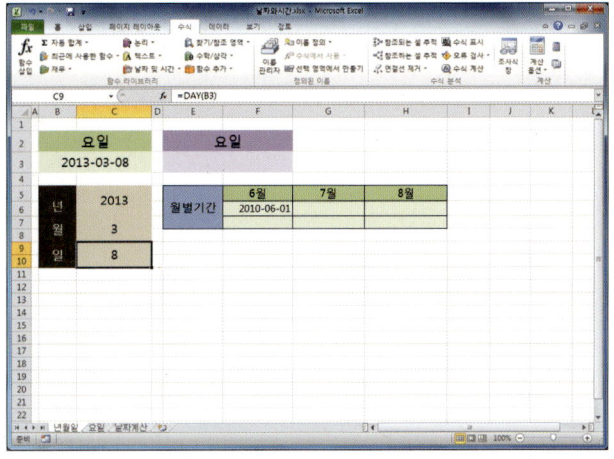

■ DATE 함수를 이용하여 원하는 날짜 구하기

01. [E3] 셀을 선택하고 [수식] 탭–[함수 라이브 러리] 그룹–[날짜 및 시간]에서 [DATE]를 클릭합 니다.

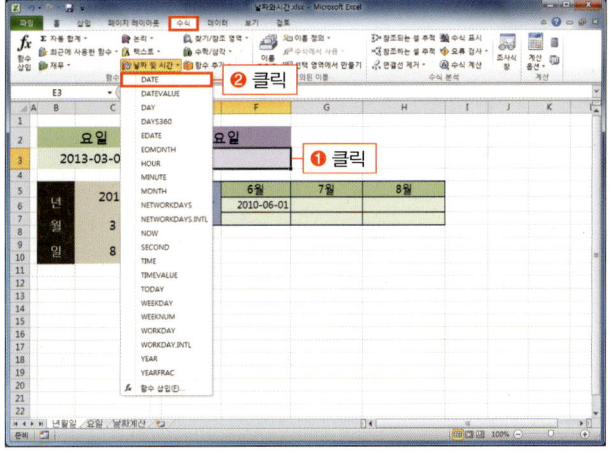

02. [DATE 함수 인수] 대화상자가 나타나면 [Year]에 'C5'를 입력, [Month]에 'C7', [Day]에 'C9'를 각각 입력합니다.

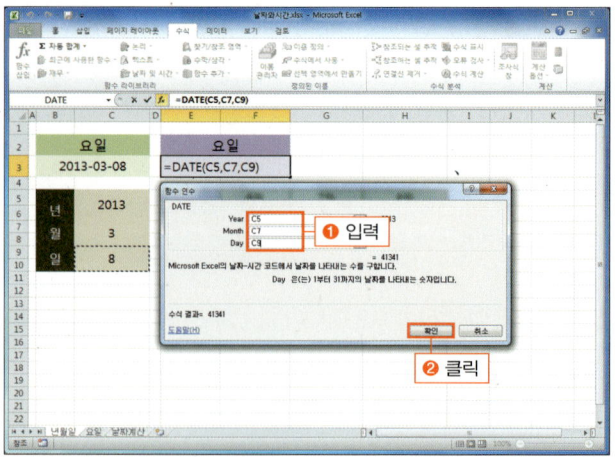

03. [E3] 셀에 결과가 나타나면 [F7] 셀에 선택하고, [수식] 탭—[함수 라이브러리] 그룹—[날짜 및 시간]에서 [DATE]를 클릭합니다.

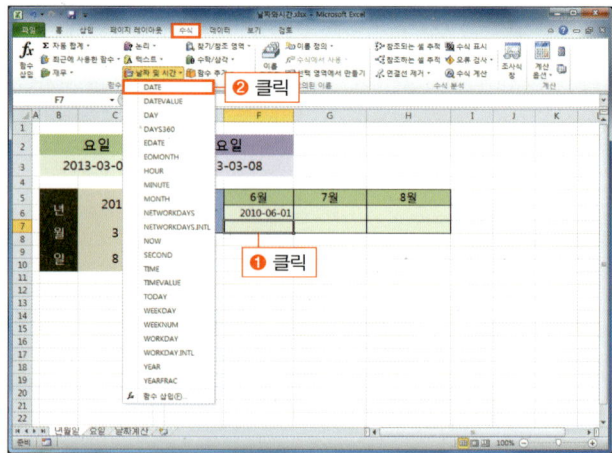

04. [DATE 함수 인수] 대화상자가 나타나면 [Year]에 'YEAR(F6)'을 입력, [Month]에 'MONTH(F6)+1', [Day]에 '0'을 각각 입력하고 [확인]을 클릭합니다.

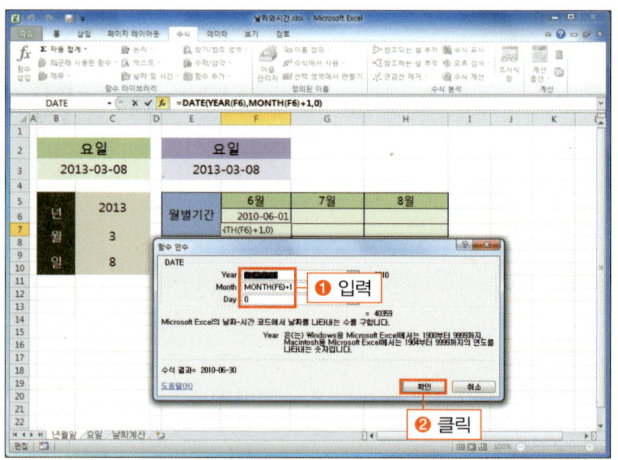

TIP : 마지막 요일을 가져오기 위해서는 [DAY]에는 '0'을 입력합니다. DATE 함수의 [MONTH]에 바로 입력하는 것이 아니라 변환하여 가져오면 '+1'을 넣어주어야 정확한 값을 가져올 수 있습니다.

05. [F7] 셀에 결과가 나타나면 [G6] 셀을 선택하고, [날짜 및 시간]에서 [DATE]를 클릭합니다. [DATE 함수 인수] 대화상자가 나타나면 [Year]에 'YEAR(F6)'을 입력, [Month]에 'MONTH(F6)+1', [Day]에 '1'을 각각 입력하고 [확인]을 클릭합니다.

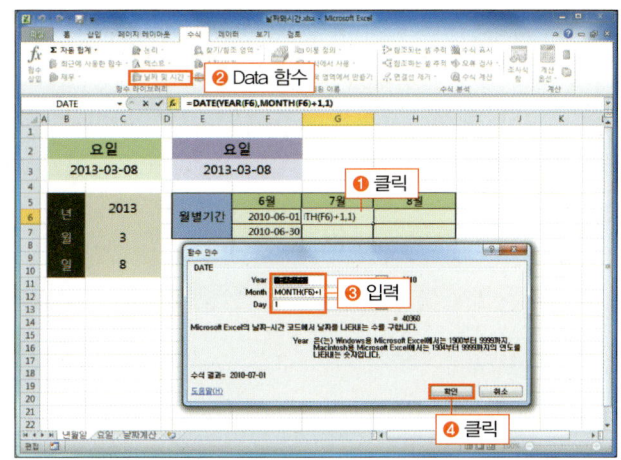

> **TIP** : [DAY]에 '0'을 입력하면 [MONTH]에 '+1'은 지금 월을 불러오고 [DAY]에 '1'을 입력하면 [MONTH]에 '+1'은 다음 월을 불러오게 됩니다.

06. [G6] 셀에 결과가 나타나면 [G6:H6], [F7:H7]에 자동 채우기를 하여 나머지를 완성합니다.

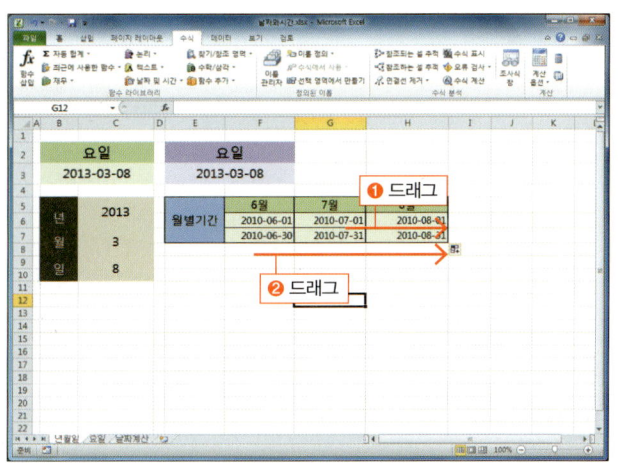

> **TIP** : [G6] 셀에 결과를 따로 구했기 때문에 자동 채우기가 가능합니다. 결과를 따로 구하지 않으면 날짜만 증가합니다.

WEEKDAY 함수는 요일을 구하는 함수로 정확히 해당 요일의 숫자를 반환합니다. 그렇기 때문에 정확히 요일을 표현하려면 요일이 시작되는 옵션을 정확히 알고 다른 함수(CHOOSE) 등을 적절히 이용해야 합니다.

예제 파일 | CD₩Part 04₩날짜와시간.xlsx **완성 파일** | CD₩Part 04₩날짜와시간-완성.xlsx

01. [요일] 시트로 이동한 다음 [B3] 셀을 선택하고 [수식] 탭-[함수 라이브러리] 그룹-[날짜 및 시간]에서 [NOW]를 클릭합니다.

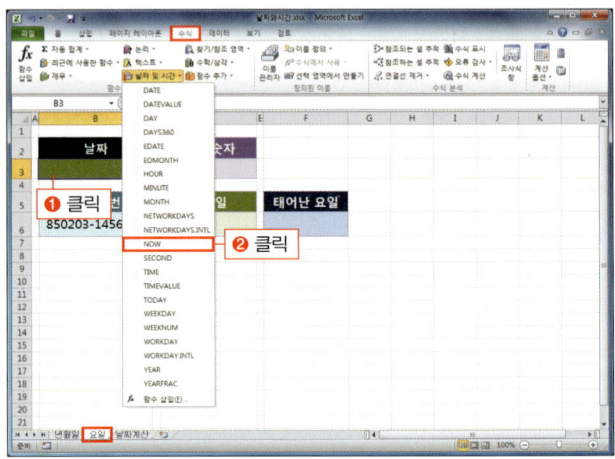

TIP : TODAY 함수는 시스템에서 오늘의 날짜를 사용하지만 NOW 함수는 시스템에서 오늘의 날짜와 시간을 사용하게 됩니다.

02. [NOW 함수 인수] 대화상자가 나타나면 [확인]을 클릭하고 결과를 확인합니다. [D3] 셀을 선택하고 [수식] 탭-[함수 라이브러리] 그룹-[날짜 및 시간]에서 [WEEKDAY]를 클릭합니다.

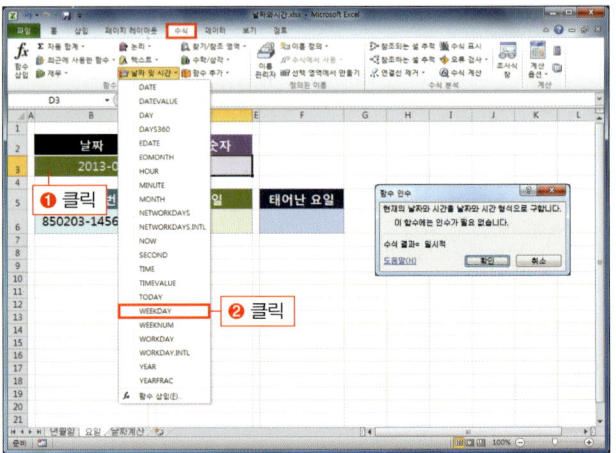

03. [WEEKDAY 함수 인수] 대화상자가 나타나면 [Serial_number]에 'B3'을 입력하고 [Return_type]에 '2'를 입력한 후 [확인]을 클릭합니다.

TIP : 한국은 일반적으로 '월, 화, 수, 목…'으로 요일을 세기 때문에 [Return_type]에 '2'를 입력하여 '월'부터 시작하도록 설정합니다.

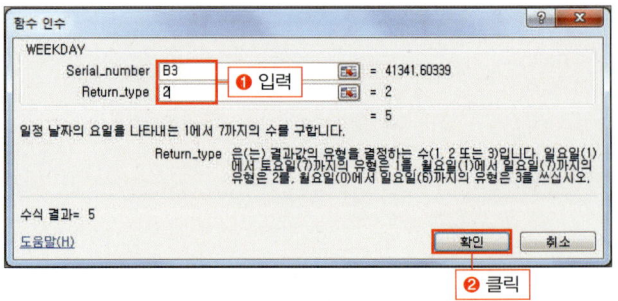

04. [D3] 셀에 결과 값이 나타나면 [D6] 셀을 선택하고, [수식] 탭–[함수 라이브러리] 그룹–[날짜 및 시간]에서 [DATE]을 클릭합니다.

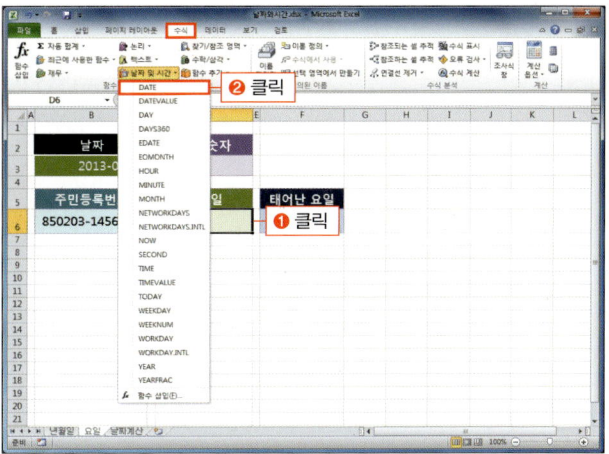

05. [DATE 함수 인수] 대화상자가 나타나면 [Year]에 'LEFT(B6,2)'를 입력, [Month]에 'MID(B6,3,2)', [Day]에 'MID(B6,5,2)'를 각각 입력하고 [확인]을 클릭합니다.

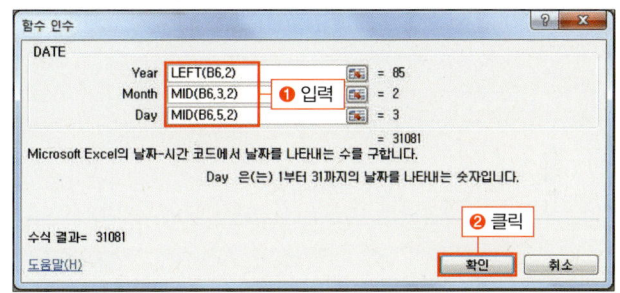

TIP : 주민등록번호 앞자리에는 년, 월, 일이 있는 데 텍스트 함수를 이용하여 년, 월, 일로 분류하고 DATE 함수를 이용하여 날짜로 변환시켜 줍니다.

06. [D6] 셀에 결과가 나타나면 이번에는 [F6] 셀을 선택하고, [수식] 탭–[함수 라이브러리] 그룹–[날짜 및 시간]에서 [WEEKDAY]를 클릭합니다.

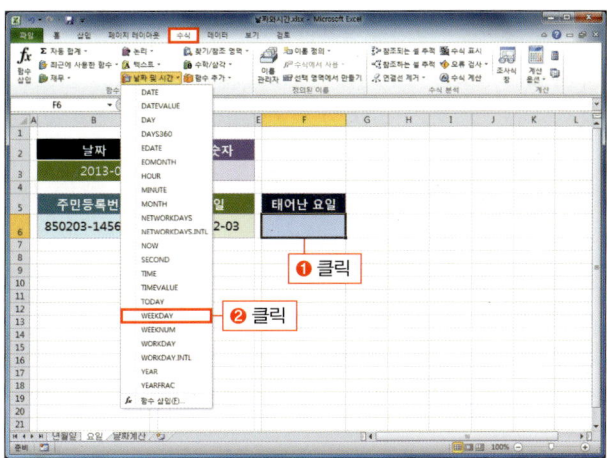

07. [WEEKDAY 함수 인수] 대화상자가 나타나면 [Serial_number]에 'D6'을 입력하고, [Return_type]에 '2'를 입력한 후 [확인]을 클릭합니다.

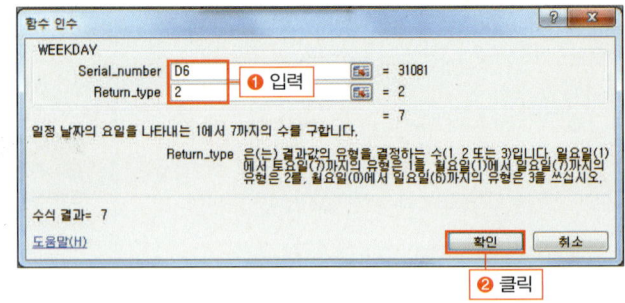

08. [F6] 셀에 결과가 나타나면 더블클릭한 후 WEEKDAY 함수 앞을 클릭합니다. 'CHOOSE('을 입력하고 [함수 삽입](fx)을 클릭합니다.

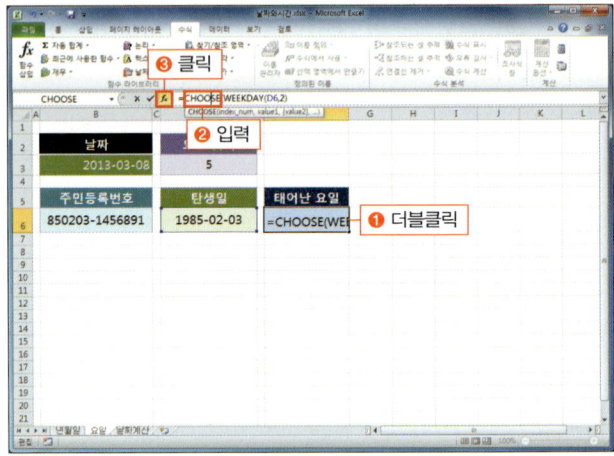

09. [CHOOSE 함수 인수] 대화상자가 나타나면 [Index_num]에 WEEKDAY 함수는 그대로 두고 [Value1]에 '"월요일"', [Value2]에 '"화요일"', [Value3]에 '"수요일"', [Value4]에 '"목요일"', [Value5]에 '"금요일"', [Value6]에 '"토요일"', [Value7]에 '"일요일"'을 각각 입력한 후 [확인]을 클릭합니다.

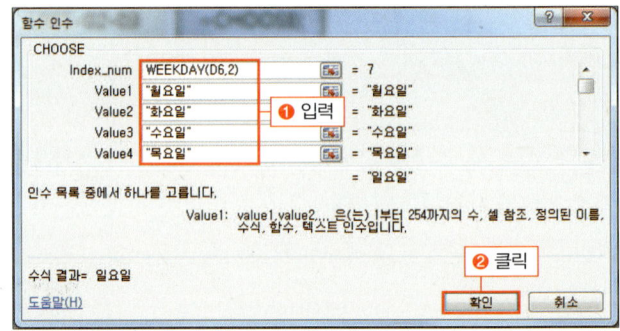

> **TIP** : WEEKDAY 함수의 [Return_type]에 '2'를 입력했기 때문에 [Value1]에 '"월요일"'로 시작합니다.

10. [F6] 셀에 나타나는 결과를 확인합니다.

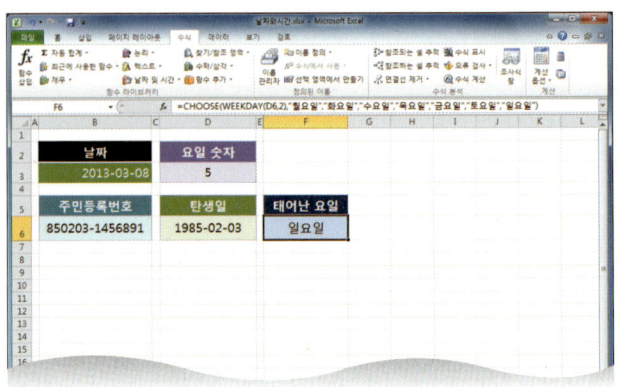

DAYS360 함수는 날짜와 날짜 사이에서 흘러간 날짜의 수를 찾아주는 함수입니다.

예제 파일 | CD₩Part 04₩날짜와시간.xlsx   **완성 파일 |** CD₩Part 04₩날짜와시간-완성.xlsx

01. [날짜계산] 시트에서 [C5] 셀을 선택하고 [수식] 탭→[함수 라이브러리] 그룹→[날짜 및 시간]에서 [DAYS360]을 클릭합니다.

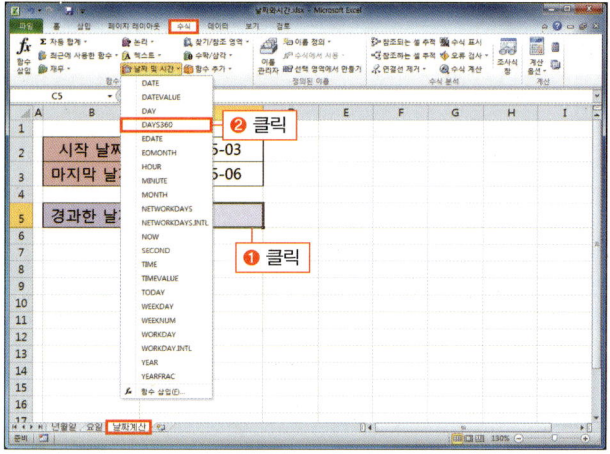

02. [DAYS360 함수 인수] 대화상자가 나타나면 [Start_date]에 'C2'를 입력, [End_date]에 'C3'을 입력, [Method]는 생략하고 [확인]을 클릭합니다.

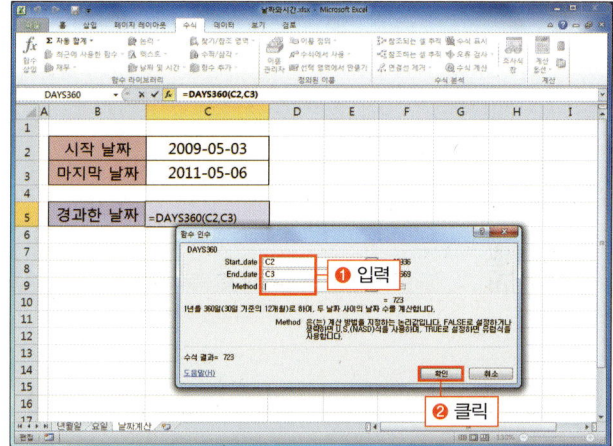

TIP : 생략하면 북미 방식으로 표현하는데 우리나라는 북미 방식을 기본으로 사용합니다.

03. [C5] 셀에 나타나는 결과를 확인합니다.

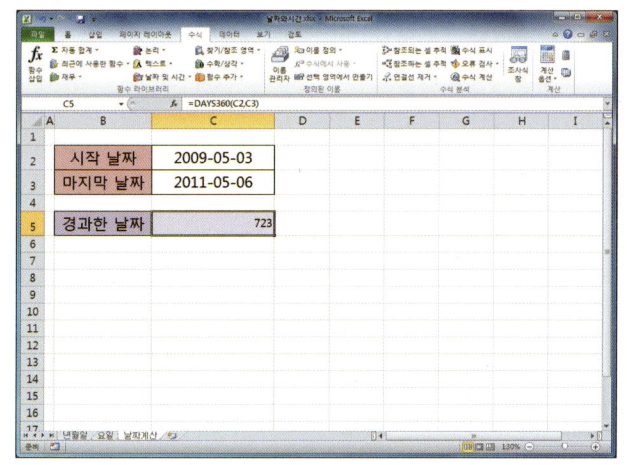

LESSON
07 수학/삼각 함수 이해하기

레벨 ● ● ●

수학/삼각 함수는 수치 계산을 하는 함수입니다. 수학/삼각 함수는 많은 함수를 가지고 있는데 실무에서 가장 많이 활용하는 함수를 소개하니 알아두면 유용하게 써먹을 수 있을 것입니다.

> **기초 탄탄**) 수학/삼각 함수 중 잘 알려진 함수들

■ ROUND 함수 이해하기 `349P`

반올림이 되는 수를 선택하면 해당 수에 맞게 반올림한 수로 추출합니다. 0~4는 반올림을 하지 않고 5~9는 반올림을 해야 합니다.

> ROUND(반올림이 되는 수, 반올림 자릿수)

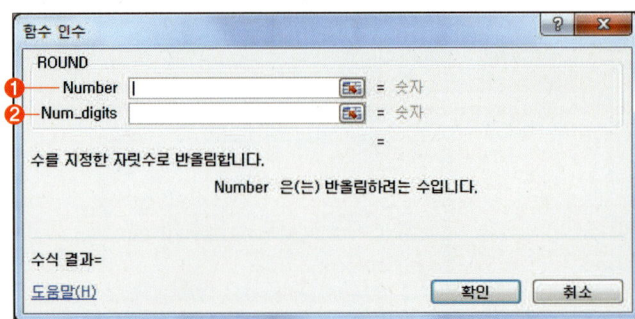

❶ Number : 반올림이 되는 수

❷ Num_digits : 소수점 얼마나 반올림이 되는 수, 정수(1~)는 소수점 이하의 수, 0은 소수점이 없음, 음수 (-1~)는 소수점 앞으로 하는 정수

■ SUMIF 함수 이해하기 352P

조건에 맞는 범위 안의 값들의 합계를 구하는 함수입니다.

SUMIF(조건이 되는 범위, 조건, 합계가 되는 범위)

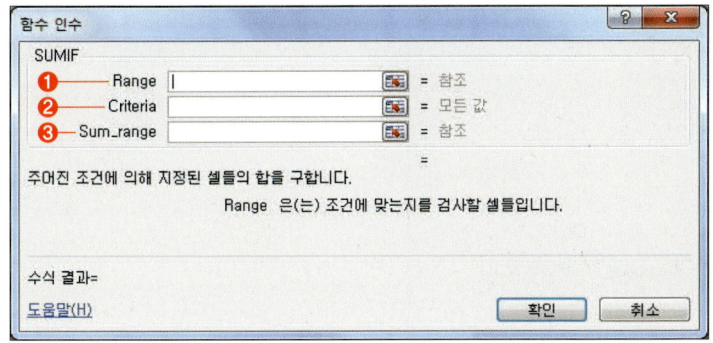

❶ Range : 합계를 구하기 위한 조건의 범위를 지정합니다.

❷ Criteria : 범위 안에서 조건을 입력합니다.

❸ Sum_range : 조건에 맞는 실제 값들이 있는 범위입니다.

■ PRODUCT 함수 이해하기 354P

인수로 지정된 범위의 수를 모두 곱하여 값을 내어줍니다.

PRODUCT(인수, 인수...)

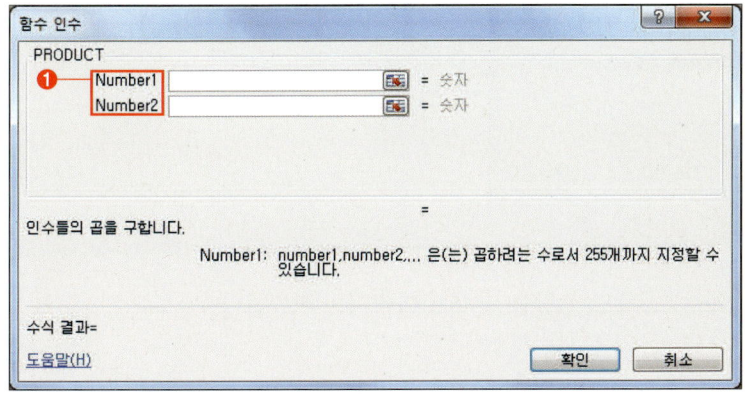

❶ Number 1, 2, 3... : 값들이 들어가는 인수를 의미합니다.

■ SUMPRODUCT 함수 이해하기 355P

지정된 배열끼리 대응하는 인수들을 곱한 후 모든 결과를 합계로 나타냅니다.

SUMPRODUCT(배열, 배열)

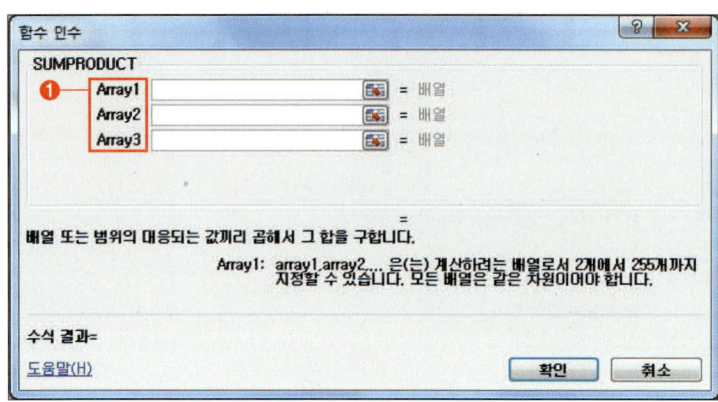

❶ Array 1, 2, 3.. : 인수들이 있는 배열 단위로 입력합니다.

■ TRUNC 함수 이해하기

ROUND와 같은 함수인데 ROUND는 반올림을 하여 올리거나 내리지만 TRUNC 함수는 해당 자리까지만 나타내고 나머지는 버립니다.

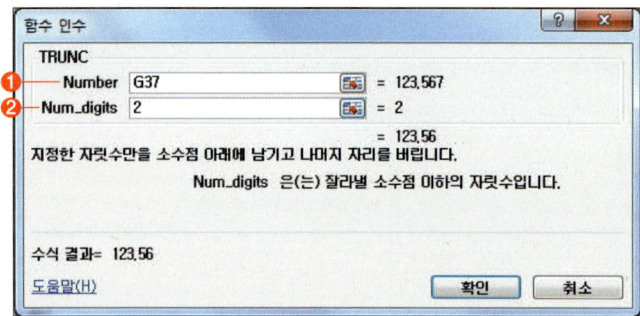

❶ Number : 소수점이 들어 있는 수를 입력합니다.

❷ Num_digits : 해당 자리에 수를 지정하면 그 해당 수만큼 남기고 나머지는 버립니다.

ROUND 함수는 반올림을 구하는 함수입니다. 일반적으로 소수점 이하의 수를 구하지만 그 이상도 구할 수 있으며, ROUNDUP 함수는 무조건 반올림을 구할 경우에 사용합니다. 반대로 ROUNDDOWN 함수는 무조건 반올림을 내릴 경우에 사용합니다.

예제 파일 | CD₩Part 04₩수학삼각함수.xlsx **완성 파일 |** CD₩Part 04₩수학삼각함수─완성.xlsx

01. 예제 파일을 불러온 후 [반올림] 시트에서 [E3] 셀을 선택합니다. [수식] 탭─[함수 라이브러리] 그룹─[수학/삼각]에서 [ROUND]를 클릭합니다.

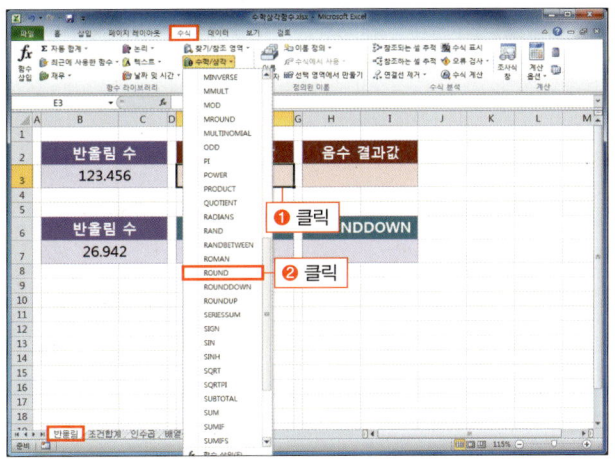

02. [ROUND 함수 인수] 대화상자가 나타나면 [Number]에 'B3'을 입력하고, [Num_digits]에 '2'를 입력한 후 [확인]을 클릭합니다.

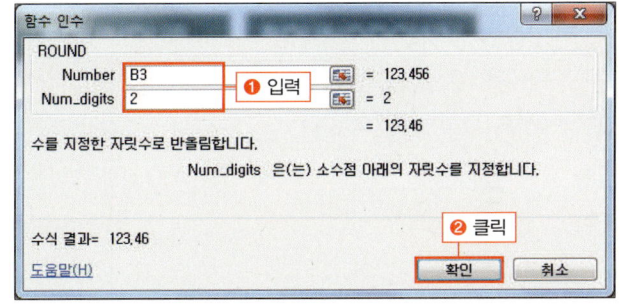

03. [E3] 셀에 나타나는 결과를 확인합니다.

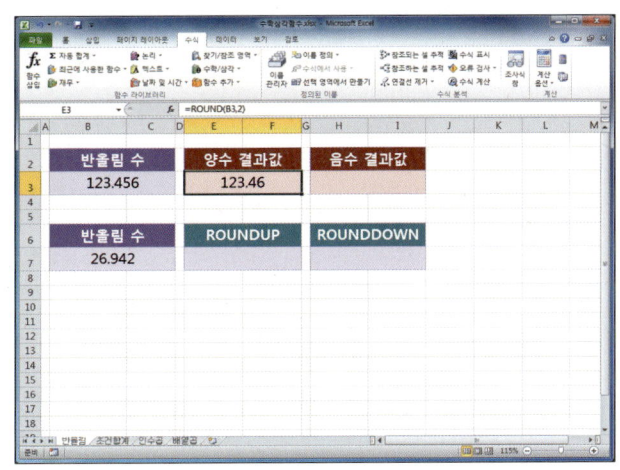

TIP : 123.456에서 '6'의 반올림이 되는 것을 확인할 수 있습니다.

PART 04 · 수식 및 함수

04. [H3] 셀을 선택하고 [수학/삼각]–[ROUND]를 클릭합니다. [ROUND 함수 인수] 대화상자가 나타나면 [Number]에 'B3'을 입력하고 [Num_digits]에 '–1'을 입력한 후 [확인]을 클릭합니다.

> **TIP** : 123.456에서 '–1'을 [digits]에 넣어주면 '3'에서 반올림을 하여 '0'으로 변경됩니다.

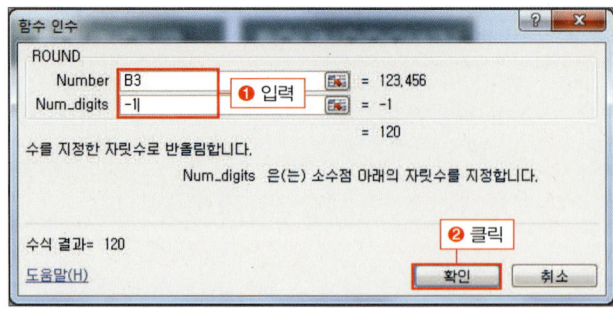

05. [H3] 셀에 결과가 나타나면 [E7] 셀을 선택하고 [수식] 탭–[함수 라이브러리] 그룹–[수학/삼각]에서 [ROUNDUP]을 클릭합니다.

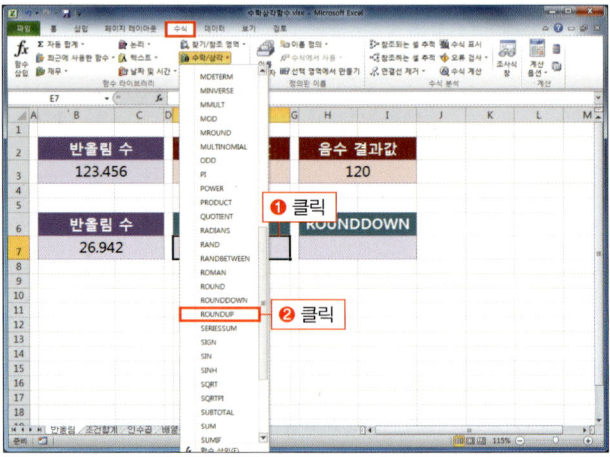

06. [ROUNDUP 함수 인수] 대화상자가 나타나면 [Number]에 'B7'을 입력하고 [Num_digits]에 '2'를 입력한 후 [확인]을 클릭합니다.

> **TIP** : 26.942에서 소수점 2자리로 세 번째 '2'를 무조건 반올림합니다.

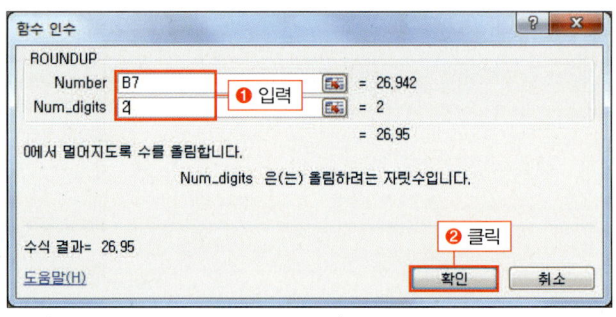

07. [E7] 셀에 결과가 나타나면 [H7] 셀을 선택하고 [수식] 탭–[함수 라이브러리] 그룹–[수학/삼각]에서 [ROUNDDOWN]을 클릭합니다.

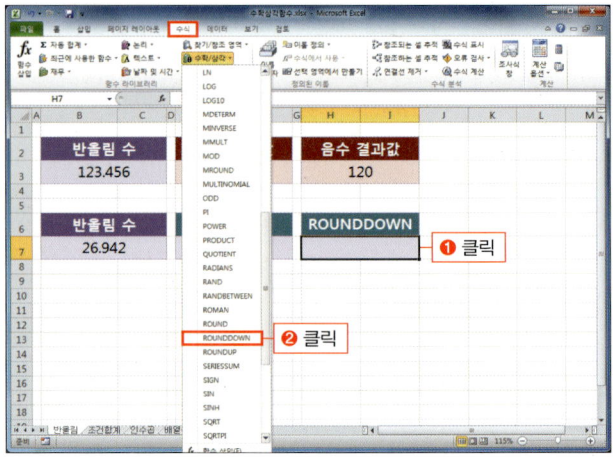

08. [ROUNDDOWN 함수 인수] 대화상자가 나타나면 [Number]에 'B7'을 입력하고 [Num_digits]에 '0'을 입력한 후 [확인]을 클릭합니다.

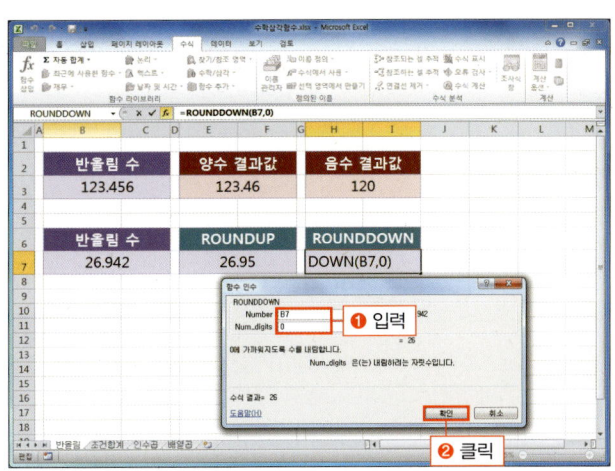

T I P : [Num_digits]를 '0'으로 설정하면 26.9420에서 소수점 첫 자리인 '9'를 무조건 반올림하지 않습니다.

09. 모든 결과를 확인합니다.

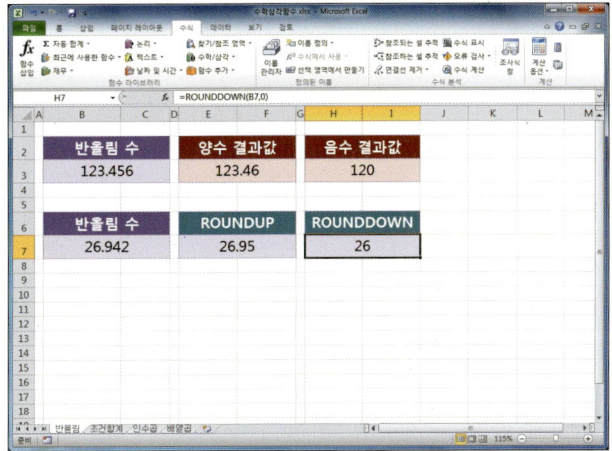

SUMIF 함수는 조건에 만족하는 범위의 값들만 합하여 결과를 만들고, SUMIFS 함수는 2개 이상의 조건을 입력하여 범위의 합을 계산할 수 있습니다.

예제 파일 l CD\Part 04\수학삼각함수.xlsx   완성 파일 l CD\Part 04\수학삼각함수-완성.xlsx

01. [조건합계] 시트로 이동한 다음 [E7] 셀을 선택하고 [수식] 탭-[함수 라이브러리] 그룹-[수학/삼각]에서 [SUMIF]를 클릭합니다.

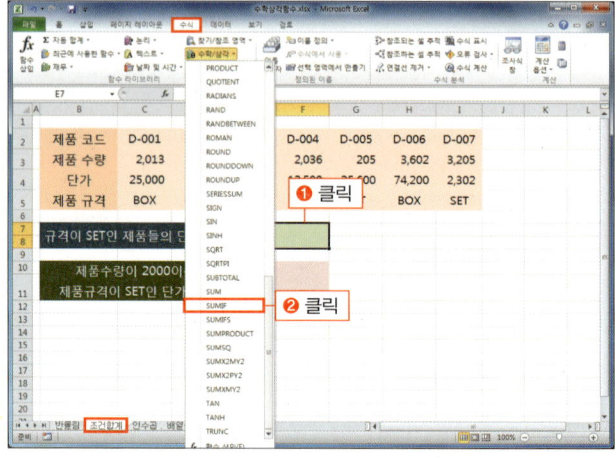

02. [SUMIF 함수 인수] 대화상자가 나타나면 [Range]에서 [C5:I5]까지 범위를 선택하고 [Criteria]에 'BOX'를 입력합니다. [Sum_range]에서는 [C4:I4]까지 범위를 선택하고 [확인]을 클릭합니다.

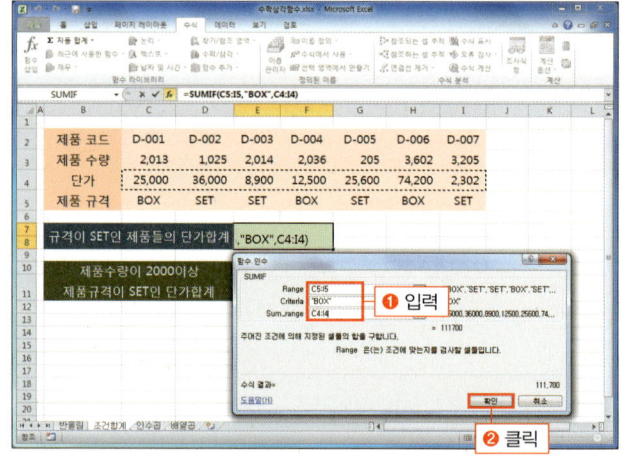

문제
해결   범위 선택 시 머리글 부분을 선택하면 안됩니다.

03. [E7] 셀에 나타나는 결과를 확인합니다.

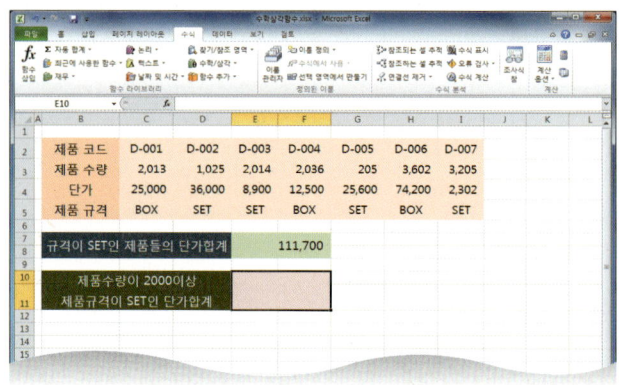

04. 이번에는 [E10] 셀을 선택하고 [수식] 탭–[함수 라이브러리] 그룹–[수학/삼각]에서 [SUMIFS]를 클릭합니다.

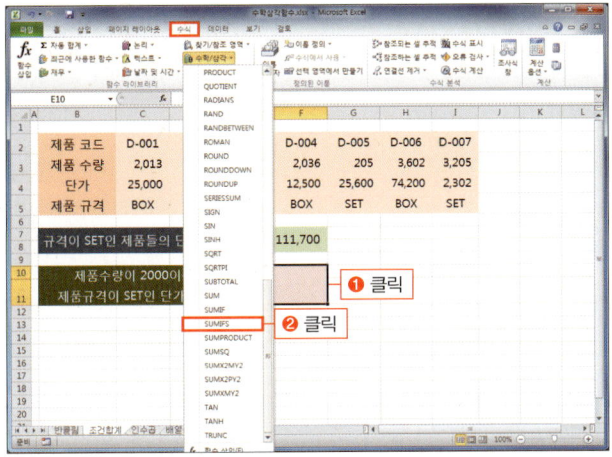

05. [SUMIFS 함수 인수] 대화상자가 나타나면 [Sum_range]에서 [C4:I4]까지 범위를 선택하고 [Criteria_range1]에 'C3:I3', [Criteria1]에 '">=2000"', [Criteria_range2]에 'C5:I5', [Criteria2]에 '"SET"'을 각각 입력한 후 [확인]을 클릭합니다.

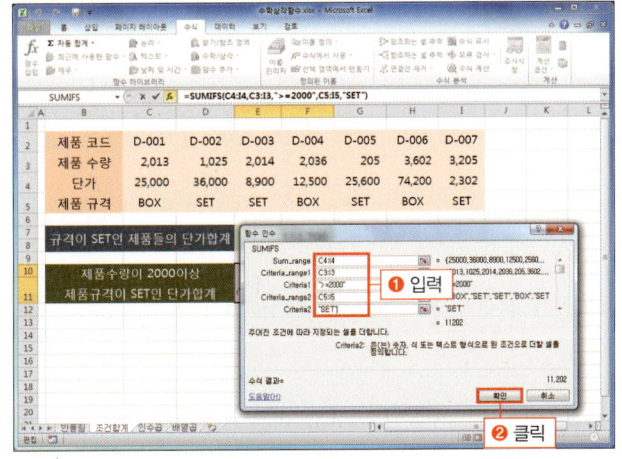

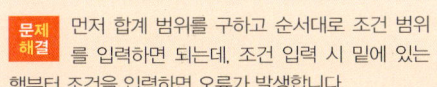 **문제 해결** 먼저 합계 범위를 구하고 순서대로 조건 범위를 입력하면 되는데, 조건 입력 시 밑에 있는 행부터 조건을 입력하면 오류가 발생합니다.

06. 결과를 확인합니다.

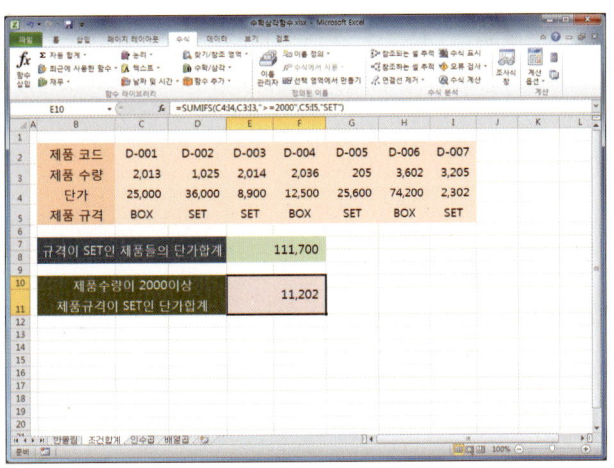

PRODUCT 함수는 인수들의 곱한 값을 계산하는 함수입니다. SUM 함수를 이용하여 합계를 구한다면 PRODUCT 함수로 곱한 값을 구한다고 생각하면 쉬울 것입니다.

예제 파일 I CD₩Part 04₩수학삼각함수.xlsx **완성 파일** I CD₩Part 04₩수학삼각함수-완성.xlsx

01. [인수곱] 시트에서 [D3] 셀을 선택하고 [수식] 탭-[함수 라이브러리] 그룹-[수학/삼각]에서 [PRODUCT]를 클릭합니다.

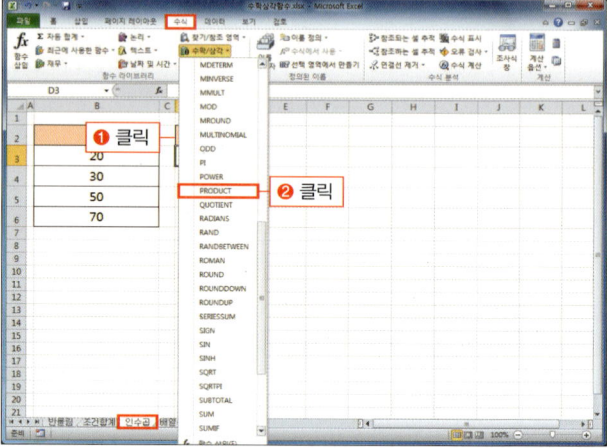

02. [PRODUCT 함수 인수] 대화상자가 나타나면 [Number1]에서 [B3:B6]을 선택하고 [확인]을 클릭합니다.

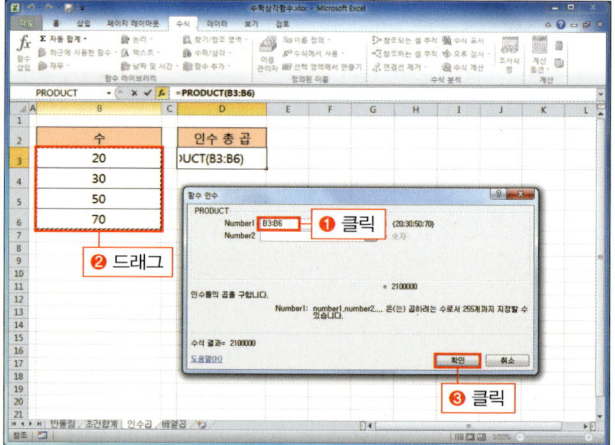

03. [D3] 셀에 나타나는 결과를 확인합니다.

SUMPRODUCT 함수는 배열에 있는 값들끼리 먼저 곱하고 합계를 구하는 함수입니다. 여기서는 간단히 배열식과 SUMPRODUCT 함수의 사용법을 알아보겠습니다.

예제 파일 | CD₩Part 04₩수학삼각함수.xlsx   **완성 파일 |** CD₩Part 04₩수학삼각함수-완성.xlsx

01. [배열곱] 시트에서 [F3] 셀을 선택하고 '=SUM(('를 입력합니다. [B3:B7]을 선택한 후 '*('를 입하고, [D3:D7]을 선택한 후 '))'를 입력합니다.

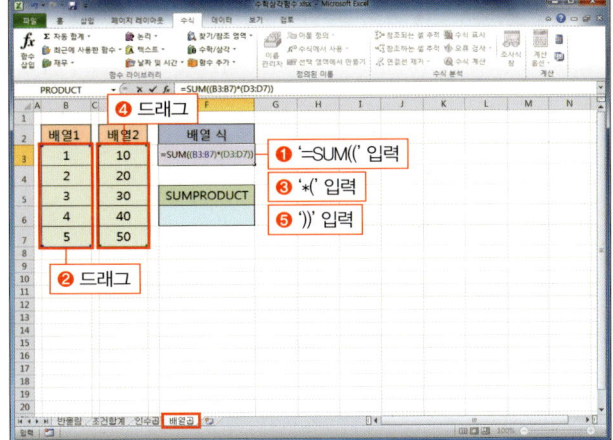

TIP : 함수((배열)*(배열))식은 배열과 배열 간의 곱을 하고 함수식을 할 수 있는 배열 함수입니다.

02. 결과를 확인하기 위해 [Ctrl]+[Shift]+[Enter]를 누릅니다.

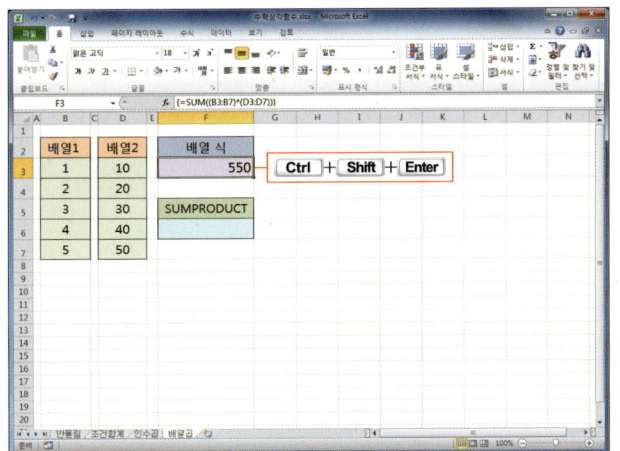

TIP : 배열 함수의 결과를 구하기 위해서는 [Ctrl]+[Shift]+[Enter]를 동시에 눌러야 합니다.

03. 이번에는 [F6] 셀을 선택하고 [수식] 탭-[함수 라이브러리] 그룹-[수학/삼각]에서 [SUMPRODUCT]를 클릭합니다.

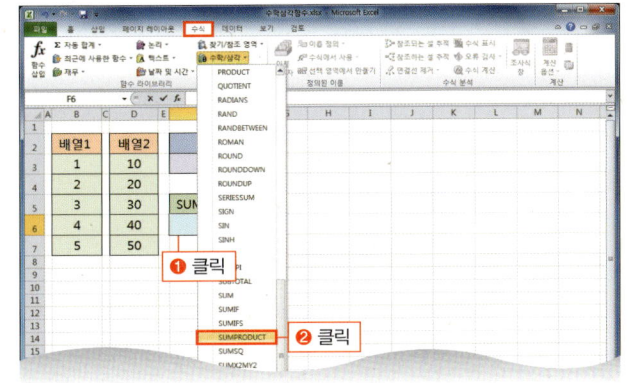

04. [SUMPRODUCT 함수 인수] 대화상자가 나타나면 [Array1]에 'B3:B7'을 입력하고 [Array2]에 'D3:D7'을 입력한 후 [확인]을 클릭합니다.

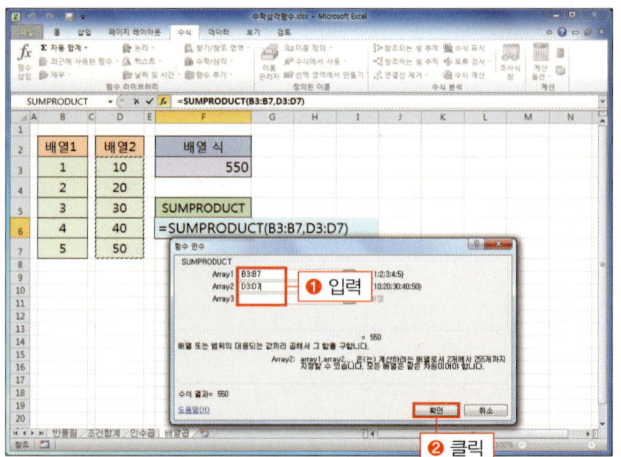

05. [F6] 셀에 나타나는 결과를 확인합니다.

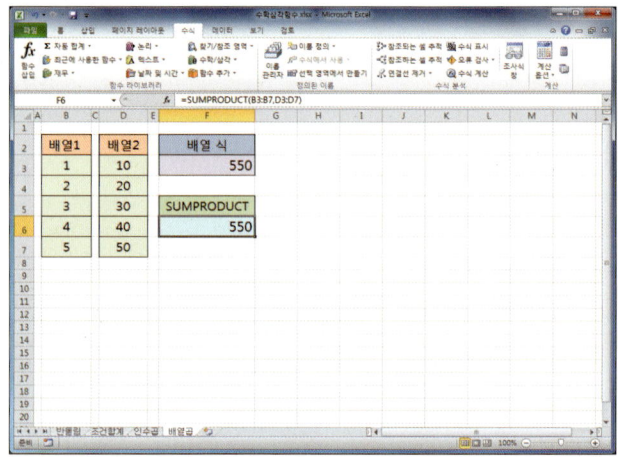

LESSON 08 통계 함수 이해하기

레 벨 ● ● ●

기본 자료를 바탕으로 자신이 필요한 형태로 재추출하는 함수를 통계 함수라고 합니다. 평균이나 순위, 편차, 분포 등 실무적으로 필요한 통계 형태로 변경하여 많이 사용됩니다.

기초탄탄 ▶ 잘 알려진 통계 함수들 이해하기

■ RANK 함수 이해하기 `360P`

범위 안에 있는 값들을 기준으로 수가 범위 안에 몇 번째인지를 결정하는 순위 함수입니다.

> RANK(순위를 구하려는 수, 수가 있는 범위, 차순 결정)

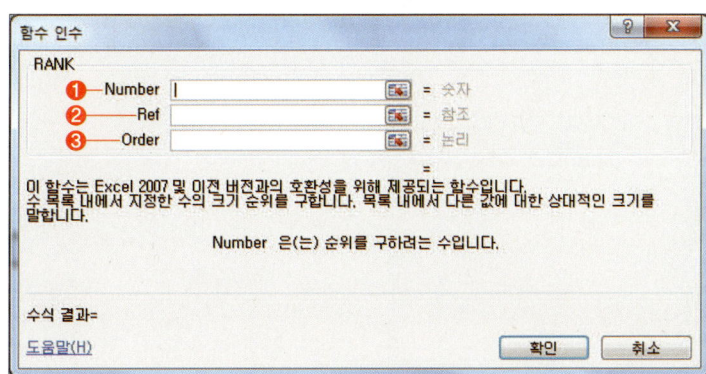

❶ Number : 순위를 결정하는 수를 입력합니다.

❷ Ref : 수가 들어 있는 범위를 입력합니다.

❸ Order : '0'이나 생략은 내림차순, '1'은 오름차순으로 설정합니다.

■ COUNTIF 함수 이해하기 `361P`

지정하는 범위 안에서 조건을 만족하는 숫자의 개수만을 세어 나타냅니다.

> COUNTIF(선택하는 범위, 조건)

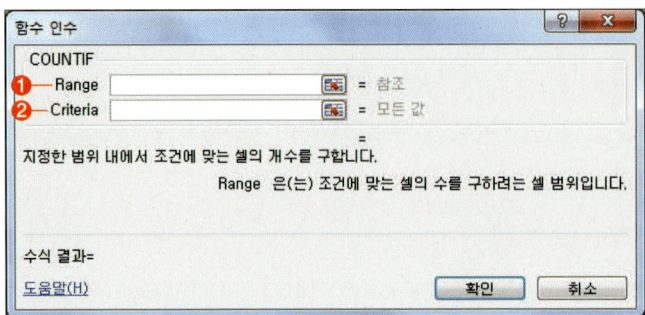

❶ Range : 개수를 세어야 할 범위를 지정합니다.

❷ Criteria : 범위 중에 원하는 조건을 입력합니다.

■ AVERAGEIF 함수 이해하기 `364P`

일정한 조건이 만족하는 범위의 값들을 모아 평균을 나타냅니다.

> AVERAGEIF(조건의 범위, 조건, 평균을 할 범위)

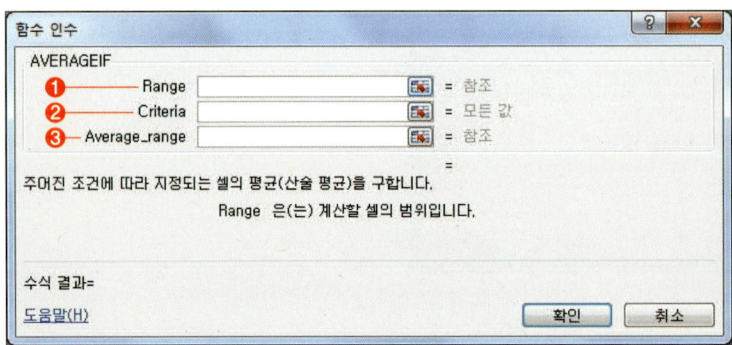

❶ Range : 조건에 해당하는 범위를 지정합니다.

❷ Criteria : 범위 중 원하는 조건을 입력합니다.

❸ Average_range : 조건에 맞는 것들 중에 평균을 구해야 할 범위를 지정합니다.

■ LARGE 함수 이해하기 365P

범위 안에서 선택한 키가 몇 번째로 큰지를 수로 나타냅니다.

LARGE(범위, 키)

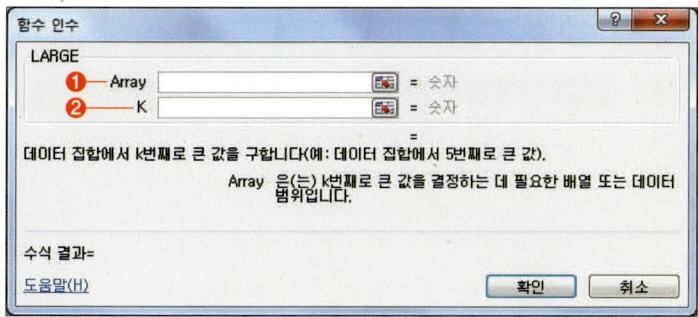

❶ Array : 일정한 값이 들어있는 범위를 지정합니다.

❷ K : 범위 안에 몇 번째인지 세야 할 키를 입력합니다.

■ SMALL 함수 이해하기 365P

범위 안에서 선택한 키가 몇 번째로 작은지를 수로 나타냅니다.

SMALL(범위, 키)

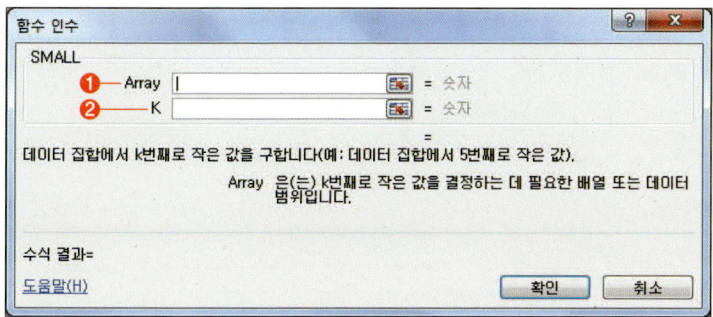

❶ Array : 일정한 값이 있는 범위를 구합니다.

❷ K : 범위 안에 몇 번째인지 세야 할 키를 구합니다.

RANK 함수는 등수와 같은 순위를 구할 때 사용하는 함수입니다. 기본적으로 내림차순이므로 속도 순위를 구할 경우에는 옵션에서 오름차순으로 계산해야 합니다.

예제 파일 | CD₩Part 04₩통계함수.xlsx **완성 파일 |** CD₩Part 04₩통계함수-완성.xlsx

01. 예제 파일을 불러오고 [순위] 시트에서 [H3] 셀을 선택합니다. [수식] 탭-[함수 라이브러리] 그룹-[함수 추가]-[통계]에서 [RANK.EQ]를 클릭합니다.

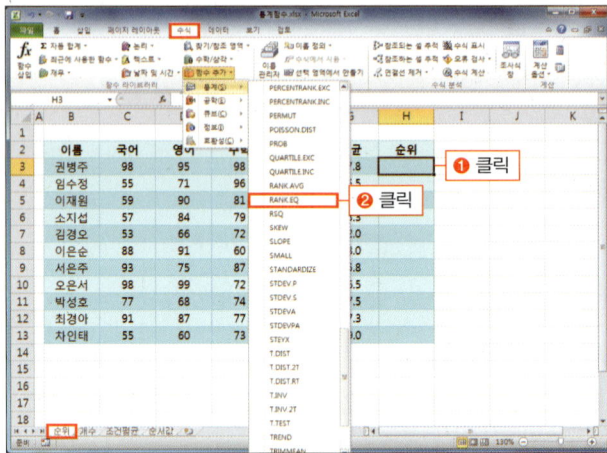

> **TIP :** 이전 버전과 다르게 RANK 함수에는 RANK. AVG와 RANK.EQ가 있는데 기존의 방식은 RANK.EQ 함수를 사용합니다. RANK.AVG 함수는 순위를 결정할 때 같은 순위는 평균을 내 소수점으로 표시합니다.

02. [RANK.EQ 함수 인수] 대화상자가 나타나면 [Number]에 'G3'을 입력하고, [Ref]에서 [G3:G13] 까지 범위를 지정한 다음 **F4**를 눌러 절대 참조로 변경하고 [확인]을 클릭합니다.

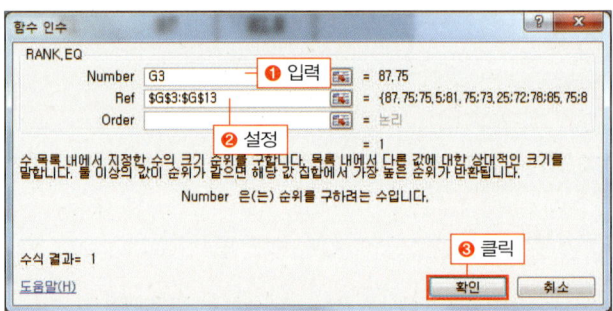

> **TIP :** Ref는, Rank 함수에서는 절대 참조([F4])를 꼭 입력하는데 자동 채우기 할 때 순위를 구할 수는 움직여야 하지만 범위의 값은 고정으로 되어 있어야 합니다.

03. [H3] 셀에 결과가 나타나면 [H3:H13]에 자동 채우기를 하여 순위를 완성합니다.

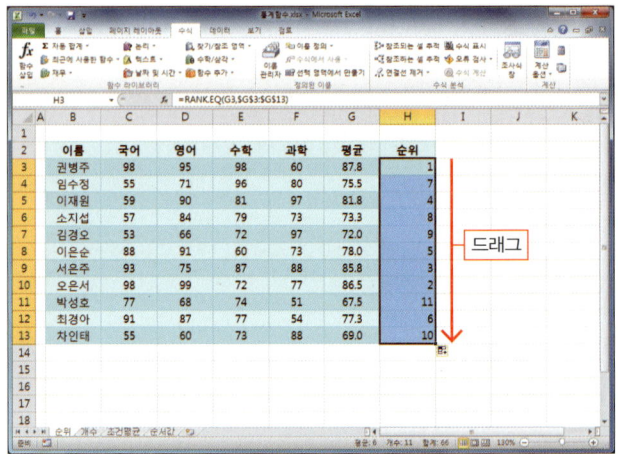

COUNT 함수는 숫자만 세는 함수이고, COUNTA 함수는 셀에 들어 있는 모든 것을 세고, COUNTIF 함수는 조건에 만족하는 수만 세는 함수입니다.

예제 파일 I CD₩Part 04₩통계함수.xlsx **완성 파일 I** CD₩Part 04₩통계함수-완성.xlsx

01. [개수] 시트에서 [J2] 셀을 선택하고 [수식] 탭-[함수 라이브러리] 그룹-[자동 합계]에서 [숫자 개수]를 클릭합니다.

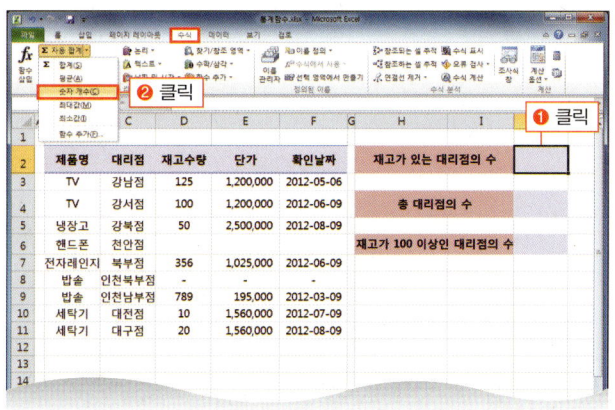

02. [J2] 셀에 '=COUNT()'가 나타나면 [D3:D11]을 드래그하여 선택합니다.

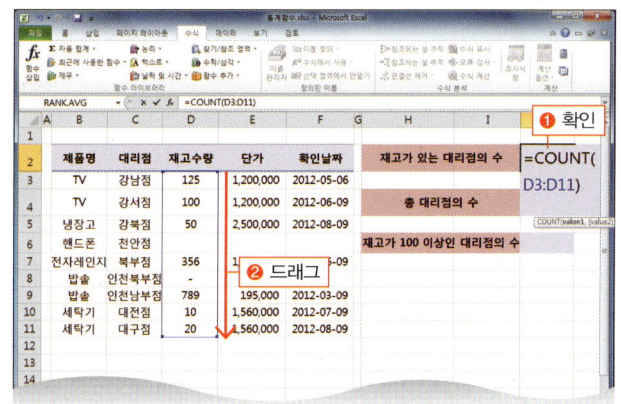

TIP : COUNT 함수는 숫자만 계산하기 때문에 숫자로 되어 있는 범위만 지정해야 합니다.

03. [J2] 셀에 결과가 나타나면 이번에는 [J4] 셀을 선택하고 [수식] 탭-[함수 라이브러리] 그룹-[함수 추가]-[통계]에서 [COUNTA]를 클릭합니다.

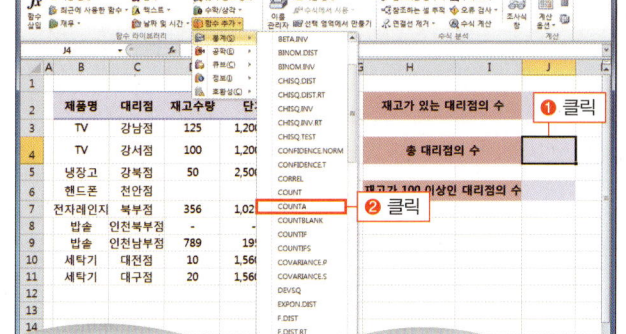

TIP : 셀에 문자가 들어 있는 범위를 선택하는 경우에는 COUNTA 함수를 사용합니다.

04. [COUNTA 함수 인수] 대화상자가 나타나면 [Value1]에서 [C] 열의 머리글을 클릭하여 범위를 지정한 후 [확인]을 클릭합니다.

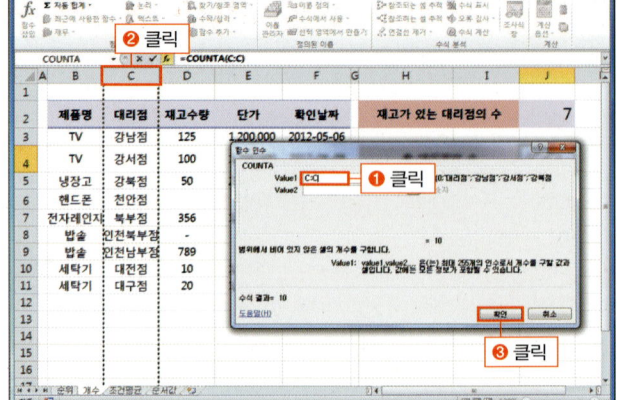

TIP : 열 머리글을 선택하면 전체 열의 개수를 셀 수 있습니다.

05. [J4] 셀을 더블클릭하고 '-1'을 추가 입력합니다.

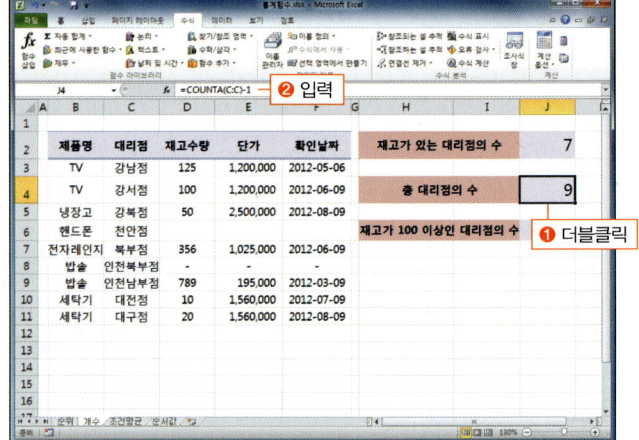

TIP : '-1'을 입력하게 되면 [C] 열의 내용에서 머리글에 해당하는 부분을 제외하게 됩니다.

06. [8] 행의 머리글을 선택하고 마우스 오른쪽 단추를 클릭한 후 [삭제]를 선택합니다.

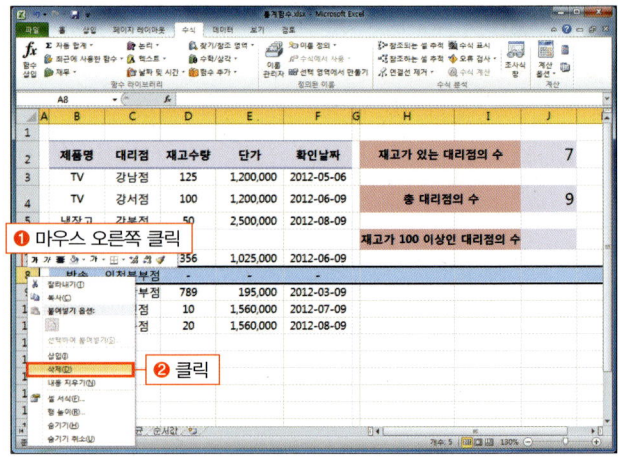

TIP : [C] 열에 내용을 추가하거나 삭제하면 자동으로 [J4] 셀의 값이 변하게 됩니다.

07. 이번에는 [J6] 셀을 선택하고 [수식] 탭-[함수 라이브러리] 그룹-[함수 추가]-[통계]에서 [COUNTIF]를 클릭합니다.

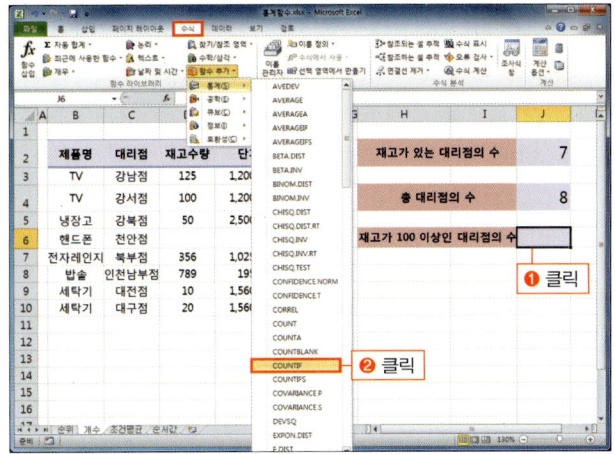

08. [COUNTIF 함수 인수] 대화상자가 나타나면 [Range]에서 [D3:D10]의 범위를 지정하고 [Criteria]에 '>=100'을 입력한 후 [확인]을 클릭합니다.

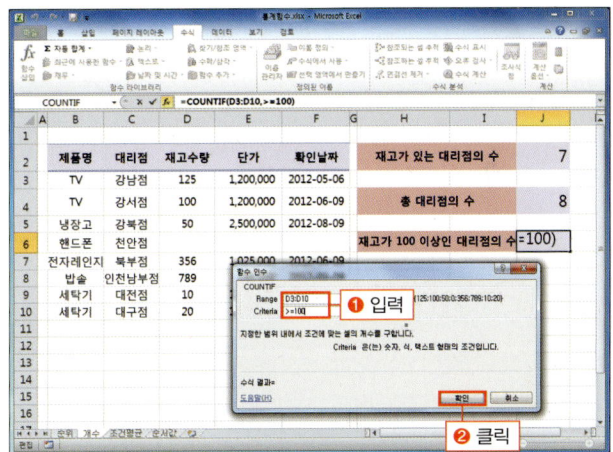

09. [J6] 셀에 나타나는 결과를 확인합니다.

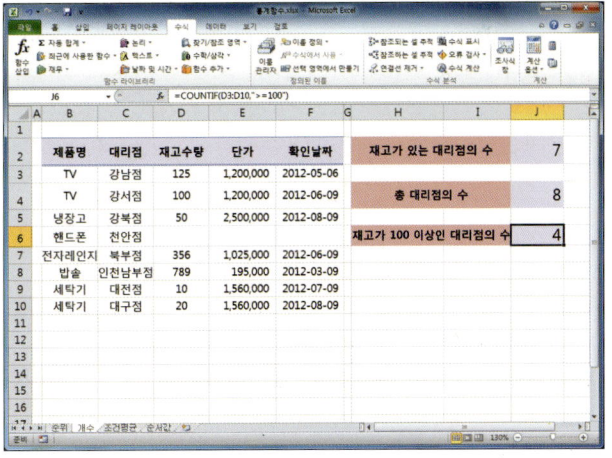

AVERAGEIF 함수는 SUMIF 함수와 마찬가지로 조건에 맞는 범위의 평균을 구하는 경우에 사용하는 함수입니다.

예제 파일 | CD₩Part 04₩통계함수.xlsx **완성 파일 |** CD₩Part 04₩통계함수-완성.xlsx

01. [조건평균] 시트에서 [H4] 셀을 선택하고 [수식] 탭-[함수 라이브러리] 그룹-[함수 추가]-[통계]에서 [AVERAGEIF]를 클릭합니다.

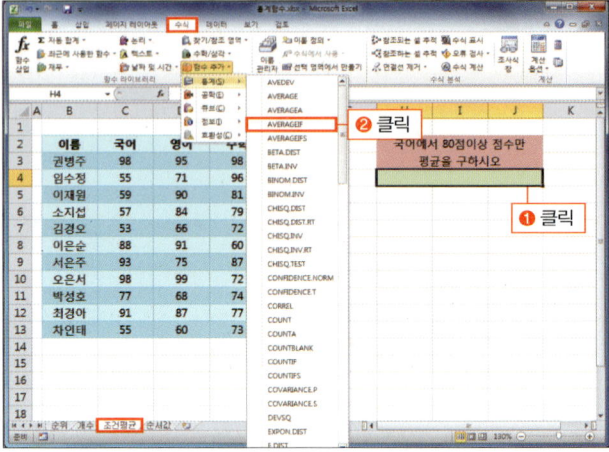

02. [AVERAGEIF 함수 인수] 대화상자가 나타나면 [Range]에서 [C3:C13]의 범위를 지정하고 [Criteria]에 "">=80"", [Average_range]에 'C3:C13'을 각각 입력한 후 [확인]을 클릭합니다.

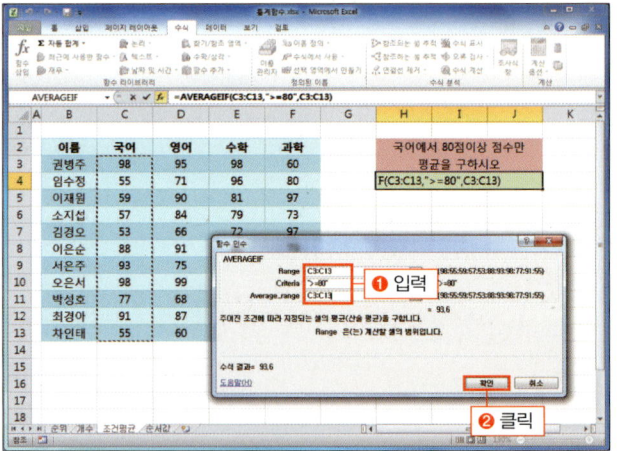

03. [H4] 셀에 나타나는 결과를 확인합니다.

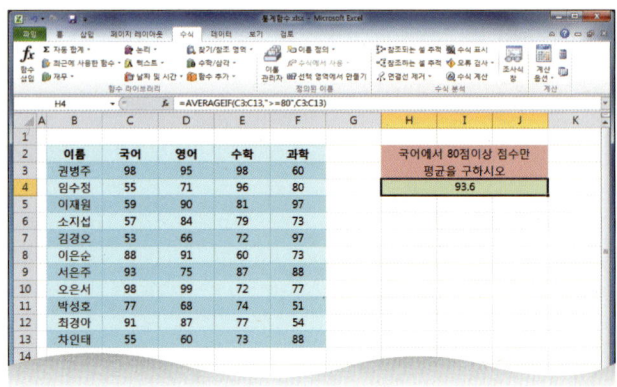

MAX와 MIN 함수는 가장 큰 값과 작은 값을 구할 수 있지만, LARGE 함수는 몇 번째로 큰지를 SMALL 함수는 몇 번째로 작은지를 파악할 수 있습니다.

예제 파일 | CD₩Part 04₩통계함수.xlsx **완성 파일 |** CD₩Part 04₩통계함수−완성.xlsx

01. [순서값] 시트에서 [K2] 셀을 선택하고 [수식] 탭−[함수 라이브러리] 그룹−[함수 추가]−[통계]에서 [LARGE]를 클릭합니다.

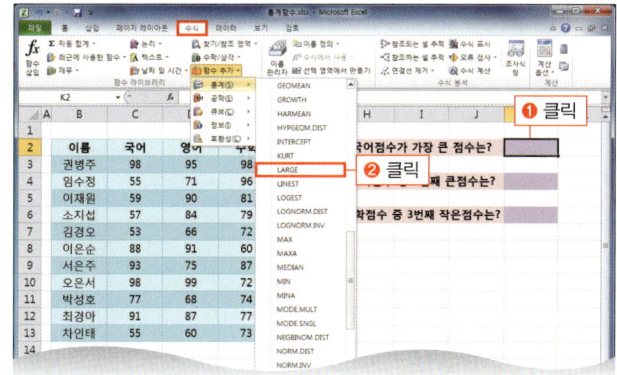

02. [LARGE 함수 인수] 대화상자가 나타나면 [Array]에서 [C3:C13]의 범위를 지정하고, [K]에 '1'을 입력한 후 [확인]을 클릭합니다.

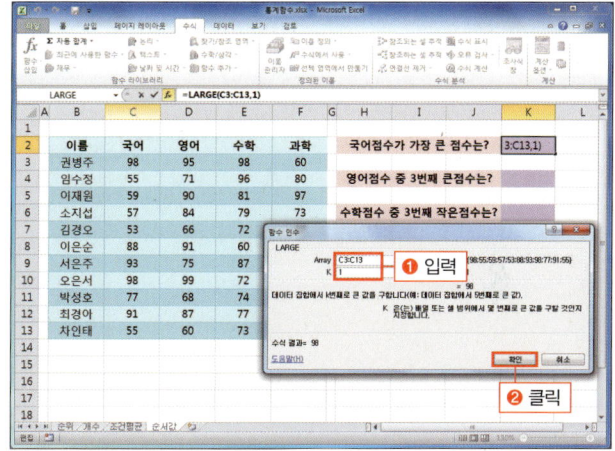

연관검색 [K]에 '1'을 입력하면 가장 큰 값을 의미하므로 MAX 함수와 동일하게 사용할 수 있습니다.

03. [K4] 셀을 선택하고 LARGE 함수를 적용한 다음 [LARGE 함수 인수] 대화상자가 나타나면 [Array]에서 [D3:D13]의 범위를 지정하고 [K]에 '3'을 입력한 후 [확인]을 클릭합니다.

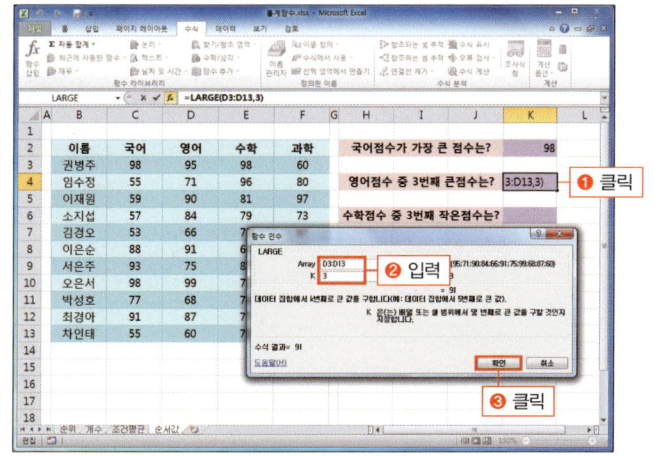

04. 이번에는 [K6] 셀을 선택하고 [수식] 탭–[함수 라이브러리] 그룹–[함수 추가]–[통계]에서 [SMALL]을 클릭합니다.

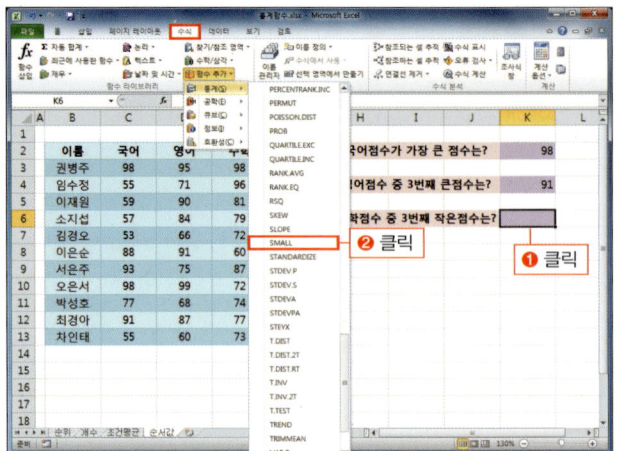

05. [SMALL 함수 인수] 대화상자가 나타나면 [Array]에서 [E3:E13]의 범위를 지정하고, [K]에 '3'을 입력한 후 [확인]을 클릭합니다.

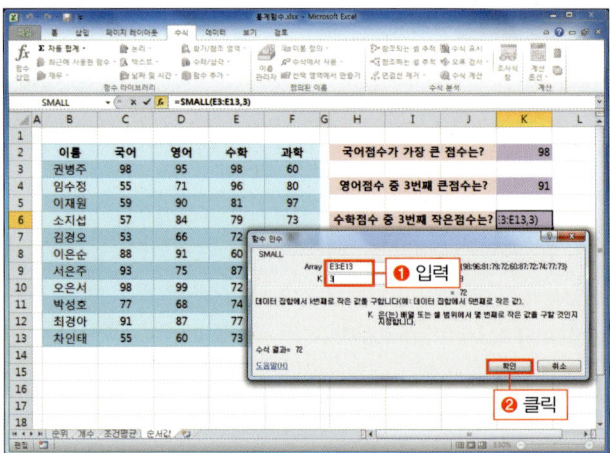

06. [K6] 셀에 나타나는 결과를 확인합니다.

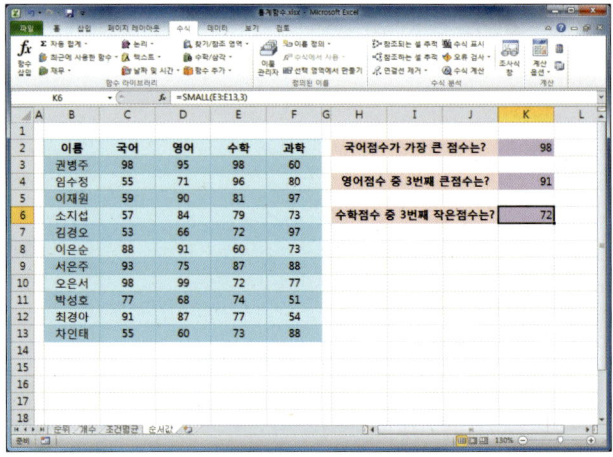

LESSON
09 데이터베이스 함수 이해하기

레벨 ● ● ●

데이터베이스 함수는 일반적으로 구하는 함수를 전체 범위로 선택하고 조건을 찾아 필요한 답을 구하는 함수입니다. 특히, 함수 앞에는 'D'가 붙어 데이터베이스 함수인지를 쉽게 확인할 수 있습니다.

기초탄탄 ▶ 데이터베이스 함수 중 기본 함수 이해하기

■ DSUM 함수 이해하기 `370P`

범위를 데이터베이스로 지정하고 조건에 맞는 필드의 값을 찾아서 합합니다.

DSUM(데이터베이스, 필드, 조건)

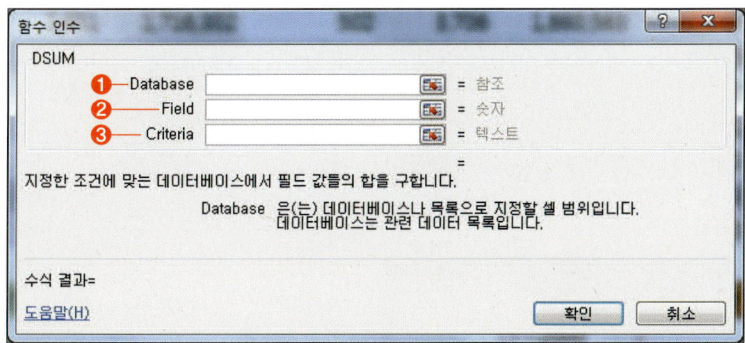

❶ Database : 셀 범위를 데이터베이스나 목록으로 지정합니다.

❷ Field : 목록에서 열 위치를 나타내는 숫자나 열 레이블을 의미합니다.

❸ Criteria : 원하는 값만 합할 조건을 입력합니다.

■ DAVERAGE 함수 이해하기 `370P`

범위를 데이터베이스로 지정하고 조건에 맞는 필드의 값을 골라 평균을 구합니다.

DAVERAGE(데이터베이스, 필드, 조건)

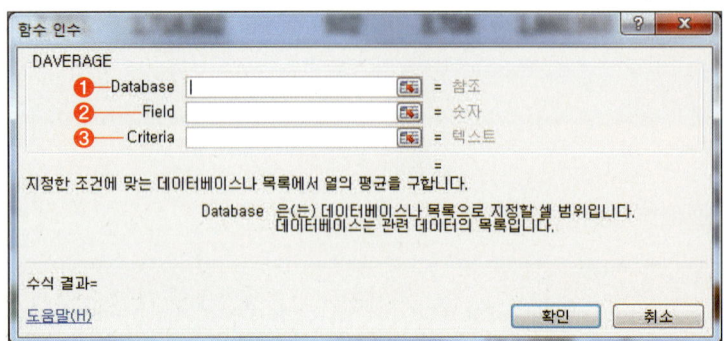

❶ Database : 셀 범위를 데이터베이스나 목록으로 지정합니다.

❷ Field : 목록에서 열 위치를 나타내는 숫자나 열 레이블을 의미합니다.

❸ Criteria : 원하는 값만 평균으로 구할 조건을 입력합니다.

■ DCOUNT 함수 이해하기 `372P`

범위를 데이터베이스로 지정하고 조건에 맞는 필드의 값을 골라 개수를 구합니다. 단, 숫자로 되어 있는
부분만 셀 수 있습니다.

DCOUNT(데이터베이스, 필드, 조건)

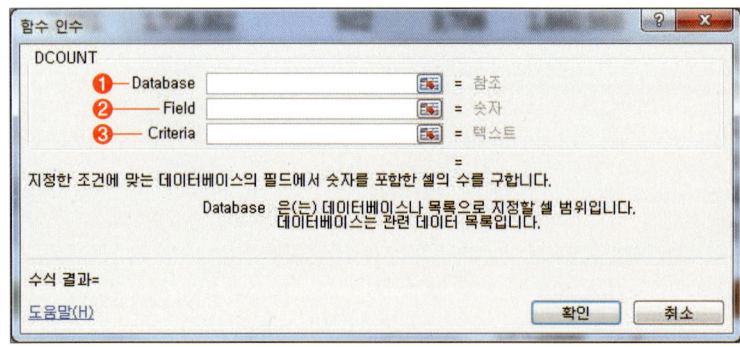

❶ Database : 셀 범위를 데이터베이스나 목록으로 지정합니다.

❷ Field : 목록에서 열 위치를 나타내는 숫자나 열 레이블을 의미합니다.

❸ Criteria : 원하는 값만 개수를 구할 조건을 입력합니다.

■ DCOUNTA 함수 이해하기 372P

범위를 데이터베이스로 지정하고 조건에 맞는 필드의 값을 골라 개수를 구합니다.

DCOUNTA(데이터베이스, 필드, 조건)

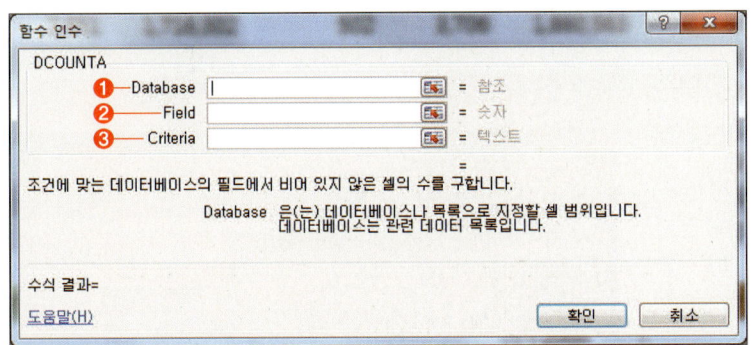

❶ Database : 셀 범위를 데이터베이스나 목록으로 지정합니다.

❷ Field : 목록에서 열 위치를 나타내는 숫자나 열 레이블을 의미합니다.

❸ Criteria : 원하는 값만 개수를 구할 조건을 입력합니다.

■ DGET 함수 이해하기 374P

범위를 데이터베이스로 지정하고 조건에 맞는 필드의 값을 추출합니다.

DGET(데이터베이스, 필드, 조건)

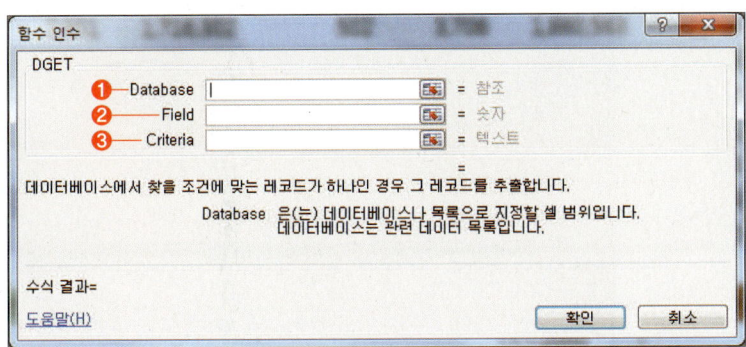

❶ Database : 셀 범위를 데이터베이스나 목록으로 지정합니다.

❷ Field : 목록에서 열 위치를 나타내는 숫자나 열 레이블을 의미합니다.

❸ Criteria : 원하는 값만 추출할 조건을 입력합니다.

DSUM 함수는 범위를 데이터베이스로 지정하고 조건에 맞는 값에서 필드의 합계를 구하는 함수이고, DAVERAGE 함수는 범위를 데이터베이스로 지정하고 조건에 맞는 값에서 필드의 평균을 구하는 함수 입니다.

예제 파일 | CD₩Part 04₩데이터베이스함수.xlsx **완성 파일 |** CD₩Part 04₩데이터베이스함수-완성.xlsx

01. 예제 파일을 불러오고 [합계-평균] 시트에 서 [F14] 셀을 선택합니다. [수식] 탭-[함수 라이브 러리] 그룹-[함수 삽입](f_x)을 클릭하면 [함수 마 법사] 대화상자가 나타나는 데, [범주 선택]을 '데 이터베이스'로 변경하고 'DSUM'을 선택합니다.

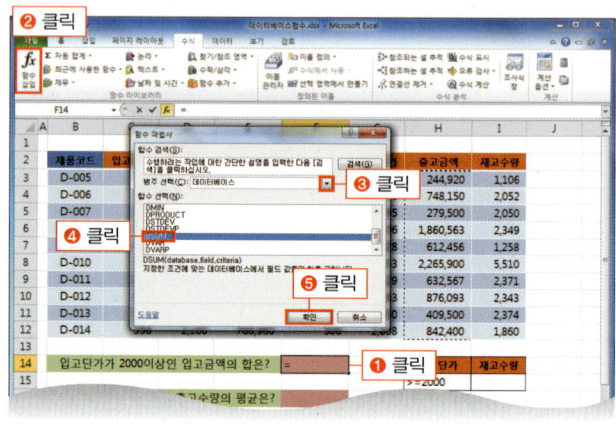

> **TIP :** 데이터베이스 함수는 [함수 라이브러리] 그룹 에서 바로 사용할 수 없기 때문에 [함수 삽입](f_x)을 클릭하고 데이터베이스 함수를 선택해야 합니다.

02. [DSUM 함수 인수] 대화상자가 나타나면 [Database]에서 [B2:I12]의 범위를 지정하고 [Field] 에 '4', [Criteria]에 'H14:H15'를 각각 입력한 후 [확 인]을 클릭합니다.

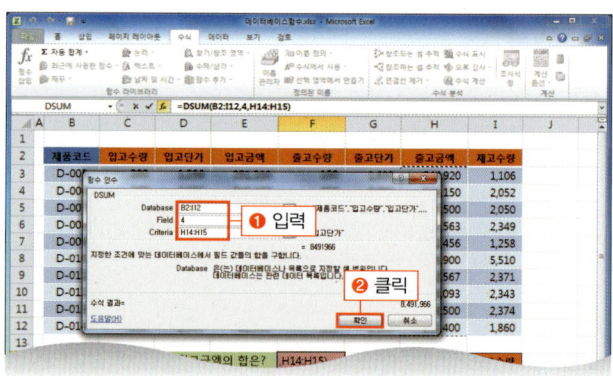

03. [F14] 셀에 결과가 나타나면 조건이 완성되 지 않았기 때문에 [I15] 셀을 선택하고 '<=2000'을 입력한 후 [F16] 셀을 선택하고 [수식] 탭-[함수 라 이브러리] 그룹-[함수 삽입](f_x)을 클릭합니다.

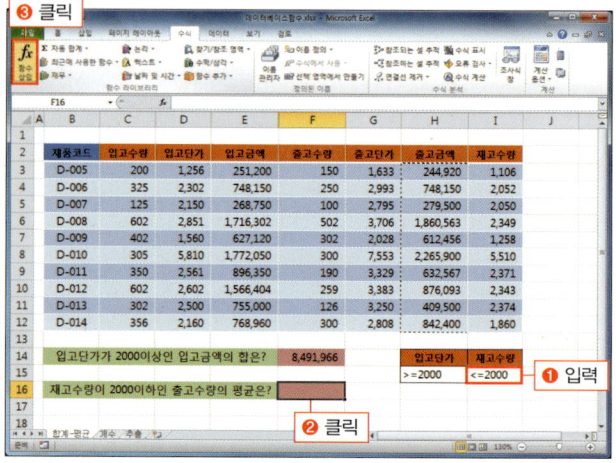

04. [함수 마법사] 대화상자가 나타나면 [범주 선택]은 '데이터베이스'로 변경하고 [함수 선택]에서 'DAVERAGE'를 선택한 후 [확인]을 클릭합니다.

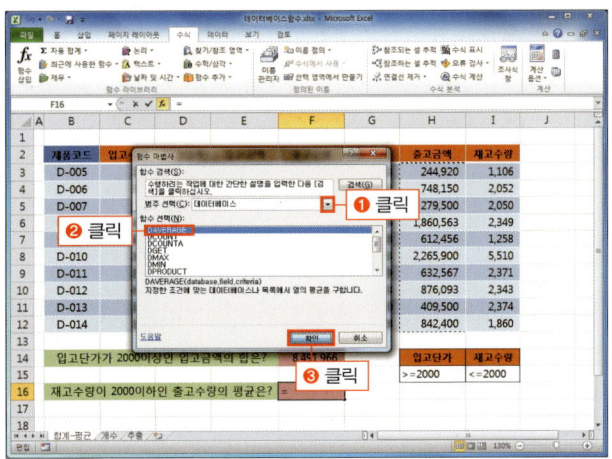

05. [DAVERAGE 함수 인수] 대화상자가 나타나면 [Database]에서 [B2:I12]의 범위를 지정하고 [Field]에 '5', [Criteria]에 'I14:I15'를 각각 입력한 후 [확인]을 클릭합니다.

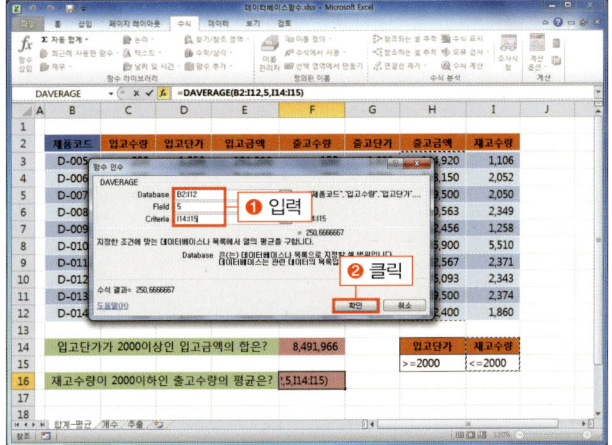

> **TIP :** 출고수량의 평균을 구하기 위해 [Field]에 '5'를 입력합니다.

06. [F16] 셀에 결과가 나타나면 [홈] 탭-[표시형식] 그룹-[자릿수 줄임]을 계속 클릭하여 소수점 1자리로 변경합니다.

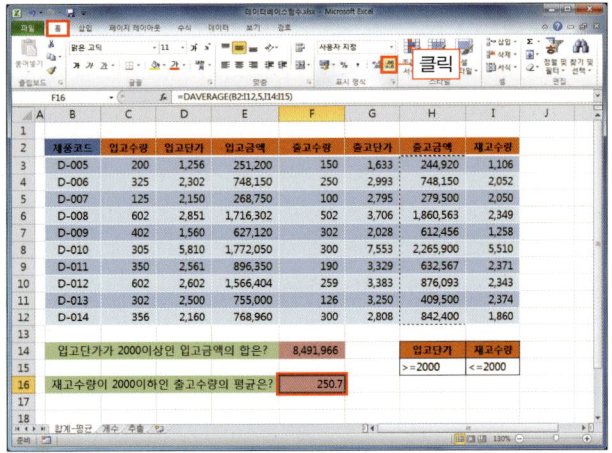

DCOUNT/DCOUNTA 함수는 COUNT 함수나 COUNTA 함수를 사용하는 방식과 같지만, 데이터베이스 형태를 가지고 조건에 맞는 개수를 셀 수 있습니다.

예제 파일 ┃ CD₩Part 04₩데이터베이스함수.xlsx　**완성 파일 ┃** CD₩Part 04₩데이터베이스함수-완성.xlsx

01. [개수] 시트에서 조건을 완성하기 위해 [G7] 셀을 선택하고 '골드'를 입력합니다. [K2] 셀을 선택하고 [수식] 탭-[함수 라이브러리] 그룹-[함수 삽입](*fx*)을 클릭한 후 [함수 마법사] 대화상자가 나타나면 [범주 선택]에서 '데이터베이스', [함수 선택]에서 'DCOUNT'를 각각 선택한 후 [확인]을 클릭합니다.

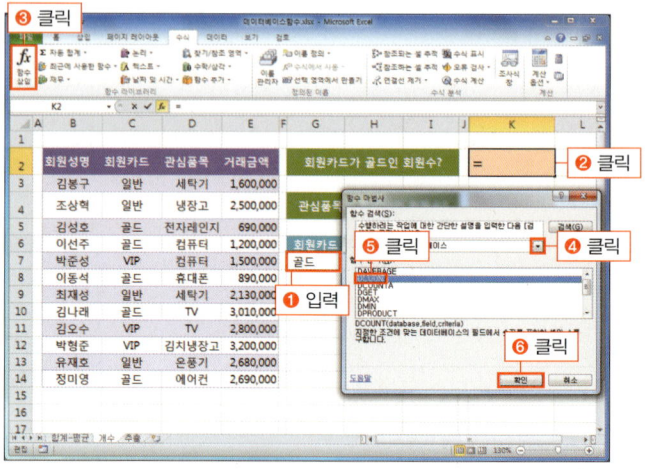

02. [DCOUNT 함수 인수] 대화상자가 나타나면 [Database]에서 [B4:I14]의 범위를 지정하고 [Field]에 '4', [Criteria]에 'G6:G7'을 각각 입력한 후 [확인]을 클릭합니다.

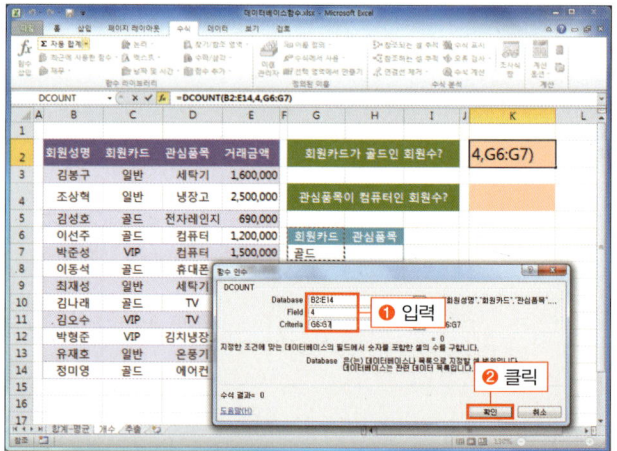

TIP : DCOUNT 함수는 숫자를 세어야 하기 때문에 숫자가 있는 범위를 지정해야 합니다.

03. [K2] 셀에 결과가 나타나면 [H7] 셀에 '컴퓨터'를 입력하고 [K4] 셀을 선택합니다. [수식] 탭-[함수 라이브러리] 그룹-[함수 삽입](f_x)을 클릭하고, [함수 마법사] 대화상자가 나타나면 [범주 선택]은 '데이터베이스', [함수 선택]의 'DCOUNTA'를 선택한 후 [확인]을 클릭합니다.

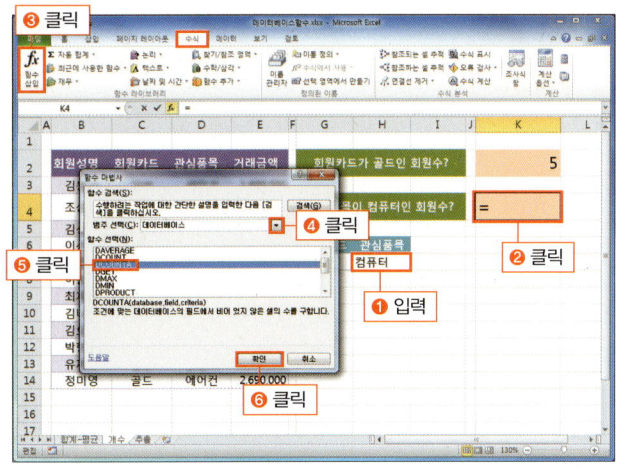

04. [DCOUNTA 함수 인수] 대화상자가 나타나면 [Database]에서 [B2:E14]의 범위를 지정하고 [Field]에 '3', [Criteria]에 'H6:H7'을 각각 입력한 후 [확인]을 클릭합니다.

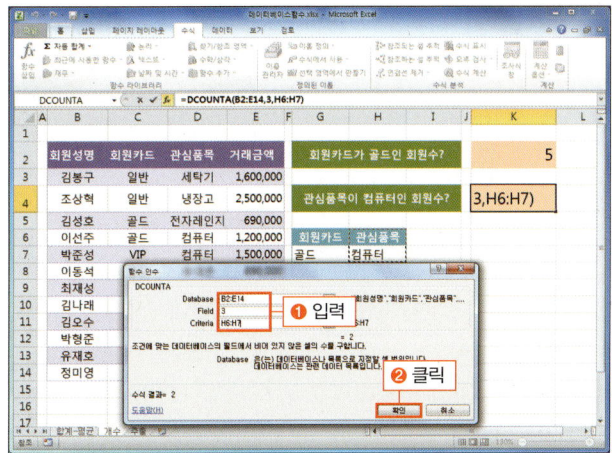

05. 전체 결과를 확인합니다.

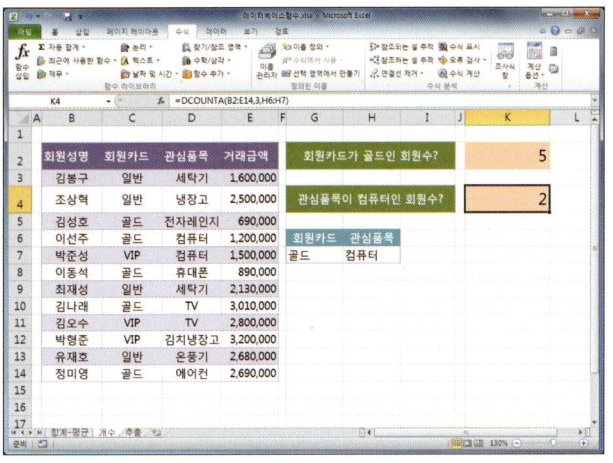

DGET 함수는 조건에 맞는 값을 추출할 수 있습니다.

예제 파일 | CD₩Part 04₩데이터베이스함수.xlsx 완성 파일 | CD₩Part 04₩데이터베이스함수-완성.xlsx

01. [추출] 시트에서 [B2:E14]를 선택한 후 [이름 상자]에 '회원'을 입력하고, [B3:B14]를 선택한 후 [이름 상자]에 '회원성명'이라고 입력합니다.

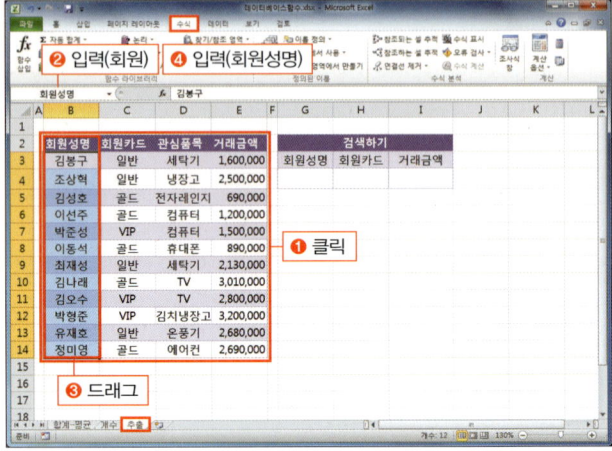

02. [G4] 셀을 선택하고 [데이터] 탭-[데이터 도구] 그룹-[데이터 유효성 검사]를 클릭하고 [데이터 유효성] 대화상자가 나타나면 [제한 대상]을 '목록'으로 [원본]은 '=회원성명'을 입력하고 [확인]을 클릭합니다.

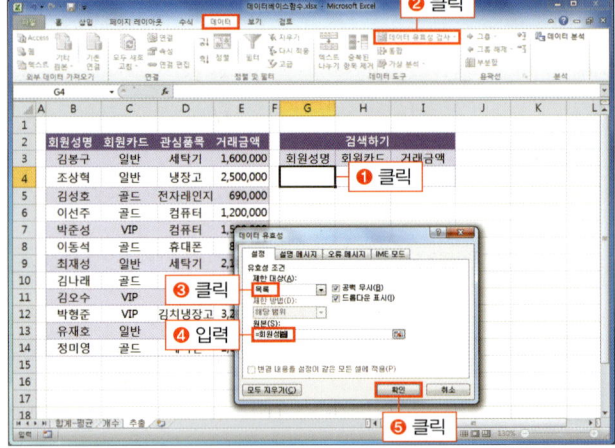

03. [G4] 셀을 선택하면 목록 창이 나타나는데 이곳에서 '김봉구'를 선택합니다.

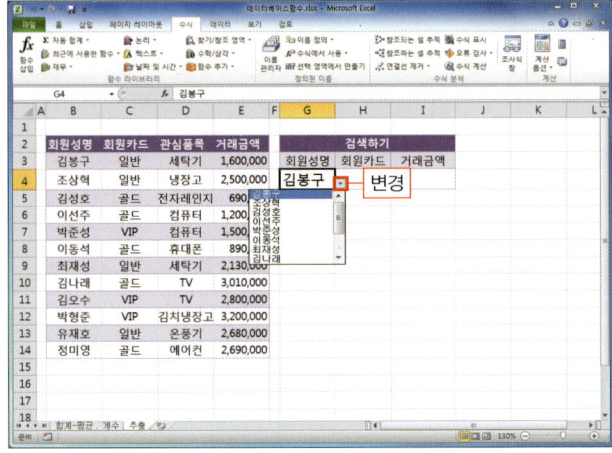

04. [H4] 셀을 선택하고 [수식] 탭–[함수 라이브러리] 그룹–[함수 삽입](f_x)을 클릭합니다. [함수 마법사] 대화상자가 나타나면 [범주 선택]은 '데이터베이스'를 선택하고 [함수 선택]의 'DGET'을 선택한 후 [확인]을 클릭합니다.

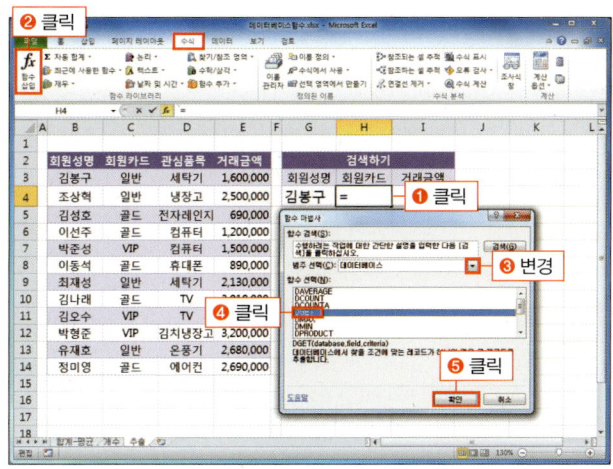

05. [DGET 함수 인수] 대화상자가 나타나면 [Database]에 '회원'의 범위를 지정하고 [Field]에 '2', [Criteria]에 'G3:G4'를 각각 입력한 후 [확인]을 클릭합니다.

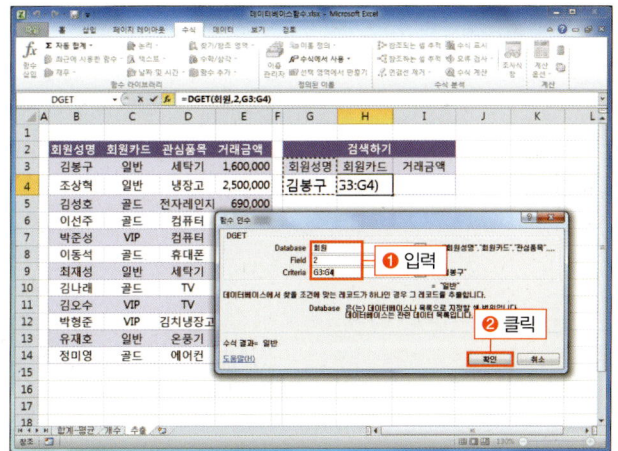

06. [I4] 셀을 선택하고 [수식] 탭–[함수 라이브러리] 그룹–[함수 삽입](f_x)을 클릭합니다. [함수 마법사] 대화상자에서 [범주 선택]은 '데이터베이스', [함수 선택]의 'DGET'을 각각 선택한 후 [확인]을 클릭합니다.

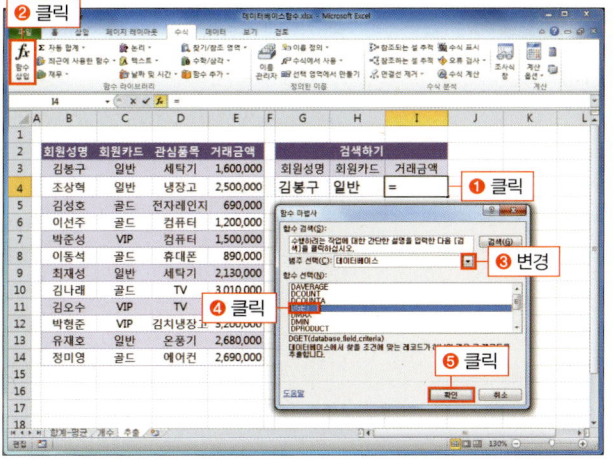

07. [DGET 함수 인수] 대화상자가 나타나면 [Database]에 '회원'의 범위를 지정하고 [Field]에 '4', [Criteria]에 'G3:G4'를 각각 입력한 후 [확인]을 클릭합니다.

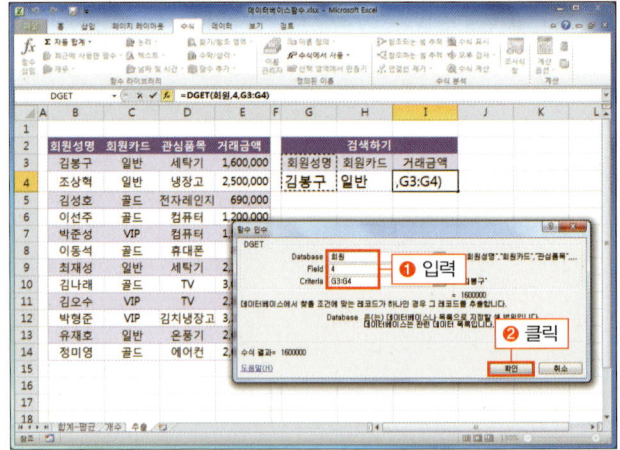

08. 결과를 확인합니다. [G4] 셀의 값을 바꾸면 회원카드와 거래 금액도 변경됩니다.

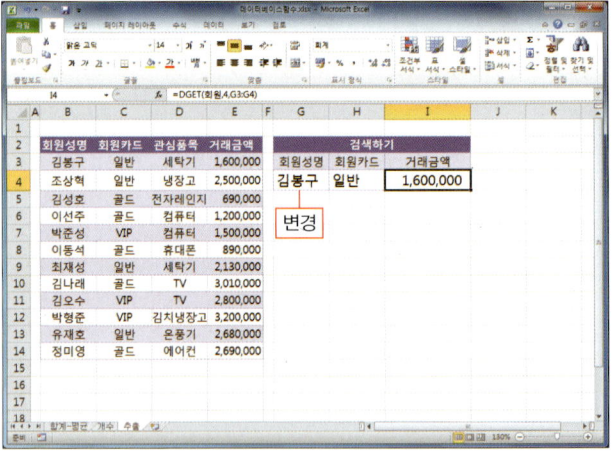

[수식 분석] 그룹 이해하기

[수식 분석] 그룹의 기능들을 이용하면 워크시트에 필요한 수식을 만들고 만든 수식에 셀을 추적하여 값의 원천을 이해하고 어떤 수식으로 만들어져 있는지를 파악하며, 잘못된 오류가 나타나는 경우 문제점을 찾을 수 있습니다.

기초 탄탄 ▶ 셀 추적과 오류 검사하기

■ 참조되는 셀 추적

선택한 셀 값이 어떤 수식들의 인수 셀 값을 가지고 수식을 만들어져 있는지 추적하여 표시합니다.

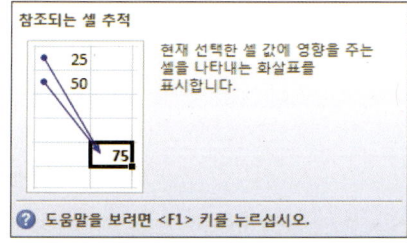

■ 참조하는 셀 추적

선택한 셀 값이 어떤 수식들의 인수 값으로 사용되고 있는지 추적하여 표시합니다.

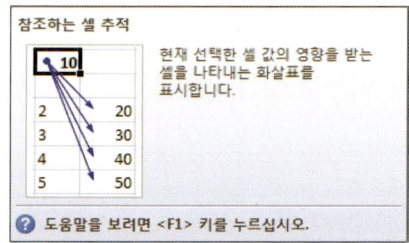

■ 수식 오류

셀에 있는 수식을 보여주는 데 [계산]을 클릭할 때 마다 셀에 어떤 값들이 들어와 계산되는지를 보여줍니다.

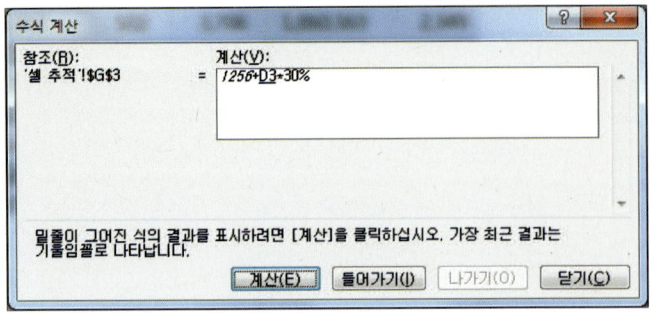

■ 오류 검사 `381P`

셀 값의 수식에 오류가 있을 경우 [계산 단계 표시]를 클릭하여 어떤 문제인지를 찾고 다시 편집할 수 있습니다.

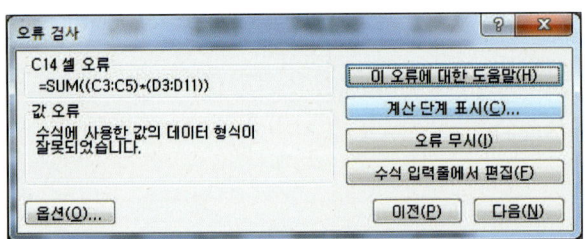

참조되는 셀 추적이나 참조하는 셀 추적은 셀에 수식 값으로 표현되었을 경우 값이 나오는 경로를 추적하여 정확한 값으로 이루어져 있는지를 확인할 수 있습니다.

예제 파일 l CD\Part 04\수식분석.xlsx **완성 파일 l** CD\Part 04\수식분석-완성.xlsx

01. 예제 파일을 불러온 후 [수식분석] 시트에서 [G14] 셀을 선택하고 [수식 분석] 그룹—[참조되는 셀 추적]을 클릭합니다.

> **TIP :** [G14] 셀은 직접 작성하여 넣은 것이 아니라 수식을 이용하여 여러 셀을 인수 값으로 사용하여 참조되는 셀 추적하여야 합니다.

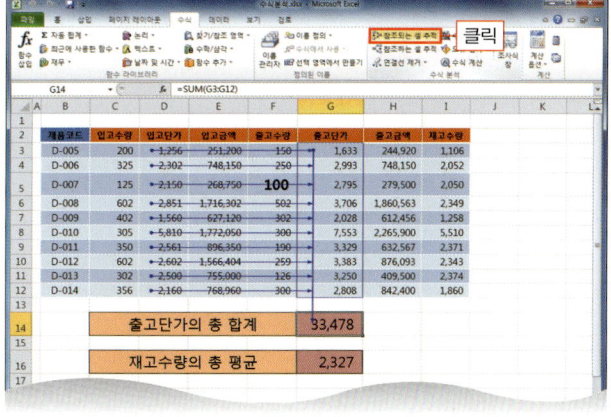

02. 바로 또 한 번 [참조되는 셀 추적]을 클릭합니다.

> **TIP :** 출고 단가도 직접 작성한 것이 아니라 입고 단가를 가지고 수식을 이용하여 만든 것을 알 수 있습니다.

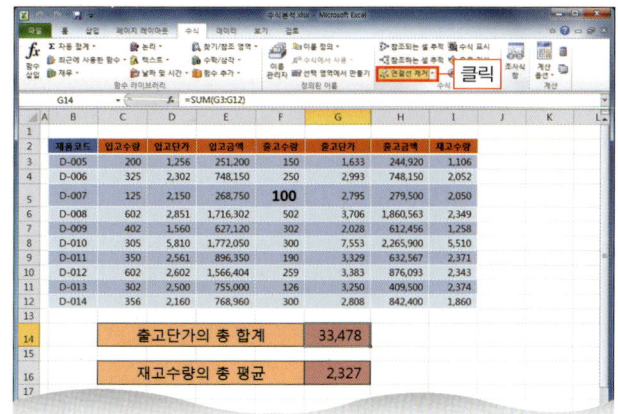

03. [수식 분석] 그룹에서 [연결선 제거]—[참조되는 셀 추적선]을 제거합니다.

04. [F5] 셀을 선택하고 [수식] 탭-[수식 분석] 그룹-[참조하는 셀 추적]을 클릭합니다.

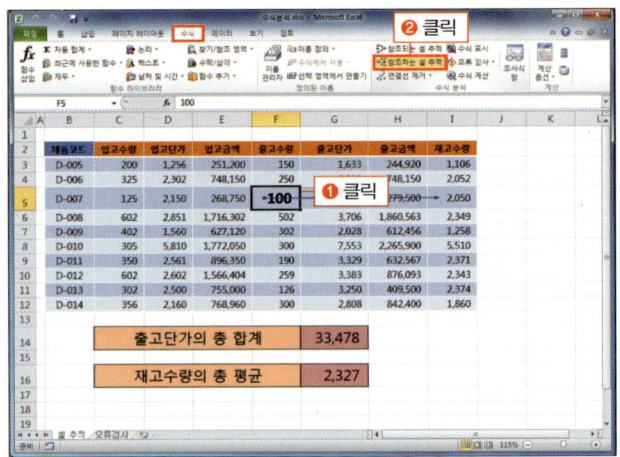

TIP : [F5] 셀은 출고금액과 재고수량을 만드는 수식에 사용되는 것을 볼 수 있습니다. 즉, 이 셀은 다른 셀의 결과에 참조되기 때문에 참조하는 셀 추적을 사용합니다.

05. [수식 분석]에서 [참조하는 셀 추적]을 클릭합니다.

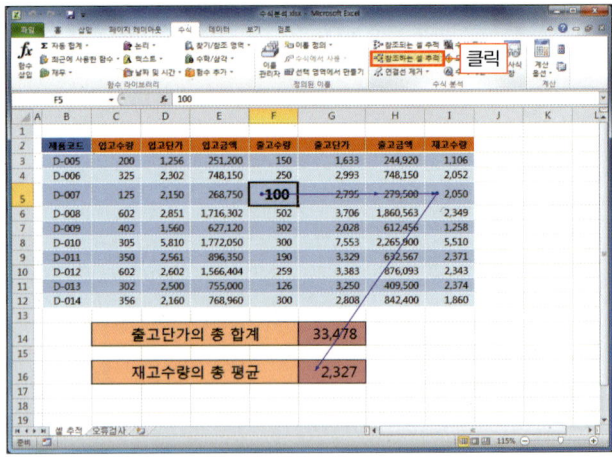

TIP : [F5] 셀은 출고금액과 재고수량에 영향을 줄 뿐만 아니라 [G16] 셀에도 영향을 주는 것을 알 수 있습니다.

오류 검사를 이용하면 셀에 나타난 문제를 추적하여 찾아내거나 수정할 수가 있습니다.

예제 파일 | CD\Part 04\수식분석.xlsx   완성 파일 | CD\Part 04\수식분석-완성.xlsx

01. [오류검사] 시트에서 [G16] 셀을 선택하고 [수식] 탭-[수식 분석] 그룹-[오류 검사]에서 [오류 추적]을 클릭합니다.

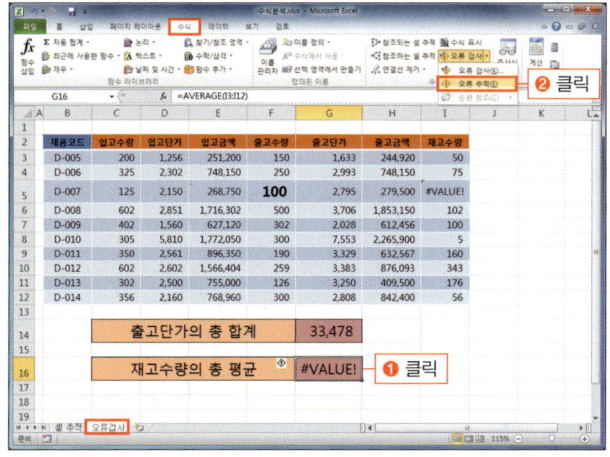

02. 오류가 나타나는 셀에 빨간색으로 표시되어 있는 부분을 추적하여 표시됩니다. 이때, [수식 분석]-[오류 검사]를 클릭합니다.

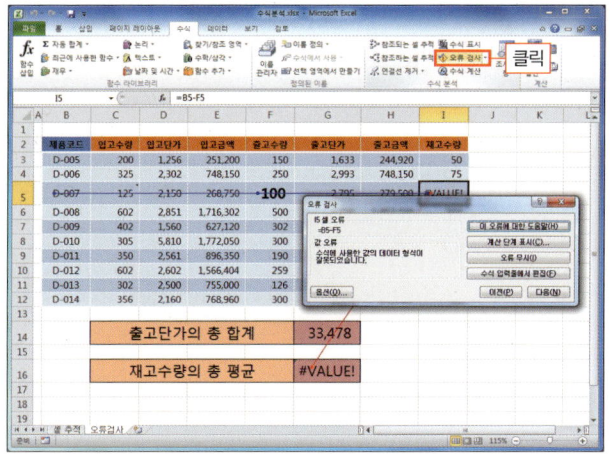

03. [오류 검사] 대화상자 나타나면 [계산 단계 표시]를 클릭합니다.

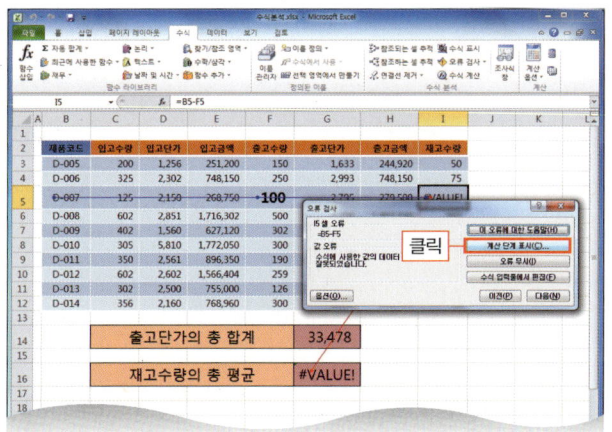

04. [수식 계산] 대화상자가 나타나면 하단에 [계산]을 클릭합니다.

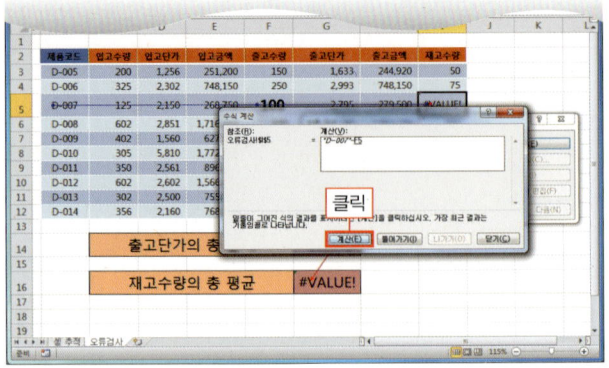

05. 바로 [계산]에 오류 메세지가 나타나는 것을 확인할 수 있습니다. [닫기]를 클릭합니다.

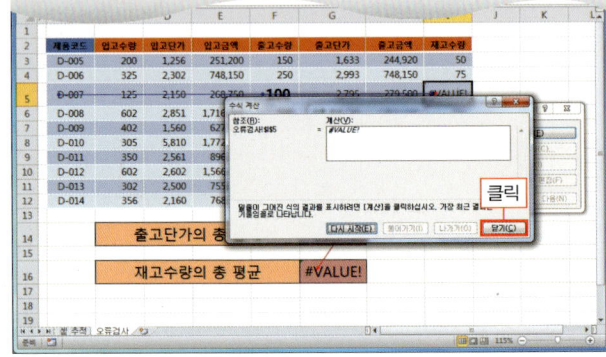

TIP : 즉 'D-007'의 값에서 '100'을 뺀다는 것이 잘못되었다는 것을 알 수 있습니다.

06. [오류 검사] 대화상자가 다시 나타나면 [수식 입력줄에서 편집]을 클릭하고 [B5] 셀의 값을 [C5] 셀로 변경한 후 Enter 를 누릅니다.

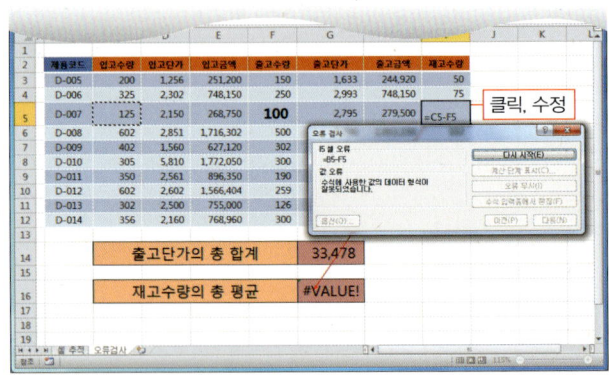

07. Enter 를 누르고 [오류 검사] 대화상자를 닫습니다. 제대로 된 결과를 확인합니다.

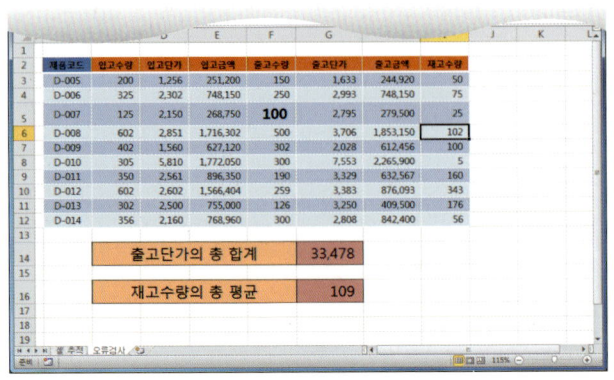

PART SUMMARY

- 절대 참조 시 F4 를 이용하는 절대 참조와 혼합 참조를 차이를 이해합니다. 279P

- 행과 열 값의 배치를 잘 생각하여 혼합 참조의 값을 정확히 설정해야 합니다. 282P

- 이름 정의 시 직접 설정 방법과 선택 영역에서 만들기 방법을 이해합니다. 285P

- 통합 문서와 다른 워크시트의 값을 어떤 방식으로 가져오는지 알아봅니다. 290P

- 기본 함수는 [자동 합계]에서 쉽게 설정할 수 있습니다. 297P

- 논리 함수는 중복 IF 사용법을 정확히 알아봅니다. 305P

- AND, OR 함수의 차이점을 알아봅니다. 308P

- VLOOKUP, HLOOKUP 함수를 언제 사용하지를 정확히 이해합니다. 315P

- MATCH, INDEX 함수를 어떻게 같이 사용하는지를 알아봅니다. 318P

- 텍스트 함수를 이용하여 필요한 문자를 가져와 봅니다. 320P

- 날짜와 시간 함수에서 날짜를 숫자로, 숫자를 날짜로 변환하는 방법을 알아봅니다. 334P

- 수학/삼각 함수에서 소수점 처리와 배열 함수에 대해 알아봅니다. 346P

- 통계 함수에서 순위 설정과 조건 함수 처리에 대해 알아봅니다. 357P

- 데이터베이스 함수는 D함수로 이해하며 조건 처리를 정확히 알아봅니다. 367P

- 오류 생성 시 오류를 찾는 방법과 수식이 무엇을 참조하는지 추적합니다. 381P

01 혼합 참조표를 완성해 봅니다(가상의 정상 체중표).

예제 파일 : Test\Part 04\함수문제.xlsx 함수1 sheet   완성 파일 : Test\Part 04\함수문제-완성.xlsx
동영상 해설 : Test\Part 04\Part 04.avi

- 정상 체중 : (키-100)*0.9
- IF((키-100)*0.9)=체중, "정상", "비만")으로 처리
- 자동 채우기로 한 번에 적용

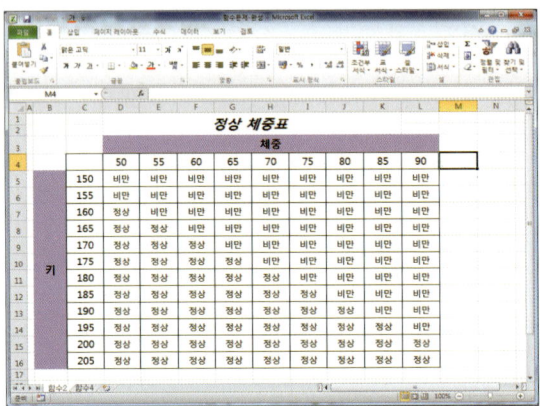

HINT

[D5] 셀에 '=IF((C5-100)*0.9)=체중, "정상", "비만")을 입력하면서 적절히 혼합 참조를 활용합니다. 수식 완성 후 자동 채우기를 이용하여 결과물을 완성합니다.

02 주민등록번호를 이용하여 생년월일과 나이를 완성해 봅니다.

예제 파일 : Test\Part 04\함수문제.xlsx 함수2 sheet   완성 파일 : Test\Part 04\함수문제-완성.xlsx
동영상 해설 : Test\Part 04\Part 04.avi

- DATE, LEFT, MID 함수를 이용하여 생년월일을 작성
- 2000년 이후 생일을 감안하여 작성
- YEAR, TODAY 함수를 이용하여 나이를 완성

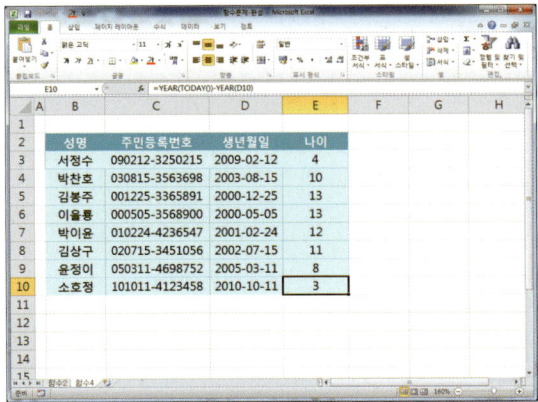

HINT

출생연도가 2000년 이후이므로 연도에 '2000'을 더하게 해주고, 나머지는 LEFT, MID 함수를 이용하여 주민등록번호의 년, 월, 일을 구해 날짜로 변환합니다. 그리고 YEAR, TODAY 함수를 이용하여 나이를 완성합니다.

실무에서 쓰는
고급 함수 익히기

EXCEL · 2010

고급 함수는 기본적으로 2개 이상의 함수를 이용하여 원하는 값을 찾을 수 있습니다. 또한, 재무 함수는 실제 생활을 하는 데 알아두면 유용한 함수입니다. IF 함수를 많이 사용하는 이유는 많은 데이터에서 조건을 가지고 필요한 내용을 빠르게 찾을 수 있기 때문입니다.

LESSON 01 많은 함수를 이용한 자료 찾기

레벨 ● ● ○

조건이 까다로울수록 많은 함수를 같이 사용하게 됩니다. 여러 함수들을 복합하게 같이 사용하여 원하는 값을 구해봅니다.

기초 탄탄 ▶ 여러 함수를 조합하여 원하는 형태 만들기

■ 날짜 함수에서 요일 구하기 `391P`

날짜를 구하는 NOW, TODAY 함수를 이용하여 오늘의 날짜를 구하거나 YEAR, MONTH, DAY 함수를 이용하여 연도, 월, 일만 따로 구할 수 있습니다. 그러나, 일상적으로 사용하는 월요일, 화요일, 수요일 등 일주일간의 요일을 구하기 위해서는 하나의 함수로는 구하기 힘들고 여러 방법을 이용하여 구해야 합니다.

셀 서식의 사용자 지정을 이용하여 구하기

워크시트에 임의의 날짜를 지정한 후 [셀 서식](`Ctrl` + `1`) 대화상자를 불러와서 [범주]-[사용자 지정]으로 이동한 후 [형식]에 원하는 형태의 내용을 입력합니다. 다음과 같은 형식을 입력하여 원하는 형태로 구할 수 있습니다.

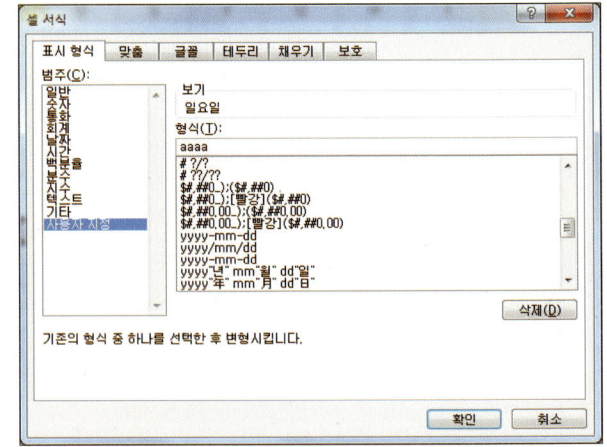

형식	방식	예 (날짜: 2012-2-5)
mmm	영문(짧은 요일)	Feb
mmmm	영문(긴 요일)	February
aaa	한글(짧은 요일)	일
aaaa	한글(긴 요일)	일요일

388

CHOOSE 함수와 WEEKDAY 함수를 이용하여 구하기

WEEKDAY 함수는 일정 날짜의 요일을 나타내는 1에서 7까지의 수를 구하는 함수입니다. 예를 들어 일요일을 1, 월요일을 2, 화요일을 3으로 표시하여 숫자 형태로 반환합니다. 그러나, 숫자 형태로 나타내면 요일을 구하기 어려우므로 CHOOSE 함수를 이용하여 날짜 형태로 변환시킬 수 있습니다.

날짜	WEEKDAY(TYPE:1)	CHOOSE()
2012-2-5	1	일요일

WEEKDAY 함수에는 Return_type이 있는데 일요일(1)~토요일(7)일 경우는 1, 월요일(1)~일요일(2)일 경우는 2, 월요일(0)~일요일(6)까지는 3의 유형을 사용합니다.

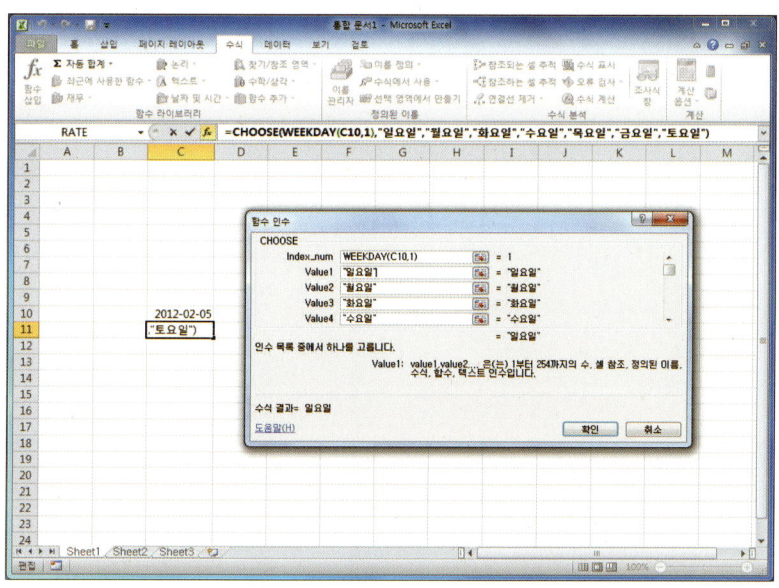

■ MATCH, INDEX 함수를 이용하여 원하는 값 찾기 393P

MATCH, INDEX 함수는 원하는 값이 표 안에 있을 경우 같이 사용하여 찾을 때 사용합니다. 특히, 찾는 값이 같은 열의 최대이거나 최소이면 MAX, MIN 함수를 이용하여 찾을 수 있습니다.

구하는 순서

① MAX, MIN 함수를 이용하여 같은 열에서 가장 큰 값이나 작은 값을 구합니다.
② MATCH 함수를 이용하여 MAX나 MIN 함수에서 찾은 값을 같은 열에서 몇 번째 순서인지를 구합니다.
③ INDEX 함수를 이용하여 MATCH 함수로 구한 순서를 행에 입력하고 열은 직접 입력하여 원하는 값을 추출합니다.

예제

상품명	가격	원산지
사과	2,000	아산
배	3,500	대구
포도	2,100	옥천
딸기	1,900	논산

① 가격 열에서 MAX 함수를 이용하면 3500의 값을 구합니다.

=MAX(C3:C6)=3500

② MATCH 함수를 이용하면 가격 열에서 두 번째 행의 값을 구합니다.

=MATCH(3500, C3:C6, 0)=2

③ INDEX 함수를 이용하여 MATCH 함수 값을 행에 입력하고, 열에 3을 입력하면 원산지인 "대구"를 구합니다.

=INDEX(B3:D6, MATCH(MAX(C3:C6), C3:C6, 0), 3)="대구"

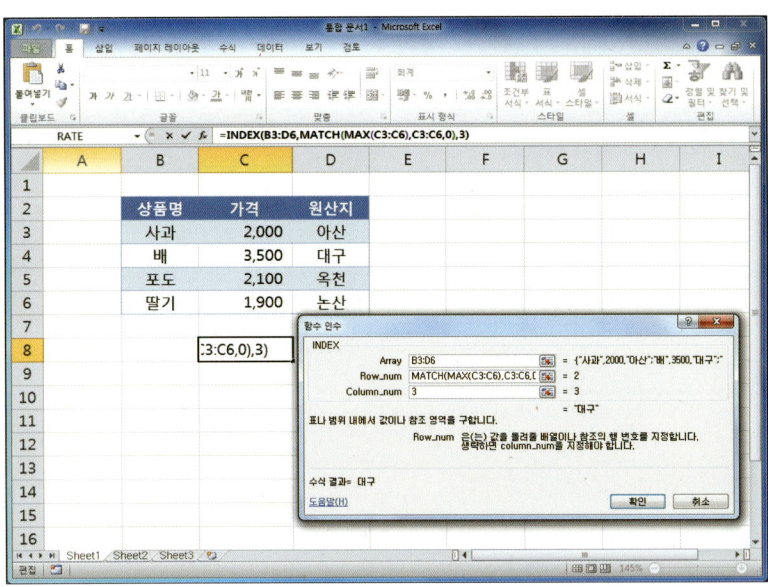

STEP 01 • CHOOSE 함수와 WEEKDAY 함수를 이용하여 요일 구하기

CHOOSE 함수는 인덱스 번호에 찾을 값의 수를 입력하면 해당하는 값을 찾아서 표시할 수 있으며, WEEKDAY 함수는 날짜를 요일에 맞는 수로 변환시킬 수 있습니다.

예제 파일 l CD\Part 05\종합함수.xlsx **완성 파일 l** CD\Part 05\종합함수-완성.xlsx

01. 예제 파일을 불러온 후 [혼합함수1] 시트에서 [H2] 셀을 선택하고 '='을 입력합니다. [원본] 시트로 이동하고 [D14] 셀을 선택한 후 다시 [혼합함수1] 시트의 [H2] 셀에 '+5'를 입력한 후 **Enter**를 누릅니다.

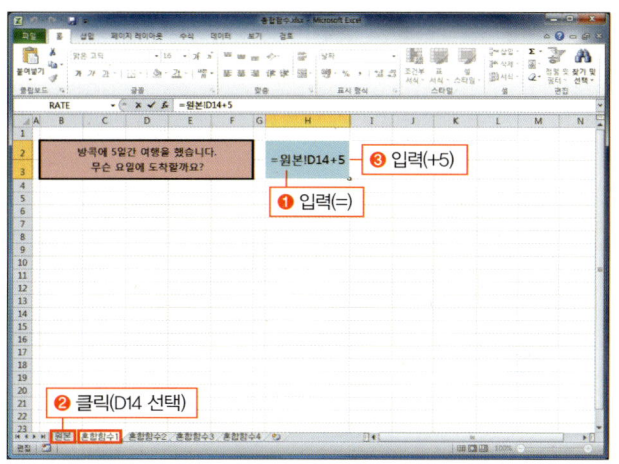

02. '원본' 앞을 클릭하고 'WEEKDAY('를 입력한 후 수식 입력줄의 [함수 삽입](𝑓𝑥)을 클릭합니다.

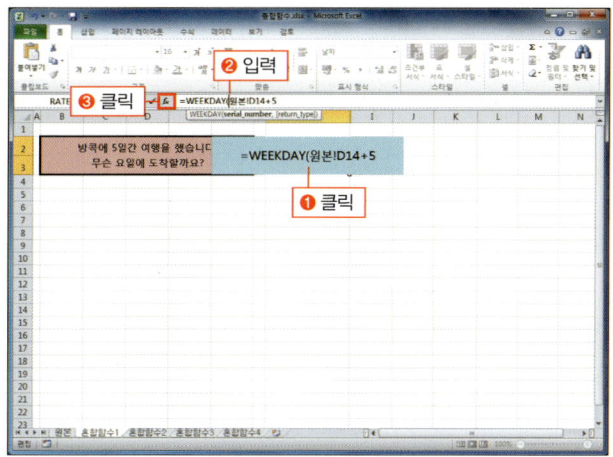

> **문제 해결** 'WEEKDAY('를 직접 입력하는 이유는, [함수 라이브러리]-[날짜 및 시간]의 [WEEKDAY]를 클릭하면 이전의 내용과 결합하지 못하기 때문입니다.

03. [WEEKDAY 함수 인수] 대화상자가 나타나면 [Return_type]에 '2'를 입력하고 [확인]을 클릭합니다.

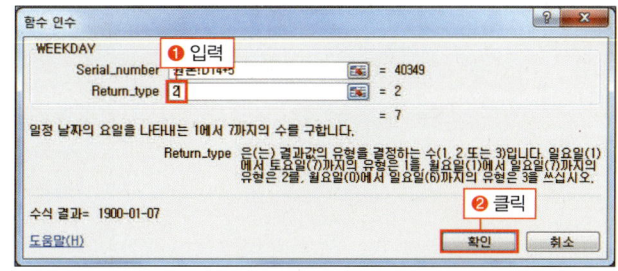

TIP : 우리나라 요일 표시 방식인 '월요일, 화요일...' 순서대로 타입을 '2'로 지정합니다.

04. 표시 형식을 변경하기 위해 [홈] 탭―[표시 형식] 그룹―[날짜]―[일반]을 클릭합니다.

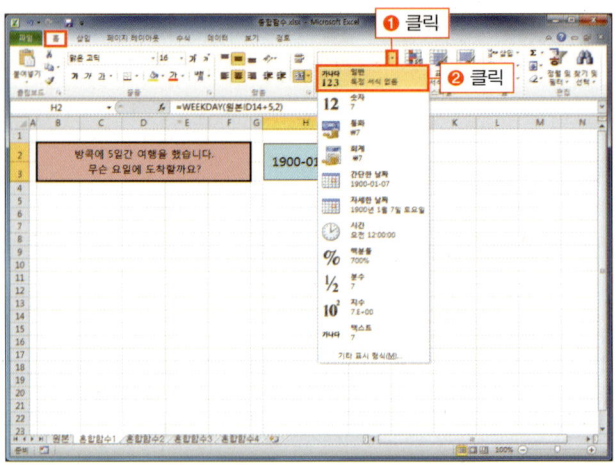

TIP : 날짜를 계산했기 때문에 숫자가 날짜 형식으로 보입니다. 그렇기 때문에 다시 '일반'으로 변경하면 제대로 보입니다.

05. 다시 WEEKDAY 함수 앞을 클릭하고 'CHOOSE('를 입력한 후 수식 입력줄의 [함수 삽입](f_x)을 클릭합니다.

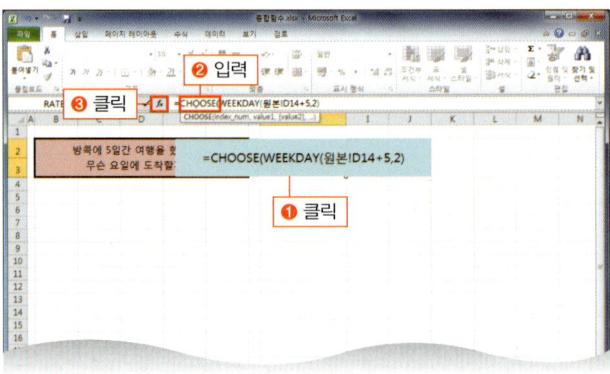

06. [CHOOSE 함수 인수] 대화상자가 나타나면 [Index_num]은 그대로 두고 [Value1]에 '"월요일"', [Value2]에 '"화요일"', [Value3]에 '"수요일"', [Value4]에 '"목요일"', [Value5]에 '"금요일"', [Value6]에 '"토요일"', [Value7]에 '"일요일"'을 각각 입력한 후 [확인]을 클릭합니다.

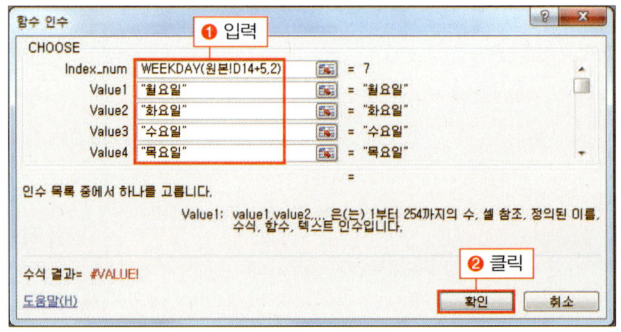

07. 결과를 확인합니다.

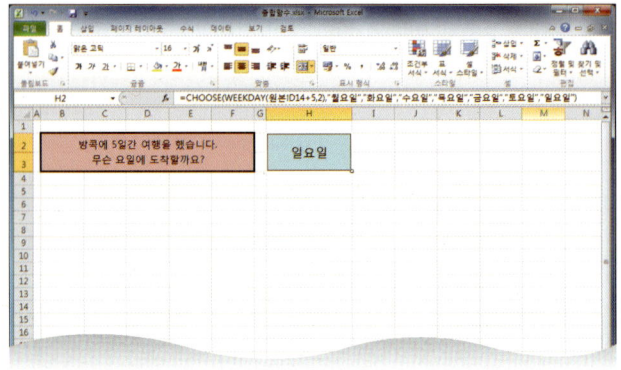

MAX 함수는 최대값을 구하고 그 최대값을 MATCH 함수의 인수로 넣어 순서를 구할 수 있습니다. INDEX 함수를 이용하면 구한 순서에서 원하는 값을 추출할 수 있습니다. 특히, MATCH 함수와 INDEX 함수는 같이 사용하면 매우 유용하니 꼭 알아두길 바랍니다.

예제 파일 | CD\Part 05\종합함수.xlsx 완성 파일 | CD\Part 05\종합함수-완성.xlsx

01. [혼합함수2] 시트에서 [H2] 셀을 선택하고 [수식] 탭–[함수 라이브러리] 그룹–[자동 합계]에서 [최대값]을 클릭합니다.

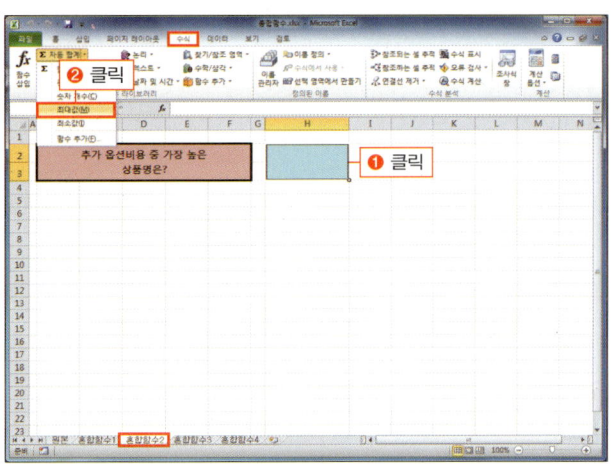

02. [H2] 셀에 '=MAX()'가 나타나면 [원본] 시트로 이동한 후 [추가 옵션비용] 영역인 [F5:F15]를 선택합니다. 그리고 바로 Enter 를 누릅니다.

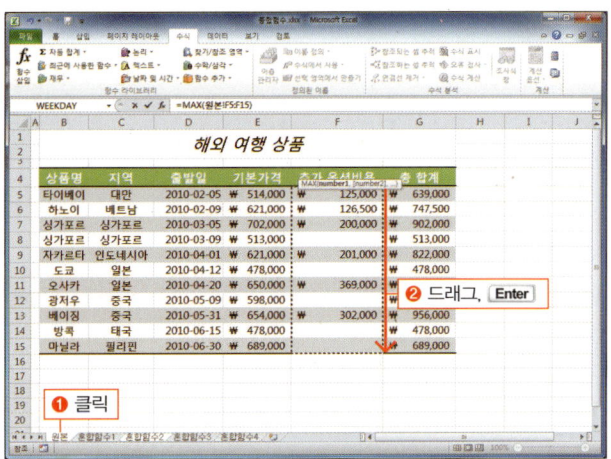

03. [혼합함수2] 시트의 [H2] 셀에 결과가 나타나면 MAX 함수 앞을 클릭한 후 'MATCH('를 입력하고 수식 입력줄의 [함수 삽입](fx)을 클릭합니다.

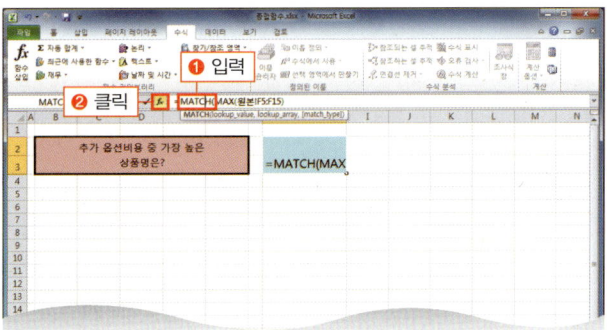

04. [MATCH 함수 인수] 대화상자가 나타나면 [Lookup_value]는 그대로 두고 [Lookup_array]에서 [원본] 시트의 [F5:F15]를 범위로 지정합니다. [Match_type]에는 '0'을 입력한 후 [확인]을 클릭합니다.

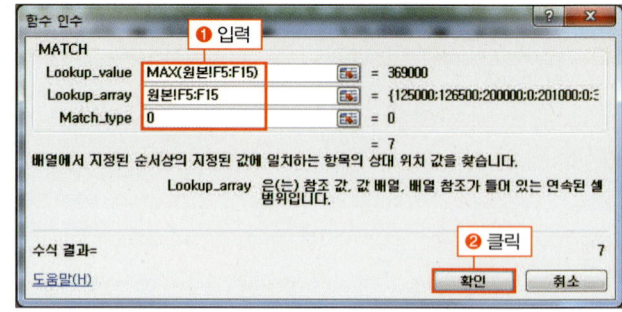

05. [H2] 셀에 최대값의 순서 값이 나타나면 MATCH 함수 앞에 'INDEX('를 입력하고 수식 입력줄의 [함수 삽입](f_x)을 클릭합니다.

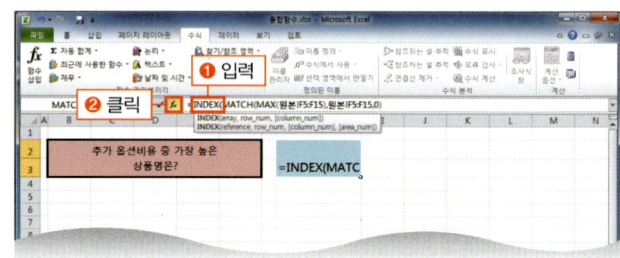

06. [인수 선택] 대화상자가 나타나면 [확인]을 클릭하고 [INDEX 함수 인수] 대화상자가 나타나면 [Array]의 내용을 Ctrl + X 를 눌러 잘라내고 [Row_num]에 Ctrl + V 를 눌러 붙여 넣습니다.

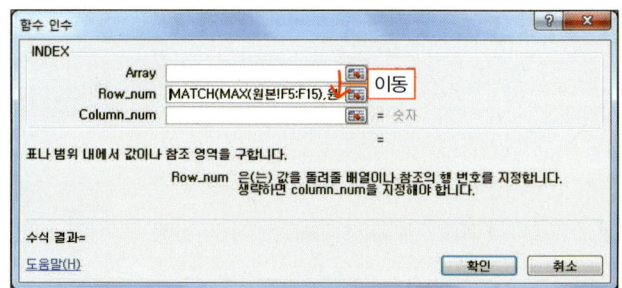

TIP : 최대값이 가진 순서는 INDEX 함수에서 행 순서로 사용하기 때문에 [Row_num]에 붙여 넣습니다.

07. [INDEX 함수 인수] 대화상자의 [Array]에서 [원본] 시트로 이동한 후 [B5:G15]를 범위로 지정하고 [Column_num]에 '1'을 입력한 후 [확인]을 클릭합니다.

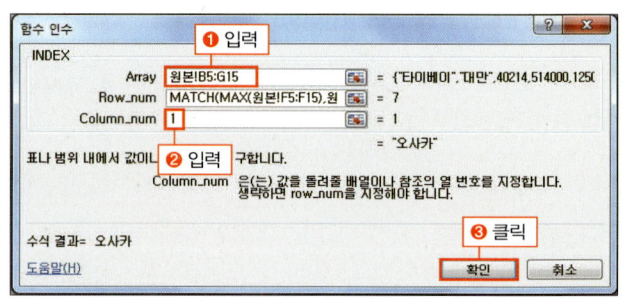

08. 결과를 확인합니다.

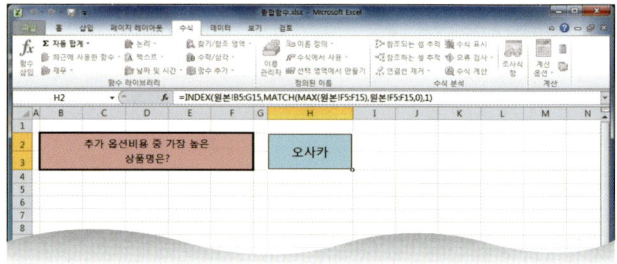

DAYS360 함수는 두 날짜 간의 경과된 요일을 알아보고, DATE 함수는 날짜를 만들어 주며 YEAR, MONTH 함수는 년, 월을 추출하는 함수입니다. 이 함수들을 이용하여 경과된 기간을 만들어 보겠습니다.

예제 파일 | CD₩Part 05₩종합함수.xlsx   **완성 파일** | CD₩Part 05₩종합함수-완성.xlsx

01. [혼합함수3] 시트로 이동한 다음 [E5] 셀을 선택하고 [수식] 탭-[함수 라이브러리] 그룹-[날짜와 시간]에서 [DATE]를 클릭합니다.

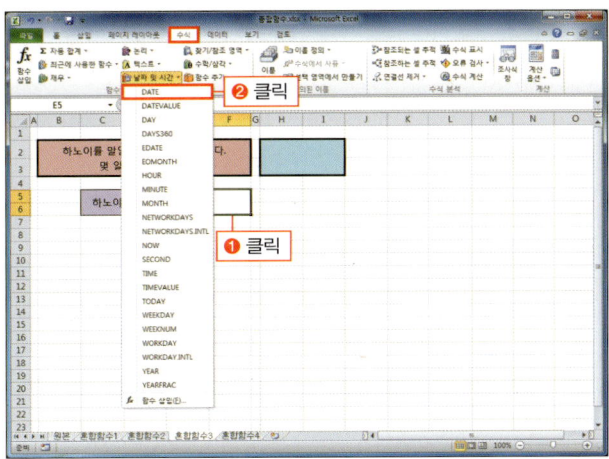

02. [DATE 함수 인수] 대화상자가 나타나면 [YEAR]에 'YEAR('를 입력한 후 [원본] 시트의 [D6] 셀을 선택, [MONTH]에 'MONTH('를 입력한 후 [원본] 시트의 [D6] 셀을 선택하고 '+1'을 추가, [Day]에는 '0'을 입력하고 [확인]을 클릭합니다.

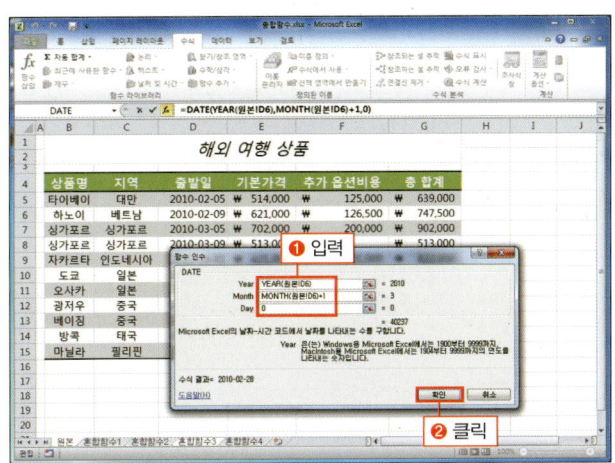

TIP : 월말을 표현할 때는 [MONTH]에서 '+1'을 추가해야 합니다.

03. [H2] 셀을 선택하고 [수식] 탭–[함수 라이브러리] 그룹–[날짜와 시간]에서 [DAYS360]을 클릭합니다.

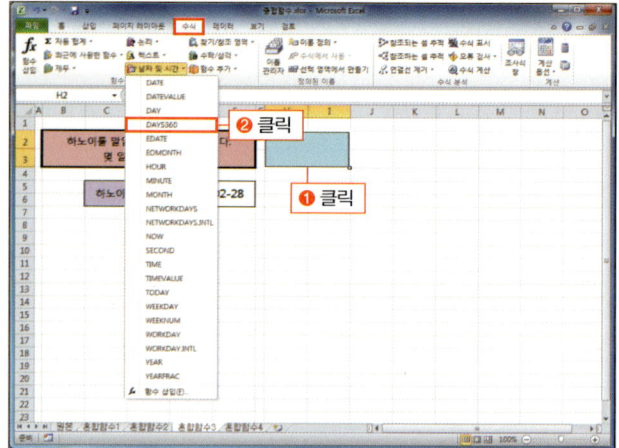

04. [DAYS360 함수 인수] 대화상자가 나타나면 [Start_date]에서 [원본] 시트의 [D6] 셀을 선택하고, [End_date]에 'E5'를 입력한 후 [확인]을 클릭합니다.

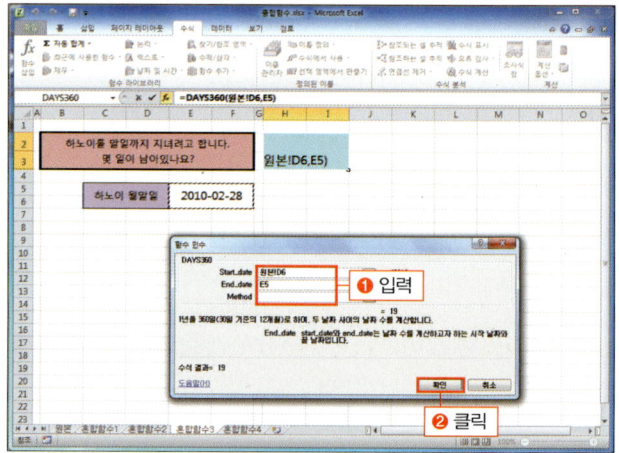

05. 결과를 확인합니다.

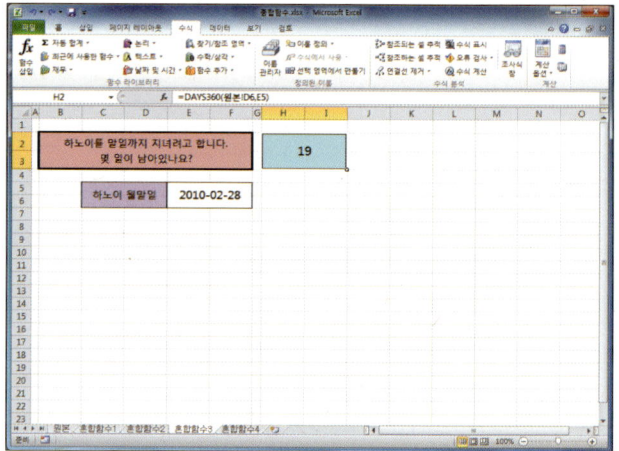

STEP 04 • IF, RANK 함수를 이용한 추천하기

RANK 함수를 이용하여 순위를 구하고, IF 함수를 이용하여 그 순위에서 원하는 등수까지 조건으로 처리를 할 수 있습니다.

예제 파일 | CD₩Part 05₩종합함수.xlsx **완성 파일 |** CD₩Part 05₩종합함수-완성.xlsx

01. [혼합함수4] 시트에서 [I3] 셀을 선택하고 '=F3/(E3-D3)'을 입력합니다.

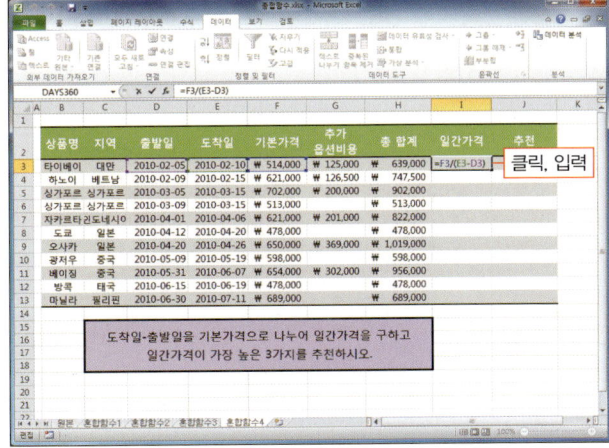

TIP : 기본 가격은 도착일에서 출발일을 뺀 요일 기간을 나누어 사용합니다.

02. 지정된 서식을 그대로 사용하기 위해 [I3:I13]을 선택하고 수식 입력줄의 수식을 선택한 후 **Ctrl** + **Enter** 를 눌러 한 번에 결과가 나타나게 합니다.

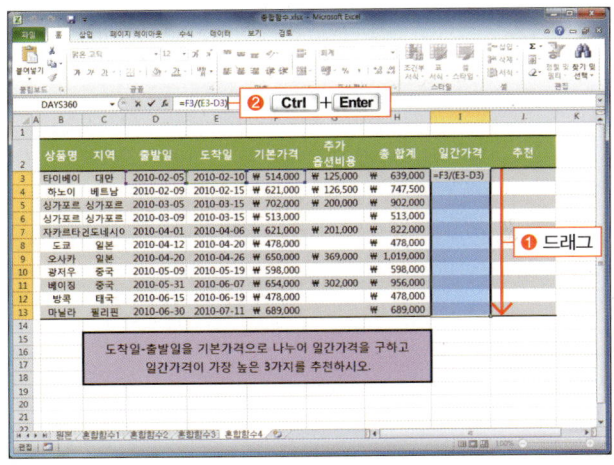

03. [I3:I13]의 결과를 구한 후 [J3] 셀을 선택하고 [수식] 탭-[함수 라이브러리] 그룹-[함수 추가]-[통계]에서 [RANK.EQ]를 클릭합니다.

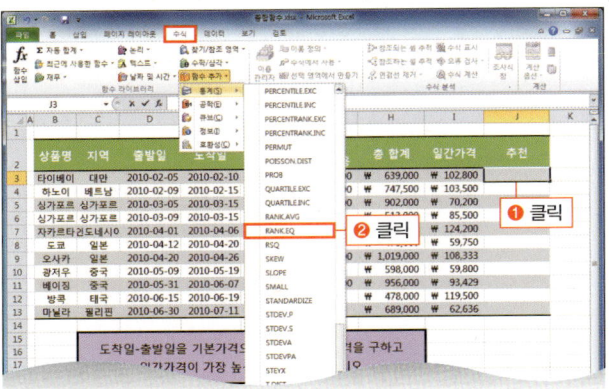

04. [RANK.EQ 함수 인수] 대화상자가 나타나면 [Number]에서 'I3'을 입력, [Ref]에서 [I3:I13]까지 범위를 지정한 다음 F4 를 눌러 절대 참조로 바꾼 후 [확인]을 클릭합니다.

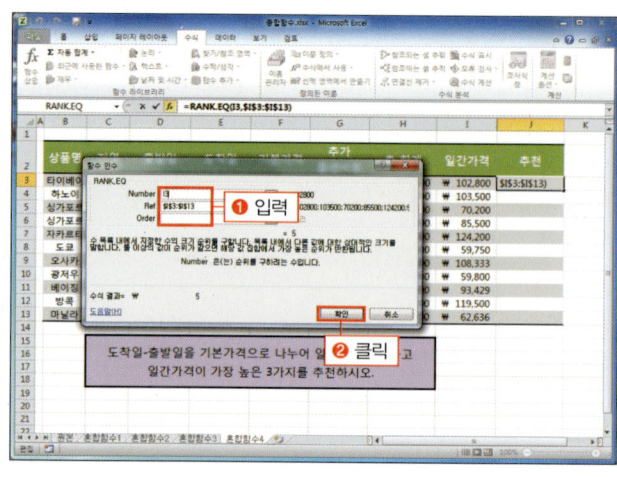

> **TIP** : RANK 함수의 [Ref]에서 거의 F4 를 눌러 절대 참조를 하는 이유는 [Number]는 [Ref]에서 자신의 순위를 구하는데 처음에는 상관없지만 구한 값을 자동 채우기를 하면 [Ref]의 값은 변동이 되어 원하는 값을 구하지 못합니다. 즉, 자동 채우기를 하는 동안 [Ref]의 값이 변하지 못하게 하기 위함입니다.

05. 지정된 서식을 그대로 사용하기 위해 [J3:J13]을 선택하고 수식 입력줄의 수식을 선택한 후 Ctrl + Enter 를 눌러 한 번에 결과가 나타나게 합니다.

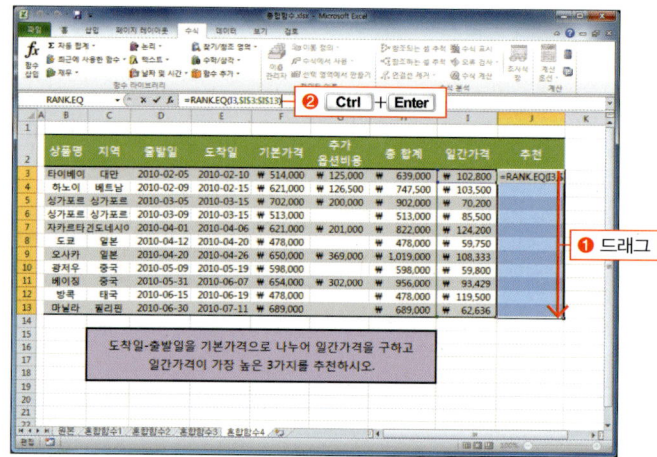

06. [J3:J13]에 결과가 나타나면 [홈] 탭-[표시 형식] 그룹-[일반]을 클릭합니다.

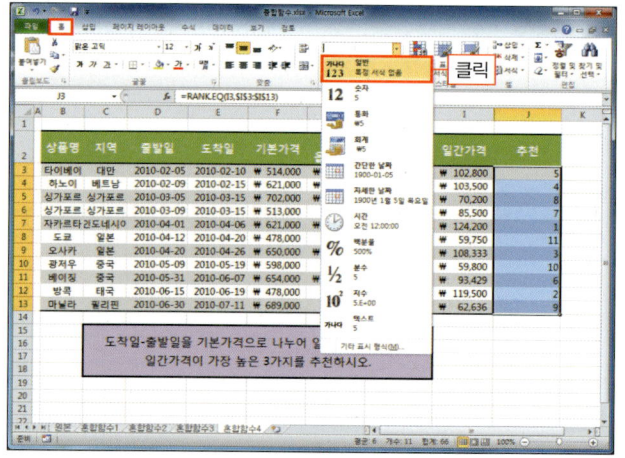

07. 다시 RANK 함수 앞을 클릭하고 'IF('를 입력한 후 수식 입력줄의 [함수 삽입](f_x)을 클릭합니다.

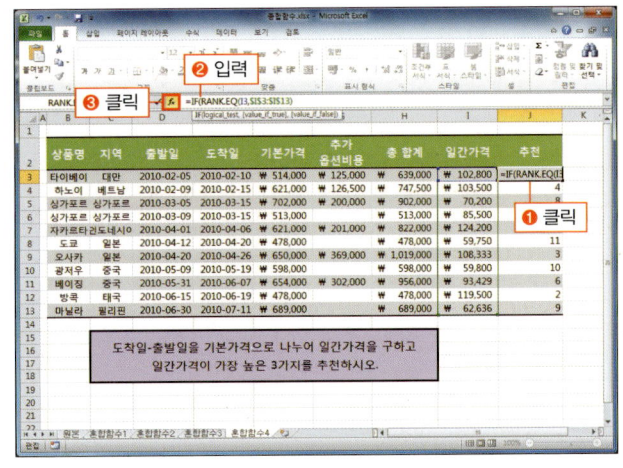

08. [IF 함수 인수] 대화상자가 나타나면 [Logical_test]에 '<=3'을 추가하여 입력하고 [Value_if_ture]에 '"추천"', [Value_if_false]에 '""'를 각각 입력한 후 [확인]을 클릭합니다.

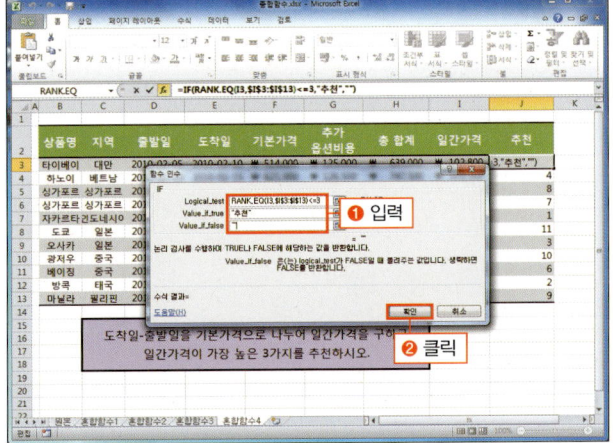

> **TIP** : 순위를 구했는데 순위 중에서 1~3등에 값을 넣기 위해 순위 중 "<=3"을 입력하여 조건이 만족하는 값들만 "추천"이 나타나도록 합니다.

09. 지정된 서식을 그대로 사용하기 위해 [J3:J13]을 선택하고 수식 입력줄의 수식에 클릭한 후 **Ctrl** + **Enter** 를 눌러 한 번에 결과가 나타나게 합니다.

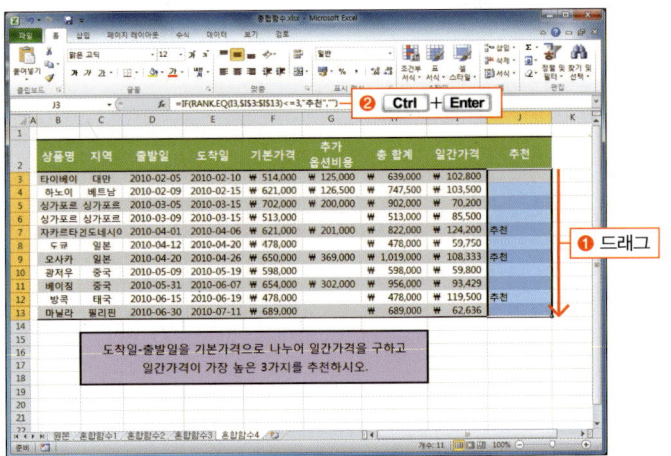

02 배열 수식 이해하기

레벨 ● ● ○

배열 수식은 표 형태로 이루어진 값의 집합 형태를 배열의 성질을 이용하여 수식으로 작성하는 것을 말합니다. 다른 수식과 다르게 배열 수식의 결과를 나타내기 위해서는 **Ctrl** + **Shift** + **Enter** 를 눌러야 합니다. 또한 배열 수식으로 되어 있는 수식은 중괄호({})로 표시됩니다.

기초탄탄 ▶ 배열 수식의 원리를 이해하고 이용하자

■ 배열 수식의 원리 이해하기 `401P`

① 배열 수식

	A	B	C
1		품목	가격
2		과일	2,600
3		채소	3,000
4		과일	5,100
5		채소	4,500
6			

② (B2:B5="과일")*(C2:C5)를 풀면,

([B2]="과일")*[C2]		("과일"="과일")*[C2]		1*[C2]
([B3]="과일")*[C3]	비교	("채소"<>"과일")*[C3]	맞는 경우 추출	0*[C3]
([B4]="과일")*[C4]		("과일"="과일")*[C4]		1*[C4]
([B5]="과일")*[C5]		("채소"<>"과일")*[C5]		0*[C5]

조건이 같다면 TRUE(1)이 되고 조건이 같지 않다면 FALSE(0)이 됩니다.

[B2]의 값이 "과일"이므로 조건이 맞으면 TRUE(1)이 되어 2600이 그대로 보존되고 [B3]의 값의 값은 "채소"라고 조건이 맞지 않아 FALSE(1)이 되어 0으로 보존됩니다. 즉, 조건에 맞는 값들은 그대로 가격이 남고 맞지 않는 값들은 0으로 남게 됩니다.

③ SUM 함수를 이용하여 (2600+0+5100+0)을 구할 수 있습니다.

STEP 01 • SUM 함수를 사용한 배열 수식

하나의 함수를 이용하여 배열 수식을 사용하는 데 기본식은 [=함수((조건)*(범위))]이고 조건에 따라 [=
함수((조건)*(조건)*(범위))]를 사용하기도 합니다. 함수에는 SUM, COUNT, AVERAGE, MAX 등을
사용하여 구합니다.

예제 파일 | CD₩Part 05₩배열수식.xlsx **완성 파일 |** CD₩Part 05₩배열수식-완성.xlsx

01. 예제 파일을 열고 [배열수식] 시트로 이동합
니다. [J3] 셀을 선택하고 [수식] 탭–[함수 라이브
러리] 그룹–[수학/삼각]에서 [SUM]을 클릭합니다.

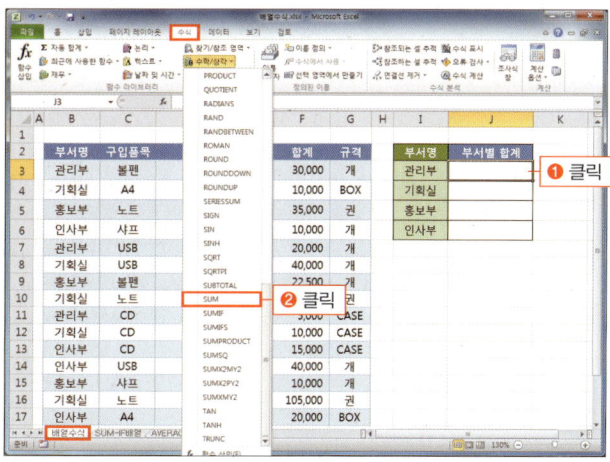

02. [SUM 함수 인수] 대화상자가 나타나면
[Number1]에 '(B3:B17'를 입력하고 **F4**를 눌러 절
대 참조로 변경한 후 '=I3)'을 입력합니다.

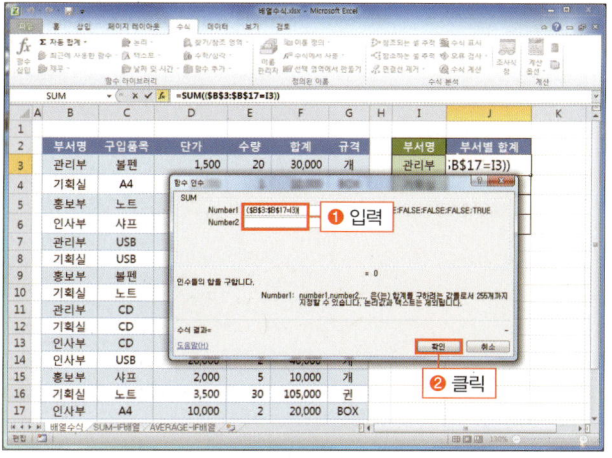

> **TIP :** 조건부 범위가 고정 상태여야 하므로 절대 참
> 조로 변경합니다.

03. 계속 '*('를 입력하고 [F3:F17]을 드래그하여
선택한 후 F4를 눌러 절대 참조로 변경합니다.
다시 ')'를 입력한 후 Ctrl + Shift + Enter 를
누릅니다.

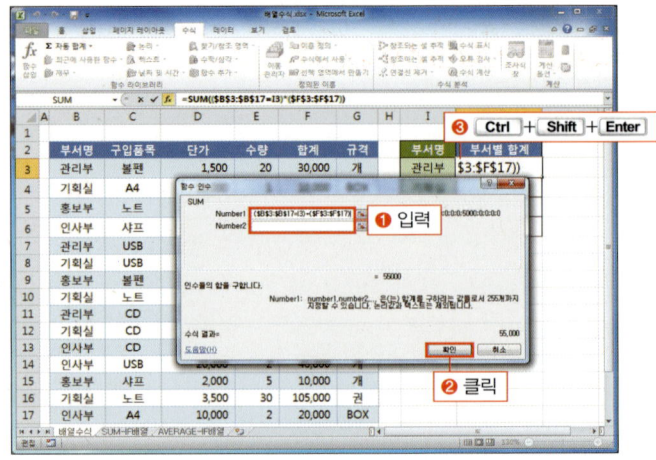

04. [J3:J6]에 자동 채우기를 적용하여 부서별 합
계를 구합니다.

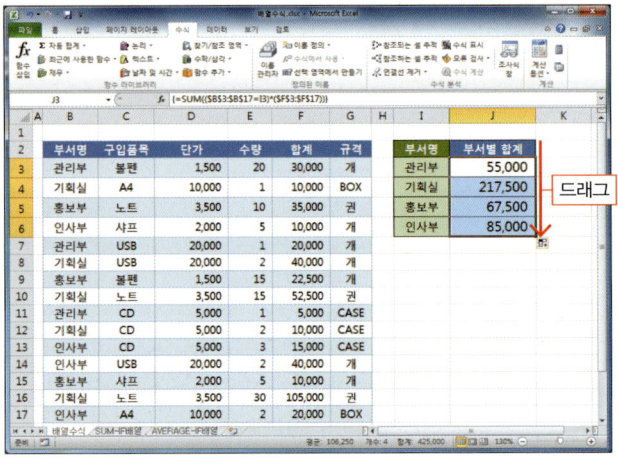

IF 문을 이용하여 조건에 맞는 배열 수식을 구해봅니다. 기본식은 [=함수(IF(조건, 범위))]이고 조건식에 따라 [=함수(IF((조건)*(조건),범위)]를 사용하기도 합니다.

예제 파일 | CD₩Part 05₩배열수식.xlsx   **완성 파일 |** CD₩Part 05₩배열수식-완성.xlsx

01. [SUM–IF배열] 시트에서 [H3] 셀을 선택하고 '=SUM(IF(('를 입력합니다. [B3:B17]을 선택한 후 F4 를 눌러 절대 참조로 변경하고 '='를 입력한 후 'G3'을 입력하고 F4 를 3번 눌러 열을 고정시킵니다. 마지막으로 ')'를 입력합니다.

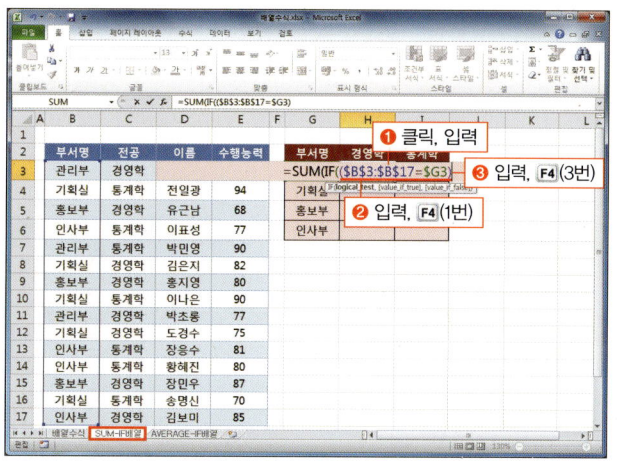

> **TIP :** 합계를 한 번에 내기 위해 부서명의 범위는 고정, 비교되는 부서명(G3)은 열을 고정시켜 오른쪽으로 연속 채우기 할 때 변하지 않게 합니다.

02. 계속 '*('를 입력한 후 [C3:C17]을 범위로 지정하고 F4 를 눌러 절대 참조로 변경합니다. 계속해서 '='를 입력한 후 'H2'를 입력하고 F4 를 2번 눌러 행을 고정시킵니다. 그리고 '),'를 입력합니다.

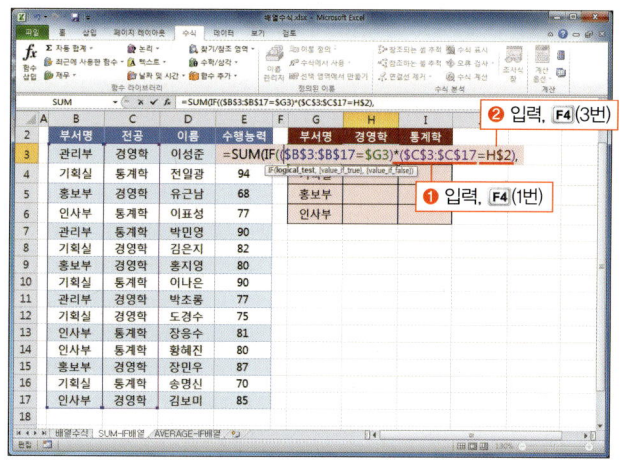

> **TIP :** 비교되는 전공(H2)을 하단으로 자동 채우기 할 때 변하지 않게 합니다.

03. 계속해서 [E3:E17]을 선택한 후 F4 를 눌러
절대 참조로 변경합니다. '))'를 입력한 후 Ctrl
+ Shift + Enter 를 눌러 배열 수식을 완성합니다.

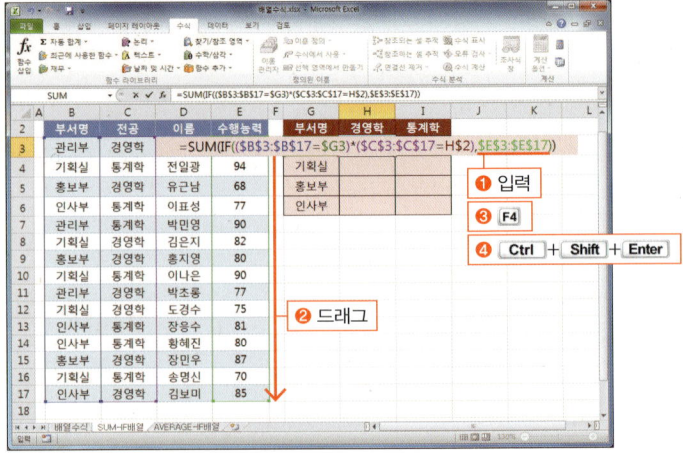

04. [H3:I6]까지 자동 채우기로 값을 채워줍니다.

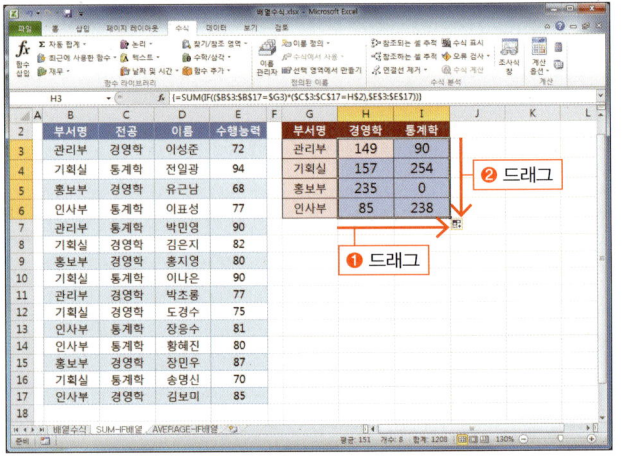

STEP 03 • AVERAGE 함수와 IF 함수를 사용한 배열 수식

평균 값을 구하는 AVERAGE 함수와 IF 함수를 이용하여 배열 수식을 만들어 보겠습니다.

예제 파일 | CD₩Part 05₩배열수식.xlsx **완성 파일 |** CD₩Part 05₩배열수식-완성.xlsx

01. [AVERAGE-IF배열] 시트에서 [H4] 셀을 선택하고 '=AVERAGE(IF('를 입력한 후 [B3:B17]을 선택합니다. **F4**를 눌러 절대 참조로 변경하고 바로 '=G4,'를 입력합니다.

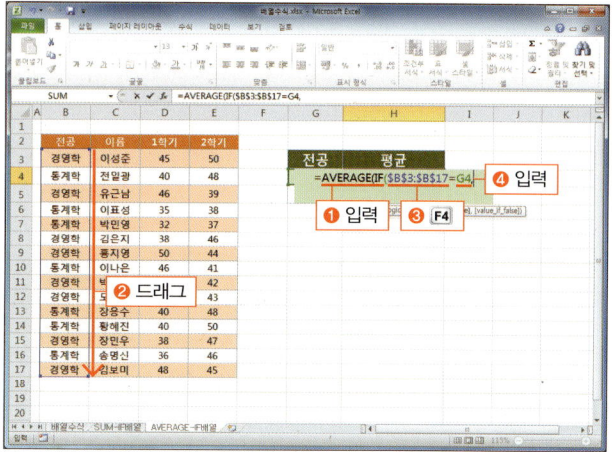

02. [D3:D17]을 선택하고 절대 참조(**F4**)로 변경한 후 '+'를 입력합니다. 그리고 [E3:E17]을 선택하고 절대 참조(**F4**)로 변경한 후 '))'를 입력합니다. **Ctrl** + **Shift** + **Enter** 를 눌러 완성합니다.

TIP : 배열 수식에서 IF 문의 참의 값이나 거짓의 값을 구할 때 배열 수식들 간의 사칙연산은 가능합니다.

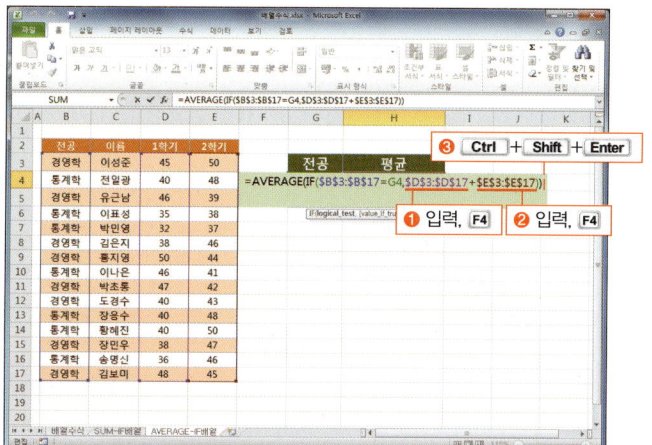

03. [H4:H5]까지 자동 채우기로 완성하고 [홈] 탭-[표시 형식]-[자릿수 줄임/늘림]을 이용하여 소수점 한자리로 만들어줍니다.

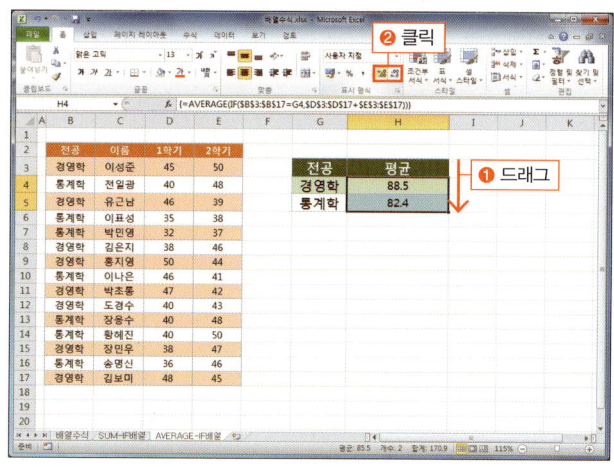

03 실무에 도움이 되는 함수 이해하기

레 벨 ● ○ ○

재무 함수는 엑셀에서 일반적으로 사용하는 함수와는 조금 다릅니다. 즉, 세금, 회계 등 돈과 관련된 계산을 하는 데 필요한 함수로써, 보통 세무회계 프로그램 등에서 사용하며 일반적인 상식에서 대출금이나 적금, 상환일 등 은행 업무에 이용할 수 있습니다.

기초 탄탄 ▶ 실생활에 활용하는 재무 함수 이용하기

■ RANDBETWEEN 함수 이해하기 `410P`

최소 정수와 최대 정수를 정해주면 그 사이에서 랜덤으로 임의의 수를 구할 수 있습니다.

> RANDBETWEEN(반환할 최소 정수, 반환할 최대 정수)

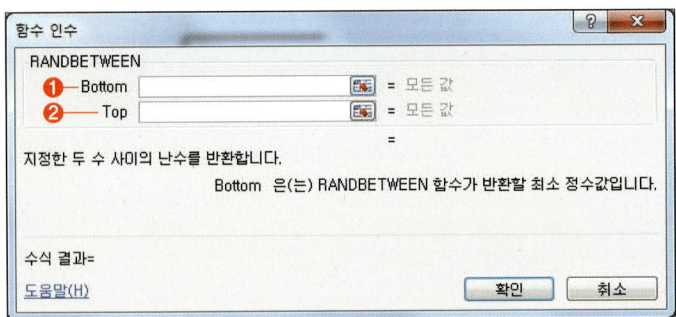

❶ Bottom : 반환할 최소 정수값을 의미합니다.

❷ Top : 반환할 최대 정수값을 의미합니다.

■ PMT 함수 이해하기 411P

주기적으로 고정된 금액을 넣을 경우 금액과 이자율을 합해 대출 상환금을 계산할 수 있습니다.

PMT(이자율, 지급 기간 수, 현재 가치, 미래 가치, 상환주기)

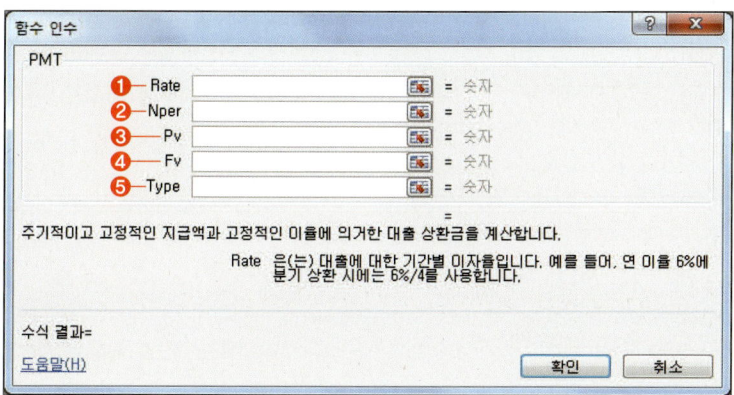

❶ Rate : 대출에 대한 기간별 이자율, 월별 계산 시 (/12)를 같이 입력합니다.

❷ Nper : 대출 상환금의 총 지급 기간 수, 월별 계산 시 (*12)를 같이 입력합니다.

❸ Pv : 일련의 미래 지급액에 상응하는 현재 가치, 총 대출금을 의미합니다.

❹ Fv : 상환 완료 시 얻는 미래 가치, 생략 가능합니다.

❺ Type : '1'은 상환일을 월 초, '0'은 상환일을 월 말로 했을 경우로 인식합니다.

■ FV 함수 이해하기 412P

주기적으로 고정된 금액을 넣을 경우 금액과 이자율을 합해 투자의 미래 가치를 산출합니다.

FV(이자율, 지급 기간 수, 지급액, 미래 가치, 상환 주기)

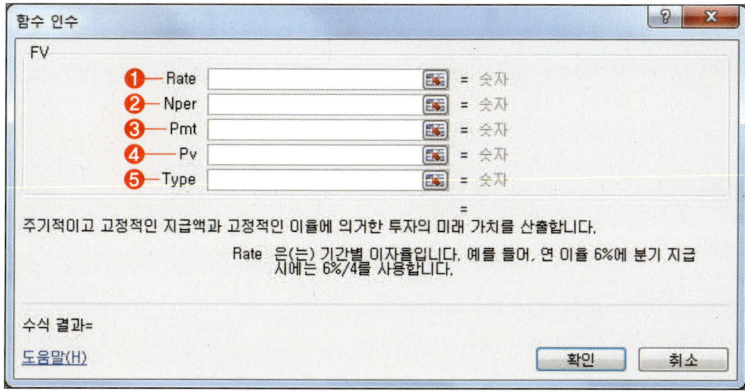

❶ Rate : 투자에 대한 기간별 이자율, 월별 계산 시 (/12)를 같이 입력합니다.

❷ Nper : 투자 상환금의 총 지급 기간 수, 월별 계산 시 (*12)를 같이 입력합니다.

❸ Pmt : 각 기간마다 지급액, 월별 적금액을 의미합니다.

❹ Pv : 일련의 미래 지급액에 상응하는 현재 가치를 말합니다.

❺ Type : '1'은 적금일을 월 초, '0'은 적금일을 월 말로 했을 경우를 의미합니다.

> **TIP** : FV 함수와 PV 함수는 비슷합니다. FV 함수는 일정한 금액을 넣을 경우 이자율과 금액에 대한 만기금액을 산출하고 PV 함수는 FV 함수와 같은데 대신 만기금액을 말하는 것이 아니라 만기금액이 되기 전에 지금의 가치액을 산출합니다.

■ NPER 함수 이해하기 `414P`

주기적이고 고정적인 지급액과 이율에 의거한 투자 기간을 구합니다. 즉, 원하는 금액을 모으기 위해 몇 개월 정도 걸리는지를 알아봅니다.

> NPER(이자율, 지급액, 투자 기간, 미래 가치, 상환주기)

❶ Rate : 투자에 대한 기간별 이자율, 월별 계산 시(/12)를 같이 입력합니다.

❷ Pmt : 각 기간마다의 지급액, 월별 적금액을 의미합니다.

❸ Pv : 일련의 미래 지급액에 상응하는 현재 가치를 말합니다.

❹ Fv : 지급 완료 후 얻고자 하는 미래 가치를 의미합니다.

❺ Type : /1/은 투자주기 초, '0' 또는 '생략'은 투자주기를 의미합니다.

■ RATE 함수 이해하기 `414P`

대출 및 투자의 기간별 이자율을 구합니다. 즉, 원하는 금액을 모으기 위해 이자율이 어느 정도 되는지를 알아봅니다.

> RATE(지급 기간 수, 지급액, 현재 가치, 미래 가치, 상환주기

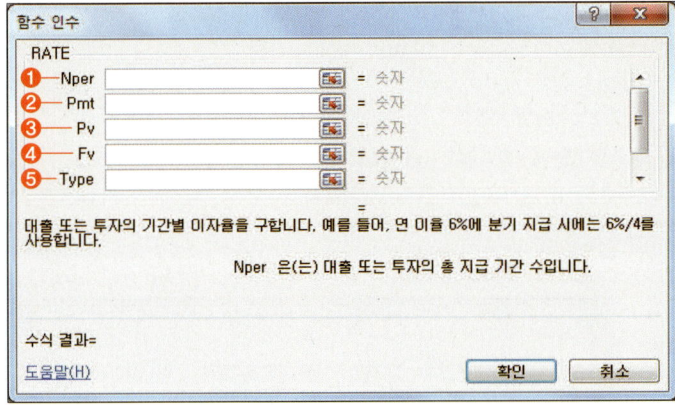

❶ Nper : 대출 또는 투자의 총 지급 기간 수를 의미합니다.

❷ Rate : 각 기간의 지급액을 의미합니다.

❸ Pv : 일련의 미래 지급액에 상응하는 현재 가치를 말합니다.

❹ Fv : 지급 완료 후 얻고자 하는 미래 가치를 의미합니다.

❺ Type : '1'은 투자주기 초, '0' 또는 '생략'은 투자주기를 의미합니다.

■ NPV 함수 이해하기 412P

주기적인 현금 흐름과 할인율을 기준으로 투자의 순 현재 가치를 산출합니다. 즉, 투자 금액과 주기적인 수입으로 투자 대상의 현재 가치를 알아봅니다.

NPV(할인율, 지급액과 수입의 인수)

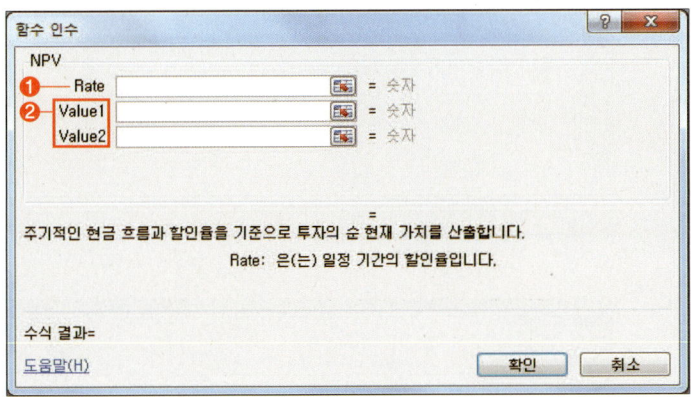

❶ Rate : 현재의 이율을 의미합니다.

❷ Value1 : 지급액이나 수입의 인수를 의미합니다.

로또는 1~45까지의 숫자 중에서 임의의 6개 숫자를 선택하여 맞추는 복권입니다. RANDBETWEEN 함수를 이용하여 1과 45사이에 임의의 수가 나타나도록 합니다. 재미로 해보세요.

예제 파일 ┃ CD₩Part 05₩재무함수.xlsx **완성 파일 ┃** CD₩Part 05₩재무함수-완성.xlsx

01. 예제 파일 불러온 후 [로또] 시트에서 [B3] 셀을 선택합니다. '=RANDBETWEEN('를 수식 입력줄에 입력한 후 [함수 삽입](fx)을 클릭합니다.

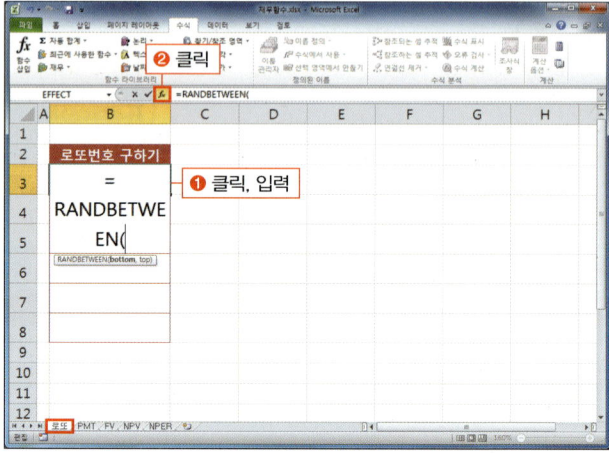

02. [RANDBETWEEN 함수 인수] 대화상자가 나타나면 [Bottom]에 '1'을 [Top]에 '45'를 각각 입력한 후 [확인]을 클릭합니다.

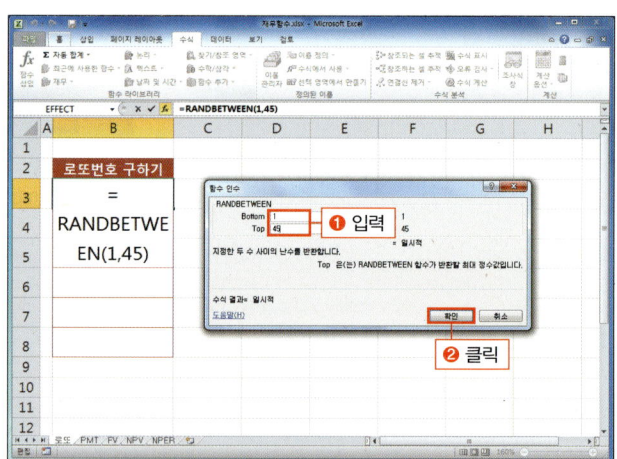

03. [B3:B8]까지 자동 채우기로 숫자를 구할 수 있습니다.

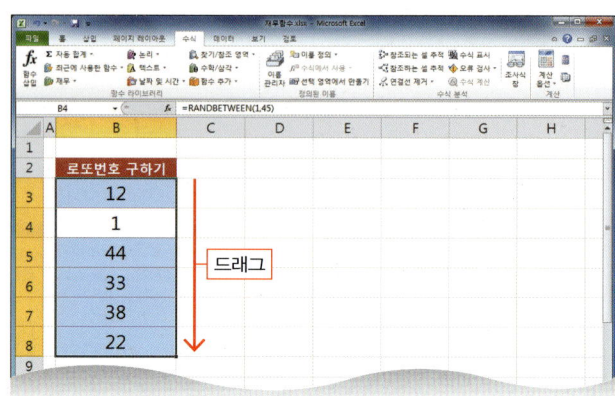

> **TIP :** RANDBETWEEN은 RAND 함수라 값이 계속 변경됩니다.

PMT 함수는 대출금에 대한 월별 상환금액을 찾아보는 데 좋은 함수입니다.

예제 파일 | CD₩Part 05₩재무함수.xlsx **완성 파일 |** CD₩Part 05₩재무함수-완성.xlsx

01. [PMT] 시트에서 [C7] 셀을 선택하고 [수식] 탭–[함수 라이브러리] 그룹–[재무]에서 [PMT]를 클릭합니다.

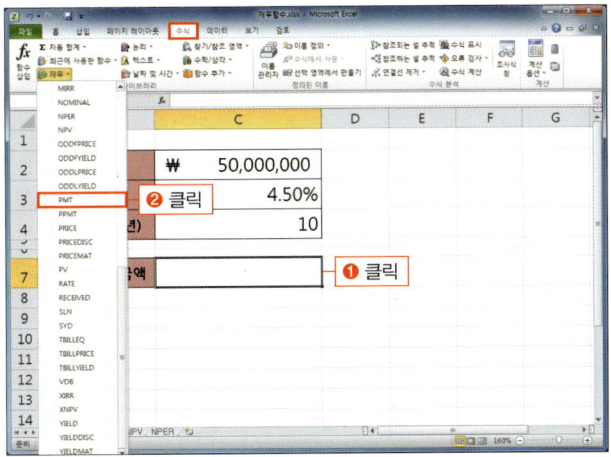

02. [PMT 함수 인수] 대화상자가 나타나면 [Rate]에 'C3/12'를 입력, [Nper]에 'C4*12'를 입력, [Pv]에 '–C2'를 입력한 후 [확인]을 클릭합니다.

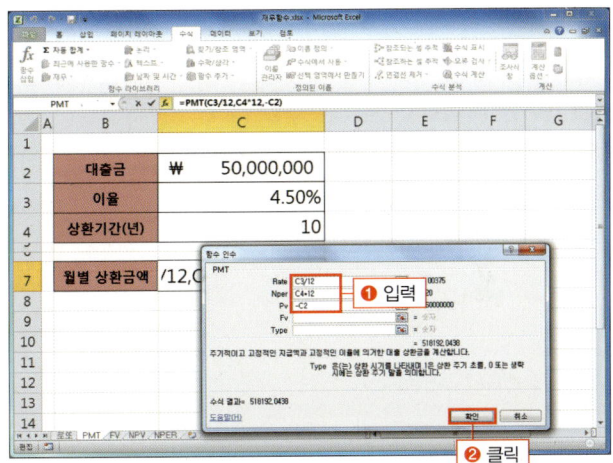

> **T I P :** 이율은 연 단위라 월 단위로 '/12'를, 상환 기간은 연 단위라 월 단위로 '*12'를 추가합니다. 금액은 지금가치가 아니라 미래가치이므로 '–'를 입력합니다.

03. 결과를 확인합니다. 즉, 5천만 원의 고정 이율 4.5%에 대해서 10년 동안 518,192원을 갚아야 합니다.

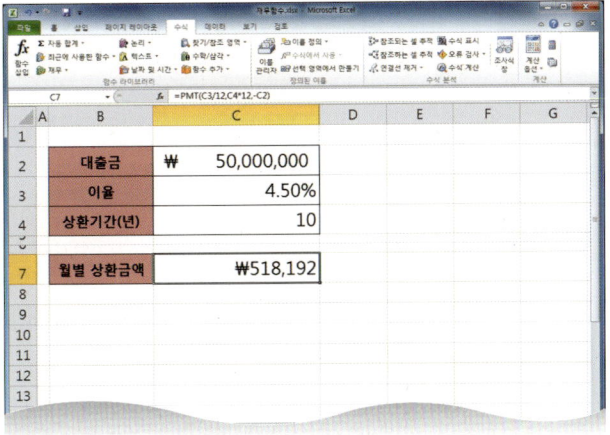

FV 함수는 PMT 함수와 반대되는 개념으로 일정한 금액을 고정된 금리에 적용하여 일정 기간 동안 넣으면 만기 금액을 얼마나 받을 수 있는지 알려주는 함수입니다.

예제 파일 ┃ CD₩Part 05₩재무함수.xlsx **완성 파일 ┃** CD₩Part 05₩재무함수-완성.xlsx

01. [FV] 시트에서 [C6] 셀을 선택하고 [수식] 탭-[함수 라이브러리] 그룹-[재무]에서 [FV]를 클릭합니다.

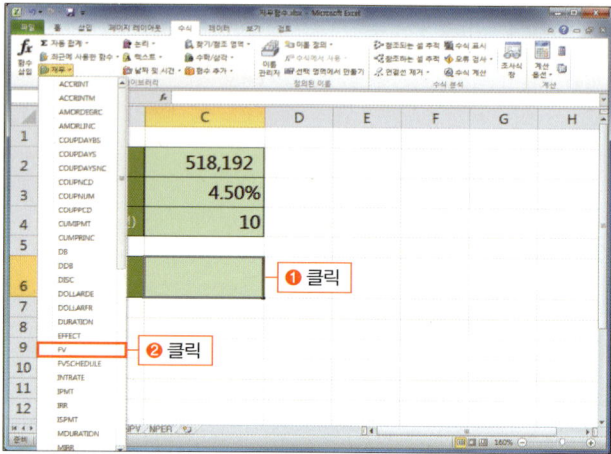

02. [FV 함수 인수] 대화상자가 나타나면 [Rate]에 'C3/12'를 입력, [Nper]에 'C4*12'를 입력, [Pmt]에 '-C2'를 입력한 후 [확인]을 클릭합니다.

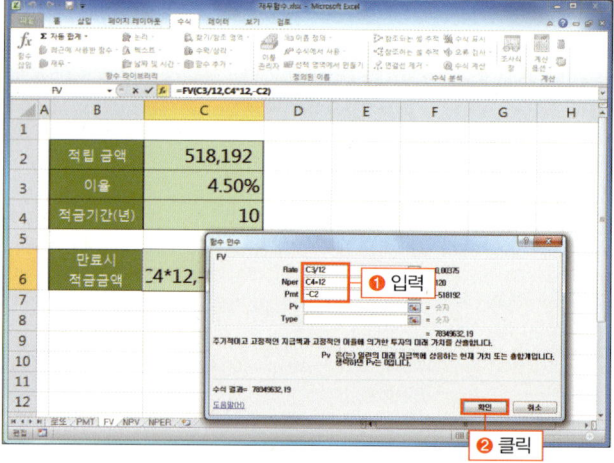

> **TIP :** [Pmt]에 값에 바로 지금 현재의 가치를 의미하는 경우라면 마이너스(-)를 붙이지 않지만, 앞으로 일어날 미래의 가치를 의미하는 경우에는 마이너스(-)를 입력합니다.

03. 결과를 확인합니다.

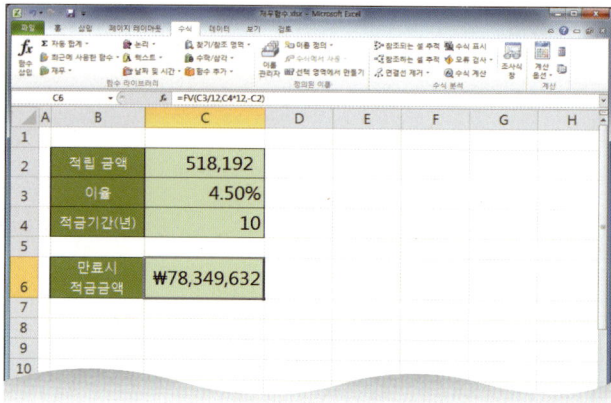

> **TIP :** 10년 동안 대출금을 갚는 것 보다는 적금을 드는 것이 낫다는 것을 알 수 있겠죠?

STEP 04 ● NPV 함수를 이용하여 투자에 대한 현재 가치 알아보기

NPV 함수는 투자를 한 기간 동안의 수익을 가지고 현재의 가치를 확인할 수 있습니다.

예제 파일 | CD₩Part 05₩재무함수.xlsx **완성 파일 |** CD₩Part 05₩재무함수─완성.xlsx

01. [NPV] 시트에서 [C6] 셀을 선택하고 [수식]
탭─[함수 라이브러리] 그룹─[재무]에서 [NPV]를
클릭합니다.

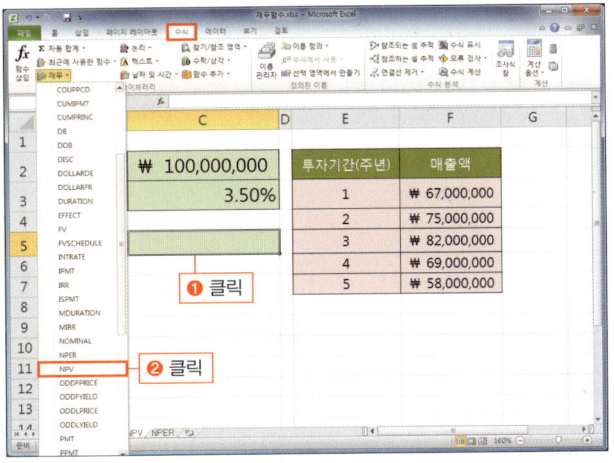

02. [NPV 함수 인수] 대화상자가 나타나면
[Rate]에 'C3'을 입력하고 [Value1]에 'E3:E7'을 입
력한 후 [확인]을 클릭합니다.

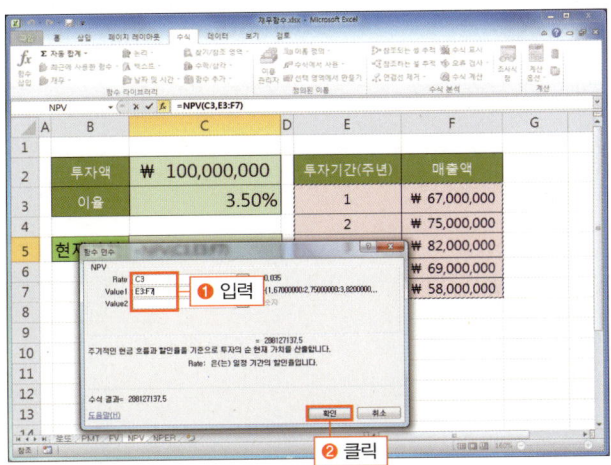

03. [C5] 셀에 값이 나오면 '─C2'를 추가 입력한
후 결과를 확인합니다.

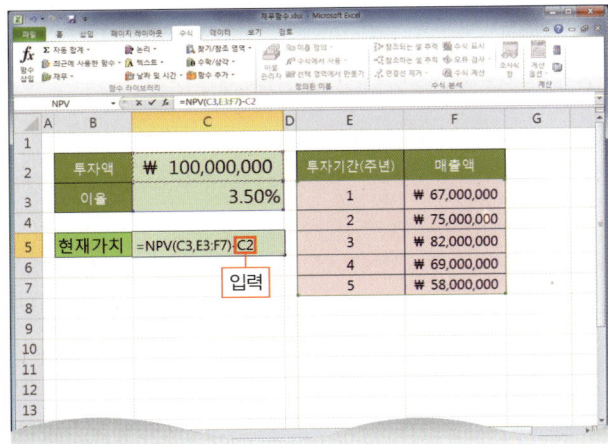

TIP : 1억을 투자했을 때 매출액과 이율을 따져서 현
재 가치의 값이 나오게 됩니다.

NPER 함수는 일정 금액을 모으기 위해 이율을 적용하면 몇 개월이 걸리는지 알아보는 함수이고, RATE 함수는 일정 금액을 모으기 위해 얼마의 이율이 필요한지 알아보는 함수입니다.

예제 파일 | CD₩Part 05₩재무함수.xlsx **완성 파일 |** CD₩Part 05₩재무함수-완성.xlsx

01. [NPER] 시트로 이동한 후 [F2] 셀을 선택하고 [수식] 탭–[함수 라이브러리] 그룹–[재무]에서 [NPER]를 클릭합니다.

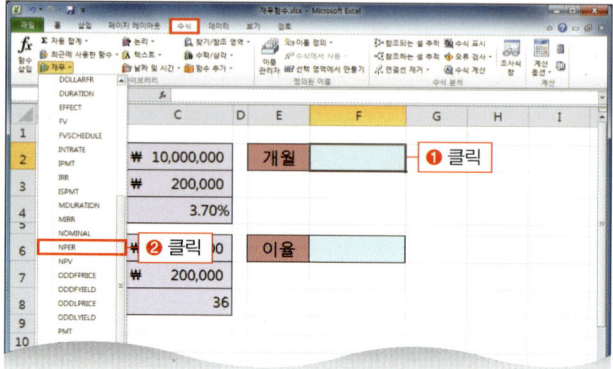

02. [NPER 함수 인수] 대화상자가 나타나면 [Rate]에 'C4/12'를 입력하고 [Pmt]에 '–C3', [Pv]에 'C2'를 각각 입력한 후 [확인]을 클릭합니다.

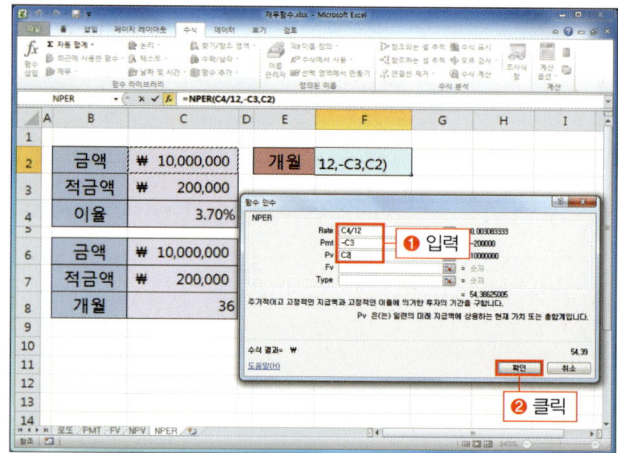

03. [F2] 셀에 결과가 나타나면 Ctrl + 1을 눌러 [셀 서식] 대화상자를 불러옵니다. [표시 형식] 탭의 [범주]에서 '숫자'를 선택하고 [확인]을 클릭합니다.

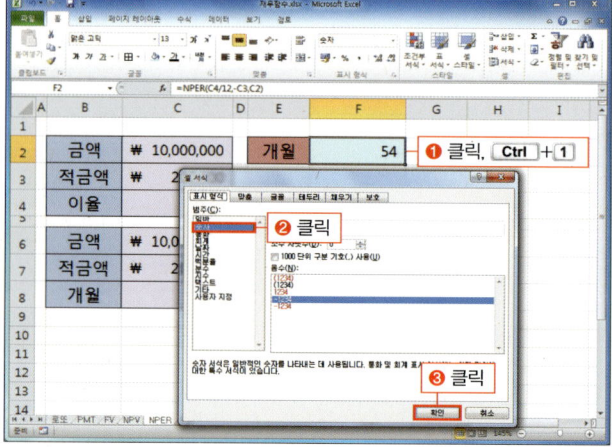

04. [F6] 셀을 선택하고 [수식] 탭–[함수 라이브 러리] 그룹–[재무]에서 [RATE]를 클릭합니다.

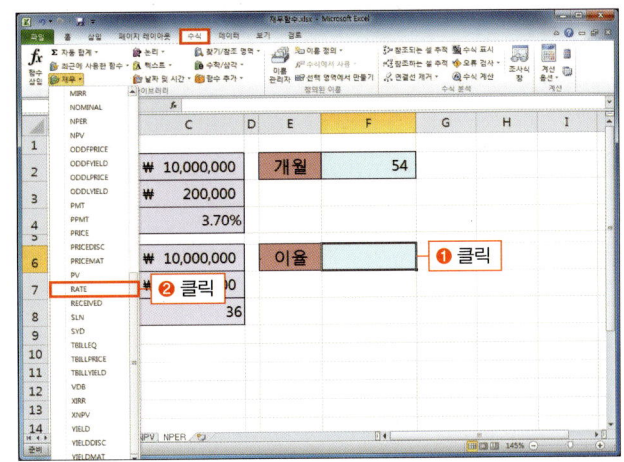

05. [RATE 함수 인수] 대화상자가 나타나면 [Rate]에 'C8'을 입력하고 [Pmt]에 '–C7', [Fv]에 'C6'을 각각 입력한 후 [확인]을 클릭합니다.

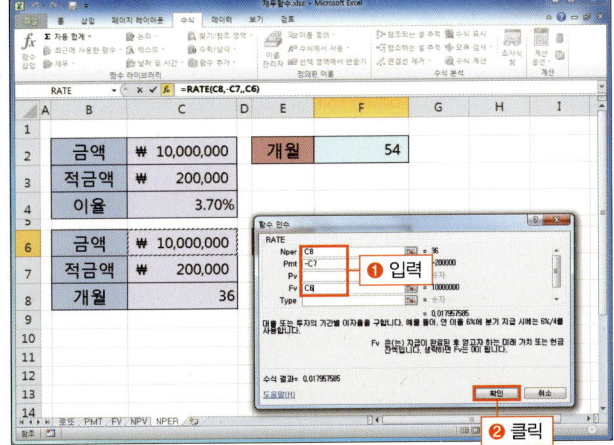

TIP : 현재 가치를 만드는 것이 아니라 미래 가치의 목표 금액이므로 [Fv]에 넣어줍니다.

06. 결과를 확인합니다.

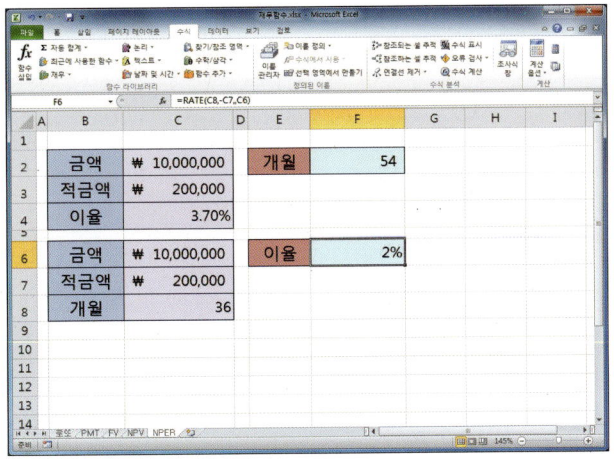

- WEEKDAY 함수를 이용해 날짜 수를 구하고 CHOOSE 함수를 이용하여 날짜 수에 맞는 요일 형식으로 변경해 봅니다. `391P`

- MAX 함수로 최대값을 구하고 MATCH 함수로 최대값의 순서를, INDEX 함수로 행 순서와 열 순서를 지정하여 원하는 값을 구합니다. `393P`

- DATE 함수를 이용하여 날짜로 변환하고 DAYS360 함수를 이용하여 지나간 요일을 구합니다. `395P`

- RANK 함수로 순위를 구하고 IF문을 이용하여 조건에 맞는 내용만 필요 자료로 변환합니다. `397P`

- 배열 함수의 원리를 알아둡니다. `400P`

- 함수만 가지고 배열 수식을 이용하는 방법을 알아둡니다.

- IF문과 함수를 이용하여 배열 수식을 이용하는 방법을 알아둡니다.

- 재무 함수인 PMT, FV, NPV의 사용법을 정확히 이해합니다. `406P`

01 MAX, MATCH, INDEX 함수를 이용하여 판매 금액이 가장 큰 판매자의 성명을 구해봅니다.

예제 파일 : Test₩Part 05₩복합함수.xlsx 함수1 sheet   **완성 파일 :** Test₩Part 05₩복합함수-완성.xlsx 함수1 sheet
동영상 해설 : Test₩Part 05₩Part 05.avi

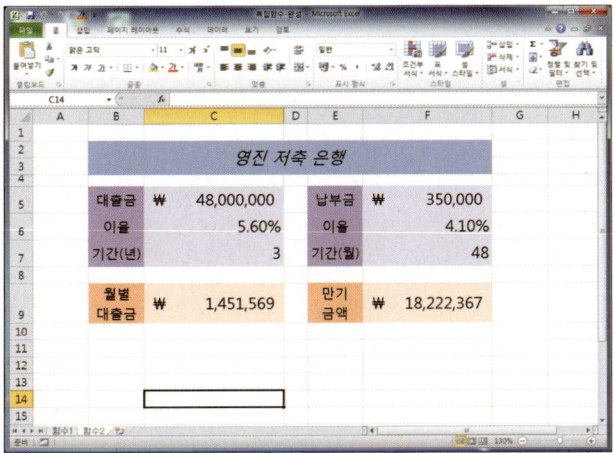

HINT

[H5] 셀을 선택하고 MAX, MATCH, INDEX 함수를 이용하여 판매 금액이 가장 큰 판매자를 구합니다.

02 FV, PMT 함수를 이용하여 월별 대출금과 만기 금액을 구해봅니다.

예제 파일 : Test₩Part 05₩복합함수.xlsx 함수2 sheet   **완성 파일 :** Test₩Part 05₩복합함수-완성.xlsx 함수2 sheet
동영상 해설 : Test₩Part 05₩Part 05.avi

HINT

[C9] 셀을 선택하고 PMT 함수를 이용하여 월별 대출금을 구하고, [F9] 셀에서는 FV 함수를 이용하여 만기 금액을 구합니다.

완벽한 문서를 위한
페이지 설정과 인쇄

EXCEL · 2 0 1 0

엑셀은 페이지 단위가 아니라 워크시트가 기준이 되기 때문에 문서 인쇄 용지에 맞추기 위해 페이지 설정에서 용지 설정, 방향, 여백, 배율 등을 조정하고 인쇄 미리 보기를 확인한 후 인쇄를 합니다. PART 06에서는 레이아웃 설정과 인쇄 옵션을 알아보고 워크시트를 여러 가지 보기 화면으로 변경하는 방법도 알아보겠습니다.

LESSON
01 문서의 디자인을 변경하는 [테마] 그룹

레 벨 ● ● ●

[테마] 그룹은 문서 테마를 사용하여 통합 문서 전체의 서식을 한 번에 변경할 수 있습니다. 테마 색, 글꼴, 효과를 이용하여 보다 상세히 나타내기도 합니다. 기본적으로는 Office 테마를 사용하며 자신만의 테마를 만들 수도 있습니다.

기초
탄탄 ▶ [테마] 그룹의 설정 이해하기

■ 테마 이해하기 `423P`

• 기본적으로 Office 테마를 사용하면 미리 정의된 여러 테마 중에서 원하는 테마로 변경할 수 있습니다.
• 저장된 테마나 다운받은 테마를 바로 사용할 수 있습니다.
• 색, 글꼴, 효과를 사용하여 변경된 내용을 자신만의 테마로 저장할 수 있습니다.

■ 테마 색 이해하기 `426P`

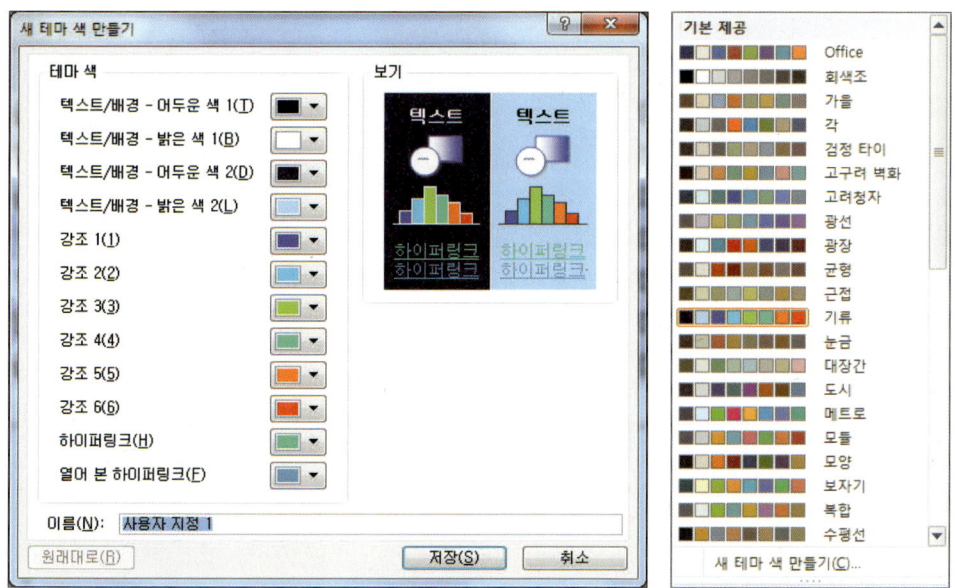

- 기본적으로 제공하는 테마 색을 선택하여 원하는 테마 색으로 변경할 수 있습니다.
- 새로운 테마 색을 만들어 사용할 수 있습니다.
- 텍스트/배경이나 강조, 하이퍼링크 등의 색상을 변경한 다음 저장하여 새로운 테마 색을 만들 수 있습니다.

■ 테마 글꼴 이해하기 `426P`

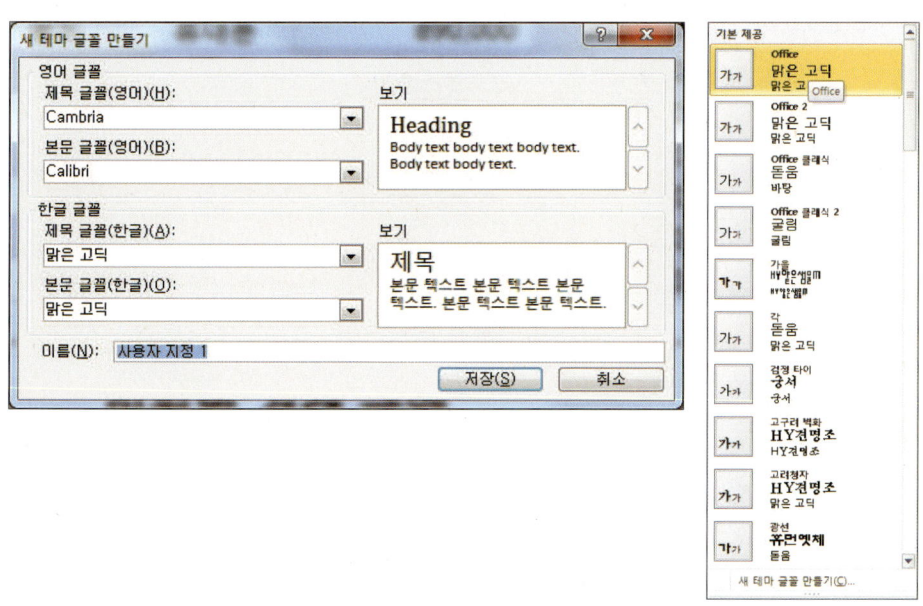

- 기본적으로 제공하는 테마 글꼴 중에서 원하는 글꼴을 선택하여 변경할 수 있습니다.
- 새로운 테마 글꼴을 만들어 사용할 수 있습니다.

- 영어 제목이나 본문 글꼴, 한국 제목이나 본문 글꼴을 원하는 글꼴을 변경하고 글꼴 이름을 지정한 후 사용할 수 있습니다.

■ **테마 효과 이해하기** `426P`

- 테마 효과는 선 및 채우기의 효과들의 집합입니다.
- 기본적으로 제공하는 테마 효과를 선택하여 전체 문서의 선과 채우기의 효과를 변경할 수 있습니다.
- 새로운 테마 효과를 설정하는 방법은 없습니다.

테마를 이용하면 한 번에 통합 문서 전체에 서식을 적용할 수 있지만 원하지 않는 서식으로 뜻하지 않는 변경을 가져올 수 있으므로 정확히 보면서 사용합니다.

예제 파일 | CD₩Part 06₩테마.xlsx **완성 파일 |** CD₩Part 06₩테마-완성.xlsx

01. 예제 파일을 불러온 후 [테마] 시트에서 임의의 셀을 선택합니다. [페이지 레이아웃] 탭-[테마] 그룹-[테마]에서 [보자기]를 클릭합니다.

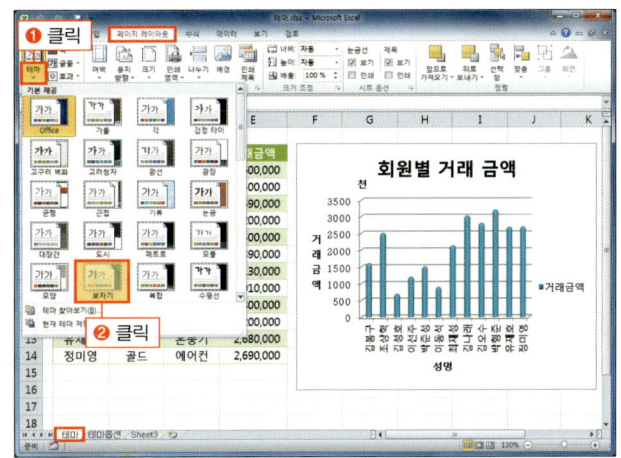

02. 보자기의 테마 색을 변경하기 위해 [페이지 레이아웃] 탭-[테마] 그룹-[색]에서 [고구려 벽화]를 클릭합니다.

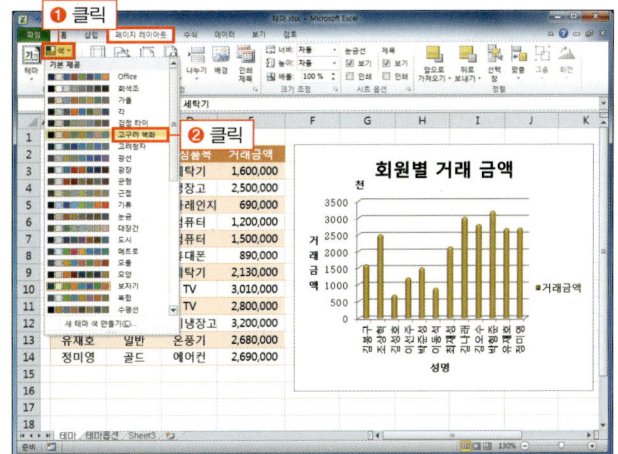

03. 이번에는 글꼴을 변경하기 위해 [페이지 레이아웃] 탭-[테마] 그룹-[글꼴]에서 [고구려 벽화]를 클릭합니다.

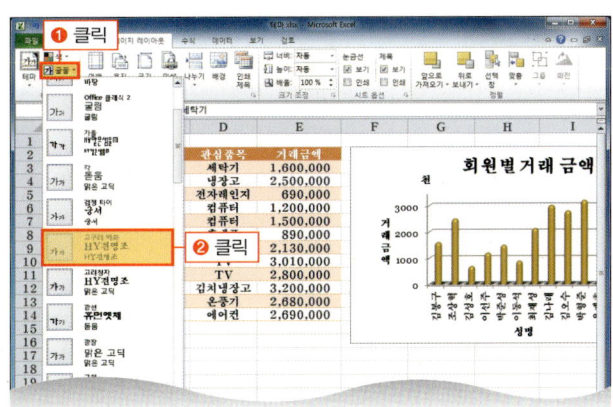

04. 테마 효과를 변경하기 위해 [페이지 레이아웃] 탭–[테마] 그룹–[효과]–[기류]를 클릭합니다.

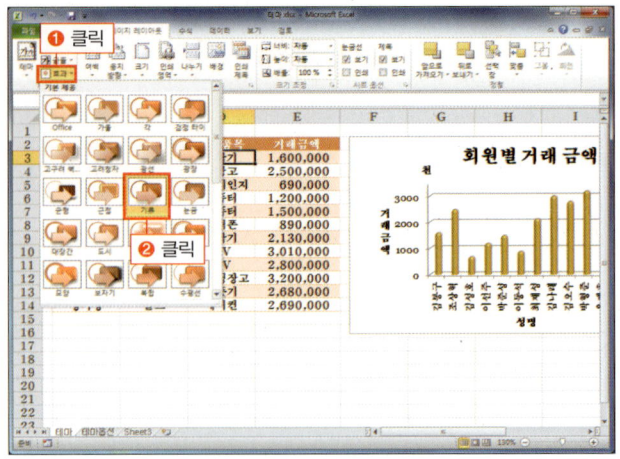

05. 기본 테마의 색, 글꼴, 효과를 변경했으면 이번에는 [테마] 그룹에서 [테마]–[현재 테마 저장]을 클릭합니다.

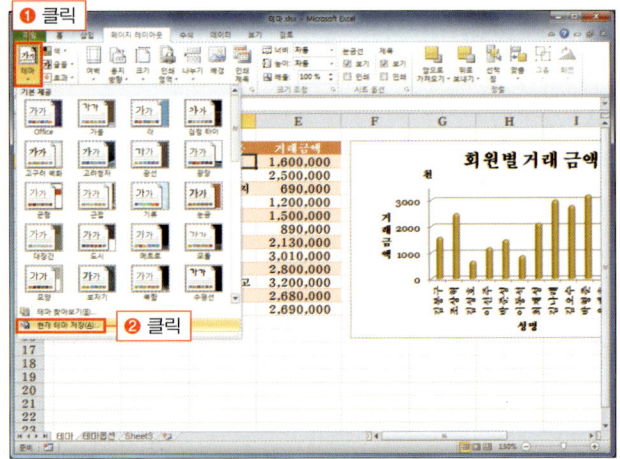

06. [현재 테마 저장] 대화상자가 나타나면 경로를 지정하고 [파일 이름]에 '테마'를 입력한 후 [저장]을 클릭합니다.

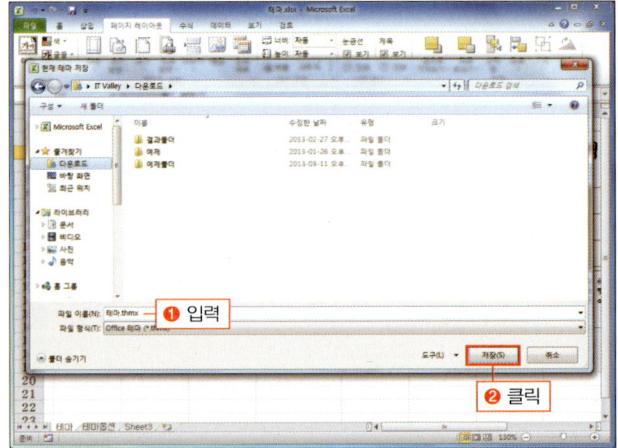

07. [테마] 그룹에서 [테마]–[각]을 클릭하여 테마를 변경합니다. 다시 [테마 찾아보기]를 클릭합니다.

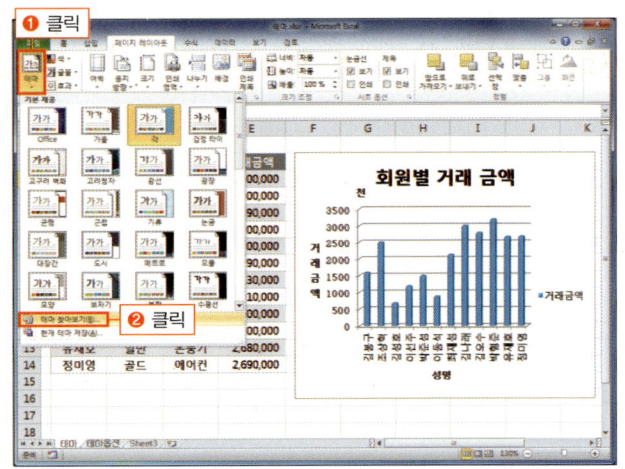

08. [테마 또는 테마 문서 선택] 대화상자가 나타나면 앞선 따라하기에서 저장한 테마로 변경하기 위해 해당 경로로 이동한 후 '테마'를 선택하고 [열기]를 클릭합니다.

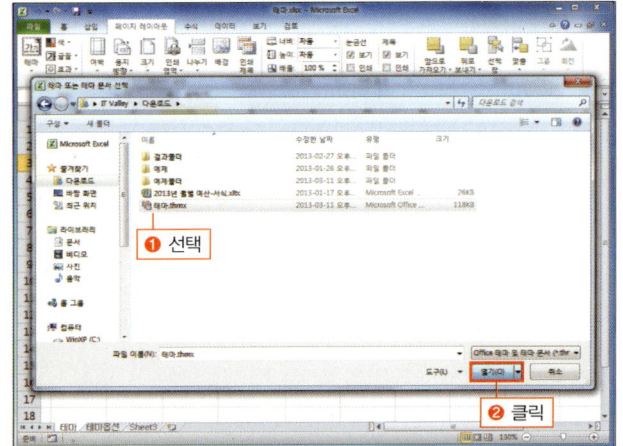

09. 결과를 확인합니다.

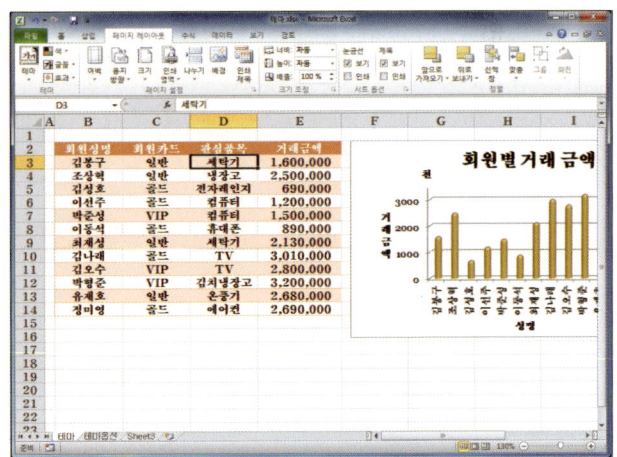

테마 색과 글꼴에 직접 새로운 색상과 글꼴을 만들어서 사용할 수 있습니다. 이번에는 기존에 설정되어 있는 색과 글꼴을 변경하여 자신의 색과 글꼴을 만들어보겠습니다.

예제 파일 | CD₩Part 06₩테마.xlsx **완성 파일 |** CD₩Part 06₩테마-완성.xlsx

■ 테마 색 만들기

01. [테마옵션] 시트에서 [페이지 레이아웃] 탭–[테마] 그룹–[색]을 클릭하고 [광선]을 선택합니다.

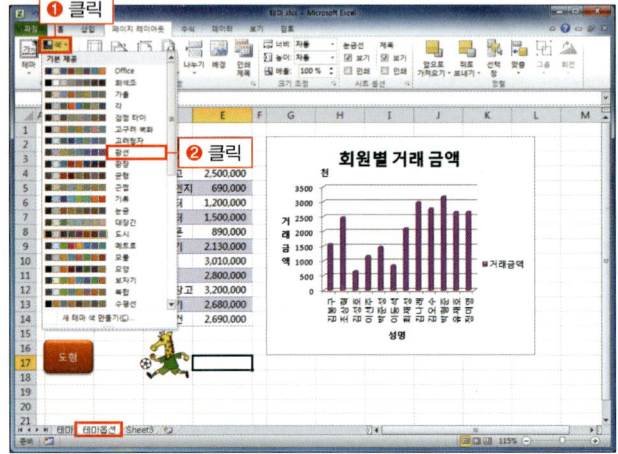

02. 다시 [페이지 레이아웃] 탭–[테마] 그룹–[색]에서 [새 테마 색 만들기]를 클릭합니다.

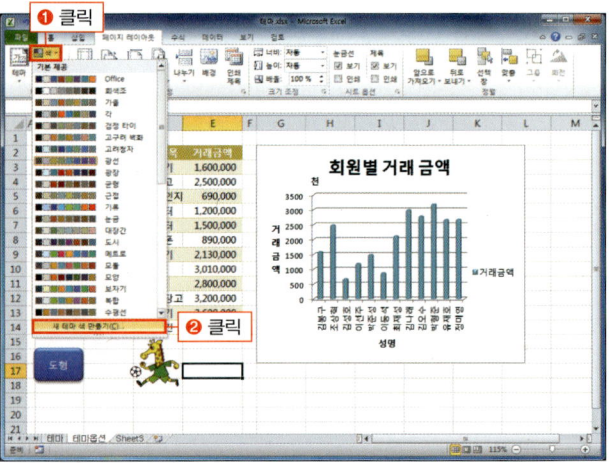

03. [새 테마 색 만들기] 대화상자가 나타나면 [강조 1]에 '빨강', [강조 2]에 '주황', [강조 3]에 '노랑', [강조 4]에 '녹색', [강조 5]에 '연한 파랑', [강조 6]에 '파랑'으로 설정한 후 [이름]에 '변경된 테마색'을 입력하고 [저장]을 클릭합니다.

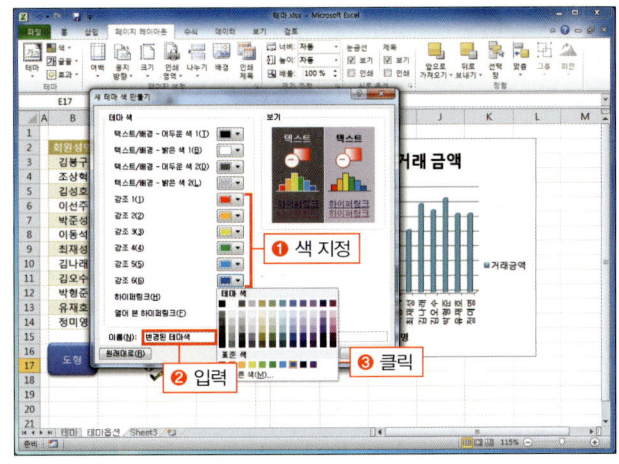

04. 다시 [테마] 그룹–[색]을 클릭하면 상단의 [사용자 지정]에 '변경된 테마색'이라는 색이 생성된 것을 알 수 있습니다.

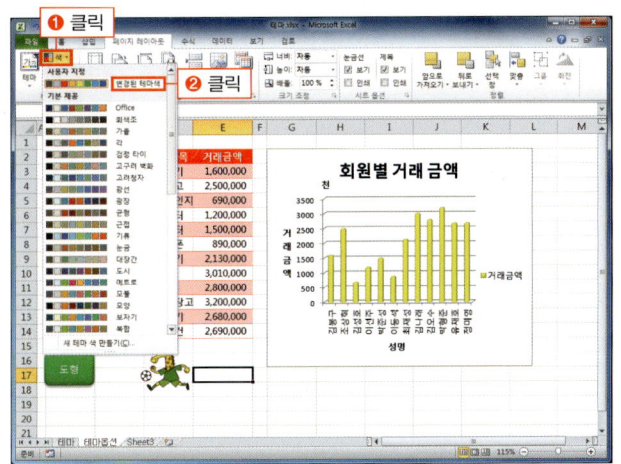

■ 새 테마 글꼴 만들기

01. 원하는 글꼴로 변경하기 위하여 [테마] 그룹–[글꼴]에서 [새 테마 글꼴 만들기]를 클릭합니다.

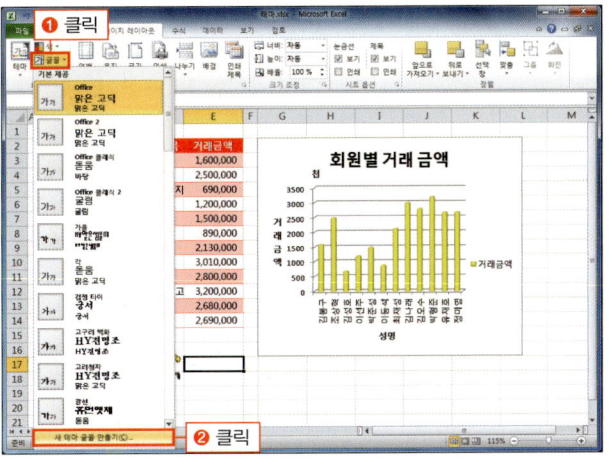

02. [새 테마 글꼴 만들기] 대화상자가 나타나면 [제목 글꼴]은 'HY헤드라인M'으로 설정하고 [본문 글꼴]은 '돋움체'로 설정합니다. 또한, [이름]에 '자주사용하는 글꼴'을 입력하고 [저장]을 클릭합니다.

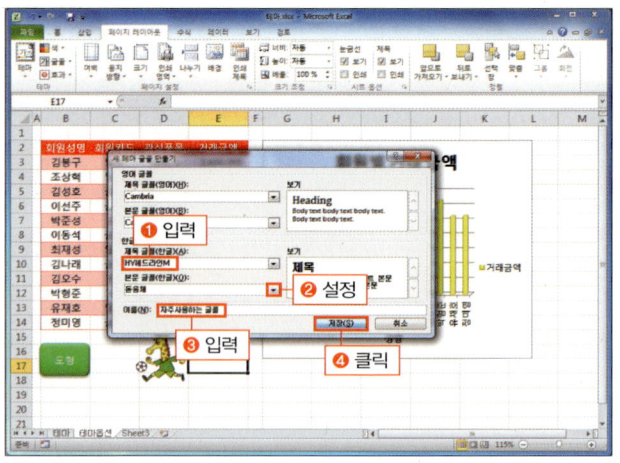

03. [테마] 그룹에서 [글꼴]을 클릭하면 [사용자 지정]에 '자주사용하는 글꼴'이 나오는 것을 확인할 수 있습니다.

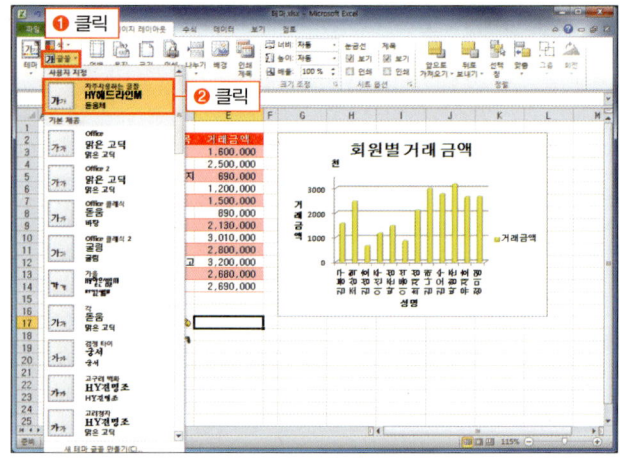

04. 도형과 차트의 효과를 지정하기 위해서 [테마] 그룹에서 [효과]-[짚]을 클릭하여 보다 선명하게 만듭니다.

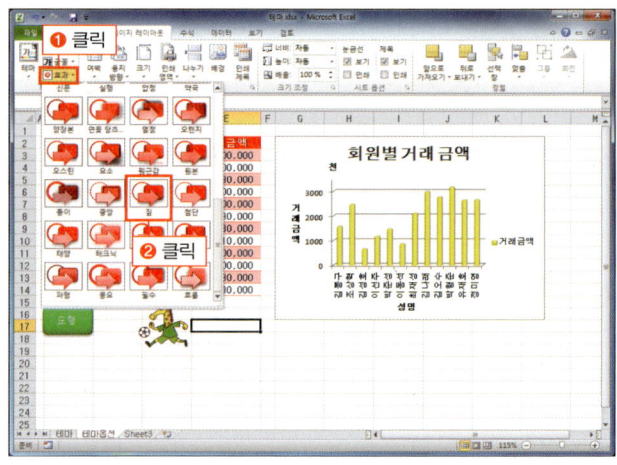

LESSON
02
인쇄할 페이지를 설정하는 기능 알아보기

레 벨 ● ○ ○

엑셀에서 일반적으로 인쇄 전에 [페이지 설정]에서 먼저 내용을 지정하고 용지에 맞게 조절한 다음 인쇄 미리 보기를 통해 확인하고 인쇄합니다. [페이지 설정] 대화상자는 [페이지], [여백], [머리글/바닥글], [시트] 탭 등을 조절하는 인쇄 시 가장 중요한 부분입니다.

기초 탄탄 ▶ [페이지 설정] 대화상자의 여러 옵션 설정하기

■ [페이지 설정] 대화상자의 [페이지] 탭 이해하기 432P

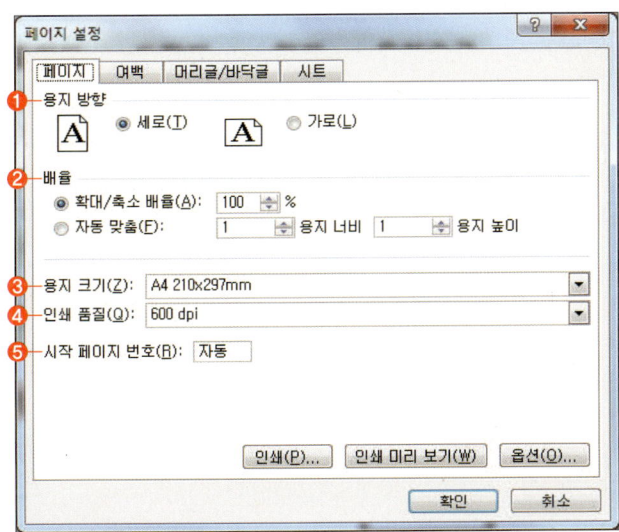

❶ **용지 방향** : 인쇄할 용지의 방향을 결정합니다.

❷ **배율** : 인쇄되는 비율을 확대/축소(10~400)하거나 자동 맞춤을 합니다.

❸ **용지 크기** : 인쇄할 용지를 결정하는 데, 일반적으로 A4를 사용합니다.

❹ **인쇄 품질** : 인쇄할 품질을 300, 600, 1200 dpi에서 선택합니다.

❺ **시작 페이지 번호** : 인쇄되는 용지의 페이지 번호를 설정합니다.

■ [페이지 설정] 대화상자의 [여백] 탭 이해하기 <mark>432P</mark>

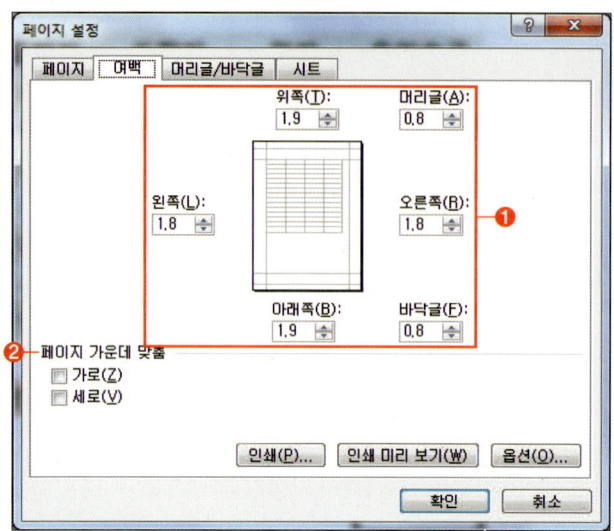

❶ 여백 : 위, 아래, 왼쪽, 오른쪽, 머리글, 바닥글의 인쇄 용지 여백을 줍니다. 기본이 cm 단위로 숫자를 입력합니다.

❷ 페이지 가운데 맞춤 : 가로, 세로를 체크하면 인쇄 페이지의 가운데 맞춤으로 출력하게 합니다.

■ [페이지 설정] 대화상자의 [머리글/바닥글] 탭 이해하기 <mark>436P</mark>

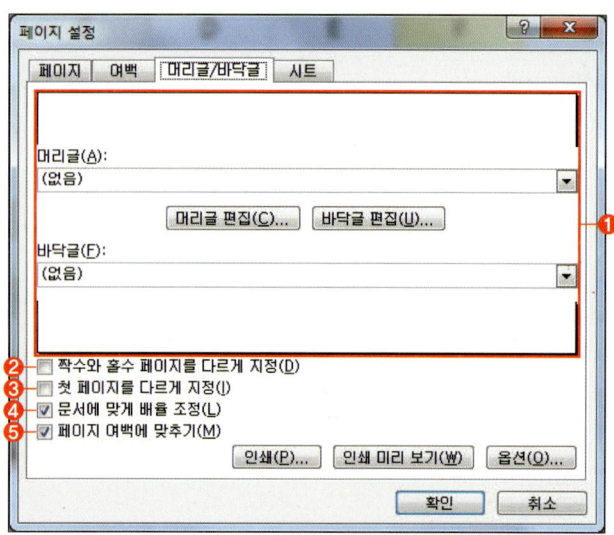

❶ 머리글/바닥글 편집 : 머리글과 바닥글의 왼쪽, 가운데, 오른쪽 구역에 페이지 번호, 날짜와 시간, 파일 이름과 경로 등을 삽입하여 머리글과 바닥글을 만들 수 있습니다.

❷ 짝수와 홀수 페이지를 다르게 지정 : 인쇄되는 페이지의 짝수와 홀수 페이지의 머리글/바닥글을 다르게 입력합니다.

❸ 첫 페이지를 다르게 지정 : 처음 인쇄되는 페이지의 머리글/바닥글만 별도로 지정합니다.

❹ 문서에 맞게 배율 조정 : 셀 서식 중 '셀에 맞춤' 설정이 되어 있는 문서인 경우, 머리글/바닥글의 배율도 조절합니다.

❺ 페이지 여백에 맞추기 : 머리글/바닥글의 양쪽 영역의 페이지 여백을 맞추어 확장합니다.

■ [페이지 설정] 대화상자의 [시트] 탭 이해하기

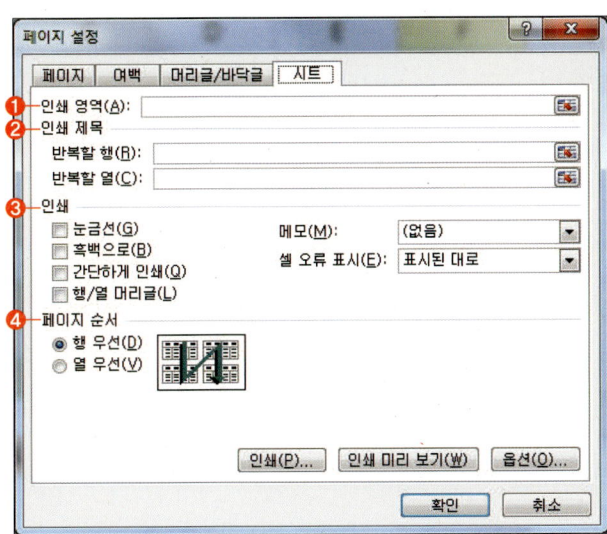

❶ 인쇄 영역 : 워크시트의 일정 부분을 인쇄 영역으로 인쇄합니다.

❷ 인쇄 제목 : 반복할 행이나 열을 지정해 주면 인쇄할 다음 페이지에도 행과 열로 지정한 부분이 제목으로 계속 인쇄합니다.

❸ 인쇄 : 인쇄 시 눈금 표시, 흑백 처리, 텍스트만 인쇄, 머리글 표시, 메모 표시, 오류 표시를 나타낼 수 있습니다.

❹ 페이지 순서 : 워크시트에서 인쇄할 부분을 행 우선이나 열 우선을 설정하여 체크합니다.

인쇄 시 [페이지 레이아웃] 탭의 여백은 기본, 넓게, 좁게로 설정되며 사용자에 의해 여백 설정이 가능하고 필요에 따라 용지 방향을 변경하고 인쇄 영역을 다시 지정할 수도 있습니다.

예제 파일 | CD₩Part 06₩인쇄.xlsx **완성 파일 |** CD₩Part 06₩인쇄-완성.xlsx

01. 예제 파일을 열고 [여백과용지] 시트에서 [페이지 레이아웃] 탭-[페이지 설정] 그룹-[용지 방향]에서 [가로]를 클릭합니다.

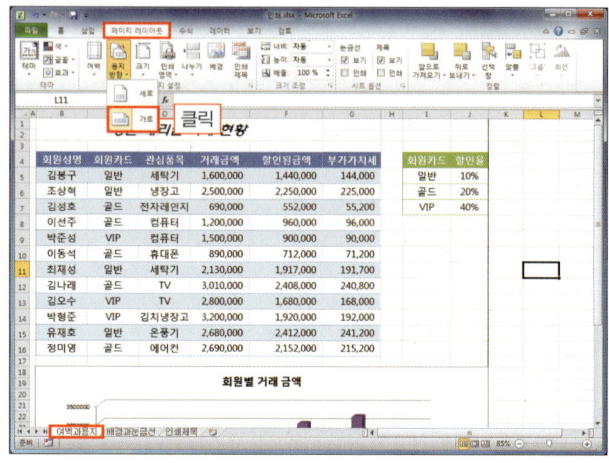

TIP : [파일] 탭-[인쇄]를 클릭하면 인쇄할 내용을 미리 보기로 확인할 수 있습니다.

02. 워크시트에 점선이 보이는 데 이것이 페이지 선입니다. 표와 차트를 따로 프린터하기 위해서 차트를 페이지 선 아래로 이동시켜 주고 [페이지 레이아웃] 탭-[페이지 설정] 그룹-[여백]-[사용자 지정 여백]을 클릭합니다.

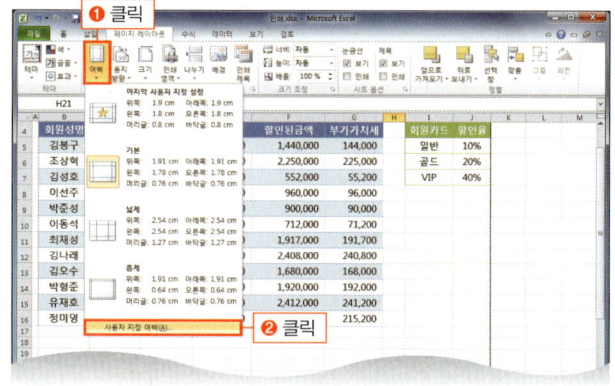

03. [페이지 설정]-[여백] 대화상자가 나타나면 위쪽, 아래쪽은 '1.5'로, 왼쪽, 오른쪽은 '2'로 변경하고 [페이지 가운데 맞춤]에서 [가로], [세로] 옵션에 체크한 후 [인쇄 미리 보기]를 클릭합니다.

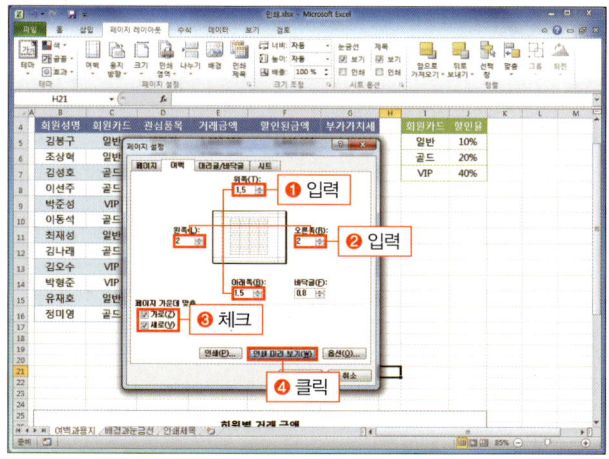

04. [인쇄 미리 보기]로 이동하면 미리 보기로 확인합니다.

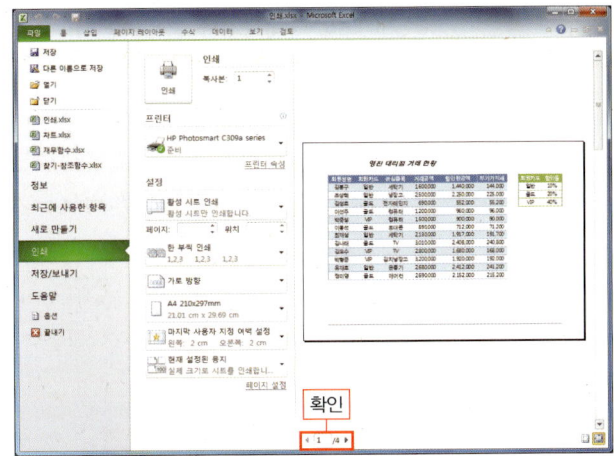

05. 지금 프린터를 한다면 4장이 인쇄가 됩니다. 즉, 필요 없는 공간을 줄이기 위해 [보기] 탭-[통합 문서 보기] 그룹-[페이지 나누기 미리 보기]를 클릭합니다.

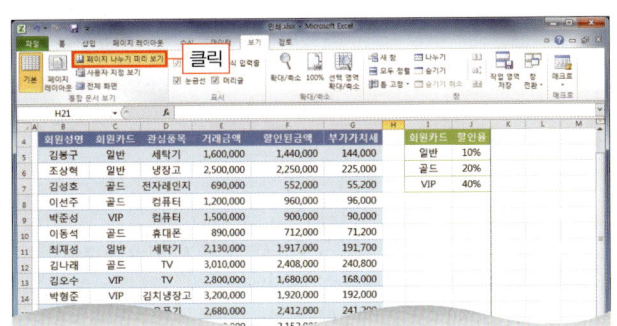

06. 워크시트에 파란색 선과 점선이 나타나면 오른쪽 끝에 있는 파란색 선인 [K] 열을 드래그하여 인쇄 시 필요 없는 공간을 지워줍니다.

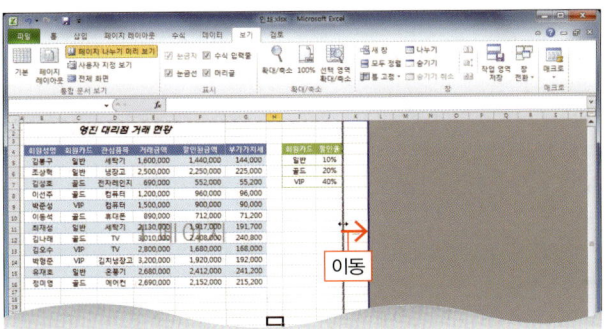

07. [파일] 탭-[인쇄]를 클릭하여 [인쇄 미리 보기]에 필요 없는 공간의 인쇄 페이지가 없어진 것을 확인할 수 있습니다.

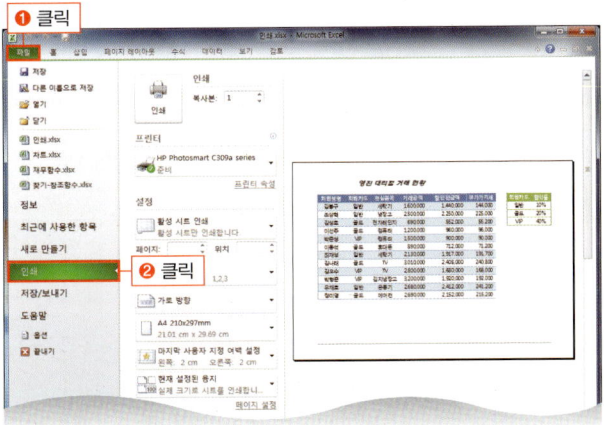

PART 06 페이지 설정과 인쇄

433

워크시트에 배경 그림을 삽입할 수 있으며 인쇄 시 눈금선이나 제목을 표시하여 출력할 수도 있습니다.

예제 파일 Ⅰ CD\Part 06\인쇄.xlsx 완성 파일 Ⅰ CD\Part 06\인쇄-완성.xlsx

01. [배경과눈금선] 시트에서 [페이지 레이아웃]
탭–[페이지 설정] 그룹–[배경]을 클릭합니다.

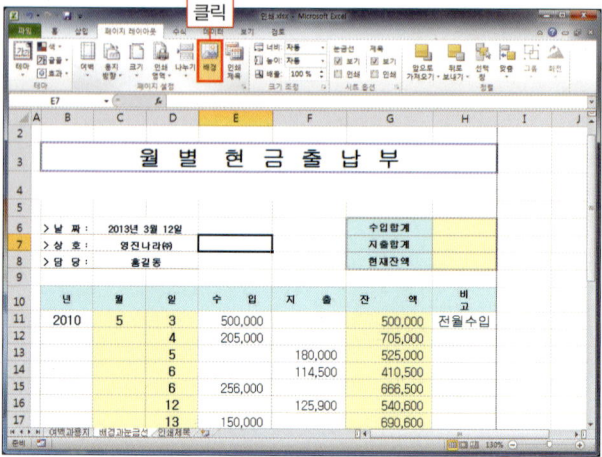

02. [시트 배경] 대화상자가 나타나면 왼쪽의
[사진]–[사진 샘플] 폴더에서 '튤립.jpg' 파일을 선
택하고 [삽입]을 클릭합니다.

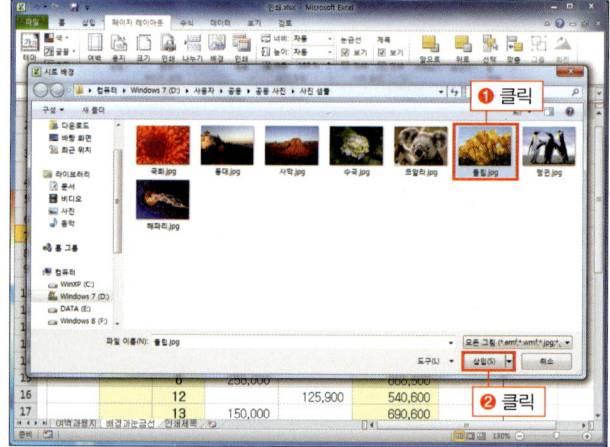

TIP : 윈도우 7을 기준으로 [사진] 폴더에 있는 기본
이미지를 사용했습니다.

03. 실제 데이터가 있는 [B11:H33]을 선택하고
[홈] 탭–[글꼴] 그룹–[배경색]에서 [흰색]을 선택합
니다.

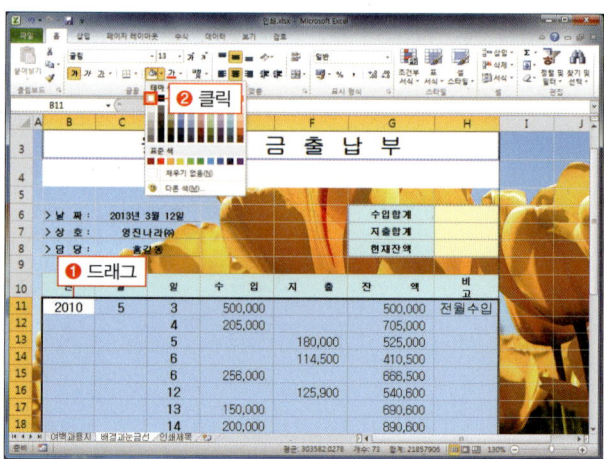

TIP : 셀에 색상이 들어가면 배경 그림은 보이지 않
게 됩니다.

04. 워크시트의 눈금선과 제목을 보이지 않게 하려고 [페이지 레이아웃] 탭–[시트 옵션] 그룹–[눈금선]에서 [보기]와 [제목]–[보기]의 체크를 해제합니다.

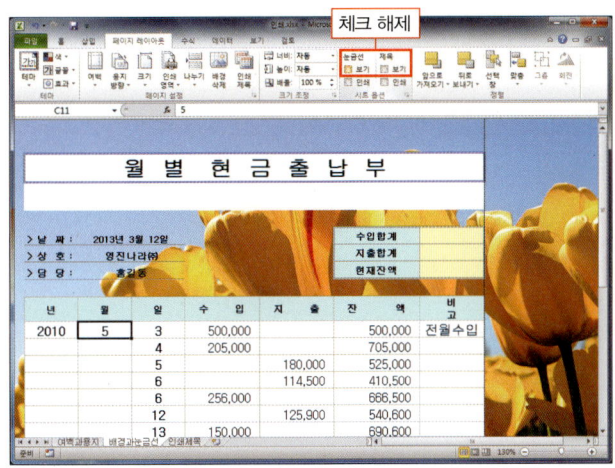

체크 해제

TIP : [시트 옵션] 그룹의 [보기]와 [인쇄]는 워크시트에서 눈금선과 제목을 보이도록 하거나 인쇄하는 용지에 출력되도록 합니다.

05. 다시 [시트 옵션] 그룹–[눈금선]에서 [제목]–[인쇄]에 체크하고 [파일] 탭–[인쇄]를 클릭하여 [인쇄 미리 보기]의 인쇄 용지에 눈금선과 제목을 확인합니다.

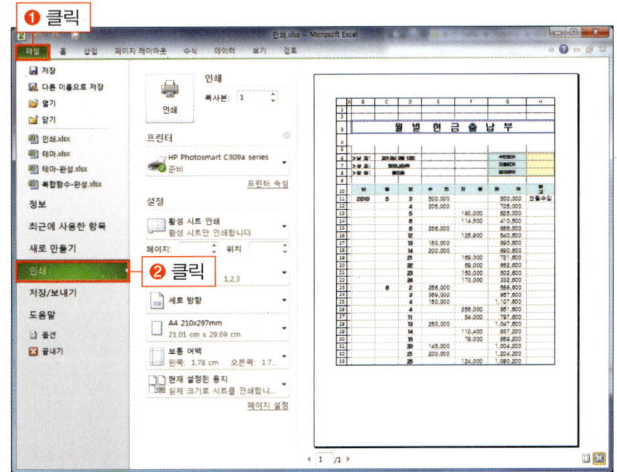

❶ 클릭

❷ 클릭

인쇄할 용지에 넘어가서 다음 장까지 내용을 출력하는 경우 제목에 해당하는 행이 보이지 않아 어떤 내용을 표시하는지 알 수 없는 경우가 있습니다. 이런 경우에 반복할 행/열을 이용하면 됩니다.

예제 파일 | CD₩Part 06₩인쇄.xlsx **완성 파일** | CD₩Part 06₩인쇄-완성.xlsx

01. 월별로 출근부를 인쇄하기 위해 [인쇄제목] 시트에서 [보기] 탭-[통합 문서 보기] 그룹-[페이지 나누기 미리 보기]를 클릭합니다.

02. 파란색 선과 점선이 나오면 [J] 열에 점선을 맞추고 월별로 분리하기 위해 점선을 31일과 1일 사이인 [34] 행으로 이동시킵니다.

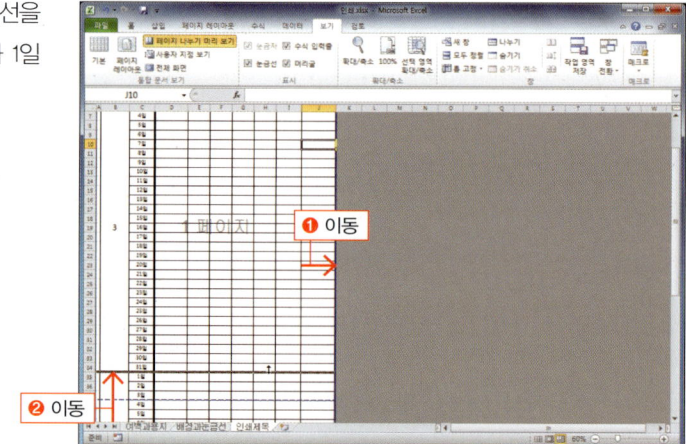

03. [인쇄 미리 보기]를 하기 위해 [파일] 탭-[인쇄]를 클릭합니다. 하단의 [▶]을 클릭하여 2페이지가 보이면 전 페이지의 제목과 머리글행이 보이지 않습니다.

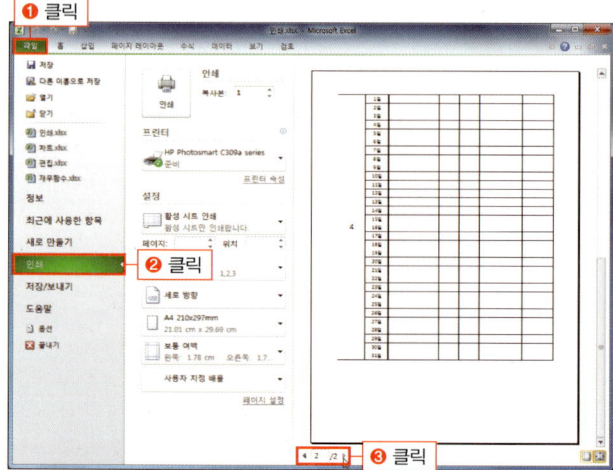

04. [페이지 레이아웃] 탭–[페이지 설정] 그룹–[인쇄 제목]을 클릭하고, [페이지 설정] 대화상자의 [시트] 탭에서 [인쇄 제목]의 [반복할 행]에 클릭한 후 [1:3] 행을 선택합니다.

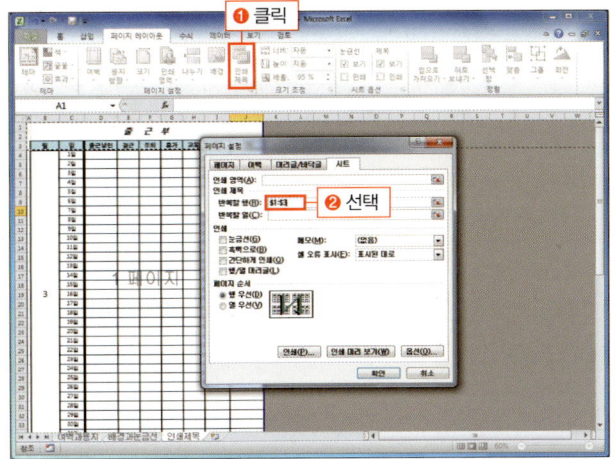

05. [여백] 탭으로 이동한 다음 [페이지 가운데 맞춤]의 [가로], [세로]에 체크하고 [확인]을 클릭합니다.

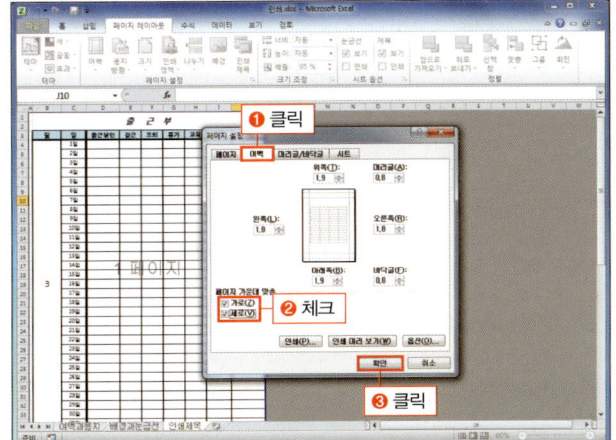

TIP : 반복할 행과 열은 행과 열 전체로 선택됩니다.

06. [인쇄 미리 보기]를 위해 [파일] 탭–[인쇄]를 클릭하고 인쇄할 2페이지를 보면 제목과 머리글이 보이는 것을 확인할 수 있습니다.

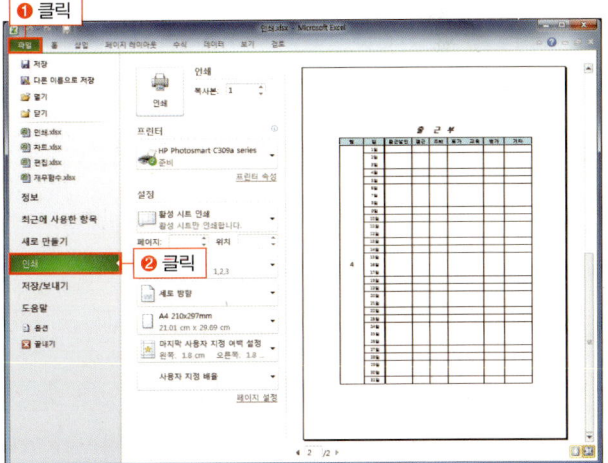

LESSON 03 개체를 정렬하기 위한 [정렬] 그룹

레벨 ● ● ●

개체 간의 순서 변경이나 정렬, 그룹 지정과 회전은 [페이지 레이아웃] 탭에 있지만 개체들(도형, SmartArt, 그림, 클립 아트 등)의 조절과 배치에 중요한 부분입니다. 보다 빠른 작업을 위해 정확한 사용법을 알아보겠습니다.

기초탄탄 ▶ 개체를 배치하기 위한 맞춤, 그룹, 회전하기

■ 맞춤 설정

도형을 비롯하여 그림, 클립아트, SmartArt 등 일반적인 개체가 여러 개로 배치되어 있는 경우 도형을 원하는 위치에 맞게 정렬하여 줍니다.

❶ **왼쪽 맞춤** : 가장 왼쪽에 선택한 개체와 동일하도록 2개 이상의 개체와 배치합니다.

❷ **가운데 맞춤** : 수직의 센터에서 2개 이상의 개체를 맞춥니다.

❸ **오른쪽 맞춤** : 오른쪽 선택된 개체와 동일하도록 2개 이상의 개체를 맞추어 줍니다.

❹ **위쪽 맞춤** : 최고 상단에 있는 개체와 동일하도록 2개 이상의 개체를 맞추어 줍니다.

❺ **중간 맞춤** : 개체의 수평 중앙에 맞게 2개 이상의 개체를 맞추어 줍니다.

❻ **아래쪽 맞춤** : 가장 하단에 있는 개체와 동일하도록 2개 이상의 개체를 맞추어 줍니다.

❼ **가로 간격 동일하게** : 개체 간의 간격이 수평으로 동일하도록 맞추어 줍니다.

❽ **세로 간격 동일하게** : 개체 간의 간격이 수직으로 동일하도록 맞추어 줍니다.

❾ **눈금에 맞춤** : 정렬 옵션을 이용하여 격자가 활성화되도록 하고 객체를 이동하여 스냅 기능처럼 눈금선에 맞추어 이동하도록 합니다.

⑩ 도형에 맞추기 : 다른 개체의 수평 및 수직 가장자리를 격자선에 맞게 개체를 맞추어 줍니다.

⑪ 눈금선 보기 : 워크시트에서 눈금선 표시를 해제합니다.

■ 그룹 지정 443P

❶ 그룹 : 2개 이상의 개체들을 선택하고 그룹으로 묶어 줍니다.

❷ 재그룹 : 그룹으로 묶어 있는 그룹을 해제하고 다시 같은 그룹으로 묶을 수 있습니다.

❸ 그룹 해제 : 기존에 묶어 있는 그룹을 해제시켜 줍니다.

■ 회전 445P

❶ 오른쪽으로 90도 회전 : 개체를 시계 방향으로 90도 회전시켜 줍니다.

❷ 왼쪽으로 90도 회전 : 개체를 반시계 방향으로 90도 회전시켜 줍니다.

❸ 상하 대칭 : 위쪽와 아래쪽 방향을 반대로 변경합니다.

❹ 좌우 대칭 : 왼쪽과 오른쪽 방향을 반대로 변경합니다.

❺ 기타 회전 옵션 : [도형 서식] 대화상자로 이동하여 보다 자세히 설정을 할 수 있습니다.

개체 간에 순서를 지정할 수 있는데 기본적으로 나중에 작업하는 것이 맨 앞으로 오지만 내용상에 뒤로 갈 필요가 있을 경우 순서를 변경할 수 있습니다.

예제 파일 | CD₩Part 06₩정렬.xlsx **완성 파일 |** CD₩Part 06₩정렬-완성.xlsx

01. 예제 파일을 불러온 후 [순서] 시트로 이동합니다. [삽입] 탭―[일러스트레이션] 그룹―[사진]을 클릭하고 [사진]―[공용 사진]―[사진 샘플] 폴더에서 '해파리, 코알라, 펭귄.jpg' 파일을 선택한 후 [삽입]을 클릭합니다.

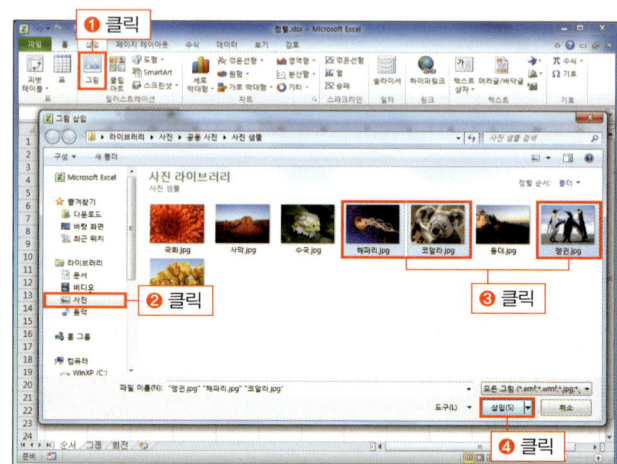

TIP : 윈도우 7을 기준으로 [사진] 폴더에 있는 기본 이미지를 사용했습니다.

02. 워크시트에 3장의 사진이 나타나면 [그림 도구]―[서식] 탭―[크기] 그룹―[도형 높이]에 '6'을 입력합니다.

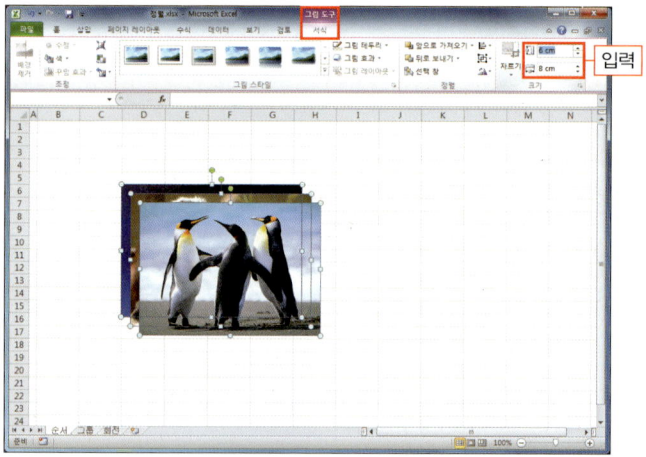

TIP : 가로 높이를 지정하면 비율 고정으로 인하여 너비도 자동으로 조절됩니다.

03. [그림 스타일] 그룹에서 [자세히](⬇)를 클릭하고 [낮은 수준의 원근감, 흰색]을 선택합니다.

04. 3가지 사진을 정렬하기 위해 3장의 사진을 아래와 같이 배치하고 [그림 도구]–[서식] 탭–[정렬] 그룹–[맞춤]에서 [가운데 맞춤], [세로 간격을 동일하게]을 한 번씩 클릭하여 배치합니다.

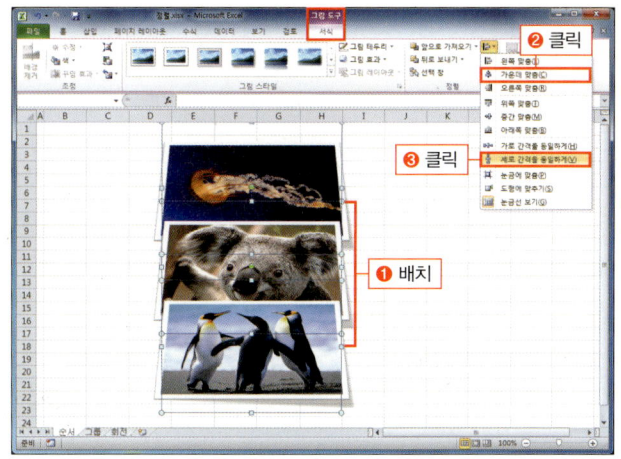

05. 마지막 사진을 선택한 후 [정렬] 그룹의 [뒤로 보내기]–[맨 뒤로 보내기]를 클릭하고, 중간 사진을 선택한 후 [정렬] 그룹의 [뒤로 보내기]–[뒤로 보내기]를 클릭합니다.

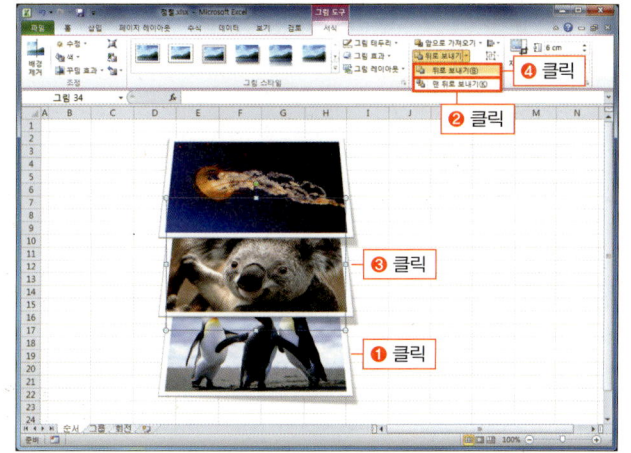

06. [삽입] 탭–[일러스트레이션] 그룹–[그림]을 클릭하고, [그림 삽입] 대화상자가 나타나면 [사진]–[공용 사진]–[사진 샘플] 폴더에서 '등대.jpg' 파일을 선택한 후 [삽입]을 클릭합니다.

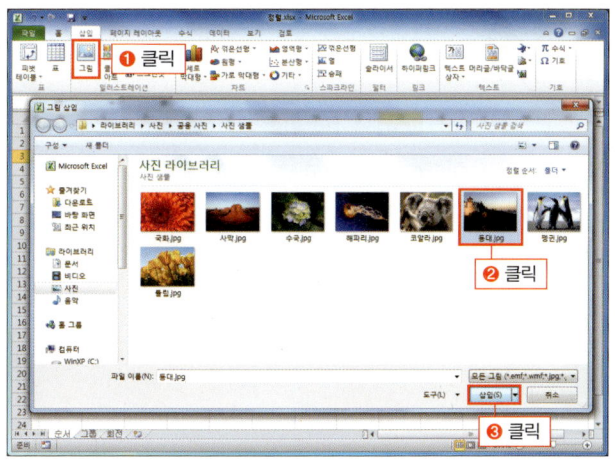

07. 워크시트에 등대 그림이 삽입되면 [A1] 셀까지 이동시킵니다. 이때, 그전의 사진들은 보이지 않게 되는데 [정렬] 그룹에서 [뒤로 보내기]-[맨 뒤로 보내기]를 클릭합니다.

08. 등대 사진 위에 3장의 사진이 나타나는 것을 확인할 수 있습니다.

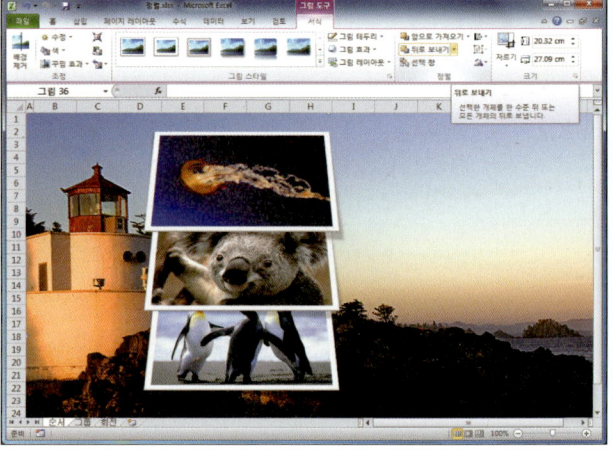

개체를 그룹으로 묶어 한 번에 복사하거나 복사한 개체의 서식을 변경하여 보다 빠르게 도형의 변경, 서식 변경, 내용을 수정할 수 있습니다.

예제 파일 | CD₩Part 06₩정렬.xlsx **완성 파일** | CD₩Part 06₩정렬-완성.xlsx

01. [그룹] 시트로 이동한 후 도형을 선택합니다. **Ctrl** + **Shift** 를 누른 상태로 드래그하여 그림과 같이 두 개를 복사합니다.

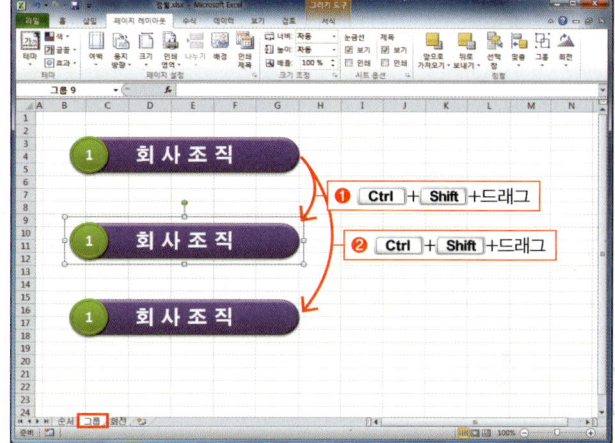

TIP : **Ctrl** 은 도형 복사를, **Shift** 는 직선 이동을 하여 정확한 위치로 복사할 수 있습니다.

02. 2번째 도형을 선택하고 [페이지 레이아웃] 탭-[정렬] 그룹-[그룹]에서 [그룹 해제]를 클릭합니다.

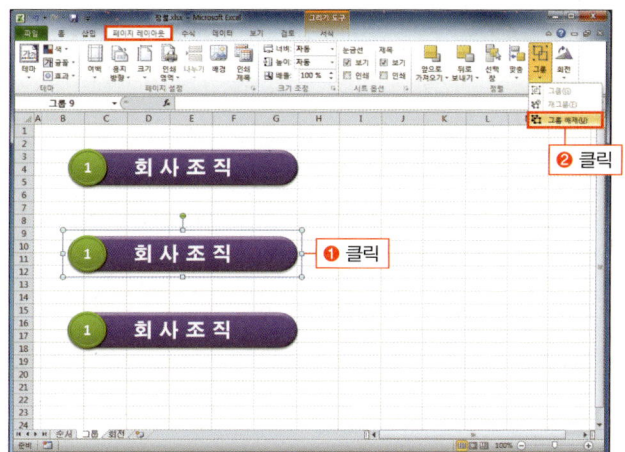

03. 도형의 '원'을 선택하고 [그리기 도구]-[서식] 탭-[도형 스타일] 그룹-[도형 채우기]를 클릭하여 [파란색]으로 변경합니다.

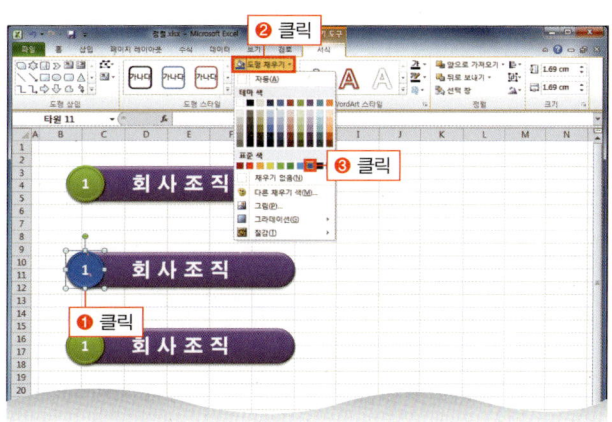

04. '1'을 '2'로 변경하고 '회사조직'을 '경영철학'으로 수정합니다. 2번째 도형과 같은 방법으로 3번째 도형의 원 색상은 '빨간색', '3', '회사목표'로 수정합니다.

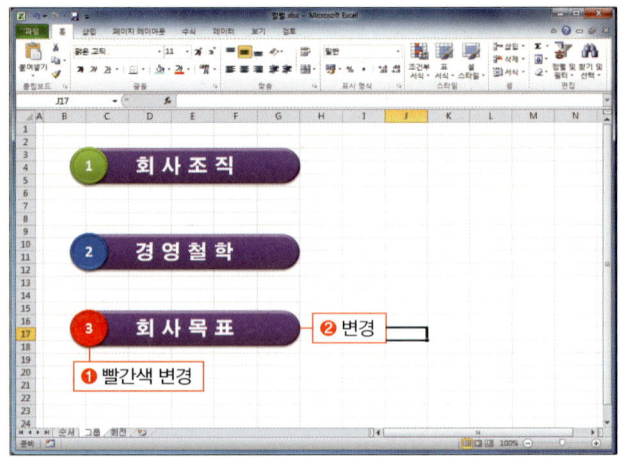

05. 수정이 끝났으면 [그리기 도구]-[서식] 탭-[정렬] 그룹-[선택 창]을 클릭합니다. 오른쪽에 선택 창이 나타나면 **Ctrl**을 누른 상태로 같이 있는 '타원'과 '모서리가 둥근 직사각형'을 선택하고 [그룹]-[그룹]을 클릭합니다.

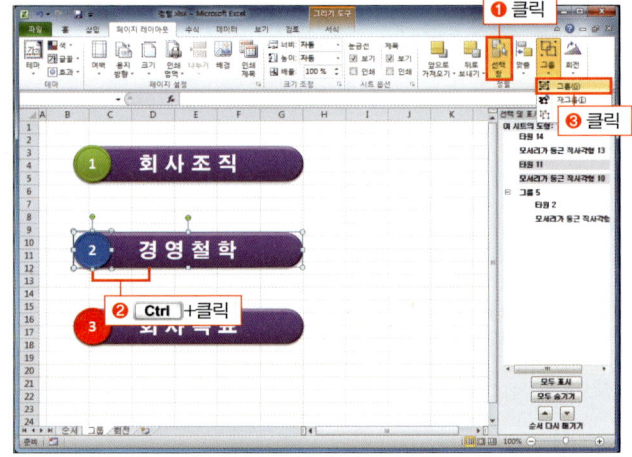

> **TIP**: 그룹으로 지정된 여러 도형에 같은 서식과 이동 등의 작업을 한 번에 할 수 있습니다.

> **TIP**: 나머지 타원과 모서리가 둥근 직사각형을 선택하고 같은 방법으로 그룹을 지정합니다.

06. 3개의 도형을 같이 선택하고 [그리기 도구]-[서식] 탭-[정렬] 그룹-[맞춤]에서 [세로 간격을 동일하게]를 클릭합니다.

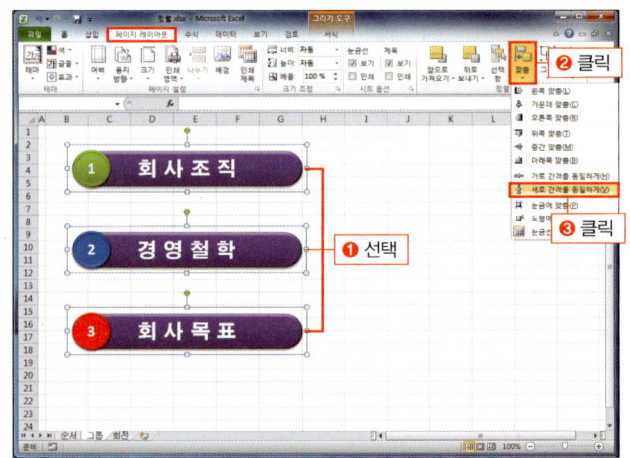

개체의 회전은 도형을 만들어 사용 시 일정 방향으로만 표시되기 때문에 회전을 통하여 방향 설정을 다르게 할 수 있습니다.

예제 파일 | CD\Part 06\정렬.xlsx   **완성 파일 |** CD\Part 06\정렬-완성.xlsx

01. [회전] 시트에서 [삽입] 탭–[일러스트레이션] 그룹–[도형]의 [오각형]을 클릭합니다.

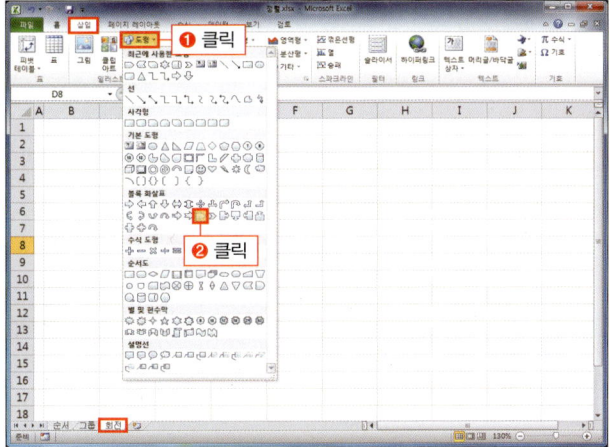

02. [B2:C4]를 드래그하여 도형을 하나 만듭니다.

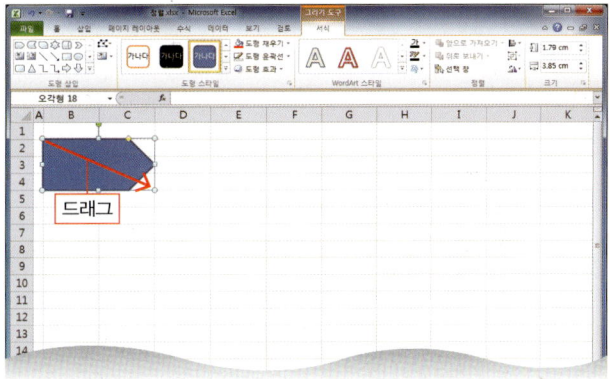

03. 같은 방법으로 [도형]을 선택하고 [갈매기형 수장]을 클릭한 후 [C2:E4]에 도형을 만듭니다.

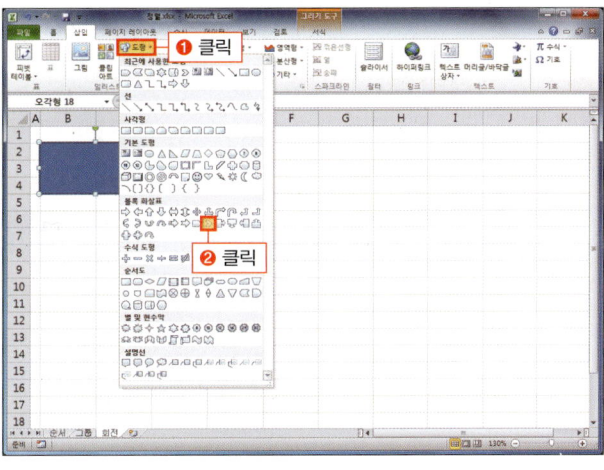

04. 2번째 도형을 선택하고 [Ctrl]+[Shift]를 누른 상태로 드래그하여 도형을 3개 복사합니다.

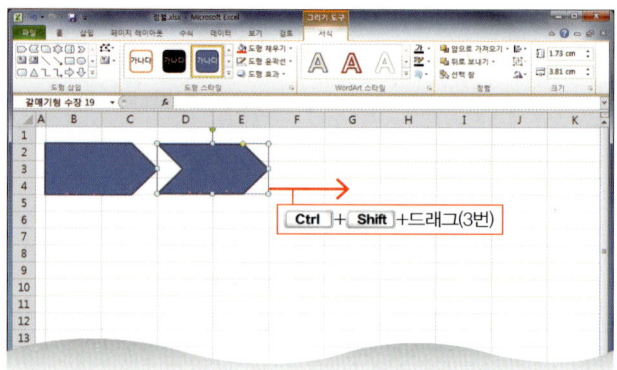

05. 1번째 도형을 선택하고 [그리기 도구]-[서식] 탭-[도형 스타일] 그룹-[자세히](▼)를 클릭하고 [강한 효과-파랑, 강조 1]을, 2번째 도형은 [강한 효과-빨강, 강조2]를, 3번째 도형은 [강한 효과-황록색, 강조 3]을, 4번째 도형은 [강한 효과-자주, 강조4]를, 5번째 도형은 [강한 효과-바다색, 강조 5]를 각각 적용합니다.

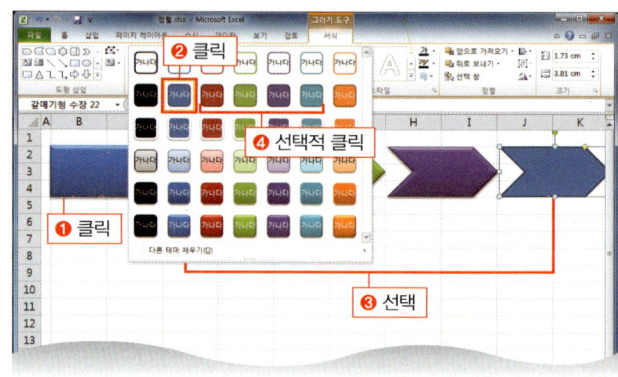

06. 전체 도형을 선택하고 [페이지 레이아웃] 탭-[정렬] 그룹-[그룹]에서 [그룹]을 클릭합니다.

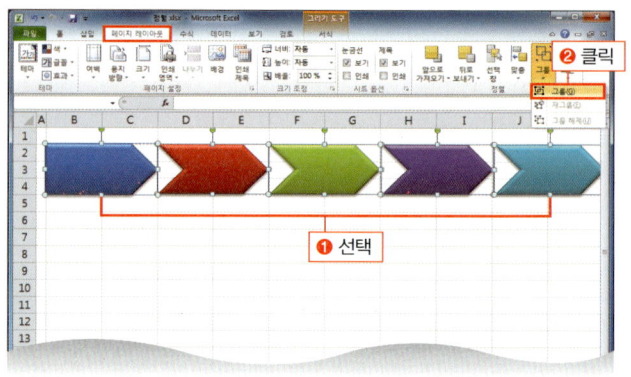

07. [페이지 레이아웃] 탭-[정렬] 그룹-[회전]에서 [좌우 대칭]을 클릭합니다.

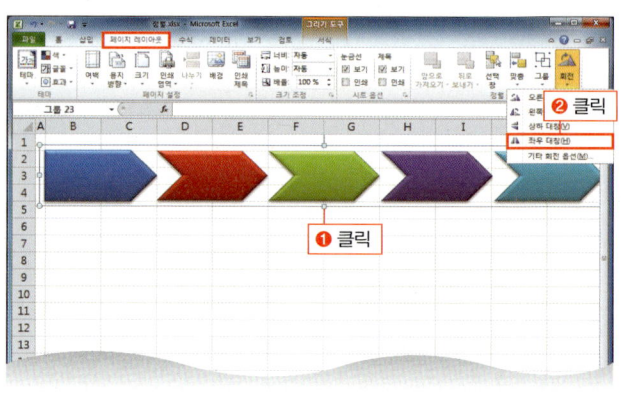

> **TIP :** 그룹을 묶지 않고 회전하면 도형 자체의 회전이기 때문에 묶어서 회전시켜야 전체 회전이 됩니다.

LESSON
04 다양한 보기 방법으로 개체 보기

레벨 ● ● ●

[보기] 탭에서는 워크시트를 어떤 형태로 보며 작성할 것인지를 결정할 수 있는 데 작성 형태에 따라 머리글/바닥글 사용 시는 페이지 레이아웃을, 인쇄 시에는 페이지 나누기 미리 보기 등을 사용하며 워크시트의 중요 구성 요소인 눈금선, 수식 입력줄, 머리글 등의 표시를 결정하고, 전체 화면의 확대 축소도 결정할 수도 있습니다. 즉, 작업 환경을 최적화하는 데 도움을 줍니다.

기초
탄탄 ● [보기] 탭에서 설정하는 문서 보기, 표시, 확대/축소, 창 설정

■ [보기] 탭 이해하기 449P

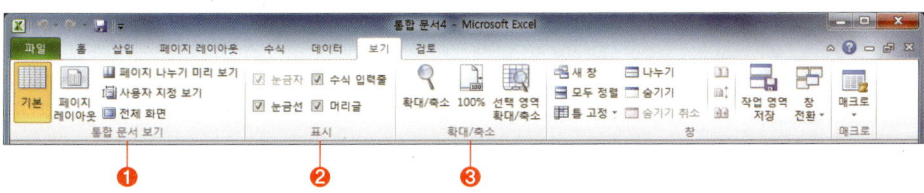

❶ 통합 문서 보기

• 기본 : 처음 엑셀 화면 자체의 보기 형태

• 페이지 레이아웃 : 인쇄 용지 방향과 용지 여백을 직접 조절할 수 있으며 머리글/바닥글의 직접 작성이 가능합니다.

• 페이지 나누기 미리 보기 : 데이터를 입력하는 부분과 인쇄할 영역을 구분하고 나머지는 회색으로 표시함, 파란색 선으로 자동 페이지를 구분하고 파란색 점선으로 직접 페이지를 구분하여 사용합니다.

• 사용자 지정 보기 : 워크시트의 화면 설정과 인쇄 설정 상태를 저장했다가 필요 시 불러와 바로 적용합니다.

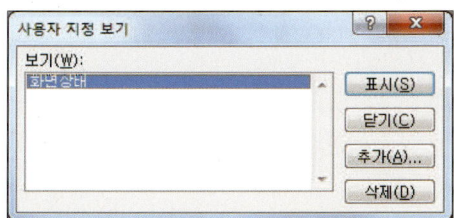

• 전체 화면 : 워크시트의 화면을 모니터에 꽉 차게 전체 크기로 표시합니다.

❷ 표시

• 눈금자 : 문서에 개체를 측정하고 배열하는데 사용하는 눈금자를 표시합니다.

• 수식 입력줄 : 셀에 텍스트 및 수식을 입력할 수 있는 수식 입력줄을 표시합니다.

• 눈금선 : 워크시트의 행과 열 사이에 줄을 표시하여 쉽게 편집하고 읽을 수 있도록 합니다.

• 머리글 : 행 및 열 머리글이 표시되도록 합니다.

❸ 확대/축소

• 확대/축소 : 화면의 배율을 결정하는 데 미리 정해져 있는 것 중에 선택하거나, 선택 영역에 맞추거나, 직접 크기를 지정하여 배율을 결정합니다.

• 100% : 문서를 원래 크기의 100%로 표시합니다.

• 선택 영역 확대/축소 : 현재 선택한 셀 범위로 전체 창을 채우도록 워크시트를 확대/축소합니다.

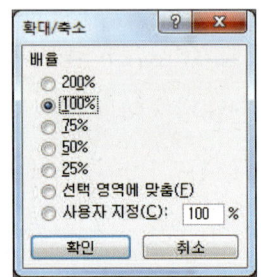

페이지 레이아웃은 용지 방향과 여백 설정, 머리글과 바닥글을 직접 작성할 수 있습니다.

예제 파일 | CD₩Part 06₩페이지레이아웃.xlsx **완성 파일 |** CD₩Part 06₩페이지레이아웃-완성.xlsx

■ 페이지 나누기 미리 보기를 이용하여 인쇄 영역 설정하기

01. 예제 파일을 열고 [레이아웃] 시트에서 [K] 열의 머리글을 선택합니다. [홈] 탭-[셀] 그룹-[서식]에서 [열 너비]를 클릭합니다.

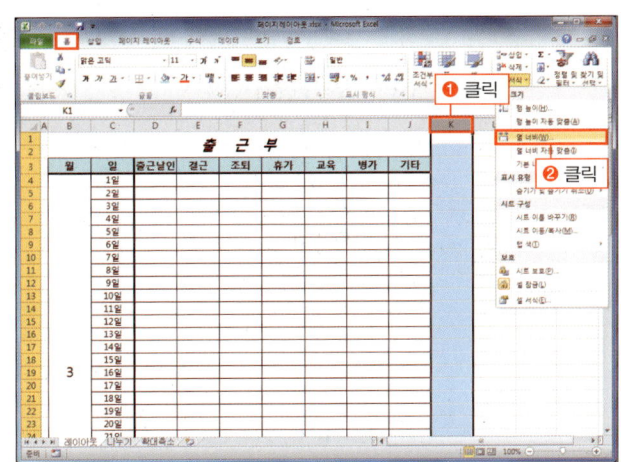

02. [열 너비] 대화상자가 나타나면 '2'를 입력하고 [확인]을 클릭합니다.

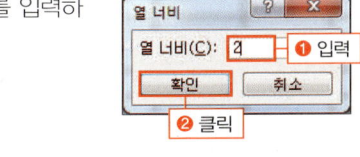

03. [B3:J65]를 선택하고 Ctrl + C 를 눌러 복사합니다. [L3] 셀을 선택한 후 [홈] 탭-[클립보드] 그룹-[붙여 넣기]를 클릭하여 붙여 넣습니다.

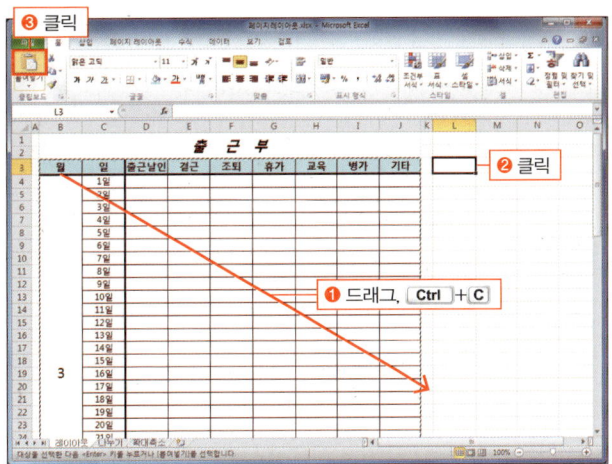

449

04. [L4] 셀을 선택한 후 '5'를 입력하고, [L35] 셀에는 '6'을 입력합니다.

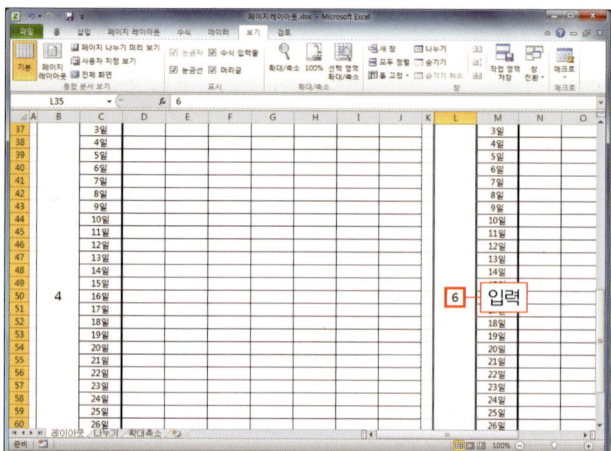

05. [보기] 탭–[통합 문서 보기] 그룹–[페이지 나누기 미리 보기]를 클릭합니다.

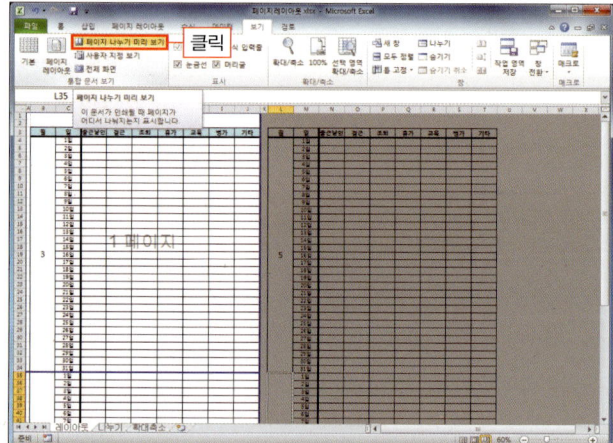

> **TIP :** 페이지 나누기 미리 보기는 파란색 선을 이용하여 인쇄 영역을 재설정할 수 있습니다.

06. 파란색 선은 [T] 열까지 이동하고 파란색 선을 각 페이지에 맞게 드래그하여 이동시킵니다.

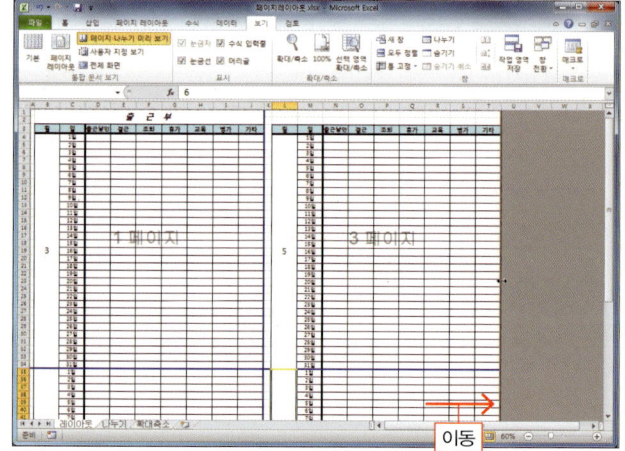

■ 페이지 레이아웃을 이용하여 머리글 편집하기

01. [보기] 탭–[통합 문서 보기] 그룹–[페이지 레이아웃]을 클릭합니다.

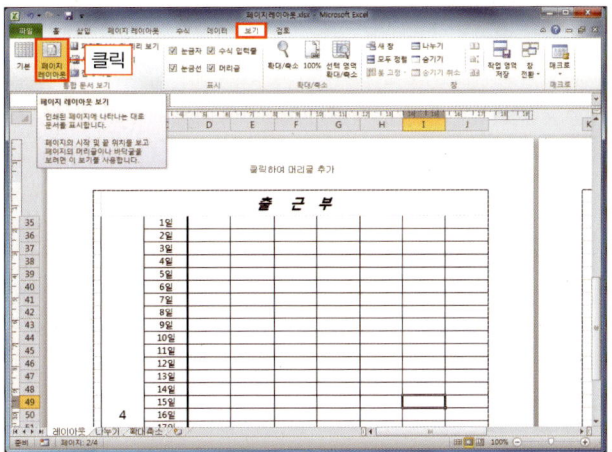

02. 왼쪽 머리글 부분을 클릭하고 '(   )월 출근부'라고 입력합니다.

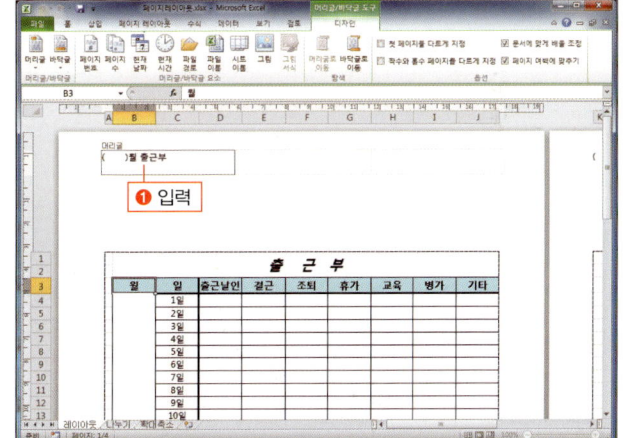

> **T I P :** 머리글을 작성하면 내용은 페이지마다 반복하기 때문에 중간에 비운 내용을 적어줍니다.

03. [파일] 탭–[인쇄]를 클릭하여 [인쇄 미리 보기]로 머리글을 확인합니다.

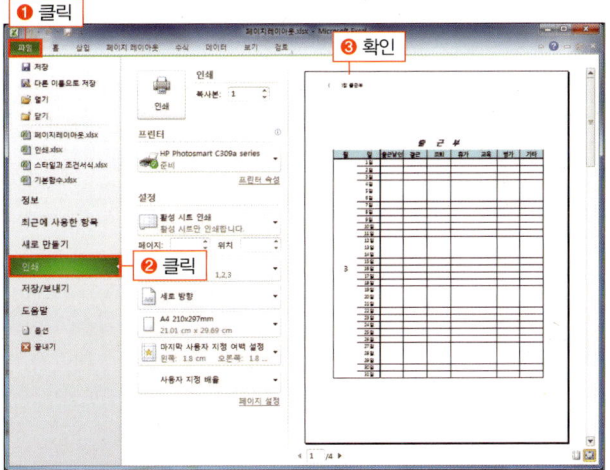

내용에 맞게 페이지 레이아웃이나 페이지 나누기, 미리 보기 등으로 작업 화면을 변경하는데 실제 셀에 내용을 입력하기 위해서는 기본 보기로 이동해야 하며 확대/축소를 이용하여 많은 내용을 한 번에 볼 수 있습니다.

예제 파일 | CD₩Part 06₩페이지레이아웃.xlsx **완성 파일** | CD₩Part 06₩페이지레이아웃-완성.xlsx

01. [확대축소] 시트에서 [보기] 탭-[통합 문서 보기] 그룹-[기본]을 클릭합니다.

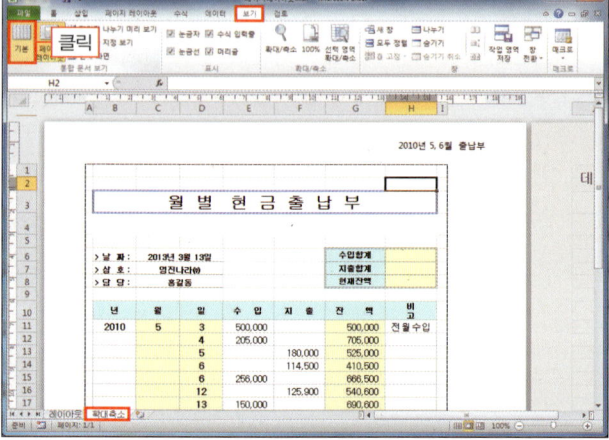

TIP : 페이지 레이아웃에서는 워크시트에 작업이 어려워 기본 보기 형태로 변경합니다.

02. 기본 보기 형태로 변경되면 [보기] 탭-[확대/축소] 그룹-[확대/축소]를 클릭합니다.

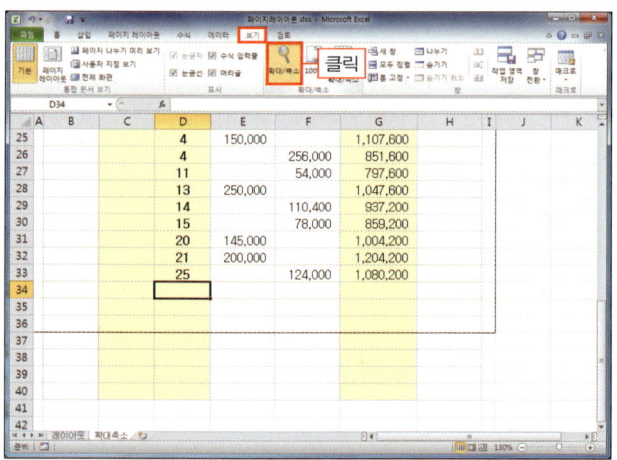

03. [확대/축소] 대화상자가 나타나면 [사용자 지정]을 체크하고 '150'으로 설정합니다.

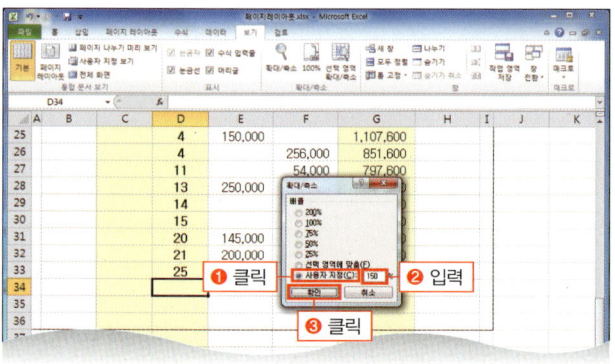

04. [D34] 셀에 '26', [F34] 셀에 '36,000', [G34]
셀은 위의 [G33] 셀의 채우기 핸들을 드래그하여
값을 입력합니다.

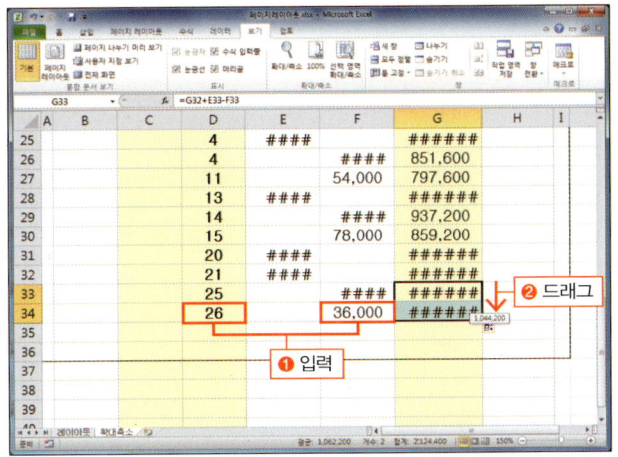

05. 셀의 자리 값이 커서 '####'로 보이는 열의
머리글을 선택하고 오른쪽 선을 더블클릭하면 자
동으로 열의 크기가 조절됩니다.

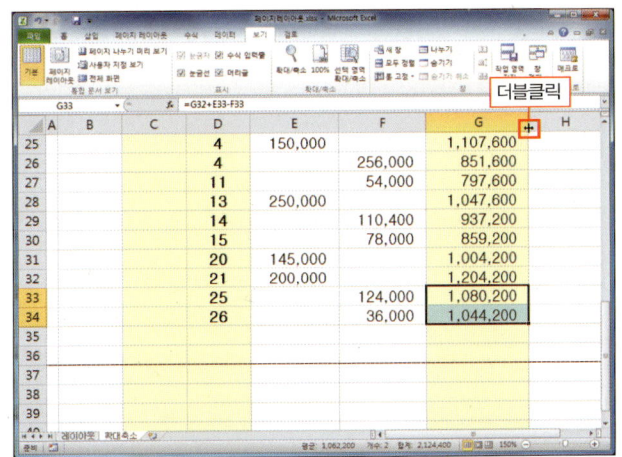

06. [보기] 탭-[확대/축소] 그룹-[100%]를 클릭
합니다.

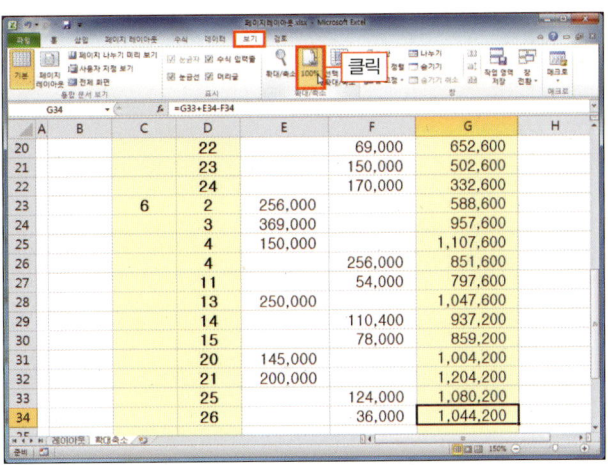

TIP : 워크시트의 화면이 너무 크거나 작을 경우에
[100%]를 클릭하면 일반적인 크기는 100%로 변환시켜
줍니다.

07. [H6] 셀을 선택하고 **Ctrl** 을 누른 상태로 마우스 휠 단추를 위/아래로 움직이면 화면 크기가 변하는 것을 확인할 수 있습니다.

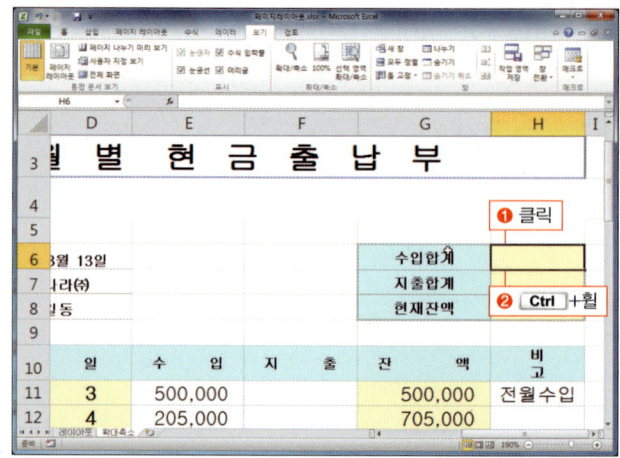

08. [H6] 셀을 선택하고 '=SUM(E11:E36)'을 입력하고, [H7] 셀은 '=SUM(G11:G36)', [H8] 셀에는 '=G34'를 각각 입력합니다.

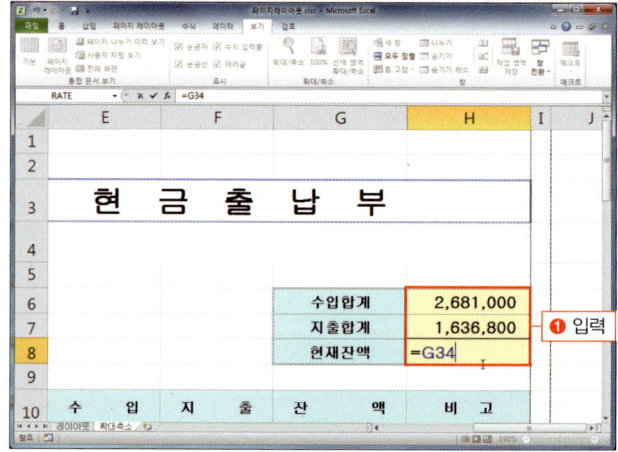

09. [보기] 탭–[확대/축소] 그룹–[100%]를 클릭하여 원래의 화면 크기로 조정합니다.

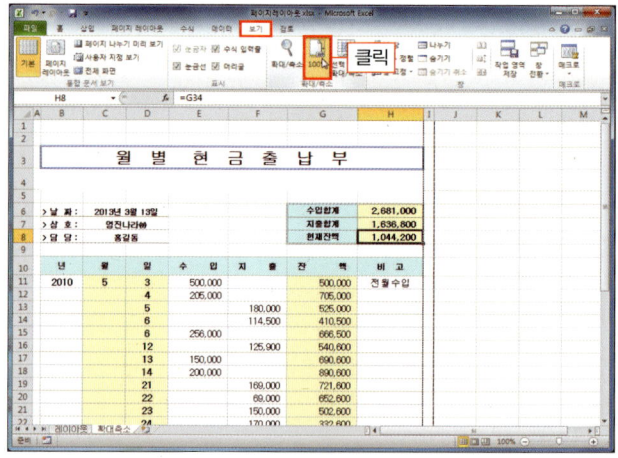

[창] 그룹에 있는 나누기와 틀 고정 기능을 이용하면 다양한 창 전환을 통하여 다른 문서의 값을 가지고 와서 쉽게 계산할 수 있습니다.

기초 탄탄 ▶ [창] 그룹 이해하기

■ [보기] 탭-[창] 그룹 이해하기 456P

❶ **새 창** : 현재 문서 보기가 있는 새 창을 엽니다.

❷ **모두 정렬** : 여러 통합 문서가 열려 있는 경우에 [창 정렬] 대화상자를 이용하여 정렬시킬 수 있습니다.

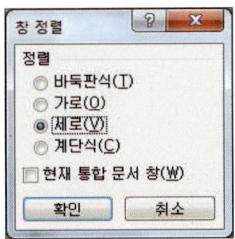

❸ **틀 고정** : 현재 선택한 영역을 기준으로 셀의 위쪽과 왼쪽에 틀 고정을 시킬 수 있습니다. 틀 고정이 된 영역은 다른 셀이 변경되더라도 변하지 않고 계속 보이게 됩니다. 첫 행과 첫 열 고정은 무조건 워크 시트의 첫 번째 행과 열 전체를 고정시킵니다.

❹ **나누기** : 워크시트를 여러 창으로 분할하여 보여줍니다.

❺ **숨기기** : 현재 창을 보이지 않도록 숨깁니다.

❻ **작업 영역 저장** : 나중에 복구할 수 있도록 모든 창의 현재 레이아웃을 작업 영역으로 저장합니다.

❼ **창 전환** : 여러 워크시트가 열려 있으면 다른 통합 문서로 바로 이동할 수 있습니다.

❽ **매크로** : [개발 도구] 탭을 표시하지 않고 매크로 작업을 할 수 있습니다.

나누기는 워크시트를 최대 4개의 창으로 나눌 수 있으며 데이터가 많고 긴 문서에서 필요한 부분만 가져와 한 눈에 볼 수 있습니다. 틀 고정은 행 전체나 열 전체를 고정시켜 다른 일정한 부분을 계속 볼 수 있습니다.

예제 파일 | CD₩Part 06₩창.xlsx **완성 파일 |** CD₩Part 06₩창-완성.xlsx

■ 나누기를 통해 자료 간의 데이터 비교하기

01. 예제 파일을 불러온 후 [틀고정] 시트에서 6월의 처음인 [23] 행 머리글을 선택합니다. [보기] 탭-[창] 그룹-[나누기]를 클릭합니다.

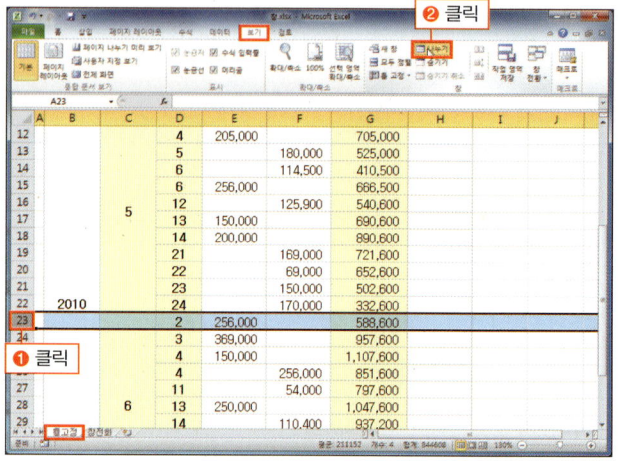

02. [23] 행 위쪽에 바가 나타나면 [18] 행까지 이동시킵니다.

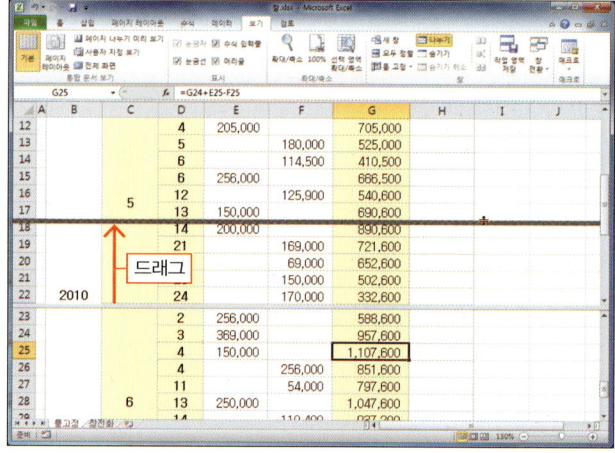

TIP : 바의 이동은 나누기의 위치를 변경하는 것이 아니라 창 분할로 보는 위치만 변경하는 것입니다.

03. 위에 창의 위치와 아래 창의 위치를 이동시켜 5월 4일과 6월 4일간의 입출금 내역을 비교해 봅니다.

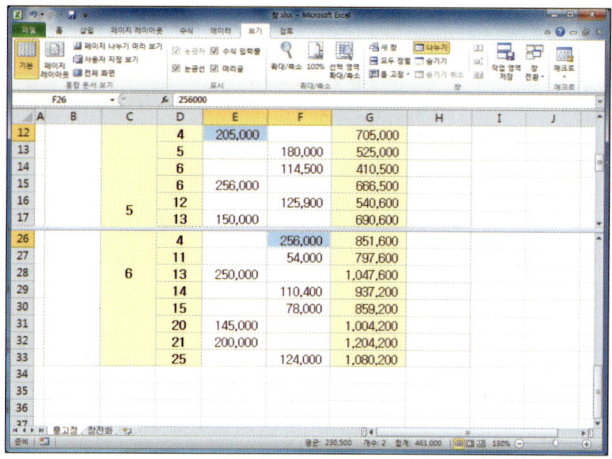

04. [보기] 탭-[창] 그룹-[나누기]를 클릭하여 창의 분할을 다시 보이지 않게 합니다.

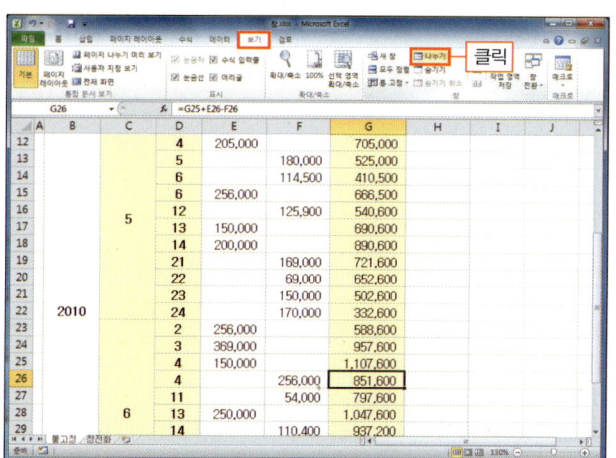

■ 틀 고정으로 고정 위치 행과 열 만들기

01. [11] 행 머리글을 선택하고 [보기] 탭-[창] 그룹-[틀 고정]에서 [틀 고정]을 클릭합니다.

> **TIP :** 행 머리글이나 열 머리글에 선택하고 틀 고정을 하면 위쪽과 왼쪽에 고정 선이 나타납니다.

02. [10] 행에 선이 나타나는 데 [10] 행까지 고정되어 움직임을 할 수 없고 아래의 부분만 이동하여 내용의 머리글 부분을 고정시켜 볼 수 있습니다.

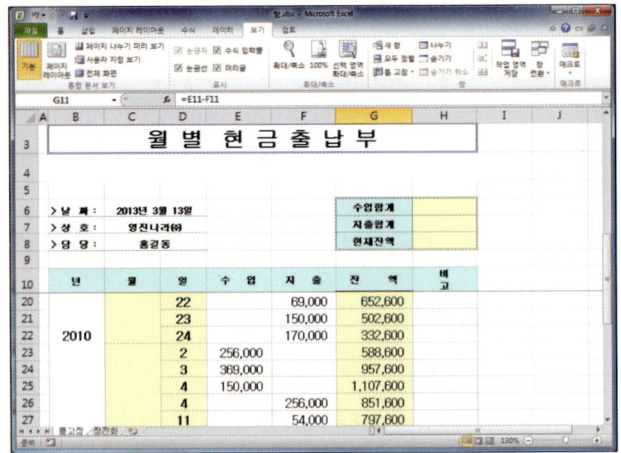

03. 임의의 셀을 선택하고 [보기] 탭─[창] 그룹─[틀 고정]에서 [틀 고정 취소]를 클릭합니다.

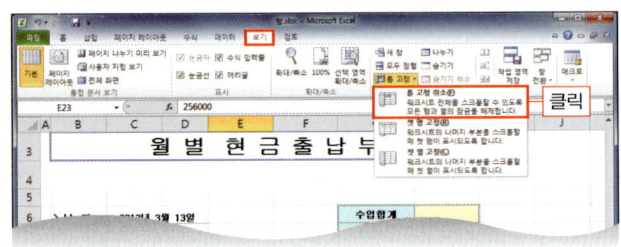

04. 다시 [E11] 셀을 선택하고 [보기] 탭─[창] 그룹─[틀 고정]에서 [틀 고정]을 클릭합니다.

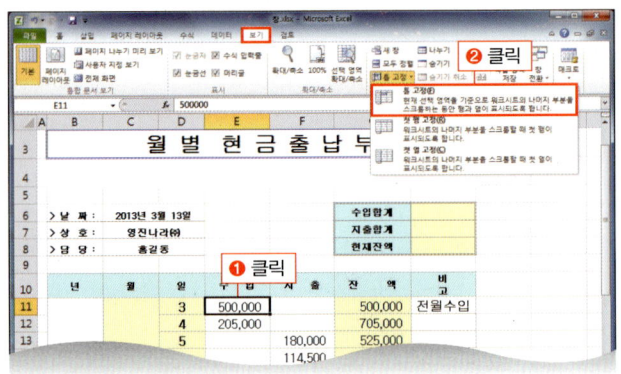

05. [E11] 셀을 기준으로 셀의 위쪽과 왼쪽에 고정선이 나타나는 데 오른쪽, 하단 창의 워크시트에서 스크롤을 이동하여 다음과 같이 고정 영역 부분을 확인합니다.

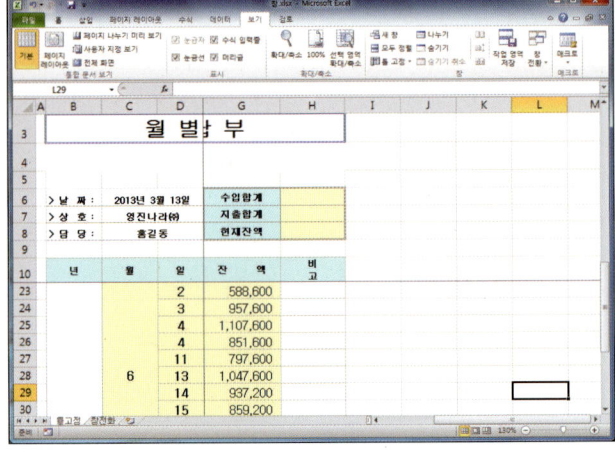

창 전환은 여러 문서가 있는 경우 다른 문서로 쉽게 이동할 수 있는 방법입니다. 특히, 함수를 이용하여 다른 문서의 데이터 값을 구할 때 많이 사용합니다.

예제 파일 l CD₩Part 06₩창.xlsx, 종합함수.xlsx   **완성 파일 l** CD₩Part 06₩창−완성.xlsx

01. '창.xlsx' 파일의 [창전환] 시트에서 [파일] 탭−[열기]를 클릭하여 '종합함수.xlsx' 파일을 불러옵니다. 바로 [보기] 탭−[창] 그룹−[창 전환]에서 [창.xlsx]를 클릭합니다.

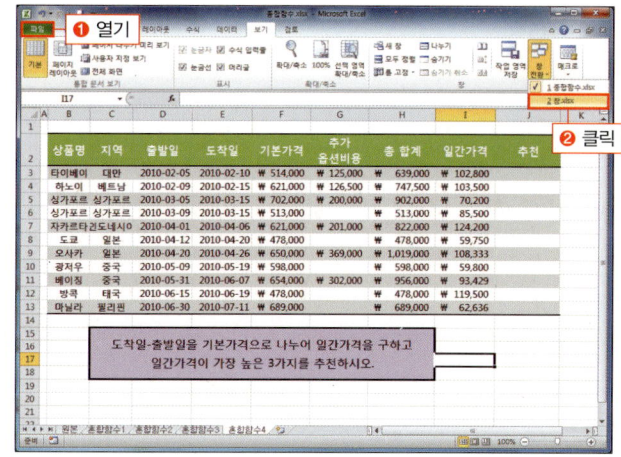

02. [H6] 셀을 선택하고 '=SUMIF('를 입력한 후 수식 입력줄의 [함수 삽입](f_x)을 클릭합니다.

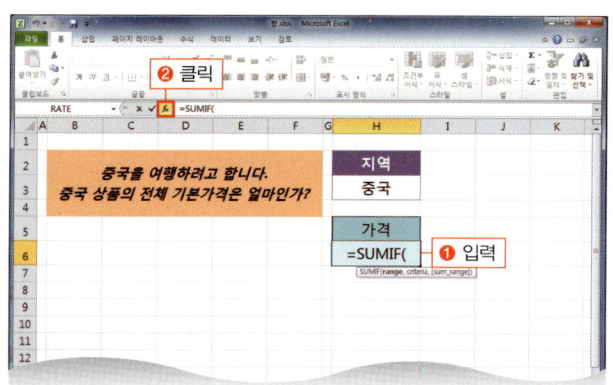

03. [SUMIF 함수 인수] 대화상자가 나타나면 [Range]를 선택하고 [보기] 탭−[창] 그룹−[창 전환]에서 [종합함수.xlsx]를 선택합니다.

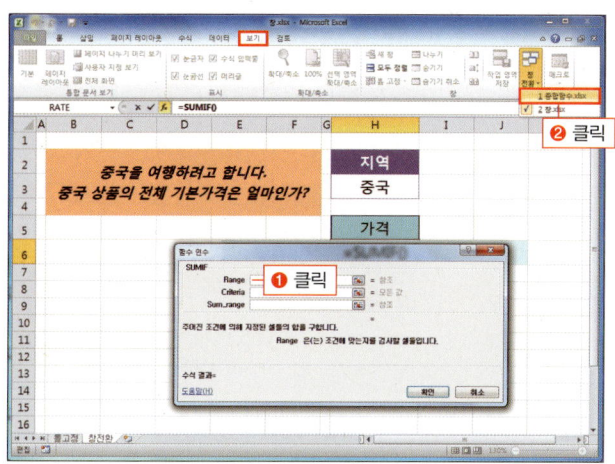

04. [원본] 시트로 이동한 후 [C5:C15]를 선택합니다.

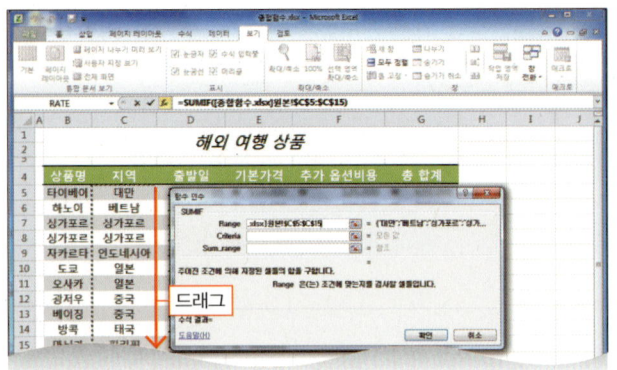

05. [Criteria]를 선택하면 자동으로 [창전환] 시트로 이동하는데 [H3] 셀을 선택합니다.

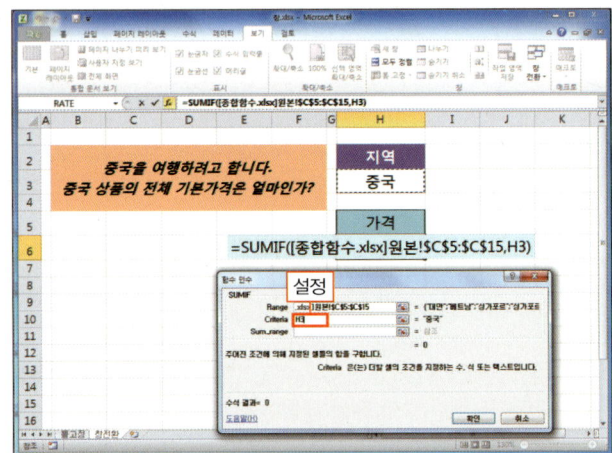

06. [Sum_range]를 선택하고 [창 전환]을 이용하여 '종합함수.xlsx' 파일로 이동한 다음, [원본] 시트의 [E5:E15]까지 범위를 지정하여 입력하고 [확인]을 클릭합니다.

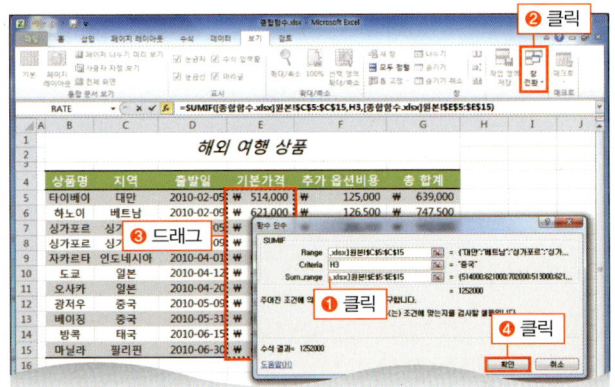

07. 결과를 확인합니다.

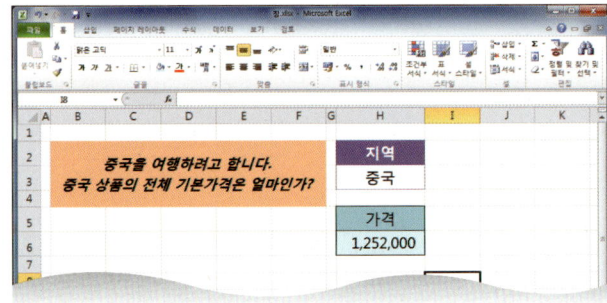

PART SUMMARY

- 지정된 테마를 설정하며 자신이 설정한 테마를 저장하고 불러와서 적용합니다. `423P`

- 테마 색과 글꼴은 자신만의 설정을 할 수 있습니다. `426P`

- 페이지 설정의 페이지 탭과 여백, 머리글/바닥글, 워크시트의 설정 방법을 알아봅니다. `429P`

- 워크시트의 배경 설정과 눈금선, 제목을 보여주거나 숨길 수 있습니다. `434P`

- 인쇄 제목, 반복할 행/열을 지정하여 인쇄 페이지에 제목을 계속 보여줍니다. `436P`

- 개체 간의 앞뒤 순서를 설정하는 방법과 정렬 방법을 꼭 확인합니다. `440P`

- 개체의 그룹 지정과 그룹 해제 방법을 알아봅니다. `443P`

- 페이지 레이아웃을 이용하여 머리글/바닥글 설정과 여백의 직접 지정을 할 수 있습니다. `449P`

- 페이지 나누기, 미리 보기를 이용하여 워크시트의 페이지 설정을 합니다. `449P`

- 확대/축소를 이용하여 워크시트의 내용을 크게 보거나, 작게 볼 수 있습니다. `452P`

- 페이지 나누기와 틀 고정으로 많은 데이터를 보다 빠르게 작성할 수 있습니다.

- 창 전환을 이용하여 다른 워크시크나 통합 문서의 자료를 쉽게 가져와 사용할 수 있습니다. `455P`

01 다음 페이지 설정을 완성해 봅니다.

예제 파일 : Test₩Part 06₩종합문제.xlsx 페이지설정 sheet   완성 파일 : Test₩Part 06₩종합문제-완성.xlsx 페이지설정 sheet
동영상 해설 : Test₩Part 06₩Part 06.avi

- 세로 페이지 가운데 맞춤
- 인쇄 시 눈금선과 메모 표시
- 인쇄 페이지는 흑백/120% 확대 출력

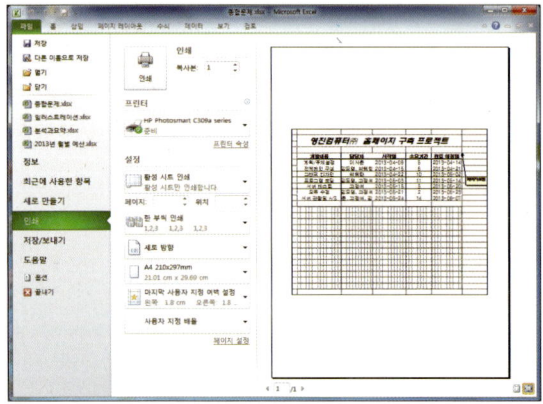

HINT

예제 파일을 불러온 후 [파일] 탭-[인쇄]-[페이지 설정]을 클릭합니다. [페이지 설정] 대화상자의 [여백] 탭에서 '가운데 맞춤'을
설정하고, [시트] 탭에서 출력 색상(흑백)과 '눈금선', '메모 표시'에 관한 내용을 설정합니다. 마지막으로 [페이지] 탭에서 확대/
축소에 관한 내용을 설정합니다.

02 다음 창 전환을 이용하여 원하는 수식과 각 부서별 평균 수행 능력을 구해봅니다.

예제 파일 : Test₩Part 06₩종합문제.xlsx 창 전환 sheet, 배열수식.xlsx 배열수식 sheet
완성 파일 : Test₩Part 06₩종합문제-완성.xlsx 창 전환 sheet
동영상 해설 : Test₩Part 06₩Part 06.avi

- '배열수식.xlsx' 파일을 불러온 후 [배열수식] 시트를 이용합니다.

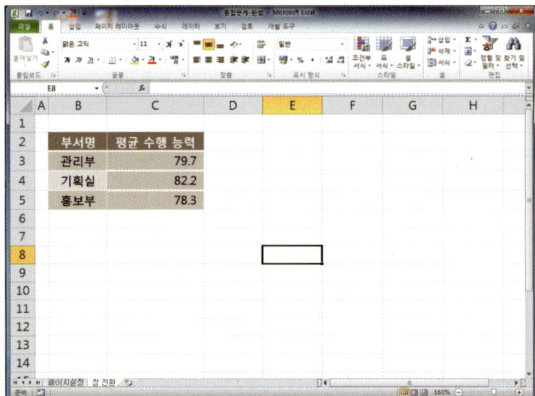

HINT

'배열수식.xlsx' 파일을 불러온 후 [창 전환] 기능과 AVERAGE 함수를 이용하여 각 부서별 평균 수행 능력을 구합니다.

▶ PART

07

엑셀 2010으로 쉽고
간편하게 데이터 관리하기

EXCEL · 2 0 1 0

데이터 관리 기능은 엑셀에서 많은 데이터를 쉽게 관리하거나 표시하는 데 사용합니다. 많은 데이터를 쉽게 정렬하거나 조건에 맞는 데이터끼리 모아 원하는 값만 추출하거나, 수식이나 내용의 잘못도 쉽게 찾을 수 있습니다. 데이터 관리 기능들을 익혀 둔다면 많은 데이터 처리를 함수에 의존하지 않아도 쉽게 표시하는 데 도움이 될 것입니다.

01

[외부 데이터 가져오기] 그룹 이해하기

엑셀은 스프레드시트 형태의 파일 외에도 액세스나 웹, 텍스트, dbase 등 데이터베이스 형태로 이루어진 외부 파일을 불러와서 작업을 할 수 있습니다. 하나의 개체 파일이 아니라 데이터와 외부 파일이 연동하는 작업도 가능합니다.

기초탄탄 ▶ 외부 데이터 가져오기와 텍스트 마법사 설정하기

■ [데이터 가져오기] 대화상자 `469P`

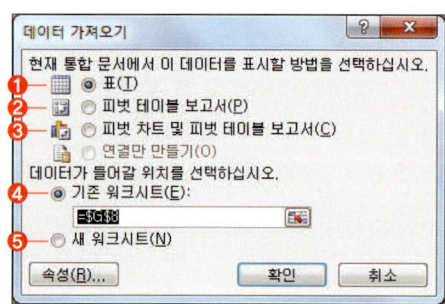

❶ **표** : 워크시트에 일반 데이터의 표 형태로 나타냅니다.

❷ **피벗 테이블 보고서** : 피벗 테이블 형태로 나타냅니다.

❸ **피벗 차트 및 피벗 테이블 보고서** : 피벗 차트 형태로 나타냅니다.

❹ **기존 워크시트** : 작업 중인 워크시트에서 선택한 셀의 위치에 만들어줍니다.

❺ **새 워크시트** : 새로운 워크시트를 만들어 데이터를 표시합니다.

■ 텍스트 마법사 `471P`

텍스트 마법사는 텍스트 파일(txt)을 엑셀에 맞게 변환하여 입력할 수 있습니다. 특히, 텍스트 파일의 내용에는 구분 기호가 있으면 쉽게 변환할 수 있습니다.

텍스트 마법사 1단계

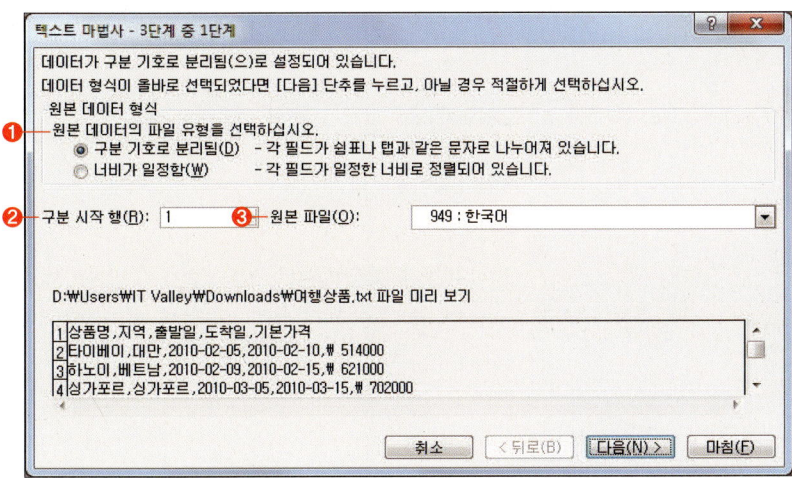

❶ **원본 데이터 파일 유형**

• 구분 기호로 분리됨 : 텍스트 파일에 구분 기호가 입력되어 있을 경우 선택합니다.

• 너비가 일정함 : 텍스트 파일에 구분 기호 없이 일정한 너비로 있을 경우 선택합니다.

❷ **구분 시작 행** : 텍스트 파일이 엑셀로 변환될 때 시작하는 행의 번호를 미리 지정합니다.

❸ **원본 파일** : 텍스트 파일의 내용의 언어를 설정합니다(기본 : 한국어(949)).

텍스트 마법사 2단계

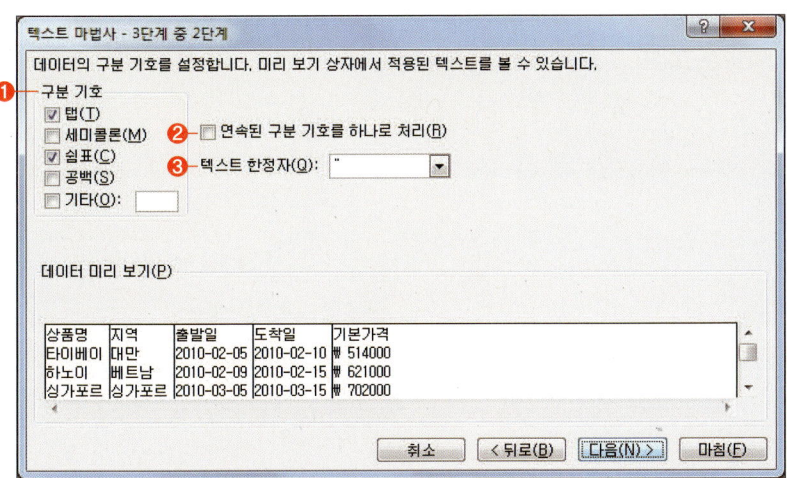

❶ **구분 기호** : 탭(tap), 세미클론(;), 쉼표(,), 공백( ), 기타(구분하는 기호)를 기준으로 구분합니다.

❷ **연속된 구분 기호를 하나로 처리** : 구분 기호가 연속적으로 계속 붙어있는 경우 하나의 구분 기호로 보고 처리합니다.

❸ **텍스트 한정자** : 텍스트 파일에서 값을 둘러싸는 문자를 선택합니다.

텍스트 마법사 3단계

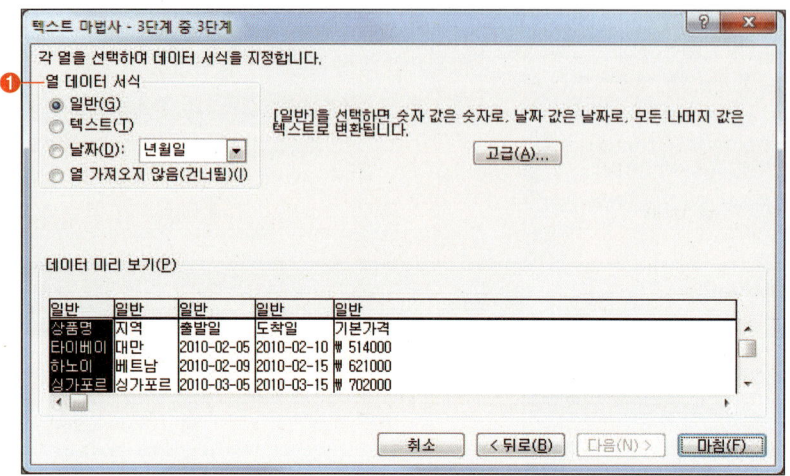

❶ **열 데이터 서식** : 기존의 데이터를 다른 형식으로 변환하여 가져올 수 있습니다

• **일반** : 통화나 숫자인 열을 통화 형식으로 변환하려면, 열에 영문자나 숫자와 같이 혼합되어 있는 경우 선택합니다.

• **텍스트** : 모든 숫자인 열을 텍스트 서식으로 변환하는 경우 선택합니다.

• **날짜** : 모든 날짜인 열을 엑셀 날짜 형식으로 변환하거나 날짜 열에 각 데이터가 월일 년 형식으로 변환하는 경우 선택합니다.

• **열 가져오지 않음(건너뜀)** : 데이터 미리 보기 구역에서 선택한 열의 데이터 서식을 클릭하거나, 선택한 열을 가져오지 않을 경우 선택합니다.

액세스 파일은 데이터베이스 전문 파일입니다. 액세스에서 만들어지는 모든 파일은 테이블(표) 형태로 구성되어 있으며 엑셀과 연동이 쉽습니다. 또한, 액세스 파일은 크게 테이블, 쿼리, 폼, 보고서 등으로 구성되어 있는데 그 중에 테이블과 쿼리의 자료를 가져와 사용할 수도 있습니다.

예제 파일 | CD\Part 07\외부데이터.xlsx, 학생명단.accdb　**완성 파일 |** CD\Part 07\ 외부데이터-완성.xlsx

01. 예제 파일을 불러온 후 [ACCESS] 시트에서 [B2] 셀을 선택합니다. [데이터] 탭-[외부 데이터 가져오기] 그룹-[Access]를 클릭하고, [데이터 원본 선택] 대화상자가 나타나면, '학생명단.accdb' 파일을 선택하고 [열기]를 클릭합니다.

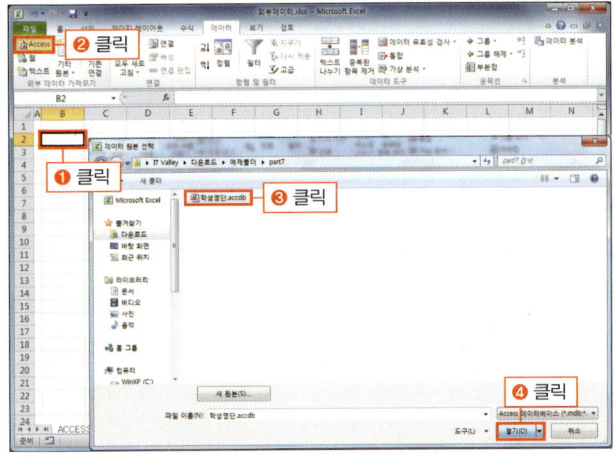

02. [테이블 선택] 대화상자가 나타나면 '교수' 테이블을 선택하고 [확인]을 클릭합니다.

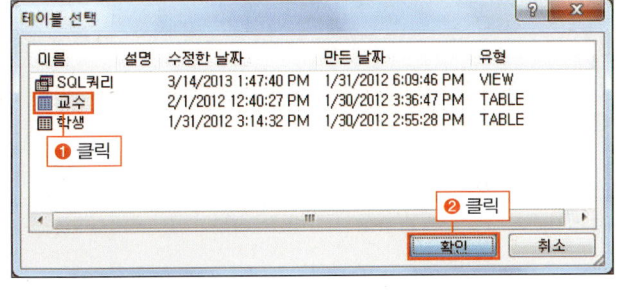

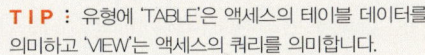
TIP : 유형에 'TABLE'은 액세스의 테이블 데이터를 의미하고 'VIEW'는 액세스의 쿼리를 의미합니다.

03. [데이터 가져오기] 대화상자가 나타나면 [표시 방법]은 [표]를 선택하고 [들어갈 위치]는 [기존 워크시트]를 선택한 다음 [확인]을 클릭합니다.

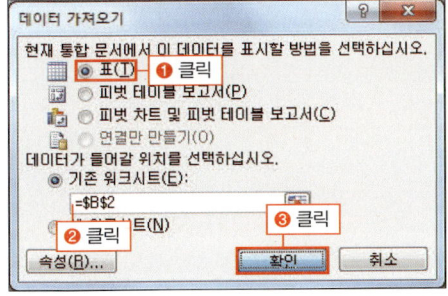

TIP : 선택 위치는 외부 데이터를 불러오기 전에 선택하고 시작했으므로 변경하지 않을 경우 그대로 하면 됩니다.

04. 액세스의 데이터가 표가 나타나면 [E3:E7]에 '16, 17, 18, 19, 20'을 입력하고 [표 도구]-[디자인] 탭-[외부 표 데이터] 그룹-[새로 고침]을 클릭합니다.

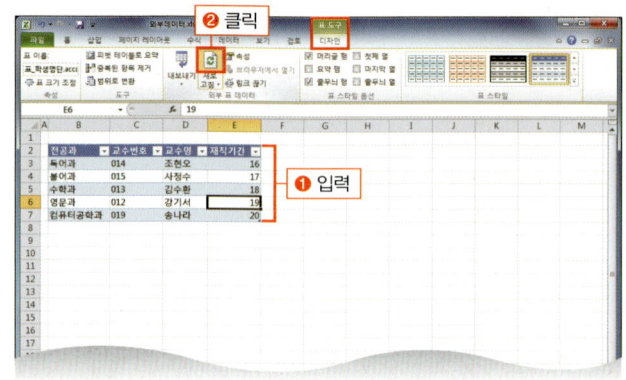

05. [E3:E7]의 데이터가 원래대로 돌아가는 것을 확인할 수 있는데 액세스 파일인 [학생 명단]과 연결이 되어 있기 때문입니다. [외부 표 데이터] 그룹에서 [링크 끊기]를 클릭합니다.

TIP : [계속하면 시트에서 쿼리 정의가 영구히 제거됩니다. 계속하시겠습니까?] 대화상자가 나타나면 [확인]을 클릭합니다.

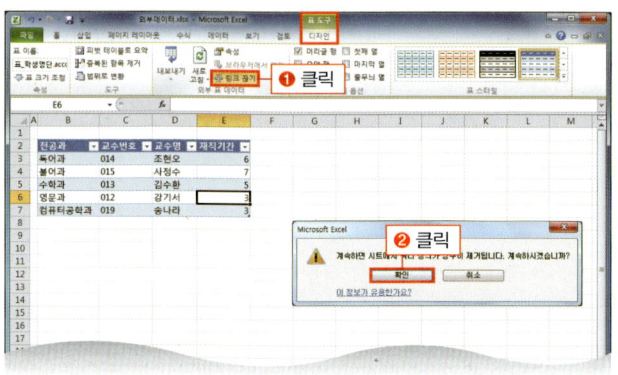

06. 다시 [E3:E7]에 '16~20'까지 입력하고 [표 도구]-[디자인] 탭-[외부 표 데이터] 그룹-[새로 고침]에서 [모두 새로 고침]을 클릭합니다.

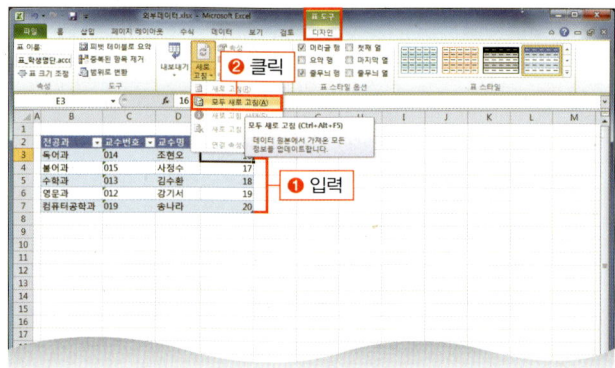

07. 아무런 변화가 없습니다. 즉, 액세스와 연결이 끊겨지면 따로 데이터 작성이 가능하게 됩니다.

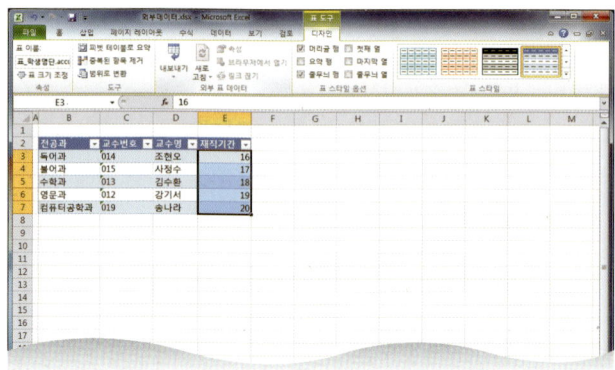

텍스트 파일에 구분 기호가 있을 경우 구분 기호를 기준으로 셀로 데이터를 분류해서 삽입할 수 있습니다. 또는 너비가 일정한 경우에도 구분이 가능합니다. 이렇게 텍스트 파일을 엑셀 자료로 또는, 엑셀 자료를 텍스트 파일로 변경이 가능합니다.

예제 파일 | CD₩Part 07₩외부데이터.xlsx, 여행상품.txt **완성 파일 |** CD₩Part 07₩외부데이터-완성.xlsx

01. [텍스트] 시트에서 [B2] 셀을 선택하고 [데이터] 탭–[외부 데이터 가져오기] 그룹–[텍스트]를 클릭한 후 부록 CD에서 '여행상품.txt' 파일을 선택하고 [가져오기]를 클릭합니다.

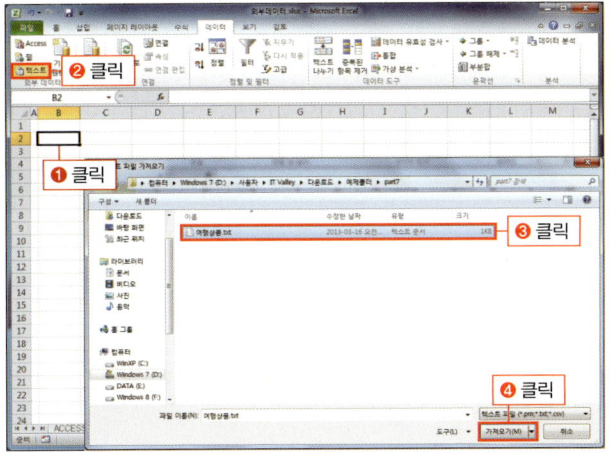

02. [텍스트 마법사–3단계 중 1단계] 대화상자에서 파일 유형을 [구분 기호로 분리됨]에 체크하고 [다음]을 클릭합니다.

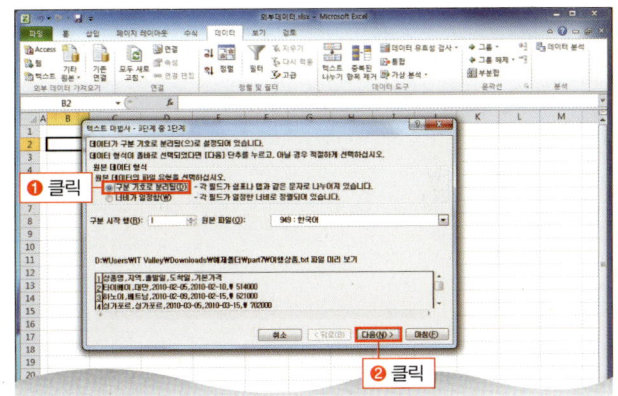

03. [텍스트 마법사–3단계 중 2단계] 대화상자에서 구분 기호를 [쉼표]에 체크하고 [다음]을 클릭합니다.

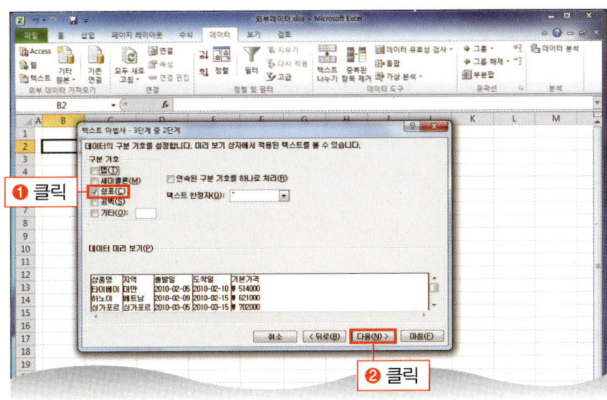

04. [텍스트 마법사-3단계 중 3단계] 창이 나타나면 열 데이터 서식의 [일반]을 체크하고 [마침]을 클릭합니다.

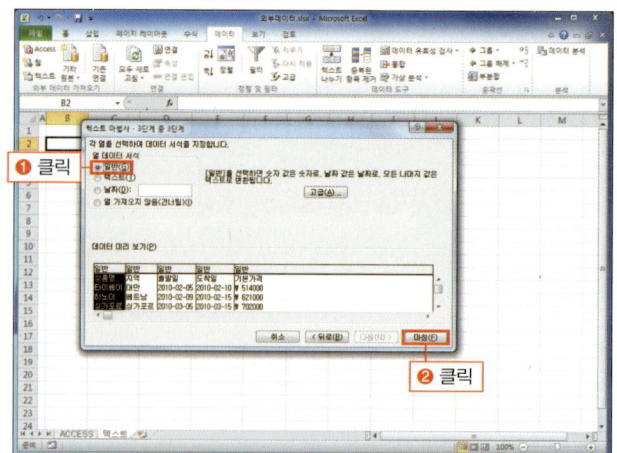

05. [데이터 가져오기] 대화상자가 나타나면 [기존 워크시트]에서 [B2] 셀을 선택하고 [확인]을 클릭합니다.

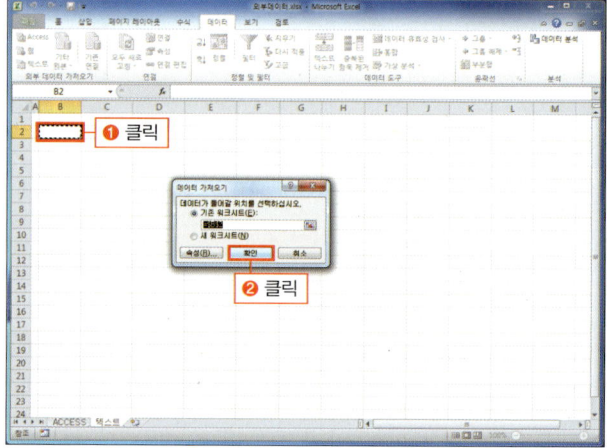

06. [B2:F13]을 선택하고 [삽입] 탭-[표] 그룹-[표]를 클릭합니다.

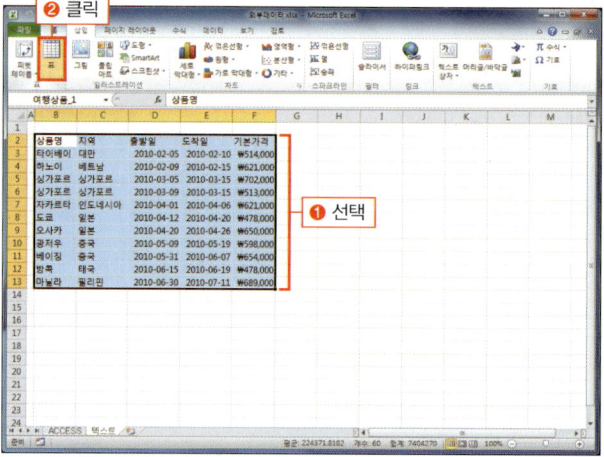

07. [표 만들기] 대화상자가 나타나며 [머리글 포함]에 체크하고 [확인]을 클릭합니다. [B12:C13]의 내용을 그림과 같이 변경하고, [F3:F13]을 선택한 후 [표시 형식] 그룹에서 [일반]을 클릭합니다.

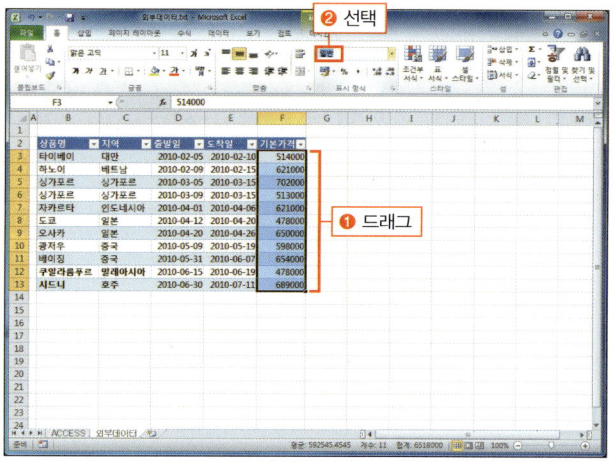

08. [파일] 탭–[다른 이름으로 저장]을 클릭하고 [다른 이름으로 저장] 대화상자가 나타나면 [파일 형식]을 '텍스트(탭으로 분리)'로 설정한 후 [저장]을 클릭합니다.

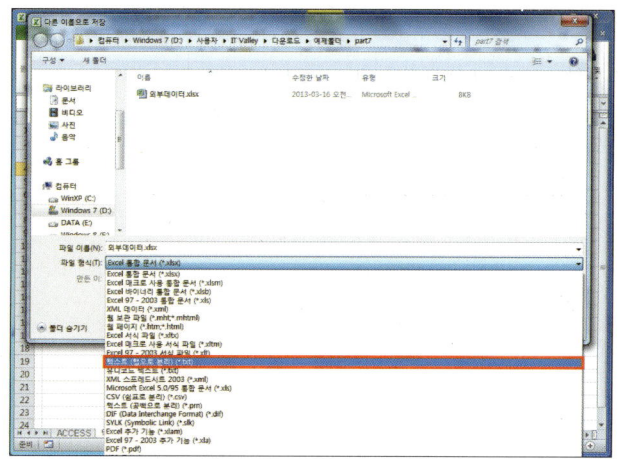

09. 위의 따라하기에서 저장한 '외부데이터.txt' 파일을 열어 결과를 확인합니다.

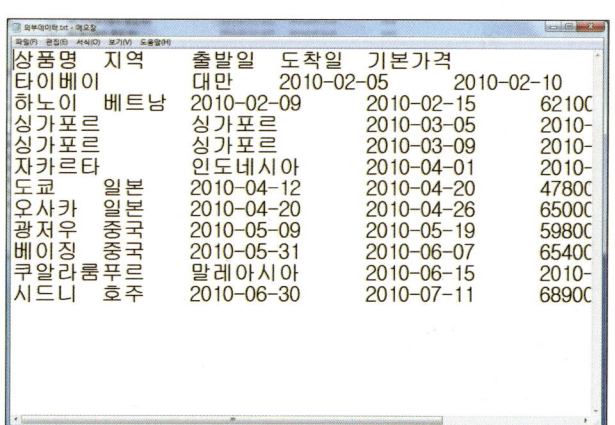

02 데이터 정렬 및 필터링하기

레벨 ● ● ○

데이터 정렬 기능을 이용하면 데이터의 내용에 따라 내림차순과 오름차순으로 정렬할 수 있습니다. 자동 필터와 고급 필터를 이용하여 데이터를 정렬할 수도 있고 부분합을 이용하여 항목별로 소계를 할 수도 있습니다.

기초탄탄 ◗ 정렬 방식 설정하기

■ [정렬] 대화상자 이해하기 `477P`

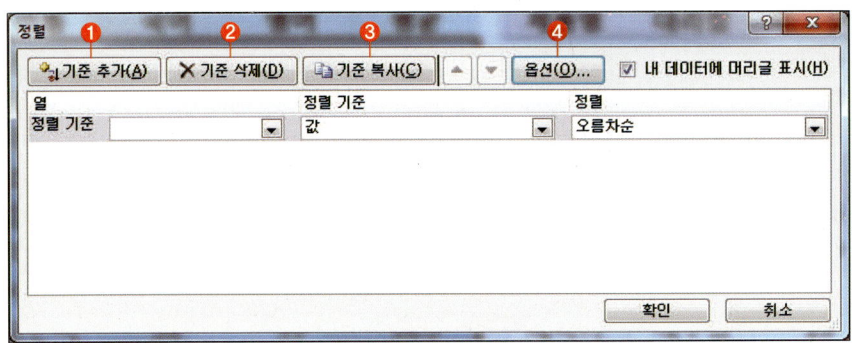

❶ **기준 추가** : 정렬할 기준을 추가하여 여러 기준을 잡을 수 있습니다.

❷ **기준 삭제** : 정렬에 있는 기준을 삭제합니다.

❸ **기준 복사** : 같은 기준으로 똑같은 것을 만들 수 있습니다.

❹ **옵션** : 정렬하는 방향을 설정합니다.

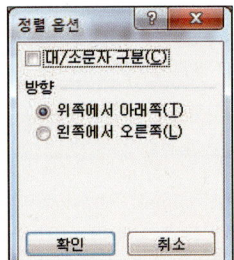

■ [고급 필터] 대화상자 482P

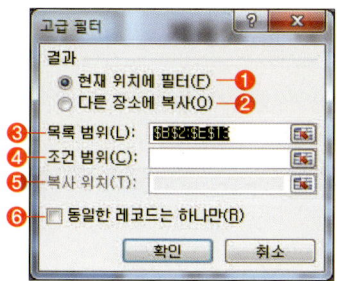

❶ **현재 위치에 필터** : 데이터에 있는 범위에 직접 필터를 적용합니다.

❷ **다른 장소에 복사** : 필터링한 데이터를 다른 위치의 셀에 사용합니다.

❸ **목록 범위** : 필터링할 데이터의 범위를 지정합니다.

❹ **조건 범위** : 조건이 들어 있는 범위를 지정합니다.

❺ **복사 위치** : [다른 장소에 복사] 체크 시 필터링할 데이터를 나타낼 셀 위치를 지정합니다.

❻ **동일한 레코드는 하나만** : 체크하면 중복된 내용을 제거한 데이터를 나타낼 수 있습니다.

■ 조건 규칙 482P

담당자	거래처명
김종하	한통해운

- 조건이 서로 같은 행이 붙어 있으면 AND 조건이 됩니다.
- 즉, 담당자가 '김종하'이고 거래처명이 '한통해운'이 되는 조건

담당자	거래처명
김종하	
	한통해운

- 조건이 서로 같은 행이 붙어 있으면 OR 조건이 됩니다.
- 즉, 담당자가 '김종하'이거나 거래처명이 '한통해운'이 되는 조건

담당자
김종하
양수진
최봉수

- 조건이 한 열에 여러 행이 있으면 OR 조건이 됩니다.
- 즉, 담당자가 '김종하'이거나 담당자가 '양수진'이거나 담당자가 '최봉수'가 되는 조건

■ [부분합] 대화상자 이해하기

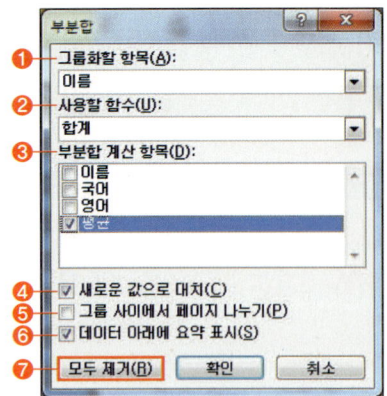

① 그룹화할 항목 : 범위 중에 동일한 내용으로 그룹화가 될 열 머리글을 지정합니다.

② 사용할 함수 : 그룹화될 내용의 경우에 어떤 함수를 이용하여 값을 낼지를 결정합니다.

③ 부분합 계산 항목 : 함수를 적용하여 계산이 될 필드 항목을 선택합니다.

④ 새로운 값으로 대치 : 기존에 부분합이 된 내용을 삭제하고 다시 부분합을 대체합니다.

⑤ 그룹 사이에서 페이지 나누기 : 각 그룹의 다음에 페이지가 나눠져 표시합니다.

⑥ 데이터 아래에 요약 표시 : 부분합 결과를 표시할 위치를 지정합니다.

⑦ 모두 제거 : 전체 부분합을 제거합니다.

데이터의 내용별로 오름차순이나 내림차순으로 정렬하며 기준을 다르게 하여 정렬이 가능합니다.

예제 파일 I CD\Part 07\정렬및필터링.xlsx　**완성 파일 I** CD\Part 07\정렬및필터링-완성.xlsx

■ 평균을 기준으로 내림차순 하기

01. 예제 파일의 [정렬] 시트에서 [B2:E13]를 선택하고 [데이터] 탭–[정렬 및 필터] 그룹–[정렬]을 클릭합니다.

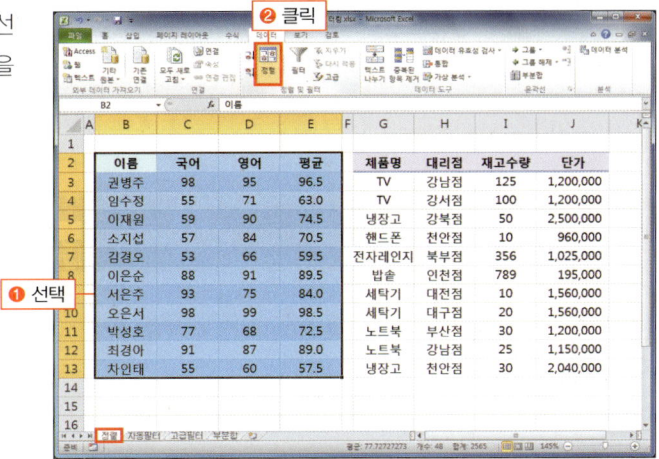

02. [정렬] 대화상자가 나타나면 [정렬 기준]은 '평균'으로 설정하고, [정렬 기준]을 '값', [정렬]은 '내림차순'으로 설정한 후 [확인]을 클릭합니다.

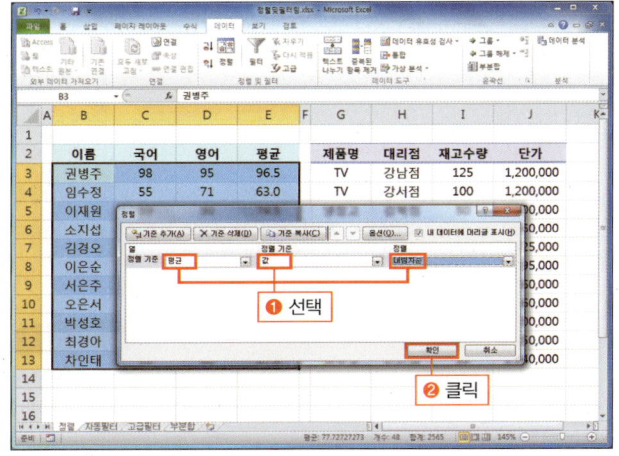

03. [B2:E13]의 데이터가 내림차순으로 정렬되어 나타납니다.

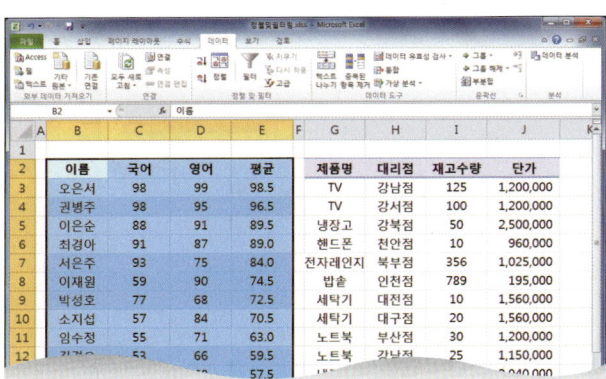

■ 사용자 지정 목록을 이용하여 제품명 정렬하기

01. [G2:J13]을 선택하고 [데이터] 탭–[정렬 및 필터] 그룹–[정렬]을 클릭합니다.

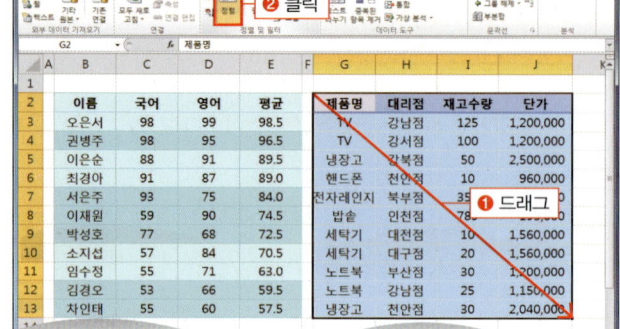

TIP ː 제품명은 '냉장고, TV, 세탁기, 노트북, 핸드폰, 밥솥' 순서로 정렬합니다.

02. [정렬] 대화상자가 나타나면 [정렬 기준]을 '제품명', [정렬 기준]을 '값', [정렬]을 '사용자 지정 목록'으로 설정합니다.

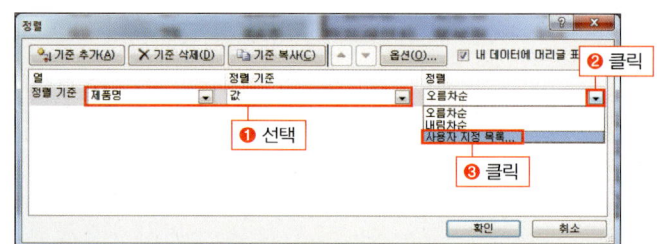

TIP ː 원하는 순서대로 정렬하기 위해서는 '사용자 지정 목록'을 이용해야 합니다.

03. [사용자 지정 목록] 대화상자가 나타나면 [목록 항목]에 '냉장고, TV, 세탁기, 노트북, 핸드폰, 밥솥'을 입력한 후 [추가]와 [확인]을 클릭합니다.

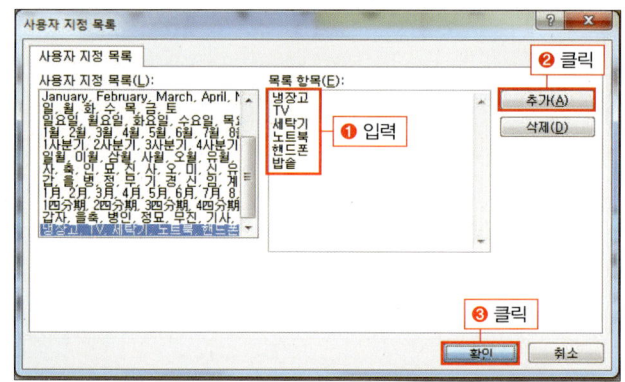

04. 다시 [정렬] 대화상자가 나타나면 [확인]을 클릭하고 결과를 확인합니다.

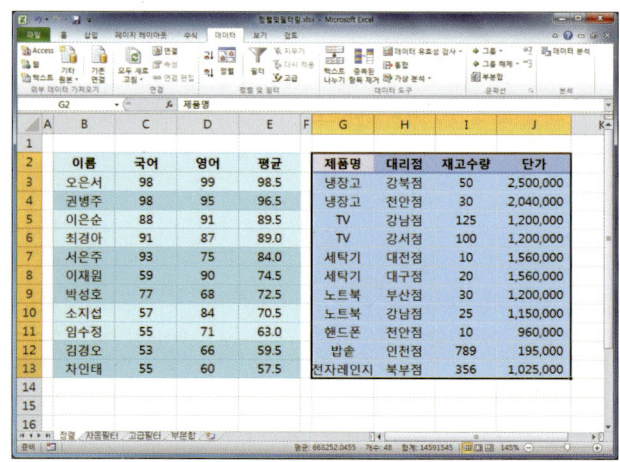

478

자동 필터는 한 열에 대해서 기준을 잡아 오름차순/내림차순 정렬, 색 기준이나 숫자를 가지고 필터링하는데 쉽게 원하는 값을 추출할 수 있습니다.

■ 자동 필터를 이용한 색 필터

예제 파일 ❙ CD\Part 07\정렬및필터링.xlsx　**완성 파일 ❙** CD\Part 07\정렬및필터링-완성.xlsx

01. [자동필터] 시트에서 [B2:G13]을 선택하고 [데이터] 탭–[정렬 및 필터] 그룹–[필터]를 클릭합니다.

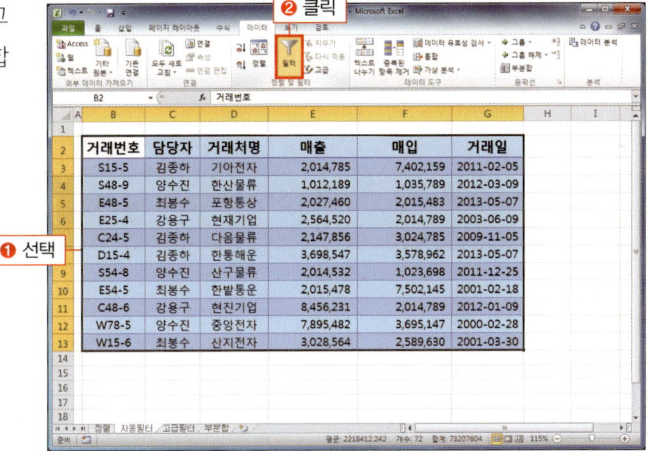

02. [D2] 셀의 내림 삼각형을 클릭하고 [색 기준 필터]에서 [색]을 선택합니다. 그럼, 색깔이 있는 데이터만 표시됩니다.

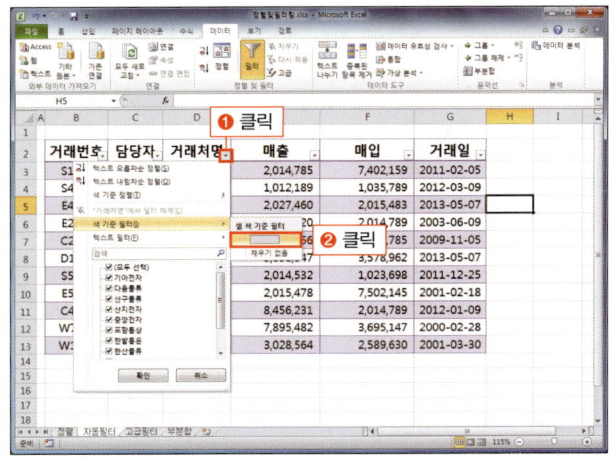

■ 원하는 범위의 값만 필터링하기

01. 필터링된 내림 삼각형을 클릭하여 ['거래처명'에서 필터 해제]를 선택합니다.

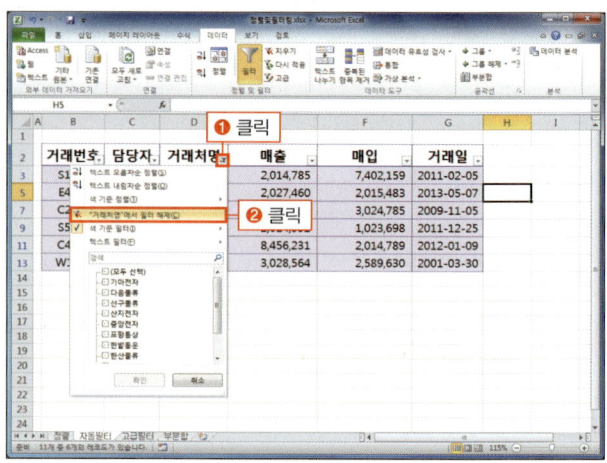

02. [E2] 셀의 내림 삼각형을 클릭하고 [숫자 필터]-[해당 범위]를 선택합니다.

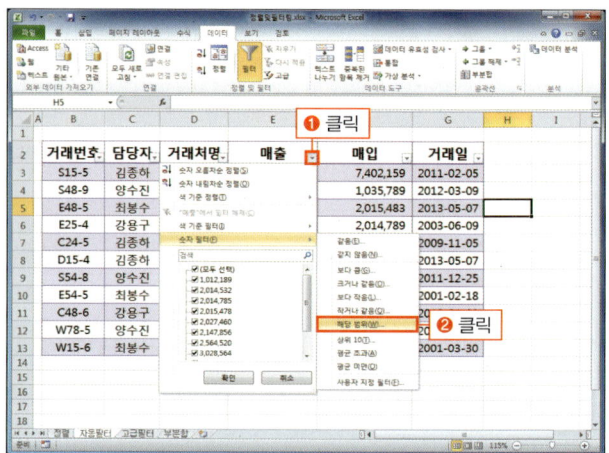

03. [사용자 지정 자동 필터] 대화상자가 나타나면 첫 번째 내용에 '2500000'을 입력하고 두 번째 내용에 '3000000'을 입력한 후 [확인]을 클릭합니다.

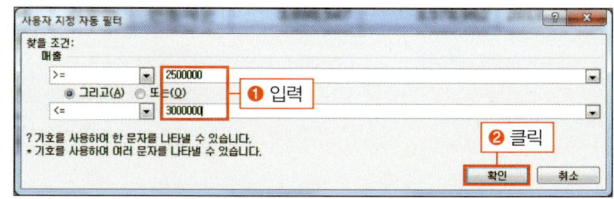

04. 250000과 3000000사이의 값만 추출하여 결과를 확인할 수 있습니다.

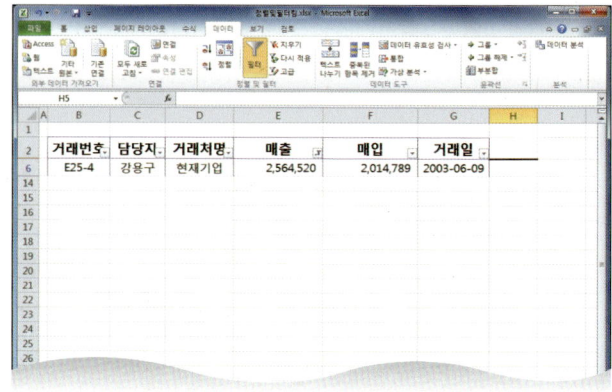

■ 일정 비율의 내용만 표시하기

01. 같은 방법으로 [매출]에서 필터 해제를 선택하고 [F2] 셀의 내림 삼각형을 클릭하여 [숫자 필터]-[상위 10]을 선택합니다.

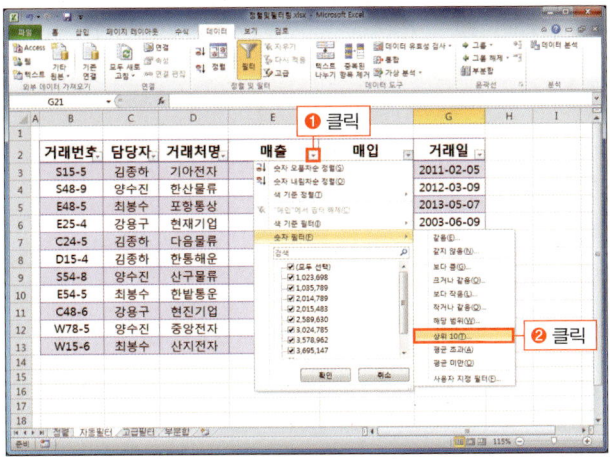

02. [상위 10 자동 필터] 대화상자가 나타나면 '상위, 20, %'로 변경하고 [확인]을 클릭합니다.

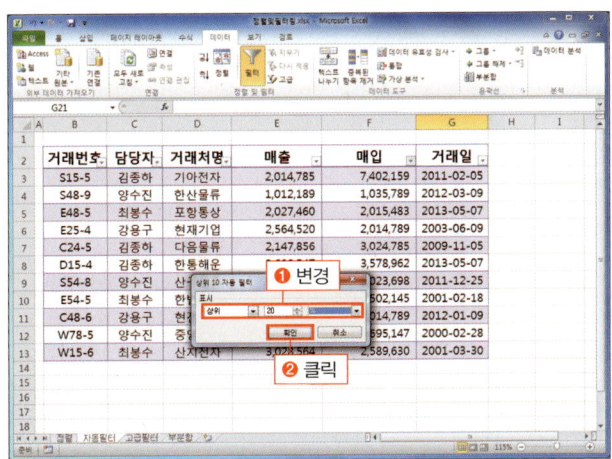

03. 상위 20% 데이터만 추출됩니다.

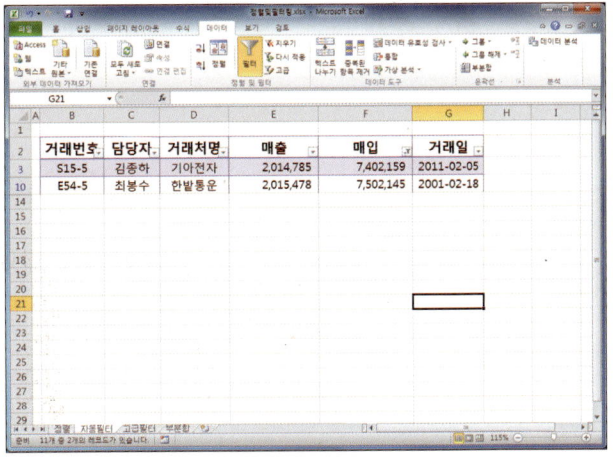

고급 필터는 조건을 입력하고 조건에 만족하는 데이터만 추출하여 하나의 표를 만들 수 있습니다.

예제 파일 | CD₩Part 07₩정렬및필터링.xlsx　**완성 파일** | CD₩Part 07₩정렬및필터링-완성.xlsx

■ AND 형식의 조건으로 필터링하기

01. [고급필터] 시트에서 다음 조건을 완성합니다. [H2:I3]에 조건을 입력합니다.

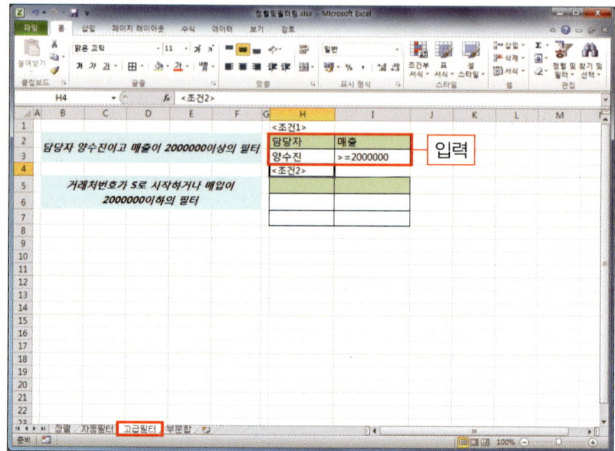

02. [B9] 셀을 선택하고 [데이터] 탭-[정렬 및 필터] 그룹-[고급]을 클릭합니다.

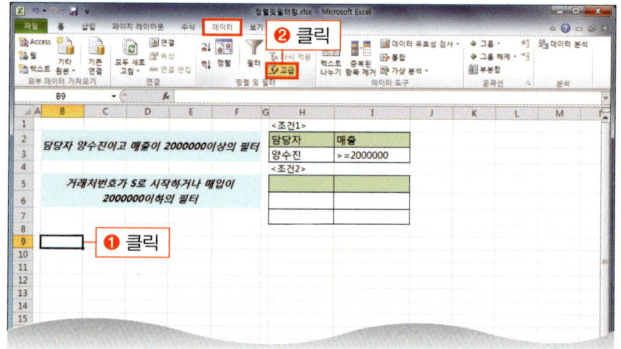

03. [고급 필터] 대화상자가 나타나면 [다른 장소에 복사]에 체크하고 [목록 범위]에서 [자동필터] 시트로 이동한 다음 [B2:G13]을 선택합니다.

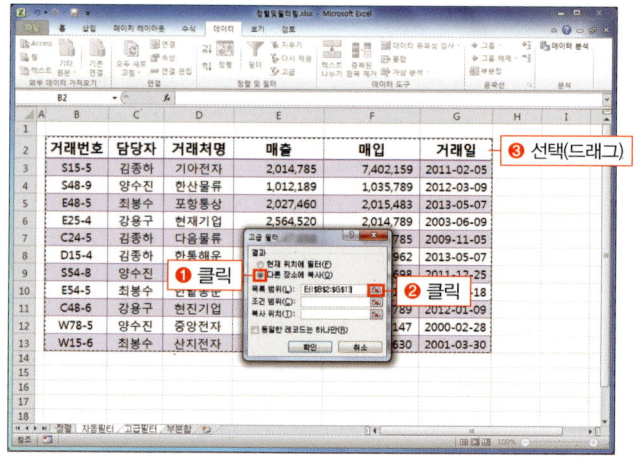

04. 다시 [고급필터] 시트로 돌아온 후 [조건 범위]에서 [H2:I3]을 지정하고, [복사 위치]에서 [B9] 셀을 선택한 후 [확인]을 클릭합니다.

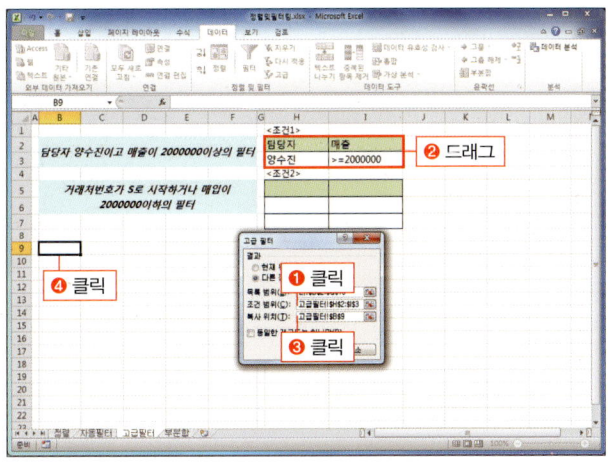

05. 조건에 맞게 필터링한 데이터 결과를 확인합니다.

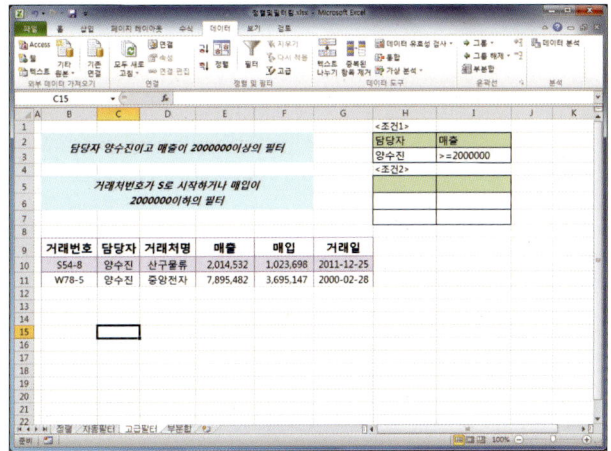

■ OR 형식의 조건으로 필터링하기

01. [H5:I7]에 조건에 맞는 데이터를 입력합니다.

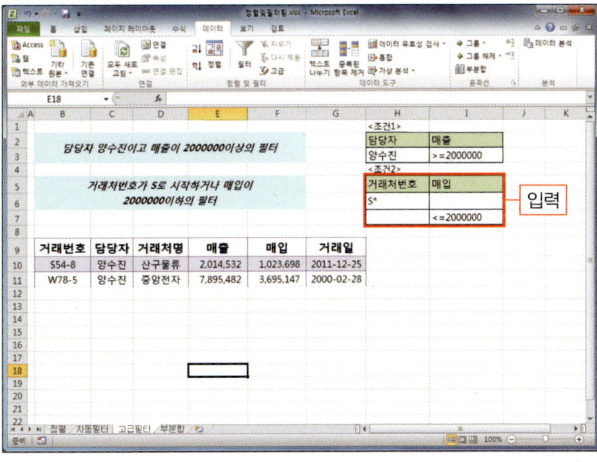

> **TIP** : '~이거나'는 OR 조건이므로 조건의 위치에 행이 다르게 입력합니다. 'S*'를 입력하면 'S로 시작하는 모든 값'을 의미합니다.

02. Ctrl 을 누른 상태로 [B9] 셀, [C9] 셀, [F9] 셀을 선택하고 Ctrl + C 를 눌러 복사한 후 [B13] 셀에 붙여 넣습니다.

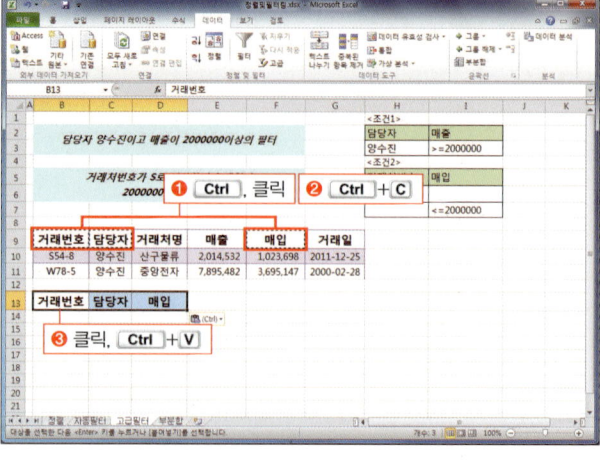

TIP : 필요한 결과만 나타내기 위해서 복사 위치 값을 미리 지정합니다.

03. [데이터] 탭–[정렬 및 필터] 그룹–[고급]을 클릭하여 [고급 필터] 대화상자를 불러온 후 [고급 필터] 대화상자가 나타나면 [다른 장소에 복사]를 체크하고 [목록 범위]에서 [자동필터] 시트의 [B2:G13]을 선택합니다. [조건 범위]에는 [고급필터] 시트의 [H5:I7]까지 선택하고, [복사 위치]에는 [B13:D13]까지 선택한 후 [확인]을 클릭합니다.

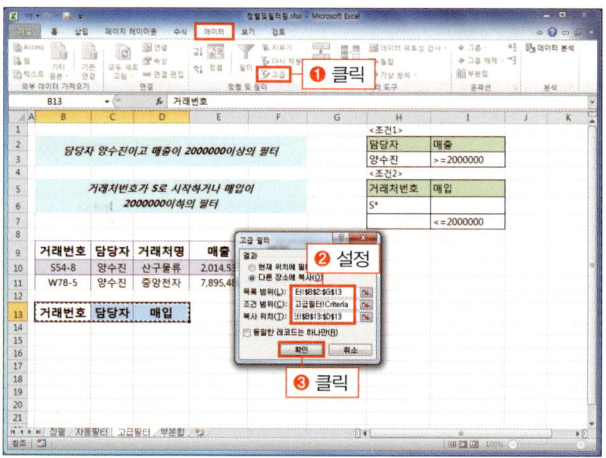

04. 조건에 맞고 필요한 결과만 나타나는 것을 확인할 수 있습니다.

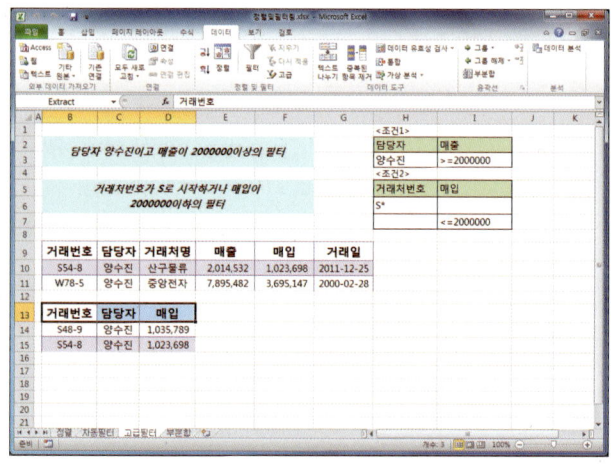

부분합을 이용하면 데이터 표에서 같은 종류의 항목들을 묶어 항목별로 함수를 이용한 계산을 할 수 있습니다.

예제 파일 | CD₩Part 07₩정렬및필터링.xlsx **완성 파일 |** CD₩Part 07₩정렬및필터링-완성.xlsx

■ 대리점별 부분합 단가 합계 구하기

01. 부분합을 구하기 전에 먼저 그룹화할 열을 정렬해야 합니다. [부분합] 시트에서 [B2:D20]을 선택하고 [데이터] 탭-[정렬 및 필터] 그룹-[정렬]을 클릭합니다. [정렬] 대화상자가 나타나면 [정렬 기준]을 '대리점'으로 설정하고 [확인]을 클릭합니다.

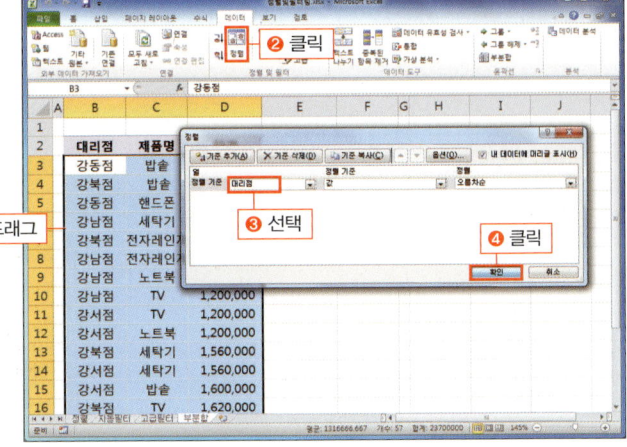

02. 대리점별로 정렬이 되면 [데이터] 탭-[윤곽선] 그룹-[부분합]을 클릭합니다.

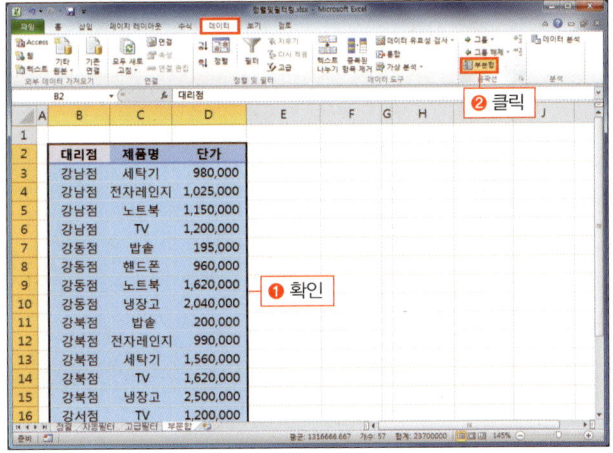

03. [부분합] 대화상자가 나타나면 [그룹화할 항목]을 '대리점'으로 [사용할 함수]를 '합계'로 [부분합 계산 항목]의 [단가]를 체크한 후 [확인]을 클릭합니다.

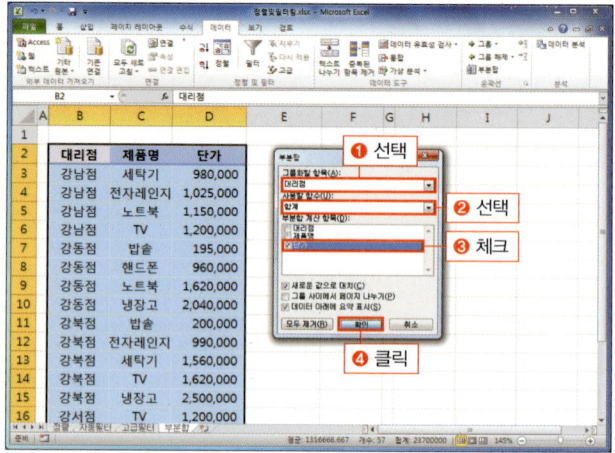

04. 왼쪽 창에 생긴 그룹별 번호에서 '2'를 클릭하면 대리점별 요약을 한 눈에 확인할 수 있습니다.

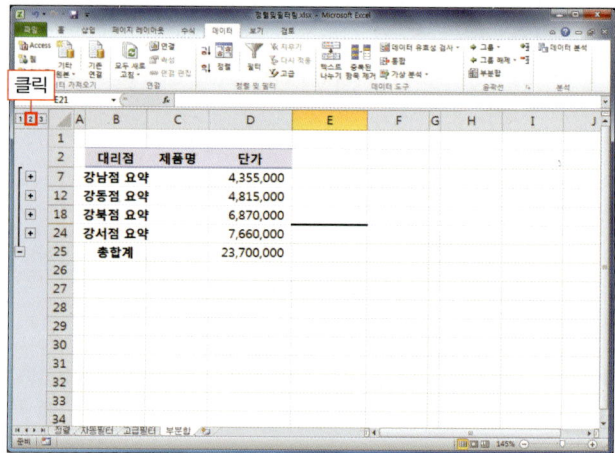

05. [데이터] 탭-[윤곽선] 그룹-[그룹 해제]에서 [윤곽 지우기]를 클릭합니다.

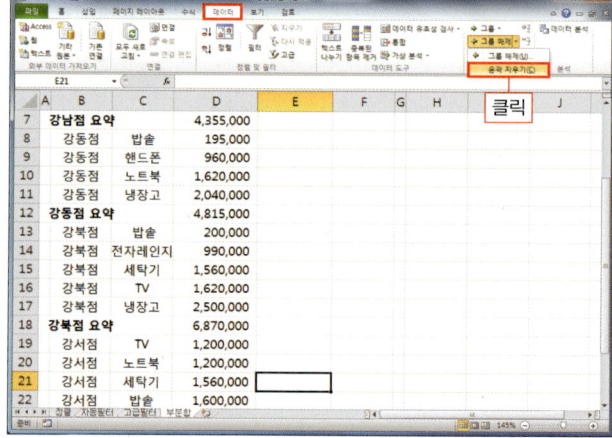

> **TIP :** 윤곽은 데이터를 최대로 묶어 한 수준의 그룹으로 지정하면 요약 행이나 열을 빠르게 표시하거나 각 그룹의 정보 데이터를 보여줍니다.

LESSON 03
다재다능한 [데이터 도구] 그룹 이해하기

레벨 ● ○ ○

[데이터] 탭–[데이터 도구] 그룹에는 함수를 제외한 엑셀의 가장 핵심적인 기능들이 있습니다. 함수를 이용하여 필요한 자료를 만들 수 있다면, [데이터 도구] 그룹의 기능들은 자료를 원하는 형태로 분류하는 데 도움을 줍니다.

기초탄탄 ▶ 많이 사용하는 데이터 관리

■ 유효성 검사 이해하기 `495P`

유효성 검사를 사용하면 사용자가 셀에 입력하는 데이터를 제어할 수 있습니다.

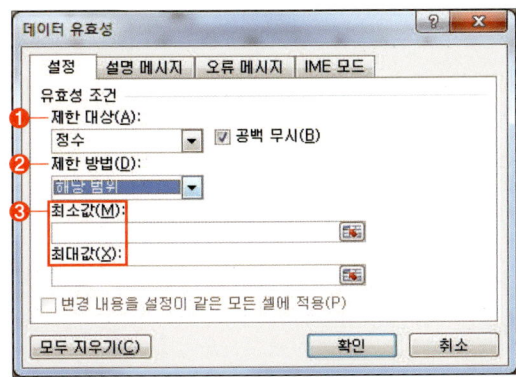

❶ **제한 대상** : 정수, 소수점, 목록, 날짜, 시간, 텍스트 길이, 사용자 지정을 설정합니다.

❷ **제한 방법** : 제한 대상에 맞게 크게, 작게, 범위 등을 지정합니다.

❸ **최소값, 최대값** : 제한 방법이 해당 범위이거나 제외 범위인 경우 값들을 지정할 수 있습니다.

487

■ [통합] 대화상자 이해하기 <mark>500P</mark>

데이터 목록의 첫 행과 왼쪽 열을 기준으로 요약을 할 수 있습니다.

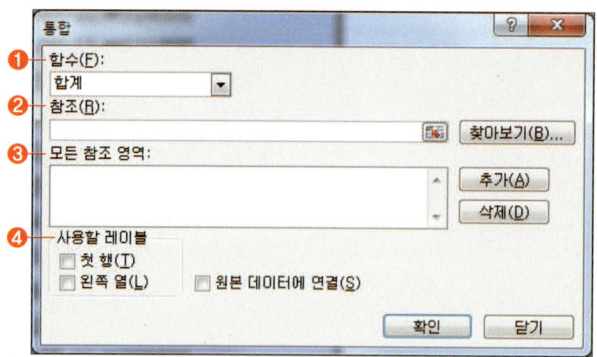

❶ **함수** : 개수, 평균, 최대값, 최소값, 곱, 숫자 개수 등의 함수를 사용합니다.

❷ **참조** : 워크시트에서 통합할 범위를 지정합니다.

❸ **모든 참조 영역** : 참조를 하고 [추가]를 클릭하면 참조 영역에 표시됩니다.

❹ **사용할 레이블** : 통합할 표들의 첫 행과 왼쪽 열의 기준을 체크할 수 있습니다.

■ [시나리오 관리자] 대화상자 이해하기 <mark>503P</mark>

값의 변화에 따른 여러 가지 가상 분석 자료를 추출합니다.

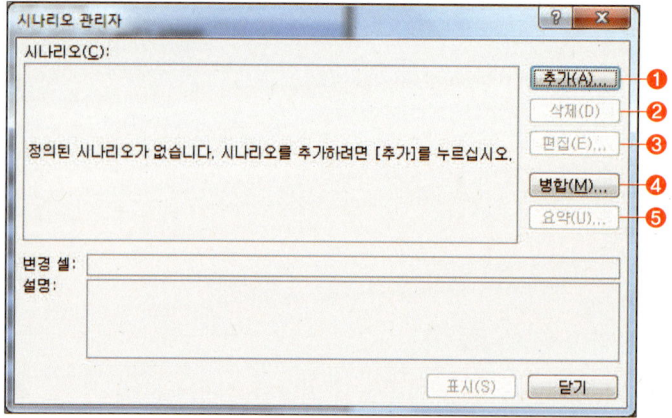

❶ **추가** : 시나리오에 추가할 데이터를 가져옵니다.

❷ **삭제** : 시나리오 관리자의 데이터 중 필요 없는 자료를 삭제합니다.

❸ **편집** : 시나리오를 선택하여 다른 내용으로 수정합니다.

❹ **병합** : 시나리오를 다른 워크시트와 병합하여 사용합니다.

❺ **요약** : 시나리오 자료를 요약하여 시나리오나 피벗 테이블로 완성합니다.

■ [목표값 찾기] 대화상자 이해하기 <mark>503P</mark>

수식의 값을 변화시켜 수식이 변할 때 원하는 값의 변화를 알아봅니다.

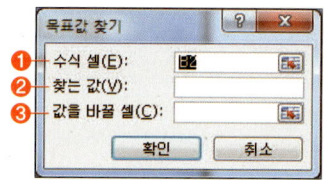

❶ **수식 셀** : 변화될 값 중 수식이 있는 셀을 선택합니다.

❷ **찾는 값** : 수식 셀 중에 목표 값이 될 값을 직접 입력합니다.

❸ **값을 바꿀 셀** : 수식 셀의 값이 찾는 값에 맞게 변화될 때 변경되는 셀 값입니다.

■ 데이터 표 <mark>501P</mark>

수식이 참조하는 특정 값을 변경할 경우 수식의 결과가 어떻게 달라지는지 표시하는 셀 범위를 의미합니다.

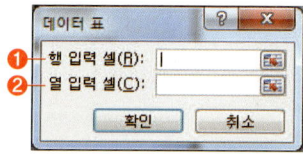

❶ **행 입력 셀** : 수식이 들어 있는 셀이 행 관련 셀입니다.

❷ **열 입력 셀** : 수식이 들어 있는 셀이 열 관련 셀입니다.

데이터 나누기는 한 셀에 구분 기호(탭, 쉼표, 세미콜론, 공백 등)와 함께 여러 값들이 들어 있는 경우 구분 기호에 맞게 여러 셀로 분리하여 나눌 수 있습니다.

예제 파일 | CD₩Part 07₩데이터도구.xlsx **완성 파일 |** CD₩Part 07₩데이터도구-완성.xlsx

01. 예제 파일을 불러온 후 [텍스트] 시트에서 [B2:B13]을 선택합니다. [데이터] 탭-[데이터 도구] 그룹-[텍스트 나누기]를 클릭합니다.

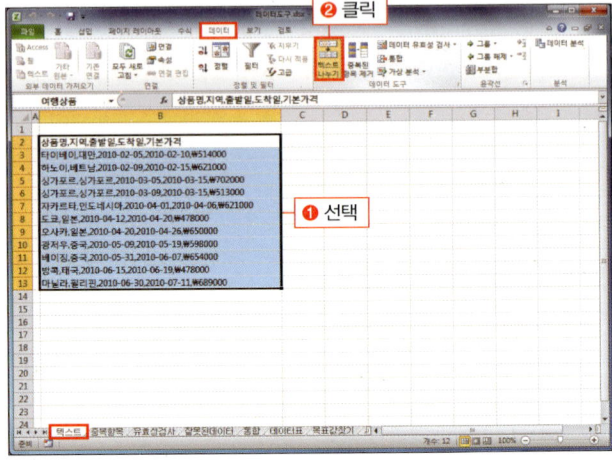

02. [텍스트 마법사-3단계 중 1단계] 대화상자에서 [구분 기호로 분리됨]을 체크하고 [다음]을 클릭합니다.

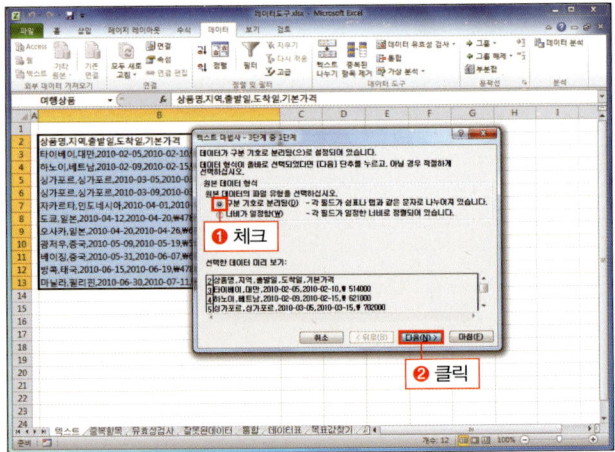

TIP : [보안 경고] 창

예제 파일을 열 때 [보안 경고] 창이 나타나면 [콘텐츠 사용]을 클릭합니다. [보안 경고] 창은 매크로 보안 수준에 따라 나타나므로 작업을 할 경우에는 [콘텐츠 사용]을 클릭하여 사용하면 됩니다.

⚠ **보안 경고** 데이터 연결을 사용할 수 없도록 설정했습니다.   콘텐츠 사용   ✕

03. [텍스트 마법사-3단계 중 2단계] 대화상자에서 [구분 기호]에서 [쉼표]를 체크하고 [다음]을 클릭합니다.

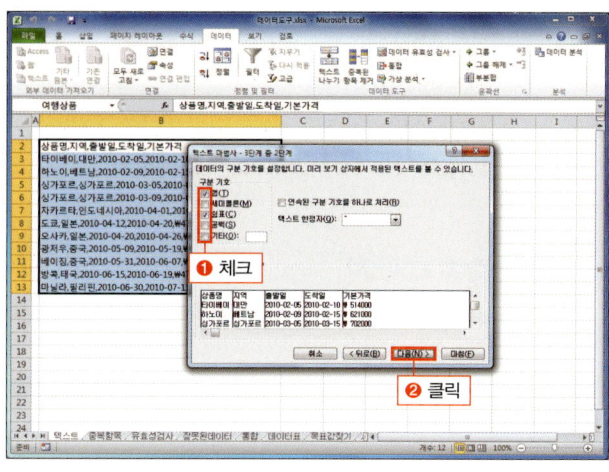

TIP : 내용상의 구분 기호로 쉼표(,)가 쓰이기 때문에 [쉼표]를 체크합니다.

04. [텍스트 마법사-3단계 중 3단계] 대화상자에서 [열 데이터 서식]에 [일반]을 체크하고 [마침]을 클릭합니다.

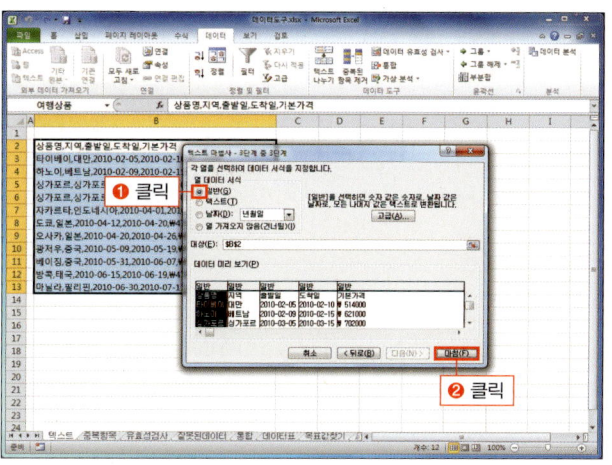

TIP : [일반]을 체크하면 문자별, 숫자별, 날짜별로 구분하기 때문에 일반적으로 가장 많이 사용합니다.

05. 여러 셀에 분리하여 내용이 나타나면 [열 머리글]을 클릭하여 열별로 열 너비를 조절합니다.

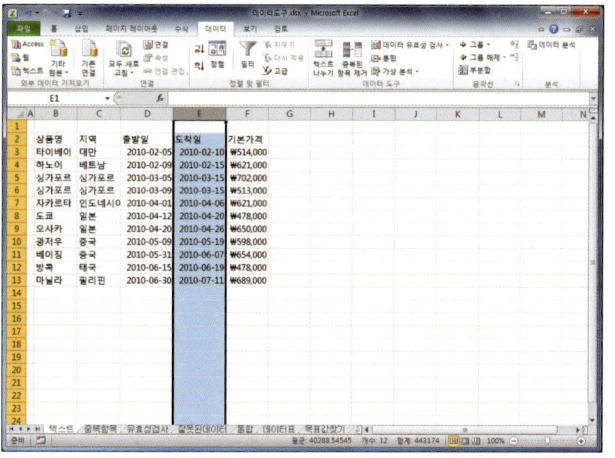

중복된 항목의 제거는 속성이 같은 열에 여러 개의 값이 중복되어 있는 경우 하나의 값만 남기고 나머지는 제거합니다. 즉, 중복되어 있는 값을 삭제하여 데이터의 정확성을 높일 수 있습니다.

■ 단순한 중복 제거하기

예제 파일 | CD₩Part 07₩데이터도구.xlsx **완성 파일 |** CD₩Part 07₩데이터도구-완성.xlsx

01. [중복항목] 시트에서 [B2:B11]을 선택하고 [데이터] 탭–[데이터 도구] 그룹–[중복된 항목 제거]를 클릭합니다.

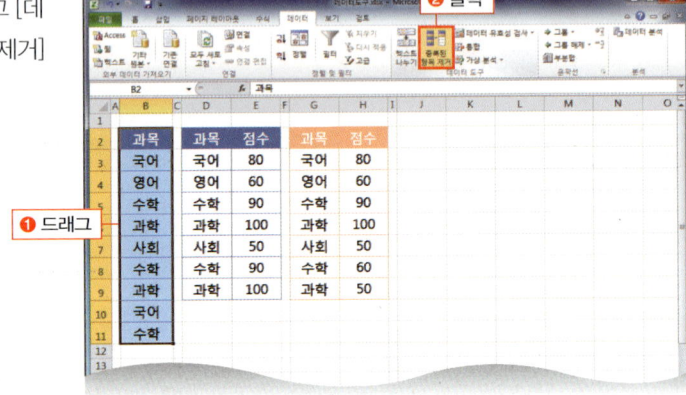

02. [중복된 항목 제거] 대화상자가 나타나면 [열]에 어떤 내용인지를 확인하고 [확인]을 클릭합니다.

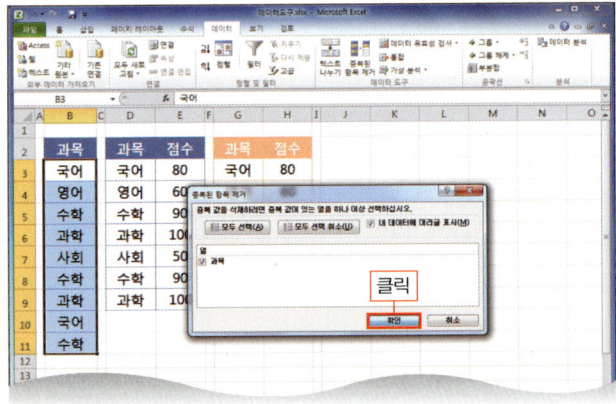

03. 중복이 제거된 내용의 창이 나타나면 [확인]을 클릭합니다.

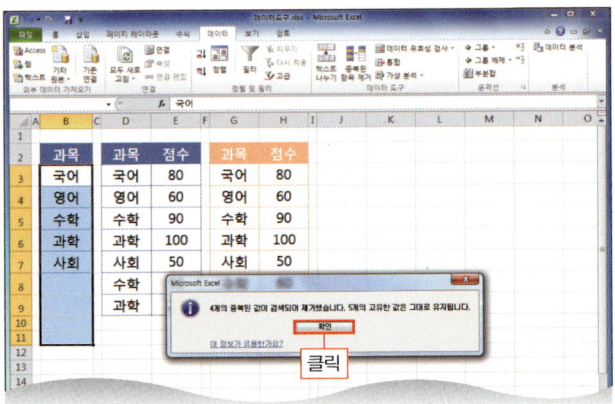

■ 2개 열 이상의 중복된 내용 제거하기

01. 이번에는 [D2:E9]를 선택하고 [데이터]
탭-[데이터 도구] 그룹-[중복된 항목 제거]를 클
릭합니다.

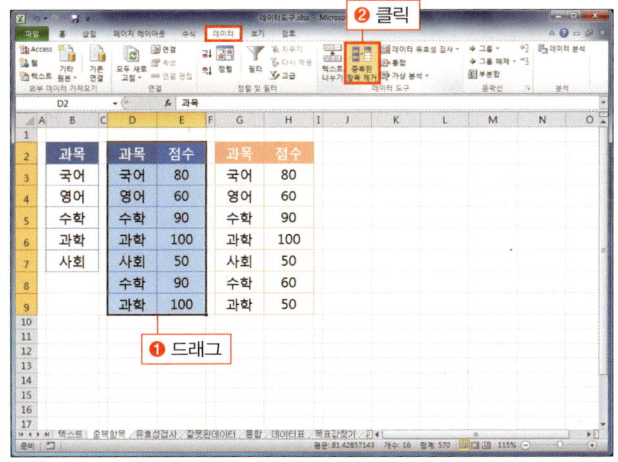

02. 열에 2개 항목의 내용을 확인하고 [확인]을
클릭합니다.

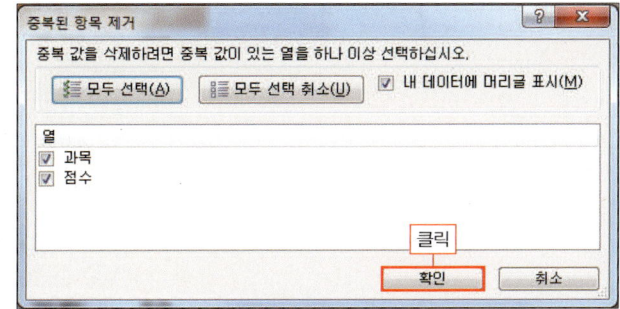

03. 2개의 중복된 내용이 삭제되는 데 여기서는
과목과 점수가 모두 같은 행만 삭제됩니다. 즉, 과
목과 점수가 같지 않으면 삭제되지 않습니다. [확
인]을 클릭합니다.

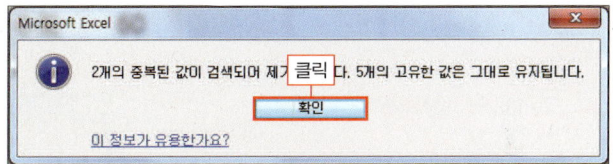

■ 2개의 열 중 한 개의 항목만 제거하기

01. [G2:H9]를 선택하고 [데이터] 탭-[데이터 도
구] 그룹-[중복된 항목 제거]를 클릭합니다.

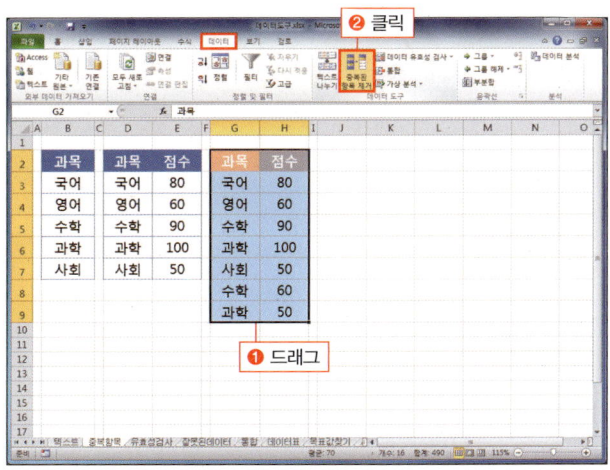

02. [중복된 항목 제거] 대화상자에서 [열]의 [점수]에 체크를 해제하고 [확인]을 클릭합니다.

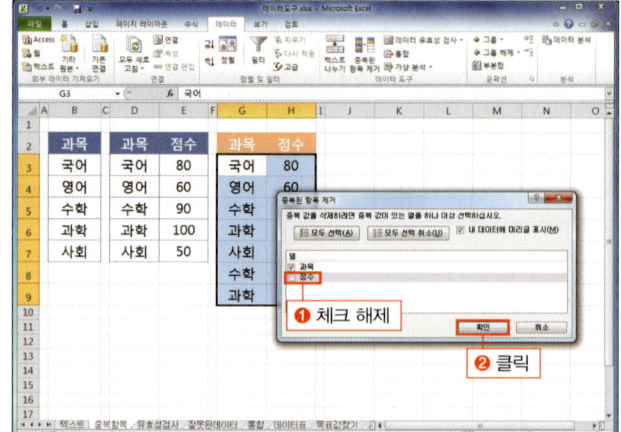

03. 중복이 제거된 내용의 창이 나타나면 [확인]을 클릭합니다. 여기서는 점수와 상관없이 과목을 기준으로 중복된 내용의 행을 삭제합니다.

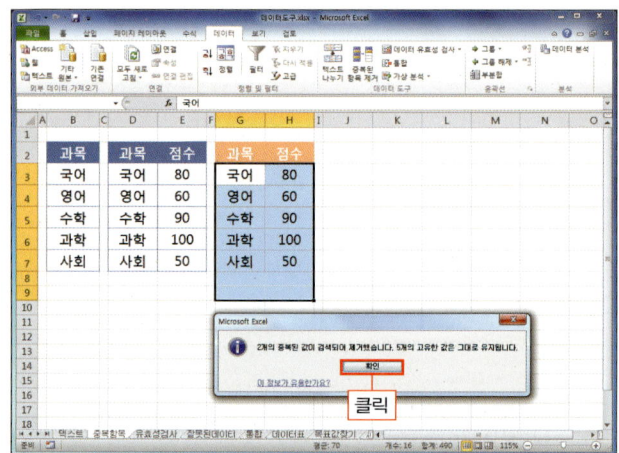

04. 결과를 확인합니다.

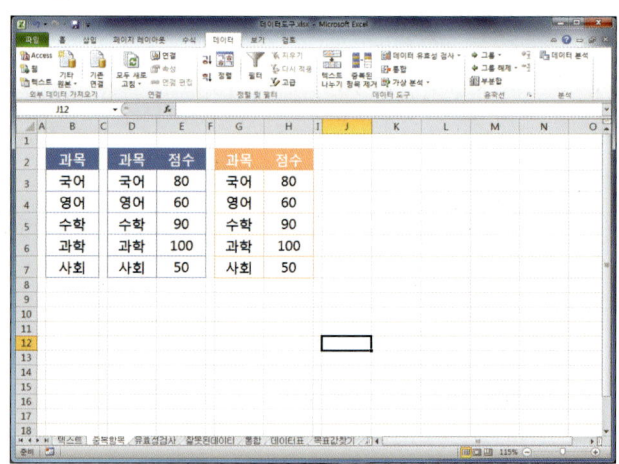

유효성 검사는 사용자가 셀에 입력하는 데이터 또는 값의 유형을 제어할 때 사용합니다. 유효하지 않은 데이터를 사용자가 입력하지 못하도록 하거나 셀에 데이터를 입력할 때 경고 메시지가 표시되도록 할 수 있습니다.

예제 파일 Ⅰ CD₩Part 07₩데이터도구.xlsx **완성 파일** Ⅰ CD₩Part 07₩데이터도구-완성.xlsx

■ 목록을 이용하여 데이터 입력하기

01. [유효성검사] 시트에서 [G2:G5]를 선택하고 [수식] 탭-[정의된 이름] 그룹-[선택 영역에서 만들기]를 클릭합니다.

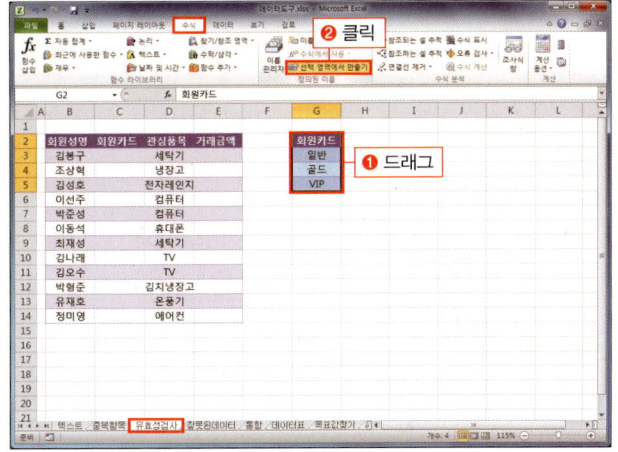

02. [선택 영역에서 이름 만들기] 대화상자가 나타나면 [첫 행]에 체크하고 [확인]을 클릭합니다.

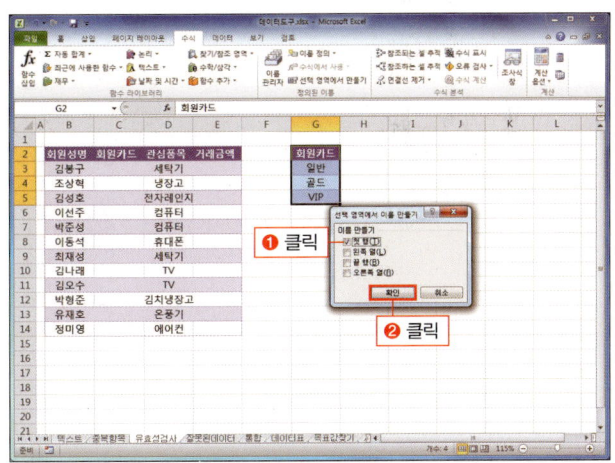

TIP : [G2:G5]의 범위에 이름을 지어줍니다.

03. 다시 [C3:C14]를 선택하고 [데이터] 탭–[데이터 도구] 그룹–[데이터 유효성 검사]에서 [데이터 유효성 검사]를 클릭합니다.

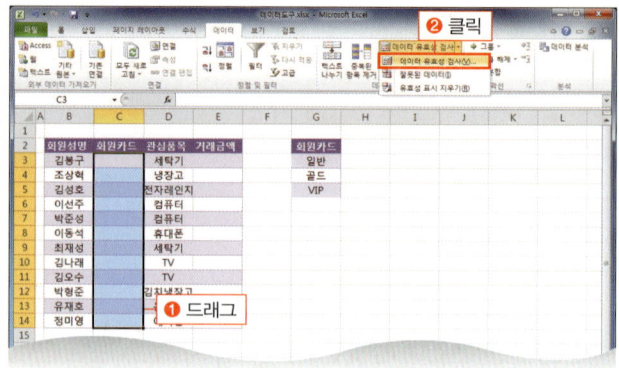

04. [데이터 유효성 검사] 대화상자가 나타나면 [제한 대상]을 '목록'으로 설정하고 [원본]에 '=회원카드'를 입력한 다음 [확인]을 클릭합니다.

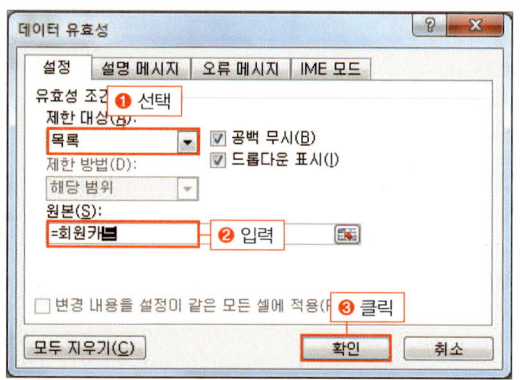

> **TIP** : 원본에 이름을 입력하여 데이터를 입력하는 경우는 '='을 꼭 입력해야 합니다.

05. [C2:C14]에 선택할 수 있는 내림 삼각형이 나타나면 [회원카드] 내용 중 하나를 선택합니다.

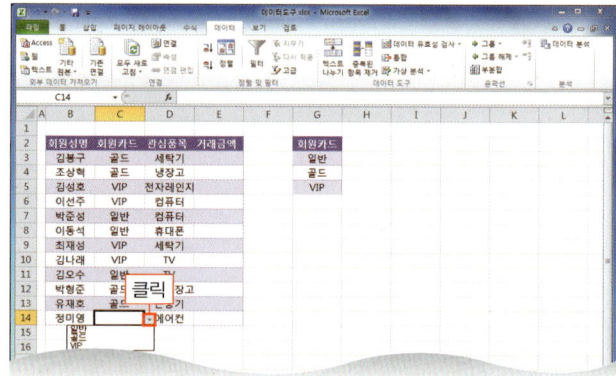

■ **범위에 수의 제한 두기**

01. [E3:E14]를 선택하고 [데이터] 탭–[데이터 도구] 그룹–[데이터 유효성 검사]를 클릭합니다.

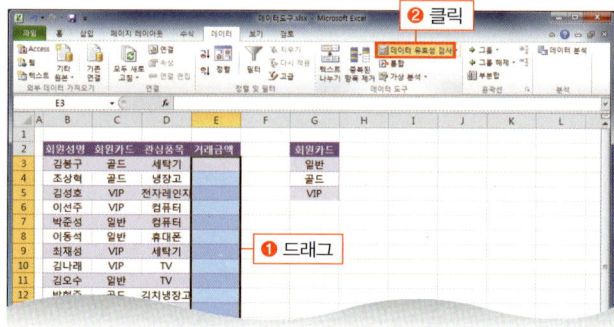

02. [데이터 유효성 검사] 대화상자에서 [제한 대상]을 '정수'로 변경하고 [최소값]에 '500000'을 [최대값]에 '3000000'을 입력합니다.

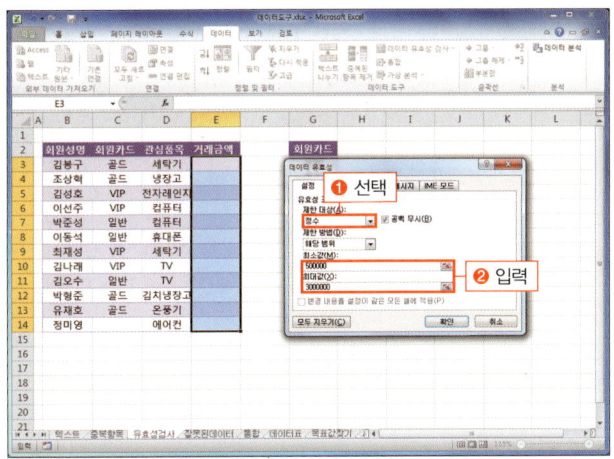

03. [오류 메시지] 탭으로 이동한 다음 [오류 메시지]에 '거래금액 범위에 해당하지 않습니다.'라 고 입력하고 [확인]을 클릭합니다.

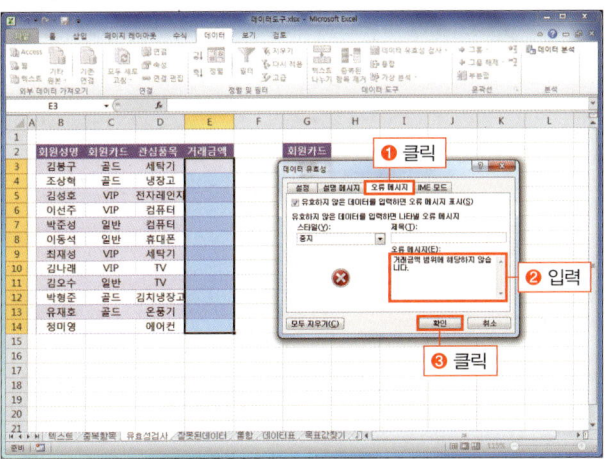

04. [E3:E14]에 그림과 같이 데이터를 입력합니 다. 혹, 데이터가 '500,000~3,000,000'에 해당하 지 않는다면 다음과 같이 오류 창이 나타납니다.

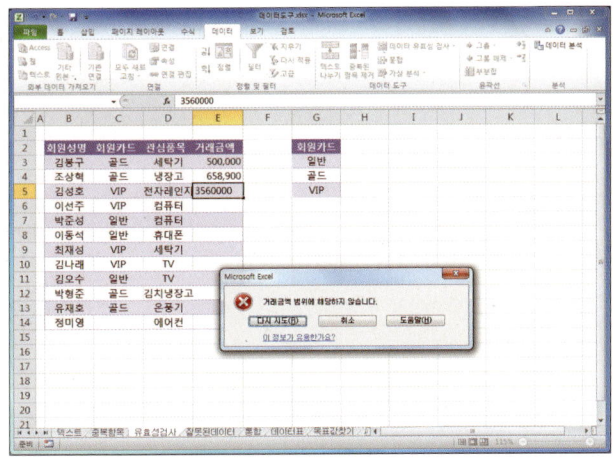

잘못된 데이터는 유효성 검사에서 미리 범위를 지정하고 그 범위에 해당하지 않는 값들만 찾을 때 사용합니다. 즉, 원치 않은 데이터 구분 시 사용하면 좋습니다.

예제 파일 | CD₩Part 07₩데이터도구.xlsx **완성 파일 |** CD₩Part 07₩데이터도구-완성.xlsx

01. [잘못된데이터] 시트에서 [D3:D11]을 선택하고 [데이터] 탭-[데이터 도구] 그룹-[데이터 유효성 검사]를 클릭합니다.

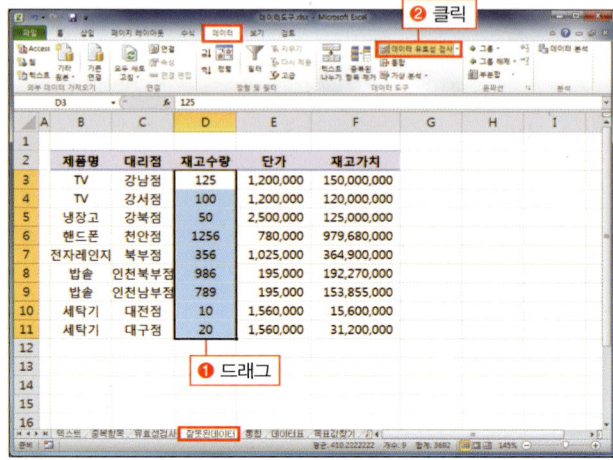

02. [데이터 유효성] 대화상자의 [설정] 탭에서 [제한 대상]을 '텍스트 길이'로, [제한 방법]은 '='으로, [길이]에 '3'을 입력하고 [확인]을 클릭합니다.

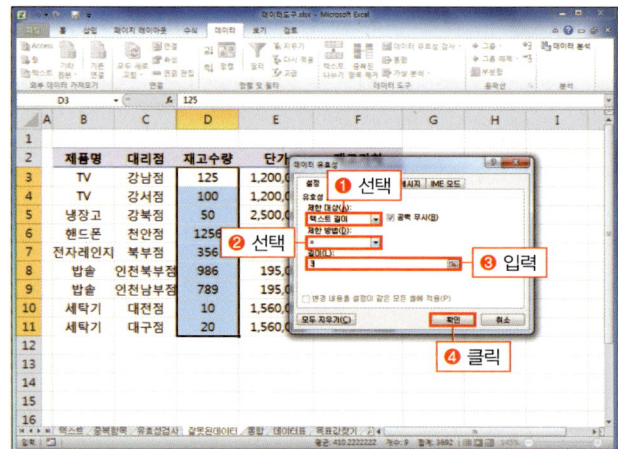

> **TIP :** 길이의 제한은 문자나 숫자나 모두 사용하는데 여기서는 '100~999'까지 허용이 된다는 뜻입니다.

03. 다시 [D3:D11]을 선택하고 [데이터 도구] 탭-[데이터 도구] 그룹-[데이터 유효성 검사]에서 [잘못된 데이터]를 선택합니다.

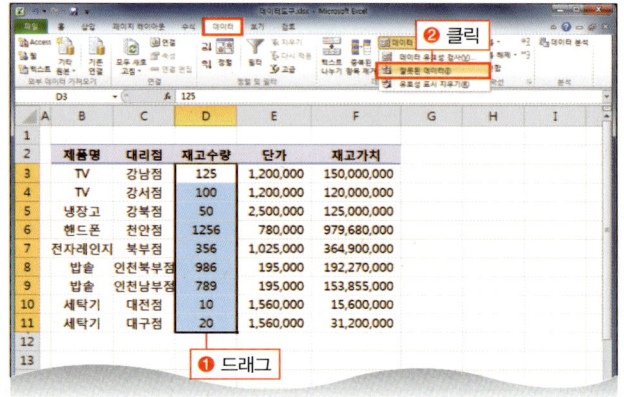

04. 다음과 같이 해당하지 않는 범위에는 빨간색의 동그라미가 그려집니다.

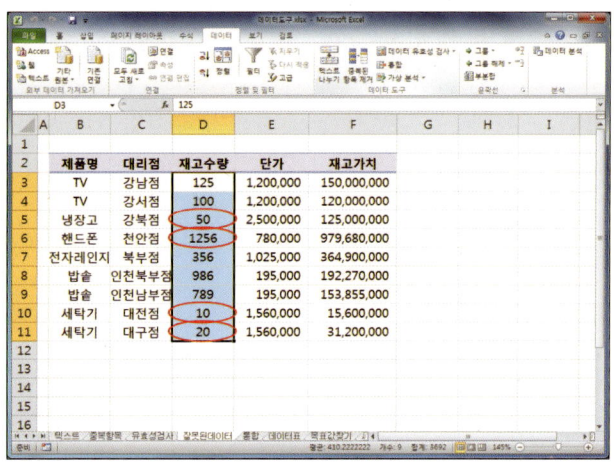

TIP : 오류 메시지

사용자가 잘못된 데이터를 입력한 경우에 [오류 메시지] 창이 나타납니다.

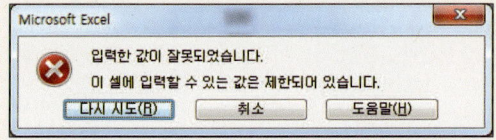

아이콘	유형	용도
⊗	중지	사용자가 셀에 잘못된 데이터를 입력하지 못하도록 막습니다. [다시 시도] 또는 [취소]라는 두 가지 옵션이 있습니다.
⚠	경고	사용자가 잘못된 데이터를 입력할 경우, 입력을 금지하지 않는 대신 입력한 데이터가 유효하지 않다는 사실을 사용자에게 알립니다. 경고 메시지가 나타났을 때 사용자는 [예]를 클릭하여 유효하지 않은 입력을 그대로 적용하거나, [아니요]를 클릭하여 잘못된 입력 내용을 편집하거나, [취소]를 클릭하여 잘못된 입력 내용을 제거할 수 있습니다.
ⓘ	정보	사용자가 잘못된 데이터를 입력할 경우, 입력을 금지하지 않는 대신 입력한 데이터가 유효하지 않다는 사실을 사용자에게 알립니다. 이 유형의 오류 메시지는 융통성이 가장 뛰어납니다. 정보 경고 메시지가 나타났을 때 사용자는 [확인]을 클릭하여 유효하지 않은 값을 그대로 적용하거나, [취소]를 클릭하여 해당 값을 제거할 수 있습니다.

통합은 데이터 목록의 첫 행과 왼쪽 열의 항목별로 요약하여 원하는 형태(합계, 평균, 최대값 등)로 표현할 수 있습니다. 최대 255개까지의 데이터 목록을 통합할 수 있습니다.

예제 파일 | CD₩Part 07₩데이터도구.xlsx **완성 파일** | CD₩Part 07₩데이터도구_완성.xlsx

01. [통합] 시트에서 [E10:F15]를 선택하고 [데이터] 탭→[데이터 도구] 그룹→[통합]을 클릭합니다.

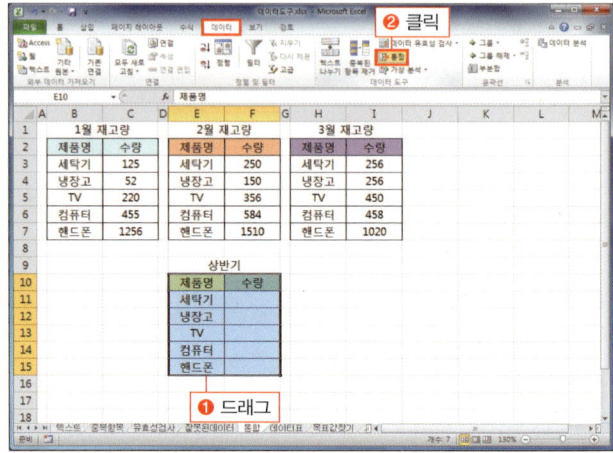

02. [통합] 대화상자가 나타나면 [함수]는 '합계', [참조]에서 [B2:C7]을 선택한 후 [추가]를 클릭합니다. 계속해서 [E2:F7]을 선택한 후 [추가]를 클릭, [H2:I7]을 선택하고 [추가]를 클릭한 후 [첫 행], [왼쪽 열]을 체크하고 [확인]을 클릭합니다.

> **문제해결** [첫 행]과 [왼쪽 열]을 체크해야 정확한 값을 추출할 수 있습니다.

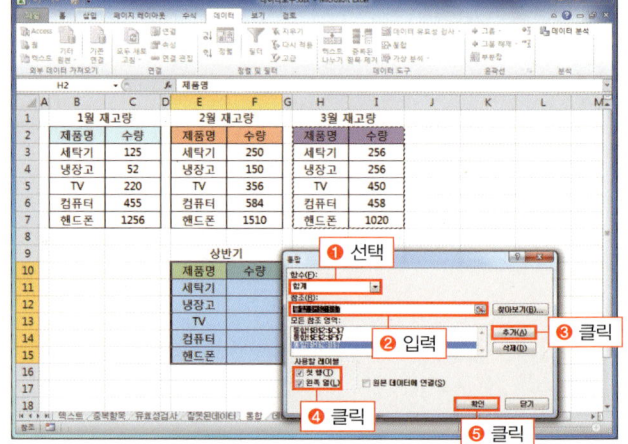

03. 결과를 확인합니다.

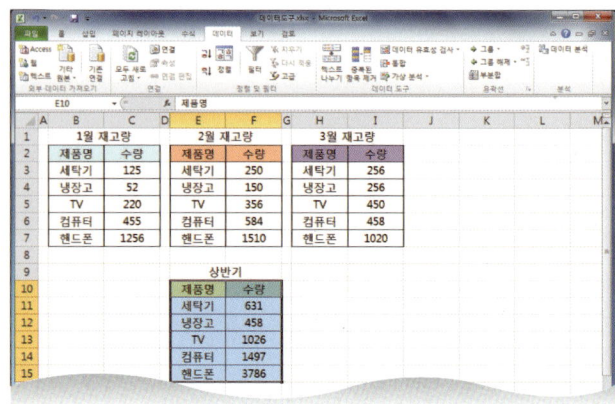

데이터 표는 수식에서 한 개 또는 두 개의 변수를 변경할 경우 수식 결과에 미치는 영향을 보여주는 셀 범위입니다. 표를 사용하면 여러 결과를 한 번의 연산으로 보여주며 변화에 따라 달라지는 결과를 한 번에 비교할 수 있습니다.

예제 파일 | CD\Part 07\데이터도구.xlsx **완성 파일 |** CD\Part 07\데이터도구–완성.xlsx

01. [데이터표] 시트에서 할인율에 대한 수식을 먼저 만들기 위해 [C3] 셀에 할인율 수식인 '=C2–C2*B3'을 입력합니다.

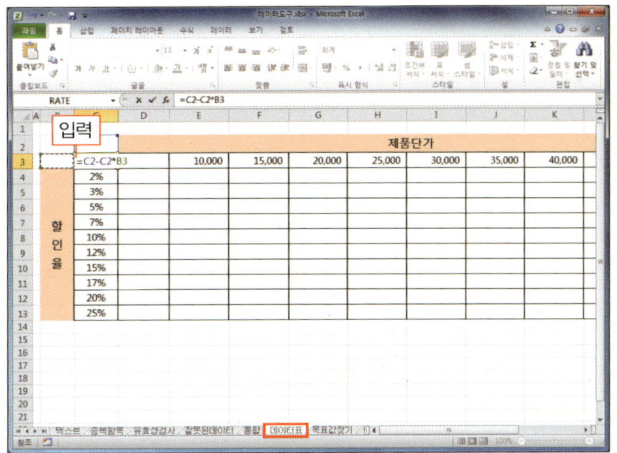

> **TIP :** 먼저 만들어진 수식이 없을 경우 행과 열의 교차하는 부분에 임의의 행과 열의 값을 가지고 수식을 만들어 줍니다.

02. [C3:M13]을 선택하고 [데이터] 탭–[데이터 도구] 그룹–[가상 분석]에서 [데이터 표]를 클릭합니다.

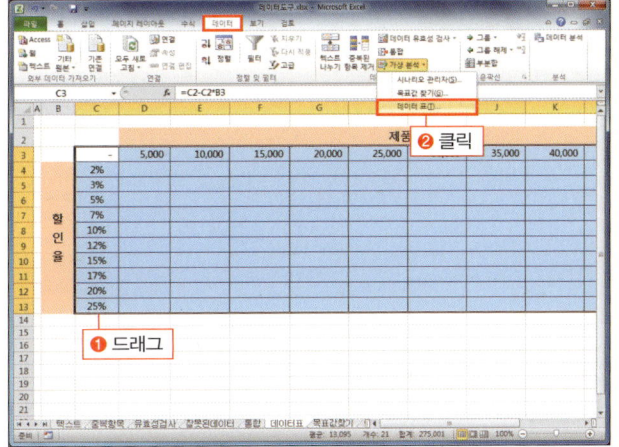

03. [데이터 표] 대화상자가 나타나면 [행 입력 셀]에서 [C2] 셀을 선택하고, [열 입력 셀]에서는 [B3] 셀을 선택한 후 [확인]을 클릭합니다.

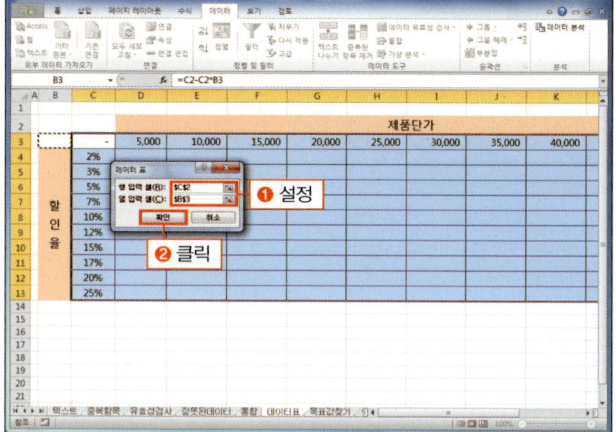

TIP : 수식을 보고 행으로 나열된 값과 열로 나열된 값에 맞게 선택하면 됩니다.

04. 행과 열에 맞게 원하는 할인율을 확인할 수 있습니다.

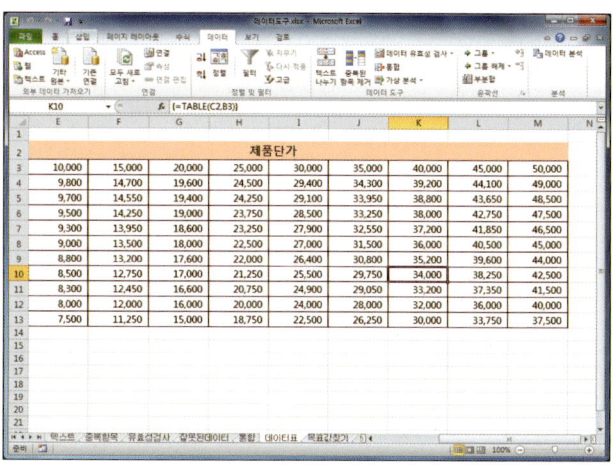

목표값 찾기와 시나리오는 상황에 따라 어떤 값이 나올지 미리 예측하는 가상 분석 도구입니다. 목표값 찾기는 하나의 입력 값만 변경하여 하나의 예측 값을 확인할 수 있지만, 시나리오는 셀 값의 변동에 따른 여러 가지의 변화 값을 예측할 때 사용합니다.

예제 파일 I CD\Part 07\데이터도구.xlsx **완성 파일 I** CD\Part 07\데이터도구—완성.xlsx

■ 목표값 찾기로 적금 금액의 변화 시 적금 기간 알아보기

01. [목표값 찾기] 시트에서 [데이터] 탭—[데이터 도구] 그룹—[가상 분석]에서 [목표값 찾기]를 클릭합니다.

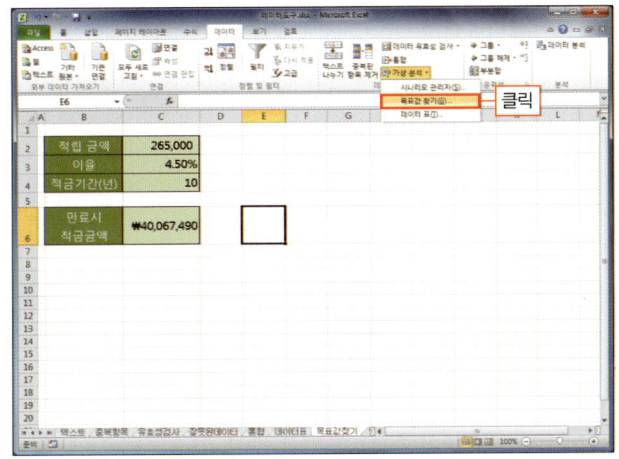

02. [목표값 찾기] 대화상자가 나타나면 [수식 셀]에서 [C6] 셀을 선택하고, [찾는 값]에 '50000000' 입력, [값을 바꿀 셀]에서 [C4] 셀을 선택한 후 [확인]을 클릭합니다.

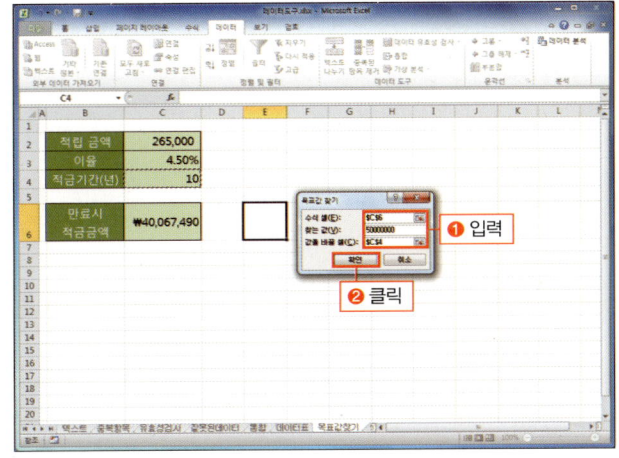

> **TIP :** [값을 바꿀 셀]에서 [C2] 셀을 선택하면 적립 금액의 변화를, [C3] 셀은 이율의 변화를 확인할 수 있습니다.

03. [목표값 찾기] 대화상자에 '50000000'으로 변경되면서 [C4] 셀의 값도 변경되는 것을 확인할 수 있습니다. 즉, 10년이 약 12년으로 변경됩니다. 변경하지 않을 경우 [취소]을 클릭합니다.

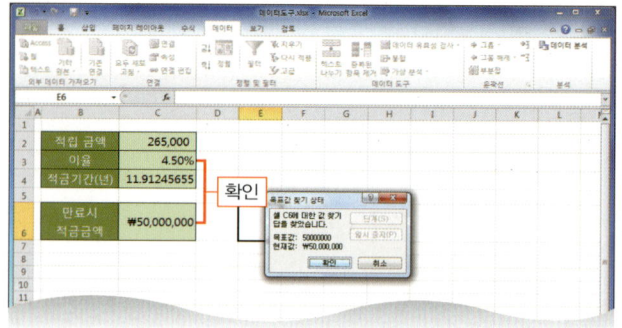

■ 시나리오를 이용하여 적립 금액에 따른 만료 금액을 알아보기

01. [데이터] 탭-[데이터 도구] 그룹-[가상 분석]에서 [시나리오 관리자]를 클릭합니다.

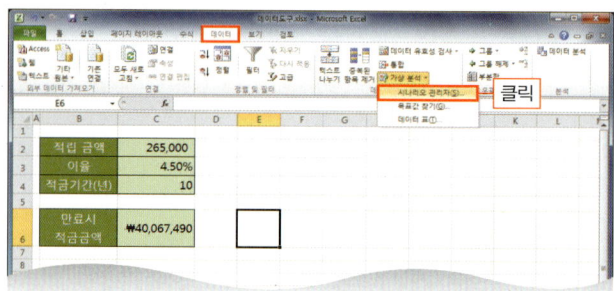

02. [시나리오 관리자] 대화상자가 나타나면 [추가]를 클릭합니다.

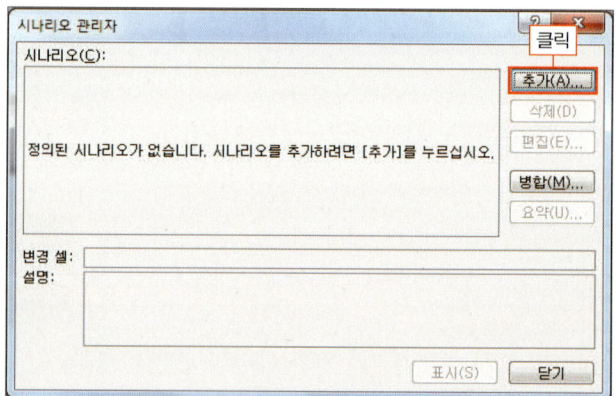

03. [시나리오 편집] 대화상자에서 [시나리오 이름]을 '30만원', [변경 셀]에서 [C2] 셀을 선택하고 [확인]을 클릭합니다.

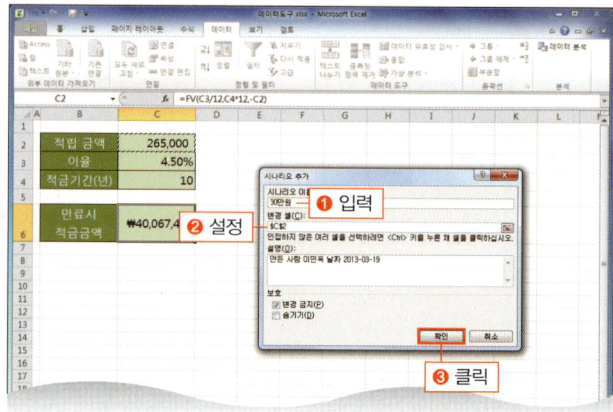

04. [시나리오 값] 대화상자에서 [C2]의 값으로 '300000'을 입력하고 [추가]를 클릭합니다.

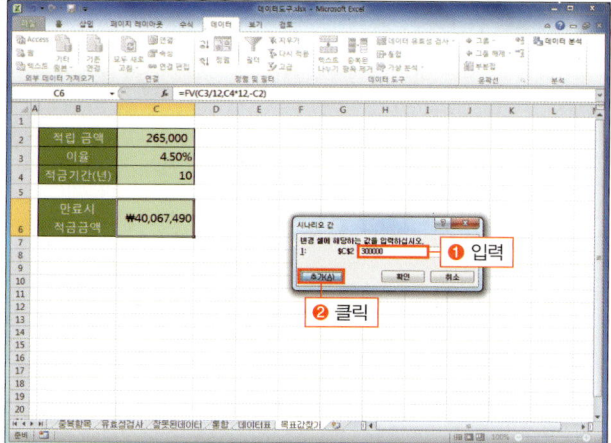

TIP : [추가]는 다른 시나리오를 계속 넣을 경우에 사용합니다.

05. 다시 [시나리오 추가] 대화상자에서 [시나리오 이름]에 '50만원', [변경 셀]에서 [C2] 셀을 선택하고 [확인]을 클릭합니다.

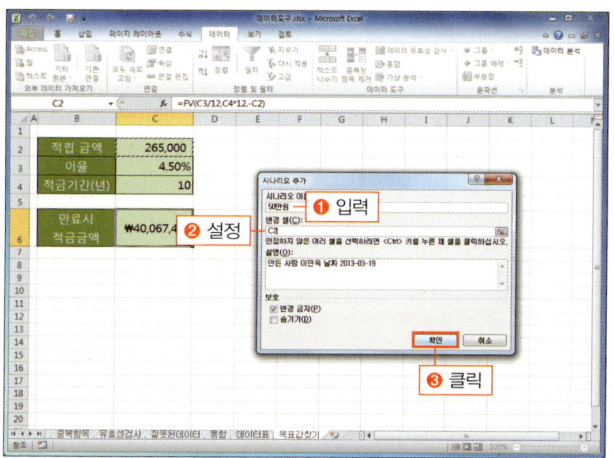

06. 다시 [시나리오 값] 대화상자에서 [C2]의 값으로 '500000'을 입력하고 [확인]을 클릭합니다.

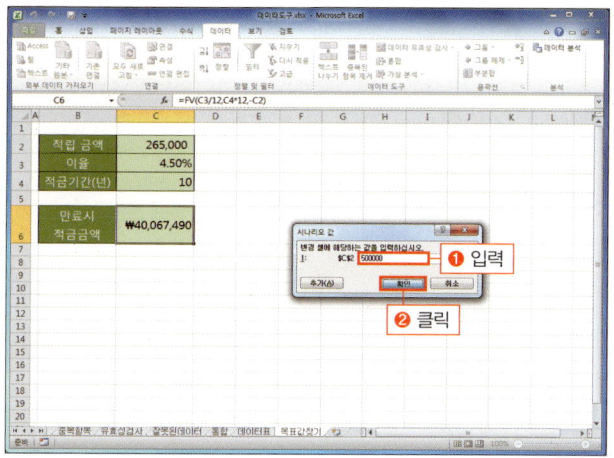

07. [시나리오 관리자] 대화상자에서 [요약]을 클릭합니다.

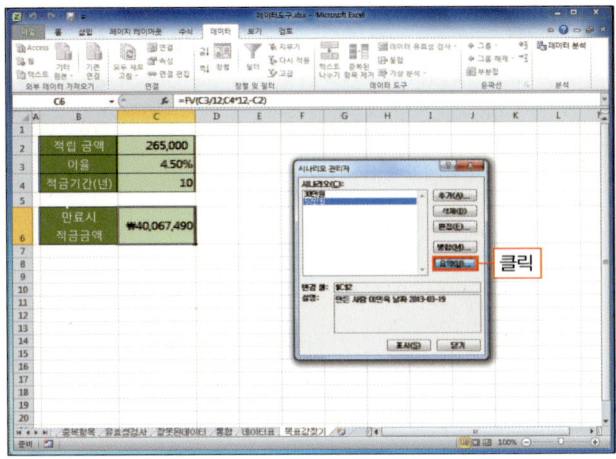

08. [시나리오 요약] 대화상자가 나타나면 [결과 셀]에서 [C6] 셀을 선택하고 [확인]을 클릭합니다.

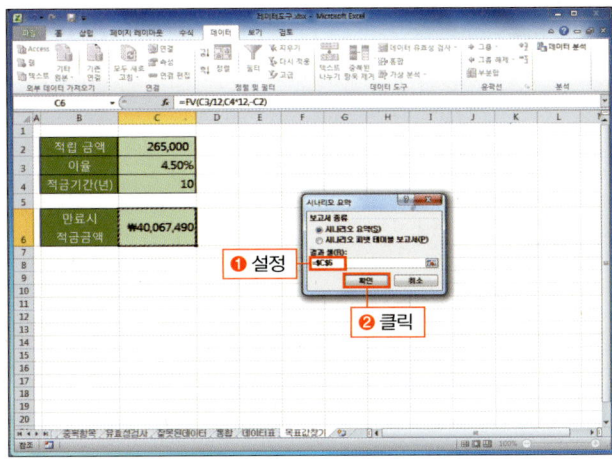

09. 다음과 같이 [시나리오 요약] 시트가 생성되고 요약에 맞는 값들을 확인할 수 있습니다.

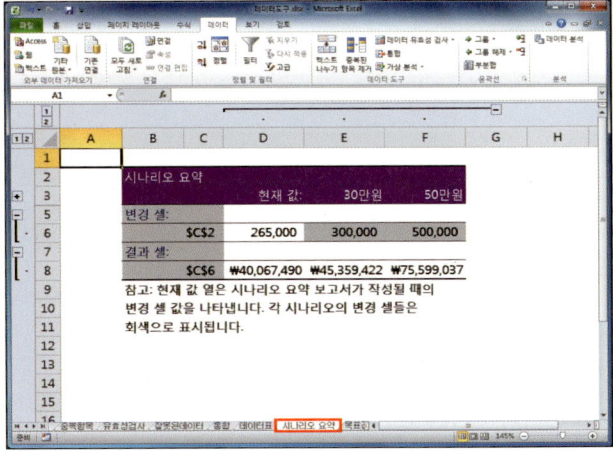

PART SUMMARY

- 액세스 파일의 데이터 내용을 엑셀로 가져와 표로 만들어 사용할 수 있습니다. `469P`

- 텍스트 파일을 엑셀로 가져오거나 엑셀 파일의 데이터를 텍스트 파일로 만들 수 있습니다. `471P`

- 원하는 목록 순으로 정렬할 수 있습니다. `477P`

- 자동 필터는 색 필터, 범위 필터, 단위나 퍼센트(%) 단위로 필터링 할 수 있습니다. `479P`

- 고급 필터는 조건을 지정한 후 필터링합니다. `482P`

- 부분합을 이용하여 원하는 조건별로 요약을 할 수 있습니다. `485P`

- 한 셀의 내용을 구분 기호에 맞게 나눌 수 있습니다. `490P`

- 중복된 항목을 이용하여 중복 제거합니다. `492P`

- 유효성 검사의 목록을 이용하여 쉽게 내용을 추가할 수 있습니다. `495P`

- 여러 개의 표를 하나의 표로 통합할 수 있습니다. `500P`

- 목표값 찾기나 시나리오를 이용하여 값의 변화인 가상 분석을 할 수 있습니다. `503P`

01 고급 필터를 완성하여 [B23] 셀에 출력해 봅니다.

예제 파일 : Test₩Part 07₩데이터관리.xlsx 고급필터 sheet **완성 파일** : Test₩Part 07₩데이터관리-완성.xlsx
동영상 해설 : Test₩Part 07₩Part 07.avi

- 조건 : 학과가 경영학과이고, 학년이 3학년 이상인 데이터
- 학번, 학과, 중간고사, 기말고사만 출력

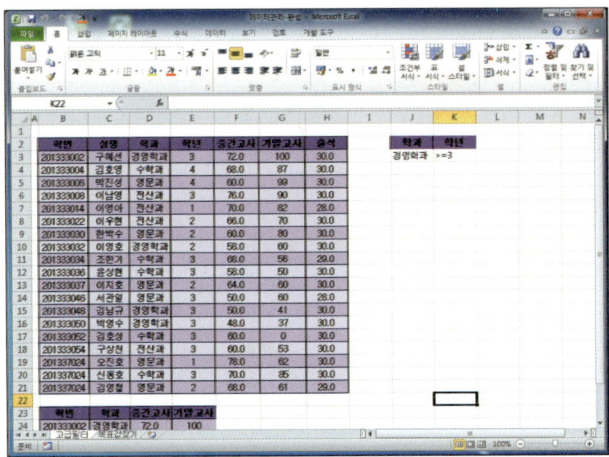

HINT

고급 필터의 조건을 만들기 위해 [J2:K2]에 '학과, 학년'을 입력하고 [J3] 셀에 '경영학과', [K3] 셀에 '>=3'을 입력합니다. [B2:H21]을 선택하고 고급 필터를 적용하면서 [복사 위치]를 [B23] 셀로 설정합니다.

02 목표값 찾기를 완성해 봅니다.

예제 파일 : Test₩Part 07₩데이터관리.xlsx 목표값찾기 sheet **완성 파일** : Test₩Part 07₩데이터관리-완성.xlsx
동영상 해설 : Test₩Part 07₩Part 07.avi

- 월 납부액을 600,000으로 납부할 경우 상환기간

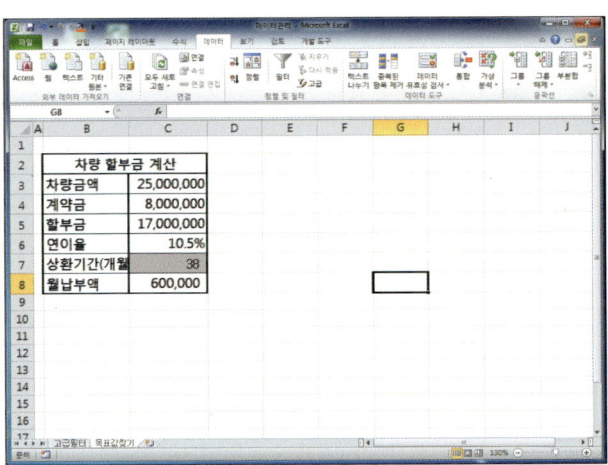

HINT

[목표값 찾기] 기능을 이용하여 [수식 셀]은 [C8] 셀, [찾는 값]은 '600000', [값을 바꿀 셀]은 [C7] 셀로 설정합니다.

► PART

08

실무에서 사용하는
매크로와 양식 컨트롤

EXCEL · 2 0 1 0

매크로와 양식 컨트롤은 실무에서 많이 사용하는
엑셀의 고급 기능으로 복잡하고 반복적인 작업을
한 번에 처리할 수 있는 장점이 있습니다. 사용할
수록 편리한 기능이라는 것을 알 수 있을 것입니
다. 매크로는 VBA를 잘 몰라도 사용이 가능하지
만 고급 기능을 사용하려면 VBA 프로그래밍을
할 수 있어야 합니다. 또한 양식 컨트롤을 이용하
면 서식 작성을 아주 쉽게 사용할 수 있고 매크로
등과 연결하여 사용할 수도 있습니다. 그럼 실무
에서 자주 사용하는 매크로와 양식 컨트롤에 대
하여 알아보겠습니다.

LESSON
01 매크로 기록 및 실행하기

레 벨 ● ● ○

매크로를 기록하는 방법과 매크로 기록 시 주의 사항, 매크로를 저장하는 방법 등을 알아보고 기록된 매크로를 바로 가기 키로 지정하는 방법과 함께 어떻게 실행하는지도 알아보겠습니다.

기초 탄탄 ▶ 매크로 이해하기

■ [개발 도구] 탭 이해하기

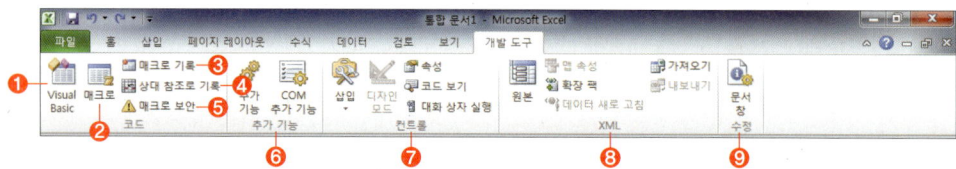

❶ **Visual Basic** : 비주얼 베이직 편집기(Visual Basic Editor)를 실행하여 매크로를 편집하고 작성할 수 있습니다(**Alt** + **F11**).

❷ **매크로** : 작성되어 있는 매크로의 목록을 볼 수 있고 이 목록에서 매크로를 실행, 작성, 편집, 삭제, 바로 가기 키를 수정할 수 있습니다(**Alt** + **F8**).

❸ **매크로 기록/중지** : [매크로 기록]은 실행하는 각 명령이 매크로에 저장되고, 기록을 마치려면 [기록 중지]를 클릭하여 기록을 마칠 수 있습니다.

❹ **상대 참조로 기록** : 상대 참조를 사용하여 기록한 매크로는 선택한 셀이나 범위에 대해서 매크로를 기록하고 실행할 수 있습니다.

❺ **매크로 보안** : 매크로 보안 설정을 사용자 지정합니다. 매크로를 실행하려면 [매크로 설정] 메뉴에서 [모든 매크로 포함] 옵션을 설정해야 합니다. [모든 매크로 포함] 옵션은 위험성 있는 코드가 실행될 수 있으므로 매크로 실행할 때만 사용하는 것이 좋습니다.

❻ **[추가 기능] 그룹** : 분석 도구나 해 찾기 등을 추가하여 사용할 수 있습니다.

❼ **[컨트롤] 그룹** : 양식 컨트롤 도구 등을 이용하여 명령 단추, 목록 상자, 옵션 단추 등을 만들고 매크로 등과 연결하여 같이 사용할 수 있습니다.

❽ **[XML] 그룹** : XML 문서의 데이터를 가져오고 연결시켜 내보내기를 할 수 있습니다.

❾ **[수정] 그룹** : Microsoft Office와 호환되는 프로그램에서 표시할 문서 정보 창의 서식 파일 정보를 지정합니다.

T I P : [개발 도구] 탭이 없을 때

리본 메뉴 탭에서 마우스 오른쪽 단추를 클릭하고 [리본 메뉴 사용자 지정]을 선택합니다. [Excel 옵션] 대화상자에서 오른쪽 창의 [개발 도구]를 체크하고 [확인]을 클릭하면 됩니다.

■ [매크로 기록] 대화상자 이해하기 `515P`

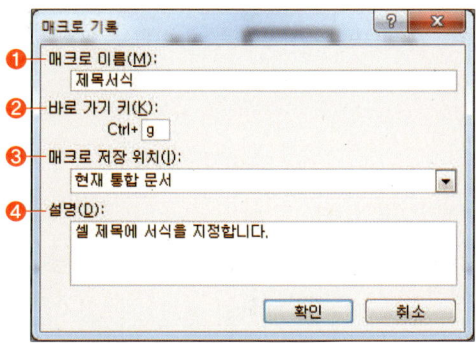

❶ 매크로 이름 : 매크로의 이름을 지정합니다. 첫 글자는 반드시 영문이나 한글로 시작해야 하고 이름에는 공백이나 특수 문자를 사용할 수 없습니다.

❷ 바로 가기 키 : 매크로 실행을 단축키로 지정할 수 있으며 영문자만 가능하고 대소문자를 구분합니다.

❸ 매크로 저장 위치

• 개인용 매크로 통합 문서 : 엑셀에서 사용하는 모든 통합 문서에서 매크로를 적용할 수 있습니다. 자신의 컴퓨터에서만 매크로가 적용되고 다른 컴퓨터에서는 매크로를 사용할 수 없는 단점이 있습니다.

• 새 통합 문서 : 해당 통합 문서에 대해서만 매크로 적용이 가능합니다.

• 현재 통합 문서 : 현재 열려 있는 통합 문서에서만 매크로 적용이 가능합니다. 다른 컴퓨터에서도 매크로를 사용할 수 있습니다.

❹ 설명 : 매크로에 대한 설명을 입력할 수 있습니다.

> **문제 해결** **매크로 이름**
> 매크로 이름에는 띄어쓰기를 할 수 없습니다. 반드시 첫 글자는 문자를 입력해야 하고 '/, ?, 마침표(.), -, ※, 작은따옴표('')'와 '공백'은 매크로 이름으로 사용할 수 없습니다.

T I P :

[매크로 이름]을 잘못 입력했을 때 아래와 같은 경고 창이 나타납니다.

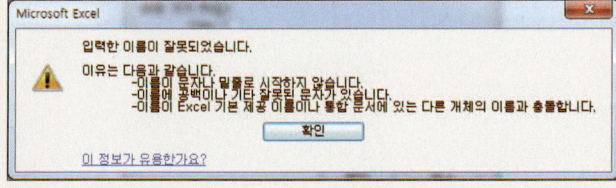

■ [매크로] 대화상자 이해하기 517P

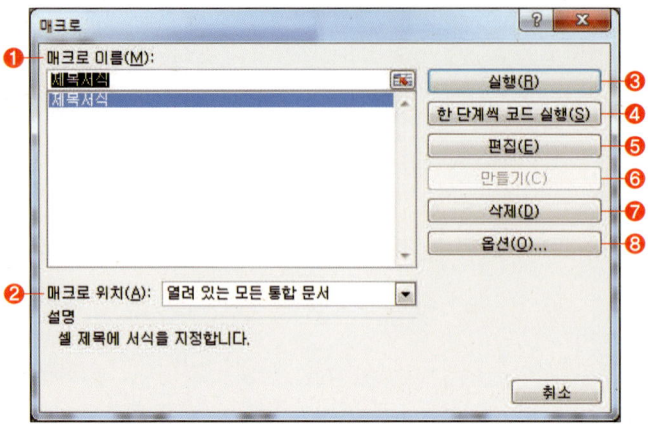

❶ **매크로 이름** : 저장되어 있는 매크로가 매크로 목록 창에 표시되면 매크로의 이름을 선택할 수 있습니다.

❷ **매크로 위치** : 열려 있는 모든 통합 문서의 매크로를 표시하거나 필요한 통합 문서의 매크로만 표시할 수 있습니다.

❸ **실행** : 매크로 이름을 선택하고 [실행]을 클릭하면 매크로가 적용됩니다.

❹ **한 단계씩 코드 실행** : 비주얼 베이직 편집기(Visual Basic Editor)에서 코드가 실행되는 순서를 확인할 수 있습니다.

❺ **편집** : 비주얼 베이직 편집기(Visual Basic Editor)에서 매크로를 편집할 수 있습니다.

❻ **만들기** : 새 매크로를 기록하여 만들 수 있습니다.

❼ **삭제** : 저장된 매크로를 선택하여 삭제할 수 있습니다.

❽ **옵션** : [매크로 옵션] 대화상자가 나타나고 단축키나 매크로 설명을 수정할 수 있습니다.

매크로를 기록하기 위해 [매크로 이름], [바로 가기 키] 등을 입력하고 서식을 지정하여 기록하는 방법을 알아봅니다.

예제 파일 I CD₩Part 08₩분기별 매출.xlsx 완성 파일 I CD₩Part 08₩분기별 매출-완성.xlsm

01. 예제 파일을 불러온 후 [분기별 매출] 시트에서 [B3] 셀을 선택하고 [개발 도구] 탭-[코드] 그룹-[매크로 기록]을 클릭합니다.

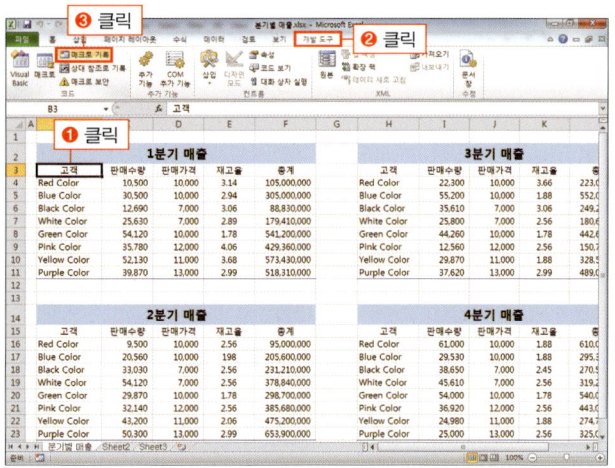

02. [매크로 기록] 대화상자에서 [매크로 이름]은 '제목서식', [바로 가기 키]는 'g', [매크로 저장 위치]는 '현재 통합 문서', [설명]은 '셀 제목에 서식을 지정합니다.'로 설정하고 [확인]을 클릭합니다.

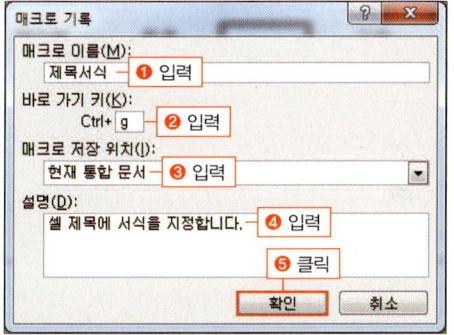

> **TIP :** 매크로 기록을 할 때는 [바로 가기 키]나 [설명]은 반드시 입력하지 않아도 됩니다. 그러나 [매크로 이름]은 반드시 영어나 한글로 시작해야 하고 띄어쓰기를 하면 안됩니다.

TIP : 매크로 바로 가기 키

매크로 [바로 가기 키]는 입력을 하지 않아도 매크로 기록을 할 수 있고 Ctrl +영문자, Ctrl + Shift +영문자만 가능합니다. 엑셀의 바로 가기 키와 겹치지 않게 사용해야 하며 [바로 가기 키]는 [개발 도구] 탭-[코드] 그룹-[매크로]-[옵션]에서 수정이 가능합니다.

03. [B3] 셀을 선택하고 글자의 속성과 셀 채우기 색을 지정하기 위해 [홈] 탭-[글꼴] 그룹-[굵게], [채우기 색]-[연한 녹색]을 클릭합니다.

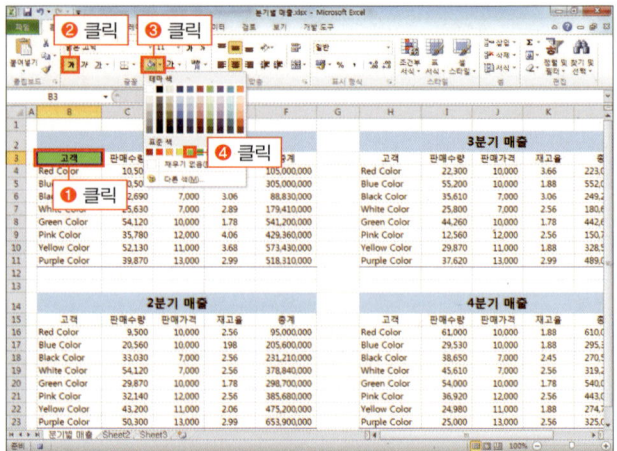

04. 테두리를 지정하기 위해 [홈] 탭-[글꼴] 그룹-[테두리]-[위쪽/아래쪽 테두리]를 클릭합니다.

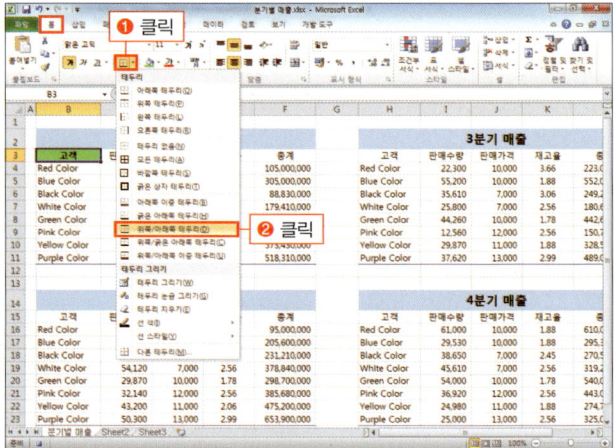

05. [개발 도구] 탭-[코드]그룹-[기록 중지]를 클릭하여 매크로 기록을 마칩니다. 기록된 매크로를 통합 문서에 저장하기 위해 [파일] 탭-[다른 이름으로 저장]을 클릭하고 [다른 이름으로 저장] 대화상자를 그림과 같이 설정한 후 [저장]을 클릭합니다.

> **TIP** : 매크로를 저장하려면 반드시 [다른 이름으로 저장] 대화상자의 [파일 형식]에서 'Excel 매크로 사용 통합 문서(*.xlsm)'로 저장해야 합니다. [파일 형식]을 'Excel 통합 문서(*.xlsx)'로 저장하면 매크로 기록은 저장되지 않습니다.

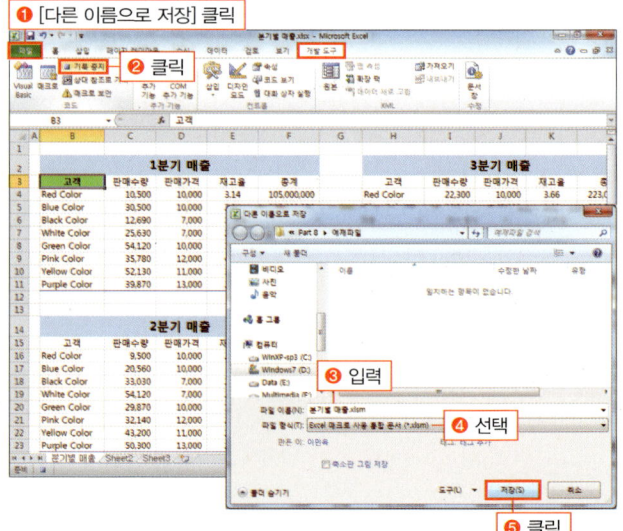

매크로 실행하는 방법 중 [매크로] 대화상자를 통해서 실행하는 방법과 바로 가기 키를 사용하여 실행하는 방법을 알아보겠습니다.

예제 파일 | CD₩Part 08₩분기별 매출.xlsm　**완성 파일 |** CD₩Part 08₩분기별 매출-완성.xlsm

01. [분기별 매출] 시트의 '1분기 매출' 표에서 제목 열 머리글에 매크로를 실행하기 위해 [C3:F3]을 선택하고 [개발 도구] 탭-[코드] 그룹-[매크로]를 클릭합니다.

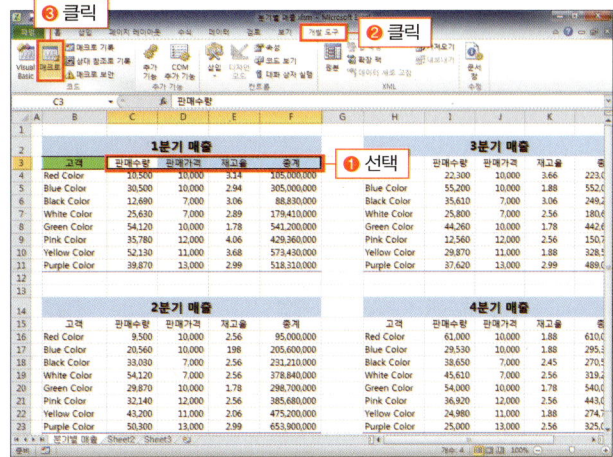

> **연관 검색** **Alt** + **F8** 을 누르면 나타나는 [매크로] 대화상자에서 매크로 실행 및 편집을 할 수 있습니다.

02. [매크로] 대화상자의 [매크로 이름]에서 '제목서식'을 선택하고 [실행]을 클릭합니다.

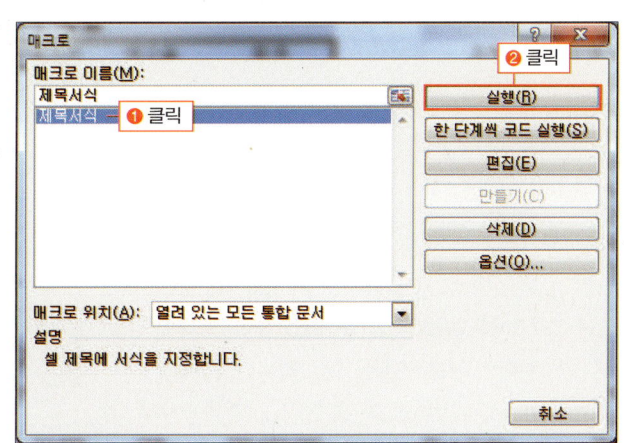

03. [C3:F3]에 매크로를 실행한 결과가 나타나는 것을 확인할 수 있습니다.

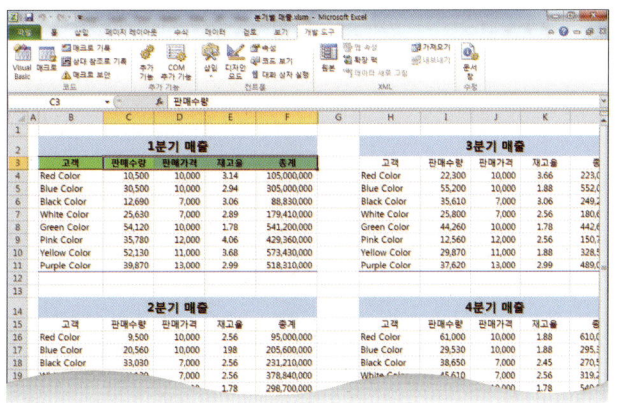

04. 앞선 방법은 매크로에 바로 가기 키가 지정되지 않았을 때 매크로 실행하는 방법이고 바로 가기 키가 지정되었을 때에는 '2분기 매출' 표의 [B15:F15]를 선택하고 `Ctrl` + `g` 를 눌러 매크로를 실행합니다.

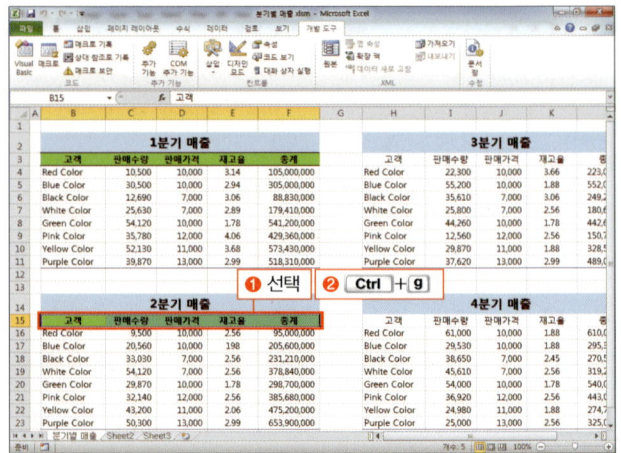

05. 나머지 '3-4분기 매출' 표 제목에 매크로를 실행하기 위해 [H3:L3]을 선택하고 `Ctrl` 을 누른 상태로 [H15:L15]까지 선택한 후 `Ctrl` + `g` 를 눌러서 매크로를 실행합니다.

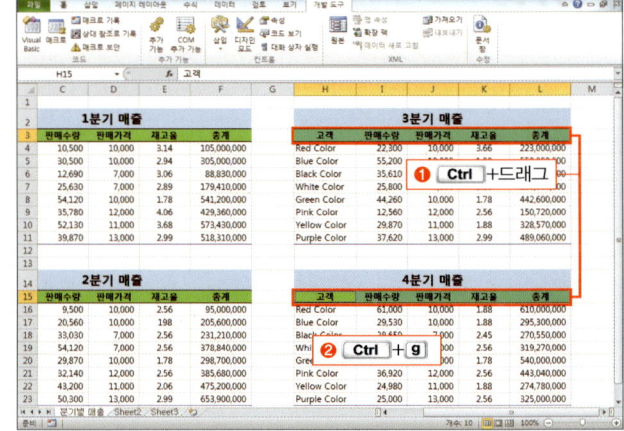

> **문제해결** 매크로를 적용한 후에는 매크로 적용 전 상태로 되돌리기 위해 실행 취소(`Ctrl` + `Z`)를 눌러도 실행 취소가 되지 않습니다.

06. 매크로가 어떻게 실행되는 알아보기 위해 [B12:F12]를 선택한 후 [개발 도구] 탭-[코드] 그룹-[매크로]를 클릭하고 [매크로] 대화상자에서 [한 단계씩 코드 실행]을 클릭합니다. [Visual Basic Editor]가 나타나면 `F8`을 눌러 '노란색'으로 표시되어 있는 매크로 실행 순서를 확인할 수 있습니다.

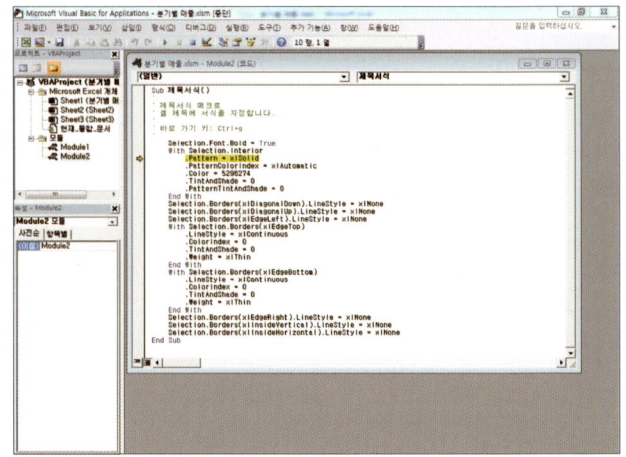

TIP : 매크로 실행을 중지하려면 [디버그] 메뉴 아래에 있는 [재설정](■)을 클릭하고, 다시 엑셀 작업 창으로 돌아가려면 [파일]-[닫고 Microsoft Excel(으)로 돌아가기](`Alt` + `Q`) 메뉴를 클릭하면 됩니다.

LESSON

02 매크로 편집 및 실행 단추 만들기

레벨 ● ● ●

앞에서 매크로를 기록하는 방법과 실행하는 방법을 배웠다면 매크로를 기록한 내용의 일부를 사용자가 필요에 따라 어떻게 편집하는지 알아보고 기록된 매크로를 도형이나 실행 단추, 아이콘에 적용하는 방법도 알아보겠습니다. 또한 매크로 보안 설정에 대해서도 알아보겠습니다.

기초탄탄 ▶ VBE 이해하기

■ 비주얼 베이직 편집기(VBE : Visual Basic Editor) 화면 구성

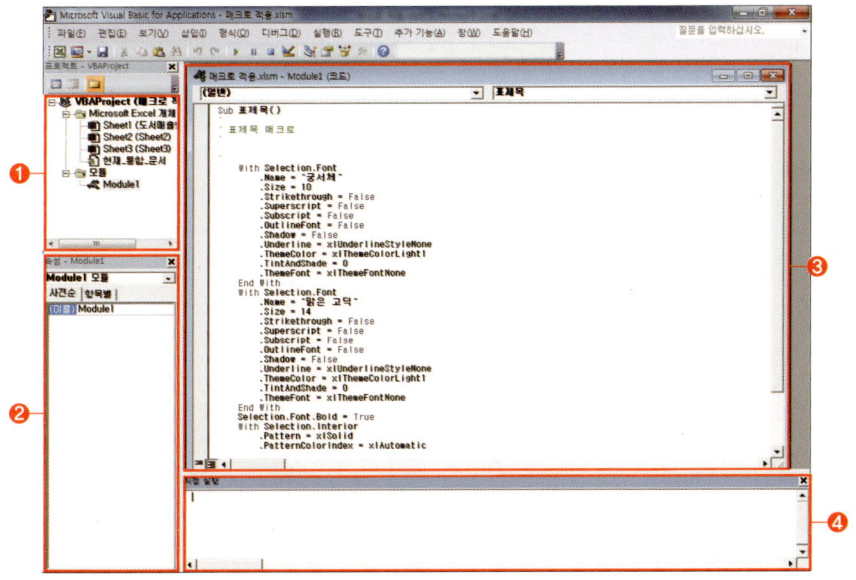

❶ **프로젝트 탐색 창(Ctrl + R)** : 현재 실행되어 있는 통합 문서 파일명, 워크시트와 모듈, 사용자 정의 폼 등이 표시됩니다.

❷ **속성 창(F4)** : 프로젝트 탐색 창에서 워크시트를 클릭하거나 개체를 선택하면 선택한 개체에 대한 속성이 표시되고 설정할 수 있습니다.

❸ **코드 창(F7)** : 매크로를 직접 작성하거나 편집하고 여러 개의 프로시저를 표시할 수 있습니다.

❹ **직접 실행 창(Ctrl + G)** : [보기]−[직접 실행 창] 메뉴를 클릭하면 화면에 표시되고 코드 창에 있는 프로시저의 실행 결과를 미리 확인할 수 있습니다.

■ VBE(Visual Basic Editor)에서 엑셀로 돌아가기

• [파일]-[닫고 Microsoft Excel(으)로 돌아가기](Alt + Q) 메뉴를 클릭하여 VBE를 종료하고 엑셀로 돌아갈 수 있습니다.

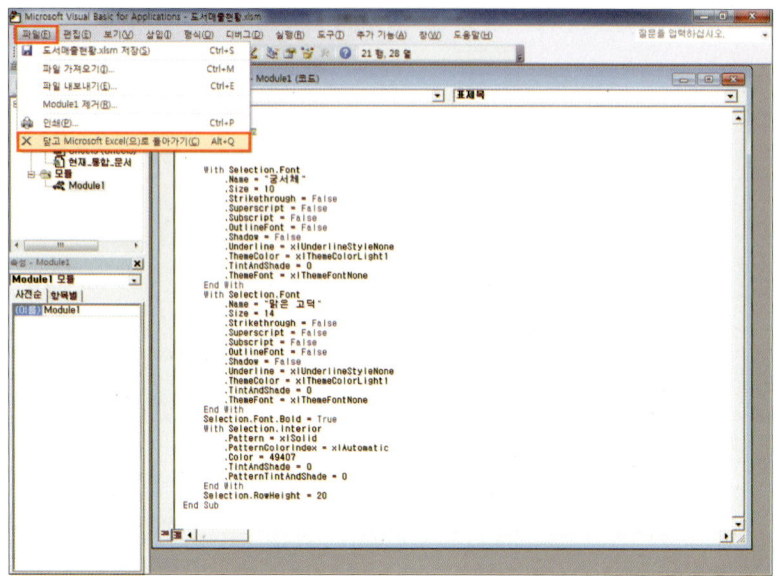

• 도구 모음에서 [보기 Microsoft Excel](Alt + F11)를 클릭하여 엑셀로 돌아갈 수 있습니다.

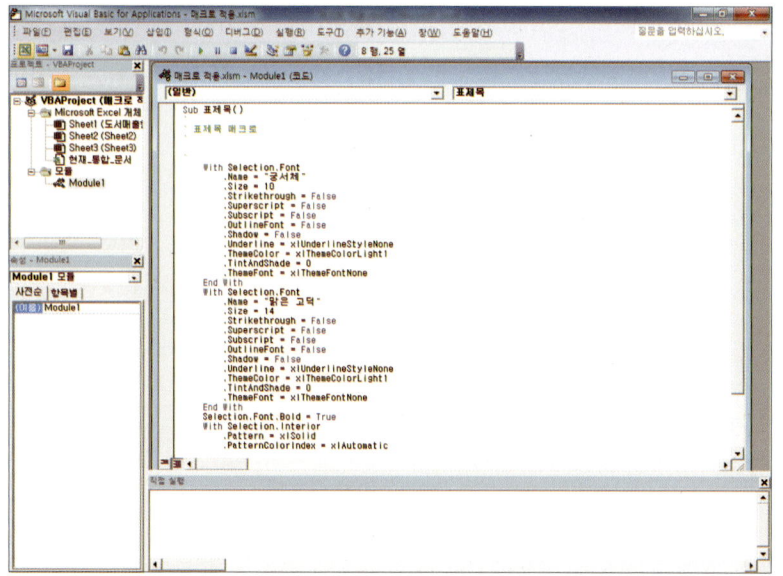

TIP : 도구 모음 [보기 Microsoft Excel]과 [닫고 Microsoft Excel(으)로 돌아가기](Alt + Q)의 차이점은 VBE의 종료 유무입니다. 도구 모음 [보기 Microsoft Excel]는 VBE를 최소화하고 엑셀로 돌아가는 것이고, [닫고 Microsoft Excel(으)로 돌아가기]는 VBE를 종료하고 엑셀로 돌아가는 것입니다.

매크로를 기록하거나 편집, 실행하기 전에 매크로 보안을 확인해야 합니다. 매크로 보안 설정을 알아봅니다.

예제 파일 | CD₩Part 08₩도서매출현황.xlsm

01. 매크로가 기록된 통합 문서 파일을 열면 수식 표시줄 위에 노란색으로 된 '보안 경고'-'매크로를 사용할 수 없도록 설정했습니다.'라는 메시지가 표시됩니다. 이것은 매크로 보안 설정 때문입니다.

문제 해결 0번 따라하기와 같이 경고 메시지가 나타나지 않는 경우에는 아래의 03번 따라하기 결과가 이미 설정되어 있기 때문입니다.

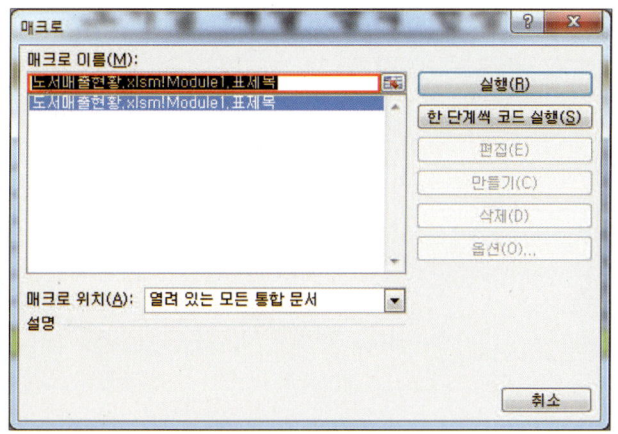

02. 또 매크로를 실행하기 위해 [개발 도구] 탭-[코드] 그룹-[매크로]를 클릭하면 [매크로] 대화상자가 나타납니다. [매크로 이름]이 '도서매출현황.xlsm!Module1.표제목'과 같이 표기되면 매크로 보안 설정에서 매크로 사용에 제한이 설정되었기 때문입니다. 이런 상태에서는 매크로를 실행해도 오류 메시지가 나타나게 됩니다.

03. [개발 도구] 탭-[코드] 그룹-[매크로 보안]-[보안 센터] 대화상자에서 [매크로 설정]의 보안 설정을 마지막 항목에 있는 [모든 매크로 포함(위험성이 있는 코드가 실행될 수 있으므로 권장하지 않음)]에 체크하고 [확인]을 클릭합니다. 그리고 해당 통합 문서를 저장한 후 엑셀 프로그램을 종료하고 다시 시작해야 매크로를 정상적으로 사용할 수 있습니다.

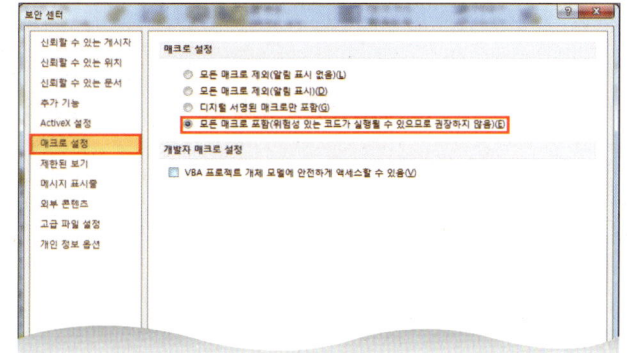

TIP : [모든 매크로 포함]은 악성 코드가 실행될 수 있으므로 필요 시에만 선택해서 사용하는 것이 좋습니다.

기록된 매크로의 일부를 변경하기 위해 매크로 편집을 하고 수정된 매크로가 잘 실행되는지 확인해 봅니다.

예제 파일 | CD\Part 08\도서매출현황.xlsm **완성 파일 |** CD\Part 08\도서매출현황-완성.xlsm

01. 예제 파일을 불러온 후 [도서매출현황] 시트에서 현재 기록된 매크로를 편집하기 위해 [개발도구] 탭-[코드] 그룹-[매크로]를 클릭합니다.

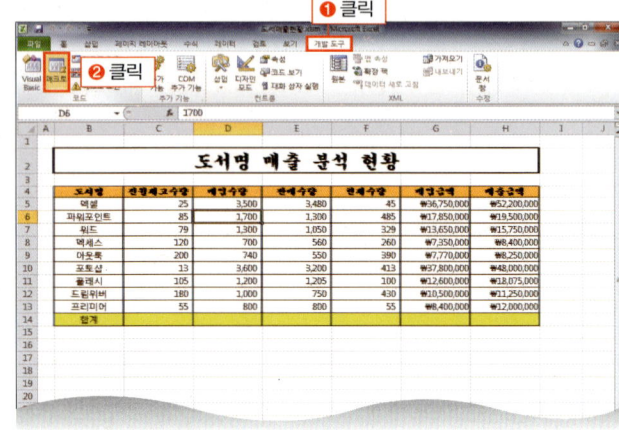

02. [매크로] 대화상자의 [매크로 이름]에서 '표제목'을 선택하고 [편집]을 클릭합니다.

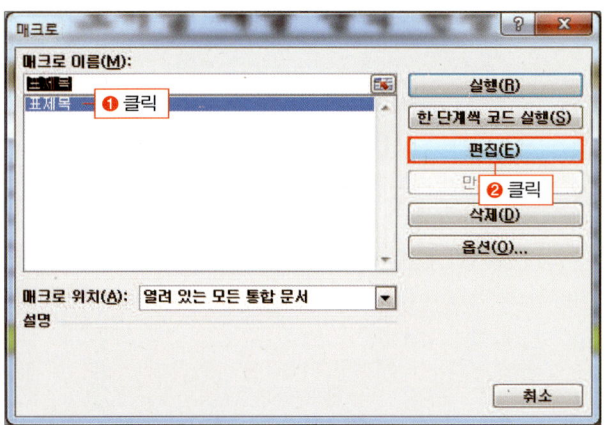

03. VBE에서 [글꼴]은 '궁서체', [글자 크기]는 '12', [행 높이]는 '15'로 기록되었던 매크로를 변경하기 위해서 갈색으로 표시된 코드에서 [Name = "맑은 고딕"], [Size = 14], [Selection.RowHeight = 20]으로 수정합니다.

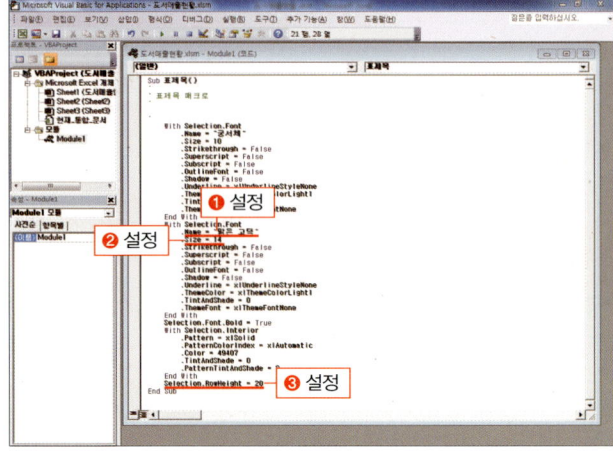

04. 다시 엑셀로 돌아가기 위해 [파일]–[닫고 Microsoft Excel(으로) 돌아가기](**Alt** + **Q**) 메뉴를 클릭합니다.

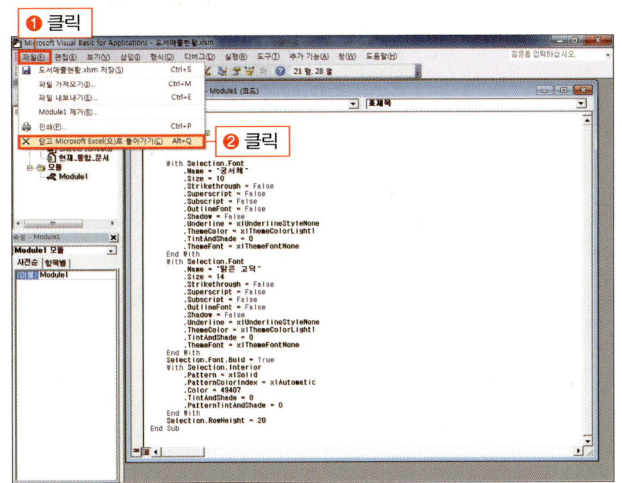

05. 변경된 매크로를 실행하기 위해 [B4:H4]를 선택하고 [개발 도구] 탭–[코드] 그룹–[매크로]를 클릭합니다.

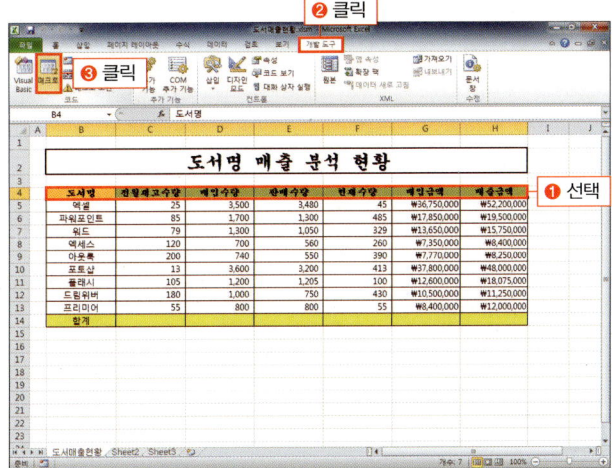

06. [매크로] 대화상자의 [매크로 이름]에서 '표제목'을 선택하고 [실행]을 클릭합니다.

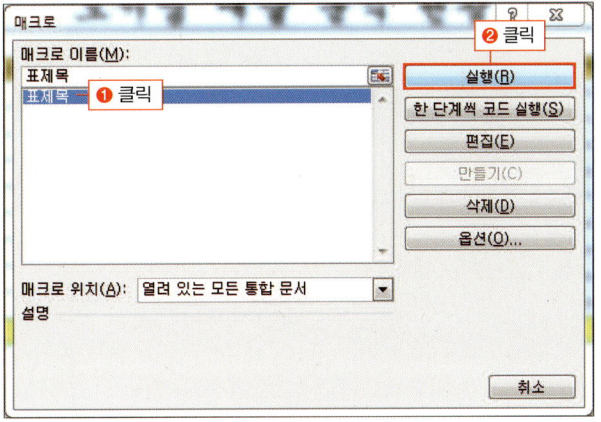

07. 앞선 따라하기에서 변경한 매크로 설정에 따라 선택 영역이 변경되는 것을 확인할 수 있습니다.

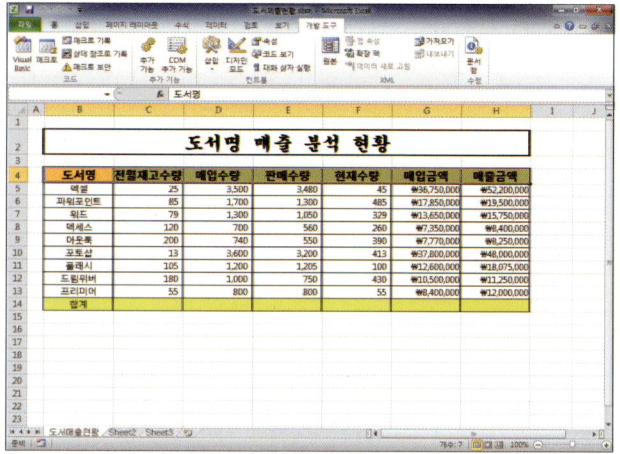

TIP : 갈색 라인은 사용자가 이해하기 쉽게 표시한 것으로 갈색 동그라미가 있는 부분을 클릭하면 행 전체가 갈색으로 표시됩니다. 갈색으로 표시되면 매크로를 실행할 때 해당 라인에서 멈추기 때문에 F5(Sub/사용자 정의 폼 실행)를 모든 라인이 실행되기까지 누른 후 [파일]-[닫고 Microsoft Excel(으)로 돌아가기](Alt + Q) 메뉴를 클릭하여 VBE를 종료합니다.

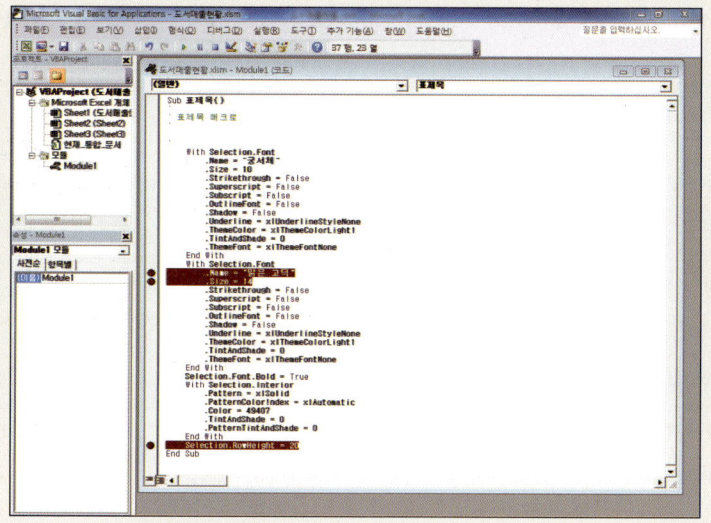

기록된 매크로에 도형, 이미지, 양식 컨트롤을 적용하여 매크로를 실행해 보겠습니다.

예제 파일 | CD₩Part 08₩매크로 적용.xlsm **완성 파일 |** CD₩Part 08₩매크로 적용-완성.xlsm

01. [삽입] 탭-[일러스트레이션] 그룹-[도형]에서 [직사각형]을 클릭한 후 [B14] 셀의 크기에 맞게 드래그하여 도형을 삽입합니다.

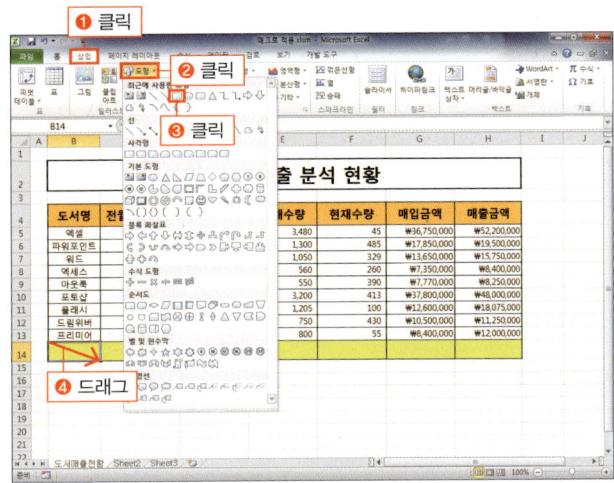

02. 직사각형 도형을 선택하고 [그리기 도구]-[서식] 탭-[도형 스타일] 그룹-[강한 효과-주황, 강조6] 스타일을 적용합니다.

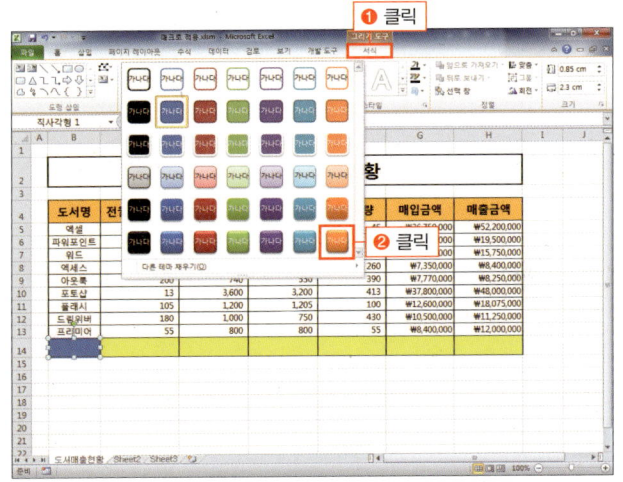

03. 도형이 선택된 상태에서 '합계'를 입력하고 다시 도형을 클릭한 후 [홈] 탭-[글꼴] 그룹-[글꼴]-[맑은 고딕], [글자 크기]는 '12', [진하게], [글자색]은 '검정', [맞춤] 그룹에서 [가로, 세로 가운데 맞춤]으로 각각 설정합니다.

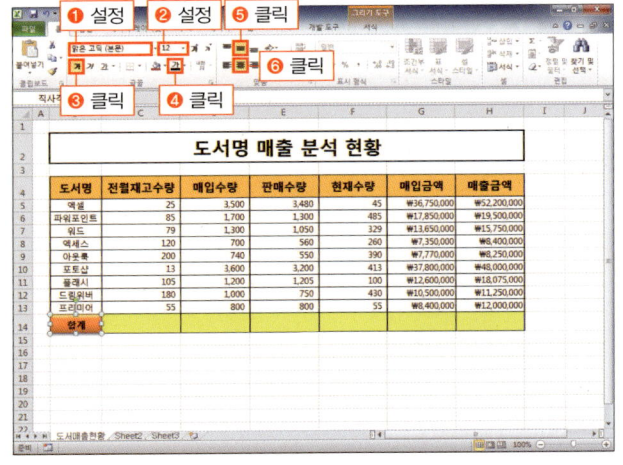

04. '합계' 도형을 마우스 오른쪽 단추로 클릭한
후 [매크로 지정]을 선택합니다.

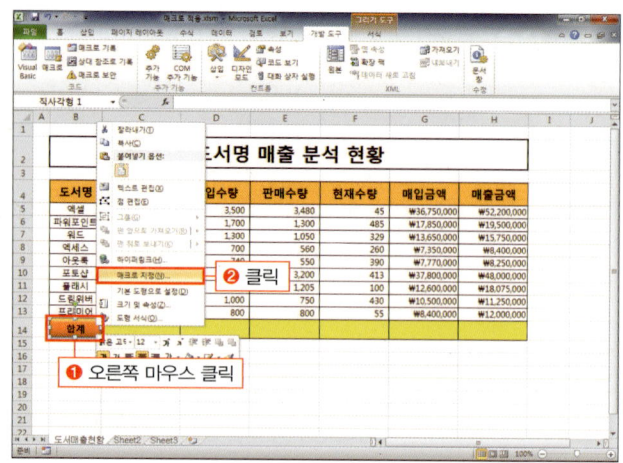

05. [매크로 지정] 대화상자의 [매크로 이름]에서
'합계'를 선택하고 [확인]을 클릭합니다.

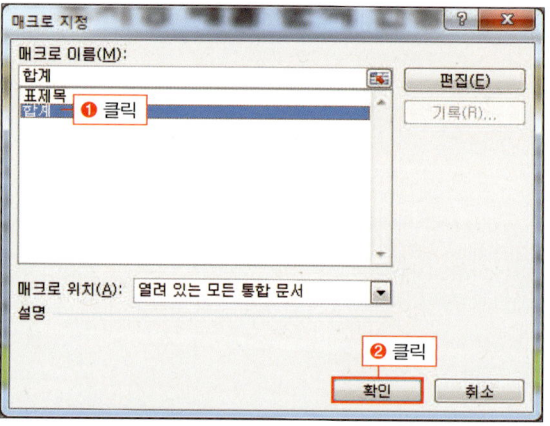

06. '합계' 도형에 마우스 포인터를 위치시키면
'손 모양'으로 변경되었을 때 클릭하여 표 전체의
합계를 구할 수 있습니다.

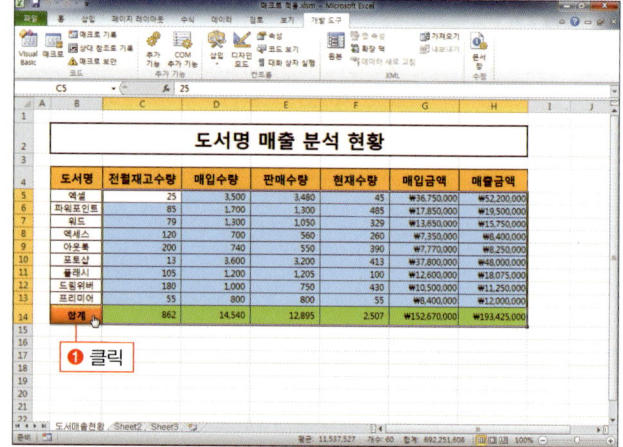

07. '표제목'과 '합계' 매크로를 아이콘 형태로 [빠른 실행 도구 모음]에 추가하려면 [빠른 실행 도구 모음]의 목록 단추를 클릭하고 [기타 명령]을 선택합니다.

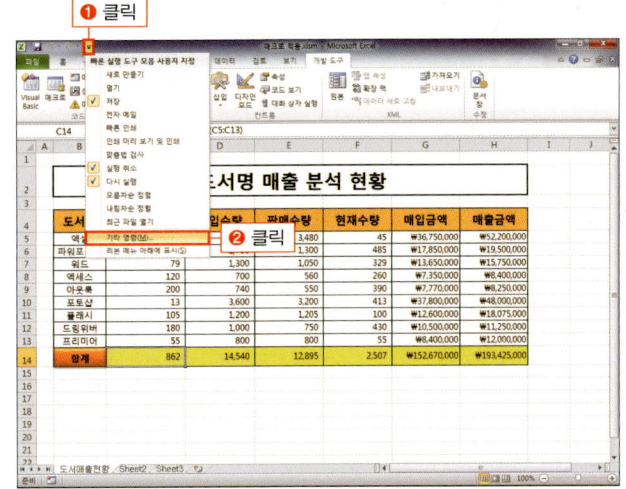

08. [다음에서 명령 선택]에서 '매크로'를 선택하고 왼쪽 창에서 '표제목'을 선택한 후 [추가]를 클릭합니다. 다시 '합계'를 선택하고 [추가]를 클릭합니다.

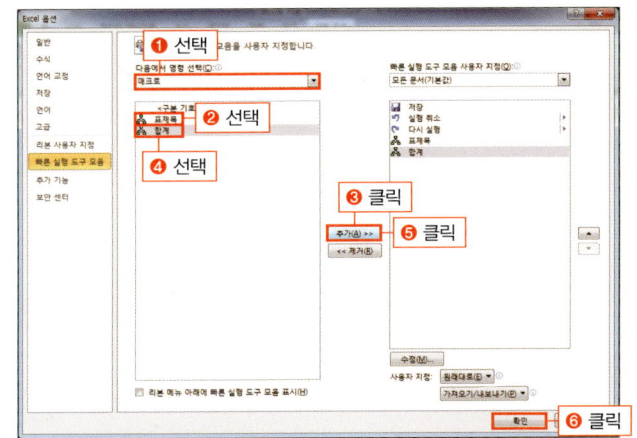

09. 매크로의 아이콘을 변경하고 싶을 때 오른쪽 창의 '표제목'을 선택하고 [수정]을 클릭한 후 매크로 이름과 어울리는 아이콘을 선택합니다.

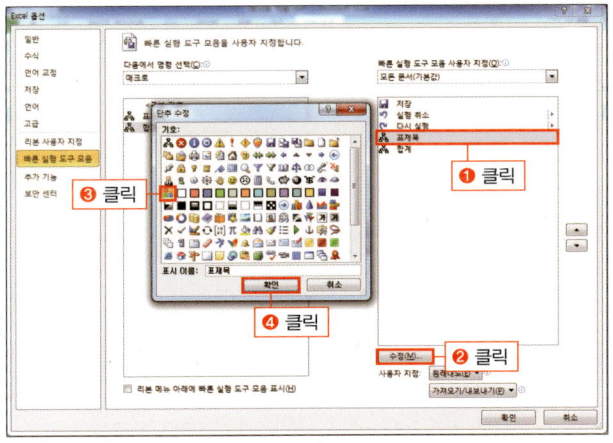

TIP : 아이콘 변경뿐만 아니라 [단추 수정] 대화상자의 [표시 이름]에서 이름도 변경이 가능합니다.

10. 오른쪽 창의 '합계'를 선택하고 [수정]을 클릭한 후 매크로 이름과 어울리는 아이콘을 선택하고 [확인]을 클릭하고 아이콘 변경을 완료했으면 [확인]을 클릭합니다.

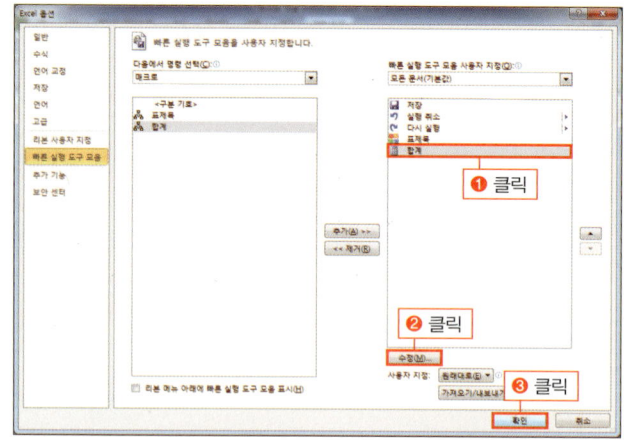

11. [빠른 실행 도구 모음]에 매크로가 지정된 아이콘을 확인할 수 있고 [C14:H14]를 선택한 후 Delete를 눌러 데이터를 삭제합니다.

> **TIP :** [빠른 실행 도구 모음]은 내 컴퓨터의 엑셀에서만 사용되고 저장한 파일을 다른 컴퓨터로 가져가서 사용하려면 다시 설정해야 합니다.

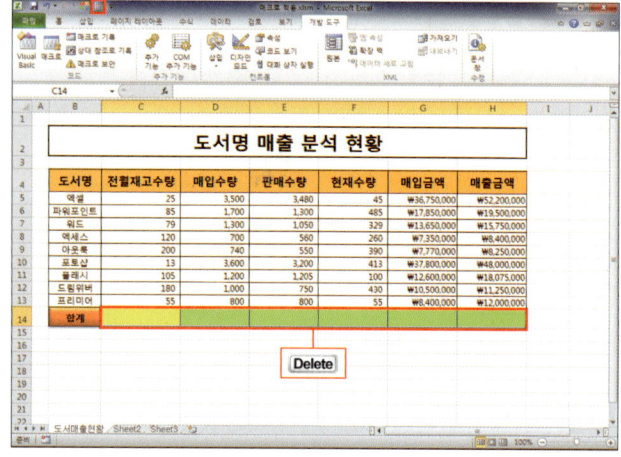

12. [빠른 실행 도구 모음]에 있는 전자계산기 모양의 [합계] 아이콘을 클릭하여 매크로를 적용하면 [C14:H14]의 합계를 구할 수 있습니다.

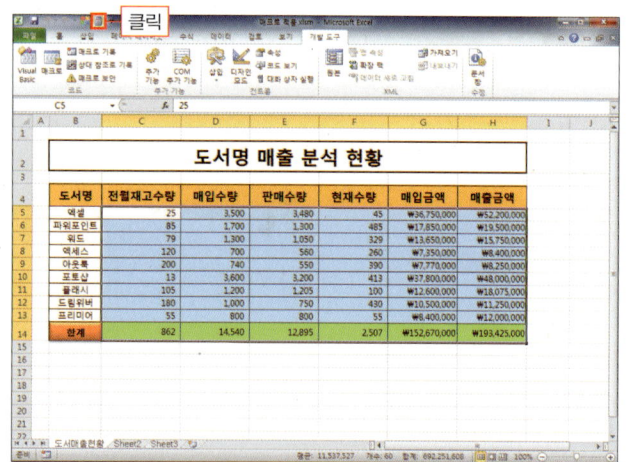

03 사용자 정의 함수 만들기

레벨 ● ● ●

함수만으로 처리하기 어려운 수식을 사용자가 정의하여 새로운 함수를 만들면 아주 유용하게 사용할 수 있습니다. 사용자 정의 함수를 어떻게 만들고 적용하는지에 대하여 알아보겠습니다.

기초탄탄 ▶ 사용자 정의 함수 이해하기

■ 사용자 정의 함수

사용자 정의 함수는 Function 함수 이름 ( ) ~ End Function의 형식으로 작성하며 수식과 VBA 구문을 이용하여 코드 창에서 작성합니다.

사용자 정의 함수의 형식 – 조건문이 없는 경우

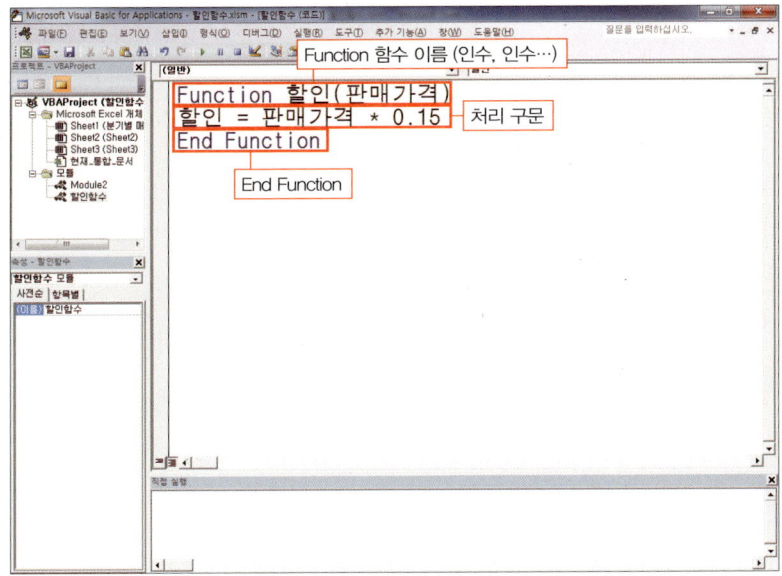

사용자 정의 함수의 형식 – 조건문이 있는 경우

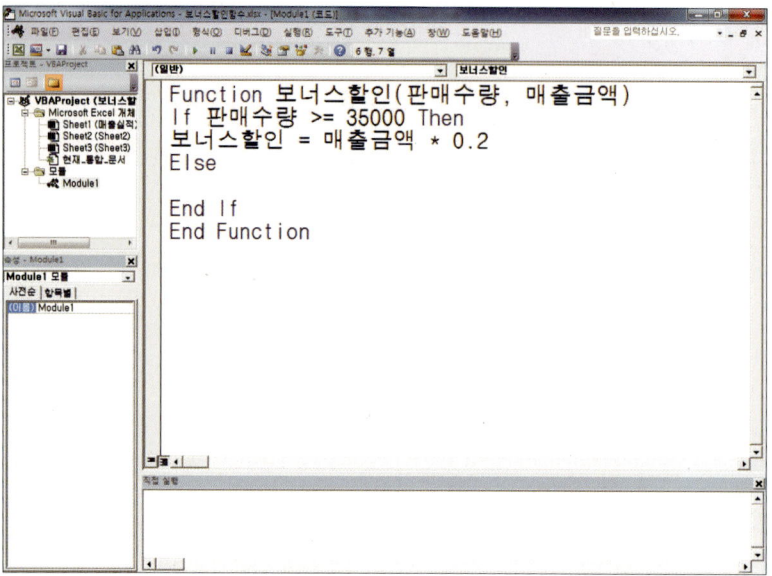

❶─Function 함수 이름 (인수, 인수…) ─❷

❹─if 조건식 then

❸─처리 구문 >> 참 값

   else

   처리 구문 >> 거짓 값

   end If

   End Function

❶ 함수 이름 : 사용자 편의에 따라 이름을 마음대로 지을 수 있습니다.

❷ 인수 : 입력을 받아야 하는 값, 사용자가 모르는 값을 입력 받습니다.

❸ 처리 구문 : 산술, 비교 연산자 등을 이용하여 수식을 작성합니다.

❹ 조건문 : if ~ then ~ end If의 형식을 반드시 갖추어야 합니다..

■ 코드 창

코드 창에는 VBA 구문을 작성하는 곳으로 문법과 형식에 맞게 작성해야 합니다. 매크로나 사용자 정의 함수, 프로시저를 편집할 수 있고 하나의 코드 창에는 여러 개의 매크로나 사용자 정의 함수, 프로시저를 작성할 수 있습니다.

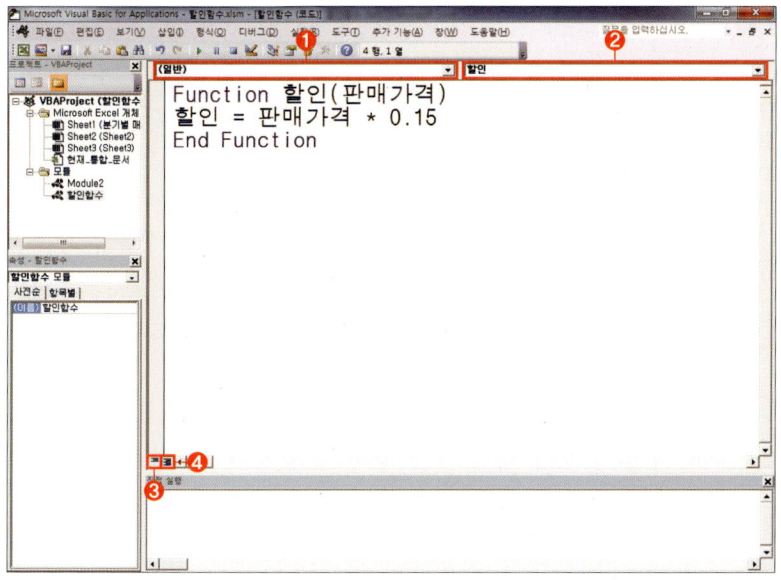

❶ **개체 목록** : 모듈에서는 [일반] 항목만 나타나지만 컨트롤 개체가 있는 경우 개체 목록이 표시됩니다.

❷ **프로시저 목록** : 모듈에서는 이벤트 프로시저 목록이 표시됩니다.

❸ **프로시저 보기** : 현재 프로시저 하나의 코드만 표시합니다.

❹ **전체 모듈 보기** : 해당 모듈에 들어있는 모든 프로시저를 표시합니다.

간단한 사용자 정의 함수를 만들기 위해 조건 없이 수식을 입력하여 작성합니다.

예제 파일 I CD\Part 08\할인함수.xlsm   **완성 파일 I** CD\Part 08\할인함수-완성.xlsm

01. [분기별 매출] 시트에서 판매가격이 15% 할인된 가격을 계산하는 '할인'이라는 새 사용자 정의 함수를 만들기 위해 [개발 도구] 탭—[코드] 그룹—[Visual Basic]을 클릭합니다.

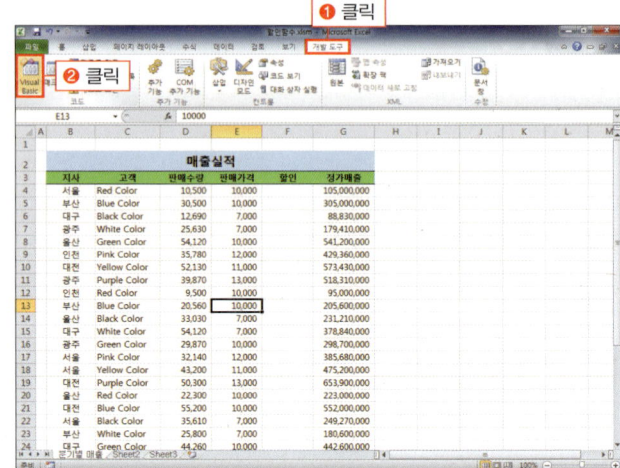

TIP : [개발 도구] 탭—[코드] 그룹—[Visual Basic]은
Alt + **F11**을 눌러 실행해도 됩니다.

02. VBE에서 [삽입]—[모듈] 메뉴를 클릭합니다.

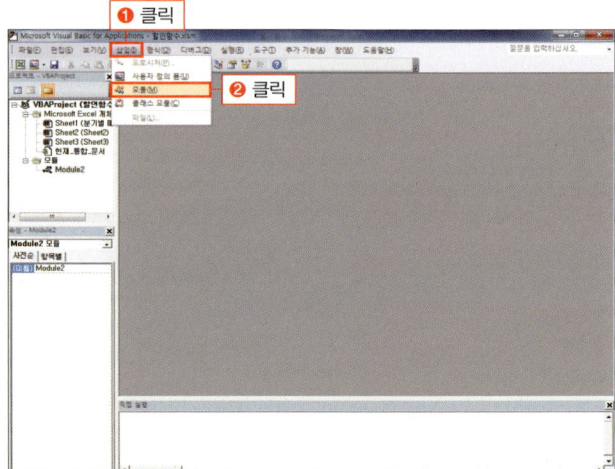

03. 코드 창에서 'Function'과 함수 이름 '할인()'을 입력한 후 **Enter**를 누르면 'End Function'이 자동으로 생성됩니다.

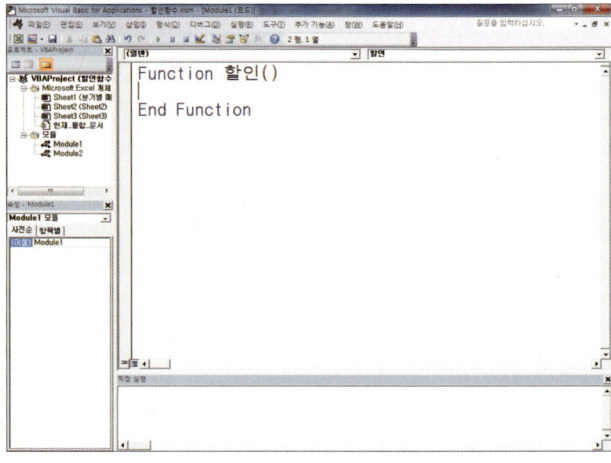

TIP : 사용자 정의 함수 형식이 'Function 함수 이름()'이고 사용자 정의 함수 이름이 '할인'이기 때문에 'Function 할인()'이라고 입력한 것입니다.

04. 함수 이름에 외부로부터 입력을 받아야 하는 인수 '판매가격'을 입력하고 처리 구문은 '할인 =판매가격*0.15'를 입력합니다.

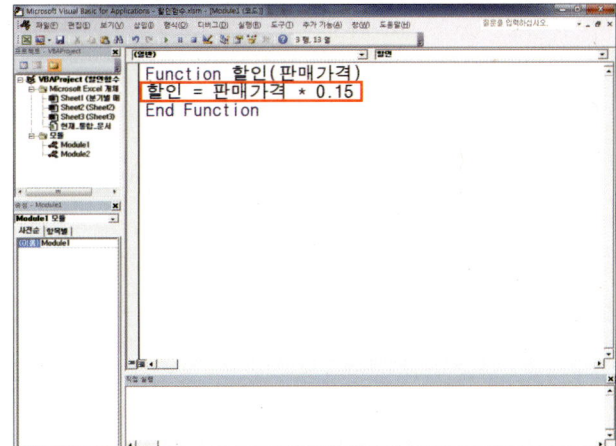

> **TIP :** 인수 '판매가격'이 입력되면 처리 구문의 수식이 처리됩니다.

05. 모듈의 이름을 변경하려면 속성 창에서 [이름]에 '할인함수'로 입력하고 **Enter** 를 누르면 프로젝트 탐색 창의 이름도 같이 변경됩니다.

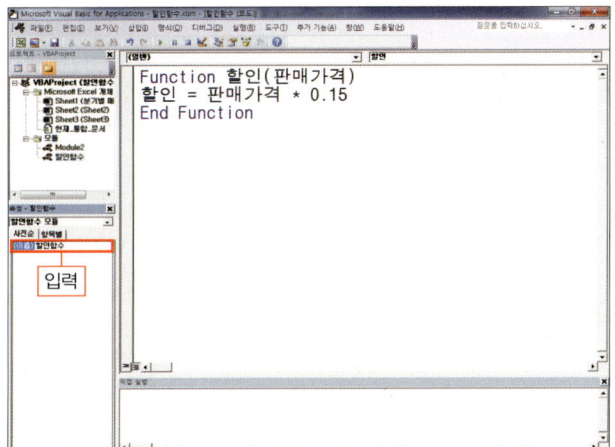

06. [파일]-[닫고 Microsoft Excel(으)로 돌아가기] (**Alt** + **Q**) 메뉴를 클릭하여 VBE를 종료하고 엑셀로 돌아갑니다.

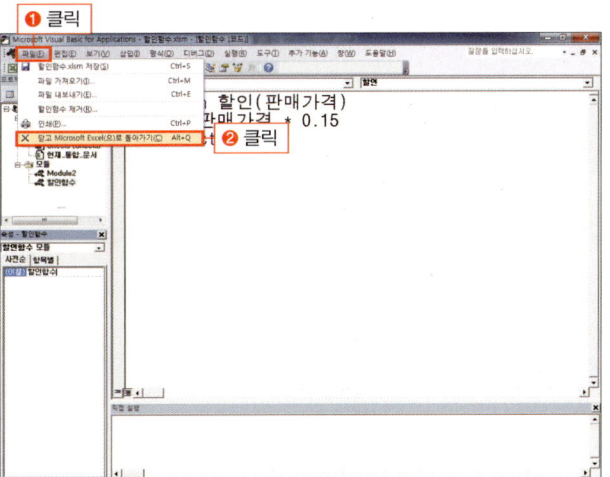

사용자 정의 함수에 조건이 있을 때 조건을 어떻게 처리하는지, 인수는 어떤 방식으로 나열하는지 알아봅니다.

예제 파일 | CD₩Part 08₩보너스할인함수.xlsx **완성 파일 |** CD₩Part 08₩보너스할인함수-완성.xlsm

01. '판매수량'이 '35,000' 이상이면 '매출금액'이 20% 할인된 가격을 계산하는 '보너스할인'이라는 새 사용자 정의 함수를 만들기 위해 [개발 도구] 탭-[코드] 그룹-[Visual Basic]을 클릭합니다.

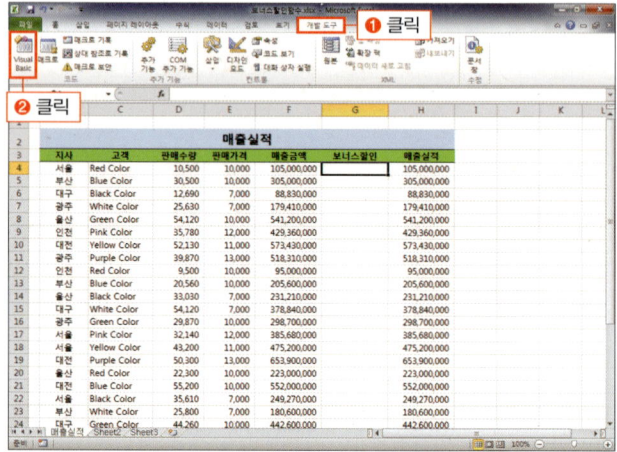

02. VBE에서 [삽입]-[모듈] 메뉴를 클릭합니다.

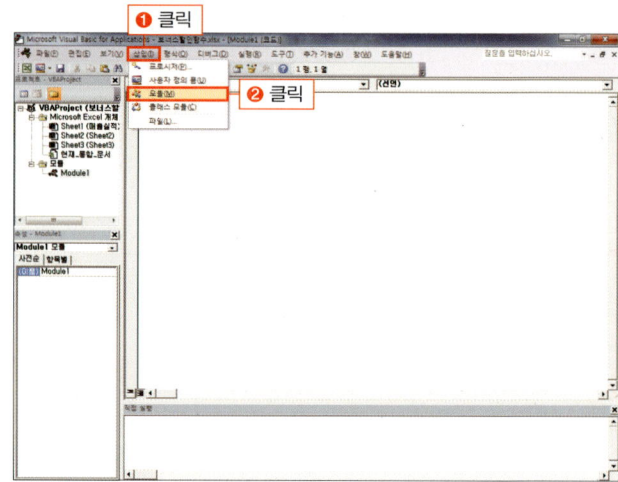

03. 코드 창에서 'Function 보너스할인(판매수량, 매출금액)'을 입력한 후 **Enter**를 누르면 'End Function'이 자동으로 생성됩니다.

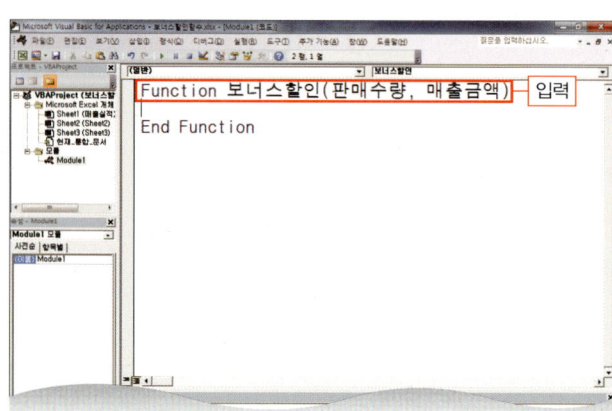

> **TIP :** 'Function 보너스할인(판매수량, 매출금액)'에서 사용자 정의 함수 이름은 '보너스할인'이고 입력을 받아야할 인수는 '판매수량'과 '매출금액'이 됩니다.

534

04. '판매수량이 35,000 이상이면'이라는 것은 조건문을 의미하므로 'If 조건식 Then~End If'의 형식 'If 판매수량 >= 35000 Then'으로 입력하고 조건에 맞으면 처리해야할 구문으로 '보너스할인 =매출금액*0.2'를 입력합니다.

> **TIP :** Else의 값은 거짓이 없기 때문에 생략해도 괜찮습니다. 그 이유는 '보너스할인 = 매출금액 * 0'과 같아서 의미가 없기 때문입니다.

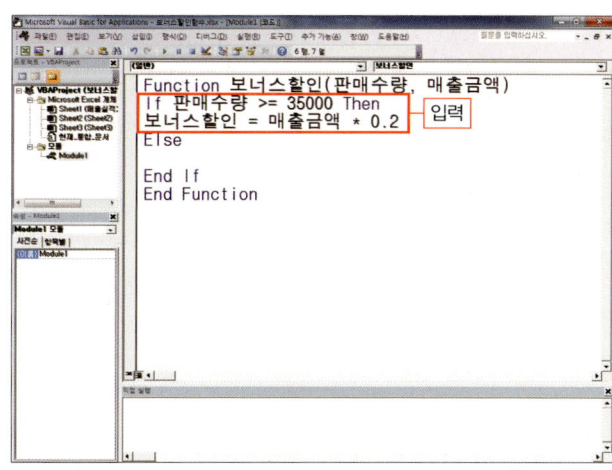

05. 모듈의 이름을 변경하기 위해 속성 창에서 [이름]을 '보너스'로 변경하고 **Enter**를 누르면 프로젝트 탐색 창의 이름도 같이 변경됩니다.

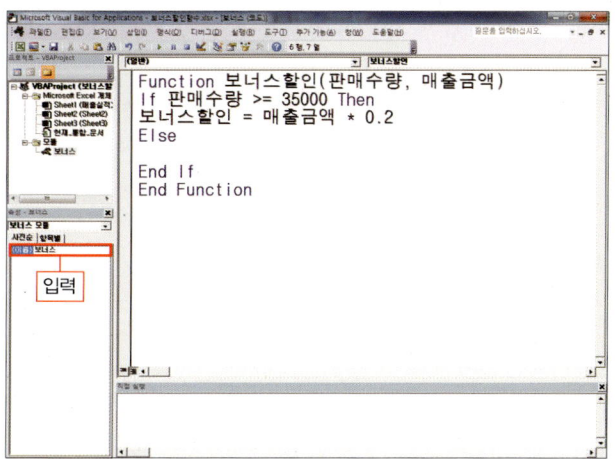

06. [파일]-[닫고 Microsoft Excel(으)로 돌아가기] (**Alt**+**Q**) 메뉴를 클릭하여 VBE를 종료하고 엑셀로 돌아갑니다.

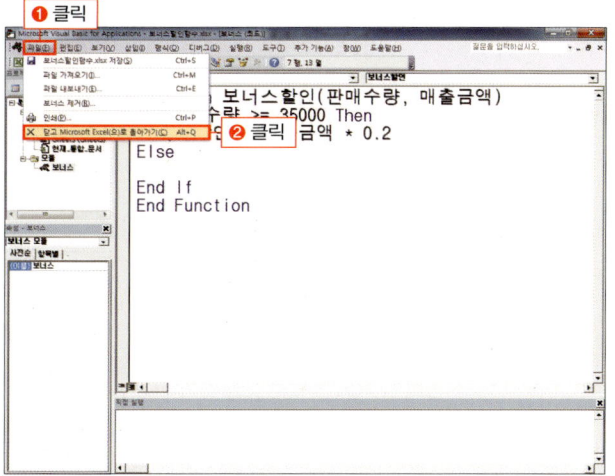

새롭게 만든 사용자 정의 함수는 워크시트에서 어떻게 사용되는지 알아봅니다.

예제 파일 | CD₩Part 08₩할인적용1.xlsm, 할인적용2.xlsm   **완성 파일 |** CD₩Part 08₩할인적용1-완성.xlsm, 할인적용2-완성.xlsm

01. 예제 파일(할인적용1.xlsm)을 불러온 후 [F4] 셀을 선택하고 [수식] 탭–[함수 라이브러리] 그룹–[함수 삽입]을 클릭합니다.

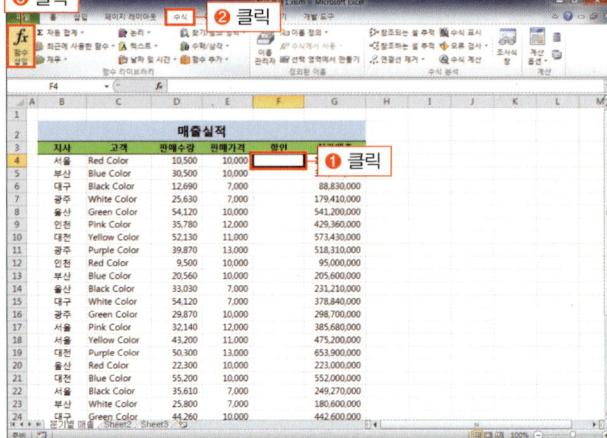

> **TIP :** 함수 적용 값을 [F4] 셀에 입력하기 위해서 [F4] 셀을 선택합니다.

02. [함수 마법사] 대화상자의 [범주 선택]에서 '사용자 정의'를 선택하고 [함수 선택]에서 '할인'을 선택한 후 [확인]을 클릭합니다.

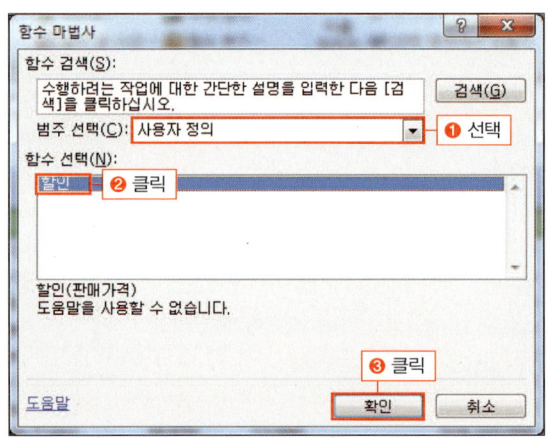

03. [함수 인수] 대화상자의 [판매가격]에서 워크시트의 '판매가격'인 [E4] 셀을 선택하고 [확인]을 누릅니다.

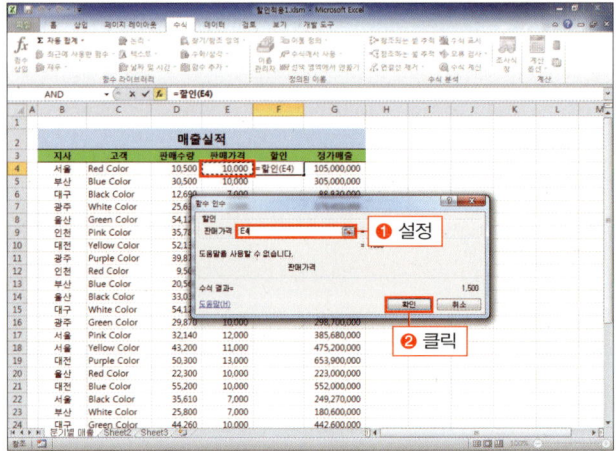

> **TIP :** '판매가격'을 인수로 지정했기 때문에 입력을 기다리는 [함수 인수] 대화상자가 나타납니다.

04. [F4] 셀에 판매가격의 15% 할인된 값이 표시
되고 [F4:F35]까지 자동 채우기를 적용합니다.

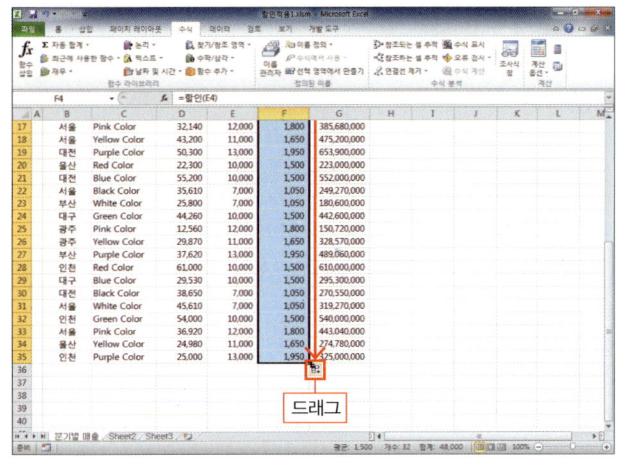

05. 예제 파일(할인적용2.xlsm)을 불러온 후 [G4]
셀을 선택하고 [수식] 탭–[함수 라이브러리] 그
룹–[함수 삽입](*fx*)을 클릭합니다.

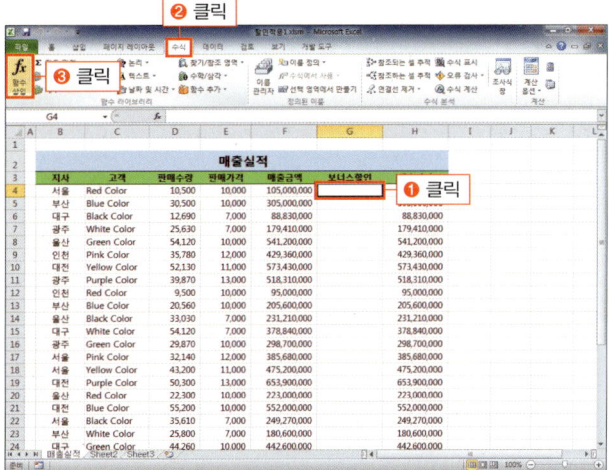

06. [함수 마법사] 대화상자의 [범주 선택]에서
'사용자 정의'를 선택하고 [함수 선택]에서 '보너스
할인'을 선택한 후 [확인]을 클릭합니다.

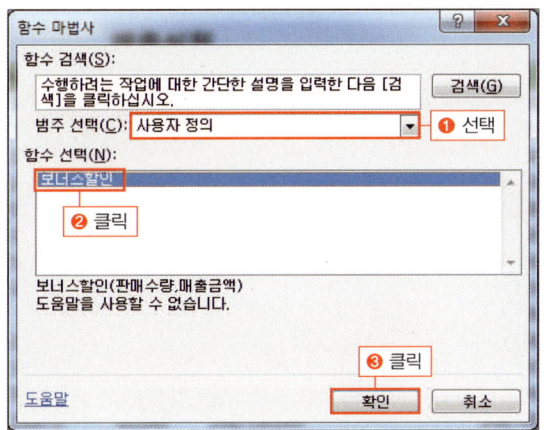

537

07. [함수 인수] 대화상자에서 [판매수량]은 [D4] 셀, [매출금액]은 [F4] 셀을 선택하고 [확인]을 클릭합니다.

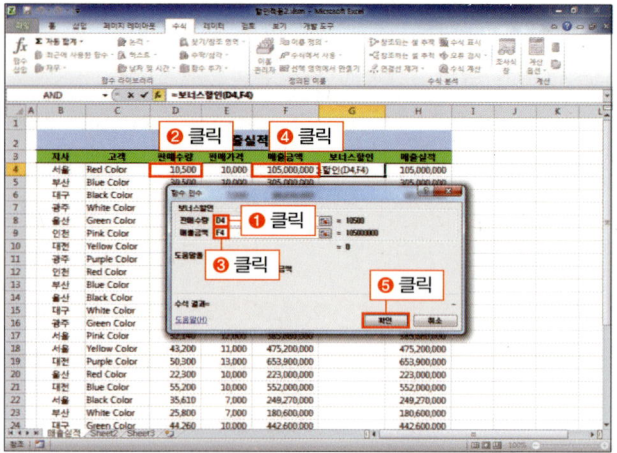

08. [G4] 셀에 '판매수량'이 '35000' 이상이면 매출금액을 20% 할인된 값이 적용되고, [G4:G35]까지 자동 채우기로 '보너스할인' 사용자 정의 함수를 적용합니다.

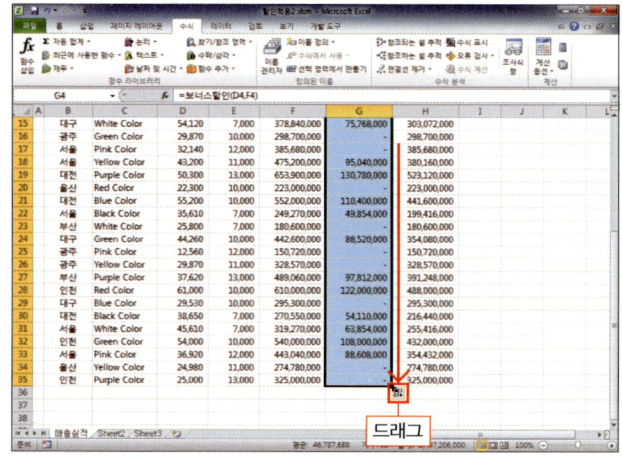

양식 컨트롤 도구를 이용한 문서는 실무적으로 많이 활용되며 엑셀 문서를 더욱 화려하고 멋지게 만들 수 있습니다. 양식 컨트롤 도구 모음과 ActiveX 컨트롤 도구 모음 차이점을 알아보고 각 도구들을 어떻게 사용하는지 매크로와 VBA를 연결하여 사용하는 방법을 알아보겠습니다.

기초탄탄 ▶ 컨트롤 도구 모음의 이해

■ 양식 컨트롤 도구 모음

양식 컨트롤은 엑셀 워크시트의 셀과 연결하여 도구들의 기능을 사용할 수 있습니다.

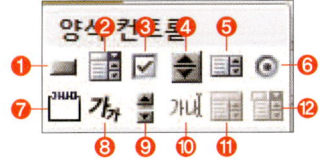

❶ 단추 : 사용자가 클릭하면 작업을 수행하는 매크로를 실행합니다.

❷ 콤보 상자 : 텍스트 상자에 목록 상자를 결합하여 드롭다운 목록 상자를 만듭니다. 값이 입력되는 방식에 관계없이 텍스트 상자의 현재 값을 표시합니다.

❸ 확인란 : 명확한 정반대의 선택을 나타내는 값을 설정하거나 해제합니다.

❹ 스핀 단추 : 값을 늘리거나 줄입니다. 일정하게 늘어나는 숫자나 날짜에 사용되기도 합니다.

❺ 목록 상자 : 사용자가 선택할 수 있는 하나 이상의 텍스트 항목으로 이루어져 있는데 이 중에 하나를 선택하여 값으로 표시합니다.

❻ 옵션 단추 : 여러 개 중에 하나의 값만을 선택하고, 무조건 1개를 선택해야 합니다.

❼ 그룹 상자 : 서로 관련이 있는 항목들을 그룹으로 묶어 사각형 안에 넣고 옵션 단추나 확인란을 입력하여 값을 선택합니다.

❽ 레이블 : 셀이나 텍스트 상자의 용도를 나타내거나 셀에 대한 간략적인 내용을 입력합니다. 컨트롤이 실행되면 내용의 수정은 불가능합니다.

❾ 스크롤 막대 : 스크롤 화살표를 클릭하거나 상자를 끌면 일정 값 범위에서 내용들이 스크롤됩니다.

❿ 텍스트 필드 : 사각형 박스에 값을 입력하거나 편집하기도 합니다.

⓫ 콤보 목록 : 텍스트 항목이 표시된 상자에서 목록을 표시합니다.

⓬ 콤보 드롭다운 : 입력란 형태에서 화살표를 누르면 여러 개의 목록이 표시됩니다.

■ ActiveX 컨트롤 도구 모음

ActiveX 컨트롤 도구는 매크로와 VBA를 연결하여 보다 복잡하고 다양한 문서를 만들 수 있습니다.

❶ **명령 단추** : 사용자가 클릭하면 작업을 수행하는 매크로를 실행합니다.

❷ **콤보 상자** : 텍스트 상자에 목록 상자를 결합하여 드롭다운 목록 상자를 만듭니다. 값이 입력되는 방식에 관계없이 텍스트 상자의 현재 값을 표시합니다.

❸ **확인란** : 명확한 정반대의 선택을 나타내는 값을 설정하거나 해제합니다.

❹ **목록 상자** : 사용자가 선택할 수 있는 하나 이상의 텍스트 항목으로 이루어져 있는데 이 중에 하나를 선택하여 값으로 표시합니다.

❺ **텍스트 상자** : 사각형 박스에 값을 입력하거나 편집하기도 합니다.

❻ **스크롤 막대** : 스크롤 화살표를 클릭하거나 상자를 끌면 일정 값 범위에서 내용들이 스크롤됩니다.

❼ **스핀 단추** : 값을 늘리거나 줄입니다. 일정하게 늘어나는 숫자나 날짜에 사용되기도 합니다.

❽ **옵션 단추** : 여러 개 중에 하나의 값만을 선택합니다. 무조건 1개를 선택해야 합니다.

❾ **레이블** : 셀이나 텍스트 상자의 용도를 나타내거나 셀에 대한 간략적인 내용을 입력합니다. 컨트롤이 실행되면 내용의 수정은 불가능합니다.

❿ **이미지** : 비트맵, JPG 등 그림 형식의 파일을 불러와 사용합니다.

⓫ **토글 단추** : 예/아니오 같은 상태나 설정/해제 같은 모드를 나타냅니다. 이 단추를 클릭하면 설정 상태와 해재 상태 간의 전환이 가능합니다.

⓬ **기타 컨트롤** : 달력 컨트롤, Windows Medai Player 같은 사용자 지정 양식을 추가하여 사용하기도 합니다.

■ [컨트롤 서식] 대화상자 이해하기

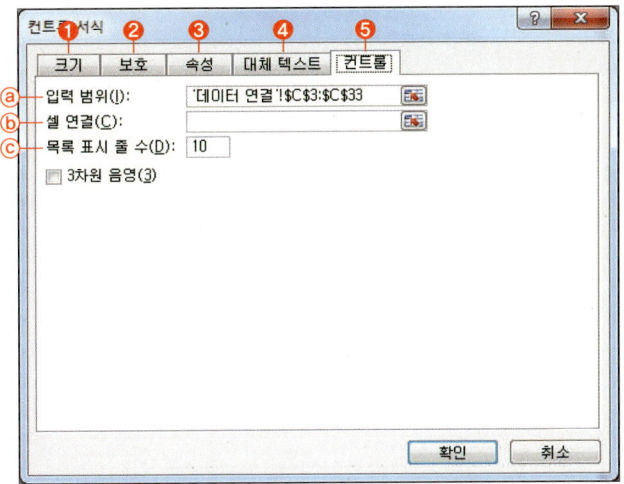

❶ [크기] 탭 : 양식 컨트롤의 크기, 높이 및 너비를 조절할 수 있고 회전과 가로 세로 비율 고정을 설정할 수 있습니다.

❷ [보호] 탭 : 워크시트를 보호하면 양식 컨트롤 개체에 암호를 지정하여 잠금 설정을 할 수 있습니다.

❸ [속성] 탭 : 개체의 위치와 크기를 설정하거나 제한할 수 있고 인쇄할 경우 개체를 선택하여 출력할 수 있습니다.

❹ [대체 텍스트] 탭 : 웹 브라우저에서 그림을 로드하는 동안 또는, 그림이 없는 경우 대신 표시되는 텍스트입니다.

❺ [컨트롤] 탭 : 셀에 있는 데이터를 양식 컨트롤과 연결하여 설정할 수 있습니다.

   ⓐ 입력 범위 : 콤보 상자 등이 입력되어 있는 데이터 셀 범위를 연결합니다.

   ⓑ 셀 연결 : 목록에서 항목을 선택했을 때 항목의 번호가 표시되는 셀을 연결합니다.

   ⓒ 목록 표시 줄 수 : 콤보 상자 목록 단추를 클릭했을 때 표시되는 목록의 개수를 지정합니다.

옵션 단추의 특징이 무엇인지 그 특성에 따라 적용하고, 응용하여 엑셀에서 사용하는 방법을 알아봅니다.

예제 파일 | CD₩Part 08₩양식 컨트롤.xlsm **완성 파일 |** CD₩Part 08₩양식 컨트롤−완성.xlsm

01. 예제 파일을 불러온 후 [문서] 시트에서 [개발 도구] 탭−[컨트롤] 그룹−[삽입]−[양식 컨트롤]−[옵션 단추(양식 컨트롤)]을 클릭합니다.

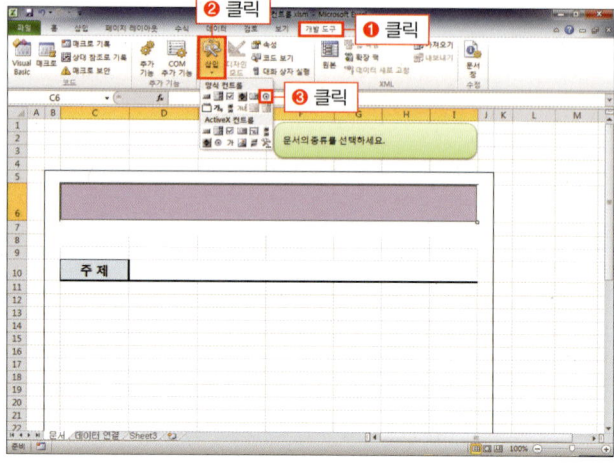

02. '모서리가 둥근 직사각형'의 '문서의 종류를 선택하세요.' 오른쪽에 옵션 단추 2개를 드래그하여 삽입하고 '옵션 단추'의 이름을 '보고서'와 '팀프로젝트'로 입력합니다.

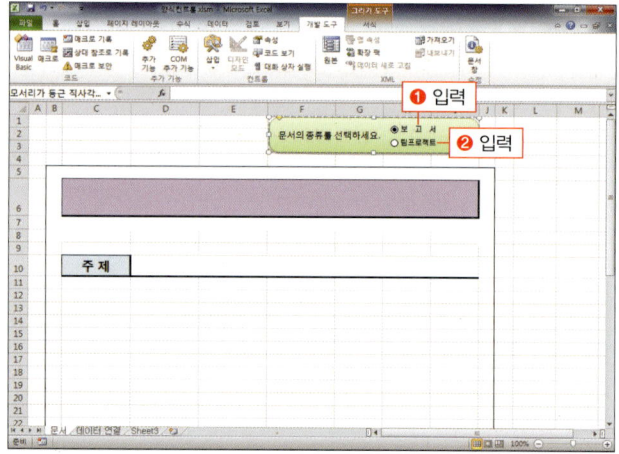

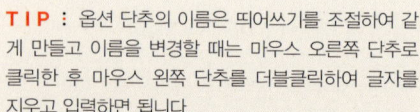
TIP : 옵션 단추의 이름은 띄어쓰기를 조절하여 같게 만들고 이름을 변경할 때는 마우스 오른쪽 단추로 클릭한 후 마우스 왼쪽 단추를 더블클릭하여 글자를 지우고 입력하면 됩니다.

03. '보고서' 옵션 단추에서 마우스 오른쪽 단추를 클릭한 후 [컨트롤 서식]을 선택합니다.

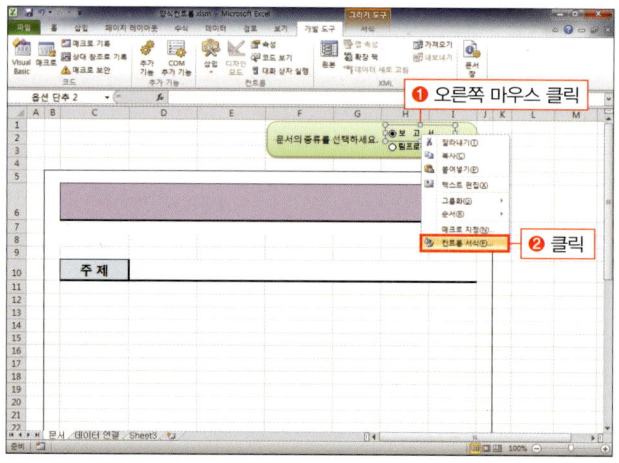

04. [컨트롤 서식] 대화상자의 [컨트롤] 탭에서 [셀 연결]을 클릭하고 [C2] 셀을 선택한 후 [확인]을 누릅니다.

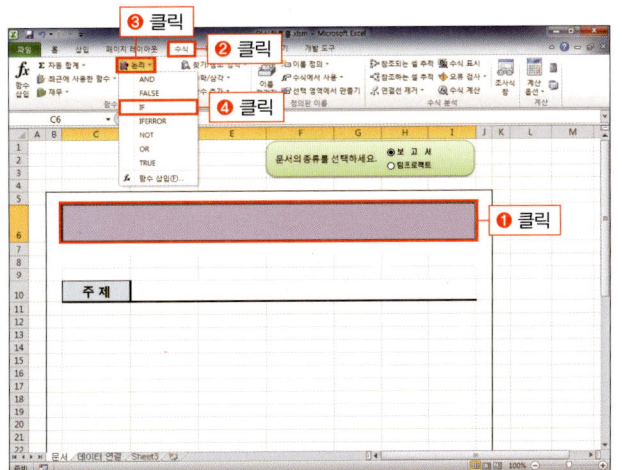

T I P : [C2] 셀에 숫자 '1'과 '2'가 옵션 단추를 클릭할 때마다 표시됩니다. '보고서=1', '팀프로젝트=2'가 됩니다.

05. [C6] 셀을 선택하고 [수식] 탭─[함수 라이브러리] 그룹─[논리]─[IF]를 클릭합니다.

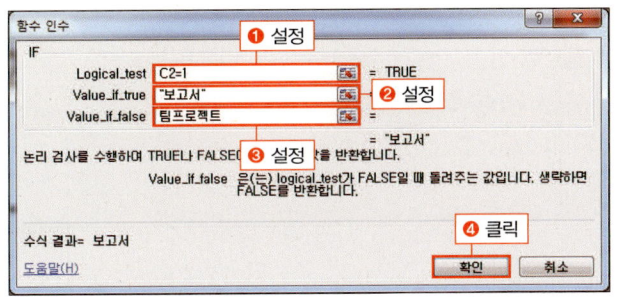

06. [IF 함수 인수] 대화상자에서 [Logical_test]는 'C2=1', [Value_if_true]는 '"보고서"', [Value_if_false]는 '팀프로젝트'로 설정하고 [확인]을 클릭합니다.

07. 옵션 단추에서 '보고서'를 선택하면 [C6] 셀에 '보고서'라는 데이터가 표시되고 옵션 단추에서 '팀프로젝트'를 선택하면 [C6] 셀에 '팀프로젝트'라는 데이터가 표시됩니다.

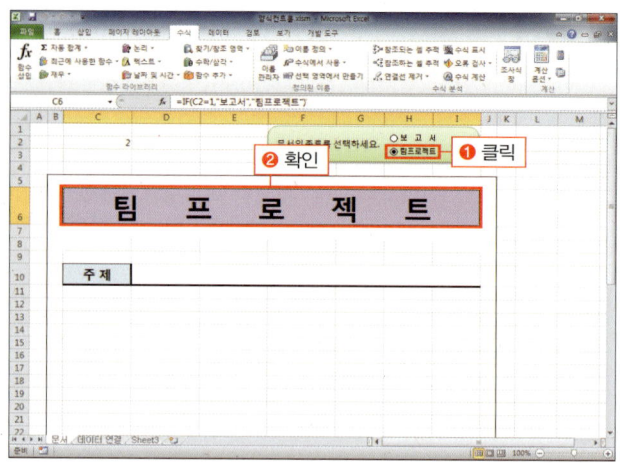

08. [F38] 셀을 선택하고 [수식] 탭–[함수 라이브러리] 그룹–[논리]–[IF]를 클릭합니다. [IF 함수 인수] 대화상자를 그림과 같이 설정한 후 [확인]을 클릭합니다.

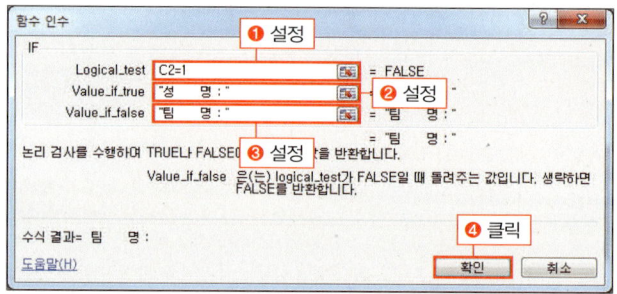

09. [C2] 셀에 데이터가 표시되는 것을 가리기 위해 '모서리가 둥근 직사각형'을 클릭하고, Shift 를 누르고 옵션 단추를 마우스 오른쪽 단추로 클릭하여 모두 선택합니다. [C2:E4]로 드래그하여 이동시킵니다.

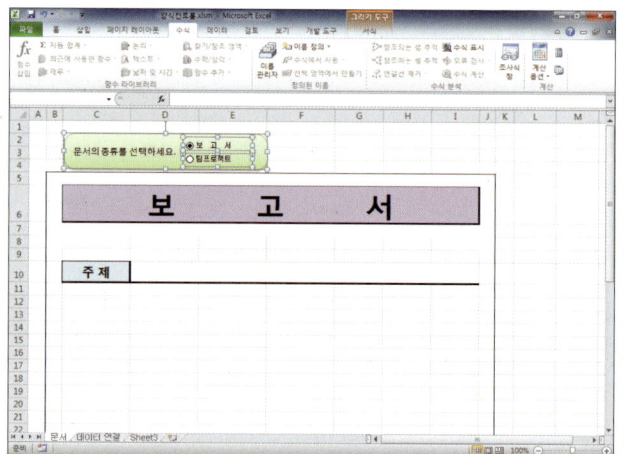

콤보 상자의 특징을 이용하여 엑셀 문서에 적용하고 사용하는 방법을 알아봅니다.

예제 파일 | CD₩Part 08₩양식 컨트롤.xlsm **완성 파일 |** CD₩Part 08₩양식 컨트롤─완성.xlsm

01. 예제 파일을 불러온 후 [개발 도구] 탭─[컨트롤] 그룹─[삽입]에서 [양식 컨트롤]─[콤보 상자(양식 컨트롤)]을 클릭합니다.

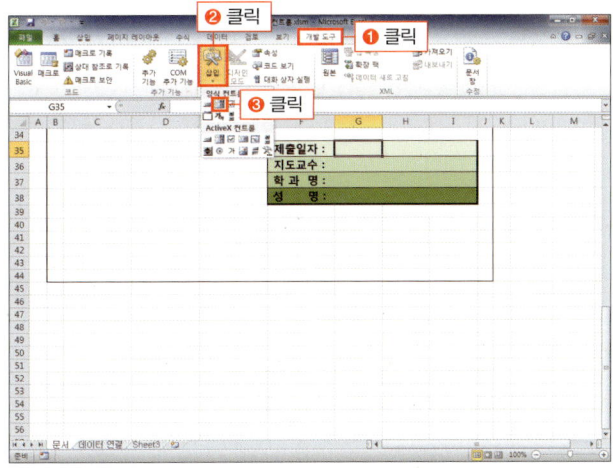

02. [G35, H35, I35] 셀에 각각 콤보 상자 3개를 드래그하여 삽입합니다.

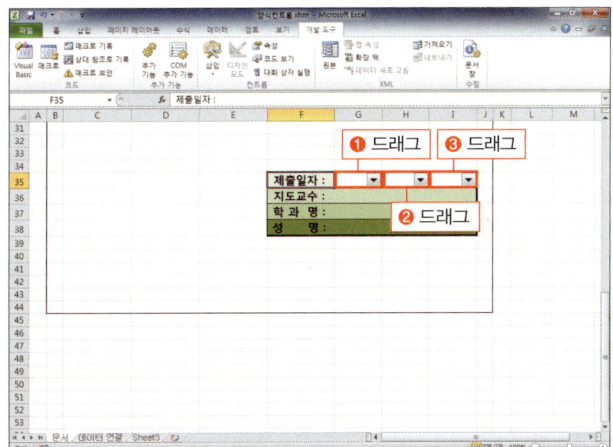

> **TIP :** G35 셀의 크기에 맞게 콤보 상자를 삽입한 후 복사하여 [H35], [I35] 셀에 위치시켜도 됩니다.

03. 콤보 상자에 '년', '월', '일' 중에서 '년' 데이터를 연결하기 위해 [G35] 셀의 콤보 상자를 마우스 오른쪽 단추로 클릭하고 [컨트롤 서식]을 선택합니다.

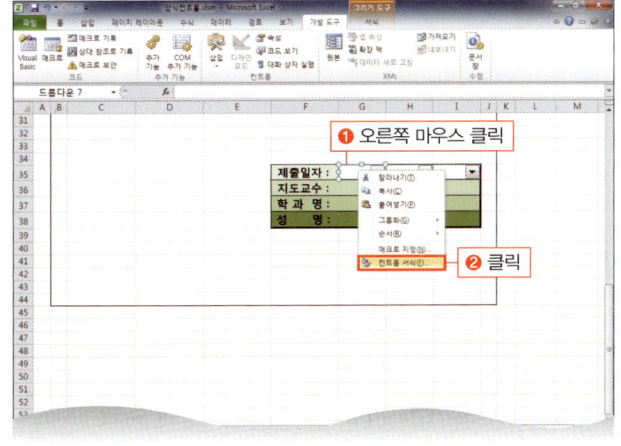

545

04. [컨트롤 서식] 대화상자의 [컨트롤] 탭에서
[입력 범위]를 클릭한 상태로 [데이터 연결] 시트
로 이동한 후 [A3:A10]을 선택하고 [목록 표시 줄
수]는 '5'로 설정한 후 [확인]을 누릅니다.

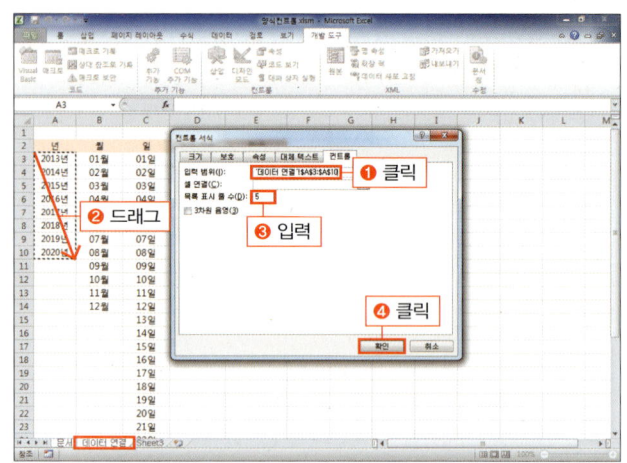

> **TIP** : [입력 범위]–['데이터 연결'!$A$3:$A$10]의 입
> 력 범위가 절대 주소인 것은 값이 변경되지 않아야 하
> 기 때문입니다.
> [목록 표시 줄 수]–'5'는 콤보 상자에서 5줄까지 표시하
> 겠다는 것입니다.

05. 콤보 상자에 '년', '월', '일' 중에서 '월' 데이
터를 연결하기 위해 [H35] 셀의 콤보 상자를 마우
스 오른쪽 단추로 클릭하고 [컨트롤 서식]을 선택
합니다. [컨트롤 서식] 대화상자의 [컨트롤] 탭에
서 [입력 범위]를 클릭하고 [데이터 연결] 시트의
[B3:B14]를 선택하고 [목록 표시 줄 수]는 '6'으로
설정한 후 [확인]을 클릭합니다.

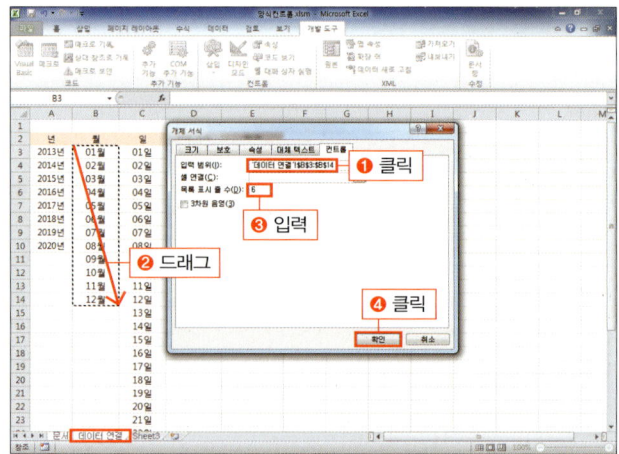

> **TIP** : '월'의 [입력 범위]–['데이터 연결'!$B$3:$B$14]

06. 콤보 상자에 '년', '월', '일' 중에서 '일' 데이
터를 연결하기 위해 [I35] 셀의 콤보 상자를 마우
스 오른쪽 단추로 클릭하고 [컨트롤 서식]을 선택
합니다. [컨트롤 서식] 대화상자의 [컨트롤] 탭에
서 [입력 범위]를 클릭하고 [데이터 연결] 시트에
서 [C3:C33]을 선택하고 [목록 표시 줄 수]는 '10'
으로 설정한 후 [확인]을 클릭합니다.

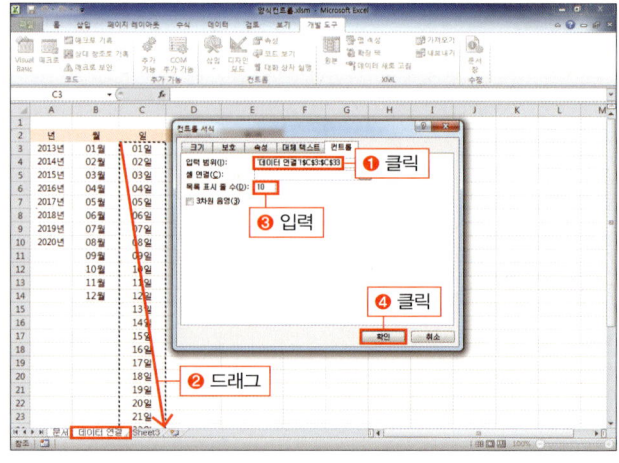

> **TIP** : '일'의 [입력 범위]–['데이터 연결'!$C$3:$C$33]

07. [개발 도구] 탭-[컨트롤] 그룹-[삽입]에서 [양식 컨트롤]-[콤보 상자(양식 컨트롤)]을 클릭하여 '지도교수', '학과명'의 [G36:I36], [G37:I37]에 각각 콤보 상자 2개를 드래그하여 삽입합니다.

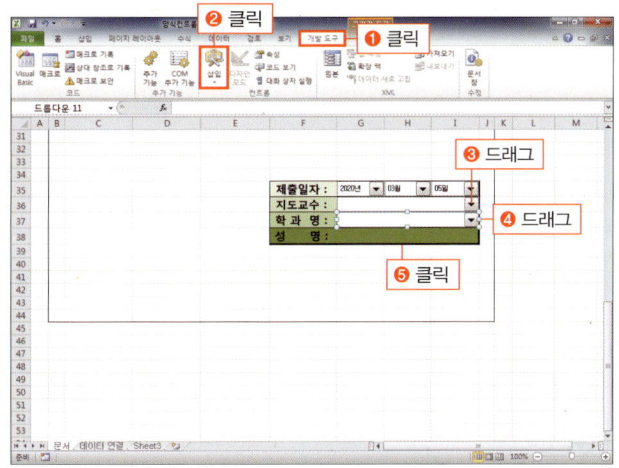

08. '지도교수' 콤보 상자에서 마우스 오른쪽 단추를 클릭하고 [컨트롤 서식]을 선택합니다. [컨트롤 서식] 대화상자의 [컨트롤] 탭에서 [입력 범위]를 클릭하고 [데이터 연결] 시트에서 [D3:D9]를 선택합니다. [목록 표시 줄 수]는 '7'로 설정하고 [확인]을 클릭합니다.

> **TIP** : '지도교수'의 [입력 범위]-['데이터 연결']$D$3:$D$9], '학과명'의 [입력 범위]-['데이터 연결']$E$3:$E$9] 같은 방법으로 '학과명'도 콤보 상자에 데이터를 연결합니다.

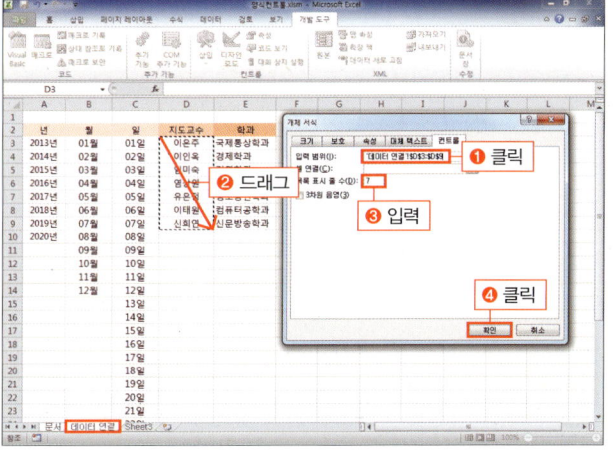

09. 콤보 상자에 데이터를 모두 연결했으면 '제출일자'-2013년 03월 05일, '지도교수'-'이은주', '학과명'-'컴퓨터공학과'로 콤보 상자에서 선택할 수 있습니다.

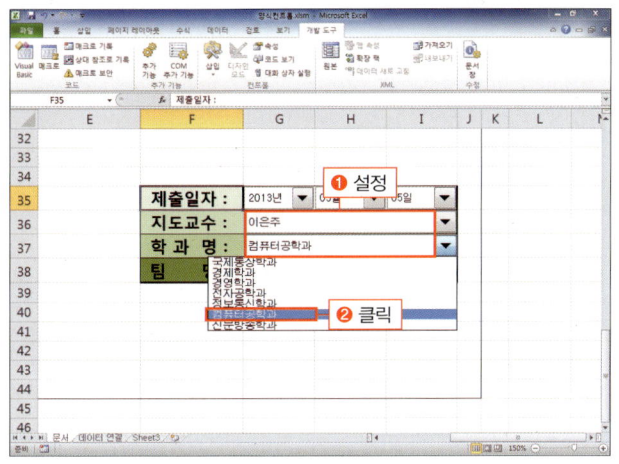

- Visual Basic Editor(<kbd>Alt</kbd>+<kbd>F11</kbd>)를 실행하여 매크로를 편집하고 사용자 정의 함수를 작성할 수 있습니다.

- [개발 도구] 탭-[코드] 그룹-[매크로](<kbd>Alt</kbd>+<kbd>F8</kbd>) : 작성되어 있는 매크로의 목록을 볼 수 있고 이 목록에서 매크로를 실행, 작성, 편집, 삭제, 바로 가기 키를 수정할 수 있습니다.

- 매크로의 이름을 지정할 때 첫 글자는 반드시 영문이나 한글로 시작해야 하고 이름에는 공백(띄어쓰기)이나 특수 문자를 사용할 수 없습니다.

- 매크로를 저장하려면 반드시 [다른 이름으로 저장] 대화상자에서 [파일 형식]-'Excel 매크로 사용 통합 문서(*.xlsm)'로 저장해야 합니다. [파일 형식]을-'Excel 통합 문서(*.xlsx)'로 저장하면 매크로 기록은 저장되지 않습니다.

- 매크로를 실행하여 적용한 후 매크로 적용 전 상태로 되돌리기 위해 실행 취소(<kbd>Ctrl</kbd>+<kbd>Z</kbd>)를 눌러도 실행 취소가 적용되지 않습니다.

- [개발 도구] 탭-[코드] 그룹-[매크로 보안]-[보안 센터] 대화상자에서 [매크로 설정]의 보안 설정이 마지막 항목에 있는 [모든 매크로 포함(위험성이 있는 코드가 실행될 수 있으므로 권장하지 않음)]에 체크되어야 매크로를 사용할 수 있습니다.

- **사용자 정의 함수의 형식 – 조건문이 없는 경우**
  Function 함수 이름 (인수, 인수…)
  처리 구문
  End Function

- **사용자 정의 함수의 형식 – 조건문이 있는 경우**
  Function 함수 이름 (인수, 인수…)
  if 조건식 then
  　처리 구문 〉〉 참 값
  　else
  　거짓 값
  end If
  End Function

- 양식 컨트롤은 엑셀 워크시트의 셀과 연결하여 도구들의 기능을 사용할 수 있도록 하는 도구입니다.

- ActiveX 컨트롤 도구는 매크로와 VBA를 연결하여 보다 복잡하고 다양한 문서를 만들 수 있습니다.

PART 08 SELF TEST

01 기록되어 있는 '제목서식' 매크로를 적용하되 1~2분기 매출의 [B3:F3], [B15:F15]는 메뉴를 이용하여 매크로를 적용하고, [H3:L3], [H15:L15]는 바로 가기 키로 적용해 봅니다.

예제 파일 : Test\Part 08\제목서식.xlsm　　　　　**완성 파일 :** Test\Part 08\제목서식-완성.xlsm
동영상 해설 : Test\Part 08\Part 08.avi

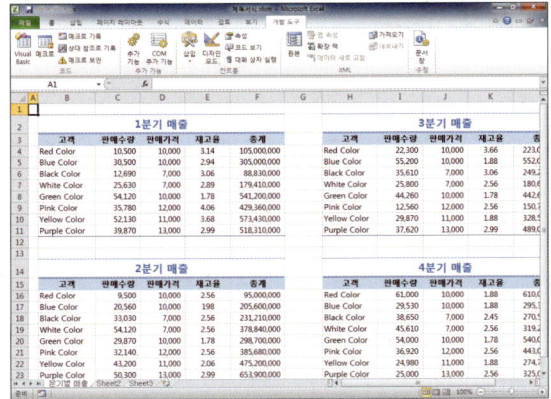

HINT

[B3:F3]과 [B15:F15]를 선택하고 [매크로] 대화상자에서 '제목서식'을 적용합니다. 이번에는 [매크로] 대화상자에서 바로 가기 키를 확인한 후 [H3:L3], [H15:L15]를 선택하고 바로 가기 키를 눌러 '제목서식'을 적용합니다.

02 아래의 조건에 맞게 매크로를 기록하고 양식 컨트롤에 매크로를 적용해 봅니다.

예제 파일 : Test\Part 08\필터링.xlsm　　　　　**완성 파일 :** Test\Part 08\필터링-완성.xlsm
동영상 해설 : Test\Part 08\Part 08.avi

• '서울', '대전'이라는 새 매크로를 기록하고 '서울' 매크로를 실행하면 서울지사 데이터만 필터링되게 하고 '대전' 매크로를 실행하면 대전지사 데이터만 표시되도록 필터링하고 각각의 매크로를 '단추(양식 컨트롤)'에 삽입하고 지정합니다(단추의 이름도 '서울', '대전'으로 하고 [H2:H3], [I2:I3]에 삽입합니다).

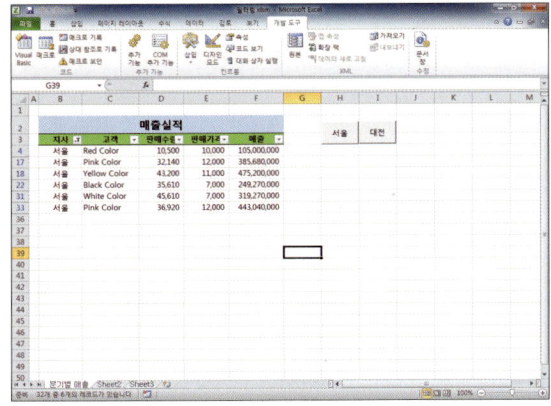

HINT

[매크로 기록] 기능을 이용하여 '서울' 매크로를 만들고 [필터] 기능을 이용하여 '서울지사'만 나타냅니다. 그리고 양식 컨트롤을 이용하여 단추를 만들고 '서울' 단추와 '대전' 단추를 클릭하면 각각 필터링되도록 설정합니다.

549

찾아보기

엑셀 2010 더 쉽게 배우기

1판 1쇄 발행 2013년 5월 31일
1판 5쇄 발행 2016년 6월 30일

저   자 | 이영란, 이정휘, 이민욱
발 행 인 | 김길수
발 행 처 | 영진닷컴
주   소 | (우)08591 서울특별시 금천구 가산디지털 1로 24
          대륭테크노타운 13차 10층
등   록 | 2007. 4. 27. 제16-4189

ISBN | 978-89-314-4386-8

도서문의처 | http://www.youngjin.com

YoungJin.com Y.
영진닷컴